宮崎県

〈収録内容

■2024～2019年度 推薦の理科、社会は実施がありませんでした

2024年度 ……………………… 推薦 数・英・国
一般 数・英・理・社・国

※一般国語の大問二は、問題に使用された作品の著作権者が二次使用の許可を出していないため、問題を掲載しておりません。

2023年度 ……………………… 推薦 数・英・国
一般 数・英・理・社・国

2022年度 ……………………… 推薦 数・英・国
一般 数・英・理・社・国

2021年度 ……………………… 推薦 数・英・国
一般 数・英・理・社・国

※推薦国語の大問二は、問題に使用された作品の著作権者が二次使用の許可を出していないため、問題を掲載しておりません。

2020年度 ……………………… 推薦 数・英・国
一般 数・英・理・社・国

DL 2019年度 ……………………… 推薦 数・英
一般 数・英・理・社

便利なDLコンテンツは右のQRコードから

解答用紙 過去年度 リスニング ⇒

※データのダウンロードは2025年3月末日まで。
※データへのアクセスには、右記のパスワードの入力が必要となります。 ⇒ 272133

〈各教科の合格者平均点〉

	数学	英語	理科	社会	国語
2023年度	52.1	61.1	59.8	62.0	67.0
2022年度	48.5	58.2	53.7	59.5	51.9
2021年度	50.5	50.8	56.1	52.7	58.3
2020年度	53.9	51.5	54.1	53.3	58.8
2019年度	50.5	48.4	60.2	55.7	62.8

※最新年度は、本書発行の時点で公表されていないため未掲載。

本書の特長

POINT 1　解答は全問を掲載、解説は全問に対応！

POINT 2　英語の長文は全訳を掲載！

POINT 3　リスニング音声の台本、英文の和訳を完全掲載！

POINT 4　出題傾向が一目でわかる「年度別出題分類表」は、約10年分を掲載！

実戦力がつく入試過去問題集

- ▶ 問題 ……………… 実際の入試問題を見やすく再編集。
- ▶ 解答用紙 …… 実戦対応仕様で収録。
- ▶ 解答解説 …… 重要事項が太字で示された、詳しくわかりやすい解説。
  ※採点に便利な配点も掲載。

合格への対策、実力錬成のための内容が充実

- ▶ 各科目の出題傾向の分析、最新年度の出題状況の確認で、入試対策を強化！
- ▶ その他、志願状況、公立高校難易度一覧など、学習意欲を高める要素が満載！

解答用紙ダウンロード　解答用紙はプリントアウトしてご利用いただけます。弊社ＨＰの商品詳細ページよりダウンロードしてください。トビラのＱＲコードからアクセス可。

リスニング音声ダウンロード　英語のリスニング問題については、弊社オリジナル作成により音声を再現。弊社ＨＰの商品詳細ページで全収録年度分を配信対応しております。トビラのＱＲコードからアクセス可。

famima PRINT　原本とほぼ同じサイズの解答用紙は、全国のファミリーマートに設置しているマルチコピー機のファミマプリントで購入いただけます。※一部の店舗で取り扱いがない場合がございます。詳細はファミマプリント（http://fp.famima.com/）をご確認ください。

UD FONT　見やすく読みまちがえにくいユニバーサルデザインフォントを採用しています。

2024年度/宮崎県公立高校推薦入学者選抜志願状況(全日制)

学校名・学科(コース)		募集人員	志願者数	倍率
高千穂	普通	40	36	0.90
	生産流通	20	6	0.30
	情報ソリューション	20	25	1.25
延岡	普通	40	152	3.80
	メディカル・サイエンス	20	83	4.15
延岡星雲	普通	80	114	1.43
	フロンティア	20	39	1.95
延岡工業	機械	20	47	2.35
	電気電子	20	30	1.50
	情報技術	20	49	2.45
	土木	20	39	1.95
	環境化学システム	20	30	1.50
	生活文化	20	44	2.20
延岡商業	商業マネジメント	40	74	1.85
	情報ソリューション	40	75	1.88
門川	総合	60	59	0.98
	福祉	20	22	1.10
日向	普通	80	153	1.91
	フロンティア	20	29	1.45
富島	商業マネジメント	40	71	1.78
	情報ソリューション	40	48	1.20
	生活文化	20	38	1.90
日向工業	機械	20	34	1.70
	電気	20	29	1.45
	建築	20	27	1.35
高鍋	普通	80	90	1.13
	探究科学	20	31	1.55
	生活文化	20	22	1.10
高鍋農業	園芸科学	20	10	0.50
	畜産科学	20	12	0.60
	食品科学	20	18	0.90
	フードビジネス	20	16	0.80
妻	普通	60	52	0.87
	(文理科学)	20	31	1.55
	情報ビジネスフロンティア	40	62	1.55
	福祉	20	23	1.15
佐土原	電子機械	40	74	1.85
	通信工学	20	20	1.00
	情報技術	40	70	1.75
	産業デザイン	20	48	2.40
宮崎大宮	普通	56	180	3.21
	文科情報	16	92	5.75
宮崎南	普通	140	201	1.44
	フロンティア	32	89	2.78
宮崎北	普通	112	226	2.02
	サイエンス	16	33	2.06
宮崎西	普通	96	265	2.76
	理数	8	69	8.63
宮崎農業	生物工学	20	26	1.30
	生産流通	20	44	2.20
	食品工学	20	43	2.15
	環境工学	20	16	0.80
	生活文化	20	46	2.30
宮崎工業	機械	20	32	1.60
	生産システム	20	36	1.80
	電気	20	53	2.65
	電子情報	20	36	1.80
	建築	20	54	2.70
	化学環境	20	33	1.65
	インテリア	20	32	1.60
宮崎商業	商業マネジメント	80	108	1.35
	情報ソリューション	40	56	1.40
	グローバル経済	20	32	1.60
宮崎海洋	海洋科学	48	51	1.06
本庄	総合	60	84	1.40
小林	普通	48	75	1.56
	(体育)	4	5	1.25
	(探究科学)	16	34	2.13
小林秀峰	農業	20	26	1.30
	機械	20	35	1.75
	電気	20	27	1.35
	商業マネジメント	20	26	1.30
	情報ソリューション	20	30	1.50
	福祉	20	17	0.85
飯野	普通	40	40	1.00
	生活文化	20	15	0.75
都城泉ヶ丘	普通	80	157	1.96
	理数	14	45	3.21
都城西	普通	80	95	1.19
	フロンティア	10	47	4.70
都城農業	農業	20	58	2.90
	畜産	20	43	2.15
	ライフデザイン	20	40	2.00
	食品科学	20	45	2.25
	農業土木	20	49	2.45
都城工業	機械	20	26	1.30
	情報制御システム	20	24	1.20
	電気	20	37	1.85
	建設システム	20	37	1.85
	化学工業	20	31	1.55
	インテリア	20	40	2.00
都城商業	商業マネジメント	32	71	2.22
	情報ソリューション	32	68	2.13
高城	普通	40	24	0.60
	生活文化	20	27	1.35
日南	普通	48	60	1.25
	(探究科学)	16	21	1.31
日南振徳	地域農業	16	10	0.63
	機械	16	14	0.88
	電気	16	24	1.50
	商業マネジメント	16	31	1.94
	情報ソリューション	16	25	1.56
	福祉	16	14	0.88
福島	普通	12	2	0.17

※宮崎西高校理数科及び都城泉ヶ丘高校理数科の募集人員については，附属中からの内進生を含む。

2024年度/宮崎県公立高校一般入学者選抜志願状況(全日制)

学校名・学科(コース)		募集人員	志願者数	倍率
高千穂	普通	36	6	0.17
	生産流通	35	3	0.09
	情報ソリューション	20	13	0.65
延岡	普通	120	122	1.02
	メディカル・サイエンス	60	73	1.22
延岡星雲	普通	78	37	0.47
	フロンティア	19	20	1.05
延岡工業	機械	19	23	1.21
	電気電子	19	18	0.95
	情報技術	20	31	1.55
	土木	19	23	1.21
	環境化学システム	20	18	0.90
	生活文化	20	28	1.40
延岡商業	商業マネジメント	40	47	1.18
	情報ソリューション	40	52	1.30
門川	総合	66	36	0.55
	福祉	24	8	0.33
日向	普通	77	79	1.03
	フロンティア	20	11	0.55
富島	商業マネジメント	40	36	0.90
	情報ソリューション	35	21	0.60
	生活文化	20	19	0.95
日向工業	機械	16	19	1.19
	電気	17	11	0.65
	建築	21	13	0.62
高鍋	普通	67	26	0.39
	探究科学	19	13	0.68
	生活文化	15	8	0.53
高鍋農業	園芸科学	31	3	0.10
	畜産科学	29	3	0.10
	食品科学	23	10	0.43
	フードビジネス	24	8	0.33
妻	普通	68	7	0.10
	(文理科学)	20	9	0.45
	情報ビジネスフロンティア	40	33	0.83
	福祉	20	4	0.20
佐土原	電子機械	36	41	1.14
	通信工学	20	4	0.20
	情報技術	38	34	0.89
	産業デザイン	20	26	1.30
宮崎大宮	普通	217	181	0.83
	文科情報	63	128	2.03
宮崎南	普通	136	93	0.68
	フロンティア	47	86	1.83
宮崎北	普通	168	162	0.96
	サイエンス	24	26	1.08
宮崎西	普通	144	172	1.19
	理数	32	78	2.44
宮崎農業	生物工学	18	13	0.72
	生産流通	20	26	1.30
	食品工学	17	26	1.53
	環境工学	27	5	0.19
	生活文化	20	28	1.40
宮崎工業	機械	11	11	1.00
	生産システム	17	21	1.24
	電気	19	29	1.53
	電子情報	16	20	1.25
	建築	19	30	1.58
	化学環境	16	22	1.38
	インテリア	18	15	0.83
宮崎商業	商業マネジメント	67	42	0.63
	情報ソリューション	38	26	0.68
	グローバル経済	16	16	1.00
宮崎海洋	海洋科学	73	17	0.23
本庄	総合	59	37	0.63
小林	普通	71	32	0.45
	(体育)	18	15	0.83
	(探究科学)	24	20	0.83
小林秀峰	農業	18	12	0.67
	機械	17	21	1.24
	電気	16	11	0.69
	商業マネジメント	20	13	0.65
	情報ソリューション	19	14	0.74
	福祉	24	3	0.13
飯野	普通	40	13	0.33
	生活文化	25	4	0.16
都城泉ヶ丘	普通	120	106	0.88
	理数	26	46	1.77
都城西	普通	120	44	0.37
	フロンティア	30	61	2.03
都城農業	農業	20	36	1.80
	畜産	20	29	1.45
	ライフデザイン	20	21	1.05
	食品科学	20	27	1.35
	農業土木	20	27	1.35
都城工業	機械	17	17	1.00
	情報制御システム	20	13	0.65
	電気	19	19	1.00
	建設システム	19	21	1.11
	化学工業	17	18	1.06
	インテリア	20	22	1.10
都城商業	商業マネジメント	39	43	1.10
	情報ソリューション	41	50	1.22
高城	普通	56	11	0.20
	生活文化	20	16	0.80
日南	普通	72	27	0.38
	(探究科学)	24	5	0.21
日南振徳	地域農業	30	5	0.17
	機械	28	10	0.36
	電気	24	10	0.42
	商業マネジメント	24	17	0.71
	情報ソリューション	24	14	0.58
	福祉	27	8	0.30
福島	普通	66	3	0.05

※福島高校の一般入学者選抜募集人員は，募集定員から推薦入学者選抜及び連携型入学者選抜の内定者数の合計を減じたもの。

宮崎県公立高校難易度一覧

目安となる偏差値	公立高校名
75 ~ 73	
72 ~ 70	宮崎西(理数)
69 ~ 67	宮崎大宮(文科情報)
66 ~ 64	都城泉ヶ丘(理数)
63 ~ 61	宮崎大宮 延岡(メディカル・サイエンス), 宮崎南(フロンティア)
60 ~ 58	宮崎西 宮崎北(サイエンス) 延岡
57 ~ 55	都城泉ヶ丘, 宮崎南 都城西(普/フロンティア), 宮崎北 小林(探究科学)
54 ~ 51	小林 佐土原(電子機械/通信工学/情報技術/産業デザイン), 延岡星雲(フロンティア), 宮崎商業(商業マネジメント/情報ソリューション/グローバル経済) 都城商業(商業マネジメント/情報ソリューション) 高鍋(普/探究科学)
50 ~ 47	延岡星雲, 日向(普/フロンティア), 都城工業(機械/情報制御システム/電気/建設システム/化学工業/インテリア) 宮崎工業(機械/生産システム/電気/電子情報/建築/化学環境/インテリア) 日南(普/探究科学) 高鍋(生活文化), 宮崎農業(生物工学/生産流通/食品工学/環境工学/生活文化)
46 ~ 43	飯野, 高千穂 妻, 延岡商業(商業マネジメント/情報ソリューション), 福島 小林(体育), 小林秀峰(機械/電気), 高千穂(情報ソリューション), 妻(文理科学/情報ビジネスフロンティア/福祉), 富島(商業マネジメント/情報ソリューション), 日南振徳(商業マネジメント/情報ソリューション), 延岡工業(機械/電気電子/情報技術/土木/環境化学システム/生活文化), 都城農業(農業/畜産/ライフデザイン/食品科学/農業土木) 小林秀峰(商業マネジメント/情報ソリューション), 日向工業(機械/電気/建築)
42 ~ 38	飯野(生活文化), 高城 富島(生活文化), 日南振徳(機械/電気), 本庄(総合) 小林秀峰(農業/福祉), 高城(生活文化), 宮崎海洋(海洋科学) 門川(総合/福祉), 高千穂(生産流通), 高鍋農業(園芸科学/畜産科学/食品科学/フードビジネス), 日南振徳(地域農業/福祉)
37 ~	

＊( )内は学科・コースを示します。特に示していないものは普通科(普通・一般コース), または全学科(全コース)を表します。

＊データが不足している高校, または学科・コースなどにつきましては掲載していない場合があります。

＊公立高校の入学者は,「学力検査の得点」のほかに,「調査書点」や「面接点」などが大きく加味されて選抜されます。上記の内容は想定した目安ですので, ご注意ください。

＊公立高校入学者の選抜方法や制度は変更される場合があります。また, 統廃合による閉校や学校名の変更, 学科の変更などが行われる場合もあります。教育委員会などの関係機関が発表する最新の情報を確認してください。

数学 ●●●● 出題傾向の分析と合格への対策 ●●●●

出題傾向とその内容

〈最新年度の出題状況〉

出題数は，推薦が大問1～3の3題から2題，一般は大問が5題，小問数にして25問であった。標準レベルの問題を中心に構成されているが，応用力を試す問題も含まれている。

出題内容は，推薦は大問1が数・式の計算，式の展開，因数分解，平方根，等式の変形，連立方程式，二次方程式，関数$y=ax^2$，有理数と無理数，定理の逆等から基本的小問，大問2は資料の散らばり・代表値，確率，図形と関数・グラフ，角度，図形の証明，大問3は規則性，空間図形，体積，面積，線分の長さであった。一般は大問1が数・式の計算，一次方程式，式の値，二次方程式，確率，標本調査，作図等から基本的小問，大問2は展開図と側面積，体積を計量する空間図形の問題，大問3は資料の散らばり・代表値，大問4は円の性質を利用した図形の証明と線分の長さ，面積比を計量する平面図形の問題，大問5は図形と関数・グラフの融合問題であった。

一般の出題内容は例年とほぼ変わりなかったが，柔軟な思考力が求められる内容になっている。

〈出題傾向〉

一般問題の出題数は，ここ数年，大問数で5題，小問数で24問前後が定着している。

出題内容・形式も，ここ数年，定着している。一般の大問1は数・式の計算，平方根，方程式の計算，角度の計量，作図，資料の散らばり・代表値，標本調査から計算問題を含め基本的な数学能力を問う小問群が8問前後出題されている。これらの問題は確実に得点したい。大問2は方程式の応用，式による証明，場合の数，確率から数学的応用力を問う小問群が4問出題されている。大問3は図形と関数・グラフや関数とグラフの融合問題，大問4は記述式の証明問題，角度・長さ・面積の計量など平面図形の統合問題，大問5は角度・長さ・側面積・体積の計量など空間図形の統合問題が出題されている。

推薦・一般共，出題範囲は，中学校数学の全領域からの出題となっており，基礎的なものから高度な思考力を必要とする問題まで，バランスのよい構成である。試験の際には，時間内で得点できる問題とそうでない問題を見極め，時間配分にも充分注意したい。

来年度の予想と対策

来年度も問題の量・質に大きな変化はないものと予想される。出題範囲が広いので，中学数学全領域にわたって幅広い学習を心がけたい。そのためには，まずは基礎的な数学の力を身につけることが大切である。何度も簡単な計算問題や基礎的な事項を反復練習し，基礎力をつける必要があるだろう。

次に，関数の問題は基本となる事柄はもちろん，図形と関数・グラフが融合した問題など，やや応用的な問題も多く練習しておくことが求められる。また，三平方の定理を使いながらの平面図形や空間図形の問題にも習熟しておく必要があるだろう。

⇨学習のポイント

・過去問や教科書による学習を通して，新傾向の問題へも柔軟に対応できるようにしよう。
・少し難しい平面図形の問題にもあたり，平面図形の問題へ柔軟に対応できるようにしておこう。

年度別出題内容の分析表　数学

※Aは推薦，Bは一般／▒は推薦，□は一般で出題範囲縮小の影響がみられた内容

出題内容			27年	28年	29年	30年	2019年	2020年	2021年	2022年	2023年	2024年
数と式		数の性質		A					A	A	B	A
		数・式の計算	AB	AB	AB	AB	AB	AB	AB	AB	AB	AB
		因数分解	AB	A	A	A	A	A	A	A	A	A
		平方根	AB	AB	AB	AB	AB	AB	AB	AB	AB	A
方程式・不等式		一次方程式	AB	AB	A	AB	AB	AB	AB	AB	AB	AB
		二次方程式	AB	AB	AB	AB	AB	AB	AB	AB	AB	AB
		不等式				A		A			A	
		方程式の応用	AB	AB	B	AB	B		AB	AB	AB	A
関数		一次関数	AB	AB	AB	AB	AB	AB	AB	AB	AB	A
		関数 $y = ax^2$	AB	AB	AB	AB	AB	AB	AB	B	AB	AB
		比例関数	A	A	AB	B	A	AB	AB		A	B
		関数とグラフ	AB	AB	AB	AB	AB	AB	AB	AB	AB	AB
		グラフの作成				B						
図形	平面図形	角度	AB	AB	AB	AB	AB	AB	AB	AB	AB	AB
		合同・相似	AB	AB	AB	AB	AB	AB	AB	AB	AB	AB
		三平方の定理	AB	AB	AB	AB	AB	AB	B	AB	AB	AB
		円の性質	AB	B	AB	A	A	B	B	AB	B	AB
	空間図形	合同・相似	AB	A	B	A	B					
		三平方の定理	AB		B	A		A		A		
		切断	AB		B	B	B	B	B			A
	計量	長さ	AB	B	AB	AB	AB	AB	AB	AB	AB	AB
		面積	AB	AB	AB	AB	AB	AB	AB	AB	AB	AB
		体積	AB	AB	AB	AB	AB	AB	AB	AB	AB	AB
		証明	AB	AB	AB	AB	AB	AB	AB	AB	AB	AB
		作図	B	B	B	B		B	B	B	B	B
		動点						B			B	
データの活用		場合の数	B	B			B					
		確率	AB	AB	AB	AB	AB	AB	AB	AB	AB	AB
		資料の散らばり・代表値(箱ひげ図を含む)	AB	A	AB	A	AB	AB	AB	AB	AB	AB
		標本調査		B								B
融合問題		図形と関数・グラフ	AB	AB	AB	A	AB	A	AB	AB	B	AB
		図形と確率										
		関数・グラフと確率										
		その他	B									
その他				A	AB	AB	A	B			A	A

英語　●●●• 出題傾向の分析と合格への対策 •●●●

出題傾向とその内容

〈最新年度の出題状況〉

出題数は，推薦が大問3題，一般は大問5題である。推薦は[1]が語句補充，語句並べ換え，英問英答記述，[2]は語句補充，文の並べ換え，短文読解，条件英作文，[3]は語句補充記述，長文読解と条件英作文という構成。一般は[1]がリスニング，[2]が会話文読解，[3]が会話文問題と短文読解，[4]と[5]は長文読解という構成であった。

一般のリスニングは，スピーチや対話内容の質問に対して合う絵を選ぶもの，会話を聞いて質問に答えるもの，スクリプトの最後に当てはまる適文を選ぶ問題が出題された。

一般，推薦ともに，さまざまな形式の問題がまんべんなく出題された。表や会話から内容を読み取る問題，スピーチの長文読解の内容を読み取る問題，条件英作文などがあった。

〈出題傾向〉

出題内容は，一般は若干の変化が見られるが，大まかな構成は同様である。一般，推薦ともにさまざまな形式の問題によって総合力をみる点は一貫している。特に難しい設問はないが，会話や文章の流れ，文法を理解できなければ解けない問題となっているので注意が必要である。

会話文の内容や文法の知識を要する問題は標準なので，教科書の内容が理解できていれば対応可能。並べ換え問題や，英作文など英文を書く問題が出題されており，自分で英文を組み立てられる力が必須である。

来年度の予想と対策

来年度も，全体的な出題の傾向に大きな変化はないものと思われるが，細かな変化があることはじゅうぶん考えられる。過去問と異なるタイプの出題があっても，あわてることなく取り組もう。したがって，特定の出題形式にとらわれることなく，さまざまな問題に触れてまんべんなく力をつけるべき，ということだ。

中学校で習う文法，熟語，会話表現，不規則動詞の活用などはしっかりと暗記し，基本的な単語は正確につづれるようにしておこう。読解問題対策としては，あまり長くなくてよいからまとまった英語の文章を読んで，その内容や話の流れをつかむ訓練をするのがよい。また，並べ換え，英作文などの対策として，短い英文を書く練習もしておくとよいだろう。

⇨学習のポイント

- どんな出題形式にも対応できる，偏りのない英語力を身につけよう。
- 問題そのもののレベルは特別高いものではない。基礎力の強化に励むこと。
- 英文を書く訓練を，日頃からしておこう。

年度別出題内容の分析表　英語

※Aは推薦，Bは一般／（網かけ）は推薦，（枠囲み）は一般で出題範囲縮小の影響がみられた内容

出題内容			27年	28年	29年	30年	2019年	2020年	2021年	2022年	2023年	2024年
設問形式	リスニング	絵・図・表・グラフなどを用いた問題	B	B	B	B	B	B	B	B	B	B
		適文の挿入										
		英語の質問に答える問題	B	B	B	B	B	B	B	B	B	B
		英語によるメモ・要約文の完成				B	B	B	B	B	B	
		日本語で答える問題										
		書き取り										
	語い	単語の発音				A						
		文の区切り・強勢										
		語句の問題	A	A	A	AB			A	A		A
	読解	語句補充・選択（読解）	AB	AB	AB	AB	AB	AB	AB	AB	AB	AB
		文の挿入・文の並べ換え	AB	AB	AB	AB	AB	AB	AB	AB	AB	AB
		語句の解釈・指示語	AB	AB	AB	AB	AB	AB		B	B	
		英問英答（選択・記述）	AB	AB	B	AB	B		AB	A	A	A
		日本語で答える問題	AB	AB	AB	B	B	AB				
		内容真偽	AB	AB	AB	AB	AB	AB	A	A	AB	AB
		絵・図・表・グラフなどを用いた問題	B	B		B	A	AB	AB	AB	AB	B
		広告・メール・メモ・手紙・要約文などを用いた問題	B	B	AB	B		AB				
	文法	語句補充・選択（文法）	AB	AB	AB	AB	AB	AB	AB	AB	AB	
		語形変化										
		語句の並べ換え	AB	AB	AB	AB	AB	AB	AB	AB	AB	AB
		言い換え・書き換え										
		英文和訳										
		和文英訳										
		自由・条件英作文	AB	AB	AB	AB	AB	AB	AB	AB	AB	AB
文法事項		現在・過去・未来と進行形	AB	AB	A	AB	AB	AB	AB	AB	AB	AB
		助動詞	AB	AB	B	A	AB	AB	B	A	B	AB
		名詞・冠詞・代名詞	B	AB	A	A	AB	AB	AB	AB	A	
		形容詞・副詞			A	A		A		A		
		不定詞	A	AB	AB	AB	A	A	A	AB	AB	AB
		動名詞	A		AB	B		B	A	A	A	AB
		文の構造（目的語と補語）			A			AB				AB
		比較	AB	AB	A	AB	AB	AB	A	A	AB	AB
		受け身	AB	A		AB	B		A	B	B	AB
		現在完了	AB	AB	A	A	B	AB	A		B	AB
		付加疑問文										
		間接疑問文		A			B			B		A
		前置詞	B	AB	B	A	B	AB		B	A	AB
		接続詞		B		AB		AB	A	A	A	AB
		分詞の形容詞的用法	B	A	B		A		AB	A	B	AB
		関係代名詞	B	A	A	A		AB			B	AB
		感嘆文										
		仮定法									AB	A

—宮崎県公立高校—

理科　出題傾向の分析と合格への対策

出題傾向とその内容

〈最新年度の出題状況〉

出題数は，大問8題で物理，化学，生物，地学の各分野から，それぞれ2題ずつの出題となっていた。1分野，2分野からバランスがとれた内容となっている。基本的な知識を書かせる問題や，実験・観察の結果から答えを導きだす思考力を要する問題が多い。

〈出題傾向〉

出題範囲は広いが，教科書レベル以上の問題は出題されていない。全ての単元で，基本的な知識をしっかり身につけていることが重要である。実験・観察に関する問題では，計算や図，理由を書かせる問題も出題される。基本的な原理を理解し，実験や観察の結果をまとめたり，実験の手順や器具の取り扱い方，操作の意味を正確に理解しているかなどが問われている。記号で解答する問いが多いが，問題文をしっかり読まないと答えが出ないものが多いので，時間配分を考えて要領よく解答していく力が必要である。

物理的領域　実験をもとにしたデータからポイントを読みとる出題が多く，どのような要素を盛り込んだデータなのかを正確にとらえる力が要求される。基本原理を正しく理解しておけば，正しく解答できるので，あせらず該当する原理をまちがえずに選び，解答していこう。

化学的領域　計算をはじめ，反応全体に関する知識，原理原則やしくみを問われる。実験手順を読み，その結果を正しく把握する必要があるため，問題を読み解く時間をいかに減らし，かつ，内容を的確におさえるかがポイントとなる。素早く読み進めるよう努力したい。

生物的領域　実験や資料から総合的に考察して答えを判断するタイプの出題が多く，実験等の基本的な構成を考える力，理科的な思考力を問われる出題もあった。確実な知識が必要である。

地学的領域　基本的な知識に関する問いや，資料の正確な読みとり，思考力を問われる出題となっていた。資料の読みとりは丁寧に行い，いろいろな現象が起こるしくみを中心におさえよう。

来年度の予想と対策

出題数・出題形式は，来年度も大問8題であると予想される。また，出題範囲についても，公立高校という性格上，バランス良く出題されるだろう。公立高校に合格するには，教科書の復習が最も効果的な勉強方法である。また，例年の問題を見ても分かるように，実験や観察に対する手順や考察を問われる問題が多く出題されているので，授業で行われる実験や観察には積極的に参加し，教科書に出てくる実験の手順や用語は確実に覚えておく必要がある。教科書が最も効果的な参考書であると考えて，練習問題をていねいに解いたり，実験・観察とその結果をくり返し確認したりして，標準的な問題を正しく解けるようになるまで勉強しよう。

⇨学習のポイント

・記述問題対策として，選択肢の解答でもそう考えた理由などを書く練習をしよう。
・教科書にのっている実験は，すべて手順と結果をしっかりと把握しておこう。

年度別出題内容の分析表　理科

※Aは推薦，Bは一般　★・□印は大問の中心となった単元／□は出題範囲縮小の影響がみられた内容

分野	学年	出題内容	27年	28年	29年	30年	2019年	2020年	2021年	2022年	2023年	2024年
第一分野	第1学年	身のまわりの物質とその性質	A	AB	AB	AB	○	★				○
		気体の発生とその性質	B	A	B					○		
		水溶液	AB	A	A	B	○		○		★	
		状態変化		B		A			○			★
		力のはたらき(2力のつり合いを含む)	AB	B	A		○			○		
		光と音	[B]		B	A		★	★			★
	第2学年	物質の成り立ち	A[B]	A	AB			○		○	○	○
		化学変化，酸化と還元，発熱・吸熱反応			AB	A	★	○				
		化学変化と物質の質量		A	[B]	A		○		○		★
		電流(電力，熱量，静電気，放電，放射線を含む)	A	A[B]	A	A[B]			★	○	★	○
		電流と磁界		A	B		★			★		
	第3学年	水溶液とイオン，原子の成り立ちとイオン	A	AB		A		○				
		酸・アルカリとイオン，中和と塩		B	AB	[B]			★	★		
		化学変化と電池，金属イオン	A		B		○	○			★	
		力のつり合いと合成・分解(水圧，浮力を含む)	B	AB	A	[B]	★			★	○	
		力と物体の運動(慣性の法則を含む)	[B]			A		★				
		力学的エネルギー，仕事とエネルギー	A	A	A[B]		○	○			○	★
		エネルギーとその変換，エネルギー資源				A			○		○	
第二分野	第1学年	生物の観察と分類のしかた		B	AB			○				○
		植物の特徴と分類	AB	AB	AB	A		○		○		○
		動物の特徴と分類	A	B	A	A	★				○	
		身近な地形や地層，岩石の観察	B			B		○	○			
		火山活動と火成岩	A	A	AB	A		○			○	
		地震と地球内部のはたらき	A			A	★		○		○	
		地層の重なりと過去の様子	A[B]		A	B		○	★			
	第2学年	生物と細胞(顕微鏡観察のしかたを含む)	AB	A		B					○	
		植物の体のつくりとはたらき	B	A[B]	A	A[B]		○		★		
		動物の体のつくりとはたらき	AB	AB	AB	B		★	★	★	★	★
		気象要素の観測，大気圧と圧力	AB	AB	B	B	○		○	○		★
		天気の変化	B		A		★			○		
		日本の気象	B	A		B			★	★		
	第3学年	生物の成長と生殖	A[B]	A	A	A			○		○	
		遺伝の規則性と遺伝子		A	B				○			★
		生物の種類の多様性と進化			A		○					
		天体の動きと地球の自転・公転	A	A	AB	B		○				
		太陽系と恒星，月や金星の運動と見え方		A[B]	A	A		○		★	★	★
		自然界のつり合い	B			B	★					
自然の環境調査と環境保全，自然災害												
科学技術の発展，様々な物質とその利用					B							
探究の過程を重視した出題			AB	AB	AB	AB	○	○	○	○	○	○

— 宮崎県公立高校 —

社会 ●●●• 出題傾向の分析と合格への対策 •●●●

出題傾向とその内容

〈最新年度の出題状況〉

本年度の出題数は，大問4題，小問35問である。解答形式は記号選択が29問，語句記入が6問，記述問題は様々なパターンで6問の出題となっている。大問数は，日本・世界地理1題，歴史1題，公民1題，3分野から構成される大問1題となっており，小問数は各分野のバランスがとれている。

各設問は細かい知識を問うものではなく，基礎・基本の定着と，資料を活用する力を試す総合的な問題が出題の中心となっている。3分野とも，生徒の調べ学習を題材としている。

地理的分野では，略地図・表・グラフを読み取り，諸地域の特色・産業・気候・交通などを考える出題となっている。

歴史的分野では，絵・写真・史料・グラフ・略年表・系図などをもとに，日本の歴史と，その背景となる世界史を総合的に問う内容となっている。

公民的分野では，表・グラフ・模式図等が用いられ，憲法・政治の仕組み・選挙・経済一般に関する基礎的な知識が問われている。

〈出題傾向〉

地理的分野では，地図や表・グラフ・雨温図などを用い，日本や世界の地形・気候・産業などの特色を問う問題が出されている。

歴史的分野では，絵や写真・図などの資料が用いられ，基礎的な用語や歴史の流れの把握，史料の的確な理解，外国との関連などが出題のポイントとなっている。

公民的分野では，現代の政治のしくみや経済一般等に関する基礎的な知識とともに，社会的な関心を持っているかも問われている。

来年度の予想と対策

来年度も本年度と同じような出題が予想される。出題数にも大きな変動はないと思われ，内容も基本的なものが中心となるであろう。

地理的分野では，教科書の内容を確実に把握しておくとともに，地図や統計資料などを参考にして，日本や世界の特徴を整理しておくことが必要である。

歴史的分野では，年表を活用して時代の流れをつかみながら，重要語句を押さえ，諸外国との関連も確認しておこう。絵・写真・史料等に親しんでおくことも必要である。

公民的分野では，政治・経済の仕組みを中心に基礎的用語を理解し，資料の読み取りも確実にできるようにしておきたい。新聞を読むなど，世の中の動きへの関心も大切である。

日頃から調べたことや考えをノートにまとめるなど，文章記述への対策が非常に重要である。また，テレビのニュースや新聞の地方版，インターネットなどで，宮崎県についての理解を深めておくことが望ましい。

⇨学習のポイント

- 地理では統計資料・地図の読み取りに慣れ，各国と各都道府県についての理解を深めておこう！
- 歴史では資料集の図版などを読み取ることに慣れ，基礎的な通史を整理しておこう！
- 公民では憲法・経済・地方自治・国際社会に注目して，基礎的な知識を整理しておこう！

年度別出題内容の分析表 社会

※Aは推薦，Bは一般／□は出題範囲縮小の影響がみられた内容

分野		出題内容	27年	28年	29年	30年	2019年	2020年	2021年	2022年	2023年	2024年
地理的分野	日本	地形図の見方	B					○			○	
		日本の国土・地形・気候	B	○	○	○	○	○	○	○	○	
		人口・都市	AB	○	○		○		○		○	○
		農林水産業	A	○	○	○	○	○		○		○
		工業	B	○	○	○	○		○	○		○
		交通・通信				○					○	
		資源・エネルギー		○	○	○						
		貿易										
	世界	人々のくらし・宗教	B	○	○	○		○			○	○
		地形・気候	AB	○	○	○	○	○	○	○	○	○
		人口・都市			○							
		産業					○	○	○	○	○	○
		交通・貿易	B	○			○		○		○	
		資源・エネルギー			○	○						
	地理総合									○		
歴史的分野	日本史―時代別	旧石器時代から弥生時代			○	○	○					○
		古墳時代から平安時代	B	○	○	○	○	○	○	○	○	○
		鎌倉・室町時代	AB	○	○	○	○	○	○	○	○	○
		安土桃山・江戸時代	A	○	○	○	○	○	○	○	○	○
		明治時代から現代	AB	○	○	○	○	○	○	○	○	○
	日本史―テーマ別	政治・法律	AB	○	○	○	○	○	○	○	○	○
		経済・社会・技術	B	○	○	○	○		○	○	○	○
		文化・宗教・教育	AB	○	○	○	○	○	○	○	○	○
		外交		○	○	○	○	○	○	○	○	○
	世界史	政治・社会・経済史		○		○	○	○			○	○
		文化史			○							
		世界史総合										
	歴史総合											
公民的分野		憲法・基本的人権	AB	○	○	○	○	○		○		○
		国の政治の仕組み・裁判	AB	○	○	○	○	○	○	○		○
		民主主義										
		地方自治		○	○	○	○	○	○	○	○	○
		国民生活・社会保障	A	○	○		○		○			
		経済一般	AB	○	○	○	○	○	○	○	○	○
		財政・消費生活	AB	○	○	○	○	○	○	○	○	○
		公害・環境問題	B		○	○		○	○		○	
		国際社会との関わり	B			○	○	○	[○]			
時事問題			B									
その他			B									○

―宮崎県公立高校―

国語　出題傾向の分析と合格への対策

出題傾向とその内容

〈最新年度の出題状況〉

推薦は一～三の3種から2題。出題内容は，一が漢字の読み書き，漢文の返り点，プレゼンテーションと話し合いについての問題，文法問題，熟語，書写，古文。二が論説文の問題で，内容吟味，漢字の読み書きを出題。40字以内の記述問題もあった。三が古文，漢文の問題で，内容吟味，漢文の知識問題を出題。一般は大問4題で，小説と論説文の読解問題，アンケートや話し合いについての問題，古文・漢文に関する問題という大問の構成。作文は，資料を読み取りそこから考えを，90字～120字で記述するものであった。小説は，登場人物の心情を問う問題が中心であったが，漢字や表現についての問いもあった。論説文では，内容理解，要旨をまとめる力などが問われた。古文・漢文ではそれぞれに対する問いのほか，古文と漢文の内容を照らし合わせて考える問題が出題された。アンケートや話し合いについての問題では資料の読み取り，脱文・脱語補充の他，国語の基礎知識について問うこともある。作文も出題された。

〈出題傾向〉

現代文の読解問題は標準的な設問が多い。小説は心情読解，論説文は内容理解を中心に出題されている。

古文は漢文との複合的な出題がされている。書き下し文や訳注を参考にし，古文・漢文の内容を正しく読み取る力が求められている。歴史的仮名遣いや，訓点のつけ方などの基本的な設問もある。また，和歌や俳句などがからむ問いもある。

知識問題は，漢字の読みと書き取り，文法などが出題されている。行書から画数や筆順を問うものや，楷書を行書に書き改めるものなどもあり，書写の知識が必要とされていると言える。

一般で特徴的なのが，発表原稿やインタビューなどとポスターや案内書を用いた問題。本年度は，アンケートや話し合いについての問題が見られた。

また作文は，大問として独立はしていない。読解問題の文章や資料から読み取れることをもとにして自分の意見をまとめるものや，インタビュー内容から記事をまとめたりするなどの形で出題される。文字数は例年，100字程度となっている。

来年度の予想と対策

来年度も小説と論説文の読解問題の出題と，それ以外の分野の出題が見られるであろう。

小説では，人物の心情をとらえながら読むこと，論説文では筆者の言いたいことは何かを考えながら読むことを心がけよう。

論説文またはそれ以外の分野からの出題の中で，古文，漢文，韻文が含まれる傾向が続いている。基本的な古文単語の意味，表現技法，漢文の書き下しなどについては必ず学習しておきたい。

知識問題は，漢字の読みと書き取りが必出。文法に関する設問も見られるので，教科書レベルの問題には対応できるようにしておこう。また，書写の知識も身につけておきたい。行書など，書体の特徴をおさえ，楷書との画数や筆順の違いなどを理解しておくとよいだろう。

例年，一般では100字程度の作文が出題されている。長文問題の中で要約も出題される。文章の要約や感想を，端的に表現する練習をしておくとよい。

⇨**学習のポイント**

・過去問を解いて，出題形式に慣れよう。
・古文や漢文，韻文の知識を身につけよう。
・文章の要約や，資料から読み取れることをまとめる練習をしよう。

年度別出題内容の分析表　国語

※Aは推薦，Bは一般／　　は推薦，　　は一般で出題範囲縮小の影響がみられた内容

		出題内容	27年	28年	29年	30年	2019年	2020年	2021年	2022年	2023年	2024年
内容の分類	読解	主題・表題				B	B					
		大意・要旨	B					AB	AB	AB	AB	AB
		情景・心情	B	AB	AB	AB	AB	B	B	B	B	B
		内容吟味	AB	AB	AB	AB	AB	AB	AB	AB	AB	AB
		文脈把握	AB	AB	AB	AB	AB	AB	AB	AB	AB	AB
		段落・文章構成	AB	AB	AB	AB	AB	B	B	AB	AB	
		指示語の問題	B	A	B	A				B		A
		接続語の問題			A		AB	A	B	A	B	A
		脱文・脱語補充	A	B	AB	AB	AB	AB	AB	AB	AB	AB
	漢字・語句	漢字の読み書き	AB	AB	AB	AB	AB	AB	AB	AB	AB	AB
		筆順・画数・部首								A	A	A
		語句の意味	A	A	A	B	B		AB			B
		同義語・対義語		A								
		熟語	AB		A	A		AB	A	A	A	A
		ことわざ・慣用句・四字熟語	AB	AB		A	A	AB	A		B	
		仮名遣い	B	AB	AB	AB	A	AB	AB	A	AB	AB
	表現	短文作成	B									
		作文(自由・課題)	B	B	B	B	B	B	B	B	B	B
		その他										
	文法	文と文節	A	B						A	A	
		品詞・用法	AB	A	A	A	A	AB	AB	AB		A
		敬語・その他	AB	AB	B		A					
	古文の口語訳			A	A	A						
	表現技法・形式		AB	AB	AB		B	AB	AB	AB	AB	AB
	文学史											
	書写		B	AB	AB	AB	AB	AB	AB	AB	AB	AB
問題文の種類	散文	論説文・説明文	AB	AB	A	A	AB	AB	AB	AB	AB	AB
		記録文・実用文										
		小説・物語・伝記	B	B	B	B	B	B	B	B	B	B
		随筆・紀行・日記	A	A								
	韻文	詩			A							
		和歌(短歌)		A	A							
		俳句・川柳	A		A							
	古文		AB	AB	AB	AB	AB	AB	AB	AB	AB	AB
	漢文・漢詩		AB	AB	AB	AB	AB	AB	AB	AB	AB	AB
	会話・議論・発表		B	B	B	B	B	B	B	B	B	AB
	聞き取り											

MEMO

宮崎県公立高等学校（推薦）

2024年度

入　試　問　題

●くわしい解説……19ページ

＜数学＞

時間　30分　　満点　40点

1　次の(1)～(13)の問いに答えなさい。

(1)　$8-11$　を計算しなさい。

(2)　$\left(-\frac{2}{3}+\frac{3}{4}\right)\times 24$　を計算しなさい。

(3)　$(-6)^2-2^3\times 5$　を計算しなさい。

(4)　$6xy\times(-4x)\div\left(-\frac{8}{5}xy\right)$　を計算しなさい。

(5)　$(7x-3)(3+7x)$　を展開しなさい。

(6)　$x^2-15x+36$　を因数分解しなさい。

(7)　$\sqrt{72}-\sqrt{18}+\sqrt{2}$　を計算しなさい。

(8)　等式$-3a+8b=2$　を，bについて解きなさい。

(9)　連立方程式$\begin{cases} 2x+3y=4 \\ x=y-3 \end{cases}$　を解きなさい。

(10)　二次方程式$(x+1)^2=5$　を解きなさい。

(11)　関数$y=3x^2$で，xの値が1から3まで増加するときの変化の割合を求めなさい。

(12)　次の数の中から，無理数であるものを2つ答えなさい。

$-\frac{1}{3}$，$\sqrt{5}$，0，$\sqrt{\frac{4}{9}}$，2.9，π

(13)　次のことがらの逆をいいなさい。また，それが正しいかどうかを調べて，調べた結果の欄に，正しい場合には○を書き，正しくない場合には反例を示しなさい。

整数a，bで，aもbも負の数ならば，$a+b$は負の数である。

2

1　次の(1)，(2)の問いに答えなさい。

(1)　次の図は，ある中学校の通学時間調査において，A組の生徒35人とB組の生徒35人の結果をヒストグラムにまとめたものである。例えば，通学時間が10分以上15分未満の生徒は，A組に

7人，B組に3人いることがわかる。この図から読み取れることとして，**正しいといえること**を，下の**ア**～**エ**から1つ選び，記号で答えなさい。

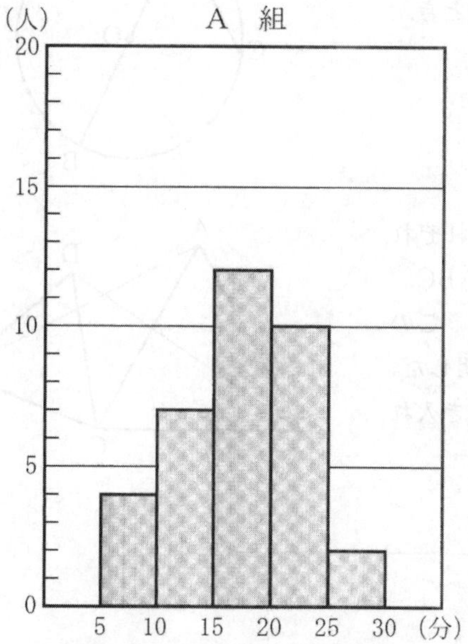

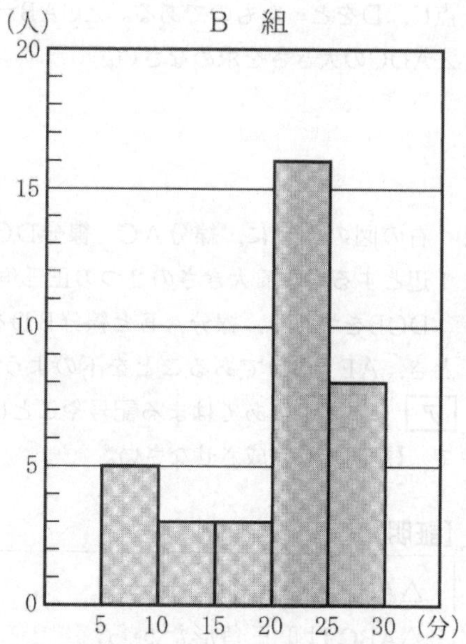

ア　通学時間が15分未満である生徒は，A組よりB組の方が多い。
イ　中央値が含まれる階級は，どちらの組も20分以上25分未満の階級である。
ウ　通学時間の平均値は，A組よりB組の方が大きい。
エ　最大値と最小値の差は，どちらの組も等しい。

⑵　1から6までの目が出る1つのさいころを投げるとき，偶数の目が出る確率は$\frac{1}{2}$である。この確率の意味を正しく説明している文を，次の**ア**～**エ**から1つ選び，記号で答えなさい。
ア　1つのさいころを6回投げるとき，少なくとも3回は，偶数の目が出る。
イ　1つのさいころを6回投げるとき，かならず3回，偶数の目が出る。
ウ　1つのさいころを5000回投げるとき，2500回ぐらい，偶数の目が出る。
エ　1つのさいころを5000回投げるとき，ちょうど2500回，偶数の目が出る。

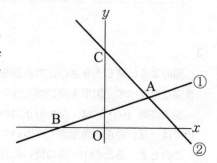

2　右の図のように，2つの関数　$y = ax + 1$ …①，$y = -x + 5$ …②　のグラフが点Aで交わっている。点Aの座標は（3，2）である。また，①のグラフとx軸との交点をB，②のグラフとy軸との交点をCとする。このとき，次の⑴，⑵の問いに答えなさい。

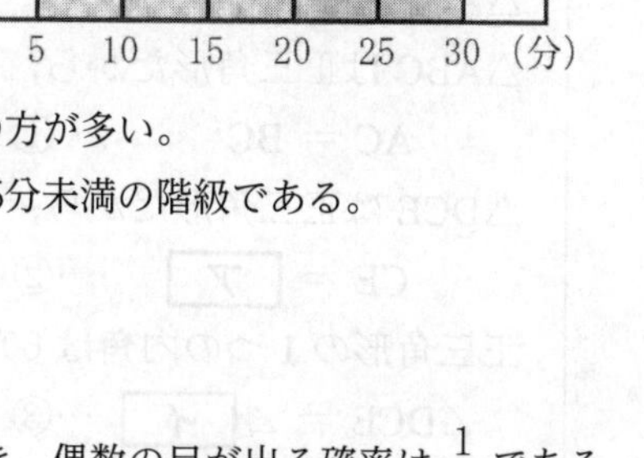

⑴　aの値を求めなさい。

⑵　△CBAの面積を求めなさい。

3 次の⑴，⑵の問いに答えなさい。

⑴　右の図は，線分ABを直径とする円Oの円周上に点C，Dをとったものである。∠CAB＝55°のとき，∠ADCの大きさを求めなさい。

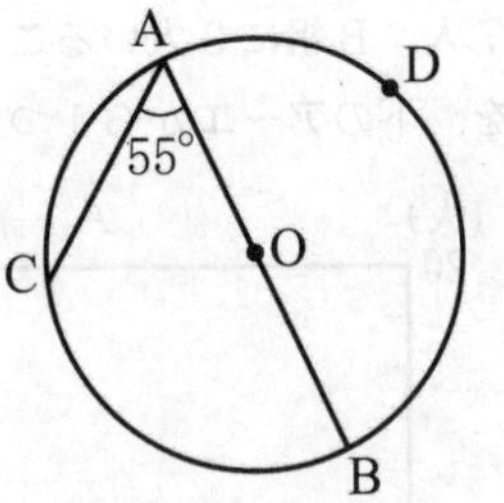

⑵　右の図のように，線分AC，線分DCをそれぞれ1辺とする異なる大きさの２つの正三角形△ABC，△DCEをつくり，線分ＡＥと線分ＢＤをひく。このとき，AE＝BDであることを下のように証明した。ア ～ オ にあてはまる記号やことばを書き入れて，【証明】を完成させなさい。

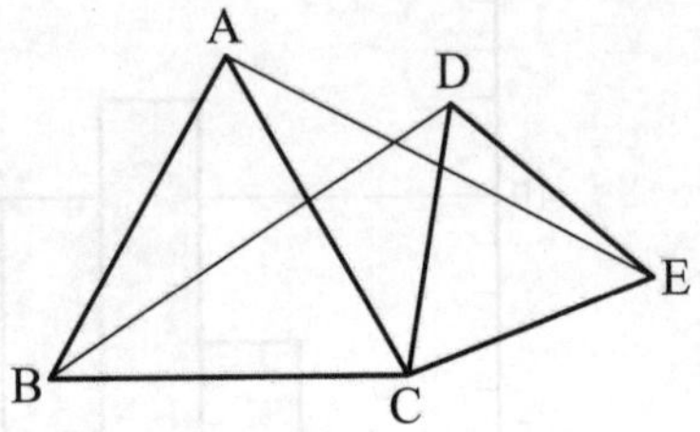

【証明】

△ACE と△BCD において，
△ABC は正三角形だから，
AC ＝ BC　　　…①
△DCE は正三角形だから，
CE ＝ ア　　　…②
正三角形の１つの内角は 60°　だから，
∠DCE ＝ ∠ イ　…③
③の両辺に∠ ウ を加えると，
∠ACE ＝ ∠ エ　…④
①，②，④から，オ が，それぞれ等しいので，
△ACE ≡ △BCD
合同な図形では，対応する辺は等しいので，
AE ＝ BD

3

1　図のように同じ大きさの正六角形を，１番目，２番目，３番目，４番目……と，同じ規則ですき間なく並べて，図形を順につくっていく。

図の点線（-----）は，互いの正六角形がくっついている辺を表している。例えば，２番目の図形では，互いの正六角形がくっついている辺は３本あることがわかる。

このとき，あとの⑴～⑶の問いに答えなさい。

図

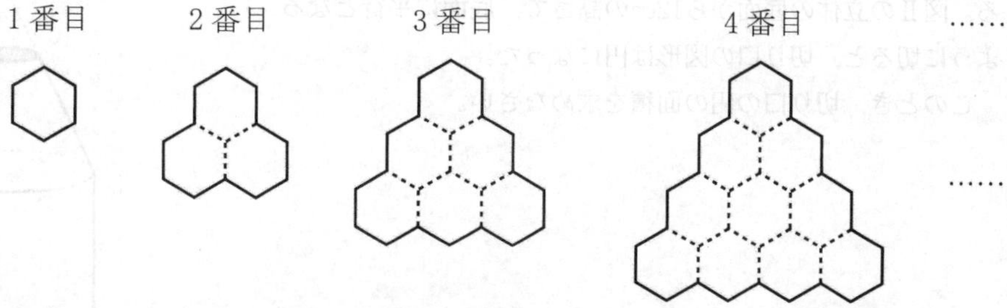

⑴　6番目の図形に使われている正六角形の数を求めなさい。

⑵　n 番目の図形に使われている正六角形の数を，n を用いて表しなさい。

⑶　10番目の図形において，互いの正六角形がくっついている辺の本数を求めなさい。

2　図Ⅰのような円柱と円錐《すい》の容器がある。

円柱の高さは８㎝，底面の半径は３㎝，円錐の高さは６㎝，底面の半径は３㎝とする。

このとき，次の⑴~⑶の問いに答えなさい。

ただし，円周率はπとし，容器の厚さや変形は考えないものとする。

図Ⅰ

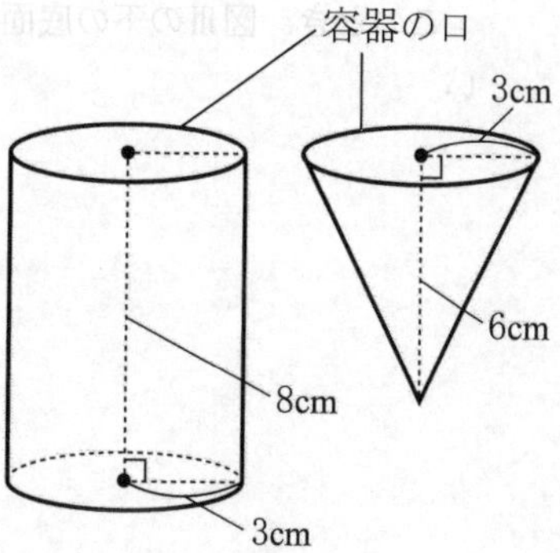

⑴　図Ⅱは，図Ⅰの２つの容器の口をぴったりと重ねてつくった立体である。この図Ⅱの立体の体積を求めなさい。

図Ⅱ

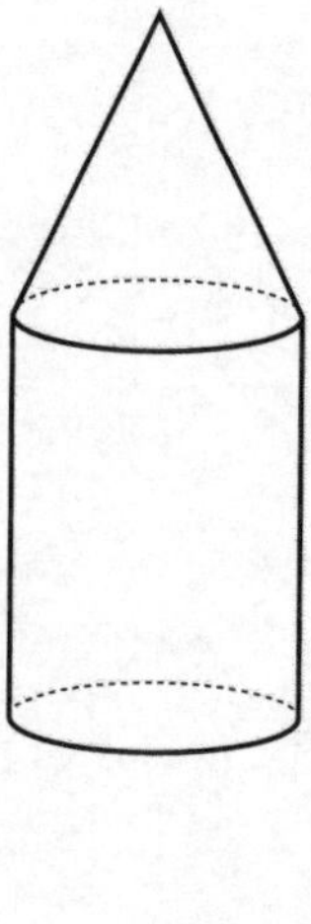

⑵　図Ⅲは，図Ⅱの立体の一部を切り取ってつくった容器である。図Ⅱの立体の底面から12㎝の高さで，底面に平行となるように切ると，切り口の図形は円になった。
　このとき，切り口の円の面積を求めなさい。

図Ⅲ

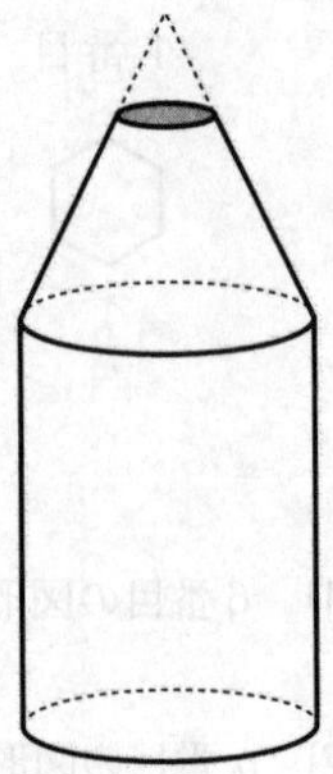

⑶　図Ⅳは，半径が４㎝の半球の容器である。この容器いっぱいに水を入れて，図Ⅲの切り口からすべての水を移した。
　ただし，図Ⅲの容器は，底面が水平になるように置かれており，動かさないものとする。
　このとき，図Ⅲの下の底面から水面までの高さを求めなさい。

図Ⅳ

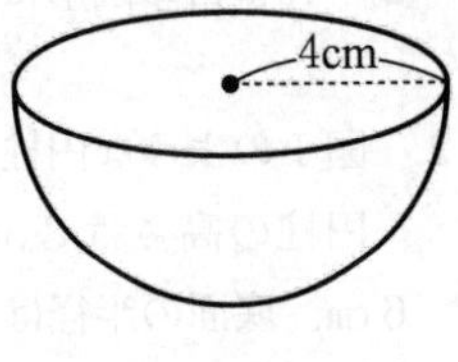

＜英語＞

時間　30分　　満点　40点

1

1　右の【パンフレット】を見て，次の対話の（①）～（③）に入る適切な語を，**英語１語**で答えなさい。

ただし，（　）内に書かれているアルファベットから始めることとします。

A：I want to go hiking.

B：It sounds nice!　Let's go to Mt. Hinata.　It is also　(① c　　　)　"Neko-yama" because it looks like a cat.

A：That's interesting!　What can we enjoy there?

B：There are a lot of beautiful flowers and plants that we can see only on the mountain.

A：Oh, I want to see them, but we (② m　　　)　not pick them, right?

B：That's right, but you can　(③ t　　)　pictures of them.

A：Wow, I can't wait!

【パンフレット】

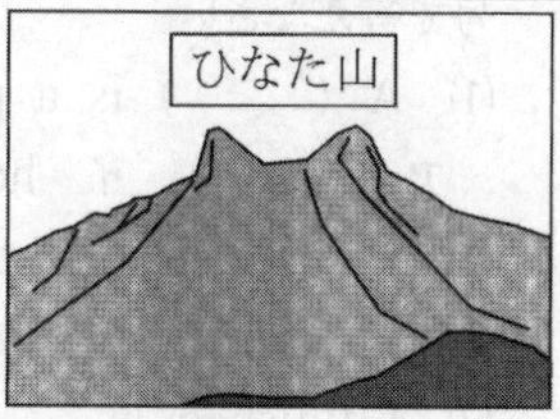

別名：ネコ山
標高：1280m
おすすめポイント：たくさんのめずらしい高山植物が観賞できる
注意点：植物の採取は不可（写真撮影は可）

2　次の⑴～⑸の日本文に合うように，（　）に入る適切な語を，**英語１語**で答えなさい。

⑴　今日は何曜日ですか。

What day is (　　　) today?

⑵　あなたは学校に着いたら，たいてい何をしますか。

What do you usually do after you (　　　)to school?

⑶　あなたのカバンに本が何冊入っていますか。

How many books (　　　) there in your bag?

⑷　動植物は，水なしでは生きられません。

Plants and animals cannot live (　　　) water.

⑸　ベンチに腰かけている年配の男性は，空に一番星を見つけました。

The old man (　　　) on the bench found the first star in the sky.

3　次の⑴～⑷の対話について，（　）内のア～エの語句をすべて用い，意味がとおるように並べかえ，記号で答えなさい。

ただし，文頭にくる語も小文字で示してあります。

⑴　*A*：Have you ever read the book?

B：Of course.　(ア　made　/ イ　excited　/ ウ　it　/ エ　me).

⑵　*A*：(ア　whose　/ イ　is　/ ウ　textbook　/ エ　this)?　It has no name on it.

B：Sorry, I have no idea.

⑶　*A*：Does Ken like cats?

B：Yes, he does.　He likes (ア　better　/ イ　cats　/ ウ　dogs　/ エ　than).

⑷　*A*：Do you know (ア　do / イ　when　/ ウ to　/ エ what) an earthquake happens?

B：Yes.　You should protect yourself first.

4　次の⑴～⑷の英文の（　）に入る最も適切な語句を，それぞれア～エから１つずつ選び，記号で答えなさい。

⑴　A (　　　) is a place people usually visit when they are sick.

ア　gym　　イ　hospital　　ウ　library　　エ　station

⑵　(　　　) is one of the months in fall in Japan.

ア　April　　イ　February　　ウ　June　　エ　November

⑶　I finished (　　　)in the morning.

ア　clean　　イ　cleaned　　ウ　cleaning　　エ　to clean

⑷　If I were you, I (　　　) ask some friends to help.

ア　would　　イ　will　　ウ　did　　エ　can

5　次の質問に対して，あなたならどのように答えますか。主語と動詞を含む５語以上の英文１文で書きなさい。

ただし，符号（，．！？など）は語の数に入れないものとします。

質問：What subject do you like the best?

2

1　次の⑴～⑶の対話の（　）に入る最も適切な語句を，それぞれア～エから１つずつ選び，記号で答えなさい。

⑴　*A*：(　　　)do you go to school?

B：I walk to school every day.

ア　Why　　イ　How

ウ　What time　　エ　How long

⑵　*A*：I don't remember (　　　)my bag.

B：Really?　I'll look for it with you.

ア　where I put　　イ　where did I put

ウ　when I put　　エ　when did I put

⑶　*A*：You're really good at swimming.　Can you show me how to swim fast?

B：(　　　).　Watch me.

ア　That's too bad　　イ　You're welcome

ウ　Yes, you can　　エ　All right

2　わかりやすい文章となるように，次の⑴，⑵の（①）～（③）に入る最も適切な英文を，それぞれア～ウから１つずつ選び，記号で答えなさい。

⑴　Smartphones have a lot of good points.（　①　）.（　②　）.（　③　）.

ア　On the other hand, it may damage our brain and eyes if we use it for a long time

イ　We should think well about how to use a smartphone

ウ　For example, we can get a lot of useful information at any time and place

⑵　（　①　）.（　②　）.（　③　）. Try a new summer activity you have never experienced!

ア　In this season, you can enjoy camping in the mountain

イ　Summer is a good season for outdoor activities

ウ　You can also enjoy water sports on the beach or in the sea

3　貴子(Takako)とメアリー(Mary)が「幸せの緑色のポスト」(the Happy Green Mailbox)について話をしています。次の対話を読んで，あとの⑴～⑷の問いに答えなさい。

Takako : Hi, Mary. Will you be free next Sunday?

Mary : Yes, I have（ ① ）on that day. What will you do?

Takako : I am going to go to Sakura Park. Do you want to go with me?

Mary : Sounds like fun. What will we do there?

Takako : I want to see "the Happy Green Mailbox" in the park.

Mary : What is that?（ ② ）.

Takako : The mailbox was red before. More than a century ago, a *mayor decided to change the color to make the park famous. Since then, a lot of people have visited the park.

Mary : Interesting! By the way, why do people call it the "*Happy*" Green Mailbox?

Takako : Because the mailbox will make you happy.

Mary : What do you mean?

Takako : Write your wish in a letter in English and then put the letter in the mailbox. It is said that the letter is sent to a *fairy. And your wish will come true *thanks to the fairy.

Mary : Amazing! Have you ever put any letters in the green mailbox?

Takako : No, I haven't. I am going to try it for the first time next Sunday.

Mary : Wow! I'd like to try it, too.

（注）　mayor　市長　　fairy　妖精《ようせい》　　thanks to　～のおかげで

⑴　文中の（①）に入る最も適切なものを，次のア～エから１つ選び，記号で答えなさい。

ア　a problem　　イ　finished　　ウ　nothing to do　　エ　to be free

(2) 文中の（②）に入る最も適切なものを，次のア～エから１つ選び，記号で答えなさい。

ア Take me there　　イ Tell me more

ウ Think it twice　　エ Check it soon

(3) 次のア～エの英文について，本文の内容と合っているものを１つ選び，記号で答えなさい。

ア Takako asked Mary to help her write an English letter.

イ People will be happy if they see the green mailbox in Sakura Park.

ウ The mailbox in Sakura Park has been green for more than 100 years.

エ Mary is probably not interested in the story of the green mailbox.

(4) あなたなら，手紙にどのような願いを書いて「幸せの緑色のポスト」に投函《とうかん》しますか。下の書き出しに続き，**主語と動詞を含む５語以上の英文１文**で書きなさい。

ただし，書き出しと符号（, . ！？など）は語の数に入れないものとします。

I wish (　　　　　　　　　　　　　　　　　　　　　　　).

3

1 次の(1)～(3)について，（ ）内の語を適切な形に変えたり，不足している語を補ったりして，それぞれ会話が成り立つように英文を完成させなさい。

(1) ＜新しいタブレット端末［tablet device］を買った友人との会話＞

A： You've gotten a new tablet device! It is smaller than mine.

B： Yes. This is the newest type.

A： What is another good point about it?

B： This is (heavy) as the old one. It is easier for me to carry.

(2) ＜ALTと生徒の会話＞

A： I sent you an e-mail yesterday.

B： Oh, sorry. I (be) very busy since last week, so I have not read any e-mails.

A： It's about your homework.

B： Thanks for telling me about it. I'll check it later.

(3) ＜ロンドンのウィンブルドン［Wimbledon］を旅行する予定の友人との会話＞

A： Why will you travel to Wimbledon?

B： Because I'm interested in the history of tennis. I'd like to learn a lot about it there.

A： Will anyone show you around the town?

B： No. There is a website (introduce) the town in easy English. I think it will be helpful.

2 次の英文は，優子（Yuko）が英語の授業で，デジタルミュージアム（the digital museum）について書いたものです。これを読んで，後の(1)，(2)の問いに答えなさい。

Do you know the digital museum? It is the museum on the internet. My city, Hinata City, also has one called the Hinata Digital Museum. If you visit *online, you can see *displays about art, nature and history at the Hinata Museum.

I had a plan to visit the Hinata Museum last weekend with my grandmother. But on that day, she felt *slightly sick, so we changed the plan and visited the Hinata Digital Museum at home. We enjoyed displays online. My grandmother and I saw many displays and shared how we felt about them. We couldn't go to the Hinata Museum, but we had a good time at home for the digital museum.

(　　　), I found that the digital museums can give people an easier *chance to learn. For example, people who live far away from the real museums will easily enjoy displays online at home. Sick, old and *disabled people can also visit the digital museums easily. The digital museums will be the door to the wonderful world of art, nature and history for everyone.

（注）online　オンライン上で　display　展示品　slightly　少し　chance　機会
disabled　体の不自由な

⑴　文中の（　）に入る最も適切なものを，次のア～エから１つ選び，記号で答えなさい。

ア　Through my experience　　イ　Like my grandmother

ウ　According to the website　　エ　Because of the research

⑵　優子が**一番伝えたいこと**として最も適切なものを，次のア～エから１つ選び，記号で答えなさい。

ア　The Hinata Digital Museum is a wonderful museum that gives a chance to learn.

イ　Watching displays at the real museums is better than watching them at the digital museums.

ウ　The digital museums let all people learn more easily about art, nature and history.

エ　People should visit the digital museums instead of going to the real museums.

3　英語の授業で，ALTのジョン（John）先生が作成した文章（次のページ）があなたのタブレット端末に送信されました。これを読んで，あとの⑴，⑵の問いに答えなさい。

⑴　ジョン先生が作成した文章の内容と**一致しないもの**を，次のア～エから１つ選び，記号で答えなさい。

ア　"*Domo*" has a variety of meanings and is used in many ways.

イ　"*Domo*" can mean "very" when it is used with other words.

ウ　It is not good to use only "*domo*" when you speak to older people.

エ　Japanese has more meanings in one word than English.

⑵　文中の下線部のジョン先生の質問に対して，あなたならどのように答えますか。**英文**はいくつでもかまいませんが，**主語**と**動詞**を含み，全体で**10語以上20語以下**となるように書きなさい。

ただし，書き出しの部分と符号（ , . ! ? など）は語の数に入れないものとします。また，あなたの考えを明らかにするために，解答用紙の［ Yes, I do ／ No, I don't ］のどちらかを○で囲みなさい。

[Yes, I do / No, I don't] because (　　　　　　　　　　　　　　　　　　　).

I have been studying Japanese for three years. I found "*domo*" is an *expression used very often in daily life in Japan. How many ways of using it do you *have in mind?

One way of using it is as a *greeting. People say "*domo*" when they see each other. It's just like "Hello" or "Hi." They sometimes use "*domo*" to mean not only "I'm sorry" but also "Thank you." It can also be used with other words to make the meaning stronger. "*Domo sumimasen*" is an example of this. It's just like "very" in English.

However, be careful. You shouldn't say just "*domo*" when you talk to older people, because they may think you are *rude.

When I see a case like this, I often think that studying a foreign language is difficult. But at the same time, it is fun. So I'll never stop studying Japanese.

<u>Do you think studying a foreign language is necessary? Why or why not?</u>

（注）　expression　表現　　　have in mind　思い浮かべる　　　greeting　挨拶
　　　　rude　無礼な

問一　古文Aの――線①「つとめて」が表す時間帯として、最も適当なものを、次のア～エから一つ選び、記号で答えなさい。

ア　夕方　イ　深夜　ウ　早朝　エ　昼ごろ

問二　古文Aの――線②「この人々」が示すものとして、最も適当なものを、次のア～エから一つ選び、記号で答えなさい。

ア　同じ目標を掲げてこれから共に歩んでいく人たち

イ　今にも海に向かって漕《こ》ぎ出そうとしている人たち

ウ　出発してからも同じ船の中で過ごしてきた人たち

エ　館を出発してからずっとついてきてくれた人たち

問三　漢文Bの――線③「空」と同じ意味で使われている熟語として、最も適当なものを、次のア～エから一つ選び、記号で答えなさい。

ア　天空　イ　空虚　ウ　空港　エ　空気

問四　漢文Bの――線④「如今送別臨渓水」に【書き下し文】の読み方になるように返り点をつけなさい。送り仮名はつけなくてよい。

問五　次は古文A、漢文B、漢文Cについての、授業中の【会話】です。これを読み、後の問いに答えなさい。

【会話】

先生　今回学習した漢文Cに加えて、別れの場面を描いた古文Aと漢文Bについても考えてみましょう。三つの作品を読み比べて共通点や異なる点について話してみてください。

和子《わこ》　三つの作品はどれも水辺での別れの場面であることが共通していると思います。

先生　そうですね。場面をよく想像していますね。古文Aは、平安時代に執筆された作品で、赴任していた土佐から京の都へ帰るまでの日々を描いた日記です。古文Aの舞台は海です。

颯介《そうすけ》　三つの作品とも別れの場面であることは同じですが、大きく異なるのが、書き手の置かれた立場だと思います。書き手が、古文Aは ⑤ 立場にいて、漢文BとCは ⑥ 立場にいます。

翔太《しょうた》　漢文BとCでは作者が川辺にいて、去っていく相手の姿が見えているか、見えていないかが違いますが、どちらも⑦春の明るく穏やかな様子の中でたたずんでいる書き手の思いを読み取ることができます。

和子　漢文BとCに対して、古文Aはにぎやかな場面だと思いました。なぜなら、⑧ 場面だからです。

翔太　三つの作品を読み比べてみると、一つの作品を読むだけでは気づかなかったことに気づけるんですね。

1　【会話】中の ⑤ と ⑥ に入る適当な表現を、それぞれ五字以内で書きなさい。

2　【会話】中の――線⑦「春の明るく穏やかな様子の中でたたずんでいる書き手の思い」とあるが、どのような思いか。書き手の思いを十五字以内で書きなさい。

3　【会話】中の ⑧ に入る適当な表現を、十五字以内で書きなさい。

エ　変化する環境に対応して生き残るために、最新の情報を古い記憶と照合し、新しい記憶を作っていくことは、理にかなっているということ。

問六　本文の構成と内容の説明として、最も適当なものを、次のア〜エから一つ選び、記号で答えなさい。

ア　初めに、「物理学」と「記憶」について説明した後、記憶が変わってしまうことを詳細な実験で証明し、最後に、脳のメカニズムは大変合理的であると結論づけている。

イ　初めに、「物理学」と「記憶」の関わりについて説明した後、脳とコンピュータとの根本的な違いを述べ、最後に、私たちがこれから注意するべきことを提示している。

ウ　初めに、「干渉」と「記憶の干渉」について説明した後、記憶が抑制される具体例を示し、最後に、「記憶の干渉」は、実はとても優れたものであると評価している。

エ　初めに、「干渉」と「記憶の干渉」の共通点について説明した後、脳のメカニズムが合理的であることを述べ、最後に、脳の生存戦略における新たな課題を示している。

三　次の古文A、漢文B、漢文Cを読んで、後の問いに答えなさい。

A

九日の①つとめて、大湊《おほみなと》より《大湊から》、奈半《なは》の泊《とまり》を追はむとて漕《こ》ぎ出《い》でけり《奈半の港に向かおうと、船をこぎ出した》。これかれ《この人もあの人も》互ひに国の境《さかひ》のうちはとて《国境までは(見送ろう)と言って》、見送りに来る人あまたが中に《大勢いる中で》、藤原《ふぢはら》のときざね、橘《たちばな》のすゑひら、長谷部《はせべ》のゆきまさ等《ら》なむ、御館《みたち》より《国司の館から》出で給《たう》びし日より《出発しなさった日から》、ここかしこに追ひ来る。②この人々ぞ、志ある人なりける《気持ちのある人である》。この人々の深き志はこの海にも劣らざるべし《この海の深さにも劣らないに違いない》。これより《ここから》、今は漕ぎ離れて行《ゆ》く《今度こそとこいで離れていく》。これを見送らむとてぞ、この人どもは追ひ来ける。かくて漕ぎ行くまにまに《こうしてこいでいくにつれて》、海のほとりにとまれる人《見送る人は》も遠くなりぬ。船の人も《船で見送ってくれる人》見えずなりぬ。

（「土佐日記《とさにっき》」による）

B

君《きみ》去《さ》ラバ春山誰ト共ニカ遊バン
鳥啼《な》キ花落チテ水③空シク流レン
④如《じょ》今《こん》送リテ別ヲ臨ム渓《けい》水《すい》ニ
他日相《あひ》思ハバ来タレ二水《すい》頭《とう》ニ一

【書き下し文】
君去らば春山誰と共にか遊ばん《君が去ったならば、春の山の遊びを誰と共にしよう》
鳥啼き花落ちて水空しく流れん
如今《いま》別を送りて渓水に臨む《別れを送って谷川の水辺にいる》
他日相思はば《いつか私のことを思い出したら》水頭に《水辺に》来たれ

（「三体詩《さんたいし》」劉商《りゅうしょう》「王永《おうえい》を送る《おく》」による）

C

故人西ノカタ辞シ二黄鶴楼ヲ一
煙花三月下ル二揚《やう》州《しう》ニ一
孤《こ》帆《はん》ノ遠影碧《へき》空《くう》ニ尽キ
唯《た》ダ見ル長《ちやう》江《かう》ノ天際ニ流ルルヲ

【書き下し文】
故人西のかた黄鶴楼を辞し
煙花三月揚州に下る
孤帆の遠影碧空に尽き
唯だ見る長江の天際に流るるを

（「唐詩選《とうしせん》」李白《りはく》「黄鶴楼《こうかくろう》にて孟浩然《もうこうねん》の広陵《こうりょう》に之《ゆ》くを送る《おく》」による）

境に対応することができません。最新の情報を取り込み、古い記憶と照らし合わせ新しく解釈して新しい記憶を作っていくことで、新しい環境に対応できるのです。その時に読み出された古い記憶も、新しい記憶の影響を受けて変容します。使われない記憶は、だんだん読み出せなくなり劣化し、※シナプスは他の記憶に使われていきます。記憶の干渉も、新しい記憶を過去の似た記憶と関連させることで、効率よく使える記憶として変化させているのです。

　このように常に変化し続けることで、生存競争に勝ち残ってきた脳の戦略は、私たちも見習うべきところがあるかもしれません。昔のやり方をⓒ貫くだけでは、時代に取り残されてしまいます。かといって、新しいものに次々飛びついて古いものを捨ててしまえば、進歩することはできません。

　これまでのやり方にこだわるのではなく、新しいものが入ってきたら、比較検討して、新しいものの良さを取り入れる。そして、判断基準そのものを変化させていく。この柔軟さが、脳の作り出す記憶の最大の強みです。

　脳は敢《あ》えて、変わらないことより変わることを選んだのです。これは想定外の環境変化があることを想定した、脳の素晴らしい生存戦略です。そのおかげで、私たちは数万年前と同じ設計図で、まったく違う世界を生きることができているのです。

（澤田《さわだ》誠《まこと》「思い出せない脳」による　一部省略がある）

（注）※物理学……物質の性質や構造、運動・熱・光・音・電気・磁気などの状態や作用について研究する学問。
※メカニズム……ここでは、物事の仕組みの意。
※ショッピングモール……多くの小売店が集まった大規模な複合商業施設。ショッピングセンター。

※予備校……上級学校、特に大学の入学試験のための指導を行う各種学校。
※シナプス……神経細胞の接合部。

問一　文章中の══線ⓐ～ⓒについて、漢字の部分はその読みをひらがなで書き、カタカナの部分は漢字に直しなさい。

問二　文章中の［A］・［B］に入る言葉として、最も適当なものを、次のア～エからそれぞれ一つ選び、記号で答えなさい。

ア　たとえば　**イ**　あるいは　**ウ**　しかし　**エ**　つまり

問三　文章中の——線①「この現象」とはどのような現象か。次の文の［　］に入る適当な表現を、三十五字以内で書きなさい。

［　　　　　　　　］という現象。

問四　文章中の［②］に入る言葉として、最も適当なものを、次のア～エから一つ選び、記号で答えなさい。

ア　柔軟性　**イ**　関連性　**ウ**　具体性　**エ**　再現性

問五　文章中の——線③「脳にとっては、このメカニズムの方が合理的なのです。」とあるが、どのようなことか。その説明として、最も適当なものを、次のア～エから一つ選び、記号で答えなさい。

ア　環境の変化に対応していくために、常に最新の情報を収集し、古い記憶を消して新しい記憶を蓄積することは、理にかなっているということ。

イ　新しい環境に振り回されずに生き抜くために、昔の記憶を大切にし、そのままの形を保ち続けていくことは、理にかなっているということ。

ウ　厳しい生存競争に勝ち残っていくために、脳がコンピュータと同じように精密で揺るぎない記憶をもつことは、理にかなっているということ。

二 次の文章を読んで、後の問いに答えなさい。

干渉という言葉は、日常生活では他人に口出ししたり指図したりする意味でよく使われます。「自立した社会人になったのに、親があれこれ干渉してきてうるさい」といった具合にです。［A］、記憶の干渉といっても、記憶があれこれ指図してくることではありません。※物理学の用語としての干渉です。

物理学でいう干渉は、２つ以上の同じ種類の波が重なって、互いに強め合ったり弱め合ったりする現象のことです。波の山同士がぶつかれば強め合いますが、山と谷がぶつかると弱め合います。

記憶は波ではないので、物理学の干渉とは違いますが、新しい記憶が入ってきたときに過去に似たような記憶があると強め合ったり弱め合ったりする現象のことを指すので、記憶の干渉と呼ばれています。

この概念がⓐテイショウされたのは、１９００年ごろです。物事を記憶した後で、別の物事を記憶する作業を行うと、その作業を行わない場合に比べて最初の記憶の保持が低下する現象が見つかり、これが記憶の干渉説になりました。なぜこのようなことが起こるのか、はっきりとした※メカニズムはまだ明らかになっていませんが、互いに類似した記憶ほど干渉が起こりやすいという性質が分かっています。

干渉作用は記憶ができない場合（抑制）と記憶する助けになる場合（促進）の２種類があり、抑制の方が起こりやすいことが分かっています。

さらに、「順向干渉」と「逆向干渉」があります。すでに記憶している古い記憶が、新たに入ってきた情報の記憶に干渉するのが順向干渉で、新たに入ってきた情報がすでに記憶している情報に対して干渉するのが逆向干渉です。（中略）

［B］、干渉によって記憶が抑制される例を考えてみましょう。

すでに似たような名前の人の記憶があるせいで、新しい人の名前を覚えられなかったり、同じ※ショッピングモールに午前と午後の２回行ったせいで、午前に停めた駐車場の位置の記憶が干渉して、午後に停めた場所が分からなくなったりする現象が、順向干渉による抑制です。

逆向干渉による抑制は、すでに30個のビジネスに関する英単語を覚えたのに、続けてもう30個、同じジャンルの英単語を覚えたら、前に覚えていた単語を忘れてしまう現象です。

詳細なメカニズムは分かっていなくても、①この現象を日常生活に応用することはできます。たとえば、勉強をするときに、同じ科目をずっと長く勉強していると、似た記憶同士の干渉が起こり、記憶の形成が妨害されます。１日かけてひとつずつ教科を制覇していくよりは、１日のうちで時間を区切って異なるジャンルの教科を順番に行った方が効率が良いはずです。学校の授業の時間割はそういった考えで作られているのかもしれませんね。となると、※予備校の短期集中講座や大学の集中講座は、記憶に関しては効率が悪いということになりますが、みなさんの実感としてはどうでしょうか。

思い出すたびに変容するだけでなく、他の記憶によっても変わってしまうなんて、記憶というものはずいぶんいいⓑカゲンな仕組みのように感じられます。

実際に脳は、コンピュータと違って、正確性や［②］に欠けています。脳のように、呼び出すたびにデータが変わっていくコンピュータがあったら、困ります。面白そうなので、ちょっと使ってみたいですが、仕事に使うことは恐ろしくてできません。

しかし、③脳にとっては、このメカニズムの方が合理的なのです。昔の記憶を少しも変わらずに保持しているだけだったら、変化する環

【話し合いの様子】

由起　私のレポートについて、質問や感想、アドバイスをください。

理久《りく》　文化財に様々な区分があることを初めて知ったよ。

彩希《さき》　由起さんが作成した【指定件数一覧表】をみると宮崎県は九州・沖縄各県の平均値と比べて ③ ということが分かるよ。

理久　仮説に「九州・沖縄には」とあるから、全国についてのデータもあるといいね。また、このレポートを読んだ人に宮崎県の民俗文化財に興味をもってもらうためには、数だけではなく ④ を調べて示すといいと思う。

大河《たいが》　調査の方法がインターネットしかないから、本や宮崎県の広報紙などでも調べた方がいいと思うよ。

由起　ありがとう。修正してみるね。

問一　文章中の――線①「調べる」の活用形を、次のア～エから一つ選び、記号で答えなさい。

ア　連用形　イ　終止形　ウ　連体形　エ　仮定形

問二　文章中の――線②と熟語の構成が同じものを、次のア～エから一つ選び、記号で答えなさい。

ア　乗降　イ　河川　ウ　人造　エ　就職

問三　文章中の ③ に入る内容として最も適当なものを、次のア～エから一つ選び、記号で答えなさい。

ア　重要有形民俗文化財、重要無形民俗文化財ともに同じくらい

イ　重要有形民俗文化財、重要無形民俗文化財ともに多い

ウ　重要有形民俗文化財が少なくて、重要無形民俗文化財は多い

エ　重要有形民俗文化財が多くて、重要無形民俗文化財は少ない

問四　文章中の ④ に入る内容として最も適当なものを、次のア～エから一つ選び、記号で答えなさい。

ア　神楽の他にどのような民俗文化財があるのか

イ　文化財には他にどのような区分があるのか

ウ　他県にはどのような民俗文化財があるのか

エ　国や自治体の他に文化財を指定する団体があるのか

（五）　次は、「宇治拾遺物語《うじしゅういものがたり》」の一部です。これを読んで、後の問いに答えなさい。

昔、唐《もろこし》に宝志和尚《ほうしくわしやう》といふ聖《ひじり》あり。いみじく貴《たふと》く①おはしければ《とても尊くていらっしゃったので》、御門《みかど》《天皇》、「かの聖の姿を影《えい》に書きとらん《肖像画に描きとどめよう》」とて、絵師三人を遣はして、「もし一人しては、書き違《たが》ゆる事もあり」とて、②三人して面々に写すべき由《よし》仰《おほ》せ含め《三人でおのおの別々に写すようにとおっしゃって》られて、③遣はさせ給ふに（略）

問一　文章中の――線①の読み方を、現代仮名遣いで書きなさい。

問二　文章中の――線②とあるが、その理由を二十字以内で説明しなさい。

問三　文章中の――線③は、誰が、誰を、誰のもとへ派遣したのか。次のア～エから一つ選び、記号で答えなさい。

ア　聖が、御門を、絵師のもとへ派遣した。

イ　聖が、絵師を、御門のもとへ派遣した。

ウ　御門が、聖を、絵師のもとへ派遣した。

エ　御門が、絵師を、聖のもとへ派遣した。

〈国語〉

時間 三〇分 満点 四〇点

一

(一) 次の①～④の――線部について、漢字の部分はその読みをひらがなで書き、カタカナの部分は漢字に直しなさい。なお、漢字に直す場合、送り仮名が必要なものは、ひらがなで正しく送ること。

① 時を隔てて再会する。

② 抑揚をつけて話す。

③ ウタガイの余地がない。

④ 楽器をエンソウする。

(二) 次の漢文に、【書き下し文】の読み方になるように返り点をつけなさい。送り仮名はつけなくてもよい。

李 下 不 正 冠

【書き下し文】李下《りか》に冠を正さず

(三) 次の行書で書かれた漢字の〇で囲んだ部分を説明したものとして、最も適当なものを、次のア～エから一つ選び、記号で答えなさい。

ア 楷書では2画目で、行書では2画目となっている。

イ 楷書では2画目で、行書では3画目となっている。

ウ 楷書では3画目で、行書では2画目となっている。

エ 楷書では3画目で、行書では3画目となっている。

(四) 由起《ゆき》さんたちは、国語の授業で、レポートを作成し、グループで話し合いをしました。次は、由起さんの作成した【レポート】および【話し合いの様子】です。これらを読んで、後の問いに答えなさい。

【レポート】

1．調査の目的

私は、国の重要無形民俗文化財に指定されている地域の神楽《かぐら》に参加したことをきっかけに宮崎県の歴史や文化について興味をもち、宮崎県をはじめとして九州・沖縄の民俗文化財の数を①調べることにした。

2．仮説

神話が数多く残る宮崎県をはじめとして、九州・沖縄には民俗文化財が多くあるのではないか。

3．調査

(1) 調査の方法

統計資料をインターネットで検索する。

(2) 調査の結果

国が指定する民俗文化財には、農耕用具などの重要有形民俗文化財と神楽などの重要無形民俗文化財があり、九州・沖縄各県において重要無形民俗文化財の方が多い。宮崎県の両者を合わせた数は、ほぼ九州・沖縄の平均値と同じである。

4．考察

(1) 県や市町村が指定する民俗文化財まで調べるともっと多くのものがあるのではないか。

(2) 重要無形民俗文化財をこれからも守っていくためには、地域の人々をはじめ、県全体で②継承していくことが重要だ。

5．参考文献

○文化財指定等の件数（文化庁のホームページから）

【指定件数一覧表】

	民俗文化財		合計
	重要有形民俗文化財	重要無形民俗文化財	
福岡	1	11	12
佐賀	2	6	8
長崎	0	8	8
熊本	1	5	6
大分	4	6	10
宮崎	3	6	9
鹿児島	0	11	11
沖縄	0	9	9
合計	11	62	73
平均	1.38	7.75	9.13

（令和５年８月１日現在）

2024年度

解答と解説

《2024年度の配点は解答用紙集に掲載してあります。》

＜数学解答＞

1　(1)　-3　(2)　2　(3)　-4　(4)　$15x$　(5)　$49x^2-9$　(6)　$(x-3)(x-12)$
(7)　$4\sqrt{2}$　(8)　$b=\frac{3a+2}{8}$　(9)　$(x,\ y)=(-1,\ 2)$　(10)　$x=-1\pm\sqrt{5}$
(11)　12　(12)　$\sqrt{5}$，π　(13)　解説参照

2　1 (1)　ウ　(2)　ウ　2 (1)　$a=\frac{1}{3}$　(2)　12　3 (1)　35度
(2)　ア　CD　イ　BCA　ウ　ACD　エ　BCD　オ　2組の辺とその間の角

3　1 (1)　21個　(2)　$\frac{n(n+1)}{2}$個　(3)　135本　2 (1)　$90\pi\,\mathrm{cm}^3$　(2)　$\pi\,\mathrm{cm}^2$
(3)　$\frac{128}{27}$cm

＜数学解説＞

1　(数・式の計算，式の展開，因数分解，平方根，等式の変形，連立方程式，二次方程式，関数$y=ax^2$，有理数と無理数，定理の逆)

(1)　異符号の2数の和の符号は絶対値の大きい方の符号で，絶対値は2数の絶対値の大きい方から小さい方をひいた差だから，$8-11=(+8)+(-11)=-(11-8)=-3$

(2)　分配法則を使って，$\left(-\frac{2}{3}+\frac{3}{4}\right)\times24=\left(-\frac{2}{3}\right)\times24+\frac{3}{4}\times24=-16+18=2$

(3)　四則をふくむ式の計算の順序は，指数→かっこの中→乗法・除法→加法・減法となる。$(-6)^2-2^3\times5=36-8\times5=36-40=-4$

(4)　$6xy\times(-4x)\div\left(-\frac{8}{5}xy\right)=6xy\times(-4x)\div\left(-\frac{8xy}{5}\right)=6xy\times(-4x)\times\left(-\frac{5}{8xy}\right)=6xy\times4x\times\frac{5}{8xy}=\frac{6xy\times4x\times5}{8xy}=15x$

(5)　乗法公式$(\boldsymbol{a}+\boldsymbol{b})(\boldsymbol{a}-\boldsymbol{b})=\boldsymbol{a}^2-\boldsymbol{b}^2$より，$(7x-3)(3+7x)=(7x-3)(7x+3)=(7x)^2-3^2=49x^2-9$

(6)　たして-15，かけて$+36$になる2つの数は，$(-3)+(-12)=-15$，$(-3)\times(-12)=+36$より，-3と-12だから　$x^2-15x+36=\{x+(-3)\}\{x+(-12)\}=(x-3)(x-12)$

(7)　$\sqrt{72}=\sqrt{2^3\times3^2}=\sqrt{2^2\times2\times3^2}=6\sqrt{2}$，$\sqrt{18}=\sqrt{2\times3^2}=3\sqrt{2}$だから，$\sqrt{72}-\sqrt{18}+\sqrt{2}=6\sqrt{2}-3\sqrt{2}+\sqrt{2}=(6-3+1)\sqrt{2}=4\sqrt{2}$

(8)　$-3a+8b=2$　左辺の項$-3a$を右辺に移項して，$8b=2+3a$　両辺をbの係数の8で割って$8b\div8=(2+3a)\div8$　$b=\frac{2+3a}{8}=\frac{3a+2}{8}$

(9)　$\begin{cases}2x+3y=4\cdots①\\x=y-3\cdots②\end{cases}$　とする。②を①に代入して，$2(y-3)+3y=4$　$2y-6+3y=4$　$2y+3y=4+6$　$5y=10$　$y=2$　これを②に代入して，$x=2-3=-1$　よって，連立方程式の解は，$x=-1$，$y=2$

(10)　二次方程式$(x+1)^2=5$より，$x+1$は5の平方根だから，$x+1=\pm\sqrt{5}$　よって，$x=-1\pm\sqrt{5}$

(11)　$y=3x^2$について，$x=1$のとき$y=3\times1^2=3$，$x=3$のとき$y=3\times3^2=27$。よって，xの値が1から3まで増加するときの**変化の割合**は，$\frac{27-3}{3-1}=12$

(12)　**分数の形には表せない数を無理数という。**また，円周率πも無理数である。$-\frac{1}{3}=\frac{-1}{3}$，$0=\frac{0}{1}$，$\sqrt{\frac{4}{9}}=\frac{\sqrt{4}}{\sqrt{9}}=\frac{2}{3}$，$2.9=\frac{29}{10}$より，$-\frac{1}{3}$，0，$\sqrt{\frac{4}{9}}$，2.9は**有理数**であり，無理数ではない。無理数は$\sqrt{5}$とπである。

(13)　(逆)(整数a，bで)$a+b$が負の数ならば，aもbも負の数である。　(調べた結果)　(例)$a=3$，$b=-5$　(補足説明)あることがらの**仮定**と**結論**を入れかえたものを，そのことがらの**逆**という。また，あることがらが成り立たない例を**反例**という。あることがらが正しくないことを示すには，反例を1つあげればよい。

2　**(資料の散らばり・代表値，確率，図形と関数・グラフ，角度，図形の証明)**

1　(1)　ア　通学時間が15分未満である生徒は，A組が$4+7=11$(人)，B組が$5+3=8$(人)で，B組よりA組の方が多い。正しいとはいえない。　イ　**中央値**は資料の値を大きさの順に並べたときの中央の値。生徒の人数は35人で**奇数**だから，通学時間の短い方から18番目の生徒が含まれる**階級**が，中央値が含まれる階級。これより，中央値が含まれる階級は，A組が15分以上20分未満の階級，B組が20分以上25分未満の階級である。正しいとはいえない。

ウ　**平均値**$=\frac{(\text{階級値})\times(\text{度数})}{(\text{度数の合計})}$だから，通学時間の平均値は，

A組が$\frac{7.5\times4+12.5\times7+17.5\times12+22.5\times10+27.5\times2}{35}=\frac{607.5}{35}=17.3\cdots$，

B組が$\frac{7.5\times5+12.5\times3+17.5\times3+22.5\times16+27.5\times8}{35}=\frac{707.5}{35}=20.2\cdots$で，A組よりB組の方が大きい。正しいといえる。　エ　問題の**ヒストグラム**からは，**最大値**と**最小値**はわからない。正しいとはいえない。

(2)　確率は「あることがらの起こることが期待される程度を表す数」であり，確率が$\frac{1}{2}$であるということは，同じ実験や観察を多数回くり返すとき，そのことがらの起こる割合が$\frac{1}{2}$に近づくという意味をもっている。これより，1つのさいころを6回投げるとき，「少なくとも3回は，**偶数**の目が出る。(ア)」ことや，「かならず3回，偶数の目が出る。(イ)」ことは，確実にはいえない。同様に，1つのさいころを5000回投げるとき，「ちょうど2500回，偶数の目が出る。(エ)」ということも，確実にはいえない。1つのさいころを5000回投げるとき，「2500回ぐらい，偶数の目が出る。(ウ)」ということが期待される。

2　(1)　関数$y=ax+1$のグラフは点A(3，2)を通るから，$2=a\times3+1$　$3a=1$より，$a=\frac{1}{3}$

(2)　前問(1)より，①のグラフの式は$y=\frac{1}{3}x+1$　これより，①のグラフとy軸との交点をDとすると，D(0，1)　また，①のグラフの式に$y=0$を代入して，$0=\frac{1}{3}x+1$　$x=-3$より，B$(-3, 0)$　②のグラフの式は$y=-x+5$だから，C(0，5)　以上より，$\triangle$CBA$=\triangle$CBD$+\triangle$CAD$=\frac{1}{2}\times$CD$\times$(点Bとy軸との距離)$+\frac{1}{2}\times$CD$\times$(点Aとy軸との距離)$=\frac{1}{2}\times$CD$\times${(点Bとy軸との距離)$+$(点Aとy軸との距離)}$=\frac{1}{2}\times$CD$\times$(点Aのx座標$-$点Bのx座標)$=\frac{1}{2}\times(5-1)\times\{3-(-3)\}=12$

3　(1)　**直径に対する円周角は90°**であることと，$\triangle$ABCの内角の和は180°であることから，$\angle$ABC$=180^\circ-\angle$ACB$-\angle$CAB$=180^\circ-90^\circ-55^\circ=35^\circ$　$\overset{\frown}{\text{AC}}$に対する**円周角**の大きさは等しいから，$\angle$ADC$=\angle$ABC$=35^\circ$

(2) (証明)△ACEと△BCDにおいて，△ABCは正三角形だから，AC＝BC…①　△DCEは正三角形だから，CE＝CD(ア)…②　正三角形の1つの内角は60°だから，∠DCE＝∠BCA(イ)…③　③の両辺に∠ACD(ウ)を加えると，∠DCE＋∠ACD＝∠BCA＋∠ACDより，∠ACE＝∠BCD(エ)…④　①，②，④から，2組の辺とその間の角(オ)が，それぞれ等しいので，△ACE≡△BCD　合同な図形では，対応する辺は等しいので，AE＝BD

3 **(規則性，空間図形，体積，面積，線分の長さ)**

1 (1) 例えば，4番目の図形に，4番目の図形を180°回転させ上下を逆さにした図形をくっつけると，各段に使われている正六角形の数はそれぞれ(4＋1)個あり，それが4段積み重なった平行四辺形のような形ができる。これより，この形に使われている正六角形の数は(4＋1)(個)×4(段)＝20(個)だから，4番目の図形に使われている正六角形の数は，20個の半分の20÷2＝10(個)と求めることができる。同様に考えると，6番目の図形に使われている正六角形の数は，(6＋1)(個)×6(段)÷2＝21(個)である。

(2) 前問(1)と同様に考えると，n番目の図形に使われている正六角形の数は，$(n+1)$(個)×n(段)÷2＝$\frac{n(n+1)}{2}$(個)である。

(3) 前問(1)と同様に考えると，例えば，4番目の図形に，4番目の図形を180°回転させ上下を逆さにした図形をくっつけると，互いの正六角形がくっついている3本の辺の組は，各段にそれぞれ4組あり，これが(4－1)段積み重なった平行四辺形のような形ができる。これより，この形において，互いの正六角形がくっついている辺の本数は3(本)×4(組)×(4－1)(段)＝36(本)だから，4番目の図形において，互いの正六角形がくっついている辺の本数は，36本の半分の36÷2＝18(本)と求めることができる。同様に考えると，10番目の図形において，互いの正六角形がくっついている辺の本数は，3(本)×10(組)×(10－1)÷2(段)＝135(本)である。

2 (1) (図Ⅱの立体の体積)＝(円柱の体積)＋(円錐の体積)＝$\pi\times3^2\times8+\frac{1}{3}\times\pi\times3^2\times6=90\pi$(cm^3)

(2) 問題図Ⅰの円錐をP，問題図Ⅲの切り取った小さい円錐をQとすると，円錐P∽円錐Qであり，**相似比**は(円錐Pの高さ)：(円錐Qの高さ)＝6：(6＋8－12)＝6：2＝3：1　これより，円錐Pの底面の円と円錐Qの底面の円の相似比も3：1だから，(円錐Pの底面の円の面積)：(円錐Qの底面の円の面積)＝3^2：1^2＝9：1　これより，(切り口の円の面積)＝(円錐Qの底面の円の面積)＝(円錐Pの底面の円の面積)×$\frac{1}{9}=\pi\times3^2\times\frac{1}{9}=\pi$(cm^2)である。

(3) 半径が4cmの半球の容器に入れた水の体積は，$\frac{4}{3}\times\pi\times4^3\times\frac{1}{2}=\frac{128}{3}\pi=42\frac{2}{3}\pi$(cm^3)　また，問題図Ⅲの円柱部分の容器の体積は，$\pi\times3^2\times8=72\pi$(cm^3)　$42\frac{2}{3}\pi<72\pi$より，水を問題図Ⅲの容器に移したとき，全て円柱部分に入る。このとき，下の底面から水面までの高さを$h$cmとすると，$\pi\times3^2\times h=\frac{128}{3}\pi$　$h=\frac{128}{27}$である。

<英語解答>

1 1 ① called　② must　③ take　2 (1) it　(2) get　(3) are　(4) without　(5) sitting　3 (1) ウ・ア・エ・イ　(2) ア・ウ・イ・エ　(3) イ・ア・エ・ウ　(4) エ・ウ・ア・イ　4 (1) イ　(2) エ　(3) ウ　(4) ア　5 (例)I like music the best.／My favorite subject is English.／I don't like any subjects.

2　1 (1) イ　(2) ア　(3) エ　2 (1) ① ウ　② ア　③ イ　(2) ① イ　② ア　③ ウ　3 (1) ウ　(2) イ　(3) ウ　(4) (I wish) (例)I could go to Australia[I had more free time](.)

3　1 (1) not as heavy　(2) have been　(3) introducing[which[that] introduces]　2 (1) ア　(2) ウ　3 (1) エ　(2) (Yes, I do because) (例)I can talk with people from different countries in a foreign language [we can learn about the world more if we can communicate with foreign people](.)
(No, I don't because) (例)I don't use a foreign language in my daily life[we can communicate with people from different countries with smartphones or computers](.)

＜英語解説＞

1　(会話文問題・文法問題：語句補充・記述・選択，語句の問題，語句の並べ換え，英問英答・記述，受け身，助動詞，前置詞，分詞の形容詞的用法，文の構造・目的語と補語，現在完了，比較，不定詞，接続詞，関係代名詞，仮定法)

1 (全訳)A：私はハイキングへ行きたいです。／B：良いですね。ひなた山へ行きましょう。ネコのように見えるので，それはまた"ネコ山"とも①呼ばれています。／A：それは興味深いですね。そこで何を楽しむことができるのですか？／B：その山でしか見ることができない美しい花や植物が多くあります。／A：えっ，私は本当にそれらを見たいのですが，それらを摘んでは②いけないのですよね？／B：その通りです，でも，それらの写真③を撮ることはできます。／A：わあ，待ちきれません。　①「SはCと呼ばれる」＜S ＋ be動詞 ＋ called ＋ C＞ ← ＜**be動詞＋過去分詞**＞受け身「～される，されている」／**call O C**「OをCと呼ぶ」の受け身　②「採取は不可」→ must not pick them[flowers and plants]　**must not**「～してはいけない」(禁止) **must**「～しなければならない，にちがいない」　③「写真を撮る」take pictures

2 (1)「何曜日ですか？」What day is it today? [What day of the week is it today?] cf.「何日ですか？」What's the date today? [What is today's date?]
(2)「～へ着く」get to ～　(3) ＜**How many** ＋複数名詞 ～ **?**＞「いくつ？」(数の尋ね方)＋＜There ＋ be動詞＋ S＞「Sがある，いる」の疑問文 → ＜be動詞＋ there ＋ S ?＞
(4) **without**「～なしで，のない」　(5) the old man **sitting** on the bench ← ＜名詞＋現在分詞[原形＋ **-ing**]＋他の語句＞「～している名詞」sitting ← sit「座る」の現在分詞

3 (1) It made me excited(.)　A：今までにその本を読んだことがありますか？／B：もちろんです。それは私を興奮させました。**make O C**「OをCの状態にする」 excited「(人が)興奮した」 Have you ever read ～ ? ← ＜**Have[Has]**＋主語＋過去分詞 ?＞現在完了形の疑問文(完了・経験・結果・継続)　(2) Whose textbook is this(?)　A：これは誰の本ですか？　名前がありません。／B：すみませんが，わかりません。＜**Whose** ＋名詞 ～ **?**＞「誰の名詞？」cf. Whose is this book?「この本は誰のものですか？」Whose ～ ?「誰のもの？」whoseを単独で使う用法もある。＜no ＋名詞＞「1つも～ない，何も～ない」
(3) (He likes) cats better than dogs(.)　A：ケンは猫が好きですか？／B：はい，好きです。彼は犬よりも猫が好きです。　**better**「もっとよい[よく]」← **good**／**well** の比

較級→ like A better than B「BよりもAが好き」 (4) (Do you know)what to do when(an earthquake happens ?) A：地震が起きたら，どうすればよいか，知っていますか。／B：はい。まず，自分自身を守るべきです。<**what** +不定詞[**to** +原形]>「何を～したらよいか，するべきか」 接続詞 **when**「～する時に，したら」 **should**「すべきである」

4 (1) 「病院は人々が病気の際に通常訪れる場所である」「病院」＝ hospital a place▼people usually visit ← <先行詞(+目的格の関係代名詞)+主語+動詞>「主語が動詞する先行詞」目的格の関係代名詞の省略 gym「体育館」 library「図書館」 station「駅」 (2) 「11月は日本において秋の月の1つである」「11月」＝ November April「4月」 February「2月」 June「6月」 (3) 「私は午前に清掃を終えた」<**finish** +動名詞[原形+ -ing]>「～をし終える」× <finish +不定詞[to +原形]> (4) 「もし私があなたの立場ならば，手助けしてくれるように友人に依頼するでしょう」現在の事実に反することを仮定するには，仮定法過去形<**If** +主語+過去形, 主語+過去の助動詞+原形>「もし～なら，……だろう」を使う。従って，過去の助動詞の would が正解。仮定法の過去形では，主語が I でも，were を使うことがあるので，注意。 <**ask** + **O** +不定詞[**to** +原形]>「Oに～するように頼む，求める」

5 質問「どの教科があなたは最も好きですか」(解答例訳)「私は音楽が最も好きです。／私の好きな教科は英語です。／私はどの教科も好きではありません」 **best**「最もよい[よく]」← **good** ／**well** の最上級 I like ~ the best.「私は～が最も好きです」 My favorite subject is ~ .「私の好きな科目は～です」

2 (会話文問題・短文問題：語句補充・選択，語句の問題，文の並べ換え，内容真偽，自由・条件英作文，間接疑問文，動名詞，不定詞，助動詞，関係代名詞，現在完了，比較，受け身，文の構造・目的語と補語，未来，仮定法)

1 (1) 空所を含む質問に対して，通学手段を答えていることから考える。空所には，手段を問う際に使う疑問詞 how が当てはまる。 A：どうやってあなたは学校へ行きますか？／B：毎日，学校まで歩きます。 (2) 応答文から，「カバンの置き場を忘れた」という趣旨の英文を完成させればよいことになる。疑問文(Where did I put my bag ?) が他の文に組み込まれる[間接疑問文]と，<疑問詞+主語+動詞>の語順になるので，正解は，I don't remember where I put my bag. である。A：どこに自分のカバンを置いたか覚えていません。／B：本当ですか。あなたと一緒にそれを探しましょう。 **look for**「～を探す」 (3) 文脈より，Aの依頼をBは空所のせりふで了承したことがわかる。正解は，**All right**.「よろしい，オーケー，申し分ない，結構で，元気で，無事で，間違いなく，きっと」。<be動詞 + good at +動名詞[原形 + -ing]>「～することが上手である」 <**how** +不定詞[**to** +原形]>「いかに～するか，～する方法」 **That's too bad.**「それはいけませんね，それは困りますね」 **You're welcome.**「どういたしまして」 物事を依頼されて，Yes, you can.「はい，あなたはできます」は不自然。

2 (1) (全訳)スマートフォンには多くの良い点がある。①ウ例えば，いつでもどこでも多くの便利な情報が得られる。②ア一方で，長い間使うと，頭脳や目に害を与えるかもしれない。③イ私達はスマートフォンの使い方に関して，よく考えるべきである。「スマートフォンには利点がある」→「(for example「例えば」)利点例」→「(on the other hand「一方で」)長時間利用が及ばす害」→「使い方に注意」 **a lot of**「多くの」 **for example**「例えば」 any time and place ← any「疑問文；いくつかの，いくらかの／否定文；1つも～ない，少しも～ない／肯定文；どんな～でも，どれでも」 on the other hand「一方[他方]では」 **may**「～

かもしれない，してもよい」 for a long time「長時間」 **should**「～すべきである」 <**how** ＋不定詞[**to** ＋原形]>「いかに～するか，～する方法」 (2) (全訳)①イ夏は屋外の活動に適した季節だ。②アこの季節には，山でキャンプをして楽しむことができる。③ウまた，海や海岸で，水上・水中スポーツも楽しめる。今までに経験したことの新たな夏の活動に挑戦してみよう。「夏は屋外活動に最適」→「(in this season「夏は」)山でのキャンプが楽しめる」→「(You can also enjoy ～「また～を楽しめる」)水上水中スポーツも楽しめる」→「未経験の夏季スポーツに挑戦しよう」<**enjoy** ＋動名詞[原形＋ **-ing**]>「～して楽しむ」 camp「キャンプ場，野営地，収容所，キャンプを[野営]する」 Try a new summer activity▼you have never experienced！← <先行詞(＋目的格の関係代名詞)＋主語＋動詞>「主語が動詞する先行詞」目的格の関係代名詞の省略／<have[has]not ＋過去分詞>現在完了の否定形(未経験)

3 (全訳)貴子(以下T)：こんにちは，メアリー。次の日曜日に予定は空いているかしら？／メアリー(以下M)：ええ，その日は①ウ何もすることがないわ。あなたは何をするつもり？／T：サクラ公園へ行こうと思うの。一緒に行きたい？／M：面白そうね。そこで何をするのかしら？／T：公園にある“幸せの緑色のポスト”を見てみたいの。／M：それって何かしら？②イもっと私に教えて。／T：郵便ポストは，以前は赤だった。1世紀以上前に，公園を有名にするために，市長がその色を変えることにしたの。それ以来，多くの人々が公園を訪れているわ。／M：興味深いわね。ところで，なぜ人々はそれを“幸せの”緑色のポストと呼ぶのかしら？／T：郵便ポストによって，幸せになれるからよ。／M：どういうこと？／T：英語で手紙にあなたの願いを書いて，郵便ポストへ投函するのよ。手紙は妖精へ届けられると言われているわ。そして，妖精のおかげで，あなたの願いがかなえられるというわけ。／M：驚いたわ！ 今までに，あなたはその緑色の郵便ポストへ手紙を入れたことがあるのかしら？／T：いいえ，一度もないわ。今度の日曜日に，初めてやってみようと思うの。／M：うわー！ 私もやってみたいわ。

(1) Will you be free next Sunday？という質問に対して，Yes と肯定で答えているので，後続文は，「その日は何もすることがない」という意味の英文を完成させればよい。have nothing to do ← <名詞＋不定詞[**to** ＋原形]>「～する(ための)[するべき]名詞」不定詞の形容詞的用法 a problem「問題」 finished ← finish「終わらせる，終える，終わる」の過去形，過去分詞形 have to be free「ひまであるに違いない／でなければならない」← <**have**[**has**]＋不定詞[**to** ＋原形]>「～しなければならない，であるに違いない」

(2) What is that[the Happy Green Mailbox]? の次に来るせりふを考える。空所②の発言を受けて，幸せの緑色のポストの説明がなされているので，正解は Tell me more. である。**more**「もっと多く(の)」← **many**／**much** の比較級 Take me there.「私をそこへ連れて行って」 Think it twice. ← think twice「熟慮する，よく考えてみる」 Check it soon.「すぐにそれを確認して」

(3) ア 「英語の手紙を書く手伝いをして欲しいと貴子はメアリーに告げた」(×) 記述ナシ。asked Mary to help her write ～ ← <**ask** ＋ **O** ＋不定詞[**to** ＋原形]>「Oに～するように言う，頼む，求める」／<help ＋ O ＋原形>「Oが～することを手伝う」 イ「もし人々がサクラ公園の緑色の郵便ポストを見れば，幸せになるであろう」(×) 貴子は6番目のせりふで，「手紙を書いて幸せの緑色のポストに投函することで，妖精に届けられ夢が実現する」と述べており，‘ポストを見るだけ’で，幸せになれるわけではない。It is said that ～「～と言われている」／is sent ← <**be**動詞＋過去分詞>受け身「～される，されている」 come true「実現する」 ウ「サクラ公園の郵便ポストは100年以上緑色である」(○) 貴子の第4番目のせりふに The mailbox was red before. More than a century ago, a mayor

decided to change the color to make the park famous. とある。has been green ← ＜**have[has]**＋過去分詞＞現在完了(完了・経験・継続・結果)　more than「～以上」a century ＝ a period of 100 years to make the park famous ← 不定詞の副詞的用法(目的)「～するために」／**make O C**「OをCの状態にする」　エ「メアリーはおそらく緑色の郵便ポストの話に興味がない」(×)　メアリーの「幸せの緑色のポストに手紙を投函したことがあるか？」(最後から2番目のせりふ)という問いに対して，貴子は「今まではないが，今度，手紙を投函しようと思う」と答えており，それに応じて，メアリーは I'd like to try it, too. と述べていて，ポストに興味を示していることがわかる。＜**be動詞＋ interested in**＞「～に興味がある」　Have you ever put any letters ～？← ＜**Have[Has]**＋主語＋過去分詞～ **?**＞現在完了の疑問文(経験)　＜**be動詞＋ going** ＋不定詞[**to** ＋原形]＞「～しようとしている，するつもりである」for the first time「初めて」　＜**I'd[I would]like** ＋不定詞[**to** ＋原形]＞「～したいと思う」

(4)　(解答例訳)「オーストラリアへ行くことが出来たら[もっと時間があれば]いいなあと思う」自分の願いを I wish ～ という書き出しに続いて，5語以上の英文1文にまとめる自由・条件英作文。＜**wish** ＋主語＋過去形[過去の助動詞＋原形]＞「～であれば良いと願う，すればいいと思う」現在の事実に反することを仮定する場合に仮定法過去(過去形)を使う。

3　(長文読解問題・会話文問題・エッセイ・手紙文：語句の問題，語句補充・選択，内容真偽，自由・条件英作文，比較，現在完了，接続詞，前置詞，動名詞，分詞の形容詞的用法，関係代名詞，受け身，助動詞，不定詞，文の構造・目的語と補語)

1　(1)　A：あなたは新しいタブレット端末を入手しましたね。私のものより，小さいです。／B：はい。これは最新型です。／A：それに関して，別の良い点は何ですか？／B：古いものほど，重くありません。持ち運びしやすいです。　直前で，利点を尋ねられていて，後続のせりふで，携行しやすい，と述べていることから，「古いものほど重くない」という意味の英文を完成させればよいことになる。＜**not as** ＋原級＋ **as** ＋ **A**＞「Aほど～でない」　one ＝＜a[an]＋単数名詞＞前に出た名詞と同種類のものを指す(＝ a tablet device)。　you've gotten ← ＜**have[has]**＋過去分詞＞現在完了(完了)　smaller ← small「小さい」の比較級　newest ← new「新しい」の最上級　easier ← easy「やさしい」の比較級

(2)　A：昨日あなたに電子メールを送りました。／B：あっ，すみません。先週からずっと忙しくて，電子メールを一切読んでいません。／A：あなたの宿題に関するものです。／B：そのことについて教えていただき，ありがとうございます。あとで，確認します。　空所を含む文に since last week とあるので，空所箇所 be を，継続を表す現在完了形[**have**／**has** ＋過去分詞]にすればよい。be動詞の過去分詞 → been ～, **so** ……「～である，だから[それで]……　have not read ～ ← 現在完了形の否定＜**have[has]not** ＋過去分詞＞　＜Thanks for ＋動名詞[原形＋ -ing]＞「～してくれてありがとう」

(3)　A：なぜウィンブルドンへ旅するのですか？／B：私はテニスの歴史に関心があるからです。そこで，それについて沢山学びたいのです。／A：誰かがあなたに町案内をするのでしょうか？／B：いいえ。簡単な英語で町を紹介するウェブサイトがあります。それが役立つだろうと思います。「簡単な英語で町を紹介する」が a website を後ろから修飾するように，分詞，あるいは，関係代名詞を使って，英文を完成させること。a website introducing[which／that introduces] the town in easy English ← ＜名詞＋現在分詞[原形＋ **-ing**]＋他の語句＞「～している名詞」現在分詞の形容詞的用法／＜先行詞(もの)＋主格関係代名詞 **that**／

which ＋動詞＞「動詞する先行詞」＜**There** ＋ **be**動詞 ＋ **S**＞「Sがある，いる」＜**be** 動詞＋ **interested in**＞「～に興味がある」＜**I'd[I would]like** ＋不定詞[**to** ＋原形]＞「～したいと思う」 a lot「たくさん，とても」＜show ＋人＋ around ＋場所＞「人に場所を案内してまわる」

2 (全訳)デジタルミュージアムのことを知っていますか？ インターネット上の博物館[美術館]です。私が住む町，ひなた市でも，ひなたデジタルミュージアムと呼ばれるものがあります。オンライン上でアクセスすることで，ひなた博物館における芸術，自然，歴史に関する展示品を見ることができます。

先週末に，祖母とひなた博物館を訪れようと計画していました。でも，当日，祖母は少し具合が悪かったので，計画を変更して，自宅でひなたデジタルミュージアムにアクセスすることにしました。私達はオンライン上での展示品を楽しみました。祖母と私は多くの展示品を鑑賞し，それについて感じたことを話し合いました。ひなた博物館へ行くことはできませんでしたが，デジタルミュージアムのおかげで，自宅で充実した時間を過ごすことができました。

ア自身の経験を通じて，デジタルミュージアムは人々により学習しやすい機会を与えてくれる，ということがわかりました。例えば，実在の博物館[美術館]から離れたところに住んでいる人々でも，自宅でオンラインを通じて，展示品を簡単に楽しむようになるでしょう。病人，老人，そして，体の不自由な人々も，デジタルミュージアムを簡単に訪れることができます。デジタルミュージアムは，全ての人にとって，芸術，自然，そして，歴史の素晴らしい世界への扉となるでしょう。

(1) 前段落では，自身の経験が述べられており，それを踏まえて，空所(　)以降は，トピックが総括されていることから考える。正解は，ア through my experience。前置詞 through「～を通り抜けて，の間ずっと，のいたる所を，で・通じて，終えて」 イ「私の祖母のように」前置詞 **like**「～に似ている，のように[な]」 ウ「ウェブサイトによると」 according to「～によると」 エ「研究のために」＜because of ＋名詞(相当語句)＞「～のために」

(2) 第3段落第1文(the digital museums can give people an easier chance to learn.)・最終文(The digital museums will be the door to the wonderful world of art, nature and history for everyone.)を参考にすること。正解は，ウ「デジタルミュージアムにより，全ての人々が芸術，自然，歴史についてより簡単に学べるようになる」。＜let ＋人＋原形＞「人に(思い通りに)～させる，人が～するのを許してやる」 more easily ← easily「簡単に」の比較級 an easier chance to learn ← easier ← easy「簡単な」の比較級／＜名詞＋不定詞[**to** ＋原形]＞「～する(ための)[するべき]名詞」不定詞の形容詞的用法 ア「ひなたデジタルミュージアムは学ぶ機会を提供する素晴らしい博物館[美術館]である」(×) 特定のサイトではなく，デジタルミュージアム全般に関する記述が主題としてふさわしい。a wonderful museum that gives a chance to learn ← ＜先行詞＋主格の関係代名詞 that ＋動詞＞「～する先行詞」／＜名詞＋不定詞[**to** ＋原形]＞「～する(ための)[するべき]名詞」不定詞の形容詞的用法 イ「デジタルミュージアムで展示品を見るのと比較して，実在する博物館[美術館]でそれらを鑑賞するほうがより良い」(×) 記述ナシ。watching ～ ← 動名詞[原形＋ **-ing**]「～すること」 **better**「よりよい，よりよく」← **good／well** の比較級 エ「本当の博物館[美術館]へ行く代わりに，人々はデジタルミュージアムにアクセスするべきである」(×) デジタルミュージアムにより，実存する博物館[美術館]へのアクセスが困難な人，病人，老人，体の不自由な人等にとって，学ぶ機会が広がる，とは記されているが，選択肢エのような断定的な言い方はされていない。**should**「～すべきである」 instead of going ← <instead of ＋動名詞[原形＋ -ing]>「～する代わりに」

3　(全訳)私は3年間日本語を勉強してきました。“どうも”は，日本の日常生活において，非常に頻繁に使われる表現であることに気づきました。それを使う幾通りの方法が思い浮かびますか。

それを使うひとつの方法は，挨拶としてです。互いに会った時に，人々は“どうも”と言います。それはちょうど“Hello”あるいは“Hi”のようなものです。時には，“すみません”だけではなく，“ありがとう”を意味するために，“どうも”が使われることがあります。意味を強めるために，他の言葉と一緒に使われることもあります。“どうもすみません”がこの一例です。それはちょうど英語における“very”のようなものです。

しかしながら，気をつけなければなりません。年長者に話しかける際に，単に“どうも”とだけ言うべきではありません。無礼だと思われるかもしれないからです。

このような場面に遭遇すると，外国語を勉強することは難しいとしばしば感じます。でも，同時に，楽しいです。だから，日本語を勉強することを決して止めるつもりはありません。

外国語を勉強することは必要だとあなたは思いますか？ 思う理由，思わない理由は何ですか？

(1)　ア 「“どうも”はさまざまな意味を持ち，多くの方法で使われている」(○) 第2段落で，“どうも”の使い方の具体例が複数紹介されているので，一致。a variety of「いろいろな[さまざまな]～」 is used ← <**be動詞＋過去分詞**>**受け身**「～される，されている」 イ 「“どうも”は他の語と使われると，“とても”の意味になりうる」(○) 第2段落第5～7文に一致。can be used ← <助動詞＋ be ＋過去分詞>助動詞付きの文の受け身 to make the meaning stronger ← 不定詞の副詞的用法(目的)「～するために」／**make O C**「OをCの状態にする」 stronger ← strong「強い」の比較級　ウ 「年長者に話しかける際に，“どうも”だけを使うのは良くない」(○) 第3段落に一致。It is not good to use ～ ← <**It is** ＋形容詞＋不定詞[**to** ＋原形]>「～[不定詞]するのは…… [形容詞]だ」older ← old の比較級 shouldn't ＝ should not ← **should**「すべきである」 **may**「～かもしれない，してもよい」 エ 「英語と比べて，日本語は1語により多くの意味を含んでいる」(×) 1語当たりの英語と日本語に含まれる意味数を比較した記述はナシ。**more**「もっと(多くの)」← **many／much** の比較級

(2)　「外国語を学ぶことが必要だと思うか，否か」を，理由を添えて10語以上20語以内の英語でまとめる自由・条件英作文。(解答例訳)はい，必要だと思う。というのは，外国語で，異なった国々からの人々と話すことができるからである。[外国の人々と意思伝達を図ることが出来れば，世界についてもっと詳しく学べるからである。]

いいえ，必要だとは思わない。というのは，日常生活で外国語を使わないからである。[スマートフォンやコンピューターで，異なった国々からの人々と意思疎通が図ることができるからである。]

<国語解答>

一　(一)　①　へだ　②　よくよう　③　疑い　④　演奏　(二)　李下不ㇾ正ㇾ冠　(三)　ウ　(四)　問一　ウ　問二　イ　問三　エ　問四　ア　(五)　問一　おわしければ　問二　(例)一人では描き間違えるかもしれないから。　問三　エ

二　問一　ⓐ　提唱　ⓑ　加減　ⓒ　つらぬ　問二　A　ウ　B　ア　問三　(例)類似した記憶が干渉することで，すでにある記憶や新しい記憶が抑制される　問四　エ　問五　エ　問六　ウ

三 問一 ウ　問二 エ　問三 イ　問四 知今送㆑別臨㆓渓水㆒
問五 1 ⑤ (例)見送られる　⑥ (例)見送る　2 (例)親しい友と離れた寂しい思い　3 (例)たくさんの人が見送りに来ている

＜国語解説＞

一 (漢字の読み書き，脱文・脱語補充，熟語，筆順・画数・部首，仮名遣い，品詞・用法，表現技法・形式，書写，会話・議論・発表)

(一) ① 間に何かを置くこと。 ② 文の意味に応じて声を上げるべき所を上げ，下げるべき所を下げること。イントネーション。 ③ 訓読みが「うたが・う」で，音読みが「ギ」。 ④ 「奏」の6画目からは「夭」。「禾」ではない。

(二) 漢字の読む順番は「冠」→「正」→「不」だ。一字ずつ読む順番が返っているので，レ点で一字ずつ返せばよい。

(三) くさかんむりの書き順は，楷書だと横→縦→縦だが，行書だと縦→縦→横となる。

(四) 問一 傍線①は，**「こと」に続いている**ので連体形になる。

問二 「継承」は似た意味の字の組み合わせ。イ「河川」も同じ。アは反対の意味，ウは主語述語の関係，エは修飾被修飾の関係の組み合わせ。

問三 宮崎と平均値を比べると重要有形は宮崎が多く，重要無形は平均値の方が高くなっている。

問四 「宮崎の民俗文化財に興味をもってもらうため」という目的をふまえれば，アのように**民俗文化財の内容を紹介する**のが適切だ。区分や他県の様子や文化財指定といった事務的な内容では興味をもってもらうことは出来ない。

(五) 問一 語中・語尾の「は・ひ・ふ・へ・ほ」は,現代仮名遣いで「わ・い・う・え・お」になる。

問二 傍線②直前の「もし一人しては，書き違ゆる事もあり」が理由だ。これを訳してまとめる。

問三 「絵師三人を遣はして」と前述にあるから，ここも**「遣はす」のは御門**で，派遣されるのは絵師。絵師の行き先は聖である。

二 (論説文―大意・要旨，内容吟味，文脈把握，接続語の問題，脱文・脱語補充，漢字の読み書き)

問一 ⓐ 他に先立って新しい意見や主張を発表してその良さや必要性を説明すること。 ⓑ ほどよく調節された状態。 ⓒ 外圧に押されてくじけたり撤回したり方針を曲げたりしないで，終わりまでやり抜く。「貫」の上の部分は**「母」ではない**ことに注意する。

問二 「干渉」は指図する意味なのに，「記憶の干渉」は「記憶があれこれ指図してくることではありません」とあるので[A]には**逆接**の接続詞を入れなくてはならない。[B]は「～抑制される例を考えてみましょう」という文の文頭にあるので**例示**の接続詞を入れればよい。

問三 傍線①「この現象」とは端的に言えば**記憶の「順向干渉」と「逆向干渉」によって覚えづらくなる現象**のことだ。これを説明するような内容を[ ]に補えばよい。この現象は「互いに類似した記憶ほど干渉が起こりやすいという性質」があることを含める必要がある。つまり，類似した新旧の記憶がお互いに干渉することにより，すでに記憶した古い記憶が抑制されたり(逆向)，新しい記憶が抑制される(順向)という現象だ。この内容を指定字数にまとめる。

問四 [②]の後に「脳のように，**呼び出すたびにデータが変わっていく**コンピュータがあったら，困ります。」とあって，脳は変わりやすい性質があることがわかる。したがって**欠けているのは正確性と再現性**だ。

問五　脳がこのメカニズムを採用しているのは「変化する環境に対応する」ためで,「最新の情報を取り込み, 古い記憶と照らし合わせ新しく解釈して新しい記憶を作っていくことで, 新しい環境に対応できる」のだから理にかなっているのである。　ア「古い記憶を消して新しい記憶を蓄積する」とする点,　イ「そのままの形を保ち続けていく」とする点,　ウ「脳がコンピュータと同じように精密で揺るぎない記憶をもつ」とする点が不適切である。

問六　この文章の冒頭は**語句としての「干渉」と, 意味合いの異なる「記憶の干渉」についての説明**があった。次に「記憶の干渉」の具体的な説明を例示によって進め, その**「記憶の干渉」は, 変化する環境に対応するための「脳の素晴らしい生存戦略」であることを評価**したものだとして文章を締めくくっている。

三 (漢文・古文—文脈把握, 指示語の問題, 脱文・脱語補充, 熟語, 表現技法・形式)

【現代語訳】

A　九日の早朝, 大湊から奈半の港に向かおうと船をこぎ出した。この人もあの人も国境までは(見送ろう)と言って, 見送りに来る人が大勢いる中で, 藤原ときざね, 橘すえひら, 長谷部ゆきまさ達は国司の館から出発しなさった日から, ここにもあそこにも追ってくる。この人達こそ気持ちのある人である。この人達の心の深さはこの海の深さにも劣らないに違いない。

ここから, 今度こそと離れていく。これを見送ろうと, この人達は追ってくる。こうしてこいでいくにつれて, 海のほとりで見送る人は遠くなった。船で見送ってくれる人も見えなくなった。

B　君が去ったならば, 春の山遊びを誰と共にしよう　鳥は鳴き, 花は散り, 水は空しく流れていく　いま, 別れを送って谷川の水辺にいる　いつか私のことを思い出したら水辺にきておくれ

C　古くからの友人が西の黄鶴楼に別れを告げ　春霞の美しい三月, 揚州に下っていく　遥かに彼方にぽつりと見える帆影は碧空に消え　長江が天の果てまで流れていくのだけが見える

問一　「つとめて」は**早朝**の意味。朝の表現は「あかつき」「あけぼの」「あした」などいろいろあるので覚えておくとよい。

問二　「この人々」は,「藤原のときざね, 橘のすゑひら, 長谷部のゆきまさ等」のことで, 書き手が御館から出発した時から「ここかしこに追ひ来る」とある。

問三　「空」には物理的なものを指し示す場合と**空っぽな状態**を指し示す場合がある。傍線部とイは空っぽな状態を表している。

問四　読む漢字の順番は「如」→「今」→「別」→「送」→「水」→「渓」→「臨」である。「送」と「別」が**一字返って読むのでレ点**を打つ。また「水」「渓」「臨」が**二字以上返って読むので一二点**を打つ。

問五　1　古文Aは人々が見送りに追いかけて来る様子が描かれているので, **書き手が見送られる立場にある**ことがわかる。漢文Bは「君去らば」から, またCは「故人西のかたに辞し」から**書き手が見送る立場にある**ことがわかる。　2　どちらも**仲の良い友人**を見送るのだから**別れを惜しむ寂しい気持ち**が表れている。それは,「水頭に来たれ」というようにつながりを感じていたいことを表すBや, いつまでも(友が去って行った)長江の流れを見送る様子のCから感じられる。　3　漢文は一人で友を見送っている場面であり, 古文は大勢の見送りを受けている場面である。大勢の見送りがいるというのがにぎやかな理由だと考えられる。

MEMO

大切なことはメモしておこうネ！

T.G

宮崎県公立高等学校（一般）

2024年度

入　試　問　題

●くわしい解説……53ページ

＜数学＞

時間　50分　　満点　100点

1　次の⑴～⑻の問いに答えなさい。

⑴　$-8-(-3)$　を計算しなさい。

⑵　$-\frac{3}{7}\div\left(-\frac{9}{14}\right)$　を計算しなさい。

⑶　方程式　$5x+12=7x-4$　を解きなさい。

⑷　$a=-5$，$b=\frac{1}{3}$　のとき，次の式の値を求めなさい。
$2(a-2b)-(5a-4b)$

⑸　二次方程式　$x^2+4x-12=0$　を解きなさい。

⑹　３枚の10円硬貨を同時に投げるとき，２枚は表で，１枚は裏となる確率を求めなさい。ただし，10円硬貨の表裏の出かたは，同様に確からしいとする。

⑺　次の標本調査について，標本の選び方として，最も適切なものを，次の**ア**～**エ**から１つ選び，記号で答えなさい。

ア　県内の中学生の１日の読書時間を調べるために，読書活動が盛んな中学校の生徒を無作為に抽出して回答してもらった。

イ　全国の高校生に人気のある曲を調べるために，回答をよびかけた自分のホームページを見てくれた人に回答してもらった。

ウ　ある工場では，製造しているお菓子の品質検査をするために，その日の最初に製造されたお菓子150個を検査した。

エ　ある工場では，製造している電池が切れるまでの時間を調べるために，製造した電池の中から150個を無作為に抽出して検査した。

⑻　友子《ともこ》さんは，右の図で，自分の家の位置を次のように説明した。

> ・私の家は，東西にのびている直線道路沿いにある郵便局から，真南の方向にある。
> ・私の家は，銀行からも公園からも同じ距離にある。

友子さんの家の位置を点Pとして，点Pをコンパスと定規を使って作図しなさい。作図に用いた線は

図

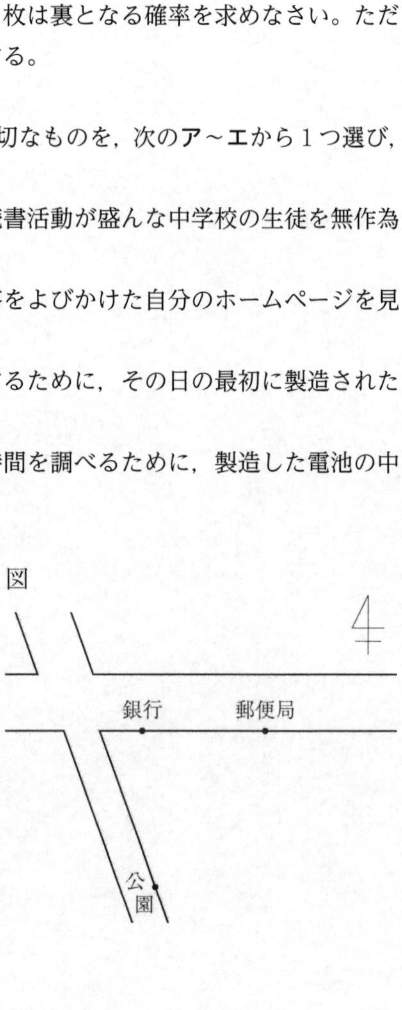

消さずに残しておくこと。

　ただし，図において，郵便局や銀行，公園の位置は点（•）で示しており，東西にのびている直線道路の幅は一定であるものとする。

2　図Ⅰのような正四角錐《すい》OABCDがある。底面ABCDは，１辺の長さが４cmの正方形で，他の辺の長さは，すべて６cmである。

　このとき，次の１～４の問いに答えなさい。

図Ⅰ

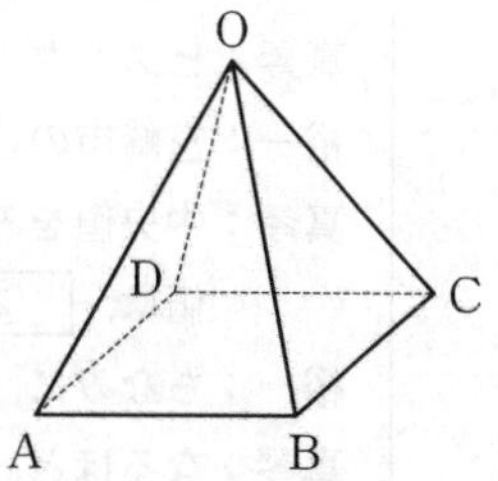

1　正四角錐OABCDの展開図として**正しくないもの**を，次の**ア**～**エ**から１つ選び，記号で答えなさい。

ア

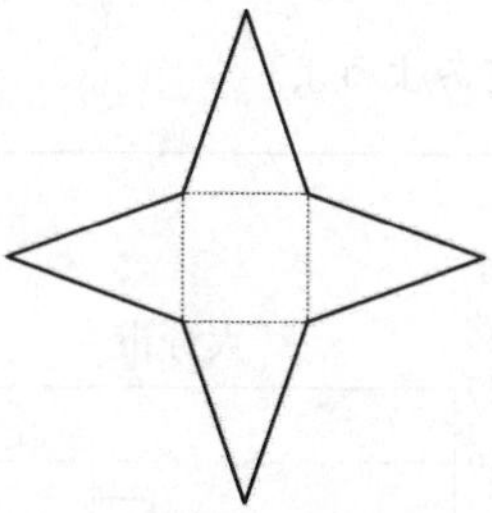

イ

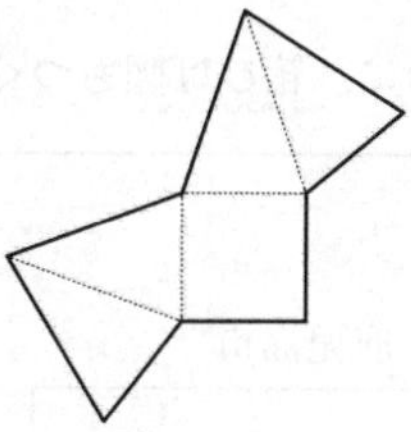

ウ

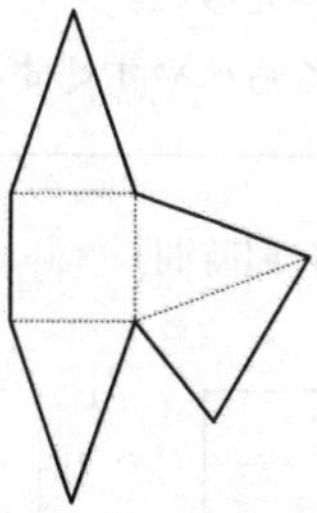

エ

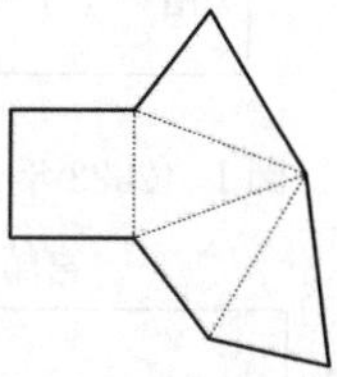

2　正四角錐OABCDの側面積を求めなさい。

3　正四角錐OABCDの体積を求めなさい。

4　図Ⅱは，図Ⅰにおいて，辺OB，AB，BCのそれぞれの中点P，Q，Rを示したものである。

　このとき，４点P，Q，B，Rを頂点とする四面体PQBRの体積を求めなさい。

図Ⅱ

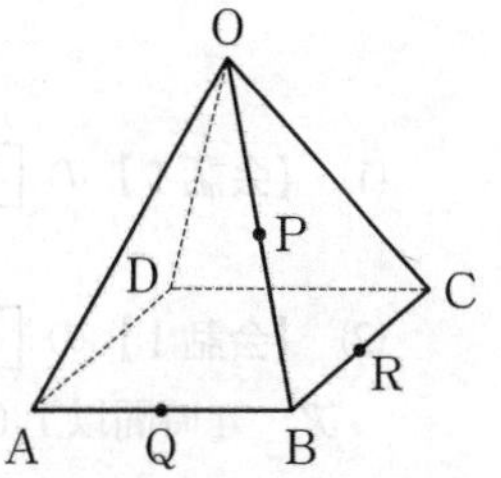

3　裕一《ゆういち》さんと真琴《まこと》さんは，宮崎県の魅力を調べる中で，「日本のひなた宮崎県」というキャッチフレーズに興味をもった。２人は，宮崎県が温暖な気候であることに着目して，宮崎市の日照時間と日平均気温を調べることにした。

　このとき，後の１，２の問いに答えなさい。

1　次の【会話Ⅰ】は，２人が日照時間について話し合っている場面である。後の(1)～(3)の問いに答えなさい。

【会話Ⅰ】

裕一：気象庁のデータをもとにして，宵崎市の日照時間をヒストグラムに表してみようよ。

真琴：そうだね。鹿児島市や大分市とも，くらべてみることにしよう。

裕一：2022年８月の日照時間をヒストグラムに表すと，図Ｉのようになったよ。

真琴：ヒストグラムを見ると，３つの市の日照時間のようすがよくわかるね。

裕一：宮崎市は，日照時間が８時間以上の日が18日あるから，他の市とくらべて日照時間が長いといえそうだね。

真琴：ヒストグラムから最頻値や中央値を調べて，くらべてみようよ。

裕一：宮崎市の日照時間の最頻値は，［①］時間だから，３つの市の中で一番大きいね。

真琴：中央値をみると，鹿児島市と大分市は，同じ階級に含まれているね。宮崎市の中央値は，［②］の階級に含まれているよ。

裕一：ちなみに，日照時間の平均値は，宮崎市が一番大きいよ。

真琴：なるほど。調べた結果から，2022年８月の日照時間は，宮崎市が３つの市の中で一番長いといえるね。

裕一：データをくらべやすくするために，箱ひげ図もつくってみようよ。

図Ｉ（2022 年 8 月の日照時間）

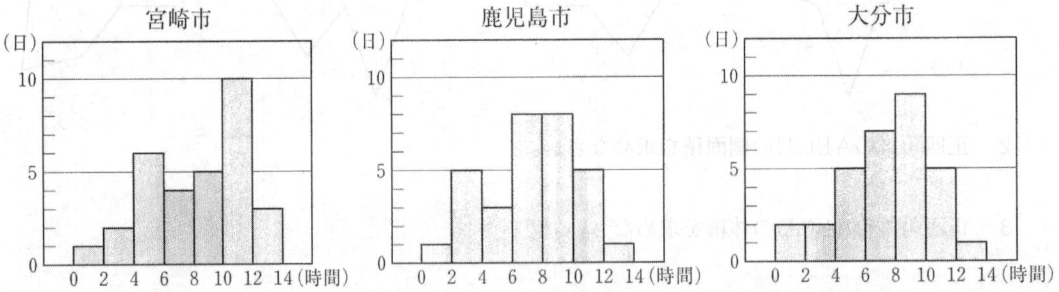

（気象庁「過去の気象データ」より作成）

(1)【会話Ｉ】の［①］に当てはまる数を答えなさい。

(2)【会話Ｉ】の［②］に当てはまる階級を，次のア～エから１つ選び，記号で答えなさい。

ア　４時間以上６時間未満　　**イ**　６時間以上８時間未満

ウ　８時間以上10時間未満　　**エ**　10時間以上12時間未満

(3)【会話Ｉ】の波線部について，裕一さんは同じデータを使って，宮崎市の日照時間の箱ひげ図をつくった。宮崎市の日照時間を表す箱ひげ図として正しいものを，右のア～エから１つ選び，記号で答えなさい。

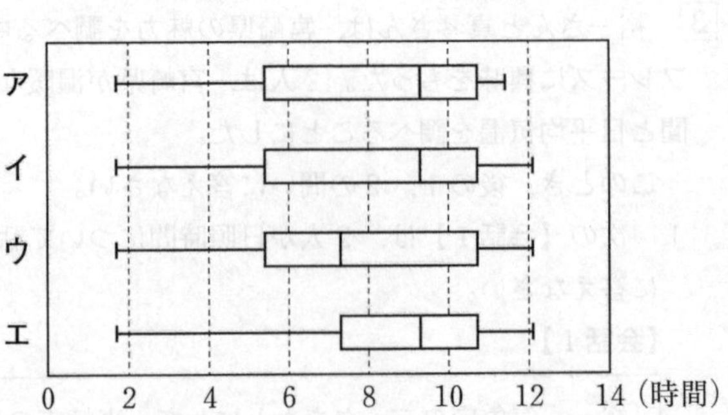

2　次に２人は，2007年から５年ごとに，宮崎市の８月の日平均気温を調べ，表と図Ⅱのようにまとめた。**【会話Ⅱ】**は，表と図Ⅱを見ながら，日平均気温について話し合っている場面である。

このとき，下の⑴，⑵の問いに答えなさい。

表　　宮崎市の８月の日平均気温（℃）

	2007年	2012年	2017年	2022年
最大値	29.8	30.2	31.4	31.0
第３四分位数	28.5	28.3	29.8	29.9
中央値	27.9	27.8	28.9	29.1
第１四分位数	27.4	27.4	28.1	28.7
最小値	25.8	25.5	26.7	27.0

（気象庁「過去の気象データ」より作成）

図Ⅱ（宮崎市の８月の日平均気温）

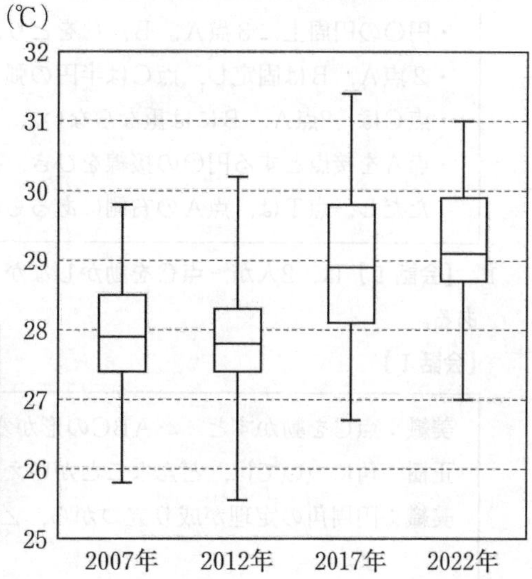

【会話Ⅱ】

真琴：箱ひげ図は，データのおおまかな分布のようすをとらえることができるね。
裕一：四分位範囲が一番小さいのは，☐年の箱ひげ図だね。
真琴：そうだね。2007年と2022年の箱ひげ図をくらべて，８月の日平均気温について，どんなことがいえるか考えてみようよ。
裕一：表の最大値と最小値に着目すると，どちらの年も範囲が同じであることがわかるね。
真琴：範囲は同じだけど，箱ひげ図を見ると，日平均気温は，2007年より2022年の方が高い傾向にあるといえるね。

⑴　**【会話Ⅱ】**の☐に当てはまる年を答えなさい。

⑵　**【会話Ⅱ】**の波線部のように，「日平均気温は，2007年より2022年の方が高い傾向にある」と主張することができます。このように主張することができる理由を，「第１四分位数」と「第３四分位数」の両方の言葉を用いて説明しなさい。

4　美織《みおり》さんと正樹《まさき》さんは，数学の授業で，タブレット端末を使って図形をつくった。図Ⅰは，次のページの**【設定】**にしたがってつくった図形を，表示したものである。

このとき，後の１～３の各問いに答えなさい。

図Ⅰ

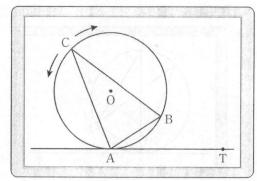

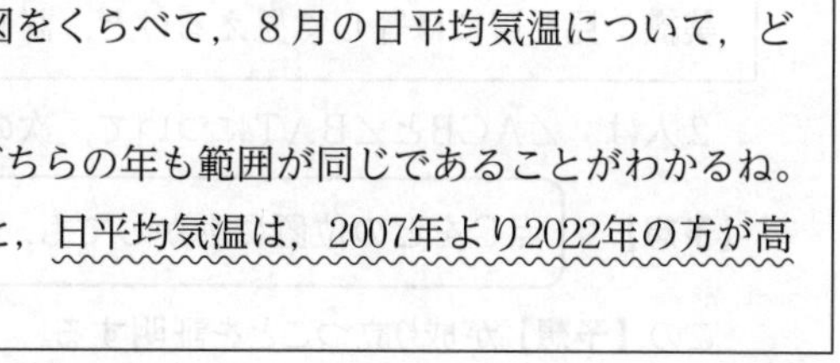

【設定】

- 円Oの円周上に３点A，B，Cをとり，△ABCをつくる。
- ２点A，Bは固定し，点Cは半円の弧より長い$\overset{\frown}{\mathrm{AB}}$上を自由に動かすことができる。
- 点Cは，2点A，Bには重ならない。
- 点Aを接点とする円Oの接線をひき，接線上に点Aと異なる点Tをとる。
  ただし，点Tは，点Aの右側にあるものとする。

1　【会話Ⅰ】は，2人が，点Cを動かしながら図形の性質や関係について話し合っている場面である。

【会話Ⅰ】

美織：点Cを動かすと，△ABCの形が変わるから，辺CA，辺CBの長さが変わるね。
正樹：角については，どんなことがいえるかな。
美織：円周角の定理が成り立つから，∠ACBの大きさは点Cがどの位置にあっても同じよ。
正樹：そうだね。２点A，Bは固定されているから，∠BATの大きさもいつも同じだね。
美織：なるほど。点Cをどの位置に動かしても，∠ACBと∠BATの大きさは変わらないということね。
正樹：∠ACBと∠BATの大きさは等しいのかな。
美織：見た目には等しく見えるけど，詳しく調べてみようよ。

２人は，∠ACBと∠BATについて，次のことを予想した。

【予想】　点Cをどの位置に動かしても，∠ACB＝∠BAT が成り立つ。

この【予想】が成り立つことを証明するために，図Ⅱのように線分CAが円Oの直径となるように点Cを点Dの位置まで動かした。次の【証明】の ア ～ ウ に当てはまる記号や式，角度を書きなさい。

ただし，同じカタカナのところには共通するものが入る。

図Ⅱ

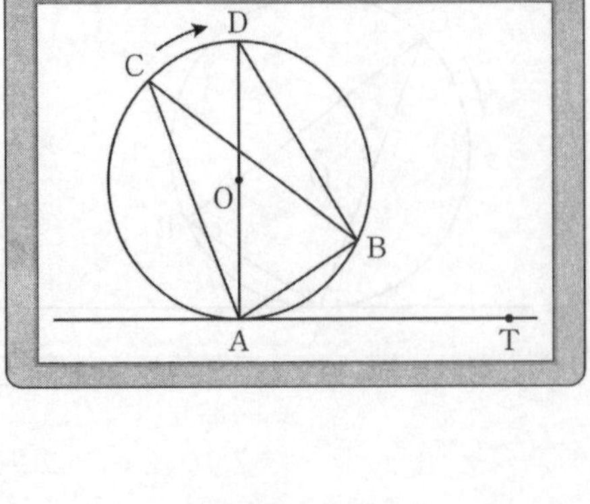

【証明】

∠ACB と ∠ADB は，どちらも ア に対する円周角だから，円周角の定理より，

∠ACB ＝ ∠ADB　…①

直線 AT は円 O の接線だから，

∠DAT ＝ イ

これより，

∠BAT ＝ 　ウ　　…②

半円の弧に対する円周角であるから，

円周角の定理より，

∠ABD ＝ イ

これより，

∠ADB ＝ 　ウ　　…③

②，③から，

∠BAT ＝ ∠ADB　…④

したがって，①，④から，

∠ACB ＝ ∠BAT

2　図Ⅲは，図Ⅰにおいて，点Cを固定し，線分CBを延長した直線と直線ATとの交点をEとしたものである。このとき，2人は，△CAE∽△ABEであると予想した。次の【会話Ⅱ】は，その予想が成り立つことを確認している場面である。【会話Ⅱ】の［エ］には式を，［オ］には当てはまる言葉を書きなさい。

【会話Ⅱ】

美織：△CAE∽△ABEを確認しようよ。
正樹：△CAEと△ABEで，２つの三角形に共通な角だから，［エ］だね。
美織：そして，さっき証明したことから，∠ACE＝∠BAEがいえるね。
正樹：△CAEと△ABEで，［オ］ので，△CAE∽△ABEが成り立つね。
美織：これを利用して，いろいろな問題を考えてみよう。

図Ⅲ

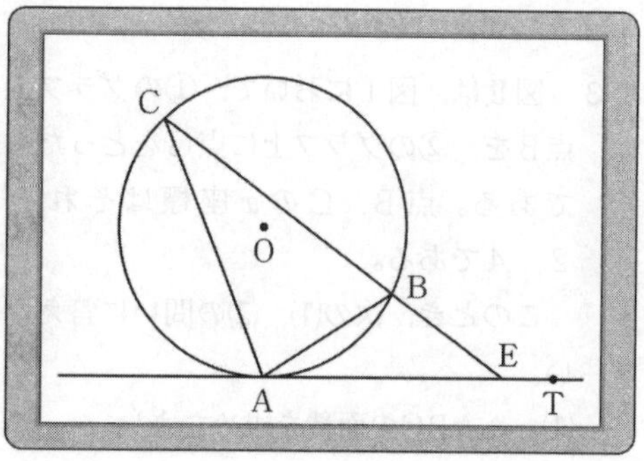

3　図Ⅳは，図Ⅲにおいて，∠AECの二等分線をひき，線分ABとの交点をFとしたものである。AE＝９㎝，CE＝15㎝ のとき，次の⑴，⑵の問いに答えなさい。

⑴　線分BEの長さを求めなさい。

⑵　△BFEの面積は，△CAEの面積の何倍になりますか。

図Ⅳ

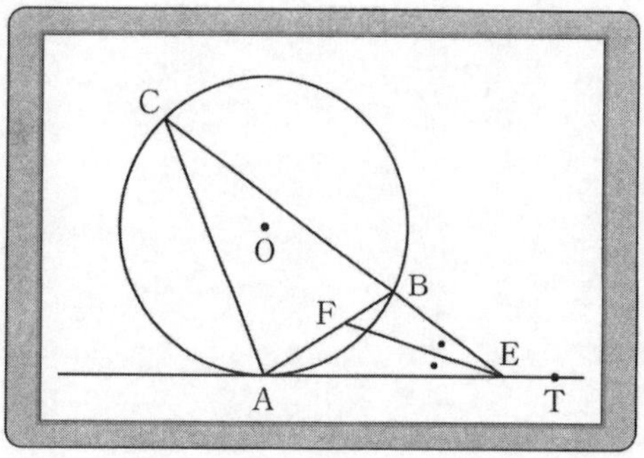

5　図Ⅰのように，２つの関数

$y=\dfrac{a}{x}$　（$a<0$）……①

$y=\dfrac{1}{2}x^2$　……②

のグラフが点Aで交わっている。点Aのx座標は－２である。

このとき，次の１～３の問いに答えなさい。

1　関数①と②に共通する特徴を述べた文として正しいものを，次の**ア**～**エ**から１つ選び，記号で答えなさい。

ア　グラフは，y軸を対称の軸として線対称である。

図Ⅰ

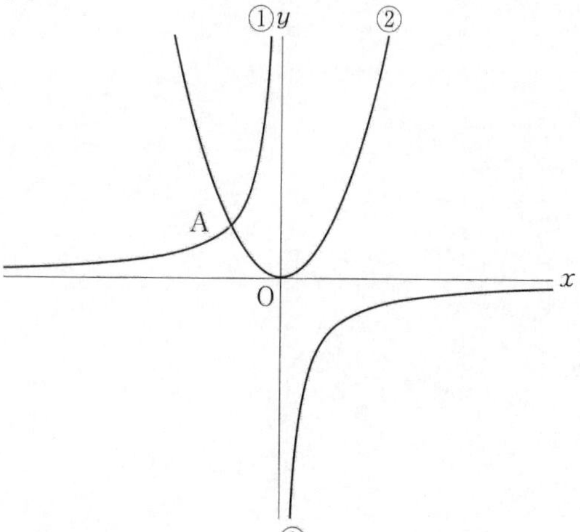

イ　対応する x と y の値の積 xy は一定である。
ウ　変化の割合は一定ではない。
エ　$x<0$ で，x の値が増加するにつれて，y の値は増加する。

2　a の値を求めなさい。

3　図Ⅱは，図Ⅰにおいて，①のグラフ上に点Bを，②のグラフ上に点Cをとったものである。点B，Cの x 座標はそれぞれ 2，4である。

このとき，次の(1)，(2)の問いに答えなさい。

(1)　△ABCの面積を求めなさい。

(2)　3点A，B，Cを通る円の面積を求めなさい。

ただし，円周率は π とする。

図Ⅱ

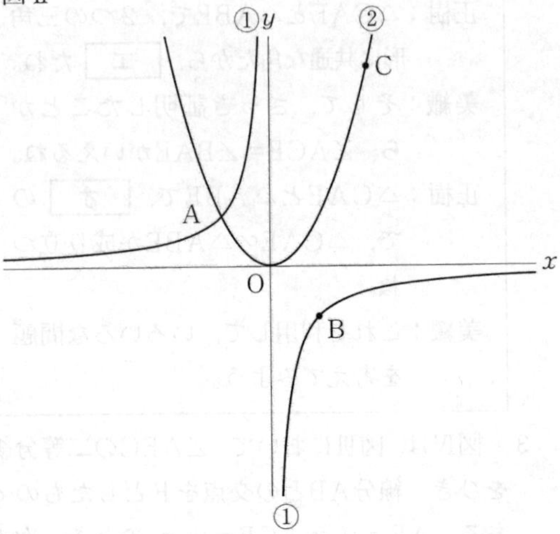

＜英語＞　時間　50分　満点　100点

[1] 次の１～４は，リスニングテストです。放送の指示に従って答えなさい。

1

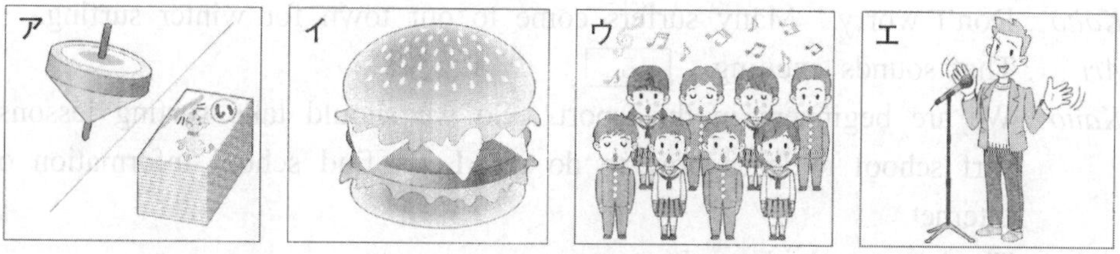

2 No.1　ア A zoo　イ A concert hall
　　ウ A soccer stadium　エ A movie theater

No.2　ア 9:00 a.m.　イ 10:00 a.m.　ウ 11:00 a.m.　エ 12:00 p.m.

No. 3

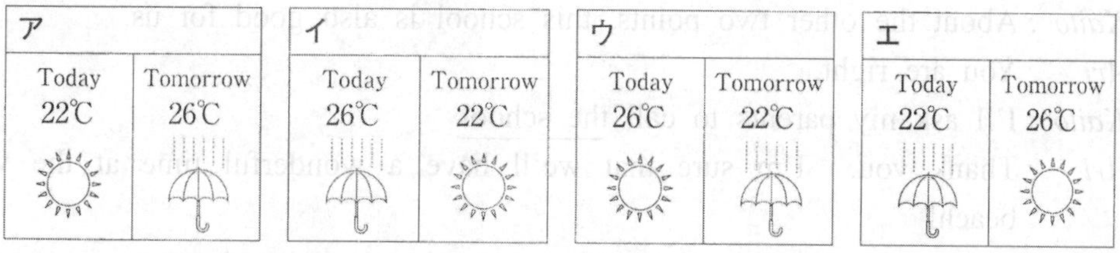

3　ア About sick children who like cookies
　イ About the help he needs
　ウ About the members in his class
　エ About the school festival of his high school

4　ア having dogs will make us active and strong
　イ it is not easy to have dogs
　ウ we can have dogs in a house easily
　エ cats will become more popular as pets

[2] 次の対話は，ひなた市の高校生の海人（Kaito）とフィンランド（Finland）の高校生のアリ（Ari）がビデオ通話をしているときのものです。【サーフィン教室情報】も参考にして，後の１，２の問いに答えなさい。

Kaito and Ari are good friends. Kaito spent two weeks at Ari's home in Finland last year.

Ari : Hi, Kaito. My parents and I are planning to visit your city this winter. We want to see you!

Kaito : Cool! It has been about a year since I saw you last. [1]

Ari : Me, too. [2]

Kaito : Sure. Is there anything that you and your parents want to do here?

Ari : My parents want to visit some museums in your city. [3] In Finland, it is too cold to do outdoor activities in winter.

Kaito : How about surfing? I have been interested in it.

Ari : [4]

Kaito : Don't worry. Many surfers come to our town for winter surfing.

Ari : That sounds exciting. [5]

Kaito : We are beginners in this sport. So we should take surfing lessons at a surf school to learn how to do it. Let's find school information on the internet.

Ari : That's a good idea. Let me see....

Kaito : Look at this website. There are four good surf schools introduced here.

Ari : Well, which one should we choose?

Kaito : What do you think about this school? The lesson price is not the highest.

Ari : This is an important point.

Kaito : About the other two points, this school is also good for us.

Ari : You are right.

Kaito : I'll ask my parents to call the school.

Ari : Thank you. I'm sure that we'll have a wonderful time at the winter beach!

【サーフィン教室情報】

Four Surf Schools in Hinata City

Surf schools	ア	イ	ウ	エ
Lesson price	3,800 yen	3,200 yen	3,500 yen	3,000 yen
Open seasons	Summer	All seasons	All seasons	Summer
Can beginners join?	Yes	Yes	No	No

1 [1] ～ [5] に入る最も適切なものを，それぞれ次のア～オから１つずつ選び，記号で答えなさい。

ア I have missed you.

イ I really want to try it.

ウ But I'd like to do outdoor activities with you.

エ Will you help me make a plan for our stay?

オ Can we do that in such a cold season?

2 対話中のthe schoolとして最も適切なものを，対話の情報をもとに【サーフィン教室情報】のア～エから１つ選び，記号で答えなさい。

3　次の１～３の問いに答えなさい。

1　次の対話の（１）～（４）に入る最も適切なものを，それぞれア～エから１つずつ選び，記号で答えなさい。

A：Mom, （　1　） I go to the library from now?
B：OK, but come back home （　2　） 4:00 p.m.　Uncle John will come for dinner.
A：I （　3　）.　Do you need any help?
B：Yes, I want you to go （　4　） with me for dinner.

（1）　ア do　　イ did　　ウ will　　エ may
（2）　ア on　　イ by　　ウ to　　エ until
（3）　ア hear　　イ hope　　ウ see　　エ think
（4）　ア shopping　　イ shop　　ウ to shopping　　エ to shop

2　次の⑴，⑵の対話について，（　）内の語句をすべて用い，意味がとおるように並べかえて，正しい英文を完成させなさい。

⑴　*A*：Please （ me / your / tell / hobby ）.
　　B：I like reading books.
⑵　*A*：What is （ is / the girl / eating / the food ）?
　　B：Oh, that's *takoyaki*.　Try it.

3　中学生の真紀（Maki）がノーマイカーデー（Car-Free Day）について調べたことを英語で発表します。【発表原稿】と【円グラフ】をもとに，後の⑴，⑵の問いに答えなさい。

【発表原稿】

Our city set up Car-Free Day to help the environment by *reducing *carbon dioxide from cars.　On this day, the city asks people to walk, ride a bicycle, or use the buses or trains instead of driving.

Look at this *chart.　It shows how people in this city get to work.　The most people in this city use their own cars.　Bicycles are not as popular as buses or trains.　However, more people ride bicycles than walk.

【円グラフ】

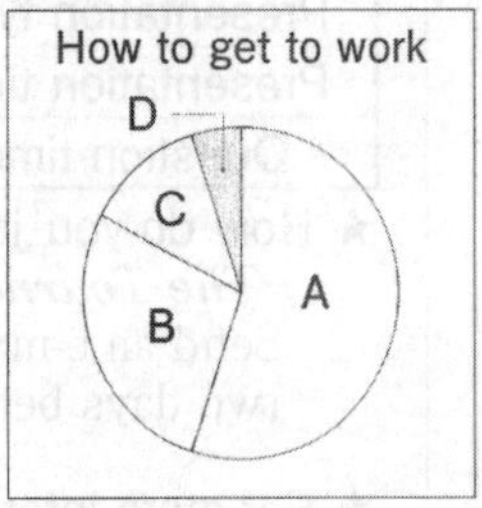

My parents drive to work though their offices are near our house.　This evening, I'm going to talk about the topic with my parents.　I want them to try a better way to go to work.　I hope they will start thinking about the environment after I talk to them.

（注） reduce　～を減らす　　carbon dioxide　二酸化炭素　　chart　円グラフ

⑴　【円グラフ】のＣに当てはまる最も適切な項目を，次のア～エから１つ選び，記号で答えなさい。

ア Bicycles　　イ Buses or trains　　ウ Cars　　エ Walking

⑵　次の絵は，本文中の下線部に関して，真紀と両親がやり取りをしている場面です。会話が成り立つように，真紀のせりふとして主語と動詞を含む英文を書きなさい。英文はいくつで

もかまいませんが，全体で10語以上20語以下になるように書きなさい。
ただし，符号（，．！？など）は語の数に入れないものとします。

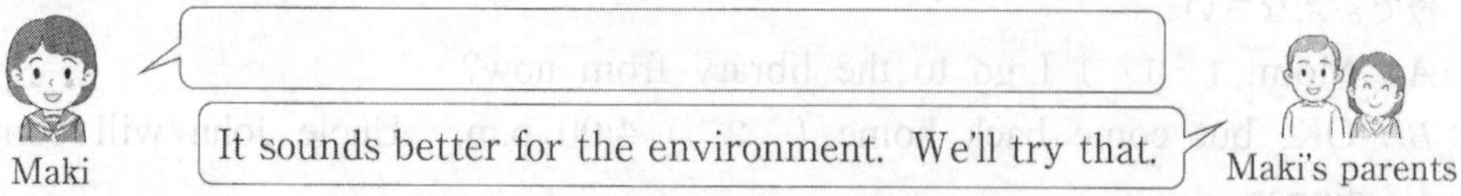
Maki
It sounds better for the environment. We'll try that.
Maki's parents

4　シンガポールのトゥアス高校（Tuas High School）に留学している宏（Hiroshi）とジン（Jing）が，学校が開催する書評合戦「ビブリオバトル」（Bibliobattle）の【案内】を見ながら，話しています。【二人の対話】を読み，後の１～４の問いに答えなさい。

【案内】

Join Tuas High School's Bibliobattle Events

Held on January 12th

★ **What is Bibliobattle?**

Bibliobattle is *a book review game born in Japan. You'll *present your favorite book and try to make others interested in it. After your presentation, you'll have some questions from other people. At the end of the game, people will *vote for the most interesting book. Win the championship with the most *votes!

★ **Which event will you join?**

Tuas High School will have two different Bibliobattle events, *The Tournament* and *The Experience*.

	The Tournament	***The Experience***
Place	School gym	School library
Presentation type	Speaking to large audience	Speaking in groups of four
Presentation time	5 minutes	5 minutes
Question time	3 minutes	2 minutes

★ **How do you join the Bibliobattle events?**

○ ***The Tournament***
Send an e-mail to books@libro.com two days before the event.

○ ***The Experience***
Bring your favorite book to the school library on the day of the event. You don't have to send an e-mail to join.

★ **For more information**

Check the school website or visit the school library office.

（注）　a book review game　書評合戦　　present　～を発表する
vote for　～に投票する　　vote　票

【二人の対話】

Hiroshi : Hi, Jing.　Have you heard about Bibliobattle?

Jing : Yes, but I don't know much about it.

Hiroshi : You present your favorite book for [A] minutes.　It is wonderful to share the exciting feelings for books.

Jing : Sounds interesting, but I will be nervous in front of many people.

Hiroshi : I was worried when I joined last time, but it was fun.　When you make the most people interested in your book, you'll win and get [B] place.

Jing : Well, I have a book I want to present. OK, I'll join the event held in a small group.

Hiroshi : Ask me if you have something you want to know about the events.

1 【案内】の内容として正しいものを，次のア～エから１つ選び，記号で答えなさい。

ア In the events, you have to present the book you borrowed from the library.

イ Both *The Tournament* and *The Experience* are held in the school library.

ウ You'll talk to more people in *The Tournament* than in *The Experience*.

エ You'll need to send an e-mail to join *The Experience*.

2 【二人の対話】の [A] に入る最も適切な数字を答えなさい。

3 【二人の対話】の [B] に入る最も適切な語を，英語１語で答えなさい。

4 【二人の対話】の後，ジンは学校で開催されるビブリオバトルについてもっと知りたいと思いました。【案内】や【二人の対話】を踏まえて，どうすればジンが情報を得られるかを英文１文で簡潔に答えなさい。

ただし，解答欄の書き出しに続ける形で書くこととします。

5 次の英文は，中学生の美香（Mika）が市役所での職場体験（Work Experience）をもとに行った英語スピーチです。後の１～６の問いに答えなさい。

This happened on the first day of my Work Experience at City Hall. When I was cleaning the hall, a woman walked to me and showed me a card. I had no idea how to communicate with her. Then, Ms. Sakamoto, a city hall worker, came to help us. Soon, both the woman and the worker started moving their fingers and hands to communicate. They were talking in *sign language. I felt sorry and *helpless.

When I got home, I talked to my mother about this experience. My mother said, "I know how you felt. I had a similar experience when I was a child." I listened to her story. "One day, a man wearing glasses suddenly asked me a question on my way to school. He said, 'Excuse me. Where is the *bus stop?' I thought the question was very *strange because we were just in front of it. So I didn't answer him, and then the man walked away. When he left, I found the man had a white *cane with him. Later, I learned that the white cane is a stick for people who *have difficulty seeing. Now, I understand why he asked me that question. I [A] I could meet him again to say, 'I'm sorry.' Though we cannot change the past, we learned something important for the future from our experiences, right?"

On the last day of my Work Experience, Ms. Sakamoto asked me to put a poster on the wall. The poster was about sign language classes that the city was holding. She said to me, "I planned these classes. One of my jobs is to make *projects that make people interested in sign language. There is *a sign language law that *encourages these projects."

"What is the sign language law?" I asked, because I heard of it for the first time. "The *law says that sign language is an important language just like a spoken language. It also tells cities to help people learn sign language. I hope that more people in this city will know about the law and use sign language." Her face was bright with a smile.

Every Saturday, I take the sign language class introduced in the poster. I enjoy sign language and seeing Ms. Sakamoto there. When I saw her in class last time, I asked her. " B " Ms. Sakamoto answered, "Yes. I am happy that I can be helpful through my work. But I am not the only one that can C others. You can also do something for others. You have already taken a small *step by starting a sign language." Her words made me very happy.

Now, the world looks different to me, and I don't think I am helpless. I'm going to keep finding other ways to help my family, my friends and the people around me.

（注）sign language 手話　helpless 無力な　bus stop バス停　strange 奇妙な　cane 杖《つえ》
have difficulty ～ ing ～するのが難しい　project 企画・計画
a sign language law 手話言語条例　encourage ～を推進する　law 条例　step 一歩

1 本文中の下線部 a card に描かれている表示（sign）として最も適切なものを，表示の説明を参考に，次のア～エから１つ選び，記号で答えなさい。

記号	表示	表示の説明
ア		This sign is for people with inner health problems that are hard to see from outside. The sign asks others to understand them.
イ	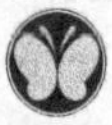	This sign shows that the driver of the car has difficulty hearing. It is put on their car when they drive.
ウ		This sign is for people who have difficulty seeing. Buildings designed to be friendly to them have this sign.
エ		This sign is for people who have difficulty hearing. They sometimes show the card with this sign for help.

2 A に入る最も適切な英語１語を答えなさい。

3 B に入る最も適切な英文を，次のア～エから１つ選び，記号で答えなさい。

ア Are you happy to see me?

イ Do you like your job?

ウ Why do you work at City Hall?

エ What do you like about your job?

4 C に入る最も適切な英語１語を，本文中からそのまま抜き出して答えなさい。

5　次の(1)～(3)の英文を，本文の内容と合うように完成させるのに，最も適切なものを，それぞれア～エから１つずつ選び，記号で答えなさい。

(1)　On the first day of Mika's Work Experience, ＿＿＿＿＿＿.

ア　a person with a white cane talked to Mika when she was cleaning

イ　a city hall worker taught Mika how to communicate in sign language

ウ　Mika communicated with the woman by using sign language

エ　Mika didn't know what to do to communicate with the woman

(2)　A sign language law ＿＿＿＿＿＿.

ア　was made by Ms. Sakamoto

イ　is the law that Mika already knew

ウ　says that sign language is as important as a spoken language

エ　says that everyone must communicate with sign language

(3)　After Mika's Work Experience, ＿＿＿＿＿＿.

ア　Mika sees Ms. Sakamoto once a week

イ　Mika teaches sign language at her school

ウ　Mika made a poster to introduce the sign language class

エ　Mika decided to work at City Hall in the future

6　スピーチの後で，美香があなたに話しかけています。対話が成り立つように，下線部に**主語と動詞を含む８語以上の英文を１文**書きなさい。

ただし，符号（ , . ! ? など）は語の数に入れないものとします。

Mike :　Will you share what you did for your family, your friends or the people around you?

You :　＿＿＿＿＿＿＿＿＿＿＿＿＿＿＿＿＿＿＿＿

Mika :　That's great!

＜理科＞

時間　50分　　満点　100点

1　咲人《さくと》さんは，遺伝のしくみや規則性を調べた。後の１，２の問いに答えなさい。

1　咲人さんは，メンデルがエンドウを用いて遺伝のしくみを研究したことについて興味をもち，図書館で資料１，２を見つけた。後の(1)～(3)の問いに答えなさい。

［資料１］（一部）

> 資料２のように，メンデルは，丸い種子をつくる純系としわのある種子をつくる純系の種子をまいて育て，2つをかけ合わせた。その結果，子はすべて丸い種子になった。次に，子の種子をまいて育て，自家受粉させ，できた種子を調べると丸い種子としわのある種子の両方ができた。

［資料２］

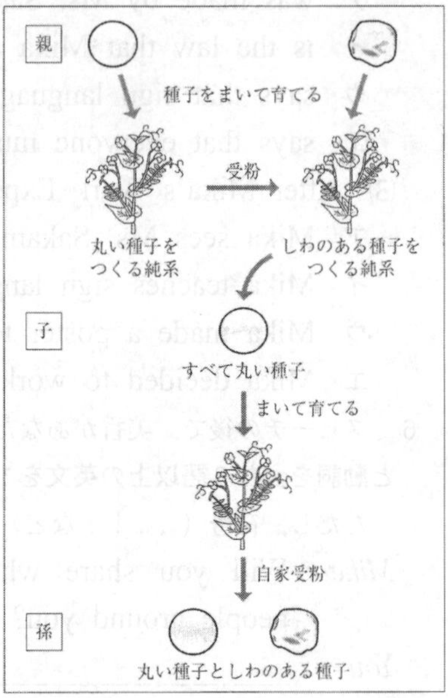

(1)　エンドウと同じなかまである離弁花類に分類される植物として，適切なものはどれか。次のア～エから１つ選び，記号で答えなさい。

ア　イチョウ　　イ　アブラナ
ウ　タンポポ　　エ　ユリ

(2)　エンドウの花を観察するときのルーペの使い方として，適切なものはどれか。次のア～エから１つ選び，記号で答えなさい。

ア

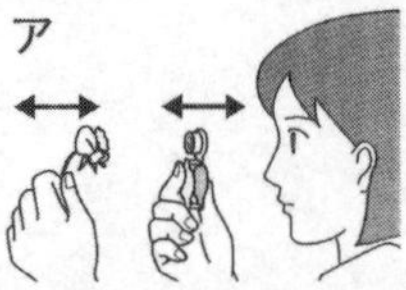

ルーペと植物を一緒に動かす。

イ

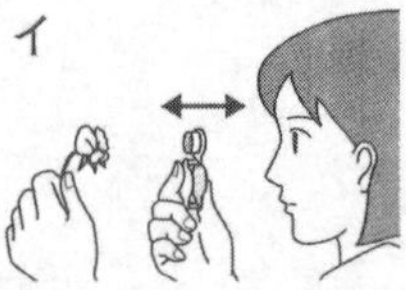

ルーペを目から遠ざけ，植物を動かさずにルーペを動かす。

ウ

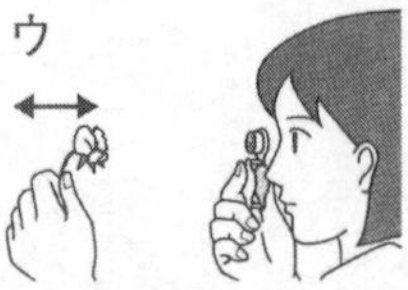

ルーペを目に近づけ，ルーペを動かさずに植物を動かす。

エ

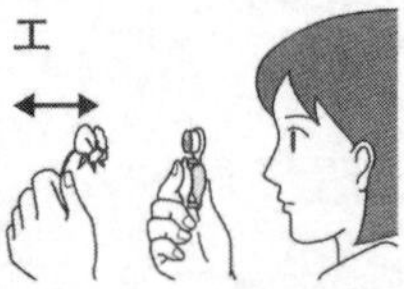

ルーペを目から遠ざけ，ルーペを動かさずに植物を動かす。

(3)　次のページの図１は，資料２について，種子を丸くする遺伝子をＡ，しわにする遺伝子をａとしたときの遺伝子の伝わり方を表そうとした模式図である。図１に関する説明として，適切でないものはどれか。下のア～エから１つ選び，記号で答えなさい。ただし，図１の◯には，遺伝子または遺伝子の組み合わせが入るものとして考える。

ア　孫の受精卵の遺伝子の組み合わせは，すべてＡａである。
イ　減数分裂により，対になっている遺伝子が分かれて別々の生殖細胞に入る。
ウ　体細胞分裂をすると，同じ遺伝子の組み合わせをもつ細胞ができる。
エ　純系の親の形質どうしを対立形質という。

図１

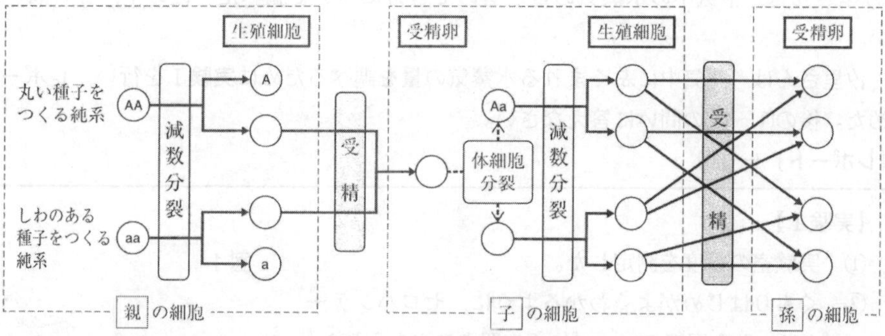

2　咲人さんのクラスは，エンドウを用いたメンデルの研究について学習し，遺伝の規則性を確かめるために**モデル実験**を行った。下の(1)，(2)の問いに答えなさい。

〔モデル実験〕

図２のように，白色と黒色の玉を１個ずつ，袋Ｘ，Ｙの中にそれぞれ入れる。玉は遺伝子を表し，白の玉は種子を丸くする遺伝子Ａ，黒の玉は種子をしわにする遺伝子ａとして考える。

①　それぞれの袋から，中を見ないように玉を１個ずつとり出し，その組み合わせを記録する。

②　とり出した玉をもとの袋にもどす。

③　①，②の操作をクラス全体で3000回行い，表にまとめる。

図２

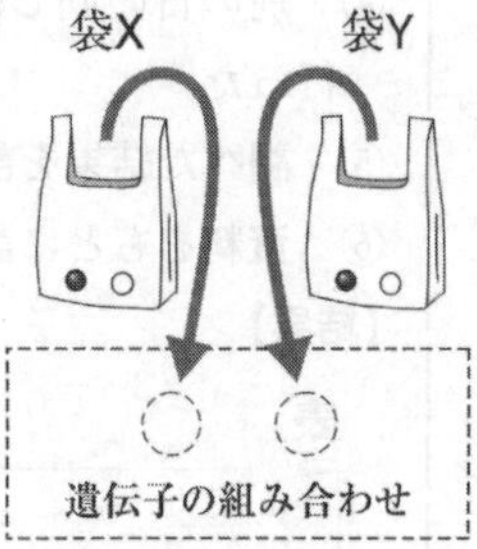

表

遺伝子の組み合わせ	○○	●●	○●
回　数	①	②	③

(1)　**モデル実験**の結果として，表の ① ～ ③ に入る適切な数値の組み合わせを，右の**ア**～**エ**から１つ選び，記号で答えなさい。

	①	②	③
ア	998	997	1005
イ	1499	759	742
ウ	762	1493	745
エ	751	748	1501

(2)　図２の袋Ｘ，Ｙに入れる玉の色の組み合わせを変え，**モデル実験**の①～③の操作を行ったとき，遺伝子の組み合わせは，丸い種子としわのある種子の数の比が約１：１になった。このときの袋Ｘ，Ｙの中に入れる玉の色の組み合わせとして，適切なものはどれか。次の**ア**～**エ**から１つ選び，記号で答えなさい。ただし，顕性形質の遺伝子はＡとする。

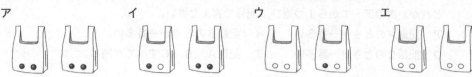

ア　　**イ**　　**ウ**　　**エ**

2　汐《しお》里《り》さんは，空気中の水蒸気の量と雲のでき方について調べた。後の１，２の問いに答えなさい。

1　汐里さんは，空気中にふくまれる水蒸気の量を調べるために**実験Ⅰ**を行い，**レポート**にまとめた。後の(1)~(3)の問いに答えなさい。

〔レポート〕（一部）

【実験Ⅰ】

① 実験室の温度を測定した。

② くもりはじめがよくわかるように，セロハンテープをはった金属製のコップにくみ置きの水を入れた。

③ **図１**のように，氷を入れた試験管をコップの中に入れて，水温を下げ，コップの表面がくもりはじめたときの水温を測定した。

④ 別の日の同じ時刻に①～③の操作を全部で３日行った。

⑤ 調べた結果を記録Ａ～Ｃとして**表**にまとめた。

⑥ **資料**をもとに記録Ａ～Ｃにおける実験室の湿度を求めた。

図１

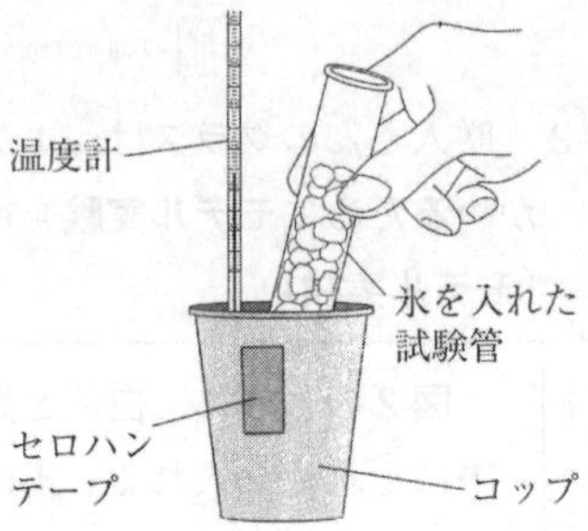

【結果】

表

	記録Ａ	記録Ｂ	記録Ｃ
実験室の温度　〔℃〕	18	22	24
表面がくもりはじめたときの水温　〔℃〕	14	12	18
湿度　〔%〕	a	b	c

〔資料〕　空気の温度と飽和水蒸気量

空気の温度　〔℃〕	12	14	16	18	20	22	24
飽和水蒸気量〔g/m^3〕	10.7	12.1	13.6	15.4	17.3	19.4	21.8

(1) **実験Ⅰ**の下線部に関して，くみ置きの水を使う理由として，適切なものはどれか。次の**ア**～**エ**から１つ選び，記号で答えなさい。

ア　水の蒸発を防ぐため。

イ　空気を水にとり入れるため。

ウ　水が温度変化を起こしやすくするため。

エ　実験室の温度と同じ水温で実験を始めるため。

(2) **表**の記録Ａ～Ｃに関して，空気１m^{3}中にふくまれる水蒸気量の説明として，適切なものはどれか。次の**ア**～**エ**から１つ選び，記号で答えなさい。

ア　記録Ａのときが一番多い。　　**イ**　記録Ｂのときが一番多い。

ウ　記録Ｃのときが一番多い。　　**エ**　記録Ａ，Ｂ，Ｃすべてが同じ。

(3)　表の a ～ c について，最も高い湿度は何％になるか，求めなさい。ただし，答えは，小数第１位を四捨五入して求めなさい。

2　汐里さんは，雲ができるしくみを確認するために**実験Ⅱ**を行い，**結果**を下のようにまとめた。下の(1)，(2)の問いに答えなさい。

〔実験Ⅱ〕

① フラスコの内側をぬるま湯でぬらし，線香のけむりを少量入れた。
② 図２のような装置をつくり，大型注射器のピストンを押し込んだ状態でフラスコにつないだ。
③ 大型注射器のピストンを引いたり，押したりしたときのフラスコ内の空気のようすや温度変化を調べた。

図２

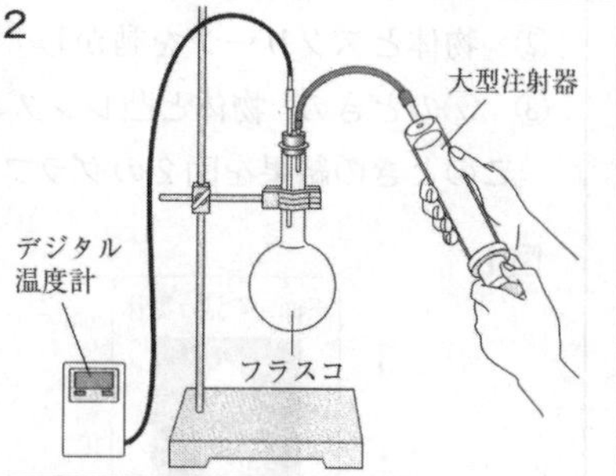

〔結果〕

ピストンを引くと，フラスコ内がくもり，温度が下がった。
ピストンを押すと，フラスコ内のくもりが消え，温度が上がった。

(1)　汐里さんは，**結果**から雲ができるしくみについて，次のようにまとめた。 a ， b に入る適切な言葉の組み合わせを，下の**ア**～**エ**から１つ選び，記号で答えなさい。

〔まとめ〕
　自然界では，空気は上昇するとまわりの気圧が a なるため膨張する。そのため上昇する空気の温度は b ，空気中の水蒸気の一部が小さな水滴や氷の粒になり，雲ができる，

ア　a：低く　b：下がり　　**イ**　a：低く　b：上がり
ウ　a：高く　b：下がり　　**エ**　a：高く　b：上がり

(2)　雲のできやすいときのようすを示した図として，適切なものはどれか。次の**ア**～**カ**からすべて選び，記号で答えなさい。ただし，矢印（⇨）は，空気の動きを表している。

ア

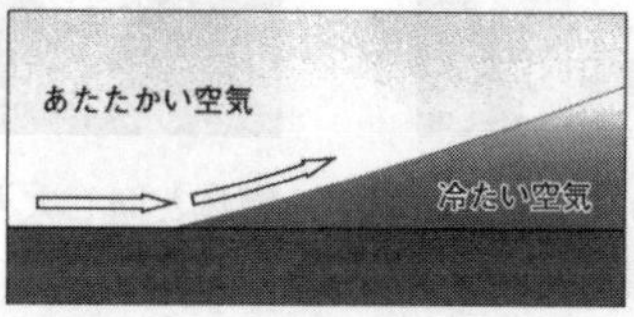

温度が異なる空気が接するとき

イ

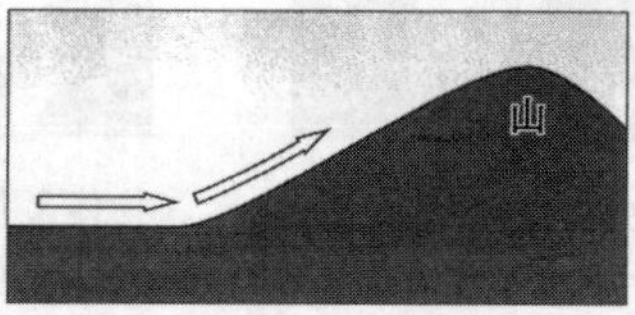

空気が山の斜面を上昇するとき

ウ

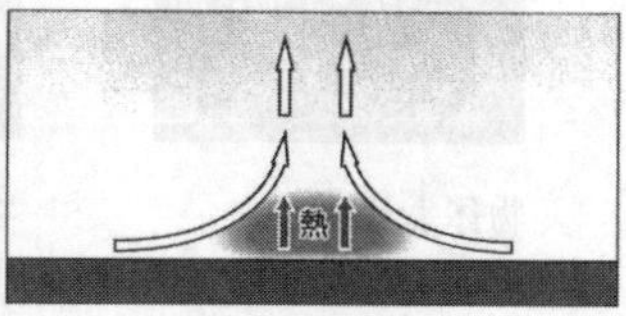

空気が熱せられたとき

エ

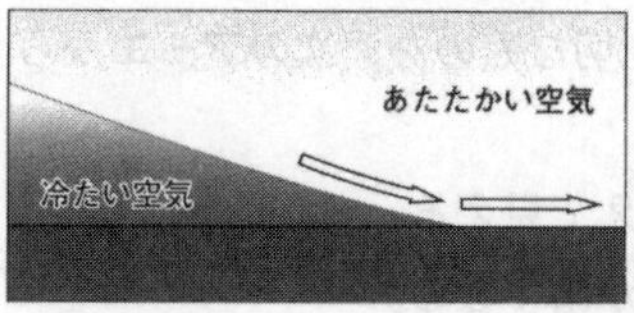

温度が異なる空気が接するとき

オ

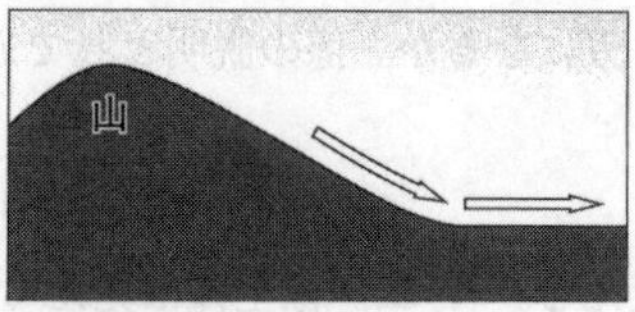

空気が山の斜面を下降するとき

カ

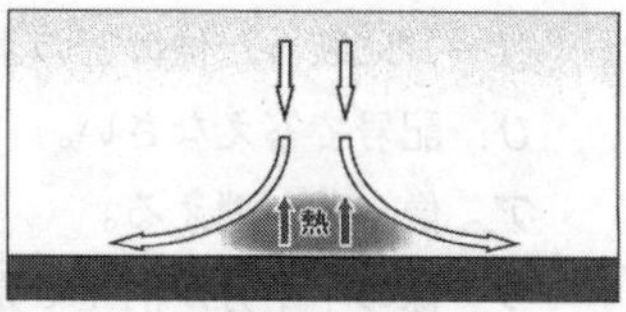

空気が熱せられたとき

3　京子《きょうこ》さんは，凸レンズによってできる像について調べるために実験を行った。後の１～４の問いに答えなさい。

〔実験〕

①　図１のような装置を組み立て，光学台に凸レンズを固定して，物体（光源），スクリーンを置いた。

②　物体とスクリーンを動かし　はっきりした像をスクリーンに映した。

③　②のときの，物体と凸レンズとの距離ａと，スクリーンと凸レンズとの距離ｂを記録し，このときの結果を図２のグラフに示した。

図１

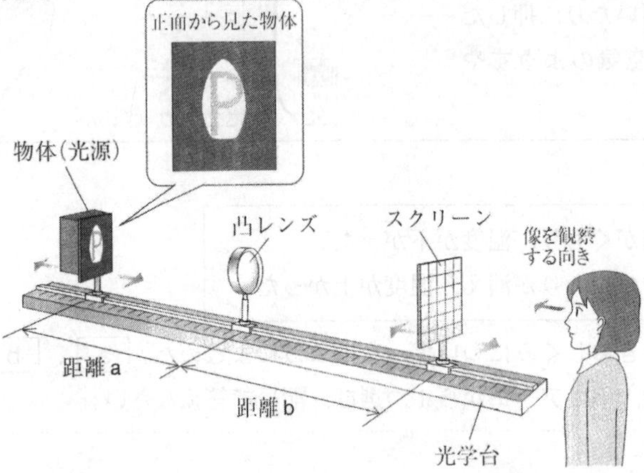

図２

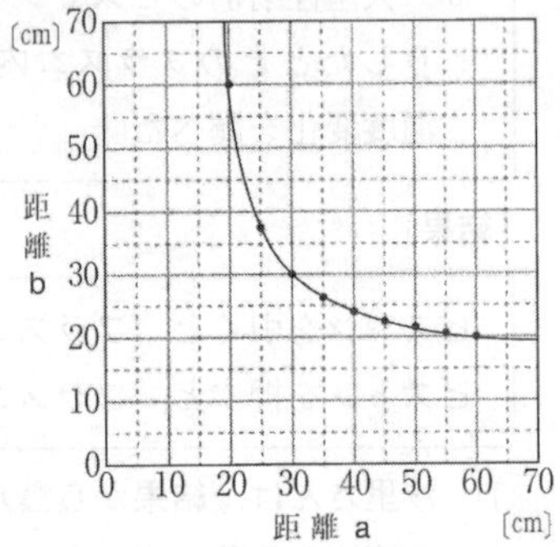

1　距離ａが距離ｂより大きいとき，スクリーンに物体の像がはっきりと映った。このとき，スクリーンに映った像として適切なものはどれか。次のア～エから１つ選び，記号で答えなさい。

ア

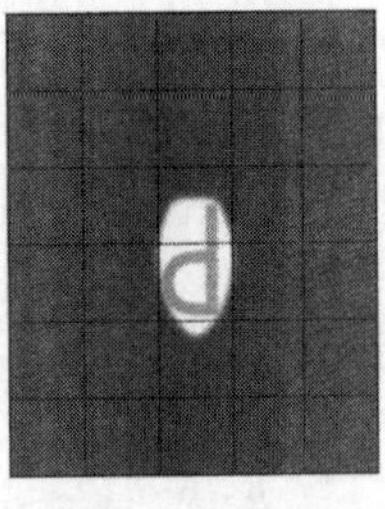

物体より小さい
上下・左右逆向き

イ

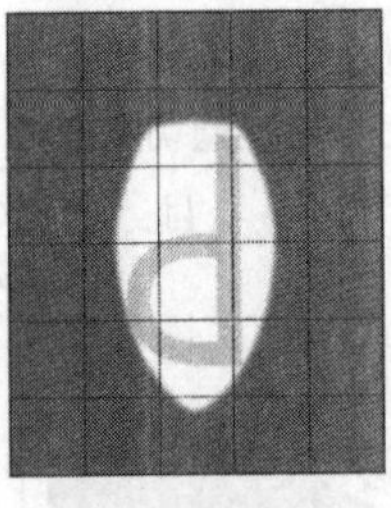

物体と同じ大きさ
上下・左右逆向き

ウ

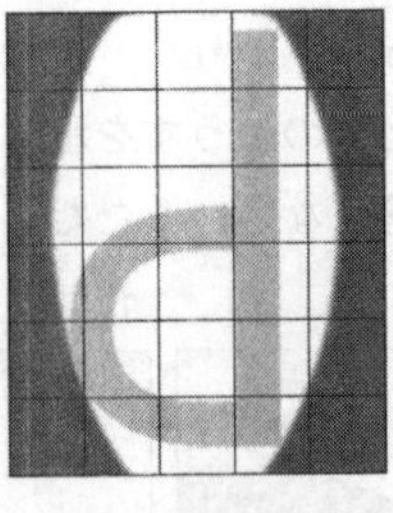

物体より大きい
上下・左右逆向き

エ

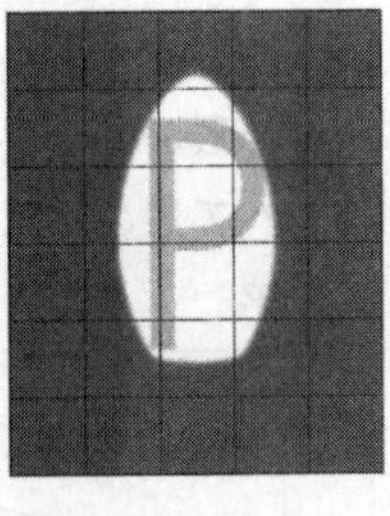

物体と同じ大きさ
同じ向き

2　図２から，実験で使用した凸レンズの焦点距離は何cmか，求めなさい。

3　スクリーンに物体の像がはっきりと映っている状態で凸レンズの上半分をかくすと，スクリーンに映った像はどのようになるか。像の説明として適切なものを，次のア～エから１つ選び，記号で答えなさい。

ア　像全体が消える。　　イ　像の上半分が消えて見える。

ウ　像の下半分が消えて見える。　　エ　像全体は見えるが暗くなる。

4　図３のように，物体が凸レンズの焦点距離よりもレンズに近い位置にあるとき，凸レンズを通して見える像を，解答用紙にかき入れなさい。ただし，物体は矢印，焦点の位置は • で示してある。また，作図の線は消さずに残しておくこと。

図３

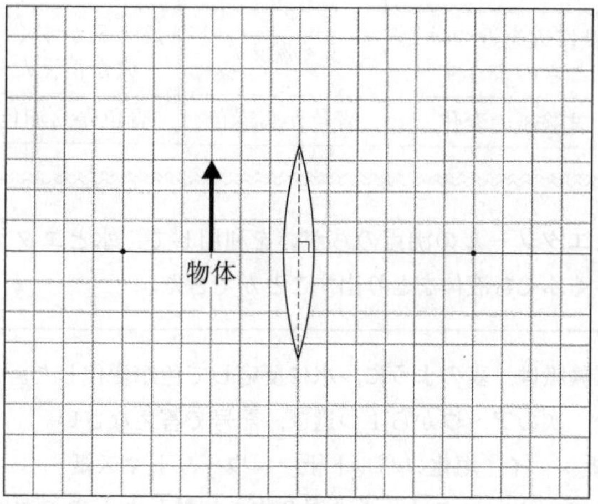

4　正尚《まさたか》さんたちは，理科の時間に物質のすがたとその変化について調べた。後の１，２の問いに答えなさい。

1　正尚さんたちは，蒸留の実験を行い，レポートにまとめた。後の(1)，(2)の問いに答えなさい。

〔レポート〕(一部)

【学習課題】 水とエタノールの混合物からエタノールをとり出せるだろうか。

【仮説】 水とエタノールの沸点のちがいを利用すれば，水とエタノールの混合物からエタノールをとり出せるのではないか。

【実験】

①　図１のように，水とエタノールの混合物 50 cm^3 と沸とう石を入れて，ガスバーナーで加熱した。

②　出てきた液体を順に，３本の試験管Ａ～Ｃに約３ cm^3 ずつ集め，加熱をやめた。それぞれ何℃から何℃の間に集めたか記録しておく。

図１

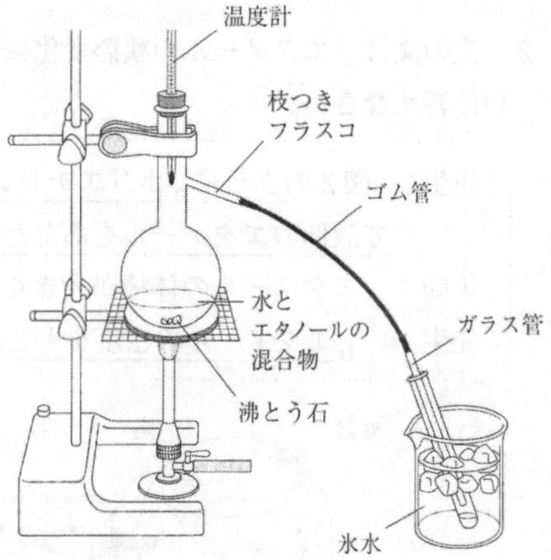

③　集めた液体について，「エタノールのにおい」，「液体をひたしたろ紙に火を近づけたときのようす」，「液体をつけたときの試験紙の変化」を調べた。

【結果】 表

試験管	A	B	C
集めたときの温度	78〜81℃	82〜87℃	88〜92℃
エタノールのにおい	強い	強い	弱い
ろ紙に火を近づけたときのようす	よく燃えた	燃えるがすぐに火が消えた	燃えない
試験紙の変化	青色から赤色	青色から赤色	青色から赤色

【結論】 水とエタノールの沸点のちがいを利用して，水とエタノールの混合物からエタノールを多くふくむ液体をとり出すことができた。

(1) 下線部の試験紙は，表のように，水に反応して色が変化した。この試験紙として，適切なものはどれか。次のア〜ウから１つ選び，記号で答えなさい。

ア　pH試験紙　　イ　塩化コバルト紙　　ウ　リトマス紙

(2) 実験において，水とエタノールの混合物を加熱したときの温度変化を示したグラフとして，最も適切なものはどれか。次のア〜エから１つ選び，記号で答えなさい。

ア

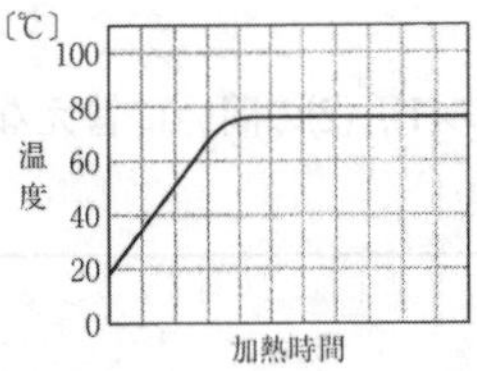

イ

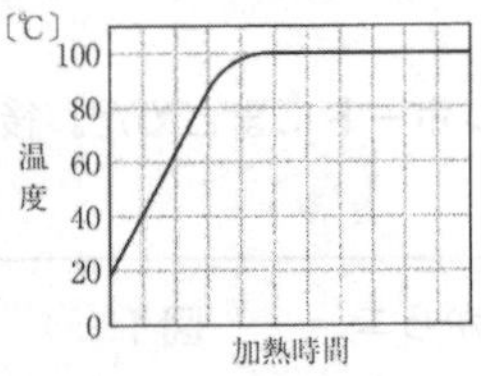

ウ

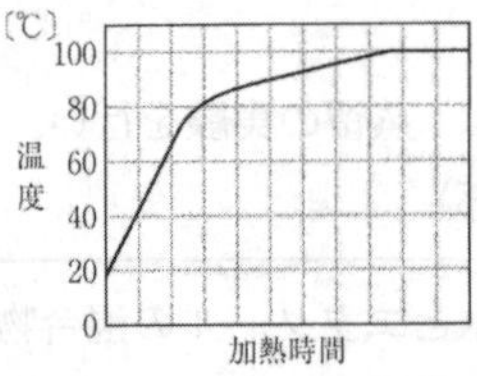

エ

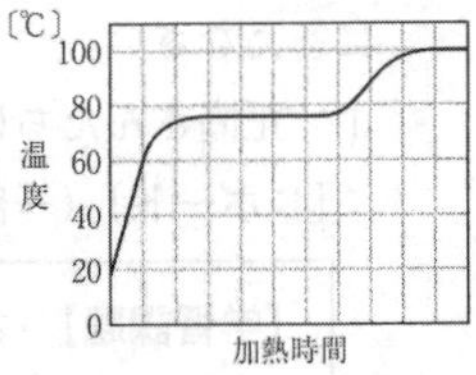

2　次の文は，エタノールの状態変化についての正尚さんと先生の会話である。後の(1)，(2)の問いに答えなさい。

先生：　図２のように a ポリエチレンの袋にエタノールを少量（２cm^3）入れ，お湯をかけて液体のエタノールをあたためると，気体になって袋が大きくふくらみましたね。

正尚：　エタノールの体積が大きくなっていることがわかりました。

先生：　b エタノールの密度をもとに体積を計算で求めてみましょう。

図２

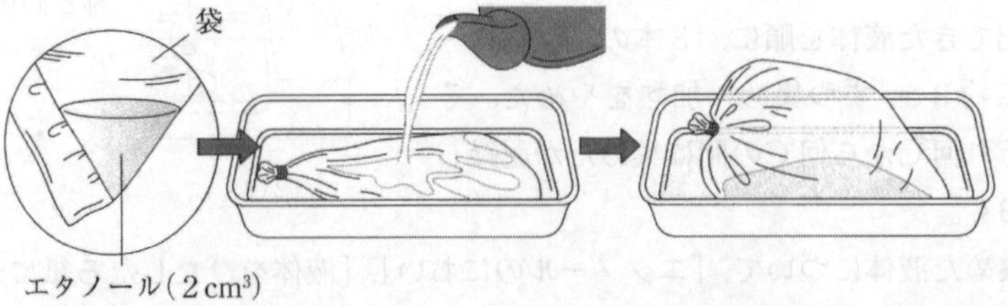

(1) 下線部 a について，袋の中のエタノールを粒子のモデルで考えたときの説明として，適切なものはどれか。次のア〜エから１つ選び，記号で答えなさい。

ア　粒子どうしの間隔が広くなっている。

イ　粒子の大きさが大きくなっている。

ウ　粒子の質量が大きくなっている。

エ　粒子の数が多くなっている。

⑵　下線部ｂについて，図２の液体のエタノールがすべて気体に変化したとき，その体積は何cm³になるか。答えとして最も適切なものを，次のア～エから１つ選び，記号で答えなさい。ただし，エタノールの密度は，液体が0.79 g/cm³，気体が0.0016 g/cm³とする。

ア　約99cm³　　イ　約490cm³　　ウ　約990cm³　　エ　約4900cm³

5　美雪《みゆき》さんは，ヒトが栄養分をとり入れるしくみについて調べた。後の１，２の問いに答えなさい。

１　美雪さんは，唾液のはたらきについて，実験を行い，結果を表１，２にまとめた。後の⑴～⑶の問いに答えなさい。

〔実験〕

①　図１のように，試験管Ａ～Ｄに１％のデンプン液を10cm³入れた。試験管Ａ，Ｂには，水でうすめた唾液を２cm³加え，試験管Ｃ，Ｄには，水を２cm³加え，よく混ぜ合わせた。

②　図２のように，試験管Ａ～Ｄを40℃の水に10分間入れた。

③　試験管Ａ，Ｃにヨウ素溶液を加え，色の変化を観察した。

④　試験管Ｂ，Ｄにベネジクト溶液を加え，沸とう石を入れ，加熱して色の変化を観察した。

⑤　③，④の結果を表１にまとめた。

⑥　次に，40℃の水を10℃の水にかえて，①～④と同じ操作を行い，試験管Ａ～Ｄをそれぞれ試験管Ａ′～Ｄ′として，その結果を表２にまとめた。

図１

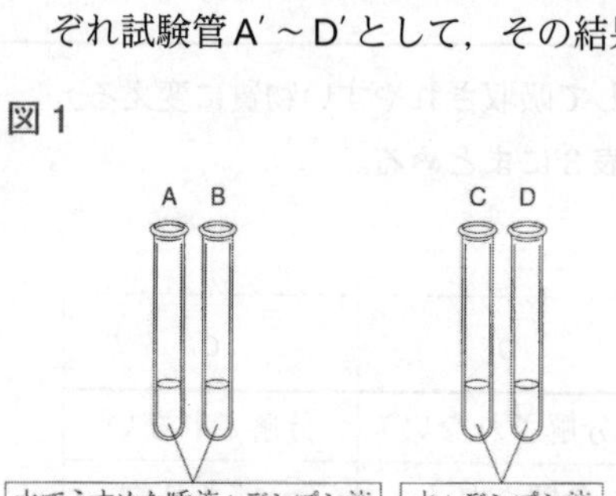

図２

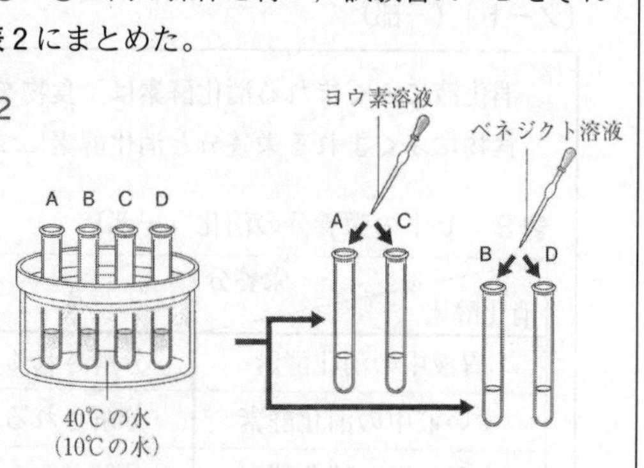

表１　40℃の水に10分間入れた試験管の反応

	水でうすめた唾液＋デンプン液	水＋デンプン液
ヨウ素溶液の反応	試験管Ａ　：変化なし	試験管Ｃ　：青紫色に変化
ベネジクト溶液の反応	試験管Ｂ　：赤褐色に変化	試験管Ｄ　：変化なし

表２　10℃の水に10分間入れた試験管の反応

	水でうすめた唾液＋デンプン液	水＋デンプン液
ヨウ素溶液の反応	試験管Ａ′：青紫色に変化	試験管Ｃ′：青紫色に変化
ベネジクト溶液の反応	試験管Ｂ′：赤褐色に変化	試験管Ｄ′：変化なし

(1)　試験管ＡとＣのように，比較のために，調べたいことがら以外の条件を同じにして行う実験のことを何というか，書きなさい。

(2)　唾液にふくまれる消化酵素として，適切なものはどれか。次のア～エから１つ選び，記号で答えなさい。

ア　アミラーゼ　　イ　ペプシン　　ウ　トリプシン　　エ　リパーゼ

(3)　次の文は，表１，２をもとに，唾液のはたらきについてまとめたものである。□に入る適切な内容を，「試験管」，「デンプン」という言葉を使って，簡潔に書きなさい。ただし，「試験管」は，どの試験管であるか示しなさい。

〔まとめ〕
表１，２から，唾液がデンプンを分解したことがわかる。
また，試験管Ａに対して，□ことから，唾液は，10℃のときより40℃のときの方がよくはたらく。

2　美雪さんは，食物の消化や栄養分の吸収について学習し，調べたことをノートにまとめた。後の(1)～(3)の問いに答えなさい。

〔ノート〕（一部）

消化液にふくまれる消化酵素は，食物を分解して吸収されやすい物質に変える。
食物にふくまれる栄養分と消化酵素について表３にまとめる。

表３　ヒトの栄養分の消化（一部）

消化酵素＼栄養分	a	b	c
胃液中の消化酵素	分解される	分解されない	分解されない
すい液中の消化酵素	分解される	分解される	分解される
小腸の壁の消化酵素	分解される	分解されない	分解される

分解された食物は，小腸の内側の壁から吸収される。小腸の内側の壁には，たくさんのひだがある。その表面には図３のような□という小さな突起が多数あり，表面積を広くして，栄養分を効率よく吸収している。

図３

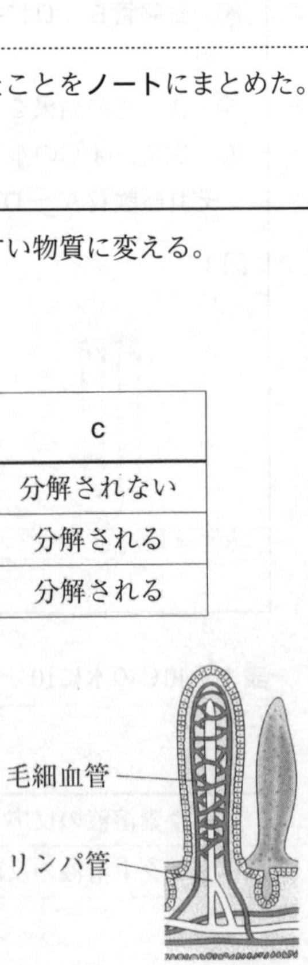

⑴　表3のa～cには，デンプン，タンパク質，脂肪のいずれかが入る。デンプンが当てはまるものはどれか。表3のa～cから1つ選び，記号で答えなさい。

⑵　ノートの□に入る適切な言葉を書きなさい。

⑶　図3の毛細血管とリンパ管に吸収される物質の組み合わせとして，適切なものはどれか。次のア～エから1つ選び，記号で答えなさい。

	毛細血管	リンパ管
ア	ブドウ糖，モノグリセリド	アミノ酸，脂肪酸
イ	アミノ酸，モノグリセリド	ブドウ糖，脂肪酸
ウ	脂肪酸，モノグリセリド	ブドウ糖，アミノ酸
エ	ブドウ糖，アミノ酸	脂肪酸，モノグリセリド

6　優太《ゆうた》さんは，月と金星の見え方について興味をもち，調べることにした。後の1，2の問いに答えなさい。

1　優太さんは，月の継続的な観測により，午後7時に日本のある場所で見られる月の位置と形の変化を確かめた。図1は観測した月をスケッチしたものである。また，図2は，地球と月の位置関係および太陽の光を模式的に示したものである。下の⑴～⑶の問いに答えなさい。

図1

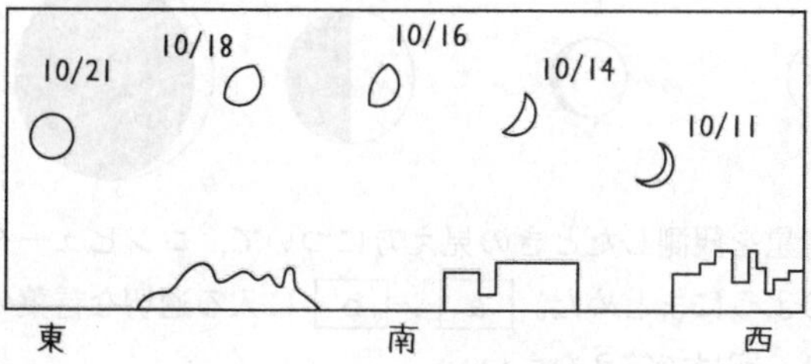

図2

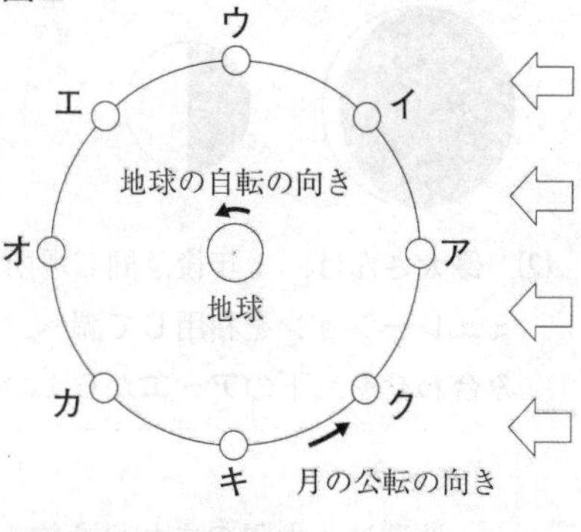

⑴　月のように惑星のまわりを公転する天体を何というか，漢字で書きなさい。

⑵　図1の10月18日に観測した月と地球の位置関係として，最も適切なものはどれか。図2のア～クから1つ選び，記号で答えなさい。

⑶　優太さんは，月について，次のようにまとめた。［a］，［b］に入る適切な言葉の組み合わせを，下のア～エから1つ選び，記号で答えなさい。

〔まとめ〕
月と太陽は，地球から見ると，ほぼ同じ大きさに見えるので，［a］の順に一直線上に並ぶと，太陽が月にかくされる現象が起こる。特に，太陽全体が月にかくされることを皆既［b］という。

ア　a：太陽，月，地球　b：月食　　イ　a：太陽，月，地球　b：日食
ウ　a：太陽，地球，月　b：月食　　エ　a：太陽，地球，月　b：日食

2　優太さんは，金星の動きと見え方の変化について，月のように満ち欠けしながら，大きさも変化することを授業の中で学習した。日本のある場所で天体望遠鏡を使い，明け方に，東の空に見えた金星を観測した。図３は，観測したときの金星と太陽と地球の位置関係を模式的に示したものである。下の⑴，⑵の問いに答えなさい。

図３

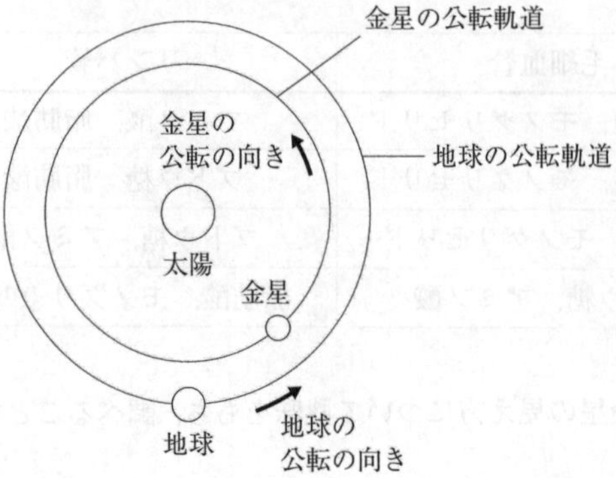

⑴　図３のときの金星は，どのように見えるか。最も適切なものを，次のア～カから１つ選び，記号で答えなさい。ただし，金星は，肉眼で見たときの向きに直してあり，黒い部分は太陽の光が当たっていない部分を表しているものとする。

ア　　イ　　ウ　　エ　　オ　　カ

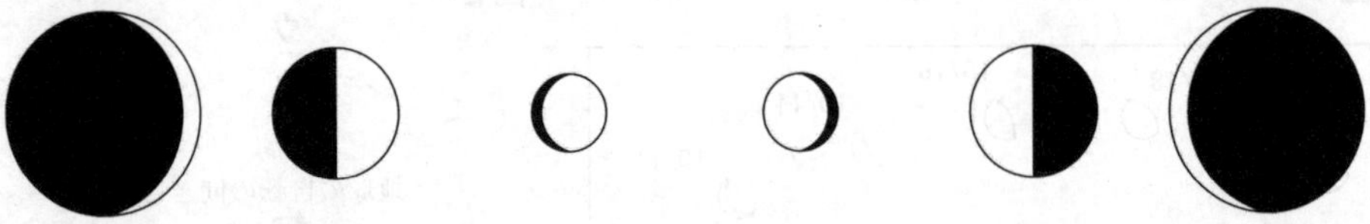

⑵　優太さんは，１年後，同じ場所で金星を観測したときの見え方について，コンピュータシミュレーションを利用して調べ，次のようにまとめた。［a］，［b］に入る適切な言葉の組み合わせを，下のア～エから１つ選び，記号で答えなさい。

〔まとめ〕
　地球は，太陽のまわりを約１年（約365日）で１回公転しているのに対して，金星は約0.62年（約225日）で１回公転している。１年後の金星は［a］の［b］の空に見える。

ア　a：明け方　b：西　　イ　a：明け方　b：東
ウ　a：夕方　　b：西　　エ　a：夕方　　b：東

7　哲也《てつや》さんは，仕事やエネルギーの変換について調べた。後の１，２の問いに答えなさい。ただし，質量100ｇの物体にはたらく重力の大きさを1.0Ｎとする。また，糸や滑車の重さ，まさつ力，空気の抵抗は考えないものとする。

1　哲也さんは，仕事や電気エネルギーについて調べるために，次のページのような**実験Ⅰ**，**Ⅱ**を行った。後の⑴～⑶の問いに答えなさい。

〔実験Ⅰ〕

図１のように，質量200ｇの物体と滑車を糸でつるし，ゆっくりと50㎝引き上げた。

図１

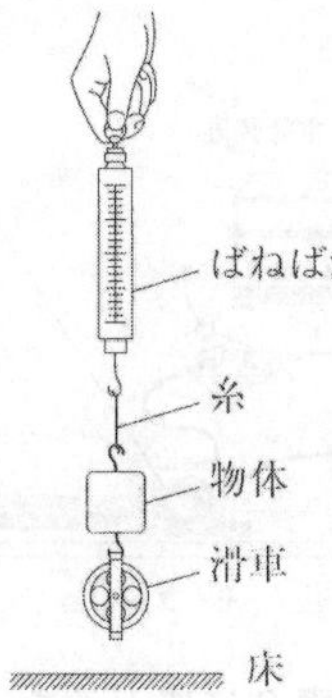

図２

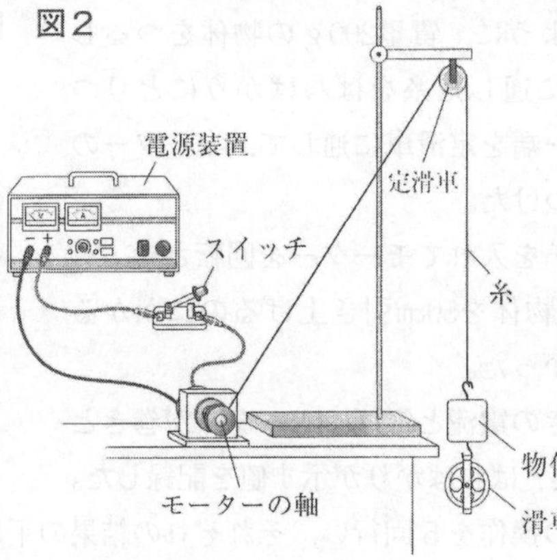

〔実験Ⅱ〕

①　図２のように定滑車に通した糸を質量200ｇの物体と滑車にとりつけ，もう一端をモーターの軸にとりつけた。 ②　スイッチを入れてモーターを回転させ，質量200ｇの物体を50㎝引き上げるのにかかる時間をはかった。 ③　②のときの電流と電圧，モーターが巻きとる糸の長さを記録した。 ④　もとの状態にもどし，②，③の操作を５回行い，それぞれの結果の平均値を表１にまとめた。

表１

引き上げるのにかかる時間〔s〕	電　流〔A〕	電　圧〔V〕	巻きとる糸の長さ〔cm〕
1.6	0.30	6.0	50

⑴　実験Ⅰで，物体を引き上げたときの仕事の量は何Ｊになるか，求めなさい。

⑵　実験Ⅱの③において，モーターに加わる電圧と電流を測定するための回路図として，適切なものはどれか。次のア～エから１つ選び，記号で答えなさい。ただし，電流は電流計，電圧は電圧計で測定するものとし，Ⓜはモーターを表す。

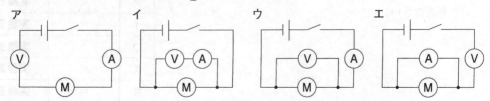

ア

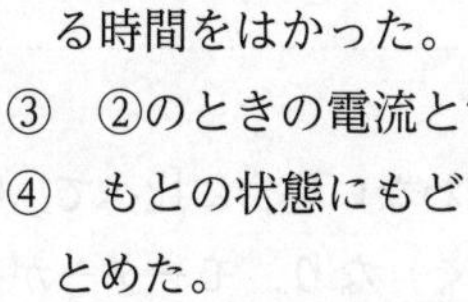

イ

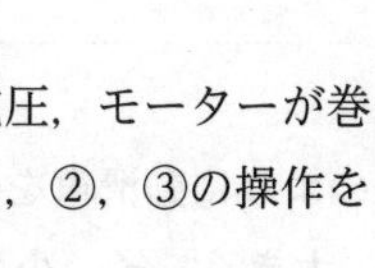

ウ

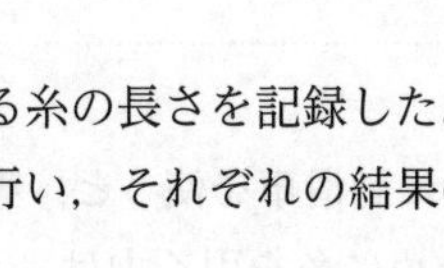

エ

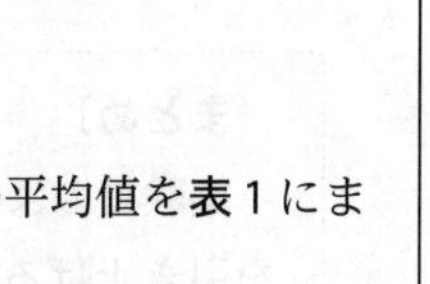

⑶　表１より，物体を50㎝引き上げるのにモーターが消費した電気エネルギーは何Ｊになるか，求めなさい。ただし，答えは，小数第２位を四捨五入して求めなさい。

2　次に，哲也さんは動滑車を使って**実験Ⅲ**を行った。哲也さんは，**実験Ⅱ**，**Ⅲ**から仕事やエネルギーの変換について，下のようにまとめた。下の(1)，(2)の問いに答えなさい。

〔**実験Ⅲ**〕

①　**図3**のように，質量200ｇの物体をつるした動滑車に通した糸をばねばかりにとりつけ，もう一端を定滑車に通して，モーターの軸にとりつけた。

②　スイッチを入れてモーターを回転させ，質量200ｇの物体を50㎝引き上げるのにかかる時間をはかった。

③　②のときの電流と電圧，モーターが巻きとる糸の長さ，ばねばかりが示す値を記録した。

④　②，③の操作を５回行い，それぞれの結果の平均値を**表２**にまとめた。

図３

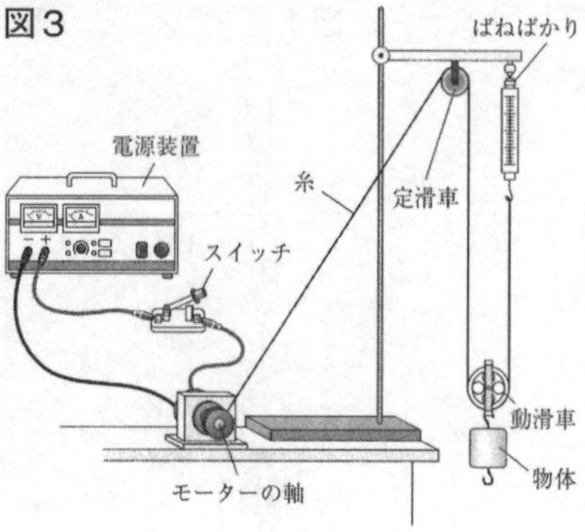

表２

引き上げるのにかかる時間〔s〕	電　流〔A〕	電　圧〔V〕	巻きとる糸の長さ〔cm〕	ばねばかりが示す値　〔N〕
1.8	0.20	6.0	100	1.0

〔**まとめ**〕

実験Ⅲのように動滑車を使うと，**実験Ⅱ**のように動滑車を使わない場合に比べて，物体を引き上げるために糸を引く力は，ａ（**ア**　大きく　**イ**　小さく）なり，モーターが糸を巻きとる長さは，ｂ（**ア**　長く　**イ**　短く）なる。

実験Ⅱのモーターの仕事率をP_2，**実験Ⅲ**のモーターの仕事率をP_3とし，**表１**，**2**をもとに仕事率を比較すると，P_2 [ｃ] P_3となる。

実験Ⅱ，**Ⅲ**では，モーターが消費した電気エネルギーは，物体が得た位置エネルギーよりも大きいことがわかる。エネルギーの変換効率を比較すると [ｄ] におけるモーターのエネルギーの変換効率が高いと考えられる。

(1)　**まとめ**のａ，ｂの（　）内の正しい方をそれぞれ選び，記号で答えなさい。

(2)　**まとめ**の [ｃ]，[ｄ] に入る適切な記号と言葉の組み合わせを，右の**ア**～**カ**から１つ選び，記号で答えなさい。

	ｃ	ｄ
ア	＜	**実験Ⅱ**
イ	＝	**実験Ⅱ**
ウ	＞	**実験Ⅱ**
エ	＜	**実験Ⅲ**
オ	＝	**実験Ⅲ**
カ	＞	**実験Ⅲ**

8　佳奈《かな》さんは，金属と結びつく酸素の質量を調べるために，次のような実験を行った。下の1～4の問いに答えなさい。

〔実験〕

① ステンレス皿の質量をはかった後，銅の粉末をはかりとった。

② 図のように，銅の粉末をステンレス皿にうすく広げ，強い火で皿ごと一定時間加熱した。

③ じゅうぶんに冷ましてから，全体の質量をはかった。質量をはかった後，粉末をよくかき混ぜた。

④ ②，③の操作をくり返して，全体の質量が一定になるまでくり返し，できた酸化物の質量を表1に記録した。

⑤ 銅の粉末の質量を変えて①～④を行った。

⑥ 銅の粉末をけずり状のマグネシウムにかえて，同様に①～⑤の操作を行い，その結果を表2に記録した。

図

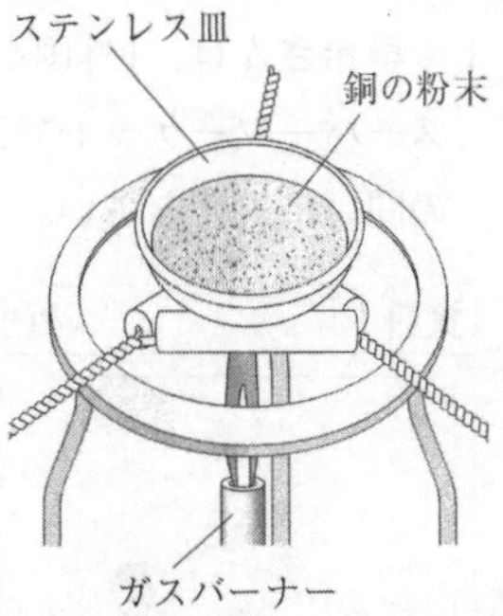

表1

銅の質量　〔g〕	0.50	0.60	0.70	0.80	0.90
酸化銅の質量〔g〕	0.62	0.74	0.87	1.00	1.12

表2

マグネシウムの質量〔g〕	0.30	0.60	0.90	1.20	1.50
酸化マグネシウムの質量〔g〕	0.50	1.00	1.49	1.98	2.48

1　表1をもとに，銅の質量と酸化銅の質量の関係を表すグラフをかきなさい。

2　酸化銅と同じように，分子というまとまりをもたない化合物として，適切なものはどれか。次のア～エから1つ選び，記号で答えなさい。

ア 銀　イ 水　ウ 酸素　エ 塩化ナトリウム

3　マグネシウムを加熱したときの反応のようすについて，簡潔に説明しなさい。また，加熱後の色として，適切なものはどれか。次のア～エから1つ選び，記号で答えなさい。

ア 黄色　イ 白色　ウ 黒色　エ 赤褐色

4　佳奈さんは，表1，2から銅とマグネシウムの質量について，次のようにまとめた。a～cの（　）内の正しい方をそれぞれ選び，記号で答えなさい。

〔まとめ〕

同じ質量の銅とマグネシウムを比べると，結びつく酸素の質量はマグネシウムの方が大きいので，結びつく酸素原子の数は，a（ア　銅　イ　マグネシウム）の方が多いことがわかる。

また，銅原子1個とマグネシウム原子1個は，それぞれ酸素原子1個と結びつくため，同じ質量の銅とマグネシウムにふくまれる原子の数は，b（ア　銅　イ　マグネシウム）の方が多いことがわかるので，原子1個の質量は，c（ア　銅　イ　マグネシウム）の方が大きいと考えられる。

＜社会＞

時間　50分　　満点　100点

[1] 早希《さき》さんのクラスでは，地理的分野の学習で，テーマを決めて調査活動を行いました。

1　早希さんは，「外国を感じられる身近なもの」というテーマで調査活動を行うため，近所のスーパーマーケットで売っている外国産の食べ物を調べ，**資料１**を作成しました。後の⑴～⑷の問いに答えなさい。

資料１　近所のスーパーマーケットで売っている外国産の食べ物（一部）

	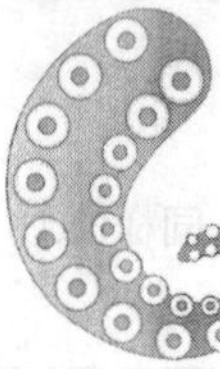		
チーズ 生産国：フランス	たこ 生産国：モーリタニア	こしょう 生産国：マレーシア	牛肉 生産国：アメリカ

⑴　**資料１**のフランスの気候について，次の □ に当てはまる適切な語を書きなさい。

> フランスなどの西ヨーロッパ地域の冬が，日本よりも緯度が高いところにあるわりに比較的温暖であるのは，暖流である北大西洋海流と，その上空から大陸にふく □ の影響を受けるためである。

⑵　早希さんは，**資料１**のモーリタニアの位置を**資料２**の地図で調べました。**資料２**の**P**の地点を緯度と経度で表したものを，次の**ア**～**エ**から１つ選び，記号で答えなさい。

ア　北緯20度，東経20度
イ　北緯20度，西経20度
ウ　南緯20度，東経20度
エ　南緯20度，西経20度

資料２　モーリタニアの位置

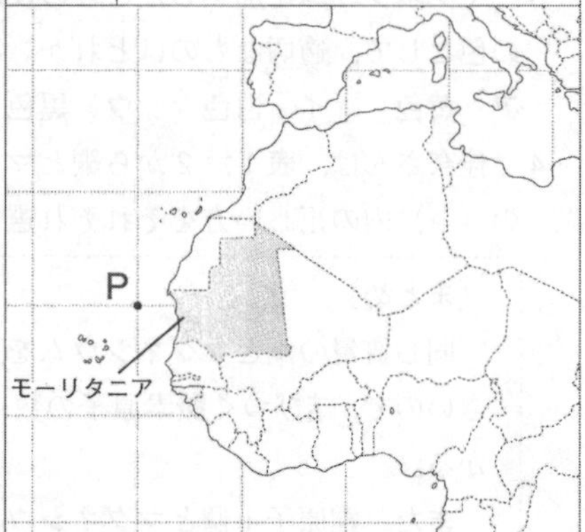

地図中の緯線・経線は10度ごとに引かれている

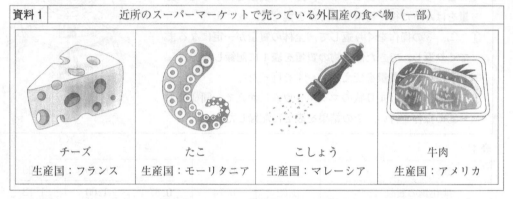

(3) 早希さんは，**資料１**のマレーシアの気候や生活について調べていく中で，**資料３，４**を見つけ，下のように発表原稿にまとめました。［①］に入る内容として最も適切なものを，下の**ア**～**エ**から１つ選び，［②］に入る写真として最も適切なものを，**資料４**の**Ａ**～**Ｄ**から１つ選び，それぞれ記号で答えなさい。

資料３　マレーシアの首都クアラルンプールの雨温図（1991年から2020年の30年間の平均）

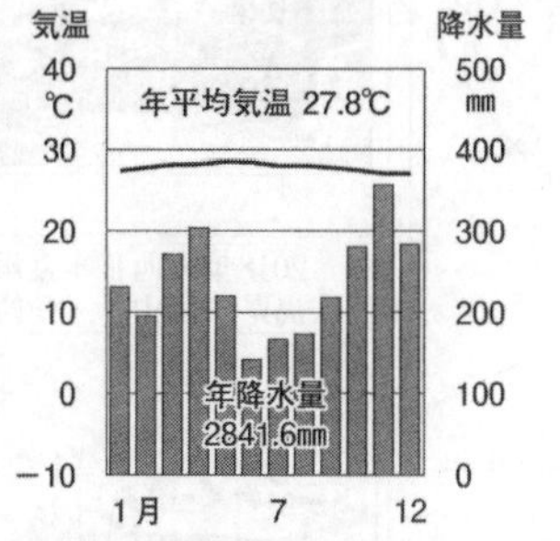

（「気象庁ホームページ」より作成）

資料４　世界各地の住居

A

B

C

D

早希さんの発表原稿（一部）

マレーシアは，**資料３**から，［①］必要があることから，マレーシアの一部で見られる住居は，**資料４**の［②］の写真であると考えられます。

ア　６月から８月の気温が低く，永久凍土がとけるのを防ぐ
イ　乾季と雨季があり，家畜をつれて季節ごとに移動する
ウ　熱帯雨林が広がっており，日干しれんがを使う
エ　年間を通じて気温と湿度が高く，風通しを良くする

(4) 早希さんは，**資料１**のアメリカでは，肉牛の飼育が盛んな**資料５**のグレートプレーンズという地域において，**資料６**のような農業も行われていることを知りました。そして，調べていく中で**資料７**を見つけ，グレートプレーンズにおける農業について下のようにまとめました。**資料６，７**を関連づけて，［　］に入る適切な内容を書きなさい。

資料５　グレートプレーンズ

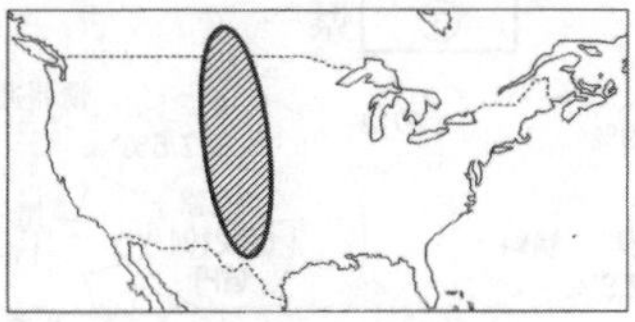

グレートプレーンズには，「オガララ帯水層」という世界最大級の地下水が存在する

資料６　センターピボット方式を用いたかんがい農業

たくさんのスプリンクラーが付いた装置がくみ上げた地下水を散水しながら回転し，乾燥した地域でも農業が可能になる

資料７　オガララ帯水層の地下水位

オガララ帯水層の地下水位について，1950年代から2015年までの間に，ある地点では約70メートル低下した。

早希さんのまとめ（一部）

資料６，７から，グレートプレーンズでは，かんがい農業に地下水を利用しているが，現在の状況が続くと，今後，［　］という問題が発生する可能性があると考えられる。

2 裕《ゆう》也《や》さんは，2023年が関東大震災から100年であったことを知り，「日本の自然災害」について調べ，**資料1**を作成しました。後の(1)～(4)の問いに答えなさい。

資料1 裕也さんが作成した資料（一部）

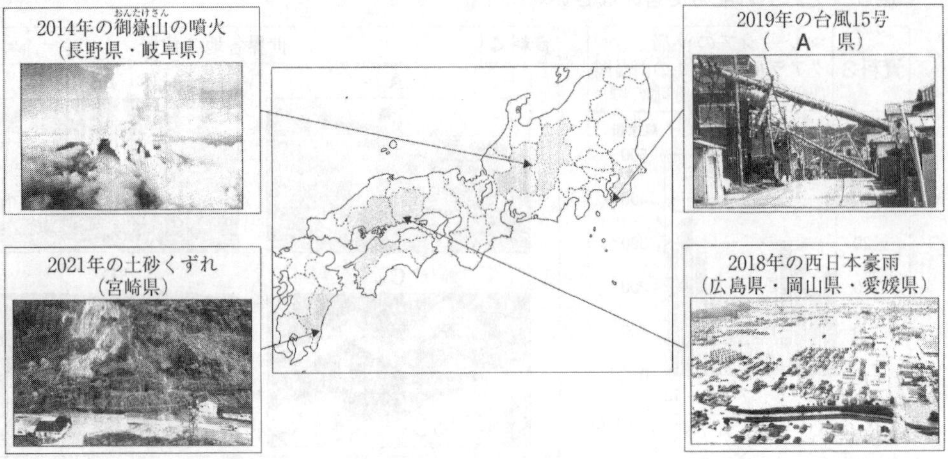

（「宮崎日日新聞ホームページ」他より作成）

(1) **資料1**のAの県名を，**漢字で書きなさい。**

(2) 裕也さんは，**資料1**の長野県，広島県，宮崎県それぞれの農業と工業について調べ，**資料2**を作成しました。**資料2**の ① に当てはまる県名を答え，A～Dに当てはまる語の組み合わせとして最も適切なものを，下の**ア**～**エ**から1つ選び，記号で答えなさい。

資料2 長野県，広島県，宮崎県の農業産出額割合（2021年）と工業製品出荷額割合（2019年）

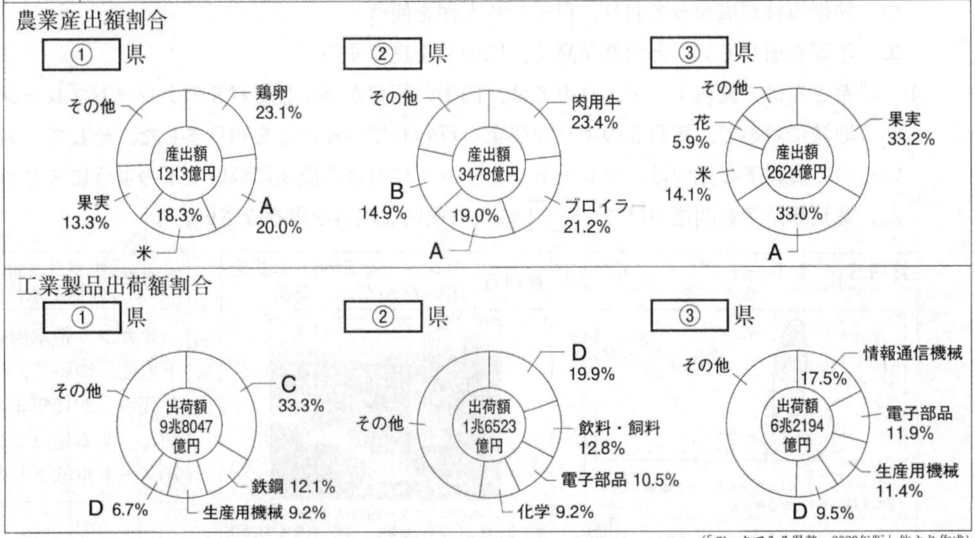

（「データでみる県勢 2023年版」他より作成）

ア A－豚　B－野菜　C－食料品　D－輸送用機械
イ A－豚　B－野菜　C－輸送用機械　D‐食料品
ウ A－野菜　B－豚　C－食料品　D－輸送用機械
エ A－野菜　B－豚　C－輸送用機械　D－食料品

⑶　裕也さんは，**資料１**の愛媛県をはじめとする四国西部は養殖業が盛んであることを知り，調べていく中で，**資料３**，**４**を見つけました。**資料３**を参考に，四国西部で養殖業が最も盛んな地域を**資料４**の**ア**～**エ**から１つ選び，記号で答えなさい。

資料３　四国西部の養殖業

波のおだやかな海で行われる。黒潮の一部が流れ込むため，水質がよいのが特徴である。

資料４　四国西部で養殖業が盛んな地域

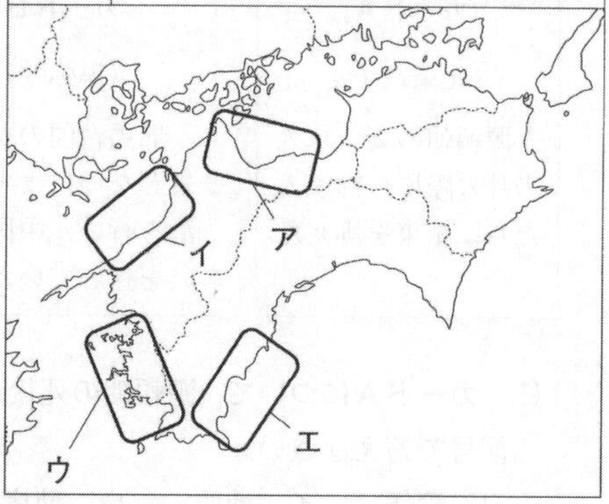

⑷　裕也さんは，**資料１**の宮崎県でも大きな被害が予想されている南海トラフ地震について調べていく中で，**資料５**，**６**を見つけ，下のようにまとめました。［①］，［②］に入る資料として適切なものを，**資料６**の**ア**～**カ**からそれぞれ１つ選び，記号で答え，［③］に入る適切な内容を書きなさい。

資料５　南海トラフ地震の被害想定（宮崎県）

・人的被害（死 者 数）：約15,000人
・建物被害（全壊棟数）：約80,000棟
・避 難 者（１週間後）：約370,000人

（「宮崎県ホームページ」より作成）

資料６　裕也さんが見つけた資料

ア

洪水ハザードマップ

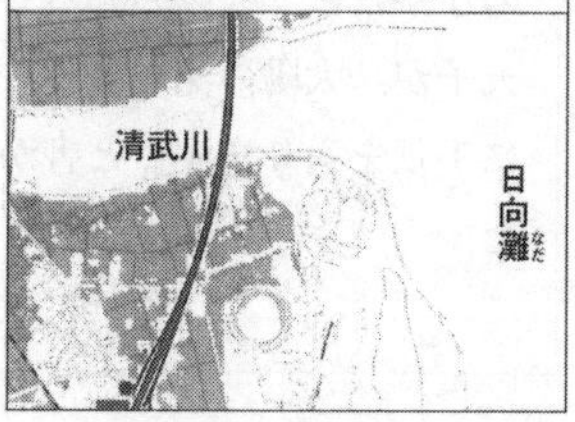

イ

過去の主な高潮被害

・1959年，伊勢湾沿岸を中心とする地域で，５千人以上が犠牲となり，約36万戸が浸水した。
・2018年，関西国際空港では，滑走路やターミナルビルが浸水した。

ウ

日本周辺のプレート

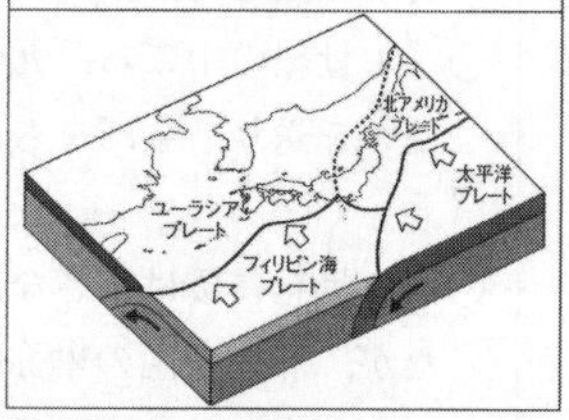

エ

防潮堤の建設

宮崎県日南市の漁港では，令和２年度から，約51億円をかけ，総延長2570メートルの防潮堤の新設・かさ上げ工事が行われている。

オ

西日本の主な火山の分布

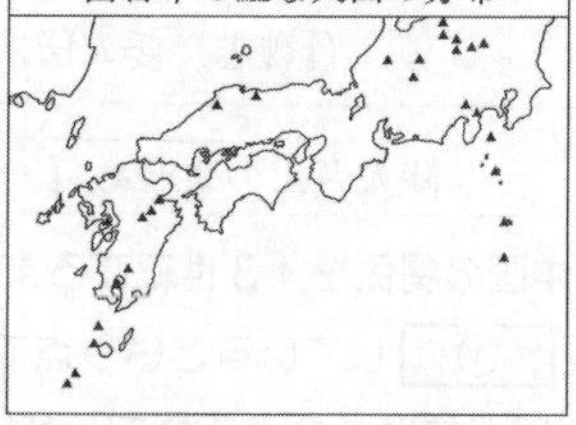

カ

東日本大震災の被災者の話（一部）

お腹がすいてきたので冷蔵庫を開けてみると何も無いことに気づきました。自転車で近隣をまわってみたものの，食料を買えるようなところはどこも開いておらず途方にくれました。

（ア「宮崎市ホームページ」，エ「宮崎県資料」，カ「内閣府資料」より作成）

裕也さんのまとめ（一部）

南海トラフ地震が起きるしくみに着目すると，**資料６**の［①］の資料から，規模の大きな地震とともに津波の発生が考えられる。また，南海トラフ地震に対しては，国や地方公共団体による取り組みだけでなく，**資料６**の［②］の資料から，私たち一人一人が［③］など，日頃から対策を立てておく必要がある。

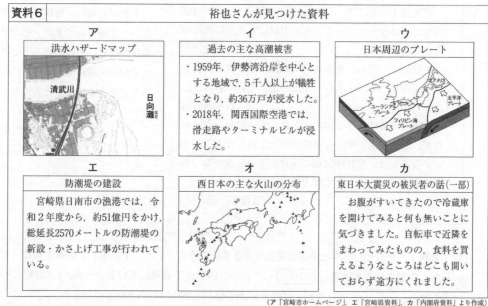

2　陸人《りくと》さんのクラスでは，歴史的分野の学習で，テーマを決めて調査活動を行いました。

1　陸人さんの班は，「歴史上活躍した女性」について調べ，その内容を**カードＡ～Ｄ**にまとめました。後の(1)~(4)の問いに答えなさい。

カードＡ	カードＢ	カードＣ	カードＤ
〈北条政子〉	〈卑弥呼〉	〈出雲《いずも》の阿国《おくに》〉	〈紫式部〉
源頼朝の妻。承久の乱の際に，御家人たちに結束を訴えた。	邪馬台国の女王。まじないによって政治を行い，中国に使いを送っていた。	出雲大社の巫女《みこ》と称する女性。京都でかぶき踊りを始め，人気を集めた。	貴族社会を描いた長編小説『源氏物語』の作者。藤原道長の娘に仕えた。

(1)　**カードＡ**について，源頼朝の死後，北条氏が代々就いた地位を，次の**ア～エ**から１つ選び，記号で答えなさい。

ア　管領　　**イ**　地頭　　**ウ**　執権　　**エ**　老中

(2)　陸人さんは，**カードＢ**に関して，古代までの日本と中国の関係について調べていく中で，**資料１，２**を見つけ，下のようにまとめました。**資料１，２**をもとに，［①］に当てはまる語を**抜き出して書き**，［②］に入る内容として最も適切なものを，下の**ア～エ**から１つ選び，記号で答えなさい。

資料１　中国の歴史書での日本に関する記述（一部要約）

○　紀元前１世紀ごろ，海のかなたに倭《わ》人がいて，100以上の国に分かれている。その中には定期的に漢に朝貢する国もある。（『漢書』）

○　１世紀の中ごろ，九州北部の奴国《なこく》の王が漢に朝貢の使いを送り，金印をもらって王の地位を認められた。（『後漢書』）

○　３世紀に倭は小さな国に分かれ，長い間争いが続いたが，邪馬台国の卑弥呼を倭国の女王にしたところ争いが収まった。卑弥呼は魏《ぎ》に朝貢して，皇帝から「親魏倭王」という称号と金印を授けられた。（『魏志』倭人伝）

資料２　遣隋《ずい》使の手紙

７世紀初めに，倭国王が使者を遣わして朝貢してきた。その手紙のなかには「太陽の昇るところの天子が，太陽の沈むところの天子に手紙を送ります」と書かれていた。（『隋書』倭国伝）

陸人さんのまとめ（一部）

資料１，２から，日本と中国の関係を「３世紀ごろまで」と「７世紀」で比較すると，どちらも，中国に使者を派遣し［　①　］しているという点で共通している。一方，「３世紀ごろまで」は，［　②　］が，「７世紀」にはそのようなことがないという相違点がある。

ア　皇帝に使いを送り，中国の優れた制度や文化を学ぼうとしていた

イ　皇帝から称号を得て，他の日本国内の小国より優位な立場に立とうとしていた

ウ　皇帝に手紙を送り，皇帝と対等な立場であることを主張しようとしていた

エ　皇帝から金印をもらい，倭寇《こう》や民間の貿易船と区別しようとしていた

⑶ 陸人さんは，**カードC**に関して，歴史上の芸能や踊りについて調べていく中で，**資料3**を見つけました。**資料3のア～ウ**を，年代の古い順に記号で並べなさい。

資料3　陸人さんが見つけた資料

ア

能を大成した観阿弥《かんあみ》・世阿弥《ぜあみ》

イ

人形浄瑠璃の台本を書いた近松門左衛門

ウ

踊念仏を広めた一遍

⑷ 陸人さんは，**カードD**に関して，藤原氏の政治について調べていく中で，**資料4**，**5**を見つけ，班で話し合いました。[①] に入る適切な内容を書き，[②]，[③] に当てはまる内容の組み合わせとして最も適切なものを，後の**ア～カ**から１つ選び，記号で答えなさい。

資料4　天皇家と藤原氏の系図

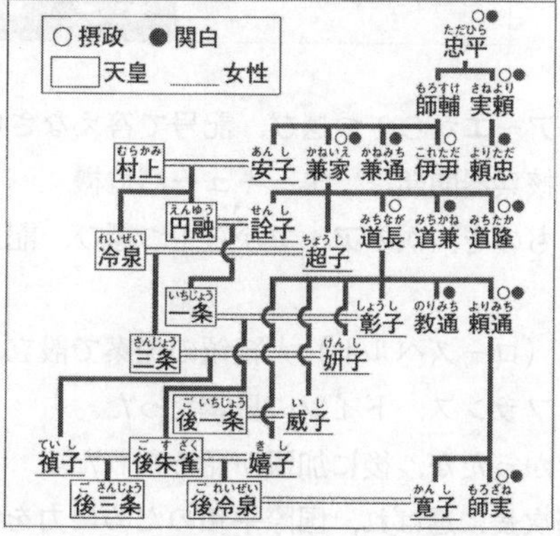

資料5　天皇と摂政・関白

天　皇 （　）内は即位時の年齢	○摂政　●関白 （　）内は就任時の年齢
986 一　条（7）	986 ○● 兼　家（58） 990 ○ 道　隆（38） 993 ● 道　隆（41） 995 ● 道　兼（35） 995
1011 三　条（36）	
1016 後 一 条（9）	1016 ○ 道　長（51） 1017 ○ 頼　通（26） 1020
1036 後 朱 雀（28） 1045 後 冷 泉（2） 1068	● 頼　通（29） 1068

班の話し合い（一部）

陸人：藤原氏は，摂政や関白の地位を独占し，**資料4**の道長や頼通のころに最も栄えたんだよね。

未来《みく》：でもちょっと待って。**資料5**を見てよ。摂政や関白に着目すると，道長は [①] のに，なぜ権力を持っていたんだろう。

友輝《ともき》：もう一度，**資料4**を見てみよう。藤原氏が政治の実権をにぎる上では，[②] ことが大事だったんじゃないかな。

陸人：なるほど。そうだとすると，**資料4**の [③] は十分な権力をふるうことができなかったと予想できるね。予想が合っているか，もっと調べてみよう。

ア　②－天皇の子孫である　③－兼家や道兼
イ　②－天皇の子孫である　③－実頼や頼忠
ウ　②－天皇の父方の親戚である　③－兼家や道兼
エ　②－天皇の父方の親戚である　③－実頼や頼忠

オ　②－天皇の母方の親戚である　　③－兼家や道兼

カ　②－天皇の母方の親戚である　　③－実頼や頼忠

2　小春《こはる》さんの班は，「近代・現代における時代の転換点となったできごと」について調べ，資料Ａ～Ｄを作成しました。後の⑴～⑷の問いに答えなさい。

資料Ａ　マルタ会談

アメリカの大統領とソ連の書記長が会談し，□の終結を宣言した。

資料Ｂ　国際連盟の設立

第一次世界大戦後，国際連盟が設立された。

資料Ｃ　第二次世界大戦の終結

日本がポツダム宣言を受け入れ，第二次世界大戦が終わった。

資料Ｄ　大政奉還

徳川慶喜が政権を朝廷に返し，260年余り続いた幕府はほろびた。

⑴　**資料Ａ**の□に当てはまる語を，次のア～エから１つ選び，記号で答えなさい。

ア　冷戦　　**イ**　パレスチナ問題　　**ウ**　核兵器開発　　**エ**　キューバ危機

⑵　**資料Ｂ**についての説明として最も適切なものを，次のア～エから１つ選び，記号で答えなさい。

ア　国際連盟は，アメリカのルーズベルト（ローズベルト）大統領の提案で設立された。

イ　国際連盟の常任理事国は，イギリス，フランス，ドイツ，日本だった。

ウ　アメリカは，国際連盟に参加していなかったが，後に加盟が認められた。

エ　日本の新渡戸稲造が，国際連盟の事務次長に選ばれ，国際平和のために力をつくした。

⑶　小春さんは，**資料Ｃ**に関して，戦争には多額の費用がかかり，社会にもさまざまな影響を与えたことを知り，調べていく中で，**資料１**，２を見つけました。**資料１**の W，X，Y，Z の時期と最も関連の深い資料を，次のページの**資料２**のア～エからそれぞれ１つずつ選び，記号で答えなさい。

資料１　日本の国家財政にしめる軍事費の割合

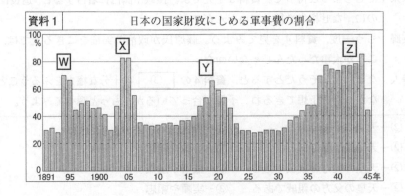

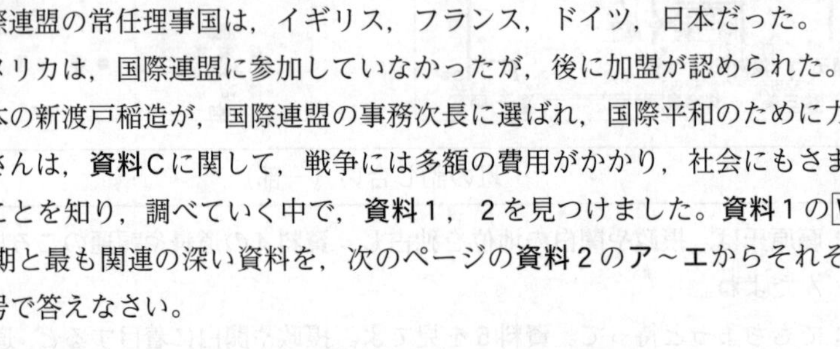

資料２　小春さんが見つけた資料

ア　全国に広がった米騒動

イ　与謝野晶子の詩

ああ　弟よ
君を泣く
君死にたまふ
ことなかれ
（以下略）

ウ　ビゴーの描いた風刺画

エ　供出された寺の鐘

(4)　小春さんは，**資料D**について調べていく中で，**資料３**を見つけ，「なぜ大政奉還が行われたにもかかわらず朝廷は徳川慶喜に官職や領地の返上を命じたのだろう」という疑問をもち，新たに資料を使って，次のように仮説を立てました。［①］に入る資料として最も適切なものを，下の**a**～**d**から１つ選び，［②］に入る内容として最も適切なものを，下の**ア**～**エ**から１つ選び，それぞれ記号で答えなさい。

資料３	江戸幕府の滅亡
1867年10月	幕府が政権を朝廷に返す（大政奉還）
1867年12月	朝廷が王政復古の大号令を出す 徳川慶喜に官職や領地の返上を命じる

小春さんの仮説

大政奉還が行われたにもかかわらず朝廷が徳川慶喜に官職や領地の返上を命じたのは，［①］の資料から，［②］ことを防ぐためだろう。

a　将軍のあとつぎをめぐる問題

南紀派：井伊《いい》直弼《なおすけ》や譜代大名は，徳川慶《よし》福《とみ》（家茂）を支持

対立

一橋派：雄藩の大名は，徳川（一橋）慶喜を支持

b　幕末の海外留学先

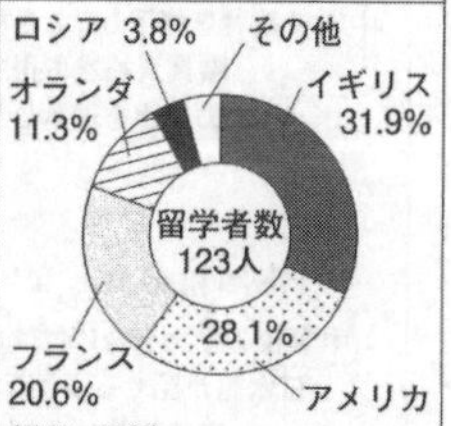

（1862～67年）

c　徳川慶喜が学者に作らせた新しい政治体制の構想

・会議制度を創設。
・三権分立を取り入れ，行政権を将軍が，司法権を各藩が，立法権を各藩代表により構成される議政院がもつ。
・天皇は象徴的地位とする。

d　坂本龍馬が作った政治体制の構想（一部）

第二　有能な人材を登用する
第四　新たに憲法をつくる
第五　議会を開設する
第七　天皇直属の軍隊をつくる

ア　徳川慶喜の夫人に天皇の妹をむかえる
イ　旧幕府の勢力が新しい政権でも主導権を握る
ウ　土佐藩の仲介で薩摩《さつま》藩と長州藩が連携する
エ　薩摩藩や長州藩が西洋式の軍備を強化する

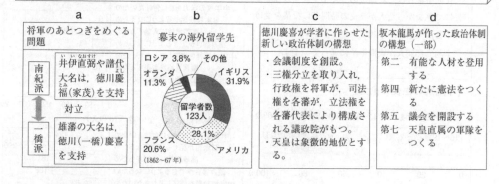

3　唯菜《ゆいな》さんのクラスでは，公民的分野の学習で，テーマを決めて発表することになりました。

1　唯菜さんの班は，「私たちの生活と日本国憲法」というテーマで発表するため，**資料１**を作成しました。後の⑴～⑷の問いに答えなさい。

資料１	唯菜さんの班が作成した資料（一部）

○　**日本国憲法の中で関心のある条文**

・**第３条**　天皇の［　　　］に関するすべての行為には，内閣の助言と承認を必要とし，内閣が，その責任を負ふ《(う)》。

・**第26条**　すべて国民は，法律の定めるところにより，その能力に応じて，ひとしく a 教育を受ける権利を有する。

・**第47条**　選挙区，投票の方法その他両議院の議員の b 選挙に関する事項は，法律でこれを定める。

・**第92条**　地方公共団体の組織及び運営に関する事項は，c 地方自治の本旨に基いて，法律でこれを定める。

⑴　**資料１**の［　　　］に当てはまる語を，次の**ア**～**エ**から１つ選び，記号で答えなさい。

ア　国事　　**イ**　国政　　**ウ**　主権　　**エ**　統治権

⑵　唯菜さんは，**資料１**の下線部 a に関して調べていく中で，**資料２**を見つけました。**資料２**に関する説明として最も適切なものを，下の**ア**～**エ**から１つ選び，記号で答えなさい。

資料２	夜間中学に関する調査（2020年度）

【夜間中学とは】

夜間中学とは，理由があって中学校の勉強を十分にできなかった人が，夜の時間帯に授業を受けることができる中学校です。

全国で1558人が夜間中学に通っています。

【年齢別の生徒の割合】

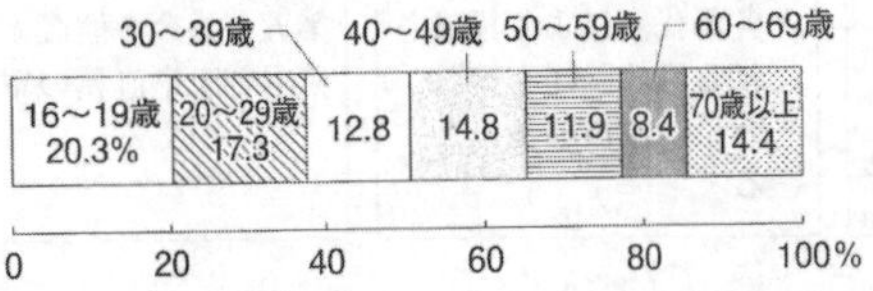

【夜間中学への入学理由】

①日本国籍を有する者（519人）

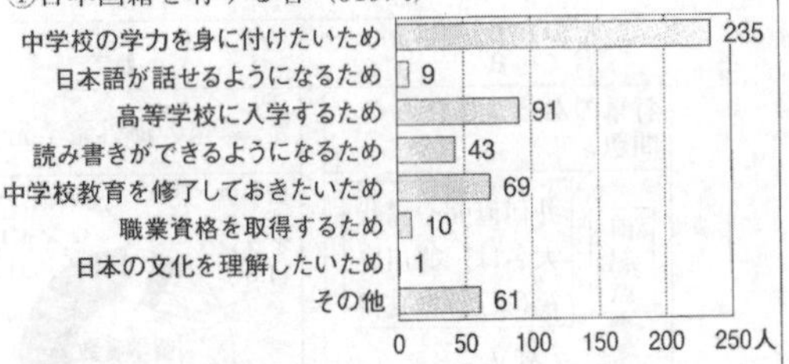

②日本国籍を有しない者（1039人）

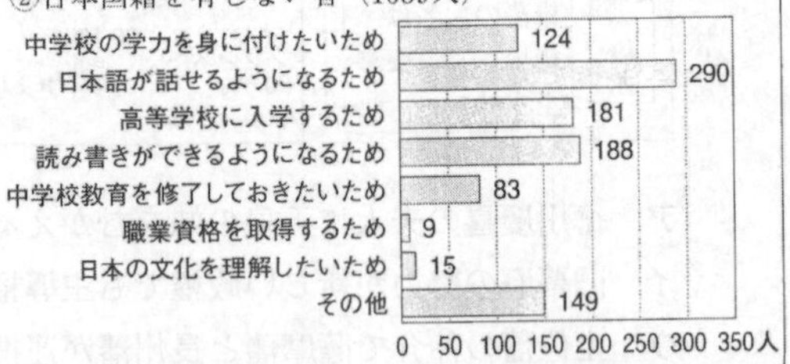

（「文部科学省調査」他より作成）

ア　年齢別に見ると，20歳から49歳までが半数以上をしめている。

イ　全国で夜間中学に通う生徒のうち，約８割が日本国籍を有しない者である。

ウ　日本国籍を有する者の入学理由で最も多いのは「高等学校に入学するため」である。

エ　生徒全体の入学理由は「中学校の学力を身に付けたいため」が最も多い。

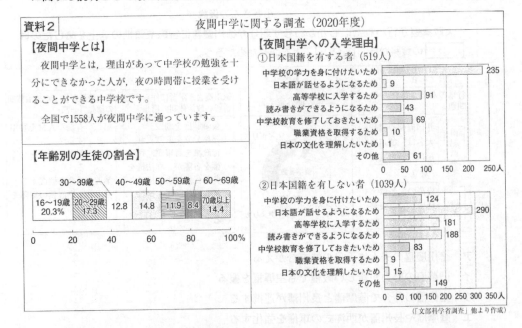

(3)　唯菜さんは，**資料１**の下線部ｂに関して調べていく中で，**資料３**，４を見つけ，下のようにまとめました。**資料３**，４をもとに，［A］，［B］に当てはまる位置を**資料４**の**ア**～**エ**からそれぞれ１つ選び，記号で答え，［C］に入る適切な内容を書きなさい。

資料３　外国の選挙制度と政党別議席数の例（一部）

○　アメリカ連邦議会　下院

・選挙制度：小選挙区制

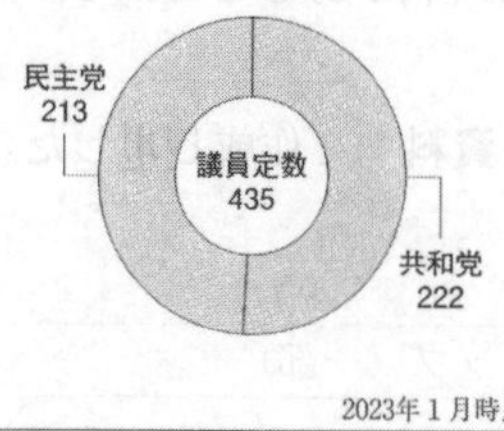

2023年１月時点

○　デンマーク議会（一院制）

・選挙制度：比例代表制

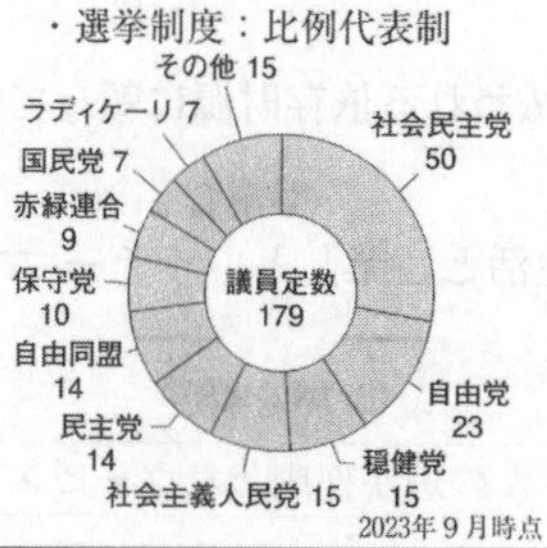

2023年９月時点

資料４　選挙制度の特徴を整理するための図

・多様な意見を反映しやすいか

ア　←→　**イ**

反映しやすい　　反映しにくい

・議会で物事を決めやすいか

ウ　←→　**エ**

決めやすい　　決めにくい

唯菜さんのまとめ（一部）

資料３から，小選挙区制について，「多様な意見を反映しやすいか」で見ると，**資料４**の［A］に位置すると考えられ，比例代表制について，「議会で物事を決めやすいか」で見ると，**資料４**の［B］に位置すると考えられる。これらのことから，日本の衆議院議員の選挙で小選挙区制と比例代表制を組み合わせた制度が採られているのは，［C］ためであると考えられる。

(4)　唯菜さんは，**資料１**の下線部ｃに関して調べていく中で，**資料５**，６を見つけ，班で話し合いました。［①］，［②］に当てはまる内容として適切なものを，後の**ア**～**ク**からそれぞれ１つ選び，記号で答えなさい。

資料５　2023年４月の統一地方選挙

全国の373の町村議会議員の選挙で，あわせて4126人の定員に対し，およそ３割にあたる1250人が無投票で当選を決めた。北海道や長野県などの20の町村では候補者が定員に満たず，定員割れとなった。

資料６　議会の解散を求めるしくみ（一部）

・有権者の３分の１以上の署名を集めて，選挙管理委員会に提出。

・住民投票を実施し，有効投票の過半数の賛成があれば解散。

班の話し合い（一部）

唯菜：地方自治は「民主主義の学校」と言われているのはなぜなんだろう。

俊雅《としまさ》：住民の生活に身近なことについて，地域の人々が直接に参加して決めていくからだよね。みんなは，どのような政治参加の方法に興味があるかな。

香織《かおり》：私は，**資料５**から，［①］をしてみたいな。

唯菜：私は，**資料６**から，［②］に興味があるよ。

俊雅：なるほど。いろいろな方法で政治に参加していくことが重要だね。

ア　若者の意見が政治に反映されなくなることが考えられることから，将来，選挙での投票

イ　若者の意見が政治に反映されなくなることが考えられることから，将来，選挙での立候補

ウ　今の状態が続くと，政治の担い手が不足する可能性があることから，将来，選挙での投票

エ　今の状態が続くと，政治の担い手が不足する可能性があることから，将来，選挙での立候補

オ　住民による直接民主制の考え方を取り入れた権利であることから，請願権の行使

カ　住民による直接民主制の考え方を取り入れた権利であることから，直接請求権の行使

キ　多くの地方で，国から支払われる依存財源に頼っている現状があることから，請願権の行使

ク　多くの地方で，国から支払われる依存財源に頼っている現状があることから，直接請求権の行使

2　竜太《りゅうた》さんの班は，「私たちの生活と企業」というテーマで，資料１を作成しました。後の(1)～(4)の問いに答えなさい。

資料１　竜太さんの班が作成したウェビングマップ（一部）

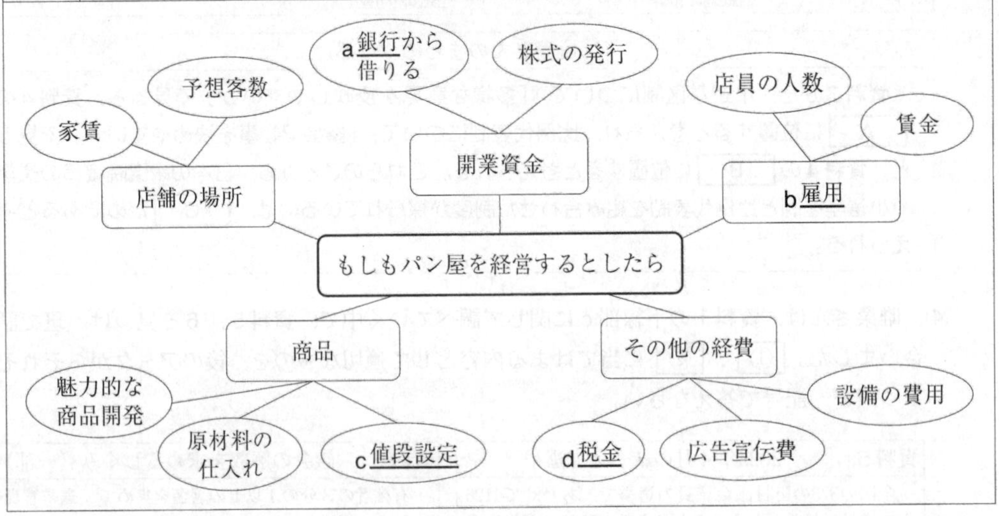

(1)　資料１の下線部ａについて，資料２の□に当てはまる語を書きなさい。

資料２　金融のしくみ

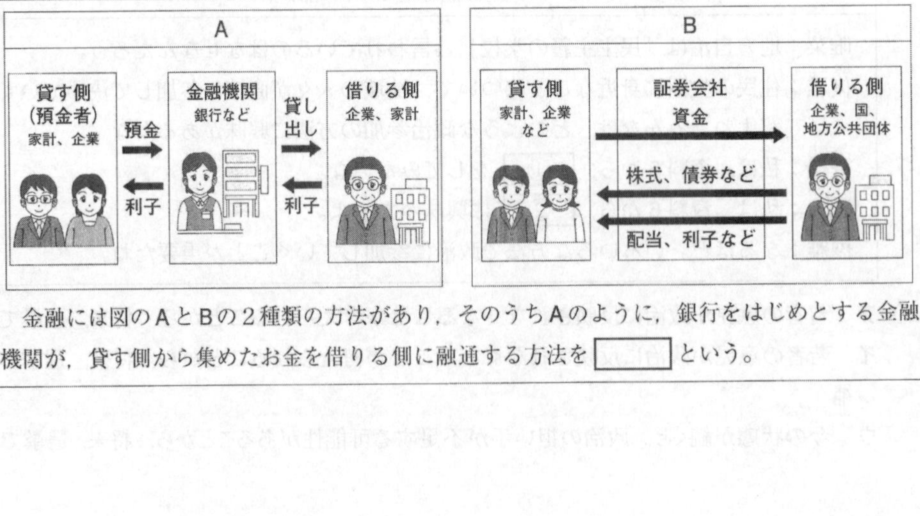

金融には図のＡとＢの２種類の方法があり，そのうちＡのように，銀行をはじめとする金融機関が，貸す側から集めたお金を借りる側に融通する方法を□という。

⑵　**資料１**の下線部ｂについての説明として**適切でないもの**を，次の**ア～エ**から１つ選び，記号で答えなさい。

ア　労働者は，雇い主である使用者との間に労働契約を対等な立場として結ぶ。

イ　労働基準法は，労働時間や休日などの労働条件の最低限の基準を定めている。

ウ　1980年代と比較し，近年，派遣労働者などの非正規労働者の割合は減っている。

エ　性別や年齢に関わりなく，ワーク・ライフ・バランスを実現することが求められている。

⑶　竜太さんは，**資料１**の下線部ｃに関して，閉店間際のパン屋で商品を値引きすることがあることを知り，調べていく中で，**資料３**，４を見つけ，値引きする理由について，下のようにまとめました。［①］，［②］に入る内容として適切なものを，下の**ア～エ**からそれぞれ１つ選び，記号で答えなさい。

資料３　各地域の栄養不足人口の割合（2021年）	
アフリカ	20.2%
アジア	9.1%
ラテンアメリカ・カリブ海諸国	8.6%
オセアニア	5.8%
北米・ヨーロッパ	2.5%未満

（「国際農林業協働協会資料」より作成）

資料４　需要と供給の関係

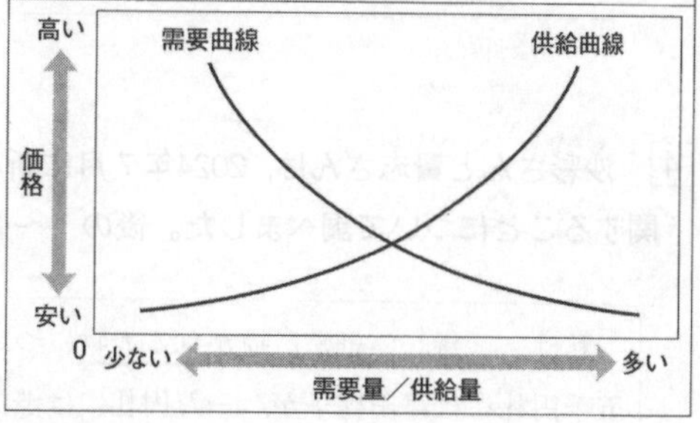

竜太さんのまとめ①（一部）
閉店間際のパン屋で商品を値引きする理由について，「利潤の追求」に着目すると，［①］ためだと考えられる。また，「企業の社会的責任」に着目すると，［②］ためだと考えられる。

ア　**資料３**から，世界の食料の配分は先進国に偏っており，本来食べることができた食料が捨てられてしまう食品ロスを日本においても減らしていく必要がある

イ　**資料３**から，世界の食料の配分は発展途上国に偏っており，本来食べることができた食料が捨てられてしまう食品ロスを日本においても減らしていく必要がある

ウ　**資料４**から，値引きする時点で需要量が供給量を上回っており，少しでも売れ残りを減らし利益を確保する必要がある

エ　**資料４**から，値引きする時点で供給量が需要量を上回っており，少しでも売れ残りを減らし利益を確保する必要がある

⑷　竜太さんは，**資料１**の下線部ｄについて調べていく中で，次のページの**資料５**，６を見つけ，消費税について，後のようにまとめました。**資料５**，６を関連づけて，［Ａ］に入る適切な内容を，「**税収**」という語を使って書き，［Ｂ］に当てはまる語を，下の**ア～エ**から１つ選び，記号で答えなさい。

ア　寡占　　**イ**　逆進性　　**ウ**　累進課税　　**エ**　軽減税率

資料５ 一般会計税収の推移

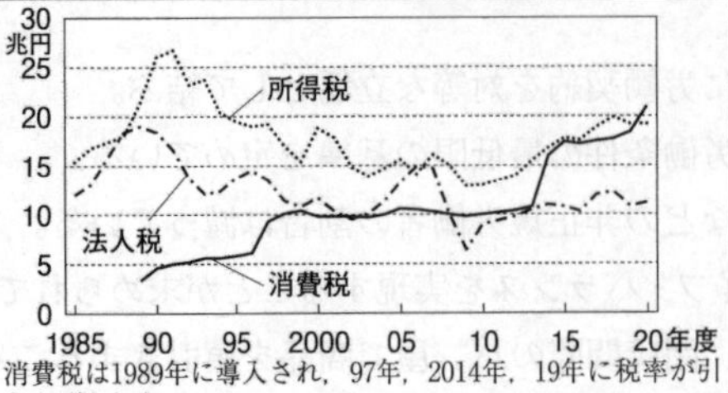

消費税は1989年に導入され，97年，2014年，19年に税率が引き上げられた

（「財務省資料」より作成）

資料６ 経済成長率の推移

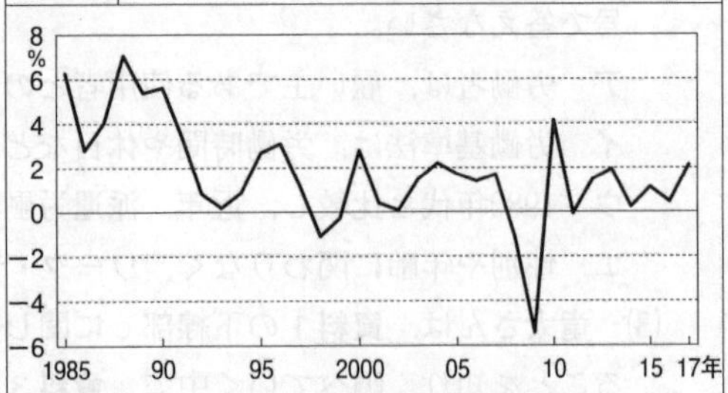

経済成長率とは，１年前に比べての国内総生産の増加率

竜太さんのまとめ②（一部）
資料５，６から，消費税には，所得税や法人税と比べて，景気の［ A ］という傾向がある一方で，所得が低い人ほど，所得にしめる税金の割合が高くなるという［ B ］がある。

4 沙彩《さあや》さんと賢志《けんし》さんは，2024年７月に新しい紙幣が発行される予定であることを知り，お金に関することについて調べました。後の１～３の問いに答えなさい。

私は，a <u>新しい紙幣に描かれる人物</u>について調べました。千円札には北里柴三郎《しばさぶろう》が，五千円札には津田梅子が，一万円札には渋沢栄一が描かれます。

沙彩さん

私は，紙幣に使われている紙について調べました。紙の原料として「ミツマタ」という木が使われます。近年では，国内での生産が減少しているため，b <u>ネパール</u>で現地生産し輸入するようになりました。

賢志さん

１ 沙彩さんは，下線部ａについて，資料１を見つけ，資料１の下線部に関して３人が生きていた約100年前から現代までの変化を調べ，次のページの資料２を作成しました。資料２の①～③の資料の組み合わせとして最も適切なものを，後のア～カから１つ選び，記号で答えなさい。

資料１ 新しい紙幣に描かれる人物

〈北里柴三郎〉	〈津田梅子〉	〈渋沢栄一〉
 現在の熊本県生まれ。ドイツに留学し，研究に励んだ。帰国後，福沢諭吉の支援で伝染病研究所を創立し，香港でペスト菌を発見したほか，<u>赤痢</u>やインフルエンザの研究にも取り組んだ。	 現在の東京都生まれ。７歳の時に岩倉使節団に同行し，アメリカで11年間，教育を受けた。帰国後，女子英学塾（現在の津田塾<u>大学</u>）を創立し，女子教育に力を注いだ。	 現在の埼玉県生まれ。大蔵省の役人として，富岡製糸場の設立にたずさわった。役人を辞めてからは，銀行を設立し，紡績，<u>鉄道</u>など，500以上の企業の設立に関わり，近代産業の育成・発展に努めた。

資料２	沙彩さんが作成した資料

①～③の資料は，1920年から2020年までの日本の「赤痢による死者数」,「大学数」,「鉄道貨物輸送量」のいずれかである。「赤痢による死者数」の縦１目盛りは5000人,「大学数」の縦１目盛りは200校,「鉄道貨物輸送量」の縦１目盛りは6000万トンである。

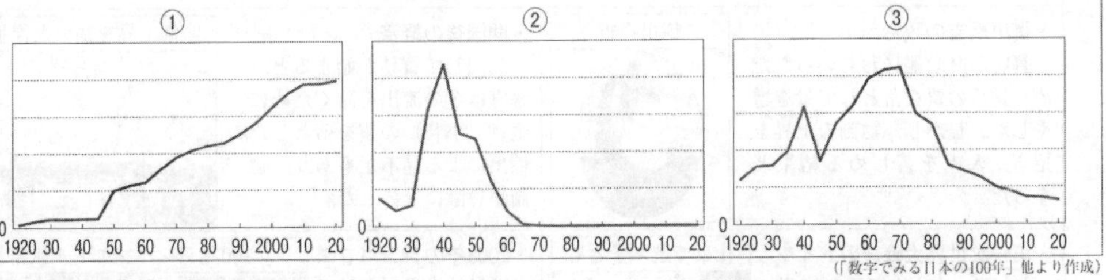

（「数字でみる日本の100年」他より作成）

ア　①－赤痢による死者数　②－大学数　③－鉄道貨物輸送量

イ　①－赤痢による死者数　②－鉄道貨物輸送量　③－大学数

ウ　①―大学数　②－赤痢による死者数　③－鉄道貨物輸送量

エ　①－大学数　②－鉄道貨物輸送量　③－赤痢による死者数

オ　①－鉄道貨物輸送量　②－赤痢による死者数　③－大学数

カ　①－鉄道貨物輸送量　②－大学数　③－赤痢による死者数

2　賢志さんは，下線部ｂについて，**資料３**を見つけました。**資料３**に関連する内容として，最も適切なものを，下の**ア**～**エ**から１つ選び，記号で答えなさい。

資料３	ネパールについて

・面積：14.7万km²　　国土の大半はヒマラヤ山脈が属する変動帯（造山帯）に位置している
・人口：3054.8万人（2022年）
・宗教：ヒンドゥー教（81.3％）
・通貨：ネパールルピー　　１ドル＝約132.7ネパールルピー（2023年10月１日）
・1899年，僧侶の河口慧《え》海《かい》が日本人として初めてネパールを訪問

（「外務省資料」他より作成）

ア　ネパールは，国土の大半が変動帯に位置しているため，地震が発生することはほとんどない。

イ　三大宗教の１つであるヒンドゥー教は，アジアやアフリカをはじめ世界中で広く信仰されている。

ウ　１ドル＝132.7ネパールルピーから１ドル＝100ネパールルピーとなった場合，ネパールルピー高ドル安である。

エ　僧侶の河口慧海が日本人として初めてネパールを訪問したのは，18世紀のことである。

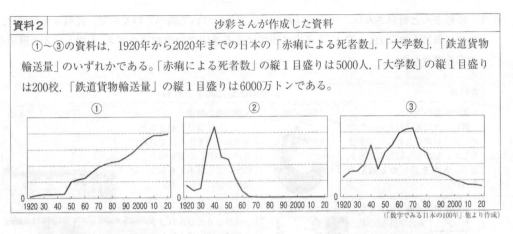

3 沙彩さんと賢志さんは，さらに「お金の価値」について調べていく中で，**資料４**を見つけ，先生に質問しました。[ア]，[イ] に当てはまる適切な語や数字を答え，[ウ] に入る適切な内容を書きなさい。

資料４	お金の価値に関する資料
・徳川綱吉の政治 幕府が財政難におちいったため，貨幣の質を落として量を増やした。しかし，物価の上昇を招き，人々を苦しめる結果となった。 徳川綱吉 	**・開国後の経済** 開国して貿易が始まると，幕府は金の流出を防ぐために金貨（小判）の質を落とした。輸出による品不足もあり，物価が急激に上昇した。 物価上昇を描いた浮世絵 
・第一次世界大戦後のドイツ [ア] 条約で巨額の賠償金を支払うことになり，経済が破たんした。紙幣は紙切れ同然になり，物価が大きく上がった。 札束で遊ぶ子ども 	**・2008年のジンバブエ** アフリカのジンバブエでは，国内に十分な商品がないのに政府が紙幣を印刷し続けた結果，インフレーションが急激に進んだ。 100兆ジンバブエドル紙幣 

沙彩さん

先生，**資料４**を見ると，お金の価値と物価には何か関係がありそうです。どのように考えればよいのでしょうか。

先生

良いところに気づきましたね。たとえば，８個1000円でパンを売っていたとしましょう。今，物価が上がってパンの値段が２倍になったとします。このとき，同じ1000円では，パンを何個買える計算になるでしょうか。

賢志さん

[イ] 個です。なるほど，同じ1000円という金額でも買える個数が変わりました。つまり，物価が上がると，[ウ] ということですね。

沙彩さん

そうすると，**資料４**では逆に，[ウ] ということの結果として物価が上がっているのでしょうか。

先生

そのとおりです。歴史上のできごとを事例として現代の経済を学習したり，経済のしくみを理解した上で歴史を見直したりすることが大切ですね。

いづくにて（どこで）いかなることを（どのようなことを）思ひつつ（思いながら）③こよひの月に　袖しぼるらむ（濡れた袖を絞っているのでしょうか）

（「建礼門院右京大夫集《けんれいもんいんうきょうのだいぶしゅう》」による）

C

十五夜ニ望レム月ヲ　王建《おうけん》

中《ちゅう》庭《てい》地白ウシテ樹ニ棲《す》ミレ鴉《からす》　中庭　地白うして（地面は白く輝き）　樹に鴉棲み、（樹上ではからすがねぐらについている）

冷《れい》露《ろ》無クシテレ聲《こへ》濕《うるほ》ス二桂《けい》花《くわ》ヲ一　冷露　聲無くして（ひっそりと降りて）　桂花を濕す。（木犀《もくせい》の花をしっとりとぬらす）

今夜月明人盡《ことごと》クレ望ム　今夜　月明　人盡く望む。（誰しも眺めていることであろう）

④不知秋思在誰家　知らず　秋思　誰が家にか在る。（その中でも最も秋の物思いにひたっているのは誰であろうか）

（「唐詩選《とうしせん》」による）

問一　和歌Aに詠まれた心情として、最も適当なものを、次のア～エから一つ選び、記号で答えなさい。

ア　望郷の念　　**イ**　漂泊の思い
ウ　断腸の思い　　**エ**　自責の念

問二　古文Bの――線①「いはむかたなき心ち」について説明した文として、最も適当なものを、次のア～エから一つ選び、記号で答えなさい。

ア　以前一緒に月を眺めた大切な人を失ってしまった悲しみ。
イ　大切な人はいないのに変わらず美しい景色への恨めしさ。
ウ　今どこにいるか分からない大切な人の安否を気遣う憂い。
エ　これから大切な人と離れ一人で生きていくことへの不安。

問三　古文Bの――線②「たたずまひ」の読み方を、現代仮名遣いで書きなさい。

問四　古文Bの――線③「こよひの月に　袖しぼるらむ」の「袖しぼる」という表現を通してどのような様子を詠んでいるか。――線③の内容を説明した次の文の□に合うように五字以内で書きなさい。

今夜の月を眺めて□ということ

問五　漢詩Cの――線④「不知秋思在誰家」について、書き下し文の読み方になるように返り点をつけなさい。送り仮名はつけなくてよい。

問六　和歌Aと古文Bと漢詩Cをペアで鑑賞したときの対話について、次の問いに答えなさい。

㈠　空欄（１）に入る最も適当な言葉を漢字一字で書きなさい。
㈡　空欄（２）に入る適当な言葉を二十字以内で書きなさい。

> 咲良《さくら》　和歌Aの作者について調べました。遣唐使として唐に渡った人で、「詩仙」とよばれた李白《りはく》をはじめとする唐の代表的な詩人たちと交流があったそうですよ。
>
> 健太《けんた》　今から千三百年以上前の日本人に、そんな人がいたんですね。
>
> 咲良　三つの作品は、どれも（　１　）が詠まれています。
>
> 健太　そうですね。和歌Aと古文Bの和歌とでは、（　１　）を見て、遠く離れた大切な人や場所を想像して詠みこんでいます。
>
> 咲良　漢詩Cは、転句と結句で（　２　）を想像して詠みこんでいますね。作者も秋の夜のもの悲しさを感じているのでしょう。

問一　〈**話し合いの様子**〉の[a]の中に入る言葉を、十二字以内で書きなさい。

問二　〈**話し合いの様子**〉の[b]には、推敲《すいこう》後の**見出し**の言葉が入る。次の□に示す推敲前の見出しについて、理穂さんのアドバイスに従って推敲して書きなさい。ただし、句読点は用いず、不要な言葉は省くこととする。

推敲前　[言葉の使い方について社会全体で考えよう]

問三　〈**話し合いの様子**〉の――線①「**報道文**」について説明したものとして、最も適当なものを、次の**ア**～**エ**から一つ選び、記号で答えなさい。

ア　事実や出来事について調べて分かったことを伝える文章。
イ　旅をして自分が体験・見聞したことの感想を記録する文章。
ウ　物事に対する自分の考えを根拠を明確にして訴える文章。
エ　体験や読書をもとにして思索や感想を自由にまとめた文章。

問四　〈**話し合いの様子**〉において、春奈さんの発言の意図について説明したものとして、最も適当なものを、次の**ア**～**エ**から一つ選び、記号で答えなさい。

ア　互いの提案を結びつけながら新たな視点を提示する。
イ　具体的な経験や資料を用いて提案内容を明確にする。
ウ　提案を促したり整理したりして話し合いを展開する。
エ　提案に対して質問や助言をして互いの考えを深める。

問五　〈**話し合いの様子**〉の――線②「**コラム**」を、〈**資料**〉を用いて、次の〈条件〉に従って書きなさい。

〈条件〉

1　〈**資料**〉の「**問2**」で挙げられた課題のAについて、左の〈**表**〉より複数の年代を比較して読み取れることを書きなさい。なお、課題はAという記号を使って書きなさい。
2　「1」で書いたことに対して、自分の体験や具体例を挙げ、これからあなたが気をつけたいことについて書きなさい。
3　九十字以上百二十字以内で書くこと。
4　書き出しを一マス下げたり、段落を設けたりする必要はない。

問六　〈**話し合いの様子**〉の――線③「**編集後記**」を楷書で書く場合、「折れ」と「曲がり」の両方の筆使いを含んでいるものはどれか。次の**ア**～**エ**から一つ選び、記号で答えなさい。

ア　編　**イ**　集　**ウ**　後　**エ**　記

四　次の和歌A、古文B、漢詩Cを読んで、後の問いに答えなさい。

A

唐土《もろこし》にて（唐の国で）月を見てよみける　　安倍仲麿《あべのなかまろ》

天《あま》の原　ふりさけ見れば　春日なる　三笠《みかさ》の山に　いでし月かも
（大空をふり仰いではるかに眺めるあの月は、奈良の春日にある三笠の山に出た月と同じなのだなあ）

（「古今和歌集《こきんわかしゅう》」による）

B

①いはむかたなき心ちにて（いいようもないほどつらい気持ちでいるうちに）、秋深くなりゆくけしきに（景色を眺めると）、ましてたへて（耐えて）あるべき心ちもせず（生きていけるような気がしない）。月の明き夜、空のけしき、雲の②たたずまひ、風の音ことにかなしきをながめつつ（悲しみをそそるありさまを眺めては）、ゆくへもなき旅の空、いかなる（どのような）心ちならむとのみ、かきくらさる（気持ちでおいでになるかとばかり思いやられて、つい涙で目の前が暗くなってしまう）。

たちの思いや考えを示すことも必要ではないかと思います。

春奈　確かにそうですね。これで内容と構成が決まりましたね。最後はみんなで③編集後記を書きましょう。どの記事を誰が書くか分担して作成に入っていきましょう。

〈資料〉下段

〈壁新聞の構成案〉

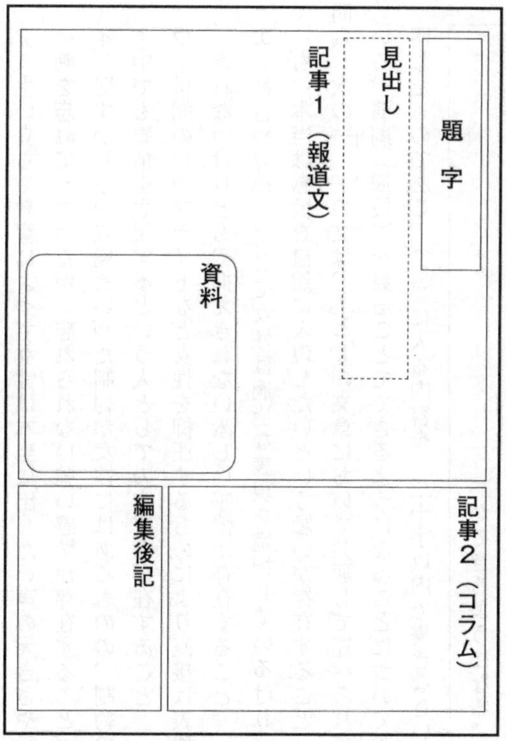

社会全般における言葉に関する課題について

調査対象：全国16歳以上の個人
（※数値は、小数第２位を四捨五入したものである。）

問１　あなたは、言葉や言葉の使い方について、社会全般で、課題があると思いますか。それとも、そうは思いませんか。

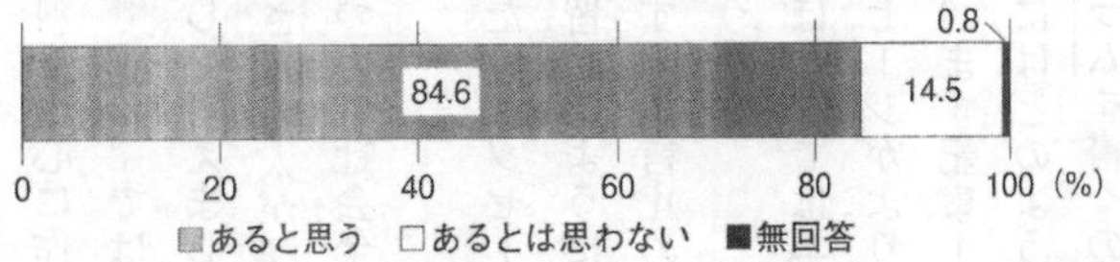

（※問１で「あると思う」と答えた人に）

問２　社会全般で、どのような課題があると思いますか。

※ 複数選択可　(%)

改まった場で、ふさわしい言葉遣いができていないことが多い	59.5
流行語や言葉の使い方の移り変わりが早過ぎる…Ａ	45.1
敬語の乱れ	43.2
外来語・外国語などが使われ過ぎている	42.3
年齢が離れた人が使う言葉が分かりにくい	34.0

（表）問２　社会全般の課題（年齢別）

(%)

	改まった場で、ふさわしい言葉遣いができていないことが多い	流行語や言葉の使い方の移り変わりが早過ぎる	敬語の乱れ
16～19歳	62.9	21.9	35.2
20～29歳	61.0	26.0	39.5
30～39歳	67.2	31.2	39.8
40～49歳	65.4	41.9	44.9
50～59歳	62.7	44.7	46.2
60～69歳	58.8	50.6	44.9
70歳以上	51.3	56.0	42.4

（文化庁　令和３年度「国語に関する世論調査」より一部抜粋して作成）

裂く女性という演技」が表現することの説明として、最も適当なものを、次の**ア**～**エ**から一つ選び、記号で答えなさい。

ア　生い立ちや教育によって女性は本当に出したい声の大きさや行動を忘れてしまったが、忘れられない強い感情が存在すること。

イ　恥ずかしさや立場といった制約が女性にはあるものの、制約の中でも感情を表現するという人としての本質が存在すること。

ウ　世間の目やプライドなど女性を抑圧するものにより直接は表現されないけれども、抑えきれない激しい感情が存在すること。

エ　都合や立場に応じて女性は適当な表現を選択しているけれども、本当は感情を自然に表現したいという願いが存在すること。

問六　次の［　］の文は、［Ⅰ］と［Ⅱ］の文章において共通して述べられている、演劇（演技）を見ることでできるようになることについて説明したものである。（　）に入る内容を、三十字以内で書きなさい。

（　　　　　　　　）ができるようになる。

三　次の文章を読んで、後の問いに答えなさい。

春奈《はるな》さんのクラスでは、学習発表会に向け、教科の学びを生かして壁新聞を作成します。春奈さんのグループは、「国語」がテーマになりました。次は、壁新聞の構想を練るグループでの〈**話し合いの様子**〉、〈**資料**〉、〈**壁新聞の構成案**〉です。

〈**話し合いの様子**〉

春奈　壁新聞の内容と構成について決めていきましょう。

賢人《けんと》　「国語」がテーマですから、「言葉」についてまとめるのはどうでしょうか。言葉の学びは日常生活ともつながりが深いですよね。

涼太《りょうた》　そうですね。この前、近所の人に旅行土産のお菓子を「よろしければ食べてください。」と言って渡したんです。そういうときは尊敬語を使って「よろしければ［a］。」と言った方が良かったと後で気づきました。

理穂《りほ》　私も上手に敬語を使えないことがよくあります。言葉についてまとめるなら、このような調査〈**資料**〉がありましたよ。

涼太　**問1**にあるように、言葉について社会全般で課題があると思う人がおよそ八十五パーセントもいるんですね。**問2**の調査では、年齢別の調査（**表**）も行われています。これらの資料を中心に作成しましょうか。

春奈　そうですね。では中心となる内容が決まったので、まずは**見出し**を考えましょう。

賢人　たくさんの人が課題意識をもっているので、「言葉の使い方について社会全体で考えよう」としてはどうでしょうか。

理穂　伝えたいメッセージとしてはいいと思います。ただ授業でも学習したように、もう少し印象に残るような表現にしたいです。体言止めと倒置法を使って表現してみてはどうでしょうか。

賢人　なるほど…では「［b］」はどうでしょうか。

涼太　メッセージがより印象的に伝わっていいと思います。

春奈　では、まず**記事1**に①**報道文**と、**資料**を載せましょう。**記事2**にはどのような内容があるとよいと思いますか。

理穂　②**コラム**を書くのはどうでしょうか。課題について自分

り、リアルということだと思います。

③微笑みながら、ゆっくりとハンカチを引き裂く女性という演技は、世間の目の前では取り乱せないけれど、本当はそこまでの哀しみを感じている、というリアルを教えてくれます。これが、ただ単純に泣けば、その哀しみはナチュラルですが、哀しみの本質、リアルが表現されることはなくなるのです。

ですから、「ナチュラルではなくリアル」とは、表現を大げさにすることではありません。抑圧を取り払って、本当にしたいことと書くと、つまり、大声で叫んだり泣いたりすることかと思う人がいますが、そうではありません。感情の本質にも、抑圧はつきまとうはずです。ただ、ナチュラルな演技は、その抑圧と感情の対立があいまいな形で表現されてしまうのだと思います。その人の生い立ちやキャラクターから来る癖と、その人の立場や世間体、都合によって、表現は抑えられ、ナチュラルなものになります。

リアルとは何かと考えるということは、その表現を抑圧し、対立している根本はなにか？と考えることです。そして、その抑圧の根本原因と感情の対立を※スパークさせるのです。

それは、もうひとつ厳密に言えば「認識の発見」ということです（中略）。

「認識の発見」とは、新しいものの見方を教えてくれる、ということです。微笑みながら、ハンカチを引き裂く表現を見た人は、「直接に表現してはいけない、けれど強烈な哀しみが存在するんだ」と発見するのです。それは、哀しみという、今まで分かったつもりになっていた感情の新たな面に気づくということです。

（鴻上尚史《こうかみしょうじ》「演技と演出のレッスン」による　一部省略がある）

※　スパーク（する）……触発する。誘発する。

問一　文章中の＝＝線ⓐ～ⓒについて、カタカナの部分は漢字に直し、漢字の部分はその読みをひらがなで書きなさい。

問二　文章中の――線①「抽象化」の意味として、最も適当なものを、次のア～エから一つ選び、記号で答えなさい。

ア　一つの事象を構成している複数の要素を取り出して内容ごとに分類して分析すること。

イ　複数の事物から共通する要素を取り出しそれ以外のものを取り除いてまとめること。

ウ　共通点のある複数の具体物について観点ごとに比較・分析して差異を見いだすこと。

エ　心情や感覚のように形をもたない事柄を構成する要素をとらえて言葉で形づくること。

問三　文章中の空欄 A 、 B に入る最も適当な語句を、それぞれ漢字二字でⅠの文章中から抜き出して書きなさい。

問四　文章中の――線②「そのような調整」とあるが、どのようなことか。その説明として、最も適当なものを、次のア～エから一つ選び、記号で答えなさい。

ア　世間の道徳観に照らしながら現実と向き合い、目の前で起きていることの是非について理解すること。

イ　さまざまな価値基準を認識することによって、自分なりの基準を更新しながら現実と向き合うこと。

ウ　膨大な情報の中から自分で取捨選択して認識した情報については、正しいものだと思い込むこと。

エ　捉えた全ての情報の中から自分に有用なものを残して、他は不必要なものとして排除してしまうこと。

問五　文章中の――線③「微笑みながら、ゆっくりとハンカチを引き

※　ウサギ王子……六花たちの通う中学校の生徒会長兼剣道部副部長である「祇園寺羽紗《ぎおんじうさ》」のニックネーム。

※エビユ……六花たちのクラスメイトである「海老沢結《えびさわゆい》」のニックネーム。

問一　文章中の══線ⓐ～ⓒについて、カタカナの部分は漢字に直し、漢字の部分はその読みをひらがなで書きなさい。

問二　文章中の[　]に入る言葉として、最も適当なものを、次の**ア**～**エ**から一つ選び、記号で答えなさい。

ア　一念発起　**イ**　一心不乱　**ウ**　一触即発　**エ**　一心同体

問三　文章中に──線①「いやになった。」とあるが、早緑のどのようなことに対する思いか。その説明として、最も適当なものを、次の**ア**～**エ**から一つ選び、記号で答えなさい。

ア　ほかの部員が六花が重ねる努力に気づかないままでいること。

イ　黒野が自分よりも六花のことについてよく分かっていること。

ウ　六花がたとえひとりでも努力を続けることができていること。

エ　自分が六花の努力を素直にほめることができないでいること。

問四　次の[　]の文は、文章中の──線②「やっぱり、がんばらなきゃだめだ」という思いに至るまでの早緑の心情の変化を説明したものである。（　）に入る内容を、三十字以内で書きなさい。

> 走る理由がわからなくなり、自分には好きなものや得意なものがないと思っていたところ、黒野の言葉で（　　　　）と気づき、「やっぱり、がんばらなきゃだめだ」と思った。

問五　文章中の──線③「[Ⅰ]ように、でも[Ⅱ]」には、「そう言った」ときの早緑の心情を描写した言葉が入る。空欄[Ⅰ]、[Ⅱ]に入る最も適当な言葉を、会話文以外の文章中からそれぞれ五字以内で抜き出して書きなさい。

問六　本文の表現について説明したものとして、最も適当なものを、次の**ア**～**エ**から一つ選び、記号で答えなさい。

ア　会話文に「……」を用いることで、思いを言葉にできないために二人の会話が途切れがちになっていることを表現している。

イ　回想場面や過去を振り返る表現を重ねることで、登場人物が過去にとらわれて身動きがとれないでいることを表現している。

ウ　体言止めや倒置法を多用することで、文章全体にリズム感を出し次のステップへ進む軽快な場面であることを表現している。

エ　「私」と「あたし」と一人称の表記を変えることで、物語の語り手が異なる人物に切り替わっていることを表現している。

[二]　次の文章[Ⅰ]・[Ⅱ]を読んで、後の問いに答えなさい。

[Ⅰ]

※問題に使用された作品の著作権者が二次使用の許可を出していないため、問題を掲載しておりません。

（出典：平田《ひらた》オリザ「ともに生きるための演劇」による）

[Ⅱ]

私達は、世間の目や恥ずかしさやプライドや立場によって、普段の表現はⓒ控えめに抑えられています。それを、ナチュラルと呼んでいるのです。本当にやりたいこと、本当に出したい声の大きさ、本当に動きたい行動をしていません。厳しい教育や真面目なしつけを受けた人ほど、ナチュラルな表現はおとなしいものになるでしょう。

そういう制約や抑圧を取り払って、登場人物が本当にやりたい声と行動を選択したら。もしくは、そういう制約の中で、登場人物の気持ちを違う表現で表わすことができたら。それが、その感情の本質であ

「好きだから努力できるのか、努力できるから好きなのか……鶏が先か卵が先か、みたいな話だよな」

　あたし、よくわからなくって。どういうことって、たずねたの。

　黒野、笑って言った。

「ほら、好きだから続けられる。だからうまくなるっていうのはたしかにあるけどさ、そもそも、ある程度うまくないと、好きにはなれないじゃん？　自分でへたくそだなあって思って、人から向いてないって言われて、それでも絵を描くのが好きとかさ。ちょっとむずかしいよな。苦手なことに立ち向かうのは、それだけでストレスだろ」

　そんなふうに。

　その言葉が、すごく響いた。なんだろ、いくら走っても、みんなに追いつけない自分のことを言われているみたいに、思えた。

　あたし、なんで走ってるのかな。

　急に、そんなことを考えた。走ることが得意だと思ったから？　たぶんそう。人よりはちょっぴり、得意だと思ったから。

　ほんとはそれほど、好きじゃなかったのに。

「好きなものがない人は、得意なものがない人は、どうしたらいいんだろう……」

　言ってから、なんか、情けないなって、自分でも思った。

　だけど、黒野は肩をすくめて、こう言ったの。

「べつになくてもいいと思うけど」って。

　なにそれ、と思って、あたし、食いさがったの。

「あたしは、ほしいよ。好きなもの。得意なもの」

「じゃあ、そうしたら？」

「え？」

「好きなものがほしい。得意なものがほしい。じゃあ、そのために努力すればいいだろ。ちゃんと、それは努力の理由になるよ」

「だけど、努力すれば……なんとかなるのかな」

　そしたら黒野はさ、まぶしそうに六花のほうを見たんだ。

「白岡六花がコンクールで賞をとったのだって、ああやって努力を続けているからだろ」

「だからさ、あたしは思ったの」

　公園のすみっこ。並んですわったベンチ。

　夕日の光をⓒアびて、早緑は言った。

「②やっぱり、がんばらなきゃだめだ、って。今、ここで逃げたくない。あたしには、まだ六花に話しかける資格がないや、って。そのときの自分は、六花に誇れるような自分じゃなかったから。だから、がんばろう、って。次に六花と話すときは、胸を張れるような自分でいたかったから。そうなりたいと思えたから」

　早緑は笑った。きらきらと、かがやくような顔で、笑った。

「それから、すこしずつ、あたし、陸上が好きになった。走ることが、っていうか、走ることに打ちこむ自分のことが、好きになっていた。だから」

　涙ですっかり塩っ辛い顔になった私に、早緑は言った。

「だから、今のあたしがあるのは、六花のおかげ」

　私はうなずく。「今は、じゃあ、楽しい？」

「うん。すっごく。胸を張って、そう言えるよ。だからさ」

　なかなおりしよう。

③［　Ⅰ　］ように、でも［　Ⅱ　］そう言った早緑の瞳の色に、私は思いだす。あの日、早緑が話しかけてきてくれたときのことを。

（村上雅郁《むらかみまさふみ》「きみの話を聞かせてくれよ」による）

＜国語＞

時間　五〇分　満点　一〇〇点

一 次の文章を読んで、後の問いに答えなさい。

> 中学二年生で美術部員の六花《りっか》と陸上部員の早緑《さみどり》は、小学五年生の時に、六花の絵を早緑がほめたことをきっかけに親友となった。しかし去年の十月、六花が美術部の愚痴《ぐち》をこぼした時、早緑は共感せず、二人は仲違《たが》いした。半年が過ぎ、六花はそのことをクラスメイトの黒野《くろの》に初めて打ち明け、黒野に「なかなおりのチャンスが来たら、逃すんじゃないぞ」と言われる。その日の帰り道、六花が公園のベンチにいると早緑に話しかけられ、自分の言葉が早緑を傷つけていたことを知る。

私はハンカチを顔に押しつけてくる早緑の手をぎゅっとにぎった。

「……もっと、もっとはやく言ってよ」

うらみがましく、私はつぶやく。そんなことを言う資格、ひとつもないのに。

私のせいなのに。

「何度も言おうと思ったよ。だけど、うん……やっぱりさ、こういうのって、しかるべきときってもんがあるじゃん？」

「なに、それ」

ちいさくはなをすする私に、早緑はうなずいた。

「一年の三学期に、決めたの。その日、六花に会いに行こうと思った。ちゃんと、話をしなきゃって。だけど、美術部に行ってもいなくてさ。小畑《おばた》先輩が、体育館に行ったよ、って教えてくれて。で、行ったんだけど、やっぱり話しかけられなかった」

早緑は思いだすような目をした。

「体育館で、剣道部が練習してて。ほら、※ウサギ王子とかいっしょに、※エビユや本多《ほんだ》くんが大声出しながらⓐ竹刀でばしばしやってて。で、すみっこで、それを見ながらさ、□って感じで、六花は絵を描いてた。もうさあ、眼鏡のおくで、目がぎらぎらしてて。あたし、思いだしたんだ」

「なにを？」

早緑は照れたように笑った。

「はじめて、六花に話しかけたときのこと。シロクマの絵がじょうずだねって、ほめたこと。六花の顔がパッと明るくなって、それがびっくりするほどかわいらしくて。友だちになりたいって、思ったこと」

それから私をまっすぐに見て、言った。

「体育館のすみで、そんなことを考えてたら――ほら、おなじクラスのさ、黒野っているじゃん？　剣道部の。幽霊部員。前髪の長い、ちょっとひねくれた感じのやつ」

黒野くん……私の中で、見えていなかったなにかがつながっていく。

なにも言えないでいる私に、早緑はうなずいた。

「あいつがふらっと歩いてきて、あたしに言ったんだ」

「えらいよな、白岡《しらおか》六花。美術部、ゆるい部活なのに、ひとりだけ毎日スケッチして、先生に意見聞いて。ほかの部員たちにⓑ煙たがられても、負けないでまじめにやってる」

あたしはうなずいて、ちいさな声で言った。

「……六花は、絵を描くのが、ほんとうに好きだから」

だけど、自分の声が、どこかとげとげしてる気がして、①いやになった。そしたら、黒野のやつ、こんなことを言ったの。

2024年度
解 答 と 解 説

《2024年度の配点は解答用紙集に掲載してあります。》

＜数学解答＞

1 (1) −5　(2) $\frac{2}{3}$　(3) $x=8$　(4) 15
(5) $x=-6,\ 2$　(6) $\frac{3}{8}$　(7) エ　(8) 右図

(例)

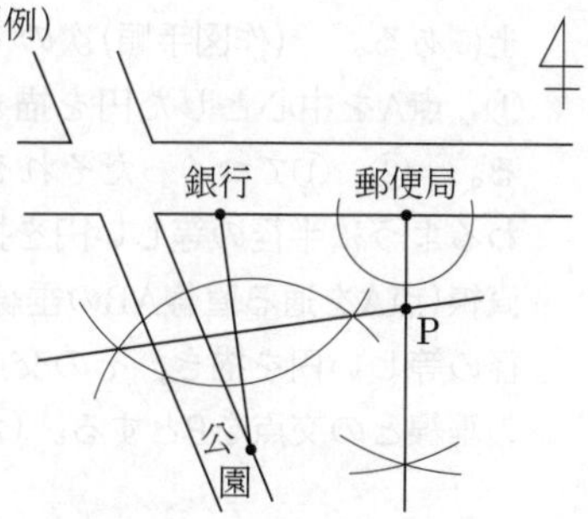

2 1 ウ　2 $32\sqrt{2}\,\mathrm{cm}^2$　3 $\frac{32\sqrt{7}}{3}\mathrm{cm}^3$
4 $\frac{2\sqrt{7}}{3}\mathrm{cm}^3$

3 1 (1) 11　(2) ウ　(3) イ　2 (1) 2012
(2) 解説参照

4 1 ア $\overset{\frown}{\mathrm{AB}}$　イ 90°　ウ 90°−∠BAD
2 エ ∠CEA=∠AEB　オ 2組の角がそれぞれ等しい　3 (1) BE=$\frac{27}{5}$cm
(2) $\frac{27}{200}$倍

5 1 ウ　2 $a=-4$　3 (1) 24　(2) 26π

＜数学解説＞

1 (数・式の計算，一次方程式，式の値，二次方程式，確率，標本調査，作図)

(1) 正の数・負の数をひくには，符号を変えた数をたせばよい。$-8-(-3)=(-8)+(+3)=-(8-3)=-5$

(2) 異符号の2数の商の符号は負で，絶対値は2数の絶対値の商だから，$-\frac{3}{7}\div\left(-\frac{9}{14}\right)=-\frac{3}{7}\times\left(-\frac{14}{9}\right)=\frac{3}{7}\times\frac{14}{9}=\frac{2}{3}$

(3) 方程式$5x+12=7x-4$　左辺の項の$+12$と右辺の項の$7x$を移項して，$5x-7x=-4-12$　$-2x=-16$　両辺をxの係数-2でわって，$-2x\div(-2)=-16\div(-2)$　$x=8$

(4) $a=-5$，$b=\frac{1}{3}$のとき，$2(a-2b)-(5a-4b)=2a-4b-5a+4b=-3a=-3\times(-5)=15$

(5) 二次方程式$x^2+4x-12=0$　たして$+4$，かけて-12になる2つの数は，$(+6)+(-2)=+4$，$(+6)\times(-2)=-12$より，$+6$と-2だから$x^2+4x-12=\{x+(+6)\}\{x+(-2)\}=(x+6)(x-2)=0$　$x=-6,\ 2$

(6) 3枚の10円硬貨を同時に投げるとき，表裏の出方は全部で，(1枚目の10円硬貨，2枚目の10円硬貨，3枚目の10円硬貨)=(表，表，表)，(表，表，裏)，(表，裏，表)，(表，裏，裏)，(裏，表，表)，(裏，表，裏)，(裏，裏，表)，(裏，裏，裏)の8通り。このうち，2枚は表で，1枚は裏となるのは，～～を付けた3通り。よって，求める確率は$\frac{3}{8}$

(7) 標本調査の目的は，抽出した標本から母集団の状況を推定することである。そのため，標本を抽出するときには，母集団の状況をよく表すような方法で，かたよりなく標本を抽出する必要がある。　ア　読書活動が盛んな中学校の生徒から標本を抽出するため，標本の性質にかたよりがあり，標本の選び方として適切ではない。　イ　回答をよびかけた自分のホームページを見て

くれた人から標本を抽出するため，標本の性質にかたよりがあり，標本の選び方として適切ではない。　ウ　その日の最初に製造されたお菓子150個を標本とするため，標本の性質にかたよりがあり，標本の選び方として適切ではない。

(8)　(着眼点)右図のように点A，B，Cをとる。「私の家は，東西にのびている直線道路沿いにある郵便局から，真南の方向にある。」ことより，点Pは点Aを通る直線ABの垂線上にある。また，「私の家は，銀行からも公園からも同じ距離にある。」ことより，点Pは線分BCの垂直二等分線上にある。　(作図手順)次の①～③の手順で作図する。①　点Aを中心とした円を描き，直線AB上に交点をつくる。②　①でつくったそれぞれの交点を中心として，交わるように半径の等しい円を描き，その交点と点Aを通る直線(点Aを通る直線ABの垂線)を引く。　③　点B，Cをそれぞれ中心として，交わるように半径の等しい円を描き，その交点を通る直線(線分BCの**垂直二等分線**)を引き，点Aを通る直線ABの垂線との交点をPとする。(ただし，解答用紙には点A，B，Cの表記は不要である。)

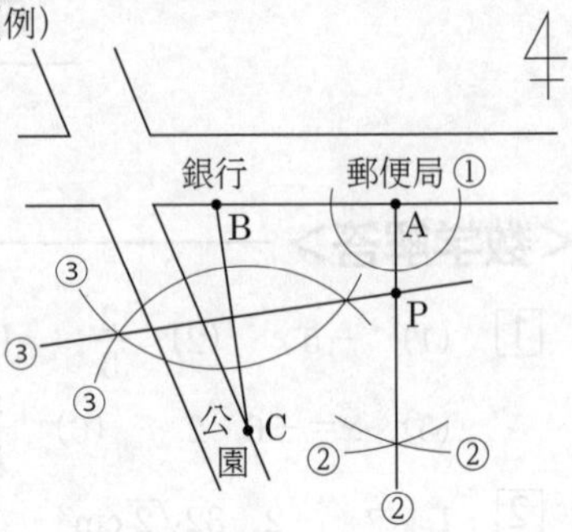

2　(空間図形，展開図，側面積，体積)

1　右図より，展開図ウは組み立てると，辺OBと辺BEが重なってしまい，正四角錐を組み立てることができない。

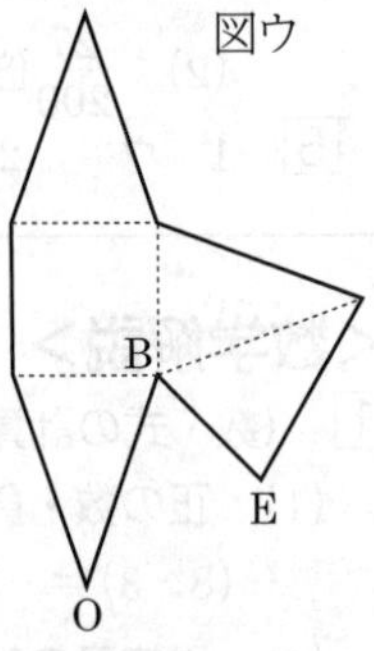

2　問題図Ⅰの点Oから辺ABへ垂線OHを引くと，△OABはOA＝OBの二等辺三角形で，**二等辺三角形の頂角からの垂線は底辺を2等分する**から，$AH=\frac{AB}{2}=\frac{4}{2}=2$(cm)　△OAHに**三平方の定理**を用いて，$OH=\sqrt{OA^2-AH^2}=\sqrt{6^2-2^2}=4\sqrt{2}$ (cm)　よって，(正四角錐OABCDの側面積)$=\triangle OAB\times 4=\frac{1}{2}\times AB\times OH\times 4=\frac{1}{2}\times 4\times 4\sqrt{2}\times 4=32\sqrt{2}$ (cm^2)

3　正方形ABCDの対角線の交点をIとすると，OI⊥正方形ABCDである。△ABCは**直角二等辺三角形で，3辺の比は1：1：$\sqrt{2}$** だから，$AC=AB\times\sqrt{2}=4\sqrt{2}$ (cm)　$AI=\frac{AC}{2}=\frac{4\sqrt{2}}{2}=2\sqrt{2}$ (cm)　△OAIに三平方の定理を用いて，$OI=\sqrt{OA^2-AI^2}=\sqrt{6^2-(2\sqrt{2})^2}=2\sqrt{7}$ (cm)　よって，(正四角錐OABCDの体積)$=\frac{1}{3}\times$(正方形ABCDの面積)$\times OI=\frac{1}{3}\times AB^2\times OI=\frac{1}{3}\times 4^2\times 2\sqrt{7}=\frac{32\sqrt{7}}{3}$ (cm^3)

4　△ABCで，点Q，Rはそれぞれ辺AB，BCの中点だから，**中点連結定理**より，QR//AC，$QR=\frac{1}{2}AC$　よって，△QBR∽△ABCであり，**相似比**はQR：AC＝1：2だから，**面積比**は△QBR：$\triangle ABC=1^2:2^2=1:4$　これより，$\triangle QBR=\frac{1}{4}\triangle ABC=\frac{1}{4}\times\frac{1}{2}$(正方形ABCDの面積)$=\frac{1}{8}$(正方形ABCDの面積)　点Pから正方形ABCDへ垂線PJを下すと，PJ//OIであり，**平行線と線分の比についての定理**を用いて，PJ：OI＝PB：OB＝1：2　$PJ=\frac{1}{2}OI$　以上より，(四面体PQBRの体積)$=\frac{1}{3}\times\triangle QBR\times PJ=\frac{1}{3}\times\frac{1}{8}$(正方形ABCDの面積)$\times\frac{1}{2}OI=\frac{1}{16}\times\left\{\frac{1}{3}\times\right.$(正方形ABCDの面積)$\left.\times OI\right\}$$=\frac{1}{16}$(正四角錐OABCDの体積)$=\frac{1}{16}\times\frac{32\sqrt{7}}{3}=\frac{2\sqrt{7}}{3}$ (cm^3)

3　(資料の散らばり・代表値)

1　(1)　**ヒストグラム**の中で**度数**の最も多い**階級**の**階級値**が**最頻値**だから，宮崎市の日照時間の

最頻値は，度数が10日で最も多い10時間以上12時間未満の階級の階級値$\frac{10+12}{2}=11$(時間)である。

(2)　**中央値**はデータの値を大きさの順に並べたときの中央の値。データの個数は31個で奇数だから，日照時間の短い方から16番目のデータが含まれている階級が，中央値の含まれている階級。6時間以上8時間未満の階級の**累積度数**は1＋2＋6＋4＝13(日)，8時間以上10時間未満の階級の累積度数は13＋5＝18(日)だから，日照時間の短い方から16番目のデータが含まれている階級，即ち，中央値の含まれている階級は，8時間以上10時間未満の階級である。

(3)　問題図Ⅰの宮崎市のヒストグラムに関して，**最小値**と**最大値**はそれぞれ0時間以上2時間未満の階級と12時間以上14時間未満の階級に含まれている。また，**第1四分位数**は，日照時間の短い方から8番目のデータが含まれている階級だから，4時間以上6時間未満の階級に含まれ，**第3四分位数**は，日照時間の長い方から8番目のデータが含まれている階級だから，10時間以上12時間未満の階級に含まれている。また，前問(2)より，**第2四分位数(中央値)**は，8時間以上10時間未満の階級に含まれている。以上より，宮崎市の日照時間を表す**箱ひげ図**はイである。

2　(1)　箱ひげ図では，**四分位範囲**は箱の長さで表される。これより，箱の長さが最も短いのは2012年だから，四分位範囲が一番小さいのは，2012年の箱ひげ図である。

(2)　(説明)　(例)2007年の第1四分位数よりも，2022年の第1四分位数の方が大きく，2007年の第3四分位数よりも，2022年の第3四分位数の方が大きいから。

4　**(平面図形，円の性質，図形の証明，線分の長さ，面積比)**

1　(証明)　∠ACBと∠ADBは，どちらも$\overset{\frown}{AB}$(ア)に対する**円周角**だから，**円周角の定理**より，∠ACB＝∠ADB…①　直線ATは円Oの接線であり，**接線と接点を通る半径は垂直に交わる**から，∠DAT＝90°(イ)　これより，∠BAT＝90°－∠BAD(ウ)…②　半円の弧に対する円周角であるから，円周角の定理より，∠ABD＝90°　これより，∠ADB＝90°－∠BAD…③　②，③から，∠BAT＝∠ADB…④　したがって，①，④から，∠ACB＝∠BAT

2　(証明)　(例)△CAEと△ABEで，共通な角だから，∠CEA＝∠AEB(エ)…①　前問1の結果より，∠ACE＝∠BAE…②　①，②から，2組の角がそれぞれ等しい(オ)ので，△CAE∽△ABE

3　(1)　△CAE∽△ABEより，AE：BE＝CE：AE＝15：9＝5：3　$BE=AE\times\frac{3}{5}=9\times\frac{3}{5}=\frac{27}{5}$(cm)

(2)　前問(1)より，△CAEと△ABEの相似比は5：3だから，面積比は△CAE：△ABE＝5^2：3^2＝25：9　△ABE＝$\frac{9}{25}$△CAE　線分EFは∠AECの二等分線だから，**角の二等分線と線分の比の定理**より，BF：AF＝BE：AE＝$\frac{27}{5}$：9＝3：5　△BFEと△ABEで，**高さが等しい三角形の面積比は，底辺の長さの比に等しい**から，△BFE：△ABE＝BF：AB＝BF：(BF＋AF)＝3：(3＋5)＝3：8　△BFE＝$\frac{3}{8}$△ABE＝$\frac{3}{8}\times\frac{9}{25}$△CAE＝$\frac{27}{200}$△CAE　よって，△BFEの面積は，△CAEの面積の$\frac{27}{200}$倍になる。

5　**(図形と関数・グラフ)**

1　ア　関数②のグラフは，y軸を**対称の軸**として**線対称**であるが，関数①のグラフは，原点を**対称の中心**として**点対称**である。正しくない。　イ　関数①は，$y=\frac{a}{x}$より$xy=a$＝一定で，対応するxとyの値の積xyは一定であるが，関数②は，$y=ax^2$より$xy=ax^2\times x=ax^3$で，対応するxとyの値の積xyは一定ではない。正しくない。　ウ　関数①も②も，**変化の割合**は一定ではない。正しい。　エ　関数①のグラフは，$x<0$で，xの値が増加するにつれて，yの値は増加するが，関数②のグラフは，$x<0$で，xの値が増加するにつれて，yの値は減少する。正しくない。

2　点Aは$y=\frac{1}{2}x^2$上にあるから，そのy座標は$y=\frac{1}{2}\times(-2)^2=2$　よって，A$(-2,\ 2)$　$y=\frac{a}{x}$は点Aを通るから，$2=\frac{a}{-2}$　$a=2\times(-2)=-4$

3　(1)　点Bは$y=-\frac{4}{x}$上にあるから，そのy座標は$y=-\frac{4}{2}=-2$で，B$(2,\ -2)$　点Cは$y=\frac{1}{2}x^2$上にあるから，そのy座標は$y=\frac{1}{2}\times4^2=8$で，C$(4,\ 8)$　三平方の定理より，線分ABの長さ＝2点A，B間の距離$=\sqrt{(-2-2)^2+\{2-(-2)\}^2}=4\sqrt{2}$　同様に考えて，線分BCの長さ＝$\sqrt{(2-4)^2+(-2-8)^2}=2\sqrt{26}$　線分CAの長さ＝$\sqrt{\{4-(-2)\}^2+(8-2)^2}=6\sqrt{2}$　これより，$AB^2+CA^2=(4\sqrt{2})^2+(6\sqrt{2})^2=104=(2\sqrt{26})^2=BC^2$が成り立つから，**三平方の定理の逆**より，△ABCは辺BCを斜辺とする直角三角形である。よって，$\triangle ABC=\frac{1}{2}\times AB\times CA=\frac{1}{2}\times4\sqrt{2}\times6\sqrt{2}=24$

(2)　$\angle BAC=90^\circ$だから，円周角の定理の逆より，点Aは線分BCを直径とする円周上にある。これより，3点A，B，Cを通る円の面積は$\pi\times\left(\frac{BC}{2}\right)^2=\pi\times\left(\frac{2\sqrt{26}}{2}\right)^2=26\pi\ (cm^2)$

＜英語解答＞

1　1　エ→イ→ア→ウ　　2　No. 1　ウ　　No. 2　ウ　　No. 3　エ　　3　イ　　4　ア

2　1　1　ア　　2　エ　　3　ウ　　4　オ　　5　イ　　2　イ

3　1　1　エ　　2　イ　　3　ウ　　4　ア　　2　(1)　(Please) tell me your hobby(.)　(2)　(What is) the food the girl is eating(?)　　3　(1)　ア　　(2)　(例) It is important to think about the environment.　Why don't you walk to the office when it is sunny?

4　1　ウ　　2　5　　3　first　　4　(Jing should) (例) check the school website(.)

5　1　エ　　2　wish　　3　イ　　4　help　　5　(1)　エ　　(2)　ウ　　(3)　ア　　6　(例) I helped an old man carry his bag.

＜英語解説＞

1　(リスニング)

放送台本の和訳は，62ページに掲載。

2　(会話文問題：文の挿入，表を用いた問題，現在完了，助動詞，関係代名詞，不定詞，前置詞，動名詞，比較)

(全訳)　*海人とアリは親友同士である。去年，海人は，フィンランドのアリの自宅で2週間過ごした。*／アリ(以下A)：こんにちは，海人。私の両親と私は，今度の冬に，あなたの町を訪れようと計画しています。私達はあなたに会いたいと思っています。／海人(以下K)：良いですね！　最後にあなたに会ってから，約1年経過しています。1ア<u>あなたがいなくて寂しく思っていました。</u>／A：私も同様です。2エ<u>私達の滞在に関する計画を立てるのを手伝ってもらえませんか？</u>／K：もちろんです。あなたとあなたの両親がここで行いたいことは何かありますか？／A：私の両親はあなたの町の美術[博物]館を訪れることを望んでいます。3ウでも，私はあなたと野外の活動を行いたいと思っています。フィンランドでは，冬に屋外の活動をするには，あまりにも寒すぎるので。／K：サーフィンをするのはどうですか？私はずっと興味をもっていました。／A：4オそのような寒い季節にそれをすることが可能なのでしょうか？／K：心配しないでください。冬にサーフィンをするのに，多くのサーファーが私達の町を訪れているのですから。／A：楽しみですね。5イ本当にそれをしてみたいです。／K：私達はそのスポーツにおいて初心者です。ですから，どのようにするかを学ぶために，サーフィン教室でサーフィンのけいこを受けるべきです。インターネットで教室情報を探しましょう。／A：それは良い考えですね，えーと…／K：このウェブサイトを見てください。ここでは4つの良いサーフィン教室が紹介されています。／A：えーと，どの教室を選んだらよいでしょうか？／K：この教室はどうでしょうか？　受講料は最も高価ではありません。／A：それは重要な点ですね。／K：他の2点においても，この教室は私達に適しています。／A：あなたの言う通りです。／K：両親にこの教室に電話連絡するように頼んでみます。／A：ありがとうございます。きっと冬の海岸で，私達はすばらしい時を過ごせることでしょうね。

1　[1]　直前にIt has been about a year since I saw you last. という発言があることから，正解は，I have missed you. となる。<**have[has]＋過去分詞**>現在完了　miss「～しそこなう／がいなくて寂しく思う」<It has been X years since ＋ 主語 ＋ 過去形>「～してからX年経過する」　[2]　空所2の発言に応じて，Sure. Is there anything that you and your parents want to do here？と述べられていることから，正解は，Will you help me make a plan for our stay？となる。<**Will you** ＋ 原形 ～？>「～しますか，しませんか，してくれませんか」(相手の意思を尋ねたり，依頼したりする時に用いる表現)　<help ＋ O ＋ 原形>「Oが～するのを助ける」　<**先行詞＋目的格の関係代名詞 that ＋主語＋動詞**>「**主語が動詞する先行詞**」　[3]　「アリと両親がしたいことは何か？」という海人の質問に対して，アリは空所の前で，両親がしたいことは答えている点と，空所の後続文がIn Finland, it is too cold to do outdoor activities in winter. であることから，正解は，But I'd like to do outdoor activities with you. となる。<**I'd like ＋不定詞[to ＋原形]**>「**～したいと思う**」＝ <I want ＋不定詞>　<**too ＋形容詞／副詞＋不定詞[to ＋原形]**>「**～しすぎて……できない**」　[4]　サーフィンを勧められた際の応答文を答える。後続が，Don't worry. Many suffers come to our town for winter surfing. であることから，正解は，Can we do that in such a cold season？となる。How about surfing？← <How about ～？>「～はどうですか？，についてはどう思いますか？」(誘ったり，意見を求めたりする時に使う表現)＋<前置詞＋動名詞[-ing]>
[5]　直前の文がThat[Surfing]sounds exciting. であることから，正解は，I really want to try it. である。<sound ＋形容詞>「～と聞こえる，に思える」

2　以下の3点を満たす教室を選ぶ。①　In Finland, it is too cold to do outdoor activities in winter.(3番目のアリのせりふ)／Can we do that in such a cold season?(空所4のアリのせりふ・選択肢オ)より，Open seasons が All seasons であること。②　The lesson price is not the highest.(7番目の海人のせりふ)より，Lesson price が最高値(ア；3800 yen)ではないこと。③　We are beginners in this sport.(5番目の海人のせりふ)より，Can beginners join？が Yes である。<**too ＋形容詞／副詞 ＋不定詞[to ＋原形]**>「**～しすぎて……できない**」highest ← high の最上級

[3]　(**会話文問題・短文読解：語句補充・選択，語句の並べ換え，グラフを用いた問題，条件英作文，**

助動詞，前置詞，動名詞，関係代名詞，進行形，比較，接続詞)

1　(全訳)　A：お母さん，今から図書館へ行って$_1$もいい？／B：いいけれど，午後4時$_2$までには帰って来てね。ジョンおじさんが夕食に来ることになっているの。／A：$_3$なるほど。手伝うことは何かある？／B：ええ，私と一緒に夕食の$_4$買い物に行って欲しいわ。　(　1　) may「～してもよい，かもしれない」　(　2　)前置詞 by「～によって，のそばに[の]，だけ・ぎめで，までには」 until「前置詞；～まで(ずっと)／接続詞；～するまで(ずっと)」　(　3　) I see.「なるほど」　(　4　) go -ing「～しに行く」

2　(1)　(Please)tell me your hobby(.)　A：私にあなたの趣味を教えてください。／B：私は本を読むことが好きです。<tell A B>「AにBを知らせる，教える」 ～ like reading books. ← 動名詞<原形＋ **-ing**>「～すること」　(2)　(What is)the food the girl is eating(?)　A：あの女の子が食べている食べ物は何ですか？／B：おお，あれはたこ焼きです。試しに食べてみて下さい。　the food▼the girl is eating　← <先行詞(＋目的格の関係代名詞)＋主語＋動詞>「主語が動詞する先行」目的格の関係代名詞の省略／<be動詞＋現在分詞[原形＋ **-ing**]>進行形

3　(全訳)車からの二酸化炭素を減らすことで，環境を改善するために，私達の町はノーマイカーデーを制定しました。この日に限り，運転する代わりに，歩き，自転車に乗り，バスや電車を使うことを，人々は町から求められています。／この円グラフを見てください。この町の人々の仕事に行く際の交通手段を示しています。この町で最も多い人々が，自身の車を使っています。自転車は，バスや電車ほど好まれていません。でも，歩くよりも多くの人が，自転車に乗っています。／職場が自宅から近いにもかかわらず，私の両親は車で通勤しています。今晩，両親とこの話題について話そうと思っています。仕事へ行くのに，より良い方法を彼らには試してもらいたいと考えています。私が彼らに話をした後に，彼らが環境に関して考え始めてくれることを願っています。

(1)　The most people in this city use their own cars.(第2段落第3文)より，Aは cars「車」。Bicycles are not as popular as buses or trains.　However, more people ride bicycles than walk.(第2段落第4・5文)より，Bが buses or trains「バスあるいは電車」，C は bicycles「自転車」，Dが walking「徒歩」。**most**「最も(多くの)」← **many**／**much** の最上級　**more**「もっと多く(の)」← **many**／**much** の比較級　<one's own ＋名詞>「～自身の名詞」　<**not as ～ as** ……>「……ほど～でない」 however「けれども，しかしながら，とはいえ」　**walking** ← 動名詞<原形＋ **-ing**>「～すること」

(2)　下線部の趣旨は「両親と話そうと思う。仕事へ行くのに，より良い方法を試してもらいたい」。直前で，職場が近いにもかかわらず，両親は通勤に自家用車を使っていることが記されている。自家用車より，環境により良い通勤手段とは何かを考えて，その方法を両親に勧めるような文を10語以上20語以下でまとめること。(全訳；例含む)真紀：環境について考えることは大切です。晴れの日には，職場まで歩いたらどうですか？／真紀の両親：その方が環境に良さそうだね。試してみようと思う。 though「(～する)けれども」　<**be**動詞＋ **going** ＋不定詞[**to** ＋原形]>「～しようとしている，するつもりである」 try a better way to go to work ← <名詞＋不定詞>「～する(ための)名詞」不定詞の形容詞的用法／**better**「もっとよい[よく]」← **good**／**well**の比較級　Why don't you ＋原形 ～？「～してはどうか，しませんか」

4　(長文読解問題・資料読解・会話文問題：内容真偽，語句補充・記述，条件英作文，助動詞，関係代名詞，受け身，比較，不定詞，文の構造・目的語と補語)

(全訳)　トゥアス高校の書評合戦に参加しよう。／1月12日開催

★ビブリオバトルとは何か？／ビブリオバトルは日本で生まれた書評合戦だ。自分のお気に入りの本を発表して，他の人達がその本に関心を抱いてもらえるように努力し，そのことを競う競技である。発表の後に，他の人達から質問を受けることになる。合戦の最後に，参加者が最も面白い本に投票する。最も多くの票を獲得して，優勝しよう。

★どの種目に参加するか？／トゥアス高校では，勝ち抜き戦と体験といった2種の異なったビブリオバトルが開催予定。

	勝ち抜き戦	体験
場所	学校体育館	学校図書館
発表の種類	大観衆への発表	4人の集団内での発表
発表時間	5分	5分
質問時間	3分	2分

★ビブリオバトルへの参加法／○勝ち抜き戦 ― 競技の2日前に，books@libro.com へ電子メールを送ること。／○体験 ― 競技当日にお気に入りの本を持参すること。参加に当たって，電子メールを送る必要ナシ。

★より多くの情報を得るには／学校のウェブサイトを確認するか，あるいは，学校図書館の事務室を訪ねること。

宏(以下H)：こんにちは，ジン。ビブリオバトルについて聞きたいかい？／ジン(以下J)：うん，でも，そんなに詳しくはないんだ。／H：好きな本を$_{\text{A}}$5分間発表するんだ。本に対してワクワクするような感情を共有するのは，素晴らしいことだよね。／J：面白そうだけれど，大勢の人達の前では，僕は緊張してしまいだろうなあ。／H：僕がこの前参加した時には，心配だったけれども，楽しかったよ。最も多くの人が自分の紹介した本に興味を抱いたら，勝ちで，$_{\text{B}}$1位になれるのさ。／J：そうだなあ，発表したい本があるよ。いいよ，小グループで開催される種目に参加しようと思う。／H：イヴェントに関して知りたいことがあれば，僕に聞いてね。

1　ア 「イヴェントでは，図書館で借りた本を紹介しなければならない」(×)　記述ナシ。<**have [has]** ＋不定詞[**to** ＋原形]>「～しなければならない，ちがいない」 the book▼you borrowed ～ <先行詞(＋目的格の関係代名詞)＋主語＋動詞>「主語が動詞する先行詞」目的格の関係代名詞の省略　イ 「勝ち抜き戦と体験の両方は学校図書館で開催される」(×)　勝ち抜き戦は学校体育館で催される。both A and B「AとBの両方」 are held ← <**be**動詞＋過去分詞>受け身「～される，されている」　ウ 「体験よりも勝ち抜き戦の方が，より多くの人々に話しかけることになる」(○)　発表の種類(Presentation type)の欄では，体験(The Experience)が4人のグループ内での発表(Speaking in groups of four)であるのに対して，勝ち抜き戦(The Tournament)は大きな群衆に対する発表(Speaking to large audience)，と記されている。talk to「～に話しかける」 **more**「もっと多く(の)」← **many**／**much** の比較級　エ 「体験に参加するには，電子メールを送る必要がある」(×)　ビブリオバトルの参加法(How do you join the Bibliobattle events ?)の体験(The Experience)の欄には，You don't have to send an e-mail to join. とある。to join (The Experience)← 不定詞[**to** ＋原形]の副詞的用法(目的)「～するために」 <**have** ＋不定詞[**to** ＋原形]>の否定形「～する必要がない」

2　表の発表時間(Presentation time)を確認する。

3　空所Bを含む文の意味は，「最も多くの人を自分の紹介した本に興味を抱かせることができた

ら，勝ちで，[B]を得るだろう」。What is Bibliobattle ? の欄に，At the end of the game, people will vote for the most interesting book. Win the championship with the most votes ! とあるのを参考にする。get first place「1位になる」 make the most people interested in ～ ← make O C「OをCの状態にする」／**most**「最も(多くの)」← **many／much** の最上級／interested in「～に興味がある」 the most interesting ← interesting「興味深い」の最上級

4 「どうすれば情報を得られるか」は，For more information の欄に，Check the school website or visit the school library office. と記されているのを参考にすること。**should**「～すべきである」

5 (長文読解問題・スピーチ：絵・図・表などを用いた問題，語句補充・記述，文の挿入，自由・条件英作文，動名詞，不定詞，進行形，受け身，接続詞，前置詞，関係代名詞，進行形，分詞の形容詞的用法，比較，助動詞)

(全訳)　これから述べることは，市役所で実施された職場体験の初日に起きたことです。私が入り口の広間を掃除している時に，1人の女性が私の所まで歩いて来て，私に1枚のカードを見せました。彼女とどのように意思疎通をしたらよいのかが，私には全く分かりませんでした。その時，市役所の職員であるサカモトさんが私達を手助けするためにやって来ました。まもなく，意思を伝えるために，女性と職員の双方が自分の指や手を動かし始めました。彼女らは手話で話しをしていたのです。私はすまなく思い，無力でした。

私は帰宅すると，この体験を母に話しました。母は「あなたがどのように感じたか，わかるわ。子供の頃，似たような経験をしたから」と言いました。私は彼女の話に耳を澄ましました。「ある日，登校の途中で，眼鏡をかけた男性が突然私に質問をしてきたの。彼は『すみません。バス停はどこですか？』と言ったわ。私達はバス停のちょうど真正面にいたので，その質問はとても奇妙だと感じた。それで，私がその質問に答えないでいると，その男性は歩き去った。彼が立ち去る際に，その男性が白い杖を携行していることに気づいた。後で，その白い杖は，視力障害のある人々のための杖であるということを知った。今では，なぜ彼が私にその質問をしたかがわかるわ。再び，彼に会って『すみません』と言うことができたら A いいのに。過去は変えられないけれども，自らの経験から，将来に対して重要なことを私達は学んだと思わない？」

私の職場体験の最終日に，サカモトさんは壁へポスターを貼るように私に告げました。ポスターは，市が主催することになっている手話講座に関するものでした。彼女は私に言いました。「私はこれらの講座を計画しました。私の仕事の1つは，手話に関して人々に興味をもってもらえるような企画を立案することでした。これらの企画を推進する手話言語条例というものがあります」

「手話言語条例とは何ですか」その言葉を初めて耳にしたので，私は尋ねました。「ちょうど話された言語のように手話は重要な言語である，とその法律では述べられています。また，法律は市に対して，人々が手話を学ぶ手助けをすることを要請しています。この市のより多くの人々が，法律を熟知して，手話を使うことを私は願っています」彼女の顔は笑みで輝いていた。

土曜日になると，私はポスターで紹介されていた手話講座を受講しています。私は手話とそこでサカモトさんに会えることを楽しんでいます。この前彼女に講座で会った時に，私は彼女に尋ねました。B イ「あなたの仕事が好きですか」サカモトさんは答えました。「ええ。自分の仕事を通じて，役に立つことができて，私は満足しています。でも，私は他者を C 助けることができる唯一の存在ではありません。他の人に対して，あなたも何かをすることができます。手話を始めることで，あなたは既に小さな一歩を踏み出しています」彼女の言葉を聞き，私はとてもうれしくなりました。

今では，世の中が違って私には映り，自分が無力であるとは思いません。私の家族，友人，そして，周囲の人々を手助けする別の方法を探し続けようと思います。

1　第1段落第5・6 (Soon, both the woman and the worker started moving their fingers and hands to communicate. They were talking in sign language.) より，カードの持ち主は聴覚障害者だったことがわかる。従って，正解は，エ「この表示は聴覚に障害を持つ人々のためにある。援助を求めて，彼らは時々この表示のカードを見せることがある」。both A and B「AとBの両方」 started moving their fingers and hands ← 動名詞[原形＋ **-ing**]「～すること」 to communicate ← 不定詞[**to** ＋原形]の副詞的用法(目的)「～するために」 were talking ← <**be**動詞＋現在分詞[原形＋ **-ing**]>進行形 people who have difficulty hearing ← <先行詞(人)＋主格の関係代名詞 **who** ＋動詞>「～する先行詞」／difficulty(in)＋動名詞[-ing]「～することにおける困難，難しさ，苦労」　ア「この表示は外から見えにくい内的健康上の問題を有している人々のためにある。表示は他の人々に彼らを理解することを求めている」　イ「この表示は車の運転手が聴覚に障害を有していることを示す。彼らが運転する時に，車につけられる」is put ← <**be**動詞＋過去分詞>受け身「～される，されている」　ウ「この表示は視覚障害者に対するものである。援助を求めて，彼らは時々この表示のカードを見せることがある」people who have difficulty seeing ← <先行詞(人)＋主格の関係代名詞 **who** ＋動詞>「～する先行詞」／difficulty(in)＋動名詞[-ing]「～することにおける困難，難しさ，苦労」

2　I $_A$wish I could meet him again to say, 'I'm sorry.' <wish ＋主語＋過去形[仮定法過去]>「～であれば良いと思う，すればいいと思う」後続文に we cannot change the past とあるように，仮定法過去は，現在の事実に反することを仮定する表現。

3　空所Bの質問に対して，サカモト氏は Yes. I am happy that I can be helpful through my work. と答えていることから考える。正解は，Do you like your work ?「仕事が好きですか」。 I am happy that ～ ← <感情を表す語＋ that ＋主語＋動詞>「～なので，して」の意の接続詞 that。 through「～を通り抜けて，じゅう，終えて，によって・を通じて」

4「自分の仕事を通じて，役に立つ[helpful]ことができて，私は満足している。でも，私は他者[C]ことができる唯一の存在ではない」直前で helpful という語がつかわれていることから考えること。正解は動詞の help「～を助ける」。設問3の解説参照。but「しかし」the only one that can help others ← one ここでは「一人」の意。／<先行詞＋主格の関係代名詞 **that** ＋動詞>「～する先行詞」／others = other people

5　(1)「職場体験の初日に，$_エ$その女性と意思疎通をするために，美香は何をしたらよいかがわからなかった」第1段落第3文に I [Mika] had no idea how to communicate with her. [the woman]とある。<**what** ＋不定詞[**to** ＋原形]>「何を～したらよいか」 <**how** ＋不定詞[to ＋原形]>「どのように～したらよいか，～する方法」　ア「美香が掃除をしている時に，白い杖を持った人が彼女に話しかけてきた」(×)　彼女に話しかけてきた女性が持っていたのはカードである(第1段落第2文；When I was cleaning the hall, a woman walked to me and showed me a card.)。talk to「～に話しかける」 was cleaning ← <**be**動詞＋現在分詞[原形＋ **-ing**]>進行形　イ「市役所の職員が手話で意思疎通をする方法を美香に教えた」(×)　第5段落第1文で，美香が手話講座を受けていることは記されている(Every Sunday, I take the sign language class introduced in the poster.)が，市役所の職員が教えているとは述べられていない。how to communicate ← <**how** +不定詞[**to** +原形]>「どのように～したらよいか，～する方法」 the sign language class introduced in ～ ← <名詞＋過去分詞＋他の語句>「～された名詞」過去分詞の形容詞的用法　ウ「美香は手話を使って女性と意思疎通を図った」(×)　女性と話せなかったので，第1段落最終文で表されている感情(I felt sorry and helpless.)を美香は抱いたのである。by using ～ ← <前置詞＋動名詞[原形＋ -ing]>

(2)「手話言語条例には，ウ手話は話された言語と同じくらい重要である，と記されている」第4段落第3文に The law[the sign language law]says that sigh language is an important language just like a spoken language. とある。<**as** +原級+ **as** + **B**>「Bと同じくらい～」 a spoken language ← <過去分詞＋名詞>「～された名詞」過去分詞の形容詞的用法　just like「ちょうど～のように」　ア「(手話言語条例は)サカモト氏によって作られた」(×)　記述ナシ。　was made by ～ ← <**be**動詞＋過去分詞 + **by** + **A**>「Aによって～される」受け身　イ「(手話言語条例は)美香が既に知っていた法律である」(×)　第4段落第1・2文に “What is the sign language law ?” I asked, because I heard of it for the first time. とあるので，不可。the laws that Mika already knew ← <先行詞＋目的格の関係代名詞 **that** ＋主語＋動詞>「主語が動詞する先行詞」 for the first time「初めて」　エ「(手話言語条例には)万人が手話で意思伝達をしなければならない，と記されている」(×)　手話の使用に関して，強制的な内容は述べられていない。**must**「～しなければならない，ちがいない」

(3)「職場体験後，ア美香はサカモト氏と週に1回会っている」第5段落第1・2文に Every Sunday, I take the sign language class introduced in the poster. I enjoy sign language and seeing Ms. Sakamoto there. とある。once a week ← a[an]「1～につき」 the sign language class introduced in ～ ← <過去分詞＋名詞>「～された名詞」過去分詞の形容詞的用法　enjoy ～ seeing ← <enjoy ＋動名詞[原形＋ -ing]>「～することを楽しむ」　イ「美香は手話を彼女の学校で教えている」(×)　記述ナシ。　ウ「手話講座を紹介するために，美香はポスターを作った」(×)　記述ナシ。to introduce ～ ← 不定詞[**to** ＋原形]の副詞的用法(目的)「～するために」　エ「美香は将来市役所で働くことを決意した」(×)記述ナシ。in(the)future「今後，これから先，将来は」

6　(全訳；解答例含む)美香：あなたの家族，友人，周囲の人々に対して，あなたがしたことを共有していただけませんか？／あなた：私は老人がカバンを運ぶのを手伝いました。／美香：それはすばらしいですね。「家族，友人，周囲の人に対して行ったこと」を，8語以上で構成される英文1文で表す自由・条件英作文。Will you share what did for ～ ? ← <**Will you** +原形 ?>「～しますか，しませんか，してくれませんか」相手の意思を尋ねたり，依頼したりする時に使う表現／関係代名詞 what(先行詞を含む関係代名詞)＝ the thing(s)which「～する事[物]」

2024年度英語(一般)　リスニングテスト

〔放送台本〕

これから，英語の学力検査を行います。最初の問題は，放送によるリスニングテストです。放送中はメモをとってもかまいません。では，1の問題を始めます。1の問題は，ある生徒の発表を聞いて，発表の内容の順番にイラストを並べ替える問題です。次のア，イ，ウ，エを，正しい順番に並べ替え，記号で答えなさい。英語による発表は，1回しか流れませんので，注意して聞いてください。それでは，始めます。

F: Here is my welcome party plan for our new ALT, Mr. Smith. First of all, we will start with his speech. Everyone wants to know about his country, right? Next, we'll have hamburgers together for lunch, because I hear this is his favorite dish. After lunch, let's have fun with some Japanese traditional games. At the end of the party, we will sing a Japanese song for him. Do you like my plan?

〔英文の訳〕

女性：私達の新しい外国語指導助手，スミス先生に対して私が立案した歓迎会の計画です。まず，彼のスピーチで始めます。彼の国に関して誰もが知りたいですよね？ 次に，昼食にハンバーガーを一緒に食べます。なぜなら，それは彼の好物だと聞いたことがあるからです。昼食後，日本の伝統的ゲームで楽しみましょう。歓迎会の最後に，彼のために私達は日本の曲を歌います。私の計画はいかがですか？

〔放送台本〕

2の問題に移ります。2の問題は，No.1からNo. 3のそれぞれの対話と質問を聞いて，質問の答えとして最も適切なものを選ぶ問題です。ア，イ，ウ，エの中から1つ選び，記号で答えなさい。英語による対話と質問は2回繰り返します。それでは，始めます。

No. 1 F: It's wonderful weather for staying outside.
M: Yes, it is. We have about thirty minutes before the game starts.
F: Do you want to go and get something to drink?
M: Yes. I also want to buy some goods of my favorite player.
Question: Where are they now?

No. 2 M: Why don't we play basketball this Saturday? Can you meet me at the park at ten in the morning?
F: Sounds like fun, but I'm going to go shopping with my mom early in the morning. How about meeting an hour later?
M: OK, see you then.
Question: What time will they meet at the park?

No. 3 M: It has been raining since yesterday. Will tomorrow be fine for the school trip?
F: Don't worry. According to the weather news, it is going to be sunny and hotter than today.
M: Oh, that's nice.
Question: Which is true about the weather?

〔英文の訳〕

No.1 女性：屋外で過ごすには素晴らしい天気です。
男性：はい，そうですね。試合が始まるまで，およそ30分あります。
女性：何か飲み物を買いに行きたいですか？

男性：はい。私のお気に入りの選手の商品も購入したいです。
質問：彼らは今どこにいますか？
〔選択肢の訳〕 ア　動物園。　イ　コンサートホール。
　　　　　　　㋒　サッカー競技場。　エ　映画館。

No.2 男性：今度の土曜日にバスケットボールをしませんか？ 午前10時に公園で会えますか？
女性：面白そうですが，朝早くに，母と買い物へ行くことになっています。1時間後に会うのはどうですか？
男性：わかりました，じゃあ，その時に。
質問：何時に彼らは公園で会いますか？
〔選択肢の訳〕 ア　午前9時。　イ　午前10時。　㋒　午前11時。　エ　午後12時。

No.3 男性：昨日から雨が降り続いていますね。遠足[修学旅行]があるけれど，明日は良い天気になりますかね？
女性：心配しないでください。天気情報によると，晴れて，今日よりも暑くなるそうです。
男性：あっ，それは良いね。
質問：天気に関して正しいのはどれですか？　答え：エ

〔放送台本〕

3の問題に移ります。3の問題は，ある高校の校内放送を聞いて，その内容についての質問に答える問題です。質問に対する答えとして最も適切なものを，ア，イ，ウ，エの中から1つ選び，記号で答えなさい。英文と質問は2回繰り返します。それでは，始めます。

M: Hello, everyone. I am Tom, a student of this high school. Some of my friends and I are planning an activity to help sick children. In this activity, we'll make cookies and sell them at our school festival. The money will be sent to sick children. We need more members to help us. If you want to join us in cookie-making, please visit me at my classroom, 1-B. I'll tell you what to bring for cooking. If you want to help us sell cookies, please check our posters for the date and place. You'll find our posters on the wall all over our school. Thank you for listening.
Question: What does Tom want other students to know with this message?

〔英文の訳〕

皆さん，こんにちは。私はトム，この高校の生徒です。友人達と私は，病気の子供を助ける活動を企画しています。活動では，クッキーを作り，文化祭で販売しようと思っています。売り上げは病気の子供達へ届けられます。手伝ってくれる有志を募集しています。クッキー作りに参加したければ，1-Bの私の所に来てください。調理に必要な持ち物をお知らせします。クッキー販売の手伝いを希望される場合は，日付と場所をポスターで確認してください。学校中の壁に私達のポスターが掲示されているので，すぐにわかると思います。ご清聴，ありがとうございました。

質問：このメッセージで，トムは他の生徒達に何を知って欲しいと願っていますか？
〔選択肢の訳〕 ア　クッキーが好きな病気の子供達について。　㋑　彼が必要とする手助けについて。　ウ　彼のクラスメイトについて。　エ　彼の高校の文化祭について。

〔放送台本〕

4の問題に移ります。4の問題は，英語による対話を聞いて，対話中のブザー音の後に続く最も適切な英文を選ぶ問題です。話の流れを考え，最も適切なものを，ア，イ，ウ，エの中から1つ選び，記号で答えなさい。対話は2回繰り返します。それでは，始めます。

M: Amy, I think cats are better than dogs as pets. We don't have to walk with cats because they like to stay home and relax. So even a busy person can have cats as pets easily.

F: Jake, I have a different opinion. I think dogs are better pets. Dogs are active and like to walk and play with us outside. So ブザー音.

〔英文の訳〕

男性：エイミ，ペットとしては，犬と比べて，猫の方が適していると思います。猫は散歩に連れて行く必要がありません。彼らは家にいて，くつろぐことが好きだからです。なので，忙しい人でも，ペットとして猫を楽々飼うことができます。

女性：ジェイク，私の考えは違います。犬の方がペットとして適していると思います。犬は活発で，屋外で，私達と一緒に歩いたり，遊んだりすることを好むからです。なので，ア犬を飼うことで，私達は活動的になり，体も鍛えられます。

〔選択肢の訳〕 イ　犬を飼うことはたやすくないわ。　ウ　簡単に家で犬を飼うことができるわ。
エ　ペットとして，猫の方がより人気が出るでしょうね。

<理科解答>

1　1 (1) イ　(2) ウ　(3) ア　2 (1) エ
(2) イ

2　1 (1) エ　(2) ウ　(3) 79〔%〕
2 (1) ア　(2) ア，イ，ウ

3　1 ア　2 15〔cm〕　3 エ　4 右図1

4　1 (1) イ　(2) ウ　2 (1) ア　(2) ウ

5　1 (1) 対照実験　(2) ア　(3) (例)試験管A´は，デンプンが一部しか分解されていない　2 (1) c
(2) 柔毛　(3) エ

6　1 (1) 衛星　(2) エ　(3) イ　2 (1) オ
(2) ウ

7　1 (1) 1.0〔J〕　(2) ウ　(3) 2.9〔J〕
2 (1) a イ　b ア　(2) カ

8　1 右図2　2 エ　3 色 イ
反応のようす (例)激しく熱や光を出す。
4 a イ　b イ　c ア

図1

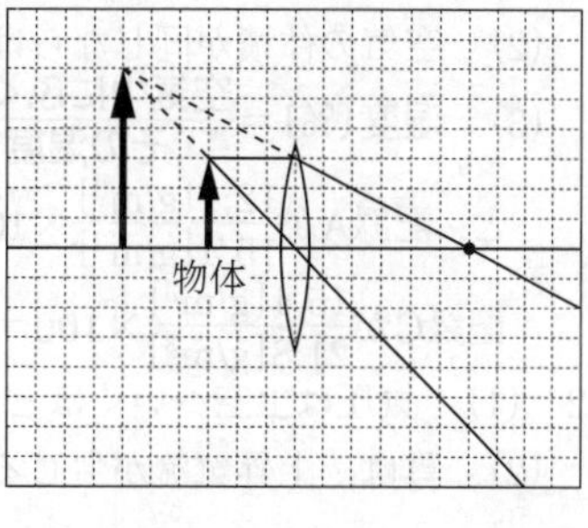

図2

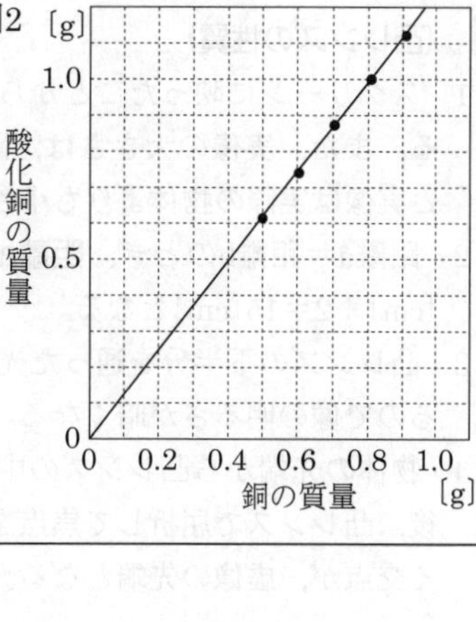

<理科解説>

1　(植物の分類，遺伝の規則性)

1 (1)　被子植物の双子葉類は，花弁のようすで離弁花類と合弁花類に分けることができる。イチョウは裸子植物，タンポポは双子葉類の合弁花類，ユリは単子葉類である。

(2)　ルーペは目に近づけて持つ。また，手にとったものを観察するときは，観察するものを前後に動かす。

(3)　子の遺伝子の組み合わせはすべてAaになるので，子の生殖細胞に含まれる遺伝子はAかaのどちらかである。よって孫には，AA：Aa：aa＝1：2：1の割合で遺伝子の組み合わせが生じる。

2 (1)　右の表のように，○○：●●：●○＝1：1：2の割合で現れることから，○○：●●：●○＝$3000\times\frac{1}{1+2+1}$：$3000\times\frac{1}{1+2+1}$：$3000\times\frac{2}{1+2+1}$＝750：750：1500となる。よって，この比に最も近いものを選ぶ。

		袋Y	
		○	●
袋X	○	○○	○●
	●	○●	●●

(2)　●●（しわ）の個体が現れたことから，両親がともに●（しわ）の遺伝子をもっている。また，丸の個体も現れたことから，両親の一方または両方が○の遺伝子をもっている。よって，両親の遺伝子の組み合わせは，{○●，○●}と，{○●，●●}のどちらかである。{○●，○●}の組み合わせで生じる個体は，○○：●●：○●＝1：1：2となるので，丸：しわ＝1＋2：1＝3：1となる。よってこれは不適。{○●，●●}の組み合わせで生じる個体は，○●：●●＝2：2＝1：1となるので，丸：しわ＝1：1より，適切である。

2　**（空気中の水蒸気，雲のでき方）**

1 (1)　水温が気温と異なる場合，水の温度変化が気温の影響を受けてしまう。

(2)　空気の体積が同じならば，露点が最も高い空気にふくまれる水蒸気量が最も多い。

(3)　**湿度〔%〕＝$\frac{\text{空気中にふくまれている水蒸気量〔}g/m^3\text{〕}}{\text{その温度での飽和水蒸気量〔}g/m^3\text{〕}}$×100**より，それぞれの湿度を求めると，記録Aが$\frac{12.1[g/m^3]}{15.4[g/m^3]}\times100=78.5\cdots\to79$〔%〕，記録Bが$\frac{10.7[g/m^3]}{19.4[g/m^3]}\times100=55.1\cdots\to55$〔%〕，記録Cが$\frac{15.4[g/m^3]}{21.8[g/m^3]}\times100=70.6\cdots\to71$〔%〕

2 (1)　気圧は上空へいくほど低くなる。また，空気は膨張すると温度が下がる。

(2)　雲は，上昇気流が生じるとできやすくなる。

3　**（凸レンズの性質）**

1　スクリーンに映ったことから，この像は実像である。よって，上下左右が実物と逆になっている。また，実像の大きさは，距離a＝距離bのときに実物と等しくなるが，距離a＞距離bになると実像は実際の物体よりも小さくなる。

2　距離a＝距離bのとき，**距離aまたはbは焦点距離の2倍**の長さとなる。よって焦点距離は，30〔cm〕÷2＝15〔cm〕となる。

3　凸レンズの下半分を通った光が像をつくるので実像はできるが，像をつくる光の量が半分に減るので像の明るさが暗くなる。

4　物体の先端から凸レンズの中心を通り直進する光と，物体の先端から出て光軸に平行に進んだ後，凸レンズで屈折して焦点を通る光を作図する。この光を物体の後方まで延ばしたときに生じる交点が，虚像の先端となる。

4　**（蒸留，状態変化）**

1 (1) 水の検出には，塩化コバルト紙を用いる。
(2) 液体の混合物を加熱すると，沸騰が起こっても温度が一定にならず少しずつ上昇を続ける。

2 (1) 液体のエタノールが気体に変化すると，粒子どうしの間隔が広がるため，体積が大きくなる。
(2) $2cm^3$のエタノールの質量は，0.79〔g/cm^3〕×2〔cm^3〕＝1.58〔g〕　1.58gのエタノールの体積は，1.58〔g〕÷0.0016〔g/cm^3〕＝987.5〔cm^3〕

5 (消化，吸収)

1 (1) 試験管Cは，試験管Aに比べて唾液が入っていない。よって，試験管AとCの結果が違っていた場合，その原因は唾液であると確かめることができる。
(2) 唾液中のアミラーゼが，デンプンを麦芽糖などに分解している。
(3) 唾液を入れて40℃で実験したものと，10℃で実験したものについて，ヨウ素液を用いた結果を比べる。

2 (1) デンプンは，唾液，すい液，小腸の壁の消化酵素によって消化される。
(2) 小腸の表面に見られる小さな突起を柔毛という。
(3) 毛細血管にはブドウ糖とアミノ酸が吸収される。リンパ管には脂肪酸とモノグリセリドが再び結びついて脂肪となったものが吸収される。

6 (月と金星の見え方)

1 (1) 地球のまわりを公転している月は，地球の衛星である。
(2) 上弦の月と満月の間に観察できる月である。上弦の月は図2のウ，満月はオの位置に月があるときに見えるので，10月18日の月は，ウとオの間である。
(3) 太陽と地球の間に月があるとき，これら3つの天体が一直線上に並ぶと，地球から見て，太陽が月に隠されるように見える。この現象を，日食という。

2 (1) 地球－金星－太陽がなす角が90°になると，半月の形をした金星を見ることができる。
(2) 地球は，1年で1回公転するので，図3の地球の1年後は，再び図3と同じ位置にある。金星は0.62年で1回(360°)公転するので，1年で公転する角度をx°とすると，0.62年：1年＝360°：x°　x＝580.6…〔°〕　よって，図3の金星の位置からおよそ580°公転すると，金星は図3で太陽の左側にくる。したがって，夕方の太陽の近くに見えるようになるので，西の空に見える。

7 (仕事とエネルギー，電流とその利用)

1 (1) **仕事〔J〕＝力の大きさ〔N〕×力の向きに移動した距離〔m〕**より，2〔N〕×0.5〔m〕＝1.0〔J〕
(2) モーターに対し電圧計を並列につなぐ。電流計は回路を切断し，そこにつなぐ。
(3) 50cmの糸を巻きとるのに6.0〔V〕×0.30〔A〕＝1.8〔W〕の電力を1.6秒間使っているので，**電力量〔J〕＝電力〔W〕×時間〔s〕**より，1.8〔W〕×1.6〔s〕＝2.88〔J〕→2.9J

2 (1) 動滑車を用いると，動滑車を使わない場合に比べて引き上げるのに必要な力の大きさは小さくなるが，物体を引き上げるために引くひもの長さが長くなる。
(2) それぞれの仕事率を求める。**仕事率〔W〕＝仕事〔J〕÷仕事にかかった時間〔s〕**より，実験Ⅱは，1.0〔J〕÷1.6〔s〕＝0.625〔W〕　実験Ⅲは，1.0〔J〕÷1.8〔s〕＝0.55…〔W〕　よって，実験Ⅱのほうが仕事率は大きい。また，実験Ⅱで1.0Jの仕事を行うために消費した電力量は，6.0〔V〕×0.30〔A〕×1.6〔s〕＝2.88〔J〕，実験Ⅲで1.0Jの仕事を行うために消費した電力量は，6.0

〔V〕×0.20〔A〕×1.8〔s〕＝2.16〔J〕　よって，同じ大きさの仕事を行うのに消費した電力量は，実験Ⅲのほうが小さい。したがって，実験Ⅲのほうがエネルギーの変換効率が大きい。

8　**(金属の酸化)**

1　原点を通る直線のグラフとなる。

2　化合物は水と塩化ナトリウム。このうち，水は分子をつくる。

3　マグネシウムが酸化し，酸化マグネシウムとなるとき，激しい光と熱が発生する。

4　a：原子の質量は，元素ごとに決まった値となっている。よって，反応した酸素の質量が多いほど，結びついた酸素原子の数も多いといえる。　c：銅とマグネシウムが酸素と結びつくときの質量の比を求めると，銅：酸素＝0.80：1.00－0.80＝0.80〔g〕：0.20〔g〕　同様にマグネシウム：酸素＝0.30：0.50－0.30＝0.30〔g〕：0.20〔g〕　よって，0.20gの酸素に結びつく銅とマグネシウムの質量の比を，銅：マグネシウム：酸素で表すと，銅：マグネシウム：酸素＝0.80：0.30：0.20＝8：3：2となる。銅と酸素，またはマグネシウムと酸素は，それぞれ原子が1：1の数の比で結びついているため，銅の原子1個の質量は，マグネシウムの原子1個の質量よりも大きいことがわかる。

＜社会解答＞

1　1 (1)　偏西風　(2)　イ　(3)　①　エ　②　C　(4)　(例)地下水の減少が進み，かんがい農業ができなくなる　2 (1)　千葉(県)　(2)　(県名)　広島(県)　(組み合わせ)　エ　(3)　ウ　(4)　①　ウ　②　カ　③　(例)食料を備蓄しておく

2　1 (1)　ウ　(2)　①　朝貢　②　イ　(3)　ウ→ア→イ　(4)　①　(例)摂政を短期間しか務めておらず，関白にもなっていない　組み合わせ　カ　2 (1)　ア　(2)　エ　(3)　W　ウ　X　イ　Y　ア　Z　エ　(4)　①　c　②　イ

3　1 (1)　ア　(2)　エ　(3)　A　イ　B　エ　C　(例)両方の制度の欠点を補う　(4)　①　エ　②　カ　2 (1)　間接金融　(2)　ウ　(3)　①　エ　②　ア　(4)　A　(例)影響を受けにくく，税収が安定している　B　イ

4　1　ウ　2　ウ　3　ア　ベルサイユ　イ　4　ウ　(例)お金の価値が下がる

＜社会解説＞

1　**(地理的分野―世界地理－気候・地形・人々のくらし・産業，―日本地理－都市・農林水産業・工業，その他)**

1 (1)　ヨーロッパ西岸から，ノルウェー海に流れ込む**暖流**を，**北大西洋海流**という。この暖流と南西からの**偏西風**が，フランスなど西ヨーロッパ地方に，比較的温暖な**西岸海洋性気候**をもたらしている。　(2)　赤道は，アフリカ大陸の中央よりもかなり南を通っており，Pの位置は，北緯20度である。また，**本初子午線**はアフリカ大陸の西端を通っており，Pの位置は，西経20度である。　(3)　①　クアラルンプールは，熱帯であり，一年を通じて気温が30度近くあり，雨が多い。そのため，風通しを良くして湿度を避けることが必要となる。　②　クアラルンプールでは，Cの写真のような高床式の住居がつくられる。なお，Bの写真は同じ高床式住居であるが，これはシベリアの永久凍土が，建物内の熱によって溶け，建物が傾くことのないようにつくられ

ているものである。 (4) グレートプレーンズには，地下水が豊富であり，それをくみ上げてスプリンクラーで散水するかんがい農業が行われている。ところが，現在地下水の減少が進んでおり，かんがい農業ができなくなるおそれがある。

2 (1) 東京都の東に隣接し，東京湾を囲むように位置する県は，千葉県である。内房と外房に分かれ，外房には，九十九里浜という日本一長い砂浜海岸が広がっている。 (2) 長野県では，諏訪湖周辺を中心に**精密機械業**が発展しており，情報通信機械などの機械類が，**工業産出額**の多くを占めている。また，長野県はりんごの全国第二位の生産地である。③は長野県である。残る①・②を比較する。**農業産出額**では，①は1213億円，②は3478億円。工業製品出荷額では，①は9兆8047億円であり，②は1兆6523億円である。①・②を比較すると，②の方が農業県，①の方が工業県であると言える。よって，①が広島県である。組み合わせ：広島県は輸送用機械の生産が際立って多く，Cは輸送用機械である。また，宮崎県は全国第四位の野菜産出県である。したがって，組み合わせは，エが正しい。 (3) 海岸線が複雑に入り組んで，多数の島が見られる地形をリアス海岸という。日本では，東北地方の三陸海岸が代表的であるが，愛媛県の宇和海沿岸等にもみられる。波の衝撃を避けることができるため，魚やカキなどの養殖に適している。(4) ① 日本の周辺は，海洋側の**太平洋プレート・フィリピン海プレート**と大陸側の**ユーラシアプレート・北米プレート**がひしめく地震地帯である。ウの資料が適切である。 ② 災害の際には，食料が枯渇することが多く，カの資料が適切である。 ③ 避難所・避難場所を確認しておく。家族との連絡方法を決めておく。防災用品のリュックを用意しておく。携帯トイレの使い方を練習しておく。食料を備蓄しておく。上記のように自由に考えて解答すればよい。

2 **(歴史的分野―日本史時代別－旧石器時代から弥生時代・古墳時代から平安時代・鎌倉時代から室町時代・安土桃山時代から江戸時代・明治時代から現代，―日本史テーマ別－政治史・文化史・宗教史・社会史・外交史，―世界史－政治史)**

1 (1) ア **管領**(かんれい)は，**室町幕府**が将軍の補佐のために置いた役職である。細川・斯波・畠山の三氏が就くことになっていた。 イ 鎌倉時代に荘園・公領を管理するために幕府が置いたのが**地頭**である。地頭は，**年貢の徴収**・領地の管理・治安の維持をその役割としたが，次第に荘園・公領の支配権を奪っていった。 エ **老中**は，江戸幕府の職制で将軍の下で，政務を統轄する役職である。ア・イ・エのどれも誤りであり，ウが正しい。 ウ **源頼朝**死後，**北条氏**が代々就いた役職は，ウの**執権**である。執権の北条氏は，事実上，国の政権を担当する立場となった。 (2) ① **朝貢**(ちょうこう)は，ある国の皇帝に対して，周辺諸国が貢物を献上し，外交関係を築くことである。 ② 弥生時代までの日本は小国が対立しており，その中で優位な立場に立つためには，中国に朝貢し，中国皇帝から称号などを授与されることが有効であった。(3) ア 室町時代には，田楽・猿楽などの芸能から，**能**が生まれた。能を大成したのは，**観阿弥・世阿弥**父子である。三代将軍**足利義満**は世阿弥を全面的に援助した。 イ **近松門左衛門**は，江戸時代の**元禄期**に，庶民に熱狂的に支持された**「人形浄瑠璃」**と**「歌舞伎」**の脚本を書いた演出家である。近松の活躍したのは**上方**である。 ウ 鎌倉中期に，踊りながら**念仏**を唱え，**極楽往生**をしようとする**踊念仏**を広めたのは，一遍である。一遍の宗派は，時宗である。時代の古い順に並べると，ウ→ア→イとなる。 (4) ① **摂政**を短期間しか務めておらず，**関白**にもなっていないが，**藤原道長**は，自分の娘彰子を天皇の**きさき**とし，生まれた子供を天皇にした。これが後一条天皇である。そして，幼い天皇の**摂政**として政治を代行・補佐し，天皇の**外祖父**(母方の祖父)や**外戚**として実権をつかんだのである。 ②・③ 上記の道長のような行いに失敗した実頼や頼忠は，政治の実権を握ることはできなかった。正しい組み合わせは，カである。

2　(1)　第二次世界大戦後の，世界を二分した，西側諸国のアメリカを中心とする資本主義陣営と，東側諸国のソ連を中心とする社会主義陣営との対立を冷戦という。この冷戦の終結を宣言したのが，1989年のマルタ会談である。　(2)　ア　1919年から1920年まで，第一次世界大戦の講和会議として開催されたパリ会議は，アメリカ大統領ウィルソンの十四カ条の原則の柱である国際協調・民族自決の精神で進められた。ここで示された国際協調の精神を具体化したものが，国際連盟である。　イ　第一次世界大戦の敗戦国であるドイツは，1926年まで国際連盟に参加を許されなかった。　ウ　国際連盟は1920年に創立されたが，アメリカは議会の上院の反対のため，加盟しなかった。ア・イ・ウのどれも誤りであり，エが正しい。　エ　日本は国際連盟の常任理事国である。新渡戸稲造(にとべいなぞう)は，国際連盟の事務次長に選ばれて，国際平和のために重要な役割を果たした。　(3)　Wは，1894年に起こった日清戦争の時期である。日清戦争直前の東アジアの国際情勢をビゴーが描いた風刺画が，ウである。Xは，1904年に始まった日露戦争の時期であり，与謝野晶子が，日露戦争に際して発表した「君死にたまふことなかれ」という歌が，イである。Yは，1918年から始まったシベリア出兵の行われた時期である。ロシア革命後の新政権に，列強各国が干渉するシベリア出兵に際して，米価が高騰し，アの米騒動が起こったのである。Zの時期は，第二次世界大戦末期であり，日中戦争から続く戦争により，資源が不足し，軍需生産の原料とするため，金属類供出令が出されたことに関係する写真である。寺院の鐘が供出される写真であり，エである。　(4)　①　cの資料は，徳川慶喜が新しい政治体制を模索したものである。「天皇は象徴的地位とする。」の一節が注目に値する。　②　十五代将軍の徳川慶喜により，天皇家に政権を返上する大政奉還が行われたのは，1867年である。自ら政権を天皇に返上することで，徳川家の勢力を温存し，新政府の中でも発言力を維持しようという狙いがあった。

3　(公民的分野―国の政治の仕組み・経済一般・地方自治・財政)

1　(1)　日本国憲法第7条は以下のように定めている。「天皇は，内閣の助言と承認により，国民のために，左の国事に関する行為を行ふ。」これを天皇の国事行為という。国事行為としては，「一　憲法改正，法律，政令及び条約を公布すること。　二　国会を召集すること。　三　衆議院を解散すること。」以下7項目が記されている。　(2)　ア　夜間中学の生徒を，年齢別に見ると，20歳～49歳の人は，約45％であり，半数以上とはならない。　イ　生徒のうち約6割が日本国籍を有しないものである。8割以上ではない。　ウ　日本国籍を有する者の入学理由で最も多いのは，中学校の学力を身に付けたいためである。ア・イ・ウのどれも誤りであり，エが正しい。　エ　生徒全体の入学理由は，「中学校の学力を身に付けたいため」が，1558人中359人で，最も多い。　(3)　A　小選挙区制について，多様な意見を反映しやすいかを，資料4で見ると，イの方向の「反映しにくい」である。　B　比例代表制について，議会で物事を決めやすいかを，資料4で見ると，エの方向の「決めにくい」である。　C　日本の衆議院議員選挙で，小選挙区比例代表並立制の制度が採られているのは，小選挙区制・比例代表制の両方の制度の欠点を補いあうためである。なお，衆議院議員の定数は465人で，そのうち，289人が小選挙区制で，176人が比例代表制で選ばれる。　(4)　①　無投票で当選したり，議員が定数割れするような状態が続くと，政治の担い手が不足する可能性があり，香織さんは自ら立候補してみたいという気持ちを持った。　②　地方公共団体では，有権者が議会の解散を求める直接請求を行うことができ，唯菜さんはこのことに興味をもった。

2　(1)　個人などの貸し手が銀行を通して，企業などの借り手に間接的にお金を融通する方法が，間接金融である。企業などの借り手が株式などを発行して，個人などの貸し手から直接的に資金を調達するのが，**直接金融**である。(2) ア・イ・エは正しい。適切でないのはウである。派遣労働などの**非正規労働者**の数は大きく増加しており，問題になっている。(3) ① 閉店間際のパン屋が値引き販売をするのは，利潤の観点からみると，少しでも売れ残りを減らし，利益を確保する必要があるからである。□にあてはまるのは，エである。② 世界的に見ると，**発展途上国**の飢餓と，**先進国**の食品ロスが問題となっている。企業は利益の追求だけでなく，従業員・消費者・地域社会・地球環境などに配慮した企業活動を行うべきとする考え方を，**企業の社会的責任**(CSR　Corporate Social Responsibility)という。□にあてはまるのは，アである。

(4) A **消費税**は景気の影響を受けにくく，税収が安定している。消費税は，1989年に導入された。3%→5%→8%→10%と**税率**が変更されるにしたがって，税収が増えてきた。B 消費税は，税を納める人と実際に負担する人が異なる間接税である。消費税は**間接税**であり，所得の低い人ほど，所得に対する税負担の割合が高くなる傾向があり，**逆進性**のある税金だとされる。

4 **(歴史的分野―日本史時代別－明治時代から現代，―日本史テーマ別－社会史，地理的分野―世界地理－人々のくらし・地形，公民的分野―経済一般)**

1 大学の数は年を追って増えてきた。**赤痢**による死者数は，1940年ごろピークを迎えその後は減少し，現在では，ほぼ皆無である。**鉄道貨物**の輸送量は，1970年ごろまで増加していたが，その後自動車による貨物輸送にとってかわられ，減少を続けている。正しい組み合わせは，ウである。

2 ア ネパールは**アルプス・ヒマラヤ造山帯**に位置しており，地震が起こりやすい。イ **ヒンドゥー教**の信者は，インドでは人口の80%近くを占めているが，その他にはシンガポール・スリランカ・ネパール・バングラデシュ等の国の一部でしかみられない。ウ チベット探検家として知られている禅僧河口慧海は，19世紀の末期に，日本人として初めてネパールに入った。ア・イ・エは，どれも誤りであり，ウが正しい。ウ 1ドル＝132.7ネパールルピーが，1ドル＝100ネパールルピーに変わるのは，ネパールルピー高，ドル安である。

3 ア 1919年から1920年まで，**第一次世界大戦**の講和会議として開催された**パリ会議**は，アメリカ大統領**ウィルソンの十四カ条**の原則の柱である**国際協調・民族自決**の精神で進められた。そして，第一次世界大戦の講和条約として，**ベルサイユ条約**が締結された。内容はドイツに多額の賠償金を課すなど，大変厳しいものだった。イ 8個1000円のパンが，2倍に値上がりすると，買える個数は半分の4個になる。ウ 物価が上がると，お金の価値が下がるということができる。この趣旨で明確に解答すればよい。

<国語解答>

一 問一 ⓐ しない　ⓑ けむ　ⓒ 浴　問二 イ　問三 エ　問四 (例)好きなものや得意なものがほしいのならば，努力を続ければいい　問五 Ⅰ 照れた　Ⅱ まっすぐに　問六 エ

二 問一 ⓐ 果　ⓑ 忠実　ⓒ ひか　問二 イ　問三 A 発明　B 発見　問四 エ　問五 ウ　問六 (例)これまで認識していたものを新たなものの見方を得て捉え直すこと。

三 問一 (例)召しあがってください　問二 (例)社会全体で考えよう　言葉の使い方　問三 ア　問四 ウ　問五 (例)Aは，年代が上がるにつれて，課題だと思う人の割合が高くなる。先日，食事中に私がおいしいという意味で「やばい」と言ったら，祖父母に

とても驚かれた。相手と言葉の意味や使い方の認識が違うことを意識しながら，言葉を使うように気をつけたいと思う。　問六　エ

四　問一　ア　問二　ウ　問三　たたずまい　問四　(例)泣いている
問五　不㆑知秋思在㆓誰家㆒　問六　(一)　月　(二)　(例)月を眺めながら物思いにひたっている人々

<国語解説>

一　(小説―情景・心情，内容吟味，文脈把握，脱文・脱語補充，漢字の読み書き，表現技法・形式)

問一　ⓐ　熟字訓。特殊な読みに気をつけよう。ⓑ　遠慮なく近づくことができなくて窮屈な感じのこと。ⓒ　「浴」の6・7画目は離れないように書く。

問二　六花の様子が「眼鏡のおくで，目がぎらぎらしてて。」と書いてあるので，何かに集中していることが読み取れ，「一心不乱」の四字熟語が適切である。

問三　六花には本当に好きなことがあるのに，自分は好きなものや得意なことが見つけられないでいるので僻みのような思いを抱いていた。だから早緑は六花のことを素直に褒められないでいる。

問四　黒野は「好きなものがほしい。得意なものがほしい。じゃあ，そのために努力すればいいだろ。」と言ってくれた。この言葉こそが早緑にとっての気づきの全てだから，これを用いてまとめよう。

問五　文章始まりの六花と早緑の会話場面を見直す。すると早緑は「照れたように笑った」り，「私をまっすぐに見て，言った」という記述があるので，ここの早緑の様子を描写した「照れた」「まっすぐに」という語句が補える。

問六　本文は六花の語り部分(六花と早緑の会話)と，早緑の語り部分(早緑と黒野の会話)で構成されている。一人称を六花が「私」，早緑が「あたし」としていることで場面の切り替えがわかりやすくなっている。

二　(論説文―大意・要旨，内容吟味，文脈把握，漢字の読み書き，語句の意味)

問一　ⓐ　「果」の訓読みは「は・てる」，音読みは「カ」。　ⓑ　真面目に任務を果たす様子。ⓒ　遠慮してやり過ぎないようにしている様子。

問二　「抽象」とは，個々別々の事物などから，それらの全部に共通な要素を抜き出してまとめ上げることをいう。対義語は「具体」。

問三　同段落に，演劇は「この世界にないものをゼロから作る発明ではありません。……『世界は確かに，このようになっている』と発見し，表現するためのもの」だと述べているので，ここからAもBも抜き出せる。

問四　傍線②「そのような調整」とは，日常生活で私たちがしていることであり，本文に「都合の悪いことや面倒なことは切り捨てたりして，調整しながら世界を認識している」と書かれている。したがって「調整」とは自分に必要・有用なことは残し，不必要なことは排除することだという選択肢を選べばよい。

問五　最終段落に「微笑みながら，ハンカチを引き裂く表現を見た人は『直接に表現してはいけない，けれど強烈な哀しみが存在するんだ』と発見する」とある。見た人が発見した事柄は表現した内容と一致するからこれを含む選択肢を選べばよい。

問六　Ⅰの文章には「見る人自身の『世界を見る解像度を上げる』」とあり，Ⅱには「新しいもの

の見方を教えてくれる」「今まで分かったつもりになっていた感情の新たな面に気づくということ」とある。したがって共通点は，**今まで認識していたものに対して新しい見方ができるようになる**こと，である。

三 （会話・議論・発表―文脈把握，脱文・脱語補充，作文，書写，表現技法・形式）

問一　「食べる」の尊敬語は「召し上がる」。

問二　「**体言止めと倒置法**を使って表現してみてはどうでしょうか」とあるから，二つの表現技法を用いて書けばよい。

問三　「報道」は**客観的事実**が何より大事である。主観的な感想・意見は含めない。

問四　最後に春奈さんはみんなの意見をまとめて整理し，その上で記事の分担などを提案して壁新聞の作成を進めようとしている。

問五　比較する際は，**変化・違いの大きい箇所**に注目する。**年代が高いほど移り変わりの早さを感じている**ことが読み取れよう。また**年代が低いほど言葉遣いの未熟さを感じる**ことを読み取ってもいい。そして，その事実に対して自分が気をつけたいと考えていることを述べよう。ジェネレーションギャップとも言われるように，異世代交流の際などに気をつけるべきことがありそうだ。**自分の経験を例にして，考えの根拠に**すればよい。

問六　エの10画目に曲がりがある。どの字も折れは含まれている。曲がりと払いの違いに注意したい。

四 （古文・漢文―大意・要旨，情景・心情，文脈把握，脱文・脱語補充，仮名遣い）

【現代語訳】

A　唐の国で月を見て詠んだ歌　　阿倍仲麿

大空をふり仰いではるかに眺めるあの月は，奈良の春日にある三笠の山に出た月と同じなのだなあ

B　いいようもないほどつらい気持ちでいるうちに秋が深まっていく景色を眺めると，ましてや耐えて生きていけるような気がしない。月の明るい夜，空の様子，雲の有り様，風の音など，特に悲しみをそそるありさまを眺めては，行く当てのない旅の空の下，どのような気持ちでおいでになるかとばかり思いやられて，つい涙で目の前が暗くなってしまう。どこでどのようなことを思いながら，今夜の月に涙で濡れた袖を絞っているのでしょうか。

C　中庭の地面は白く輝き，樹上では鳥がねぐらについている。

冷たい露がひっそりと降りて，木犀の花をしっとりとぬらす。

今夜は月の明かりを誰しも眺めていることであろう。

その中でも最も秋の物思いにひたっているのは誰であろうか。

問一　Aは阿倍仲麿が唐の国で**故郷の奈良を想って詠んだ歌**である。

問二　筆者の想い人は，「ゆくへもなき旅」にあり，筆者はその相手が今どこでどのようなことを思っているのかということを案じている。

問三　歴史的仮名遣いの「は・ひ・ふ・へ・ほ」は，現代仮名遣いでは「ワ・イ・ウ・エ・オ」となる。

問四　**しぼるほどに袖が濡れるのは，涙を拭うせい**であるから，月を見て泣いていることがわかる。

問五　漢字を読む順番が入れ替わっている部分に返り点を打つ。まず，「知」を読んでから一字返って「不」を読むのでレ点を打つ。次に「在」は「誰」と「家」の二字を読んでから返って読む

ので一二点を用いる。

問六　(一)　三つの作品全てに共通するのは「月」である。(二)　(2)には，筆者が想像しているものを補う。「今夜～誰家」の解釈で，筆者が，月を眺めて物思いにふけっているであろう人々を想像していることがわかるので，これを答えとすればよい。

宮崎県公立高等学校（推薦）

2023年度

★★★★★★★★★★★★★★★★★★★★★★★★

入　試　問　題

2023
年
度

●くわしい解説……17ページ

＜数学＞

時間　30分　　満点　40点

1　次の⑴～⒀の問いに答えなさい。

⑴　$5-(-3)$ を計算しなさい。

⑵　$6\div\left(-\frac{3}{10}\right)$ を計算しなさい。

⑶　$4\times(-3)+(-2^2)$ を計算しなさい。

⑷　$5x^2y\div\frac{x}{3}$ を計算しなさい。

⑸　$(4x+3)(4x-3)$ を展開しなさい。

⑹　x^2-7x-8 を因数分解しなさい。

⑺　$\sqrt{3}=1.732$ として，$\sqrt{0.03}$ の値を求めなさい。

⑻　連立方程式 $\begin{cases}7x+3y=25\\5x-y=21\end{cases}$ を解きなさい。

⑼　二次方程式 $x^2+4x=1$ を解きなさい。

⑽　宮崎県の総面積を有効数字３けたで表した近似値は7730㎢である。この近似値を整数部分が１けたの小数と，10の何乗かの積の形に表しなさい。

⑾　大小関係 $3<\sqrt{a}<3.5$ にあてはまる自然数 a を，すべて求めなさい。

⑿　$x\ \mathrm{m}^2$ の土地の７％の面積を表す式を書きなさい。

⒀　縦 a ㎝，横 b ㎝，高さ c ㎝の直方体がある。このとき，次の不等式はどんなことを表していますか。

$$abc\geqq 100$$

2

1　あとの⑴，⑵の問いに答えなさい。

⑴　次のページの表は，ある中学校の体力テストにおいて，生徒20人の握力を調べ，その結果を度数分布表に整理したものである。

この表から，生徒20人の握力の平均値を求めなさい。

階級(kg)	度数(人)
24以上～28未満	1
28 ～32	3
32 ～36	10
36 ～40	4
40 ～44	2
計	20

(2)　２つのさいころを同時に投げるとき，出る目の数の和が素数になる確率を求めなさい。ただし，２つのさいころの１から６の目は，どの目が出ることも同様に確からしいとする。

2　次の(1)，(2)の問いに答えなさい。

(1)　関数 $y=3x^2$ について，x の変域が $-1 \leqq x \leqq 2$ のときの y の変域を求めなさい。

(2)　右の図のように，関数 $y=\dfrac{a}{x}$ のグラフと直線 ℓ があり，２点A，Bで交わっている。Aの座標は (2, 6) で，Bの x 座標は -4 である。

このとき，次の問いに答えなさい。

①　a の値を求めなさい。

②　直線 ℓ の式を求めなさい。

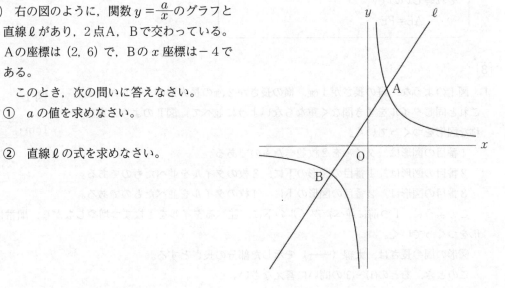

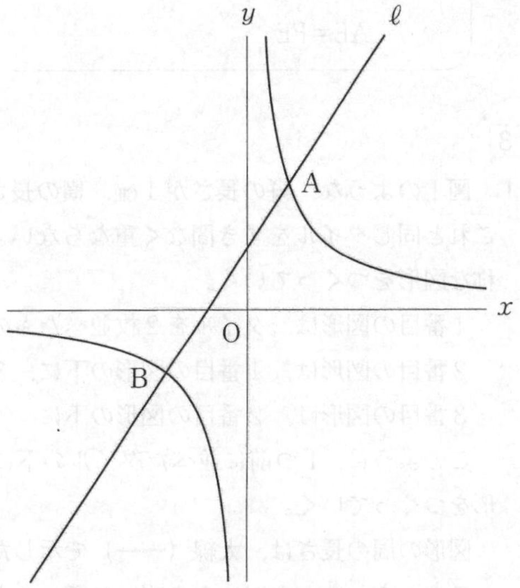

3　あとの(1)，(2)の問いに答えなさい。

(1)　右の図で，∠x の大きさを求めなさい。

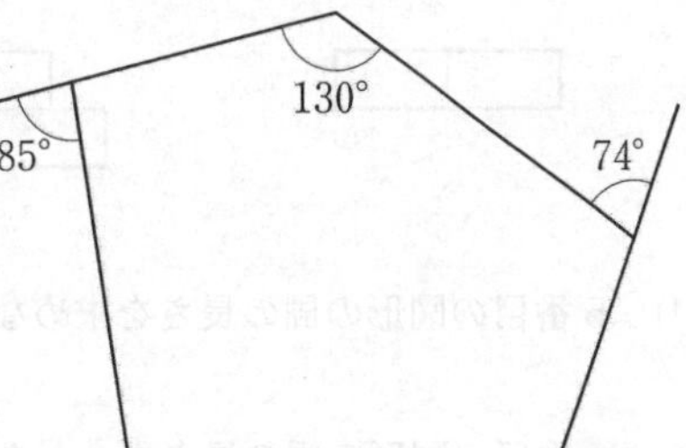

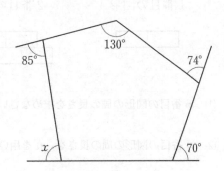

⑵　右の図のようなAD // BCである台形ABCDがある。辺DCの中点をＥとし，直線AEと直線BCの交点をＦとする。

このとき，AE＝FEとなることを次のように証明した。【証明】を完成させなさい。

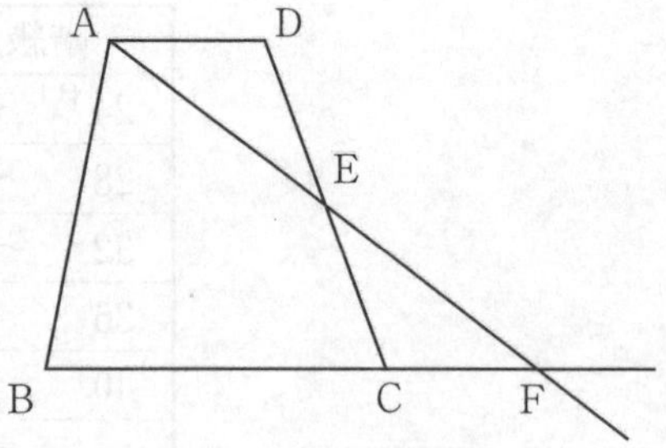

【証明】

△AEDと△FECで
点Ｅは辺DCの中点だから，
DE＝CE　…①

（　　　　　　　　　　　　　　　　）

△AED≡△FEC
合同な図形では，対応する辺の長さはそれぞれ等しいので，
AE＝FE

3

1　図Ⅰのような，縦の長さが１㎝，横の長さが２㎝の長方形のタイルがある。これと同じタイルをすき間なく重ならないように並べて，図Ⅱのように左右対称な図形をつくっていく。

図Ⅰ

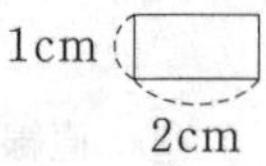

１番目の図形は，タイルを２枚並べたものである。

２番目の図形は，１番目の図形の下に，３枚のタイルを並べたものである。

３番目の図形は，２番目の図形の下に，４枚のタイルを並べたものである。

このように，１つ前に並べたタイルの下に，並べるタイルを１枚ずつ増やしながら，順番に図形をつくっていく。

図形の周の長さは，太線（――）で示した部分の長さとする。

このとき，あとの⑴～⑶の問いに答えなさい。

図Ⅱ

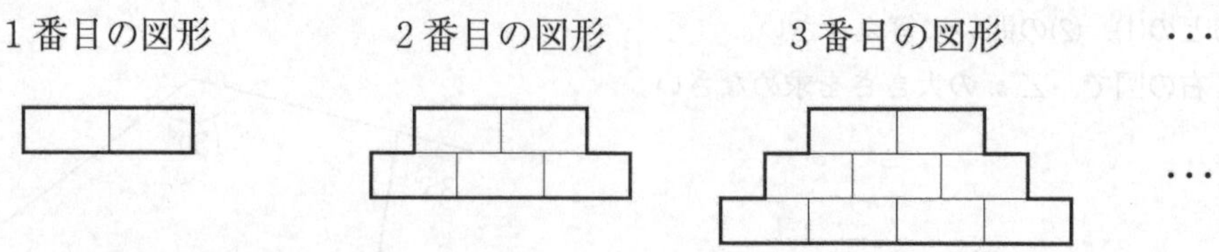

⑴　５番目の図形の周の長さを求めなさい。

⑵　n番目の図形の周の長さを，nを用いて表しなさい。

(3)　図形をつくっていくと，タイルの枚数が90枚の図形ができた。この図形の周の長さを求めなさい。

2　図Ⅰのような円錐《すい》がある。この円錐の母線ABの長さが12㎝，底面の直径BCの長さが８㎝のとき，次の(1)～(3)の問いに答えなさい。
　ただし，円周率はπとする。

図Ⅰ

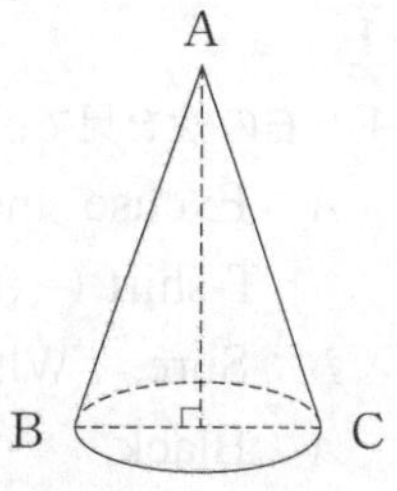

(1)　図Ⅰの円錐の表面積を求めなさい。

(2)　図Ⅰの円錐の体積を求めなさい。

(3)　図Ⅱのように，線分AB上にAD＝４㎝となる点Dをとる。点Dから線分ACと交わり点Ｂまでの長さがもっとも短くなるような線を円錐の側面上に引く。この線と線分ACとの交点をＥとする。
　このとき，線分AEの長さを求めなさい。

図Ⅱ

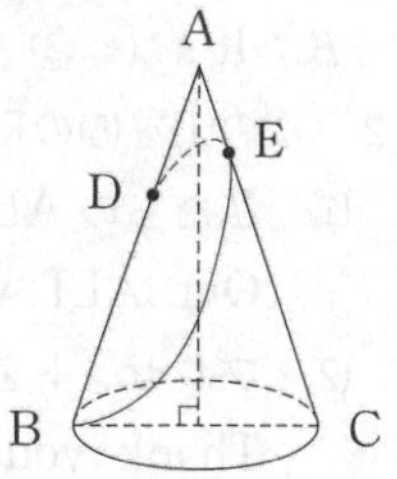

＜英語＞

時間 30分　満点 40点

1

1 右の絵を見て，次の対話の（①）～（③）に入る適切な語を，**英語１語**で答えなさい。

A：Excuse me. I want to buy the T-shirt（ ① ）front of the window.

B：Sure. Which color do you want?

A：Black.

B：（ ② ）you are.

A：That's nice. How much is it?

B：It's（ ③ ）dollars.

2 次の⑴～⑸の日本文に合うように，（ ）に入る適切な語を，**英語１語**で答えなさい。

⑴ 私たちの ALT はニューヨーク生まれです。
Our ALT was（ ）in New York.

⑵ プレゼントを買ってくれてありがとうございます。
Thank you for（ ）me a present.

⑶ 私のお父さんは自分のコーヒーを入れました。
My father made coffee for（ ）.

⑷ 彼はもっとサッカーが上手になるために何をすべきか分かっています。
He knows（ ）to do to become a better soccer player.

⑸ 私の犬はボールをくわえて，走り回っていました。
My dog was running around（ ）a ball in his mouth.

3 次の⑴～⑷の対話について，（ ）内のア～エの語句をすべて用い，意味がとおるように並べかえ，記号で答えなさい。

⑴ *A*：How（ア books / イ do / ウ many / エ you）have?
B：I have about two hundred books.

⑵ *A*：I like this picture of Kyoto.
B：I took the（ア I / イ went / ウ pictures / エ when）there two years ago.

⑶ *A*：Which bag do you want, the black one or the brown one?
B：I want the black one. The brown one（ア expensive / イ is / ウ than / エ more）the black one.

⑷ *A*：Do we have English homework?
B：Yes. Our teacher（ア to / イ told / ウ us / エ write）a story in English.

4 次の⑴～⑷の英文の（ ）に入る最も適切な語句を，それぞれ次のページのア～エから１つずつ選び，記号で答えなさい。

(1)（　　）is the day after Wednesday.
ア Monday　イ Tuesday　ウ Thursday　エ Friday

(2) If you（　　）free tomorrow, won't you come to the game?
ア are　イ were　ウ have been　エ won't be

(3) I can play（　）well.
ア baseball　イ swimming　ウ dancing　エ ski

(4) Mt. Fuji is（　　）than Mt. Aso.
ア high　イ higher　ウ highest　エ more high

5　次の質問に対して，あなたならどのように答えますか。主語と動詞を含む3語以上の英文1文で書きなさい。

ただし，符号（，．！？など）は語の数に入れないものとします。

質問：What did you do after dinner last night?

2

1　次の(1)～(3)について，二人の対話が自然に流れるように，（①）～（③）に入る最も適切な英文を，それぞれア～ウから1つずつ選び，記号で答えなさい。

(1) *A*：I visited Kurashiki last week.
B：（ ① ）　ア What did you do there?
A：（ ② ）　イ Good. It has many good pictures.
B：（ ③ ）　ウ I went to the art museum.

(2) *A*：What do you study on Friday afternoon?
B：（ ① ）　ア What did you learn in the world history class last week?
A：（ ② ）　イ We study English and world history.
B：（ ③ ）　ウ We learned the history of the Ferris wheel.

(3) *A*：Could you tell me how to get to *Nagisa* Station?
B：（ ① ）　ア Take the East Line.
A：（ ② ）　イ I see. What line should I take there?
B：（ ③ ）　ウ Sure. Take the West Line to *Midori* Station, and change trains there.

2　次の水族館（aquarium）の案内を読んで，次のページの(1)，(2)の問いの答えとして最も適切なものを，それぞれア～エから1つずつ選び，記号で答えなさい。

Mizube Aquarium

Open :	Monday – Friday	10 a.m. – 4 p.m.
	Saturday	10 a.m. – 6 p.m.
	Sunday	9 a.m. – 4:30 p.m.

Dolphin Show : February 1 – March 31　1 p.m. – 2 p.m.

Children can get a present on the last day of the Dolphin Show.

⑴ When can you see the Dolphin Show?

　ア At 1 p.m. on January 31　イ At 3 p.m. on February 1

　ウ At 1 p.m. on March 1　エ At 2 p.m. on April 1

⑵ When can children get a present?

　ア February 1　イ February 28　ウ March 1　エ March 31

3　宏 (Hiro) がクラスメートのボブ (Bob) とロボット (robot) について話をしています。次の対話を読んで，下の⑴～⑷の問いに答えなさい。

Hiro : Hi, Bob. What are you reading?

Bob : I'm reading a book about robots. I'm interested in robots.

Hiro : Me, too. There are many kinds of robots now.

Bob : Right. There are many ①(ア people / イ make / ウ robots / エ happy / オ to).

Hiro : What kind of robots are you interested in?

Bob : Well, I'm interested in a robot that can be my friend. What kind of robot do you want to have in the future?

Hiro : □

Bob : I want one, too. (②), I saw some people using a flying robot to grow food.

Hiro : Robots are useful! Also, some robots have AI. They are useful but they are sometimes dangerous for humans, too.

Bob : It's important to think about how we should use robots.

Hiro : Yes. I hope all robots are used in a good way.

⑴ 下線部①について，（ ）内のア～オの語をすべて用い，意味がとおるように並べかえ，記号で答えなさい。

⑵ □ について，あなたが宏ならどのように答えますか。**主語と動詞を含む6語以上の英文1文で書きなさい。**

　ただし，符号（，．！？など）は語の数に入れないものとします。

⑶ （②）に入る最も適切なものを，次のア～エから1つ選び，記号で答えなさい。

　ア Of course　イ On the other hand　ウ By the way　エ In my opinion

⑷ 次のア～エの英文について，本文の内容と合っているものを1つ選び，記号で答えなさい。

　ア Bob is interested in robots but Hiro isn't.

　イ Hiro watched a flying robot used by people to grow food.

　ウ Hiro thinks flying robots are dangerous for humans.

　エ According to Bob, how we use robots is important.

[3]　次の英文は，綾香 (Ayaka) が英語の授業で，世界で最も住みやすい都市 (the most livable city in the world) についてスピーチをしたときのものです。後の1～6の問いに答えなさい。

Hello, everyone. Today, I'm going to talk about the most livable city in the world. Do you know where many people in the world want to live? Please look at these *lists. They show the most livable cities in the world in 2012 and 2022. In 2012, *Melbourne was the most livable city in the world. However, in 2022, (　①　).

世界で最も住みやすい都市

2012年		
順位	都市名	国名
1位	メルボルン	オーストラリア
2位	ウィーン	オーストリア
3位	バンクーバー	カナダ
4位	トロント	カナダ
5位	カルガリー	カナダ
5位	アデレード	オーストラリア
7位	シドニー	オーストラリア
8位	ヘルシンキ	フィンランド
9位	パース	オーストラリア
10位	オークランド	ニュージーランド

2022年		
順位	都市名	国名
1位	ウィーン	オーストリア
2位	コペンハーゲン	デンマーク
3位	チューリッヒ	スイス
3位	カルガリー	カナダ
5位	バンクーバー	カナダ
6位	ジュネーブ	スイス
7位	フランクフルト	ドイツ
8位	トロント	カナダ
9位	アムステルダム	オランダ
10位	大阪	日本
10位	メルボルン	オーストラリア

（EIU 資料より作成）

Why were they the most livable cities in the world? There are three *factors to decide the most livable city in the world. First, can people find a job in a city? (　②　). Second, is a city safe? If a city is safe, the city becomes more livable. The last factor is environment. For example, places for children to play in are necessary. (　③　).

Osaka became one of the most livable cities in the world. Why? Here are some reasons. First, people can find good jobs there. Second, it is a (　④　) city. There are not so many *crimes there. Third, the city is convenient. It has many good restaurants and good places for shopping. Fourth, it has a lot of good schools. Finally, it has a lot of trees because it has *Osaka Castle. Are you happy with the results? Do you think other Japanese cities will be on the list? I hope our city will be on the list in the future.

（注） list 表　Melbourne メルボルン　factor 要素　crime 犯罪　Osaka Castle 大阪城

1 (①) に入る最も適切なものを，次のア～エから１つ選び，記号で答えなさい。

ア a city in Canada came in seventh　　イ it came in tenth

ウ Osaka wasn't one of them　　エ it came in second

2 (②)，(③) に入る最も適切なものを，それぞれ次のア～エから１つずつ選び，記号で答えなさい。

ア The city should have good libraries

イ The city should have good jobs

ウ The city should have good museums

エ The city should have parks and trees

3 本文の内容に合うように，（④）に入る最も適切な英語１語を，本文中からそのまま抜き出しなさい。

4 次の本文の内容に関する質問について，英文で答えなさい。

質問：Why is Osaka convenient?

5 次のア～オの英文について，本文の内容と合っているものを２つ選び，記号で答えなさい。

ア Ayaka talked about where many people in the world want to visit.

イ There are four factors to decide the most livable city in the world.

ウ A city should be safe to become the most livable city in the world.

エ Osaka was on the list of the most livable cities in the world in 2022.

オ Ayaka doesn't want her city to be the most livable city in the future.

6 次の対話は，スピーチを聞いた後にALTのアン (Anne) 先生と健太 (Kenta) が話した内容です。あなたが健太なら先生の質問にどのように答えますか。（ ）にあなたの考えを書きなさい。主語と動詞を含み，全体で４語以上の英文で書きなさい。

ただし，符号（，．！？など）は語の数に入れないものとします。

Anne： Ayaka gave us a great speech.

Kenta： Yes. Her speech was interesting.

Anne： But each city has some problems. For example, Osaka has too many people. What is a problem in your city?

Kenta： I think (   ).

号で答えなさい。

ア　藤原公任　**イ**　清少納言　**ウ**　源俊賢　**エ**　内侍

問四　古文Aに――線③「いみじく褒め給ひけり。」とあるが、褒めたのはなぜだと考えられるか。次の表は、その理由をまとめたものである。（　）に入る適当な言葉を、それぞれ十字以内で書きなさい。ただし、（1）は、古文Aの本文から抜き出して書き、（2）は（1）に見られる表現の工夫を具体的に説明しなさい。

	考えられる理由
一つめ	今日の様子に合う歌を作ることができていたから。
二つめ	送ってきた下の句は、漢詩の一節を踏まえていると見抜くことができていたから。
三つめ	漢文には見られない（　1　）という表現を入れて（　2　）ことで、下の句の「少し春ある心地」と関係づけることができていたから。

問五　漢文Bの――線④「二月山寒少有春」について、【書き下し文】の読み方になるように返り点をつけたものとして、最も適当なものを、次の**ア**～**エ**から一つ選び、記号で答えなさい。

ア　二月山寒㆓少有㆑春

イ　二月山寒少㆓有春㆒

ウ　二月山寒㆑少㆑有㆑春

エ　二月山寒少㆑有㆑春

問六　古文Cは、古文Aと同じ場面が描かれている作品の一節で、古文Aの「げに今日」以降と内容が対応している。古文Aと比較して読んだとき、古文Cが表現の仕方の上で大きく異なっているのはどのような点か。古文Cの文章の種類の特徴を踏まえて、二十字以内で書きなさい。

の中将と聞こえけるとき（人々からお呼びになられていたとき）、清少納言が許《もと》へ懐《ふところ》紙に書きて（のもとへ、懐に入れておく紙に歌の下の句を書いて）、

①少し春ある心地こそすれ（気持ちがするなあ）

と有《あり》けり（と送った）。「げに（いかにも）今日《けふ》のけしき（様子）にいとよくあひたるを、いかが付くべからむ（どのように上の句を付けたらよいか）」と②思ひわづらふ（思い悩む）。

空冴《そらさ》えて（空が寒々と冷えて）花にまがひて（間違えるほど）散る雪に

と、めでたく書きたり（見事に上の句を付けて書いた）。③いみじく褒《ほ》め給《たま》ひけり（とてもお褒めになった）。俊賢《としかた》（源俊賢）の宰相、「内侍《ないし》（最高位の女官《にょかん》に任命されるよう帝に申し上げたいとおっしゃったということだ）になさばや」とのたまひけるとぞ。

（「古本説話集《こほんせつわしゅう》」による）

B

三 時 雲 冷《ひやや》カニシテ 多ク 飛バシレ 雪ヲ

④二 月 山 寒《さむ》ウシテ 少ナシ 有ルコト 春

【書き下し文】

三時雲冷かにして（春も夏も秋も雲は冷たそうで）多く雪を飛ばし

二月山寒うして（二月でも山は寒くて）春有ること少なし

（「白氏文集《はくしもんじゅう》」白居易《はくきょい》「南秦雪《なんしんのゆき》」の一節による）

C

げに今日のけしきに、いとようあひたる、これが本はいかでかつくべからむ（これの上の句はとてもつけようがない）と思ひわづらひぬ。「誰々か」（他に誰がいたのかと尋ねると）と問へば、「それぞれ」（これこれの方々）と言ふ。みないとはづかしき中に（とても立派な方々がいる中で）、宰相の御いらへを、いかでか事なしびに言ひ出《い》でむ（公任の宰相の中将に対するご返答を、どうしていいかげんに言い出せるだろうか）と、心一つに苦しきを（私一人では苦しい思いがするので）、御前に御覧ぜさせむとすれど（中宮様にご覧に入れようとするが）、上《みかど》のおはしまして（帝がいらっしゃって）、御《おほ》とのごもりたり（お休みになっている）。主殿司《とのもづかさ》は、「とくとく」（手紙を渡しにきた人は、早く早くご返答を）と言ふ。げにおそうさへあらむは（遅れてしまうとしたら）、いと取り所なければ（とてももとりえがなくなるので）、「さはれ」（どうにでもなれと思って）とて、

空寒み（空が寒いので）花にまがへて（見間違えて）散る雪に

と、わななくわななく書きて取らせて（ふるえふるえ書いて渡したものの）、いかに思ふらむと（どう思っているだろうかと、）、わびし（心細い）。

（「枕草子《まくらのそうし》」による）

問一　古文Aの――線①「少し春ある心地こそすれ」に見られる表現の説明として、最も適当なものを、次のア～エから一つ選び、記号で答えなさい。

ア　春への期待が対句を用いてリズムよく表現されている。

イ　春と人の訪れを待つ様子が擬人法《ぎじんほう》を用いて表されている。

ウ　春を待つ気持ちが係り結びを用いて強調されている。

エ　春を感じた喜びが反復法を用いて印象づけられている。

問二　古文Aの═線「あひたる」の読み方を、現代仮名遣いで書きなさい。

問三　古文Aに――線②「思ひわづらふ。」とあるが、思い悩んだのは誰か。最も適当なものを、次のページのア～エから一つ選び、記

るのはせいぜい五秒ぐらいで、すぐに絵の題名を見て、解説を読みはじめる。題名と解説で何かが分かったような気がして、最後にもう一度、絵をちらっと見る。そしてすぐ、次の絵に目をⓒウツす。

画家（芸術家）は感覚的に世界の真理や本質を表現している。画家が絵で表現しようとするのは、言葉では表現できないことを表現したいからだ。真、善、美、永遠、愛、神、無、時間、空間……といったことを余さず言語で説明することはできない。言葉で表現することができない世界を描いた物が絵だとすれば、題名と解説を読んだだけで素通りするのは、④何とも惜しい。

（戸田智弘《とだともひろ》「ものの見方が変わる　座右の寓話」による）

（注）※　寓話……教訓などを含めたたとえ話。動物などを擬人《ぎじん》化したものが多い。
※　天王山……京都府乙訓郡《おとくにぐん》大山崎町にある山。標高二百七十メートル。
※　御法度……決まりやルールとして禁じること。
※　でせう……「でしょう」の歴史的仮名遣い。

問一　文章中の═線ⓐ〜ⓒについて、漢字の部分はその読みをひらがなで書き、カタカナの部分は漢字に直しなさい。

問二　文章中の［①］に入る適当な表現を、文章中の寓話がつながるように十字以内で書きなさい。

問三　文章中の「両方の蛙」は、どうすれば目的地に到着できたと考えられるか。文章の内容を踏まえて、次の文の［　］に入る適当な表現を、三十五字以内で書きなさい。

山頂から見た場所が［　　　　］到着できた。

問四　文章中の［②］に入る語句として、最も適当なものを、次のア〜エから一つ選び、記号で答えなさい。

ア　予測して　**イ**　比較しながら
ウ　最後まで　**エ**　反応を踏まえて

問五　文章中に――線③「黙って者を見るといふ事は難しいことです」とあるが、どういうことか。その説明として、最も適当なものを、次のア〜エから一つ選び、記号で答えなさい。

ア　花が菫だと知識をもとに認識することによって実際の花の形や色を観察することを自然と切り上げ、興味の対象からも外してしまうということ。
イ　花が菫だと確定させるためには周囲に伝えることを優先した方がよいが、その一方で実際の花の形や色を興味をもって観察しなくなるということ。
ウ　花が菫だと確定させるためには周りの人と話し合う方が効果的であり、実際の花の形や色を一人で静かに観察する方法は取らなくなるということ。
エ　花が菫だと知識をもとに認識したことに満足し、実際の花の形や色を観察して理解を深めることから意識して逃れようとしてしまうということ。

問六　文章中に――線④「何とも惜しい。」とあるが、筆者はどのような行為に対して惜しいと述べているか。次の文の［　］に入る適当な表現を、四十字以内で書きなさい。

題名と解説で、［　　　　］こと。

三　次の古文A、漢文B、古文Cを読んで、後の問いに答えなさい。

A

今は昔、二月つごもり《月末》、風うち吹き、雪うち散るほど、公任《きんたふ》《藤原公任が》の宰相《さいしやう》

問三　文章中の――線②のときの作者の心情として、最も適当なものを、次のア～エから一つ選び、記号で答えなさい。

ア　驚嘆　イ　歓喜　ウ　未練　エ　後悔

二　次の文章を読んで、後の問いに答えなさい。なお文章の始めに※寓話《ぐうわ》が引用され、その後、筆者の意見が述べられている。

京に住む蛙《かえる》はかねてから大阪見物をしたいと思っていた。春になって思い立ち、街道を西向きに歩いて※天王山《てんのうざん》に登った。大阪に住む蛙はかねてから京見物をしたいと思っていた。同じ頃、思い立ち、街道を東向きに歩いて天王山に登った。

京の蛙と大阪の蛙は頂上でばったりと出逢《であ》った。互いに自分の願いを語り合った後、「このような苦しい思いをしてもまだ道半ばだ。この分では彼《か》の地に着いた頃には足腰が立たないようになるだろう。ここが有名な天王山の頂上で、京も大阪も一目で見渡せる場所だ。お互いに足をつま立てて背伸びをしてみたら、足の痛さもⓐ和らぐだろう」。両方の蛙が立ち上がり、足をつま立てて向こうを見た。

京の蛙は「噂《うわさ》に聞いた難波《なにわ》の名所も、見てみれば何ら京と変わらない。しんどい思いをして大阪に行くよりも、これからすぐに帰ろう」と言った。大阪の蛙は「花の都と噂に聞いたが、大阪と少しも違わぬ。おれも大阪に帰る」と言い残し、のこのこと帰った。両方の蛙は向こうを見た心づもりであったが、実は目の玉が背中についているので結局は［　①　］のだ。

京の蛙も大阪の蛙も早合点をしている。早合点とは「よく聞かないで分かったつもりになること。また、十分に確かめないで勝手に承知すること」である。

誰でも一度や二度、会話をしているときに早合点した経験があるだろう。早合点は人間関係を壊しかねない。そうならないための心がけは三つある。

一つ目は「集中してよく聞くこと」。何か別のことをしながら、あるいは何か別のことを考えながら話を聞くのは※御法度《ごはっと》だ。二つ目は「人の話は［　②　］聞くこと」。途中で話に割り込むのはなによりも相手に失礼だし、早とちりのもとになる。三つ目は「確認すること」。自分はこのように理解したと伝え、それで間違いはないかと確かめるのだ。

「聞く」場面に限らず、「見る」という場面でも私たちはしばしば早合点をする。物事や人物を「よく見る」というのはなかなか難しいことだ。知識があればあるほど「よく見る」ことは難しくなる。文芸評論家の小林秀雄は、知識はよく見ることを妨げると言う。「見ることは喋《しゃべ》ることではない。言葉は眼《め》の邪魔になるものです。例えば、諸君が野原を歩いてゐて一輪の美しい花の咲いているのを見たとする。見ると、それは菫《すみれ》の花だとわかる。何だ、菫の花か、と思ったｂシュンカンに、諸君はもう花の形も色も見るのも止める※でせう。諸君は心の中でお喋りをしたのです。菫の花という言葉が、諸君の心のうちに這入《はい》って来れば、諸君は、もう眼を閉ぢるのです。それほど、③黙って者《もの》を見るといふ事は難しいことです」（「美を求める心」『小林秀雄全集　第九巻』新潮社）

〈美術館あるある〉を一つ。部屋に入って絵をぱっと見る。見てい

【話し合いの様子】

史奈　①発表の中で【資料】は、【構成表】の1から4の中の、どこで提示するとよいか、決めたいと思います。意見を出してください。

陽人　私は、1の②場面がよいと思います。発表を聞く人たちに地球温暖化について興味をもってもらえると思うからです。

健一　私は、［③］で提示すると、内容を分かりやすく伝えることができると思います。

陽人　確かに、聞き手が、内容を具体的にイメージできるのでいいですね。④発表で大切なことは、聞き手を意識しました。

史奈　それでは、【資料】は［③］で提示することにしましょう。

問一　文章中の――線①の発言の意図として、最も適当なものを、次のア～エから一つ選び、記号で答えなさい。

ア　話し合いの方向を修正する。
イ　話し合いの目的を提示する。
ウ　話し合いの結論を全員に報告する。
エ　話し合いの進行の仕方を確認する。

問二　文章中の――線②の熟語と、読みの上で音訓の順序が同じものを、次のア～エから一つ選び、記号で答えなさい。

ア　本屋　　イ　関心　　ウ　手帳　　エ　青空

問三　文章中の［③］に共通して入る、資料を提示するのに最も適当な場面を、【構成表】の1～4から一つ選び、番号で答えなさい。

問四　文章中の――線④は、主・述の関係が適切ではない部分があります。その部分を一文節で抜き出し、文が自然につながるように、その文節を正しく書き直しなさい。

㈤　次は、「おくのほそ道」の一部分です。これを読んで、後の問いに答えなさい。

※千(せん)ぢゆと①いふ所にて船をあがれば、前途(せんど)三千里（三千里もの長い旅に出るのだという）のおもひ胸にふさがりて、幻のちまた（幻のようにはかないこの世の分かれ道にたって）に離別の泪(なみだ)をそそぐ。

A　行(ゆく)春や鳥啼(なきうを)魚の目は泪

是(これ)を矢立の初(はじめ)（旅の句の書き初め）として、行道(ゆく)なほ②すすまず。人々は途中(みちなか)に立(たち)（人々は途中に立ち並んで）ならびて、後(うしろ)かげのみゆるまではと見送るなるべし。（我々の後ろ姿の見える限りはと見送っているらしい）

（注）※千ぢゆ……江戸の地名。現在の東京都足立区千住。

問一　文章中の――線①の読み方を、現代仮名遣いで書きなさい。

問二　文章中のAの俳句から切れ字を抜き出して書きなさい。また、この俳句と同じ季節が詠(よ)まれている俳句を、次のア～エから一つ選び、記号で答えなさい。

ア　ひつぱれる糸まつすぐや甲虫(かぶとむし)
イ　うまさうな雪がふうはりふはりかな
ウ　肩に来て人懐かしや赤蜻蛉(あかとんぼ)
エ　菜の花の向(むか)ふに見ゆる都かな

＜国語＞

時間 三〇分　満点 四〇点

一

(一) 次の①〜④の――線部について、漢字の部分はその読みをひらがなで書き、カタカナの部分は漢字に直しなさい。なお、漢字に直す場合、送り仮名が必要なものは、ひらがなで正しく送ること。

① 今後の活躍を期待する。
② 緩やかな坂道を歩く。
③ 図書館で本をカリル。
④ 友人の話にナットクした。

(二) 次の漢文を、返り点と送り仮名をもとに、書き下し文に直しなさい。

青 雲 在リ二 目 前ニ一。

(三) 次の[　]の中は、漢字二文字を行書で書いたものです。○で囲んだ部分の行書の特徴を説明したものとして、最も適当な組み合わせを、後のア〜エから一つ選び、記号で答えなさい。

ア（「平」：方向の変化　「和」：点画の省略）
イ（「平」：点画の連続　「和」：筆順の変化）
ウ（「平」：点画の連続　「和」：点画の省略）
エ（「平」：方向の変化　「和」：筆順の変化）

(四) 史奈《ふみな》さんたちは、国語の授業で、社会生活の中から問題を見つけて、グループごとにプレゼンテーションをすることになりました。次は、史奈さんたちのグループの【構成表】と【資料】および【話し合いの様子】です。これらを読んで、後の問いに答えなさい。

【構成表】

構成	場面	内容	分担
はじめ	1	＜地球温暖化とは＞ 地球全体の平均気温が上昇すること。	史奈
中	2	＜地球温暖化の影響＞ 地球温暖化による自然環境や人間への影響について。	陽人《はると》
中	3	＜地球温暖化の主な原因＞ 地球温暖化の原因となる温室効果ガスの中で、特に影響が大きい二酸化炭素について。	健一《けんいち》
終わり	4	＜地球温暖化防止のために＞ 二酸化炭素を増やさないために私たちができること。	陽人

【資料】

（環境省資料他より作成）

2023年度

解答と解説

《2023年度の配点は解答用紙集に掲載してあります。》

＜数学解答＞

1 (1) 8　(2) -20　(3) -16　(4) $15xy$　(5) $16x^2-9$
(6) $(x+1)(x-8)$　(7) 0.1732　(8) $(x,\ y)=(4,\ -1)$　(9) $x=-2\pm\sqrt{5}$
(10) $7.73\times10^3\text{km}^2$　(11) $a=10,\ 11,\ 12$　(12) $0.07x\text{m}^2$
(13) (例)直方体の体積が100cm^3以上であること。

2 1 (1) 34.6kg　(2) $\dfrac{5}{12}$　2 (1) $0\leqq y\leqq 12$　(2) ① $a=12$
② $y=\dfrac{3}{2}x+3$　3 (1) 81度　(2) 解説参照

3 1 (1) 34cm　(2) $6n+4$cm　(3) 76cm　2 (1) $64\pi\text{cm}^2$
(2) $\dfrac{128\sqrt{2}}{3}\pi\text{cm}^3$　(3) 3cm

＜数学解説＞

1 (数・式の計算，式の展開，因数分解，平方根，連立方程式，二次方程式，近似値，文字を使った式，不等式)

(1) 正の数・負の数をひくには，符号を変えた数をたせばよい。$5-(-3)=5+(+3)=5+3=8$

(2) 異符号の2数の商の符号は負で，絶対値は2数の絶対値の商だから，$6\div\left(-\dfrac{3}{10}\right)=6\times\left(-\dfrac{10}{3}\right)=-\left(6\times\dfrac{10}{3}\right)=-20$

(3) 四則をふくむ式の計算の順序は，指数→かっこの中→乗法・除法→加法・減法となる。$-2^2=-(2\times2)=-4$だから，$4\times(-3)+(-2^2)=4\times(-3)+(-4)=(-12)+(-4)=-(12+4)=-16$

(4) $5x^2y\div\dfrac{x}{3}=5x^2y\times\dfrac{3}{x}=\dfrac{5x^2y\times3}{x}=15xy$

(5) 乗法公式$(\boldsymbol{a}+\boldsymbol{b})(\boldsymbol{a}-\boldsymbol{b})=\boldsymbol{a}^2-\boldsymbol{b}^2$より，$(4x+3)(4x-3)=(4x)^2-3^2=16x^2-9$

(6) たして-7，かけて-8になる2つの数は，$(+1)+(-8)=-7$，$(+1)\times(-8)=-8$より，$+1$と-8だから，$x^2-7x-8=\{x+(+1)\}\{x+(-8)\}=(x+1)(x-8)$

(7) $\sqrt{0.03}=\sqrt{\dfrac{3}{100}}=\dfrac{\sqrt{3}}{\sqrt{100}}=\dfrac{\sqrt{3}}{10}=\dfrac{1.732}{10}=0.1732$

(8) 連立方程式$\begin{cases}7x+3y=25\cdots① \\ 5x-y=21\cdots②\end{cases}$　①＋②×3より，$(7x+3y)+(5x-y)\times3=25+21\times3$
$7x+3y+15x-3y=25+63$　$22x=88$　$x=4$　これを②に代入して，$5\times4-y=21$　$-y=1$
$y=-1$　よって，連立方程式の解は，$x=4$，$y=-1$

(9) 二次方程式$x^2+4x=1$より，$x^2+4x-1=0$　**二次方程式$\boldsymbol{ax^2+bx+c=0}$の解は，**
$\boldsymbol{x=\dfrac{-b\pm\sqrt{b^2-4ac}}{2a}}$で求められる。問題の2次方程式は，$a=1$，$b=4$，$c=-1$の場合だから，
$x=\dfrac{-4\pm\sqrt{4^2-4\times1\times(-1)}}{2\times1}=\dfrac{-4\pm\sqrt{20}}{2}=\dfrac{-4\pm2\sqrt{5}}{2}=-2\pm\sqrt{5}$

(10) 7730で3けたの有効数字は7，7，3だから，これを整数部分が1けたの小数で表すと7.73　実

際は整数部分の7は1000の位だから，7.73を1000＝10^3倍して7.73×10^3(km^2)である。

(11) $3<\sqrt{a}<3.5$の辺々を2乗すると，$3^2<(\sqrt{a})^2<3.5^2$より，$9<a<12.25$ これにあてはまる自然数aは，$a=10, 11, 12$

(12) $7\%=\frac{7}{100}=0.07$より，xm^{2}の7%は，xm^{2}の$\frac{7}{100}$倍だから$\frac{7}{100}x$m^2 あるいは，xm^{2}の0.07倍だから$0.07x$m^{2}である。

(13) $abc=a\times b\times c$＝縦×横×高さ＝直方体の体積 だから，$abc\geqq100$は，直方体の体積≧100，つまり，直方体の体積が100cm^{3}以上であることを表している。

2 (資料の散らばり・代表値，確率，関数$y=ax^2$，関数とグラフ，角度，図形の証明)

1 (1) **平均値**$=\frac{\{(\text{階級値})\times(\text{度数})\}\text{の合計}}{\text{度数の合計}}=\frac{26\times1+30\times3+34\times10+38\times4+42\times2}{20}=\frac{692}{20}=$ 34.6(kg)

(2) 2つのさいころを同時に投げるとき，全ての目の出方は$6\times6=36$(通り)。このうち，出る目の数の和が**素数**になるのは，右図の○印を付けた15通り。よって，求める確率は$\frac{15}{36}=\frac{5}{12}$

1つ目＼2つ目	1	2	3	4	5	6
1	②	③	4	⑤	6	⑦
2	③	4	⑤	6	⑦	8
3	4	⑤	6	⑦	8	9
4	⑤	6	⑦	8	9	10
5	6	⑦	8	9	10	⑪
6	⑦	8	9	10	⑪	12

2 (1) xの**変域**に0が含まれているから，yの**最小値**は0。$x=-1$のとき，$y=3\times(-1)^2=3$ $x=2$のとき，$y=3\times2^2=12$ よって，yの**最大値**は12 yの変域は，$0\leqq y\leqq12$

(2) ① 関数$y=\frac{a}{x}$のグラフは点A(2, 6)を通るから，$6=\frac{a}{2}$より，$a=6\times2=12$

② 点Bは$y=\frac{12}{x}$上にあるから，そのy座標は$y=\frac{12}{(-4)}=-3$ よって，B$(-4, -3)$ 直線ℓ(直線AB)の傾きは$\frac{6-(-3)}{2-(-4)}=\frac{3}{2}$ 直線ℓの式を$y=\frac{3}{2}x+b$とおくと，点Aを通るから，$6=\frac{3}{2}\times2+b$ $b=3$ よって，直線ℓの式は$y=\frac{3}{2}x+3$

3 (1) **多角形の外角の和は360°**だから，$x=360°-70°-74°-(180°-130°)-85°=81°$

(2) (証明) (例)(△AEDと△FECで点Eは辺DCの中点だから，DE＝CE…①)**対頂角は等しい**ので，∠AED＝∠FEC…② **平行線の錯角は等しい**ので，AD//BCから，∠ADE＝∠FCE…③ ①，②，③から1組の辺とその両端の角が，それぞれ等しいので，(△AED≡△FEC)

3 (規則性，空間図形，表面積，体積，線分の長さ)

1 (1) 例えば，3番目の図形に関して，右図のように，一部の辺を**平行移動**して考えると，3番目の図形の周の長さは，縦の長さが1cm×3＝3(cm)，横の長さが2cm×(3＋1)＝8(cm)の長方形の周の長さと等しいと考えられるから，$\{1\times3+2\times(3+1)\}\times2=22$(cm)と求めることができる。この規則性から，5番目の図形の周の長さは，$\{1\times5+2\times(5+1)\}\times2=34$(cm)と求めることができる。

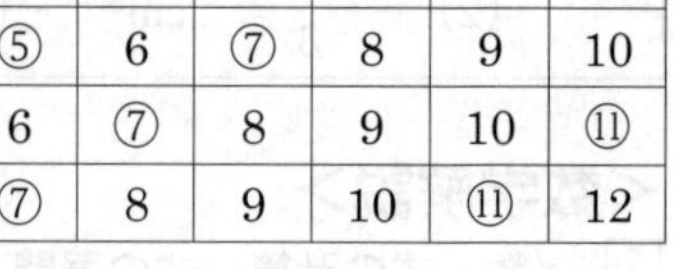

(2) (1)と同様に考えると，n番目の図形の周の長さは，$\{1\times n+2\times(n+1)\}\times2=(6n+4)$cm…①と表すことができる。

(3) 図形をつくるタイルの枚数をA枚とすると，例えば，3番目の図形では，A＝2＋3＋4…② ②は逆に足しても和は等しいから，A＝4＋3＋2…③ ②と③を辺々足すと，A＋A＝2A＝(2＋3＋4)＋(4＋3＋2)＝(2＋4)＋(3＋3)＋(4＋2)＝6＋6＋6＝6×3 これより，A$=\frac{6\times3}{2}$＝9(枚)

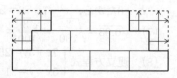

と求めることができる。同様に考えると，n番目の図形では，$A=2+3+\cdots+n+(n+1)$…④
④は逆に足しても等しいから，$A=(n+1)+n+\cdots+3+2$…⑤　④と⑤を辺々足すと，$A+A=2A=\{2+3+\cdots+n+(n+1)\}+\{(n+1)+n+\cdots+3+2\}=\{2+(n+1)\}+(3+n)+\cdots+(n+3)+\{(n+1)+2\}=(n+3)+(n+3)+\cdots+(n+3)+(n+3)=(n+3)\times n=n^2+3n$　これより，$A=\dfrac{n^2+3n}{2}$(枚)と表すことができる。図形をつくるタイルの枚数が90枚のとき，$\dfrac{n^2+3n}{2}=90$より，$n^2+3n-180=0$　$(n-12)(n+15)=0$　nは自然数だから$n=12$　このとき，12番目の図形の周の長さは，①に$n=12$を代入して，$6\times12+4=76$(cm)である。

2　(1)　底面は半径が$\dfrac{BC}{2}=\dfrac{8}{2}=4$(cm)の円だから，(底面積)$=\pi\times4^2=16\pi$(cm^2)　側面を展開するとおうぎ形となり，そのおうぎ形の半径は**母線AB**の長さと等しく，弧の長さは底面の円周の長さと等しい。**半径r，弧の長さℓのおうぎ形の面積は$\dfrac{1}{2}\ell r$で求められるから**，(側面積)$=\dfrac{1}{2}\times$(底面の円周の長さ)$\times$(母線ABの長さ)$=\dfrac{1}{2}\times(2\pi\times4)\times12=48\pi$(cm^2)　以上より，(円錐の表面積)$=$(底面積)$+$(側面積)$=16\pi+48\pi=64\pi$(cm^2)

(2)　底面の円の中心をOとして，△ABOに**三平方の定理**を用いると，円錐の高さAOはAO$=\sqrt{AB^2-BO^2}=\sqrt{12^2-4^2}=8\sqrt{2}$(cm)　よって，円錐の体積は$\dfrac{1}{3}\times(\pi\times4^2)\times8\sqrt{2}=\dfrac{128\sqrt{2}}{3}\pi$(cm^3)

(3)　側面を展開したときのおうぎ形を右図に示す。このおうぎ形の中心角の大きさを$a°$とすると，**中心角の大きさは弧の長さに比例するから**，$\dfrac{a°}{360°}=\dfrac{2\pi\times(\text{底面の半径})}{2\pi\times(\text{母線の長さ})}=\dfrac{2\pi\times4}{2\pi\times12}=\dfrac{1}{3}$　$a°=120°$　点Dから線分ACと交わり点Bまでの長さがもっとも短くなるような線は，展開図上で線分BDとなる。2点B，Dから線分ACへそれぞれ垂線BP，DQを引くと，△ABPと△ADQはそれぞれ**30°，60°，90°の直角三角形で，3辺の比は2：1：$\sqrt{3}$**だから，AP$=\dfrac{AB}{2}=\dfrac{12}{2}=6$(cm)　BP$=\sqrt{3}AP=\sqrt{3}\times6=6\sqrt{3}$(cm)　AQ$=\dfrac{AD}{2}=\dfrac{4}{2}=2$(cm)　DQ$=\sqrt{3}AQ=\sqrt{3}\times2=2\sqrt{3}$(cm)　BP//DQだから，**平行線と線分の比についての定理**より，QE：EP$=$DQ：BP$=2\sqrt{3}:6\sqrt{3}=1:3$　QE$=$QP$\times\dfrac{QE}{QP}=(AP-AQ)\times\dfrac{QE}{QE+EP}=(6-2)\times\dfrac{1}{1+3}=1$(cm)　以上より，AE$=AQ+QE=2+1=3$(cm)

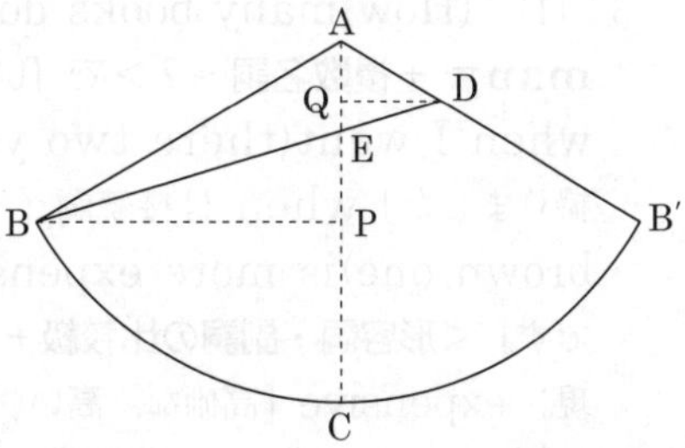

＜英語解答＞

1　1　①　in　②　Here　③　twelve　2　(1)　born　(2)　buying　(3)　himself　(4)　what　(5)　with　3　(1)　ウ，ア，イ，エ　(2)　ウ，エ，ア，イ　(3)　イ，エ，ア，ウ　(4)　イ，ウ，ア，エ　4　(1)　ウ　(2)　ア　(3)　ア　(4)　イ　5　(例)I watched TV.／I played video games.／I studied English.

2　1　(1)　①　ア　②　ウ　③　イ　(2)　①　イ　②　ア　③　ウ　(3)　①　ウ　②　イ　③　ア　2　(1)　ウ　(2)　エ　3　(1)　ウ，オ，イ，ア，エ　(2)　(例)I want to have pet robots.　(3)　ウ　(4)　エ

3　1　イ　2　②　イ　③　エ　3　safe　4　(例)Because Osaka has good

restaurants and good places for shopping.　5 ウ，エ　6 (例)(I think) there are many cars.

＜英語解説＞

1 (語句補充問題・語句並べ換え問題・条件英作文：前置詞，名詞，過去形，動名詞，代名詞，不定詞，現在形，接続詞，比較，仮定法)

1 ①「すみません。窓の前のTシャツが欲しいのですが」**in front of**～「～の前で，前に」。②「はい，どうぞ」**Here you are** はものなどを渡すときの表現。③「12ドルです」1つ目のB「どちらの色が欲しいですか」2つ目のA「黒」から絵を見て答える。数字を英語で書けるようにしておくこと。

2 (1) ～ was born「～は生まれました」。(2) Thank you for に動詞の～ ing 形を続けて「～してくれてありがとうございます」の意味。(3) **for himself** は「彼自身のために」という意味でここでは「お父さんが彼(自分)自身のために」となる。(4) **<疑問詞＋ to ＋動詞の原形>で「～すべきか」**を表すことができる。ここでは「何」なので what to ～で「何をすべきか」となる。(5) with には「～を持っている，身に着けている」の意味がある。

3 (1) (How)many books do you(have ?)「あなたは何冊本を持っていますか」**<How many ＋複数名詞～？>で「いくつの～を…？」**の意味。(2) (I took the)pictures when I went(there two years ago.)「私はこれらの写真を2年前にそこへ行ったときに撮りました」when は接続詞「～したとき」。went は go「行く」の過去形。(3) (The brown one)is more expensive than(the black one.)「茶色いのは黒いのよりも高いです」**<形容詞・副詞の比較級＋ than ～>で「～よりも(形容詞・副詞)だ」**という比較の表現。expensive「高価な，高い」を比例級にするときは more がつく。(4) (Our teacher) told us to write(a story in English.)「私たちの先生は私たちに英語で物語を書くように言いました」told は tell「～を話す，伝える」の過去形。**<tell ＋人＋ to ＋動詞の原形>で「人に～するように言う」**の意味。

4 (1)「木曜日は水曜日の次の日です」(2)「もし明日ひまなら試合に来ませんか？」if は後ろに現在形を続けるときは**「もし～ならば」という条件を表す表現**。(3)「私は野球を上手にすることができる」playに続くのは主にボールなどの道具を使って対戦するスポーツ。
(4)「富士山は阿蘇山よりも高い」**<形容詞・副詞の比較級＋ than ～>で「～よりも(形容詞・副詞)だ」**という比較の表現。high の比較級は higher となる。

5 質問「昨晩夕食後に何をしましたか」解答例は「私はテレビを見ました」「私はビデオゲームをしました」「私は英語を勉強しました」。教科書の会話文などを参考にして，自分のことや身近なことについて主語と動詞のある文を書けるようにしておくこと。

2 (文並べ換え問題・短文読解問題：文並べ換え，英問英答，語句並べ換え，語句補充，条件英作文，内容真偽)

1 (1)「先週倉敷を訪れました」旅行についての会話①ア「そこで何をしましたか？」②ウ「美術館へ行きました」③イ「いいですね。そこにはたくさんのいい絵画があります」(2)「金曜日の午後は何を勉強しますか？」授業に関する会話。①イ「英語と世界史を勉強します」②ア「先週の世界史の授業では何を学びましたか？」③ウ「観覧車の歴史について学びました」
(3)「ナギサ駅への行き方を教えてくれませんか？」道案内の会話。①ウ「はい。ミドリ駅までウエスト線に乗って，そこで乗り換えてください」②イ「なるほど。そこで何線に乗ればいいですか？」③ア「イースト線に乗ってください」

2　(1)「イルカショーはいつ見ることができますか？」ウ「3月1日の午後1時」案内のDolphin Showの部分に「2月1日～3月31日午後1時～2時」とある。　(2)「子どもたちはいつプレゼントをもらえますか？」エ「3月31日」案内の一番下に「子どもたちはイルカショーの最後の日にプレゼントをもらえる」とある。

3　(全訳)　宏　：やあ，ボブ。何を読んでいるの？

ボブ：ロボットについての本を読んでいるんだよ。僕はロボットに興味があるんだ。

宏　：僕もだよ。今はたくさんの種類のロボットがあるね。

ボブ：そうだね。①人を幸せにするロボットがたくさんあるよね。

宏　：どんな種類のロボットに興味があるの？

ボブ：そうだなぁ，僕は友達になれるようなロボットに興味があるよ。きみは将来どんなロボットを持ちたいと思う？

宏　：ペットロボットを持ちたいな。

ボブ：僕もそれが欲しい。②(ところで)食べ物を育てるための空を飛ぶロボットを使ってる人たちを見たんだ。

宏　：ロボットって役に立つね！　それにAIが搭載されているロボットもあるよね。役に立つけれど時に人間には危険でもあるね。

ボブ：どのようにロボットを使うべきかについて考えるのが大切だね。

宏　：うん。すべてのロボットがいい方法で使われるといいなあ。

(1)　(There are many)robots to make people happy(.)　**前の名詞にtoと動詞の原形を続けて「～するための，～すべき(名詞)」という意味を表すことができる。**ここでは「人を幸せにするためのロボット」となる。**<make +人・もの・こと+形容詞>で「(人・もの・こと)を(形容詞)にさせる，する」**の意味がある。

(2)　欲しいロボットの種類を答える。解答例は「ペットロボットを持ちたい」の意味。主語と動詞のある文を書くこと。

(3)　ア「もちろん」　イ「一方」　ウ「ところで」　エ「私の考えでは」前後の話の内容が変わっているのでウがふさわしい。

(4)　ア「ボブはロボットに興味があるが，宏はない」(×)　1つ目のボブ，2つ目の宏の発話参照。イ「宏は食べ物を育てるために人に使われている空を飛ぶロボットを見た」(×)　4つ目のボブの発話参照。　ウ「宏は空を飛ぶロボットは人間にとって危険だと思っている」(×)　4つ目のボブ，5つ目の宏の発話参照。　エ「ボブによると私たちがどのようにロボットを使うかが大切である」(○)　最後のボブの発話参照。

3　(長文読解問題・スピーチ：語句補充，文挿入，英問英答，内容真偽，条件英作文)

(全訳)　みなさん，こんにちは。今日は世界で最も住みやすい都市について話します。みなさんは世界中の多くの人々が住みたい場所がどこか知っていますか？　これらの表を見てください。これは2012年と2022年の世界で最も住みやすい都市を表しています。2012年はメルボルンが世界で最も住みやすい都市でした。しかし2022年は①(それは10位になりました)。

なぜこれらが世界で最も住みやすい都市なのでしょうか？　世界で最も住みやすい都市を決めるのには3つの要素があります。まず，人々がその都市で仕事を見つけることができるでしょうか？②(その都市にはいい仕事があるべきなのです)。2つ目は，その都市は安全か？　もし都市が安全ならばその都市はもっと住みやすくなります。最後の要素は環境です。例えば子どもたちが遊ぶ場所が必要です。③(その都市には公園や木々があるべきです)。

大阪が世界で最も住みやすい都市の一つになりました。なぜでしょうか？ これがその理由です。まず，そこで人はいい仕事を見つけることができます。2つ目は，そこは④(安全な)都市です。そこではあまり犯罪は多くありません。3つ目は，この都市は便利です。たくさんのいいレストランや買い物にいい場所があります。4つ目は，いい学校がたくさんあります。最後に，大阪城があるのでたくさんの木々があります。この結果はうれしいですか？ 他の日本の都市が表に載ると思いますか？ 将来私たちの都市が表に載ることを願っています。

1 メルボルンの2012年と2022年を比べている。

2 ②は直前に仕事が見つかることについて述べているのでイがふさわしい。③は直前に子どもたちの遊び場について述べているのでエがふさわしい。 ア 「その都市にはいい図書館があるべきだ」，ウ 「その都市にはいい博物館[美術館]があるべきだ」は文脈に合わない。

3 直後に犯罪があまりないことについて述べられているので安全な都市であると述べられていることが考えられる。

4 「なぜ大阪は便利なのですか」解答例は「なぜなら大阪にはいいレストランや買い物にいい場所がたくさんあるから」。第3段落第8文参照。

5 ア 「綾香は世界中の多くの人たちがどこを訪れたいかについて話した」(×) 第1段落第2文参照。 イ 「世界で最も住みやすい都市を決めるには4つの要素がある」(×) 第2段落第2文参照。 ウ 「世界で最も住みやすい都市になるにはその都市は安全であるべきだ」(○) 第2段落第5，6文参照。 エ 「大阪は2022年の世界で最も住みやすい都市の表に載った」(○) 第3段落と表を参照。 オ 「綾香は将来自分の都市が最も住みやすい都市になってもらいたくない」(×) 第3段落最終文参照。

6 2つ目のアン先生の発話「でも都市にはそれぞれ問題があります。例えば大阪は人が多すぎます。あなたの都市の問題は何ですか」に対しての返答を考える。解答例は「車が多いと思います」。自分の身近なことについての意見を短い英文で書けるように練習しておくこと。

<国語解答>

一 (一) ① かつやく ② ゆる(やか) ③ 借りる ④ 納得 (二) 青雲目前に在り。 (三) ウ (四) 問一 イ 問二 ウ 問三 [2] 問四 (文節) 意識しました (書き直し) (例)意識することです (五) 問一 いう 問二 (切れ字) や (俳句) エ 問三 ウ

二 問一 ⓐ やわ(らぐ) ⓑ 瞬間 ⓒ 移(す) 問二 (例)出発した街を見ていた 問三 (例)目的地かどうか，相手の話を最後までよく聞き，間違いないか確認すれば 問四 ウ 問五 ア 問六 (例)言葉で表現できないことを表現しようとした絵を分かったような気になり，よく見ない

三 問一 ウ 問二 あいたる 問三 イ 問四 1 (例)花にまがひて 2 (例)雪を花にたとえた 問五 エ 問六 (例)作者の体験をもとに感想が書いてある点。

<国語解説>

一 **(漢字の読み書き，段落・文章構成，脱文・脱語補充，熟語，筆順・画数・部首，仮名遣い，文と文節，表現技法・形式，書写)**

(一)　①　注目を浴びるような素晴らしい活動をして成果をあげること。　②「緩」は，いとへん。　③　送り仮名に注意。「借・りる」。　④　他人の言行を理解し，もっともだと認めること。

(二)　漢字の読む順番は「青」→「雲」→「目」→「前」→「在」だ。「目前」の二字を読んでから二点の付いている「在」を読む。

(三)「平」は，3画目と4画目が連続している。「和」は，5画目の右止めの画が省略されている。

(四)　問一　傍線①は，**資料の提示場所を決めるという話し合いの目的を示している**。　問二　訓読み＋音読みの組み合わせは，「手帳」だ。　問三　資料は，**温暖化によってどのような影響が出るかについての例**が示されているから[2]で提示するのが最も適切だ。　問四　主部が「発表で大切なことは」だから，述部を「意識することです」とすればよい。

(五)　問一　語中・語尾の「は・ひ・ふ・へ・ほ」は，現代仮名遣いで「わ・い・う・え・お」になる。　問二　Aの句の季節は「春」。アは夏，イは冬，ウは秋，エは春の句である。　問三　後ろで，見送りの人々が「後かげのみゆるまではと見送るなるべし」としているので，**後ろ髪引かれる思い**をしている。すなわち未練があるのだ。

二 **(論説文―大意・要旨，内容吟味，文脈把握，漢字の読み書き)**

問一　ⓐ　痛み，騒ぎ，乱れなどがおさまり，平静になる。　ⓑ「瞬」の偏は，「目」。　ⓒ　同音異義語に注意する。

問二　後ろに見えるのは，自分たちが住んでいる街，出発地で，目玉が背中についているからそこを見ることになる。

問三　早合点する蛙たちの様子から，「集中してよく聞くこと」「人の話は最後まで聞くこと」「確認すること」の大切さを伝えた文章だ。早とちりしないために蛙がすべきことは，**相手の話を最後までよく聞いて，目的地かどうかを確認すること**である。

問四　「話に割り込むのはなによりも相手に失礼」とある。**相手の話を途中で遮ることがよくない**のだから，心がけとしては「人の話は最後まで聞くこと」とするのがよい。

問五　「菫」だとわかった瞬間に，花の形も色もみないということは**観察しなくなる**のだ。気にも留めないのだから興味の対象外ということになる。エは「意識して逃れよう」という表現が不適切。自然と観察しなくなるのだ。

問六　**芸術は言葉で表現することができない世界を描いている**のに，それを題名と解説を読んだだけで**分かった気になり観察しようとしないことがもったいない**のである。言葉で表現できないということは解説だけでは説明しきれない想いがこめられているわけで，それは作品をしっかりと観察して心で受けとめる以外に理解する方法はないのだ。

三 **(漢文・古文―内容吟味，文脈把握，脱文・脱語補充，表現技法・形式)**

【現代語訳】　A　今となっては昔のことだが，二月の月末に，風が吹いて雪が舞い散る頃，藤原公任が宰相の中将と人々からお呼びになられていたとき，清少納言のもとへ，懐に入れておく紙に歌の下の句を書いて

　少し春になった気持ちがするなあ

と送った。「いかにも今日の様子によく合っているが，どのように上の句を付けたらよいか」と思い悩む。

　空が寒々と冷えて花が散っているのかと間違えるように降る雪に

と，(清少納言が)見事に上の句を付けて書いた。(公任は)とてもお褒めになった。宰相の源俊賢は「最高位の女官に任命されるように帝に申し上げたい」とおっしゃったということだ。

B　春も夏も秋も雲は冷たそうで雪を舞わせることが多く，二月でも山は寒くて，春らしい季節は短い。

C　本当に今日の様子によく合っている，これの上の句はとてもつけようがないと思い悩んだ。「他に誰がいたのか」と尋ねると，「これこれの方々」と言う。みんなとても立派な方々がいるなかで，公任の宰相の中将に対するご返答を，どうしていいかげんに言い出せるだろうかと，私一人では苦しい思いがするので，中宮様にご覧に入れようとするが，帝がいらっしゃって，お休みになっている。手紙を渡しにきた人は，「早く早くご返答を」と言う。確かに遅れてしまうとしたら，とてもとりえがなくなるので，「どうにでもなれ」と思って，

　空が寒いので花に見間違えてしまうかのように降る雪に

と，ふるえふるえ書いて渡したものの，どう思っているだろうかと，心細い。

問一　係助詞「こそ」があり，係り結びが起きている。

問二　語中・語尾の「は・ひ・ふ・へ・ほ」は，現代仮名遣いで「わ・い・う・え・お」になる。

問三　下の句が書かれた懐紙を渡されたのは清少納言だから，受け取って思い悩むのも清少納言である。

問四　(1)「花にまがひて」という見立ては，漢文には見られない。　(2)見立ての内容を説明する。舞い散る雪を花吹雪に見立てたのだ。

問五　四つめの漢字までは順当に読める。そのあとは「春」→「有」→「少」だから，レ点を用いて，一字ずつ返って読む。

問六　古文Aは，和歌のやりとりという出来事を綴っているが，古文Cは，和歌を詠まねばならなくなった作者の心情があらわになっている文である。

宮崎県公立高等学校（一般）

2023年度

入 試 問 題

2023
年
度

●くわしい解説……49ページ

＜数学＞

時間　50分　　満点　100点

1　次の(1)～(8)の問いに答えなさい。

(1)　$-2+7$ を計算しなさい。

(2)　$-\frac{3}{4}\times\frac{2}{15}$ を計算しなさい。

(3)　$\sqrt{50}+\sqrt{8}-\sqrt{18}$ を計算しなさい。

(4)　等式 $-a+3b=1$ を，b について解きなさい。

(5)　連立方程式 $\begin{cases} y=x-6 \\ 3x+4y=11 \end{cases}$ を解きなさい。

(6)　二次方程式 $9x^2=5x$ を解きなさい。

(7)　右の図は，ある地域の2001年と2021年の９月の「日最高気温」を箱ひげ図に表したものである。

この箱ひげ図から読みとれることとして，**正しいといえること**を，次の**ア**～**エ**から１つ選び，記号で答えなさい。

ア　2001年では，半分以上の日が30℃以上である。

イ　2021年では，平均値が30℃である。

ウ　気温が25℃以下の日は，2021年より2001年の方が多い。

エ　気温の散らばりの程度は，2001年より2021年の方が小さい。

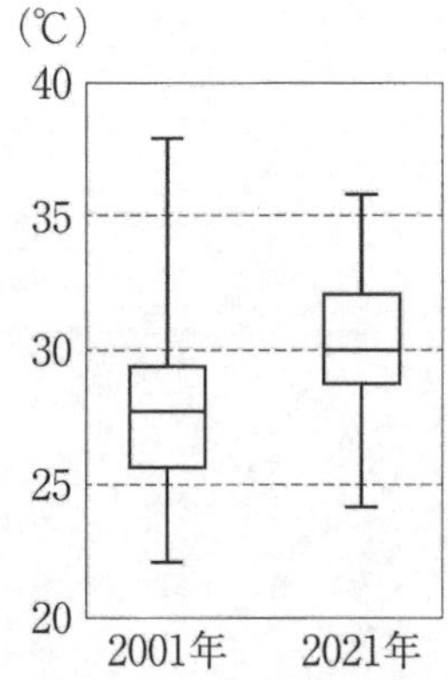

(8)　右の図で，△PQRは，△ABCを回転移動したものである。このとき，回転の中心である点Oをコンパスと定規を使って作図しなさい。作図に用いた線は消さずに残しておくこと。

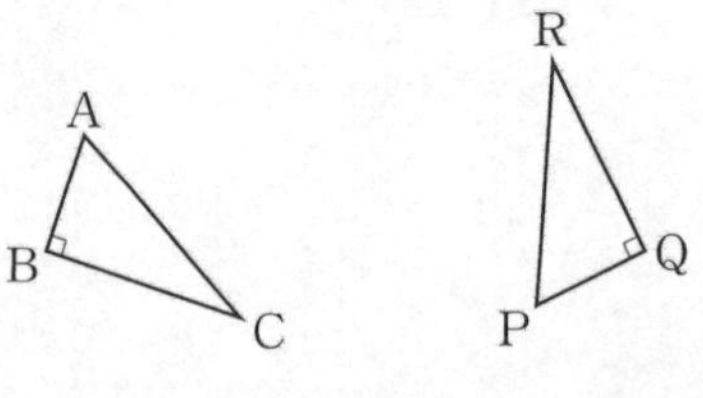

2　後の１，２の問いに答えなさい。

１　次のページの図のような，**1**，**2**，**4**，**6**，**9**の数字が書かれたカードがそれぞれ１枚ずつはいっている箱がある。最初に箱からカードを１枚取り出し，数字を確認した後，箱の中にもどす。次に，箱の中のカードをよくかき混ぜて，もう一度箱の中からカードを１枚取り出し，数字を確認する。

このとき，次の(1)，(2)の問いに答えなさい。

ただし，どのカードが取り出されることも同様に確からしいとする。

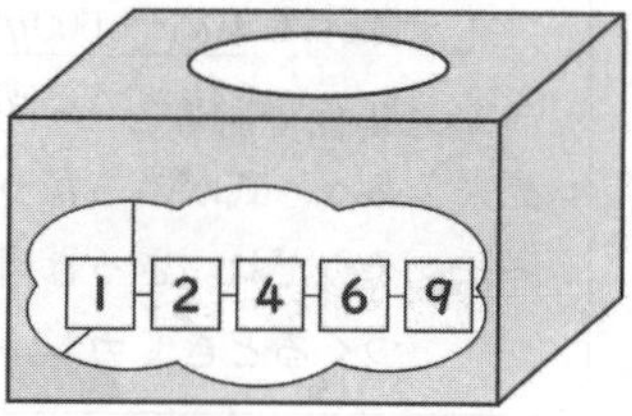

(1)　最初に取り出したカードに書かれた数字と，次に取り出したカードに書かれた数字が同じである確率を求めなさい。

(2)　最初に取り出したカードに書かれた数字を十の位，次に取り出したカードに書かれた数字を一の位とし，２けたの整数をつくる。

このとき，次の**ア**と**イ**では，どちらの方が起こりやすいといえるか，確率を使って説明しなさい。

ア　２けたの整数が，４の倍数になる

イ　２けたの整数が，６の倍数になる

2　亮太《りょうた》さんと洋子《ようこ》さんは，農場の体験活動で収穫したじゃがいもと玉ねぎを使って，カレーと肉じゃがをつくることにした。図は，カレーと肉じゃがの主な材料と分量をインターネットを活用して調べたものである。また，**【会話】**は，２人が何人分の料理をつくることができるか話し合っている場面である。

このとき，次のページの(1)，(2)の問いに答えなさい。

図

カレー（2人分）	肉じゃが（5人分）
牛肉 ------- 140 g	牛肉 ------- 300 g
じゃがいも --- 100 g	じゃがいも --- 600 g
玉ねぎ ------ 130 g	玉ねぎ ------ 250 g
にんじん ----- 30 g	にんじん ----- 180 g

【会話】

亮太：収穫した野菜の重さを量ってみたら，じゃがいもの重さの合計は1120 g，玉ねぎの重さの合計は820 g だったよ。

洋子：調べた分量で，カレーと肉じゃがを両方つくるとすると，それぞれ何人分できるかな。

亮太：カレーを x 人分，肉じゃがを y 人分つくると考えると，使用するじゃがいもの重さの

　合計は $\underline{100x+600y}$（g）になるね。
洋子：ちょっと待って。図の中に書いてある人数をよく見てみようよ。
亮太：あっ，式がまちがっているね。正しい式は □ （g）になるね。
洋子：そうだね。さっき量ったじゃがいもと玉ねぎを全部使って，カレーと肉じゃがを両方つくるとき，カレーは ① 人分，肉じゃがは ② 人分できるね。

(1)【会話】の中で，亮太さんは下線部の式がまちがっていることに気づいた。
□ に当てはまる式を答えなさい。

(2)【会話】の ①，② に当てはまる数を答えなさい。

3 図Ⅰのように，関数 $y=\frac{1}{4}x^2$…①のグラフと直線 ℓ が2点A，Bで交わり，点A，Bの x 座標は，それぞれ－6，4である。
このとき，次の1～3の問いに答えなさい。

1　点Aの y 座標を求めなさい。

2　直線 ℓ の式を求めなさい。

3　図Ⅱは，図Ⅰにおいて，直線 ℓ 上に点Cをとり，点Cを通り y 軸に平行な直線と①のグラフの交点をD，点Dを通り x 軸に平行な直線と①のグラフの交点をEとし，長方形CDEFをつくったものである。
　ただし，点Cの x 座標を t とし，t の変域は $0<t<4$ とする。
　このとき，次の(1)，(2)の問いに答えなさい。

(1)　線分CDの長さを，t を用いて表しなさい。

(2)　長方形CDEFが正方形となるとき，点Cの座標を求めなさい。

図Ⅰ

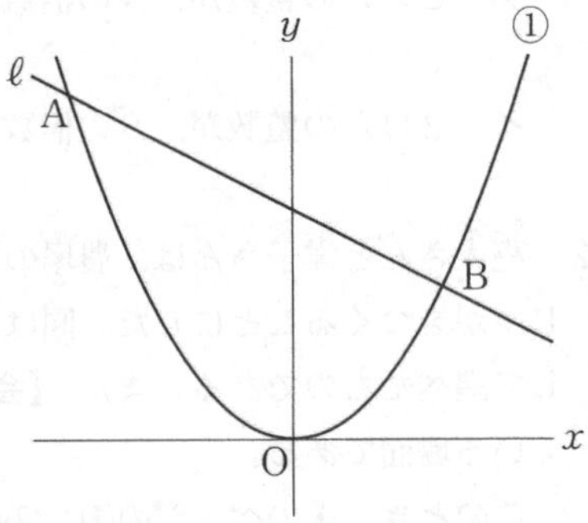

図Ⅱ

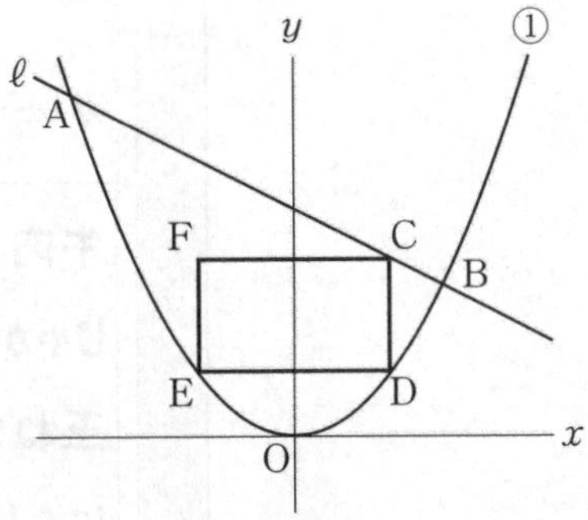

4 図Ⅰのように，線分ABを直径とする円Oの円周上に点Cをとり，△ABCをつくる。∠Cの二等分線と辺ABとの交点をDとする。
　このとき，あとの1，2の問いに答えなさい。

1　∠CAB＝25°のとき，∠CDBの大きさを求めなさい。

図Ⅰ

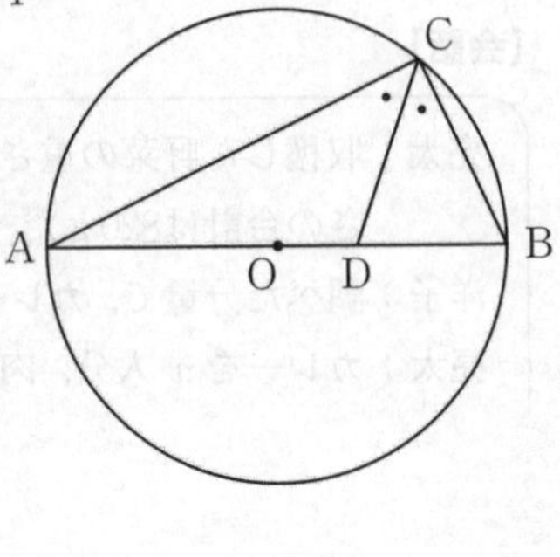

2　図Ⅱは，図Ⅰにおいて，線分CDを延長した直線と円Oとの交点をEとし，線分BE上にCB // DFとなる点Fをとったものである。

AC＝6㎝，BC＝3㎝とするとき，次の(1)～(3)の問いに答えなさい。

図Ⅱ

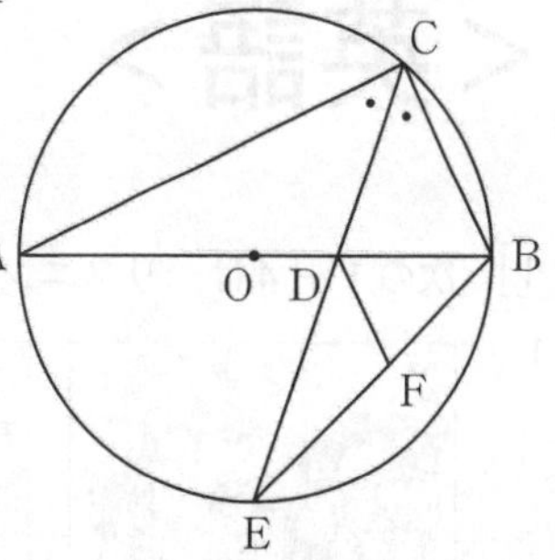

(1)　△BCD∽△DBFであることを証明しなさい。

(2)　線分DBの長さを求めなさい。

(3)　△DEFの面積を求めなさい。

5　図Ⅰのような1辺の長さが6㎝の立方体がある。

このとき，次の1～4の問いに答えなさい。

図Ⅰ

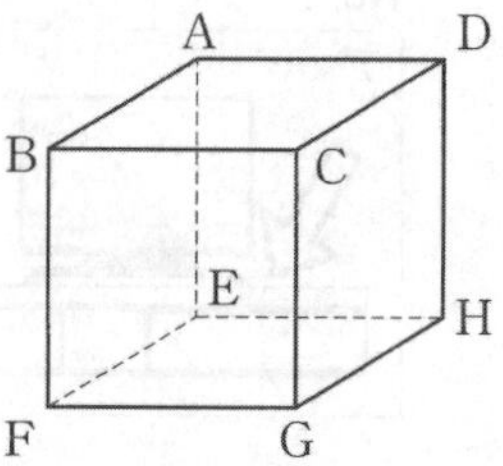

1　図Ⅰにおいて，辺を直線とみたとき，直線BFとねじれの位置にある直線は何本あるか答えなさい。

2　図Ⅱは，図Ⅰにおいて，3点C，F，Hを頂点とする△CFHを示したものである。この△CFHの面積を求めなさい。

図Ⅱ

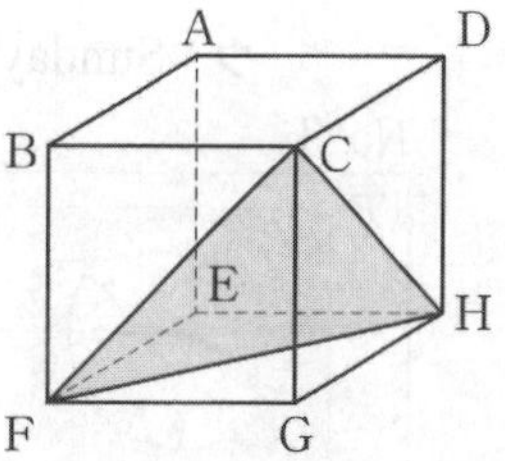

3　図Ⅲは，図Ⅰにおいて，頂点Aを出発して，頂点Bまで動く点Pと，頂点Gを出発して，頂点Hまで動く点Qを示したものである。点P，Qは，それぞれ頂点A，Gを同時に出発して，頂点B，Hまで同じ速さで動く。

このとき，線分PQが動いてできる図形の面積を求めなさい。

図Ⅲ

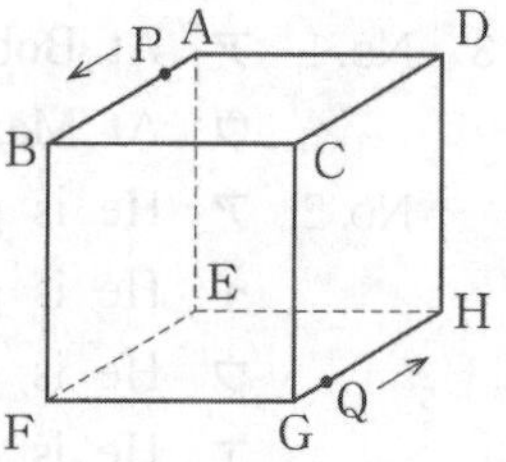

4　図Ⅳは，図Ⅲにおいて，頂点Eを出発して，頂点Fまで動く点Rを示したものである。3点P，Q，Rは，それぞれ頂点A，G，Eを同時に出発して，頂点B，H，Fまで同じ速さで動く。

このとき，△PQRが動いてできる立体の体積を求めなさい。

図Ⅳ

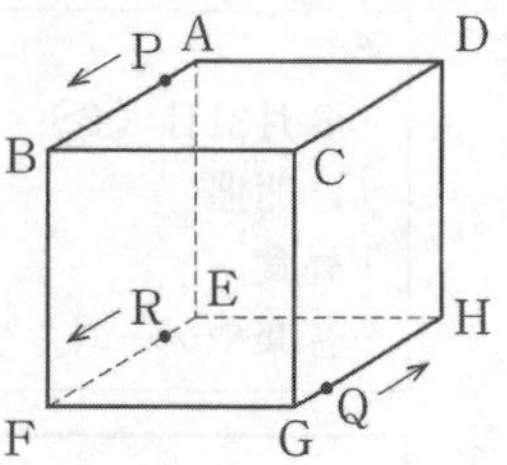

＜英語＞

時間 50分 満点 100点

1 次の１～４は，リスニングテストです。放送の指示に従って答えなさい。

1

2 No. 1

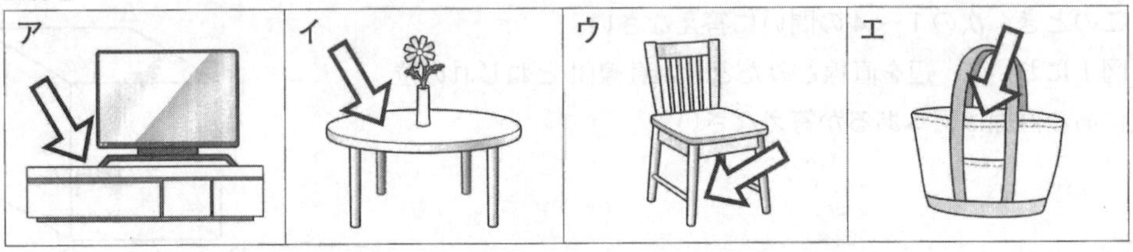

No. 2 ア Saturday morning. イ Saturday afternoon.
ウ Sunday morning. エ Sunday afternoon.

No. 3

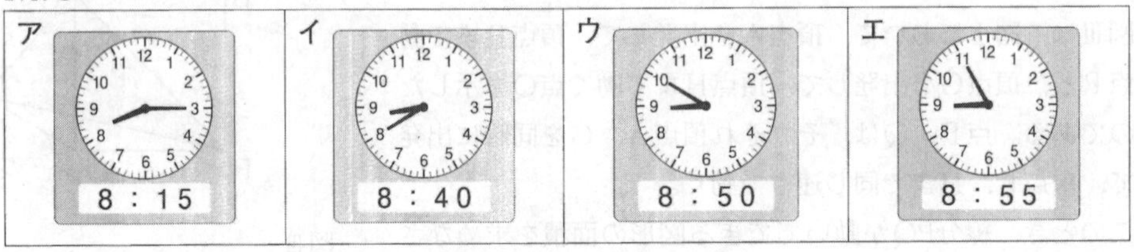

3 No. 1 ア At Bob's house. イ At Kate's house.
ウ At Mary's house. エ At the restaurant.

No. 2 ア He is going to buy a guitar.
イ He is going to invite his friends.
ウ He is going to order food.
エ He is going to play the piano.

No. 3

ア	イ	ウ	エ
・３月31日（金）に開催 ・昼食 ・音楽やゲーム	・３月31日（金）に開催 ・夕食 ・音楽やゲーム	・４月８日（土）に開催 ・昼食 ・音楽やゲーム	・４月８日（土）に開催 ・夕食 ・音楽やゲーム

4

[2] 次の対話は，アメリカにホームステイをしている中学生の芽依 (Mei) とホストファミリーの高校生のアリア (Aria) が話をしているときのものです。下の１，２の問いに答えなさい。

Aria : Mei, your English is getting better.
Mei : Thank you for supporting me.
Aria : [1] Well, why don't we do something tomorrow?
Mei : I want to go to the library in the morning.
Aria : O.K. I need to go there too. How about lunch?
Mei : I would like to eat seafood.
Aria : There is a delicious seafood restaurant near the station.
Mei : That sounds good. Let's go there.
Aria : What do you want to do after lunch?
Mei : [2]
Aria : Oh, I hear the zoo has been closed.
Mei : Really? Then let's go to the art museum in the afternoon.
Aria : [3] I'm sure you will like them.
Mei : By the way, my little sister's birthday is coming soon.
Aria : Are you planning to send a birthday present to her?
Mei : Of course. [4]
Aria : Sure! How about a picture book? She likes reading, right?
Mei : Yes. I hope I can find a book written in easy English for her.
Aria : There is a bookstore near the art museum. [5]
Mei : Great. I think we have made <u>a nice plan for tomorrow</u>.
Aria : I think so too.

1 [1] ～ [5] に入る最も適切なものを，それぞれ次のア～オから１つずつ選び，記号で答えなさい。

ア Can you help me find a nice one?
イ I want to visit the zoo or the art museum.
ウ I'm glad to help you.
エ There are a lot of famous pictures.
オ We can go there in the evening.

2 【地図】のア～エは，芽依とアリアが訪れる場所を表しています。<u>a nice plan for tomorrow</u> として適切な順番に並べかえ，記号で答えなさい。

【地図】

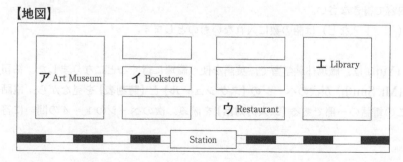

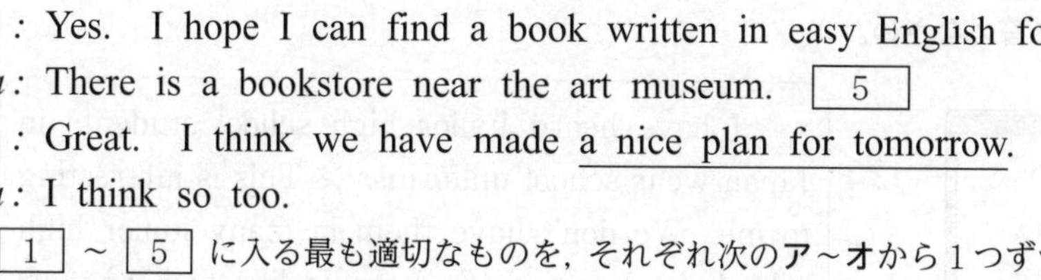

3 次の１～３の問いに答えなさい。

1 次の対話の（１）～（４）に入る最も適切なものを，それぞれア～エから１つずつ選び，記号で答えなさい。

A：（ 1 ）you seen this movie yet?
B：Yes. I saw it with my family（ 2 ）.
A：Wow,（ 3 ）was it?
B：It was fantastic! You（ 4 ）watch it.

（１）	ア Are	イ Did	ウ Do	エ Have
（２）	ア next week	イ last week	ウ tomorrow	エ now
（３）	ア how	イ what	ウ which	エ who
（４）	ア could	イ couldn't	ウ should	エ shouldn't

2 次の⑴，⑵の対話について，（ ）内の語句をすべて用い，意味がとおるように並べかえて，正しい英文を完成させなさい。

ただし，文頭にくる語も小文字で示してあります。

⑴ *A*：John will leave Japan next month.
B：Really? I'll miss him a lot. I（ could / he / longer / stay / wish ）.

⑵ *A*：（ called / this / is / flower / what ）in English?
B：Sorry, I don't know.

3 あなたは，アメリカに住んでいる中学生のルーシー(Lucy)とオンラインで会話をしています。下の⑴，⑵の問いに答えなさい。

I have heard junior high school students in Japan wear school uniforms. ①<u>This</u> is interesting to me. We don't have them in many junior high schools in America. So I would like to hear your opinion. ②<u>What do you think about school uniforms?</u>

⑴ 下線部①This の指す内容を，次の［　　］に合うよう，**15字以内の日本語**で答えなさい。

［　　　　　　　　　　］こと

⑵ 下線部②の質問に対して，あなたならどのように答えますか。**主語と動詞を含み，全体で８語以上になる英文**を書きなさい。英文はいくつでもかまいませんが，複数の文になる場合はつながりがある内容で書きなさい。

また，符号（ , . ! ? など）は語の数に入れないものとします。

4 中学生の祐司(Yuji)は，職場体験学習で，英語を使う職場に行くことになりました。祐司と担当者スミス氏(Mr. Smith)が次のページの【スケジュール】と【時刻表】を見ながら，電話で話しています。この電話の一部である【二人の対話】を読み，次のページの１～４の問いに答えなさい。

【スケジュール】

9:00 a.m.	～	9:15 a.m.	Morning *meeting
9:15 a.m.	～	10:30 a.m.	Online meeting
10:30 a.m.	～	12:00 p.m.	Learning about AI
12:00 p.m.	～	1:00 p.m.	Lunch time
1:00 p.m.	～	3:45 p.m.	*Practical training
3:45 p.m.	～	4:00 p.m.	Afternoon meeting

○ If you have any questions about the work experience program, please call 0120-XXX-XXX.
○ You can walk from Uzaki Station to our office in about 10 minutes.

【時刻表】

*Taiga Station to *Uzaki Station

	*Departure Time	
	Monday to Friday	Saturday and Sunday
5	15 30	55
8	10 35 55	00 20
9	00 15 30	35 55
10	10 35 55	10 35

（注）meeting　会議　practical training　実習　Taiga Station　たいが駅
Uzaki Station　うざき駅　Departure Time　出発時刻

【二人の対話】

Yuji : I am going to visit your office for my work experience next Wednesday. May I [①] you some questions?

Mr. Smith : Yes, of course.

Yuji : Thank you. What time should I come to your office ?

Mr. Smith : You should come at about 8:45 a.m. Do you know how to get to our office from Uzaki Station?

Yuji : Yes, I do. I have visited your office before. I walked from the station to your office.

Mr. Smith : I see. Which train are you going to take?

Yuji : Let me see, it takes 15 minutes from Taiga Station to Uzaki Station. So I will take the train from Taiga Station at [②] a.m.

Mr. Smith : Good. Any other questions?

Yuji : Do I have anything to do before I visit you?

Mr. Smith : That's a good question. Yes, there are two things. First, I would like you to introduce yourself and talk about your school life. So please be ready to give a speech in English. Next, during the time for practical training, you are going to make a website.

Yuji : Wow! I'm very excited. It may be difficult but I will do my [③].

Mr. Smith : I'm glad to hear that. So please think about what you want to design for a new website before you visit us.

Yuji : I understand. Thank you for your time, Mr. Smith.

Mr. Smith : My pleasure.

1 【二人の対話】の [①] に入る最も適切な語を，英語１語で答えなさい。

2 【二人の対話】の [②] に入る最も適切なものを，次のア～エから１つ選び，記号で答えなさい。

ア　8：10　イ　8：20　ウ　8：35　エ　8：45

3 【二人の対話】の [③] に入る最も適切な語を，英語１語で答えなさい。

4 職場体験学習へ参加する前に，祐司が準備する内容として合っているものを，次のページのア

～エから２つ選び，記号で答えなさい。

ア To learn about AI　　イ To think about a speech in English

ウ To walk from Uzaki Station　　エ To have an idea for a new website

5 次の英文は，智明（Tomoaki）と両親（parents）の間の出来事をもとに書かれたものです。後の１～６の問いに答えなさい。

Tomoaki's parents are farmers. They have a large *farm next to the house. They grow healthy vegetables. The vegetables are very delicious and popular among people (①live) in the town. They *are proud of their job.

However, [A] because Tomoaki couldn't go out with his family on the weekends. His friends usually talked *happily about the weekend at school on Mondays. But he had nothing to talk about with his friends. He didn't have time to enjoy the weekends with his family like his friends. His parents worked from morning until night even on the weekends. And when they were very busy, they couldn't have dinner with Tomoaki and his little brothers. Tomoaki felt sad about that.

One day, when Tomoaki came home, he saw many people on the farm. He thought they were local farmers. His parents often had a *meeting to talk about *agricultural *skills to grow healthy vegetables.

However, that day was different. English was (②speak) on the farm. There was a group of foreign people. Tomoaki understood that they were students (　　) were learning about Japanese *agriculture. He walked closer to his parents on the farm. His father and mother were talking with the foreign students. Tomoaki was surprised because his parents were communicating in English. His father was explaining about a new *machine they bought for the first time. Then Tomoaki became more surprised to hear their conversation.

A foreign student : I think this machine is very expensive. Why did you decide to buy it?

Tomoaki's father : Because we must make our work easier. We have been too busy.

Tomoaki's mother : This machine will give us more free time to spend with our children.

Tomoaki realized his parents were worried that they didn't have time with their children. He was so glad to know that.

After that, Tomoaki had a good time with his parents and he became interested in agriculture. He sometimes helps his parents on the farm. He learns agricultural skills from them. He is proud of his parents now and studying hard to go to an agricultural high school. He says, "I will be a farmer like my parents. I want to [B] and make a lot of people happy by selling them." He continues saying, "And I will study English hard in high school. I also want to share our agricultural skills with many people in the world."

（注） farm 農場　be proud of 〜を誇りに思う　happily 楽しそうに　meeting 会合
agricultural 農業の　skill 技術　agriculture 農業　machine 機械

1 次の(1)〜(3)の英文を，本文の内容と合うように完成させるのに，最も適切なものを，それぞれア〜エから１つずつ選び，記号で答えなさい。

(1) Tomoaki felt sad when ＿＿＿＿.
ア he could go out with his parents and his little brothers
イ his friends didn't talk happily about their weekends
ウ he had to work from morning until night even on the weekends
エ he and his little brothers had to have dinner without their parents

(2) A group of foreign students came to the farm to ＿＿＿＿.
ア buy the vegetables Tomoaki's parents grew
イ teach agriculture in English at Japanese schools
ウ learn about Japanese agriculture from Tomoaki's parents
エ sell an expensive machine for agriculture

(3) Tomoaki's parents bought the new machine because they wanted to ＿＿＿＿.
ア stop using an old one
イ grow more vegetables for foreign people
ウ have more time to spend with their children
エ share their agricultural skills

2 (①) と (②) の単語を，それぞれ適切な形にして書きなさい。

3 [A] に入る最も適切なものを，次のア〜エから１つ選び，記号で答えなさい。
ア Tomoaki helped his parents' job
イ Tomoaki didn't like his parents' job
ウ Tomoaki enjoyed growing vegetables
エ Tomoaki didn't want to sell vegetables

4 文中の（ ）に入る最も適切なものを，次のア〜エから１つ選び，記号で答えなさい。
ア who　イ which　ウ what　エ how

5 [B] に入る最も適切な連続した３語の英語を，本文中からそのまま抜き出して答えなさい。

6 次の対話は，智明の話を読んだ後に二人の中学生が話した内容です。対話が成り立つように，下線部に入る主語と動詞を含む６語以上の英文１文を書きなさい。
ただし，符号（，．！？など）は語の数に入れないものとします。

A：This is a wonderful story.
B：I agree. I think that Tomoaki is very happy now.
A：Have you had an experience that made you happy ?
B：Of course.
A：Please tell me more.
B：I felt happy when ＿＿＿＿＿＿＿＿.
A：I see. You felt so happy then.

＜理科＞

時間　50分　満点　100点

1　美穂《みほ》さんは，細胞について調べた。後の１，２の問いに答えなさい。

1　美穂さんは，タマネギの根を使って観察を行い，細胞分裂をするときの染色体の形や位置を調べた。図１は，そのときのスケッチである。下の(1)～(3)の問いに答えなさい。

〔観察〕

① タマネギの根の先端から５㎜切りとり，スライドガラスにのせ，えつき針で細かくくずした。
② ５％塩酸をスポイトで１滴落として，５分間待った。
③ ろ紙で塩酸をじゅうぶんに吸いとった後，［　　］をスポイトで１滴落として，５分間待った。
④ カバーガラスをかけ，その上をろ紙でおおい，指でゆっくりと根を押しつぶした。
⑤ できたプレパラートを顕微鏡で観察した。

図１

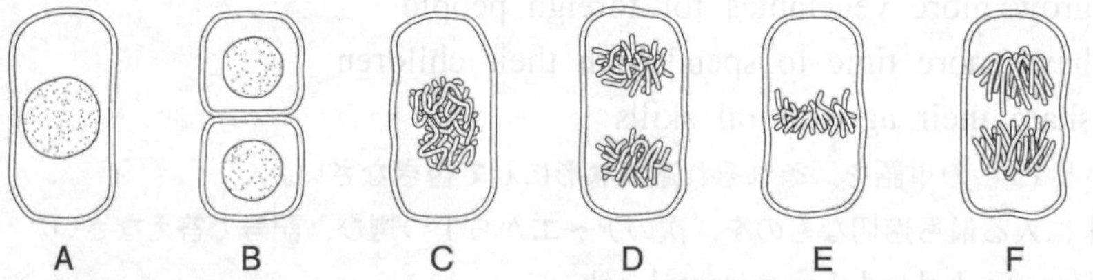

(1) ［　　］に入る染色液として，最も適切なものはどれか。次のア～エから１つ選び，記号で答えなさい。

ア　ヨウ素溶液　　　　　　イ　ベネジクト溶液
ウ　酢酸オルセイン溶液　　エ　BTB溶液

(2) 観察の操作⑤に関する説明として，最も適切なものはどれか。次のア～エから１つ選び，記号で答えなさい。

ア　高倍率から観察しはじめ，染色された核が多い部分をさがし，次に低倍率で染色体のようすを観察する。
イ　低倍率から観察しはじめ，染色された核が多い部分をさがし，次に高倍率で染色体のようすを観察する。
ウ　高倍率から観察しはじめ，染色された液胞が多い部分をさがし，次に低倍率で染色体のようすを観察する。
エ　低倍率から観察しはじめ，染色された液胞が多い部分をさがし，次に高倍率で染色体のようすを観察する。

(3) 図１のＡ～Ｆの細胞を，Ａを最初として，細胞分裂が進んでいく順に並べ，記号で答えなさい。

2　次の文は，細胞のつくりについて調べた美穂さんと先生との会話である。次の会話文を読んで，下の⑴，⑵の問いに答えなさい。

美穂：　植物の細胞には，動物の細胞には見られないつくりがあることがわかりました。
先生：　植物の細胞だけに見られるつくりにはどんなものがありましたか。
美穂：　細胞壁や光合成を行う緑色の粒である［　　］などがありました。
先生：　動物と植物の細胞のつくりやそのはたらきをくわしく調べるのもおもしろそうですね。動物といえば，昨日の授業で脊椎動物の特徴をカードを使ってホワイトボードにまとめましたが，はられたカードのうち８枚がはずれてしまいました。正しい位置にはっておいてもらえませんか。
美穂：　わかりました。

⑴　［　　］に入る適切な言葉を漢字で書きなさい。

⑵　下線部に関して，次の図２は，ホワイトボードから８枚のカードがはずれた状態の表である。また，下のア～クは，ホワイトボードからはずれた８枚のカードである。［①］～［③］のカードとして適切なものを，下のア～クからそれぞれ１つずつ選び，記号で答えなさい。

図２

脊椎動物の５つのなかまの特徴（あてはまるものに○がつけてある）

特　　徴	①			②	魚類
			○	○	○
えらで呼吸する時期がある				○	○
肺で呼吸する時期がある	○	○	○	○	
③		○			
				○	○
卵生で，卵を陸上に産む	○		○		
	○	○	○	○	○

ア　哺乳類　　イ　は虫類　　ウ　鳥類　　エ　両生類

オ　背骨をもっている　　カ　卵生で，卵を水中に産む

キ　胎生である　　ク　羽毛や体毛がない

2　和希《かずき》さんは，火成岩や地震について調べた。後の１，２の問いに答えなさい。

1　和希さんは，マグマの冷え方のちがいと岩石のつくりの関係について調べるために，実験を行い，結果を下のようにまとめた。下の⑴，⑵の問いに答えなさい。

［実験］

① ミョウバンをとけきれなくなるまで60℃の水にとかし，濃い水溶液をつくった。

② 図１のように，①の水溶液をペトリ皿AとBに注ぎ，60℃の水を入れた水そうに入れた。

③ 結晶ができ始めたら，ペトリ皿Bだけを氷水の水そうに移した。

④ しばらくしてからそれぞれのペトリ皿のようすを写真で記録した。

図１

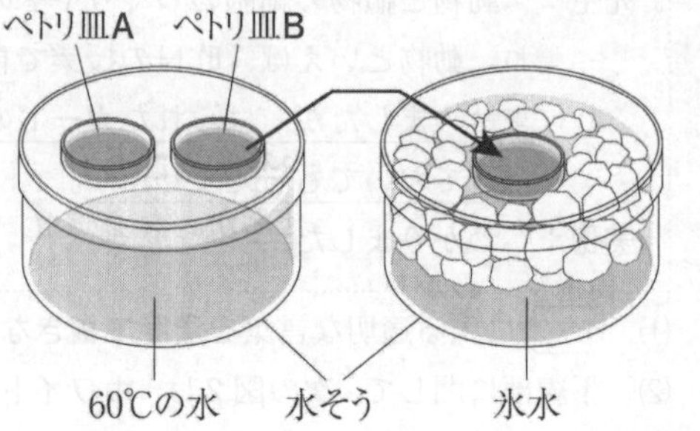

［結果］

ペトリ皿A

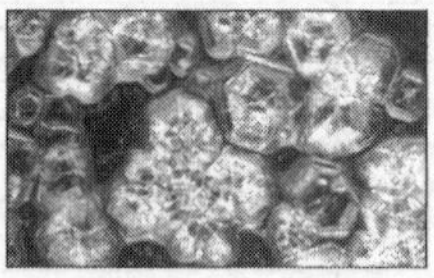

大きな結晶が見られた。

ペトリ皿B

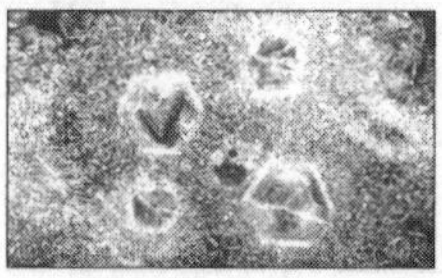

<u>比較的大きな結晶とそれをとり囲む部分が見られた。</u>

ペトリ皿Aで見られた結晶は，ペトリ皿Bの結晶より大きいものが多かった。

⑴ 結果の下線部に関して，図２は，ある火成岩の標本をルーペで観察し，そのようすをスケッチしたものである。斑晶をとり囲む小さな結晶やガラス質の部分を何というか，**漢字で**書きなさい。

図２

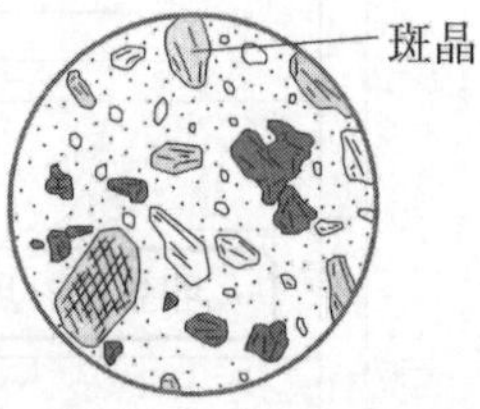

⑵ 和希さんは，マグマの冷え方のちがいと火成岩のつくりの関係について，次のようにまとめた。［①］，［②］に入る適切な記号と言葉の組み合わせを，後のア～エから１つ選び，記号で答えなさい。

［まとめ］（一部）

結果から，冷え方のちがいによって結晶のでき方が異なることがわかった。火成岩は，深成岩と火山岩に大別される。深成岩は結果のペトリ皿［①］で見られる特徴をもち，このような深成岩のつくりを［②］という。

ア　①：A　②：斑状組織　　　イ　①：A　②：等粒状組織

ウ　①：B　②：斑状組織　**エ**　①：B　②：等粒状組織

2　和希さんは，地震について調べる中で，地下の浅い場所で発生した地震における震源距離と２種類のゆれが各地に届くまでに要した時間の関係を示した図３と，緊急地震速報についてまとめた資料を見つけた。下の⑴，⑵の問いに答えなさい。ただし，震源では，Ｐ波とＳ波が同時に発生しており，それぞれ一定の速さで岩石の中を伝わったものとする。

図３

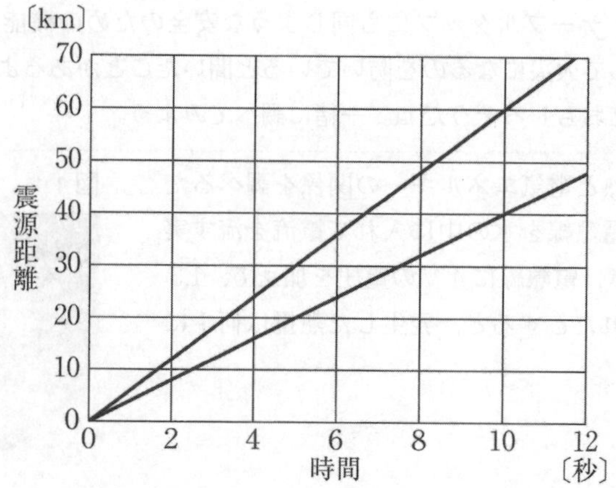

〔資料〕

緊急地震速報とは

緊急地震速報は，地震が発生したときに，震源に近い地震計でＰ波を感知し，各地のＳ波の到達時刻や震度を予測し，すばやく知らせる情報のことです。強いゆれの前に自らの身を守ったり，列車のスピードを落としたりするなどの活用がなされています。

⑴　地震に関する説明として，適切なものはどれか。次の**ア**～**エ**から１つ選び，記号で答えなさい。

ア　地震によって土地が沈降することはあるが，隆起することはない。

イ　いっぱんに震源距離が長いほど，初期微動継続時間は短くなる。

ウ　Ｓ波が届くと初期微動がはじまる。

エ　最初に岩石が破壊された場所の真上にある地表の位置を震央という。

⑵　図３に示した地震において，震源から30㎞離れた地点ＡでＰ波を観測し，その４秒後に震源から80㎞離れた地点Ｂで緊急地震速報を受信したとする。このとき，地点Ｂにおいて，緊急地震速報を受信してからＳ波が到達するまでの時間は何秒か，求めなさい。

3　次の文は，勇人《ゆうと》さんが自宅で停電があったことを，佳菜《かな》さんに話しているときの会話である。次の会話文を読んで，後の１～３の問いに答えなさい。

勇人：　昨日，急に停電してびっくりしたんだ。確認してみたら，家族でいろいろな電気器具を同時に使っていたので，ブレーカーがはたらいて停電したみたいだよ。

佳菜：　それはびっくりしたね。一定以上の大きさの電流が流れると，ブレーカーがはたらいて自動的に電流が流れるのを止めるようにしているというのを調べたことがあるよ。

勇人：　そういえば，テーブルタップにも同じような安全のための機能がついているものがあって，発熱して火災になるのを防いでいると聞いたことがあるよ。

佳菜：　調べてみるとおもしろそうだね。一緒に調べてみよう。

1　勇人さんたちは，熱と電気エネルギーの関係を調べるために，図１のように電熱線を水の中に入れて電流を流す実験を行った。このとき，電熱線に４Ｖの電圧を加えて，1.5 Ａの電流が５分間流れたとすると，発生した熱量は何Ｊになるか，求めなさい。

図１

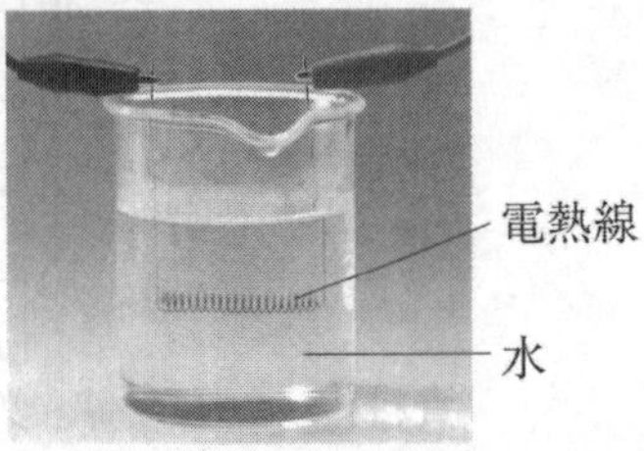

2　勇人さんたちは，複数の抵抗器を同時に使用した際の電流の大きさについて調べるために，図２のような回路をつくり，スイッチを切り替えて電流を測定し，結果を表１にまとめた。このとき，抵抗器ａの電気抵抗は50Ωであることがわかっている。後の⑴～⑶の問いに答えなさい。ただし，抵抗器以外の電気抵抗は考えないものとし，電源の電圧は一定であるものとする。

図２

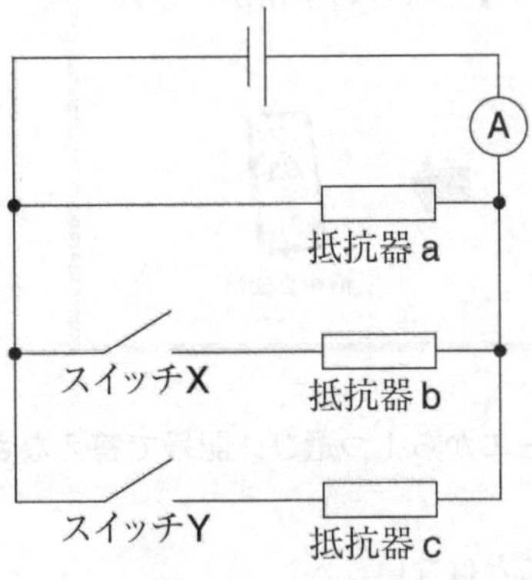

表１

スイッチＸ	切る	入れる	切る	入れる
スイッチＹ	切る	切る	入れる	入れる
電流計の値	120 mA	360 mA	200 mA	□ mA

⑴　スイッチＸとＹを両方とも切っているとき，抵抗器ａに加わる電圧は何Ｖか，答えなさい。

⑵　表１の □ に入る数値として最も適切なものを，次のア～エから１つ選び，記号で答えなさい。

ア　320　　イ　440　　ウ　560　　エ　680

⑶　抵抗器ｂの電気抵抗の値は，抵抗器ｃの電気抵抗の値と比べて何倍か。答えとして最も適切なものを，次のア～オから１つ選び，記号で答えなさい。

ア　$\frac{1}{3}$倍　　イ　$\frac{1}{2}$倍　　ウ　１倍　　エ　２倍　　オ　３倍

3　勇人さんは，家の電気器具を100Vで使用したときの消費電力を調べ，**表２**にまとめた。また，**図３**のように，15A以上の電流が流れると自動で電流が流れるのを止めるテーブルタップをコンセントにつないだ。このテーブルタップに**表２**の電気器具をつなぐときの説明として，適切なものはどれか。下の**ア**～**エ**から１つ選び，記号で答えなさい。ただし，テーブルタップの差し込み口は３か所あり，コンセントの電圧は100Vであるものとする。また，**表２**の電気器具は，それぞれ１つずつしかないものとする。

表２

電気器具	消費電力〔W〕
ヘアドライヤー	1200
テレビ	350
そうじ機	850
扇風機	30

図３

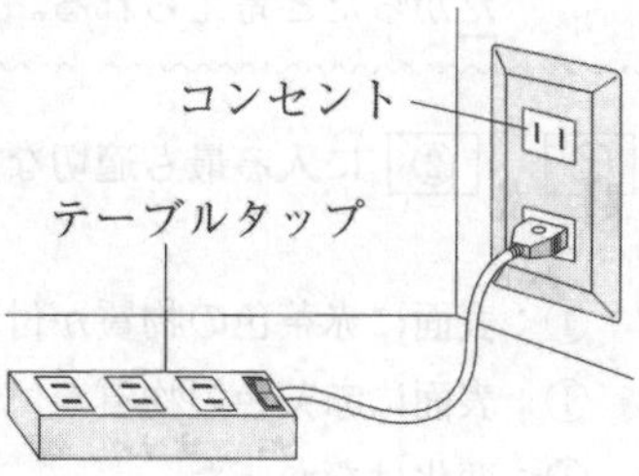

ア　そうじ機は，他の電気器具と同時に使用することはできない。

イ　テレビをつないだとき，あと１つの電気器具をつないで同時に使用できる組み合わせは３通りである。

ウ　２つ以上の電気器具をつなぐとき，同時に使用できる組み合わせは５通りである。

エ　３つの電気器具をつなぐとき，同時に使用できる組み合わせは３通りである。

4　光輝《こうき》さんたちのクラスは，電池について調べ学習を行った。後の１～３の問いに答えなさい。

1　光輝さんたちのグループは，ダニエル電池には金属のイオンへのなりやすさのちがいが利用されていることを知り，ダニエル電池を使って**実験Ⅰ**を行い，**レポートⅠ**にまとめた。後の(1)，(2)の問いに答えなさい。

〔レポートⅠ〕（一部）

【実験Ⅰ】

①　ビーカーの中に素焼きの容器を入れ，その容器の中に硫酸銅水溶液を入れた。

②　ビーカー内の素焼きの容器の外側に硫酸亜鉛水溶液を入れた。

③　素焼きの容器に銅板を，ビーカーに亜鉛板をそれぞれ差し込んだ。

④　**図１**のように，銅板と亜鉛板に電子オルゴールをつなぎ，音が鳴るかを調べた。また，銅板や亜鉛板の表面のようすを観察した。

図１

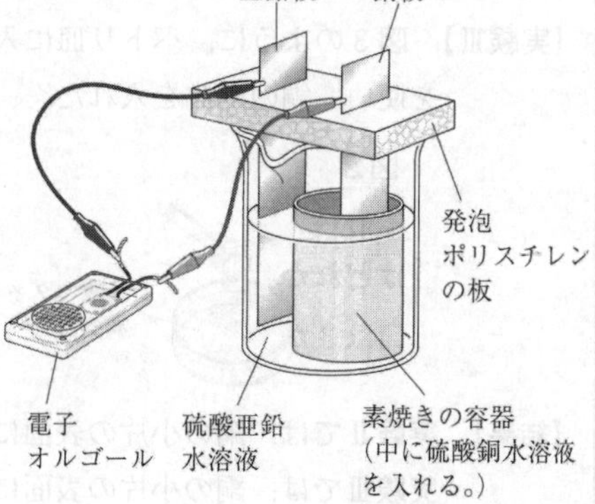

【結果】　電子オルゴールは，亜鉛板に電子オルゴールの＋極をつなぐと音が鳴らず，－極を

つなぐと音が鳴った。

この電池を長い時間使用すると，亜鉛板の表面がぼろぼろになり，細くなっているようすが見られた。また，銅板の表面も同様に観察すると，［　①　］。

【まとめ】　電子オルゴールは，電子オルゴールの＋極と電池の＋極を正しくつながないと音が鳴らないので，実験Ⅰで－極であるのは［②］である。亜鉛板の表面がぼろぼろになり細くなったのは，亜鉛原子が電子を失って，亜鉛イオンになってとけ出したからだと考えられる。

(1)　［①］，［②］に入る最も適切な言葉の組み合わせを，次のア～エから１つ選び，記号で答えなさい。

ア　①：表面に赤茶色の物質が付着していた　　②：亜鉛板
イ　①：表面に赤茶色の物質が付着していた　　②：銅板
ウ　①：変化はなかった　　②：亜鉛板
エ　①：変化はなかった　　②：銅板

(2)　次の化学反応式は，【まとめ】の下線部の化学変化を表したものである。［a］，［b］の部分をそれぞれ答えなさい。ただし，電子はe^-を使って表すものとする。

$$\boxed{a} \longrightarrow \boxed{b} + 2e^-$$

2　光輝さんたちは，金属のイオンへのなりやすさのちがいについてさらに調べるために，実験Ⅱ，Ⅲを行い，レポートⅡにまとめた。銅，マグネシウム，銀の３種類の金属を，イオンになりやすい順に左から並べ，金属の名称で答えなさい。

［レポートⅡ］（一部）

【学習課題】　銅，マグネシウム，銀の３種類の金属では，どの金属が最もイオンになりやすいだろうか。

【実験Ⅱ】　図２のように，ペトリ皿に入れた硫酸マグネシウム水溶液に，プラスチック製のピンセットを使い，銅の小片を入れた。

【実験Ⅲ】　図３のように，ペトリ皿に入れた硝酸銀水溶液に，プラスチック製のピンセットを使い，銅の小片を入れた。

図２

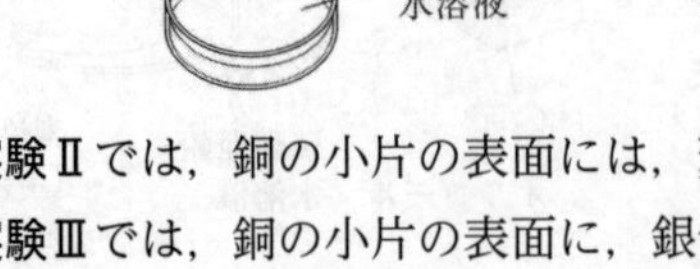

図３

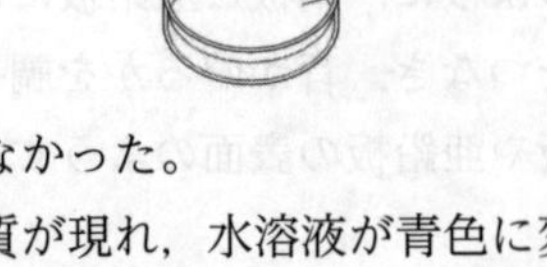

【結果】　実験Ⅱでは，銅の小片の表面には，変化はなかった。
実験Ⅲでは，銅の小片の表面に，銀色の物質が現れ，水溶液が青色に変化した。

3　光輝さんたちは，身のまわりで使われているいろいろな電池を調べていく中で，次のページのような資料を見つけた。［　］に入る適切な言葉を漢字で書きなさい。

〔資料〕

> 化学電池には，使いきりタイプの一次電池と，充電によりくり返し使える二次電池があり，いずれも物質の化学変化を利用している。
> また，水の電気分解とは逆の化学変化を利用して，水素と酸素がもつ化学エネルギーを電気エネルギーとして直接とり出す装置を [　　　] といい，この反応では水だけが生じて有害な排出ガスが出ないため，環境に対する悪影響が少ないと考えられている。

5 慎司《しんじ》さんは，ヒトがどのようにして酸素を体内にとり入れているのかについて興味をもち，調べることにした。後の1～3の問いに答えなさい。

1　次の文は，ヒトの呼吸について説明したものである。[　　] に入る適切な内容を簡潔に書きなさい。

> 肺は，気管支とその先につながる肺胞という小さな袋が集まってできている。肺胞内に入った空気中の酸素は，毛細血管を流れる血液にとりこまれて全身の細胞に運ばれる。肺胞が多数あることで，効率よくガス交換を行うことができる。
> その理由は，[　　　　　　　　　　] からである。

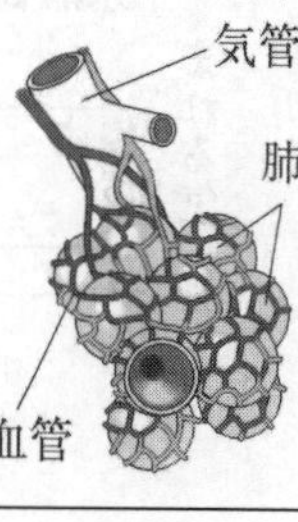

2　慎司さんは，図1のようなヒトの肺の模型をつくり，どのように呼吸が行われているかを調べ，下のようにまとめた。後の(1)，(2)の問いに答えなさい。

図1

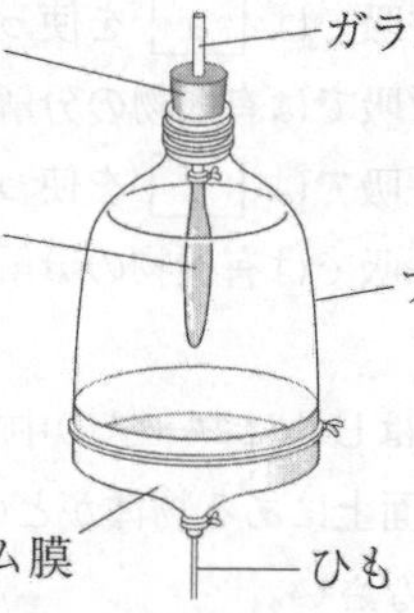

〔まとめ〕

> 肺には筋肉がないので，みずからふくらんだり縮んだりすることはできない。肺はろっ骨とろっ骨の間の筋肉と横隔膜によって囲まれた胸こうという空間の中にある。模型のひもを引くとゴム風船は [　①　] なり，これはヒトが息を [　②　] ときと同じであるということがわかった。

(1)　図1の模型の中で，ヒトの横隔膜に相当するものとして，適切なものはどれか。次のア～エから1つ選び，記号で答えなさい。

ア　ガラス管　　イ　ゴム風船　　ウ　ゴム膜　　エ　プラスチック容器

(2) ①，② に入る適切な言葉の組み合わせを，次の**ア**～**エ**から１つ選び，記号で答えなさい。

ア　①：小さく　②：はく　　**イ**　①：小さく　②：吸う

ウ　①：大きく　②：はく　　**エ**　①：大きく　②：吸う

3　慎司さんは，吸う息とはく息にふくまれる気体の体積の割合について調べる中で，**図２**を見つけた。下の(1)，(2)の問いに答えなさい。ただし，**図２**の a ～ c には息にふくまれる気体の名称が入り，A ，B には「吸う」，「はく」のいずれかが入るものとする。

図２

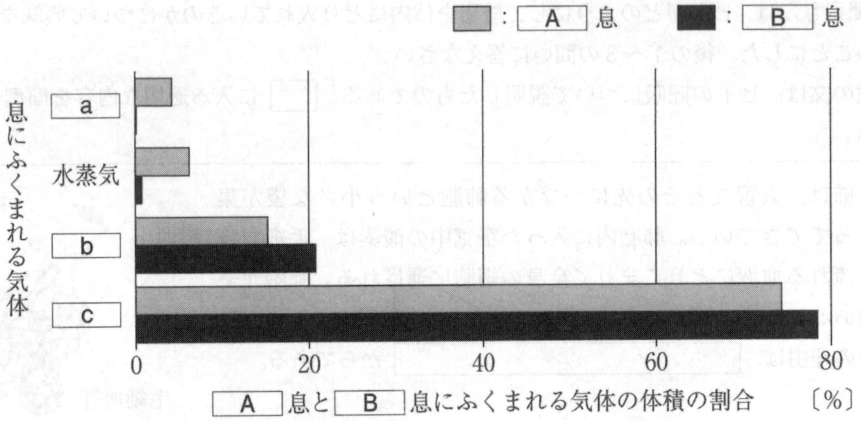

(1) b に入る適切な気体の名称を書きなさい。

(2) **図２**に関する説明として，適切なものはどれか。次の**ア**～**エ**から１つ選び，記号で答えなさい。

ア　A には「吸う」が入り，細胞呼吸では a を使って有機物を分解している。

イ　B には「吸う」が入り，細胞呼吸では有機物の分解により a が発生している。

ウ　A には「吸う」が入り，細胞呼吸では c を使って有機物を分解している。

エ　B には「吸う」が入り，細胞呼吸では有機物の分解により c が発生している。

6　友《ゆう》奈《な》さんは，ジェットコースターが，はじめにコースの中で一番高い位置に引き上げられ，そのあとは動力を使わないことを知り，斜面上にある物体がどのように運動するのかについて調べることにした。後の１～３の問いに答えなさい。

1　**図１**は，斜面上にある物体にはたらく重力を矢印で示したものである。下の(1)，(2)の問いに答えなさい。

(1)　**図１**の物体にはたらく重力を，「斜面に平行な分力」と「斜面に垂直な分力」に分解し，それぞれ矢印で解答用紙にかき入れなさい。

(2)　物体にはたらく力のうち，**図１**のときと比べて，斜面の傾きを大きくしても**変化しないもの**として適切なものはどれか。次のページの**ア**～**エ**から１つ選び，記号で答えなさい。

図１

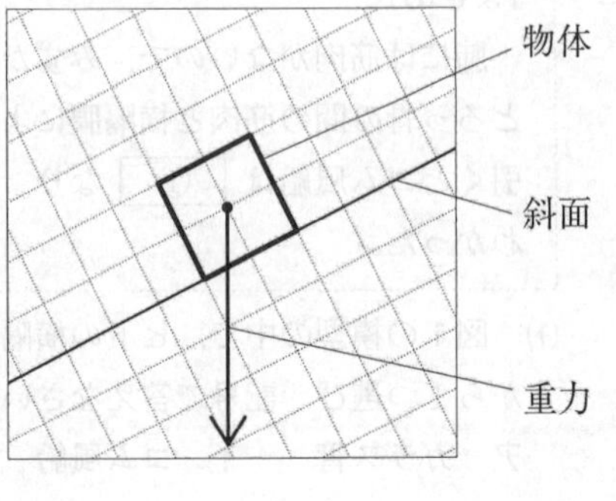

ア　斜面からの垂直抗力の大きさ　　イ　重力の大きさ
ウ　重力の斜面に平行な分力の大きさ　　エ　重力の斜面に垂直な分力の大きさ

2　友奈さんは，カーテンレールを使ってコースを作成し，小球の運動を調べる実験を行うことにした。図2は作成したコースを真横から見た模式図であり，点線は基準面からの高さが等しい面を示している。また，点ＣＤ間と点ＥＦ間および点ＧＨ間は水平である。友奈さんは，点Ａに小球を置いて，そっと手をはなしてレールの上を運動させた。このときの説明として，適切なものはどれか。下のア～エから１つ選び，記号で答えなさい。ただし，小球はレールから離れることなく，なめらかに運動し，摩擦や空気の抵抗は考えないものとする。

図2

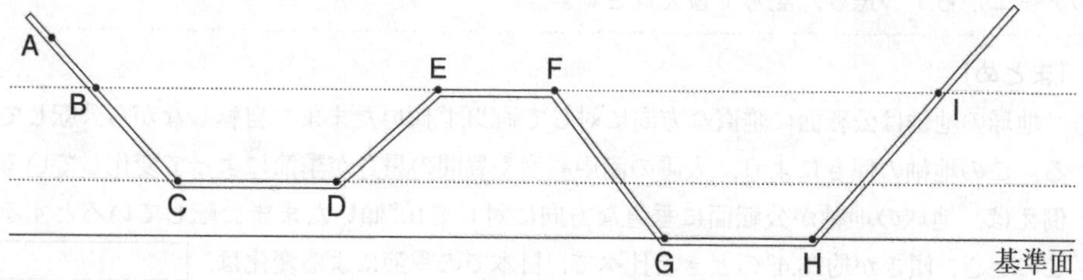

ア　小球がもつ位置エネルギーは，点ＥＦ間にあるときよりも点ＣＤ間にあるときのほうが大きい。
イ　小球が点ＥＦ間を運動するとき，小球がもつ運動エネルギーはしだいに小さくなる。
ウ　小球が点ＣＤ間および点ＧＨ間を運動するときの小球の速さを比べると，点ＧＨ間のほうが大きい。
エ　小球が点Ｂ，点Ｅ，点Ｉにあるときの小球の速さを比べると，点Ｂにあるときが最も小さい。

3　友奈さんは，実際のジェットコースターの運動について調べ，次のようにまとめた。［　　］に入る適切な内容を，「**エネルギー**」という言葉を使って，簡潔に書きなさい。

〔まとめ〕
実際のジェットコースターなど運動する物体では，力学的エネルギーは保存されていない。これは，運動する物体には摩擦や空気の抵抗がはたらくので，力学的エネルギーの一部が，［　　　　　　　　］ためである。

7　鈴恵《すずえ》さんは，太陽と星座の動きについて興味をもち，調べることにした。後の１，２の問いに答えなさい。

1　次のページの図は，季節による星座の移り変わりと地球の公転の関係を模式的に表したものである。後の⑴～⑷の問いに答えなさい。ただし，図のＡ～Ｄは，日本が春分，夏至，秋分，冬至のいずれかのときの地球の位置を示している。
⑴　地球から見た太陽は地球の公転によって，星座の中を動いていくように見える。この星座の中の太陽の通り道を何というか，**漢字で書きなさい**。
⑵　図に関して，地球の自転の向きを示すのはａ，ｂのどちらか。また，地球の公転の向きを示すのはｃ，ｄのどちらか。それぞれの向きを示すものとして，適切な記号の組み合わせを，次

のア～エから１つ選び，記号で答えなさい。

ア　自転：a　　公転：c　　イ　自転：a　　公転：d

ウ　自転：b　　公転：c　　エ　自転：b　　公転：d

⑶　図に関する説明として，適切なものはどれか。次のア～エから１つ選び，記号で答えなさい。

ア　日本が夏至のとき，地球の位置はDである。

イ　地球がAとCの位置にあるとき，南極では１日中，太陽を見ることができる。

ウ　地球がBの位置にあるとき，昼間と夜間の長さがほぼ同じになる。

エ　日本が冬至のとき，真夜中に南の空に見える星座は，さそり座である。

⑷　鈴恵さんは，地球の地軸について調べ，次のようにまとめた。□ に入る適切な内容を，下のア～エから１つ選び，記号で答えなさい。

〔まとめ〕

　地球の地軸は公転面に垂直な方向に対して約23.4°傾いたまま，自転しながら公転している。この地軸の傾きにより，太陽の南中高度や昼間の長さが季節によって変化している。例えば，地球の地軸が公転面に垂直な方向に対して10°傾いたまま公転しているとする。このとき，傾きが約23.4°のときと比べて，日本での季節による変化は，□。

ア　南中高度と昼間の長さのどちらの変化も小さくなる

イ　南中高度と昼間の長さのどちらの変化も大きくなる

ウ　南中高度は変化が大きくなり，昼間の長さは変化が小さくなる

エ　南中高度は変化が小さくなり，昼間の長さは変化が大きくなる

図

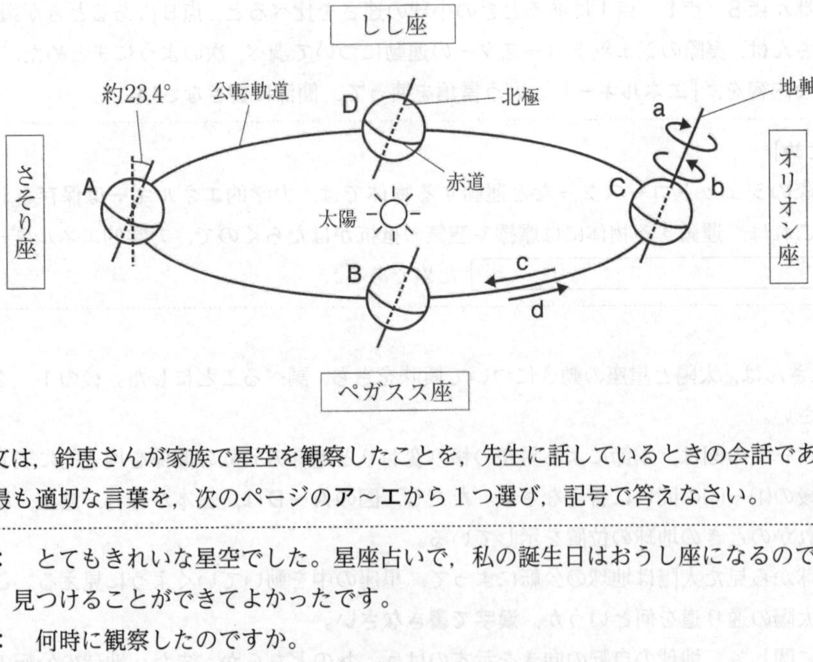

2　次の文は，鈴恵さんが家族で星空を観察したことを，先生に話しているときの会話である。□ に入る最も適切な言葉を，次のページのア～エから１つ選び，記号で答えなさい。

鈴恵：　とてもきれいな星空でした。星座占いで，私の誕生日はおうし座になるのですが，見つけることができてよかったです。

先生：　何時に観察したのですか。

鈴恵：　午後９時に観察しました。おうし座は南の空に見えました。

先生：　見える星座は季節ごとに移り変わることを学習しましたね。鈴恵さんが観察した日から１か月前に同じ場所で観察していたとすると，おうし座が同じ位置に観察できたのは何時だったかわかりますか。

鈴恵：　おうし座は，［　　］に観察できると思います。

先生：　その通りです。よくできましたね。

ア　午後７時　　イ　午後８時　　ウ　午後10時　　エ　午後11時

8　珠美《たまみ》さんは，学校の調理実習で，塩分は料理の全体量の0.8～0.9％が適量とされていることを知り，塩化ナトリウムのとけ方について調べるために**実験**を行った。下の１～４の問いに答えなさい。

〔実験〕

① 水100ｇが入ったビーカーを用意した。
② ①の水に塩化ナトリウムを入れ，完全にとかした。
③ できた水溶液の質量パーセント濃度を塩分濃度計で測定した。

1　塩化ナトリウムの化学式として，適切なものはどれか。次の**ア**～**エ**から１つ選び，記号で答えなさい。

ア　NaCL　　**イ**　NaCl　　**ウ**　NaOH　　**エ**　NaOh

2　**実験**の結果，塩化ナトリウム水溶液の質量パーセント濃度は4.0％であった。このとき水溶液には塩化ナトリウムが何ｇとけているか，求めなさい。ただし，答えは，小数第２位を四捨五入して求めなさい。

3　珠美さんは，**実験**でできた塩化ナトリウム水溶液を加熱したときの質量パーセント濃度の変化についても調べ，次のようにまとめた。［a］，［b］に入る適切な言葉の組み合わせを，下の**ア**～**エ**から１つ選び，記号で答えなさい。

〔まとめ〕
塩化ナトリウム水溶液を加熱していくと，しだいに［a］の量が減少するため，塩化ナトリウム水溶液の質量パーセント濃度は［b］。

ア　a：溶媒　　b：高くなる　　**イ**　a：溶媒　　b：低くなる
ウ　a：溶質　　b：高くなる　　**エ**　a：溶質　　b：低くなる

4　珠美さんは，60℃の水に，とけ残りがないように塩化ナトリウムをできるだけとかして飽和水溶液をつくった。この水溶液をしばらくそのままにして温度を下げることで，結晶として塩化ナトリウムをとり出そうとしたが，ほとんどとり出すことができなかった。珠美さんは，その理由について，**図**をもとに次のようにまとめた。［a］にAまたはBのいずれか１つを入れなさい。また，［b］に入る適切な内容を，「温

図

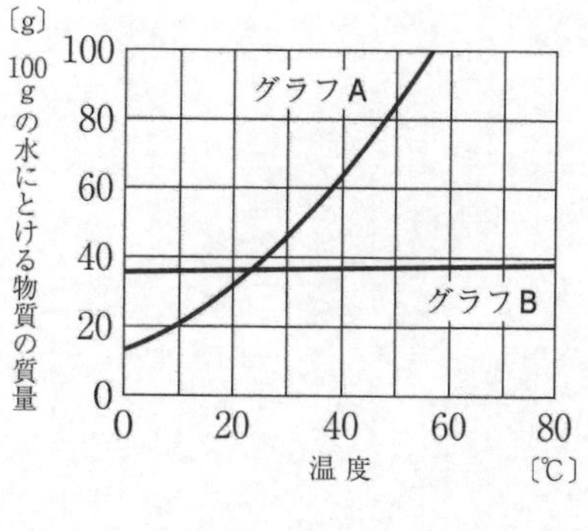

度」という言葉を使って，簡潔に書きなさい。ただし，塩化ナトリウムの溶解度曲線は，図のグラフA，Bのいずれかで示されている。

［まとめ］

図において，塩化ナトリウムの溶解度曲線はグラフ［ a ］で示されている。このグラフから，塩化ナトリウムは［ b ］ので，温度を下げても結晶をほとんどとり出すことはできない。

＜社会＞　時間　50分　満点　100点

1　夕夏《ゆうか》さんのクラスでは，地理的分野の学習で，テーマを決めて調査活動を行いました。

1　夕夏さんは，2023年10月に「宮崎県人会世界大会」が開催されることを知り，「世界各地の宮崎県人会」というテーマで，**資料1**を作成しました。後の(1)～(4)の問いに答えなさい。

資料1　宮崎県人会が設立されている国や地域（14の国や地域）

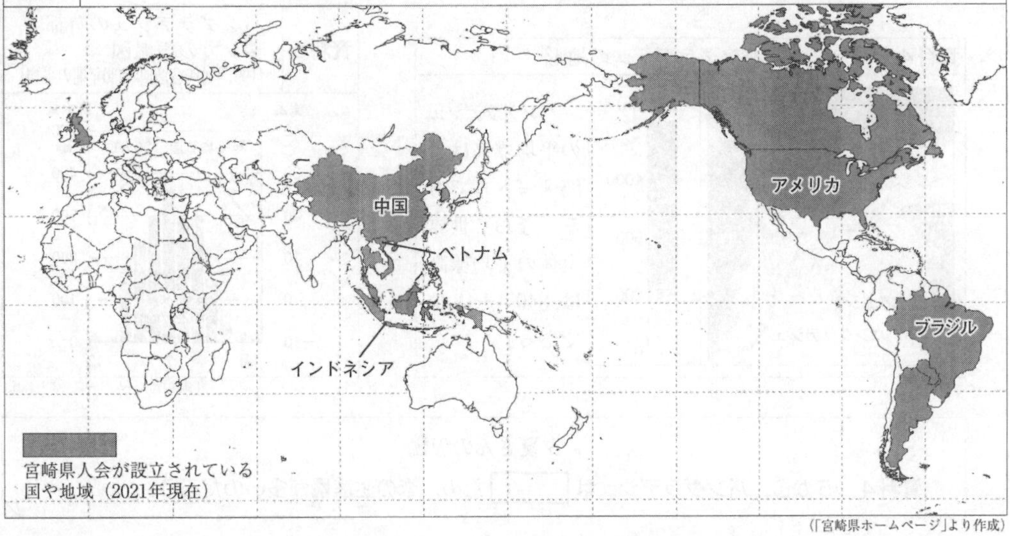

（「宮崎県ホームページ」より作成）

(1)　**資料1**に関して，次の［　　］に当てはまる州名を書きなさい。

> 宮崎県人会が設立されている国や地域の中で，本初子午線が通っているのは，世界を6つの州に分けたうちの［　　］にある。

(2)　夕夏さんは，**資料1**のインドネシアの宗教について調べ，**資料2**を作成しました。**資料2**の［　　］に入る内容として最も適切なものを，下の**ア**～**エ**から1つ選び，記号で答えなさい。

資料2　インドネシアの宗教

> インドネシアで約9割の人が信仰する宗教は，酒や豚肉を口にせず，年に約1か月の間，昼間の断食を実行するという決まりがある。また，この宗教は，［　　］という特徴がある。

ア　主に東南アジアや東アジアに広がっている
イ　特定の民族や地域と強く結びついて信仰されている
ウ　1日に5回，聖地の方角を向いてお祈りをする
エ　聖書を読むことを大切にし，日曜日には教会に行く

(3)　夕夏さんは，**資料1**の中国が世界で最も米の生産量の多い国であることを知り，他の生産量

の多い国について調べるために，資料３を見つけました。そこで，資料３から，「なぜバングラデシュは面積が広くないのに，米の生産量が多いのだろう」という疑問をもち，下のような仮説を立てました。資料４，５をもとに，□に入る適切な内容を書きなさい。

資料３　米の生産上位国と面積（2019年）

順位	国名	米の生産量(千t)	面積(千km^2)
1	中国	209614	9600
2	インド	177645	3287
3	インドネシア	54604	1911
4	バングラデシュ	54586	148
5	ベトナム	43449	331

（「世界国勢図会2021/22」より作成）

資料４　バングラデシュの地形

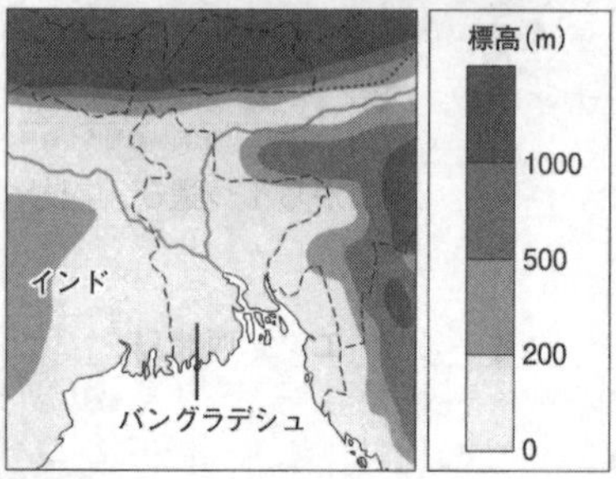

バングラデシュの平均標高は，85メートルである。なお，世界全体の平均標高は，840メートルである。

資料５　バングラデシュの首都ダッカの雨温図（1991年から2020年の30年間の平均）

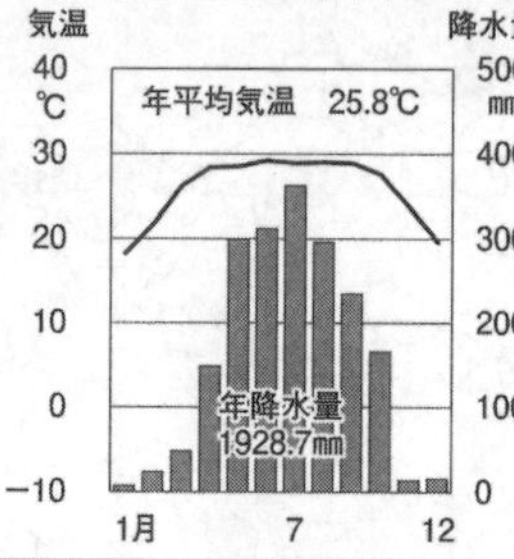

（「気象庁ホームページ」より作成）

夕夏さんの仮説

資料４，５から，バングラデシュは□ため，米の生産量が多いのだろう。

(4)　夕夏さんは，資料１の国や地域について調べていく中で，資料６，７を見つけ，班で話し合いました。①に入る内容として最も適切なものを，次のページのア～エから１つ選び，記号で答え，②には国名を書きなさい。

班の話し合い（一部）

夕夏：資料６の写真は，ベトナム，アメリカ，ブラジルのどれかだけど，ものすごい渋滞だね。どこの国なのか考えてみよう。

伸行《のぶゆき》：これだけ渋滞しているのは，近年，工業化によって急速に経済が成長したからではないかな。

結衣《ゆい》：私もそう思うわ。資料７をもとに考えると，工業化が進んだのは，①ためだと思うよ。

夕夏：そうだとすると，資料６の写真は，②の都市を写したものだと考えられるね。

資料６　ある国の都市の写真（2022年）

資料７　３か国の主要都市と東京の製造業の※労働者の平均賃金（2021年）

都市名（国名）	賃金（ドル）
ハノイ（ベトナム）	241
サンパウロ（ブラジル）	497
ニューヨーク（アメリカ）	3688
東京（日本）	2434

※一般工の月額賃金
（「日本貿易振興機構資料」より作成）

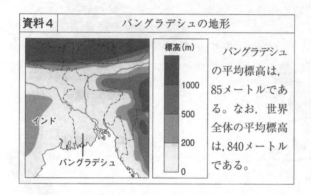

ア　日本からの移民や日系人が多く住んでいる

イ　日本など多くの外国の企業が進出している

ウ　加盟国間の国境の通過が自由化されている

エ　情報技術産業や航空宇宙産業が発達している

2　達也《たつや》さんは，「宮崎の交通」について調べ，**資料１**を作成しました。後の(1)～(4)の問いに答えなさい。

資料１　達也さんが作成した資料

宮崎県内には，福岡県とa鹿児島県を結ぶ日豊本線など，５つの鉄道路線がある。

宮崎空港からb東京や大阪など国内外の空港へ，９路線が就航している。

宮崎港と神戸港の間を結んでおり，多くの旅客やc貨物を運んでいる。

宮崎県内では，d高速道路の整備が進められている。

（「宮崎県観光協会資料」他より作成）

(1)　**資料１**の下線部**a**から沖縄県にかけての島々の名称を，次の**ア**～**エ**から１つ選び，記号で答えなさい。

ア　小笠原《おがさわら》諸島　　**イ**　五島列島　　**ウ**　歯舞《はぼまい》群島　　**エ**　南西諸島

(2)　達也さんは，**資料１**の下線部**b**に関して，**資料２**を見つけました。**資料２**の［①］，［②］と［A］，［B］に当てはまる語の組み合わせとして最も適切なものを，次のページの**ア**～**エ**から１つ選び，記号で答えなさい。

資料２　東京都と宮崎県の1980年と2020年の人口ピラミッド

［①］（都県名）の人口ピラミッド

［A］年

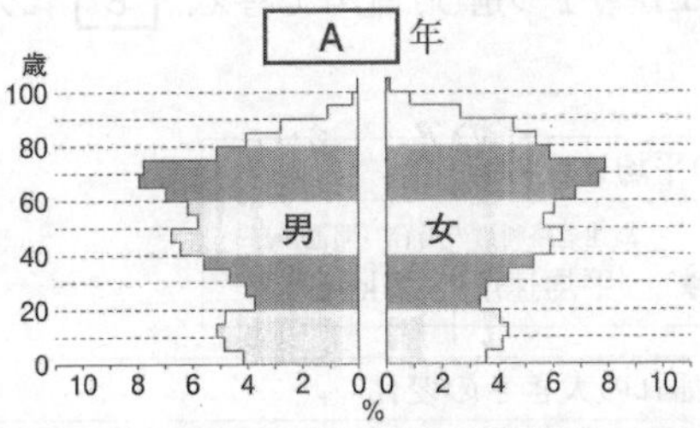

［B］年

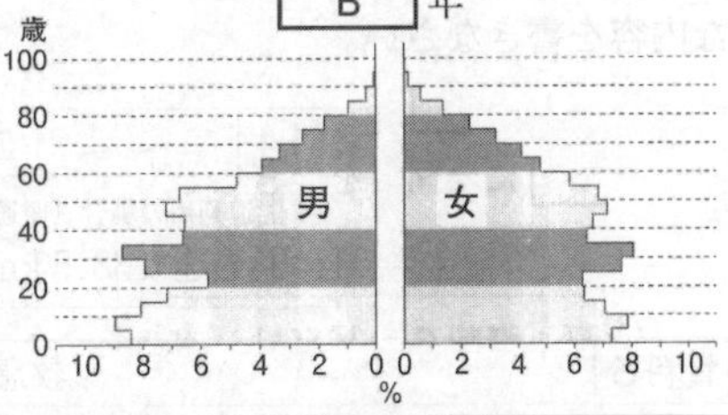

［②］（都県名）の人口ピラミッド

［A］年

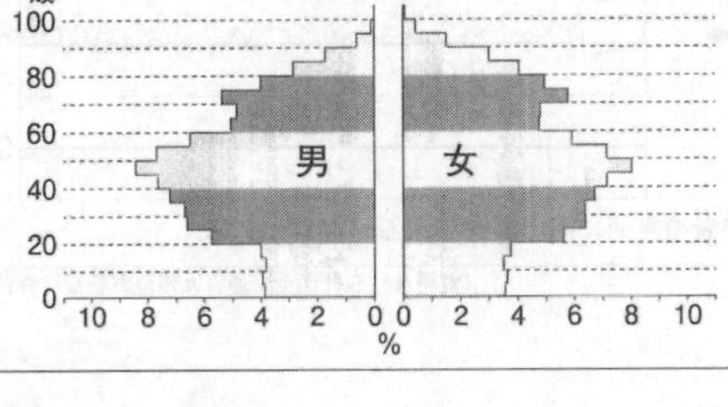

［B］年

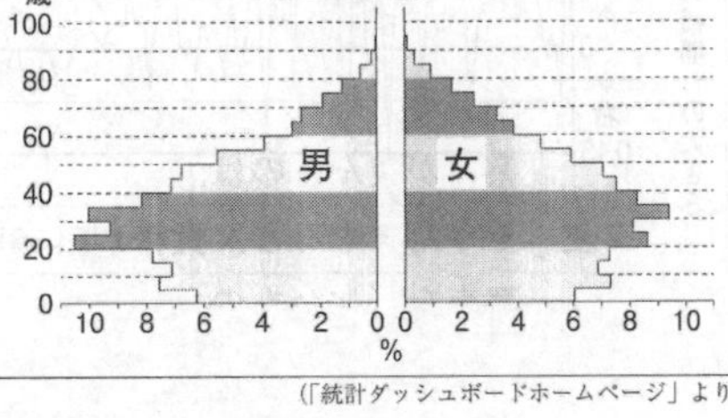

（「統計ダッシュボードホームページ」より作成）

ア　①－東京都　②－宮崎県　A－1980　B－2020
イ　①－東京都　②－宮崎県　A－2020　B－1980
ウ　①－宮崎県　②－東京都　A－1980　B－2020
エ　①－宮崎県　②－東京都　A－2020　B－1980

(3) 達也さんは，**資料１**の下線部**c**に関して，**資料３**を見つけ，日本国内の貨物輸送について，下のようにまとめました。**資料３**をもとに，［①］に当てはまる輸送手段を**資料３**の４つのうちから１つ答え，［②］に入る内容として最も適切なものを，下の**ア**～**エ**から１つ選び，記号で答えなさい。

資料３　日本国内の貨物輸送（2020年）

輸送手段	鉄道	自動車	船	航空機
貨物の重量（百万トン）	39.1	3787.0	306.1	0.5
貨物の重量と輸送された距離との積（百万トンキロ）	18339.9	213419.2	153823.6	575.8

（「国土交通省資料」他より作成）

達也さんのまとめ①（一部）

資料３から，日本の貨物輸送を「貨物の重量」の単位（トン）に着目した場合，［①］が約９割をしめている。一方，「貨物の重量と輸送された距離との積」の単位（トンキロ）に着目すると，船や鉄道のしめる割合が「貨物の重量」の単位（トン）の場合より高くなっている。このことから，［②］ということが考えられる。

ア　船や鉄道はより短距離の輸送で多く利用されている
イ　船や鉄道はより長距離の輸送で多く利用されている
ウ　自動車や航空機には多くの貨物を積むことができる
エ　自動車や航空機には多くの貨物を積むことができない

(4) 達也さんは，**資料１**の下線部**d**に関して，宮崎県内の東九州自動車道（一部区間）の開通による効果について，医療，観光，産業，防災の４つの視点で，下のようにまとめました。**資料４，５**は，まとめるために使った資料の一部です。**資料４，５**をもとに，［A］に当てはまる視点として最も適切な語を，次のページの**ア**～**エ**から１つ選び，記号で答え，［B］に入る適切な内容を書きなさい。

資料４　救急車の平均速度の変化

国道利用の場合（開通前）		高速道路利用の場合（開通後）
平均速度38.5 km/h	➡	平均速度73.7 km/h

資料５　救急車の横揺れの大きさの変化

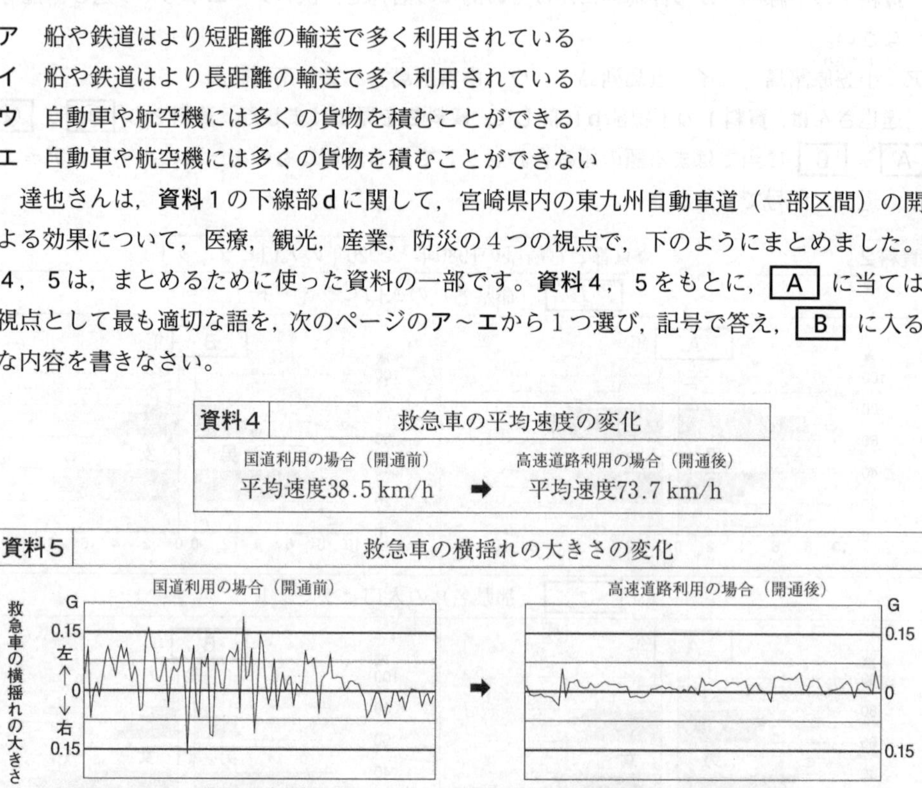

※横揺れの大きさが0.15 G を超えると患者の容態に悪影響を与える可能性がある

（資料４，５「国土交通省九州地方整備局資料」より作成）

達也さんのまとめ②（一部）	
高速道路が開通することにより，いろいろな面での効果が考えられる。	
視点	考えられる効果
	より広い範囲から人が訪れ，県内の他の地域まで訪問する可能性も高まる。
	輸送に便利な高速道路沿いに新しい工場が立地し，新しい雇用が生まれる。
	地震や津波が起きた際に，避難ルートや救援物資の配送路となる。
A	B

ア　医療　　イ　観光　　ウ　産業　　エ　防災

2　**省吾《しょうご》さんのクラスでは，歴史的分野の学習で，テーマを決めて，班ごとに発表することになりました。**

1　省吾さんは，「宮崎県の伝統的工芸品」について調べ，資料１を作成しました。後の(1)～(4)の問いに答えなさい。

資料１　省吾さんが作成した資料（一部）

高千穂神楽《かぐら》面

平安時代末期から a鎌倉時代にかけて成立したといわれる高千穂の夜神楽で使用される。

宮崎手漉《てすき》和紙

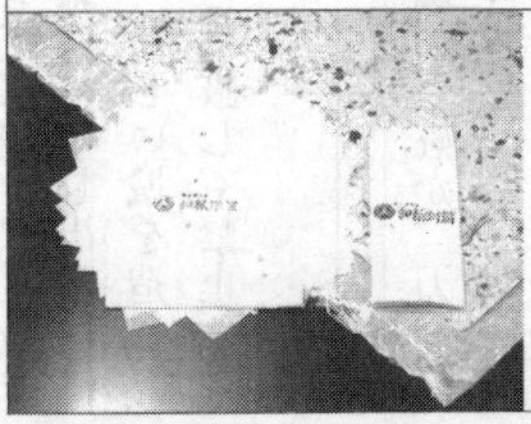

和紙の製法は朝鮮半島から伝わり，古代には天皇や貴族が娯楽のためにつくらせた b絵巻物などに使われた。

c都城大弓《だいきゅう》

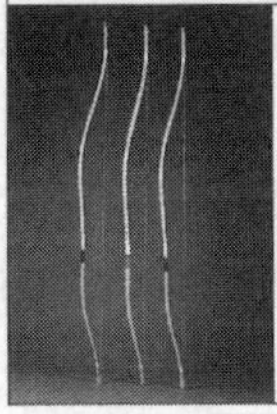

薩摩《さつま》藩の武士の武具として江戸時代初期に製法が確立したとされる。現在，全国の竹弓の約90％を生産している。1994年に国の伝統的工芸品に指定された。

宮崎手紬《てつむぎ》

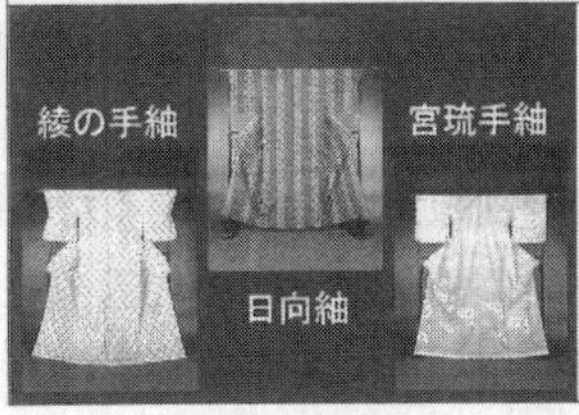

16世紀ごろから製作されている宮崎手紬の一つに，d琉球《りゅうきゅう》紬を原型とする「宮琉手紬」がある。

（「宮崎県ホームページ」より作成）

(1)　資料１の下線部aに関して，この時期に起こったできごとを，次のア～エから１つ選び，記号で答えなさい。

ア　大塩の乱　　イ　応仁の乱　　ウ　承久の乱　　エ　壬申《じんしん》の乱

(2)　省吾さんは，資料１の下線部bについて，次のページの資料２を見つけました。この絵巻物に描かれている時代の文化に関する説明として最も適切なものを，後のア～エから１つ選び，記号で答えなさい。

ア　漢字を変形させ，日本語を書き表せるかな文字がつくられた。

イ　神話や伝承，記録などをもとにした「日本書紀」がつくられた。

ウ　「平家物語」が琵琶《びわ》法師によって民衆に広められた。

エ　世相を皮肉ったり権力者を批判したりする川柳や狂歌が流行した。

資料２	源氏物語絵巻

(3)　省吾さんは，**資料１**の下線部**c**に関して，弓の歴史について調べていく中で，**資料３**を見つけ，班で話し合いました。［ア］，［イ］には適切な語を書き，［ウ］には**資料３**の**A**～**C**を，年代の古い順に記号で並べなさい。

資料３　省吾さんが見つけた資料

A

一　諸国の百姓が、刀やわきざし、弓、やり、鉄砲、そのほかの武具などを持つことは、固く禁止する。

B

一　文武弓馬の道（学問と武芸）にひたすら精を出すようにしなさい。

一　諸国の城は、修理する場合であっても、必ず幕府に申し出ること。新しい城を造ることは厳しく禁止する。

C

此比《このごろ》都ニハヤル物
夜討《ようち》強盗謀綸旨《にせりんじ》
（中略）
弓モ引《ひき》エヌ犬追物《いぬおうもの》
落馬矢数ニマサリタリ

班の話し合い（一部）
省吾：Aは百姓が武器を持ってはいけないということが書いてあるよね。Bは何の資料だろう。
絢音《あやね》：幕府が全国の大名を統制するためにつくった［ア］という法律だね。
直人《なおと》：Cは，後醍醐《ごだいご》天皇が始めた天皇中心の新しい政治である［イ］が行われたころにつくられた「二条河原の落書」の一部だよね。
省吾：ということは，これらA～Cの資料を年代の古い順に並べると［ウ］ということになるね。

(4)　省吾さんは，**資料１**の下線部**d**について調べていく中で，**資料４**を見つけ，「なぜ幕府は中国に配慮して薩摩藩の琉球支配を国際的に主張しなかったのだろう」という疑問をもちました。そこで，次のページの**資料５**，６のいずれかを使って，次のページのように仮説を立てました。［　］に入る内容として最も適切なものを，次のページの**ア**～**エ**から１つ選び，記号で答えなさい。

資料４　琉球についての年表

年	主なできごと
1429	琉球王国が成立 中継貿易で栄える
1609	薩摩藩が琉球を征服する ［幕府は中国に配慮して薩摩藩の琉球支配を国際的に主張しなかった］
1634	琉球から江戸幕府への使節が始まる

資料５　17世紀ごろの琉球の貿易

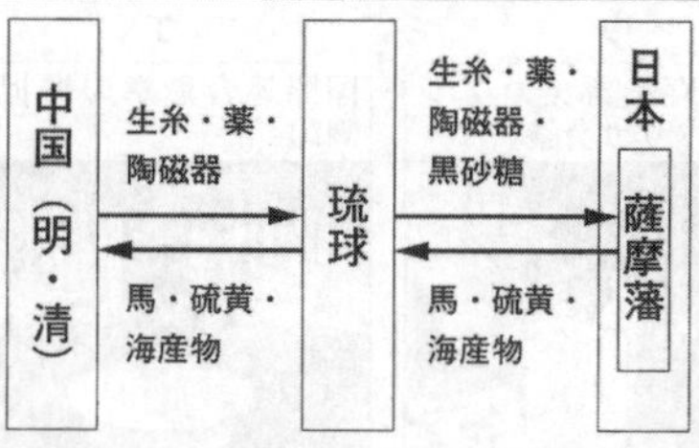

資料６　琉球から江戸幕府への使節

琉球からの使節は，薩摩藩の指示により中国風の衣装を着ている。

省吾さんの仮説

幕府が中国に配慮して薩摩藩の琉球支配を国際的に主張しなかったのは，［　　］からだろう。

ア　資料５から，琉球に朝貢貿易を続けさせ，それを管理して利益を得ようとした

イ　資料５から，将軍の権威が異国に及んでいると人々に思わせようとした

ウ　資料６から，琉球に朝貢貿易を続けさせ，それを管理して利益を得ようとした

エ　資料６から，将軍の権威が異国に及んでいると人々に思わせようとした

2　美琴《みこと》さんの班は，「国民の祝日に関する歴史」について調べ，**資料１**を作成しました。後の(1)～(5)の問いに答えなさい。

資料１　美琴さんの班が作成した資料

11月 3日

【11月３日　文化の日】（1948年制定）
1946年11月３日の日本国憲法公布を記念して，「a自由とb平和を愛し，c文化をすすめる日」として制定された。

4月 29日

【４月29日　昭和の日】（2007年制定）
昭和天皇の誕生日に由来する祝日として，「激動の日々を経て，d復興を遂げた昭和の時代を顧み，国の将来に思いをいたす日」として制定された。

5月 5日

【５月５日　こどもの日】（1948年制定）
「eこどもの人格を重んじ，こどもの幸福をはかるとともに，母に感謝する日」として制定された。

（「内閣府ホームページ」より作成）

(1)　美琴さんは，**資料１**の下線部aの権利が盛り込まれた**資料２**を見つけました。この**資料２**が発表された市民革命を，次の**ア**～**エ**から１つ選び，記号で答えなさい。

ア　辛亥《しんがい》革命

イ　名誉革命

ウ　フランス革命

エ　ロシア革命

資料２　人権宣言（1789年）

第１条　人は，生まれながらにして，自由・平等である。
第３条　主権は国民にある。

（部分要約）

(2)　美琴さんは，**資料１**の下線部bに関して，平和に関するできごとについて調べていく中で，次のページの**資料３**を見つけました。**資料３**の**ア**～**エ**を，年代の古い順に記号で並べなさい。

資料3　美琴さんが見つけた資料

ア

自衛隊の平和維持活動（PKO）の様子

イ

ウィルソン大統領による国際連盟の設立の提案

ウ

平和共存を訴えたアジア・アフリカ会議

エ

国際連合憲章の採択と調印

(3)　美琴さんは，**資料1**の下線部**c**について資料を用いてまとめることにしました。そのうち，大正時代の文化の特色をまとめるために用いる資料として最も適切なものを，次の**ア**～**エ**から1つ選び，記号で答えなさい。

ア　葛飾北斎が描いた風景画の場所をあらわした地図資料

イ　大衆雑誌の発行部数や，ラジオ放送が開始されたときの受信契約者数の資料

ウ　手塚治虫などの漫画作品を原作とするテレビアニメーションをまとめた資料

エ　文明開化の様子が分かる東京銀座のれんが街を描いた絵画資料

(4)　美琴さんは，**資料1**の下線部**d**について調べていく中で，**資料4**，**5**を見つけ，国民生活の変化について，下のようにまとめました。**資料4**，**5**を関連づけて，□に入る適切な内容を書きなさい。

資料4　電化製品の普及

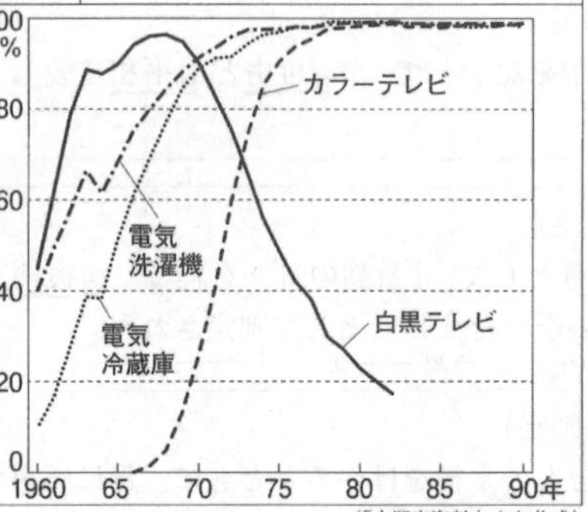

（「内閣府資料」より作成）

資料5　戦後の日本の高度経済成長

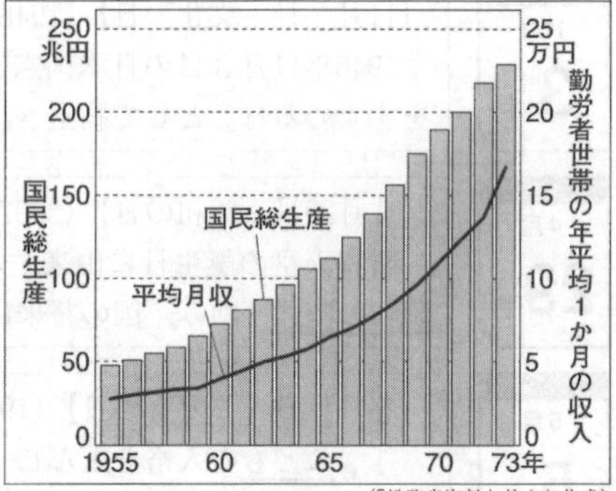

（「総務省資料」他より作成）

美琴さんのまとめ①（一部）

日本の国民生活の変化に着目すると，**資料4**，**5**から，戦後，□と考えられる。

(5)　美琴さんは，**資料1**の下線部**e**に関して，明治期の学校制度と人々の生活について調べていく中で，次のページの**資料6**，**7**，**8**を見つけ，小学校の就学率の変化について，次のページのようにまとめました。**資料7**，**8**をもとに，①，②に入る内容として適切なものを，次のページの**ア**～**オ**からそれぞれ1つ選び，記号で答えなさい。

資料６　小学校の就学率の推移

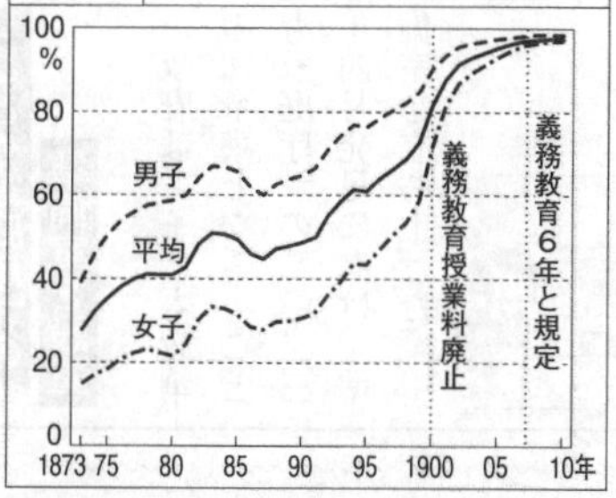

資料７　主要産物の価格の推移

1882～84年を100としたときの各期間の価格

価格指数	品名	1882～84年	1887～89年	1892～94年	1897～99年	1902～04年
	農産物	100	83	115	175	192
	米	100	93	117	195	209
	工業製品	100	85	92	133	149

（「詳説日本史図録」より作成）

資料８　教育に関する制度

年	主なできごと
1872	学制公布（満６歳になった男女をすべて学校に通わせることが義務とされる）
1879	教育令公布（就学義務が緩和され16か月に短縮される）
1880	改正教育令公布（小学校に関する国から地方への補助金が廃止される）
1886	小学校令公布（小学校の経費は児童の授業料でまかなうこととされる）

（資料６，８「学制百年史」より作成）

美琴さんのまとめ②（一部）
資料６の1880年代後半に小学校就学率が下がっていることの背景として，**資料７**から，［ ① ］ということや，**資料８**から，［ ② ］ということが考えられる。

ア　学制が公布されたことで，満６歳以上の男女すべてに教育を受けさせることになった
イ　米の価格が20年間で約２倍に増えたことで，土地を手放して小作人となる者が増えた
ウ　各家庭の授業料負担が増えたことで，子どもを学校に通わせることができなくなった
エ　子どもを学校に通わせなければならない期間が短くなり，家業や手伝いを優先させた
オ　農産物や米の価格が下落したことで，農村において生活に困窮する家庭が増えた

３　**萌花《もえか》さんのクラスでは，公民的分野の学習で，テーマを決めて発表することになりました。**

1　萌花さんの班は，「私たちの生活と政治」というテーマで，最近の気になるニュースの新聞記事を集め，**資料１**を作成しました。後の(1)～(4)の問いに答えなさい。

資料１　萌花さんの班が集めた記事（一部）

記事Ａ

在外投票不可は違憲

海外在住の日本人が最高裁判所裁判官の国民審査に投票できないのは憲法違反かどうかが争われた訴訟で、一審の東京地方裁判所、二審の東京高等裁判所に続き、最高裁判所は違憲との初判断を示した。

記事Ｂ

通常国会が閉幕

通常国会は、会期を延長せずに閉幕した。今国会では、政府が六十一本の法案を提出し、すべて成立した。

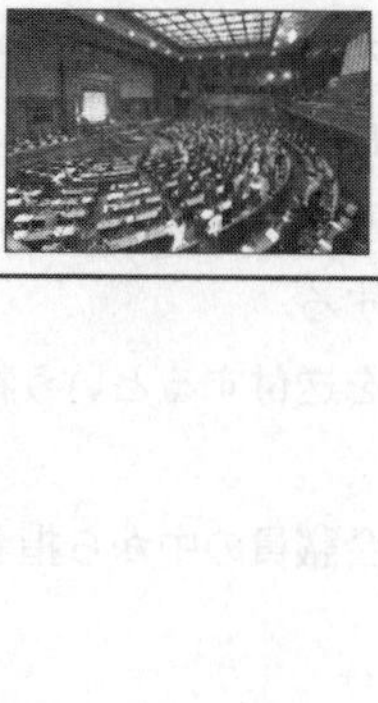

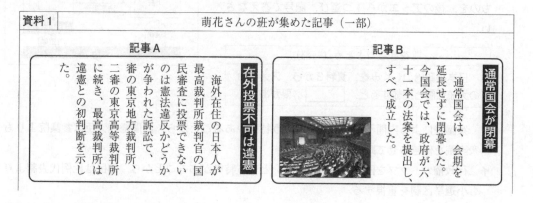

記事C

米大統領、初の来日

アメリカの大統領は、就任後初めて日本を訪問した。滞在中、日本の内閣総理大臣との日米首脳会談などが行われた。

記事D

「こども家庭庁」の準備室を設置

政府は、子ども政策の司令塔となる「こども家庭庁」の二〇二三年四月発足に向け、準備室を立ち上げた。

（「時事通信社ホームページ」他より作成）

(1)　資料１の記事Ａのような，裁判を慎重に行って間違った判決を防ぐために，同一の事件について複数回の裁判を受けられるしくみを，漢字で書きなさい。

(2)　萌花さんは，資料１の記事Ｂに関して，資料２を見つけました。資料２の①，②に当てはまる国会の種類をそれぞれ書きなさい。

資料２　ある年の国会の動き

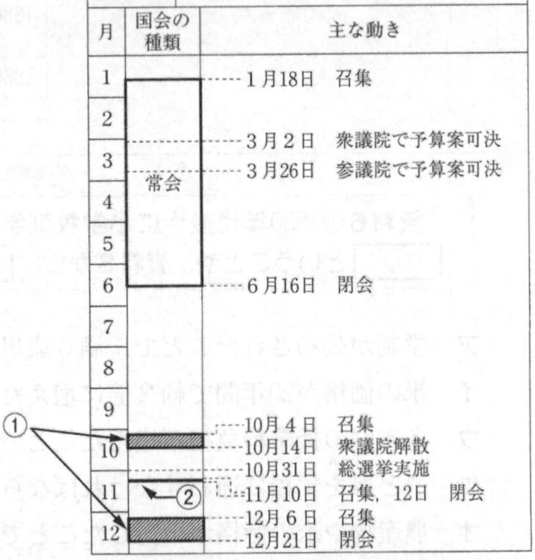

(3)　萌花さんは，資料１の記事Ｃに関して，資料３を見つけ，アメリカの大統領制と比較して，日本の政治のしくみについて，次のようにまとめました。資料３を参考に，［　　］に入る内容として最も適切なものを，後のア～エから１つ選び，記号で答えなさい。

資料３　アメリカの大統領制のしくみ

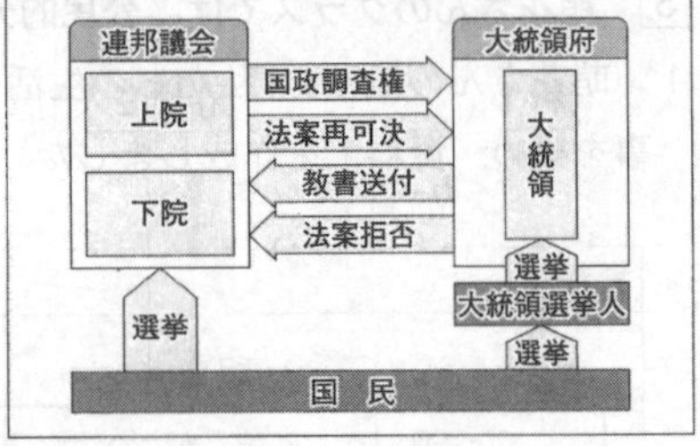

萌花さんのまとめ（一部）
日本の政治のしくみを，資料３から，アメリカの大統領制と比較すると，［　　］必要がある。

ア　衆議院による内閣不信任の決議という特徴があることから，内閣総理大臣は参議院よりも衆議院を優越させて政治を行う

イ　行政権のトップを国民が直接選べないという特徴があることから，国民は比例代表制よりも小選挙区制を重視する

ウ　内閣は国会に教書を送付するという特徴があることから，国会は内閣に対して国政調査権を行使する

エ　内閣総理大臣を国会議員の中から指名するという特徴があることから，内閣は国会に対し

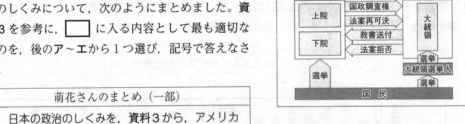

て連帯して責任を負う

(4) 萌花さんは，**資料１**の**記事Ｄ**に関して，子育てや家庭のあり方について調べていく中で，**資料４**を見つけ，下のように発表原稿にまとめました。 ① に入る資料として最も適切なものを，**資料４**の**ア**～**エ**から１つ選び， ② に入る内容として最も適切なものを，下の**カ**～**ケ**から１つ選び，それぞれ記号で答えなさい。

資料４　萌花さんが見つけた資料

ア

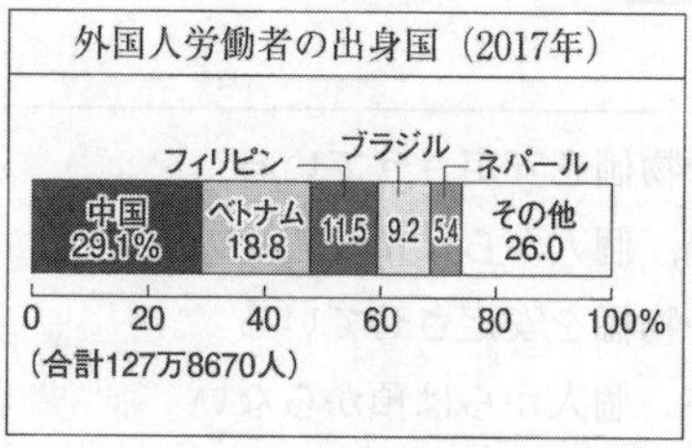

イ

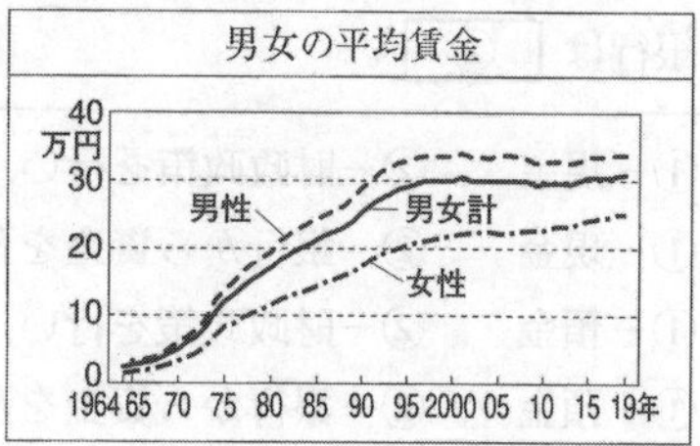

ウ

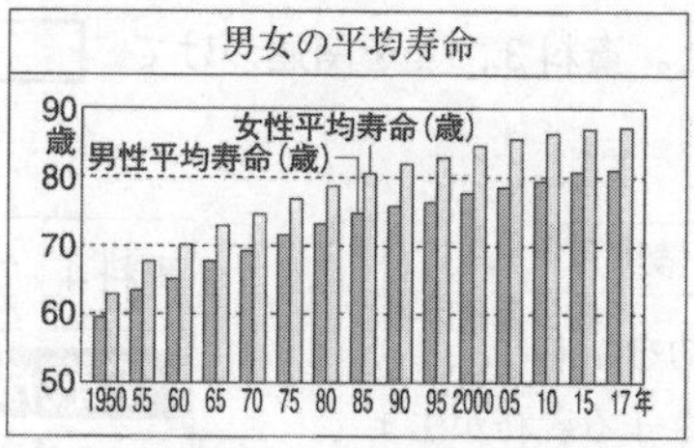

エ

企業認定制度の例

厚生労働大臣が認定し，企業は取組をＰＲできる。
・くるみん認定
　子育てサポート企業を認定
・えるぼし認定
　女性活躍推進企業を認定

（「厚生労働省資料」他より作成）

萌花さんの発表原稿（一部）

資料４の ① の資料から， ② ことが分かるため，男女ともに対等な立場で活躍できる社会をつくっていく必要があると思います。

カ　性別による働く環境の格差はいまだに残っている
キ　日本で働く外国人労働者の数は年々増えている
ク　男性よりも女性の方が平均寿命が長い傾向が続いている
ケ　「男性は家事，女性は仕事」という固定的な考え方がある

2　春樹《はるき》さんの班は，「私たちの生活と経済」をテーマに発表する準備の中で，資料を集めました。後の(1)～(4)の問いに答えなさい。

資料１　春樹さんの班で経済について学習する前に出された疑問（一部）

カードＡ	カードＢ	カードＣ	カードＤ
ものの値段はどのようにして決まっているのだろうか。	お金にはどうして価値があるのだろうか。	消費者をだます悪質商法が多いのはなぜなのだろうか。	市場で利潤を追求すると，環境にどのような影響を与えるのだろうか。

(1) **資料１**の**カードＡ**について，価格の決定は希少性と関係することを学習しました。希少性に関する説明として，最も適切なものを，次のページの**ア**～**エ**から１つ選び，記号で答えなさい。

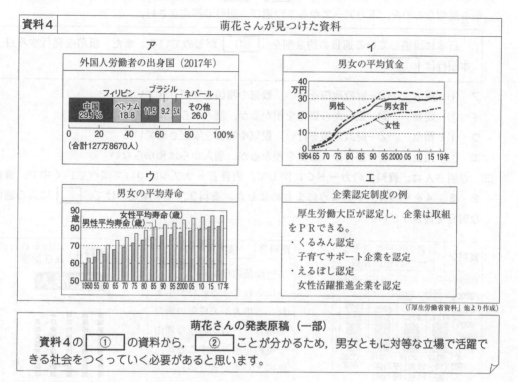

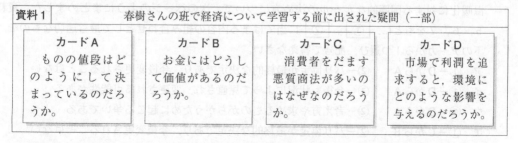

ア　希少性とは，社会全体でそれぞれが得意なものを生産することである。
イ　一般的に，ダイヤモンドは海の水より希少性が低いといえる。
ウ　地球上での空気よりも，宇宙ステーションでの空気の方が希少性は高いといえる。
エ　一般的に，希少性が低いものの方が，価格は高くなると考えられる。

(2)　**資料１のカードＢ**に関して，次の ① ， ② に当てはまる語と内容の組み合わせとして最も適切なものを，下の**ア～エ**から１つ選び，記号で答えなさい。

> 日本に流通している通貨の約９割を， ① がしめている。また，紙幣を発行する日本銀行は ② 。

ア　①－現金　②－財政政策を行い，景気や物価を安定させている
イ　①－現金　②－銀行から資金を預かるが，個人からは預からない
ウ　①－預金　②－財政政策を行い，景気や物価を安定させている
エ　①－預金　②－銀行から資金を預かるが，個人からは預からない

(3)　春樹さんは，**資料１のカードＣ**に関して，消費者トラブルについて調べていく中で，**資料２，３，４**を見つけ，下のようにまとめました。**資料３，４**を関連づけて， □ に入る適切な内容を書きなさい。

資料２　若者の国民生活センターへの相談件数

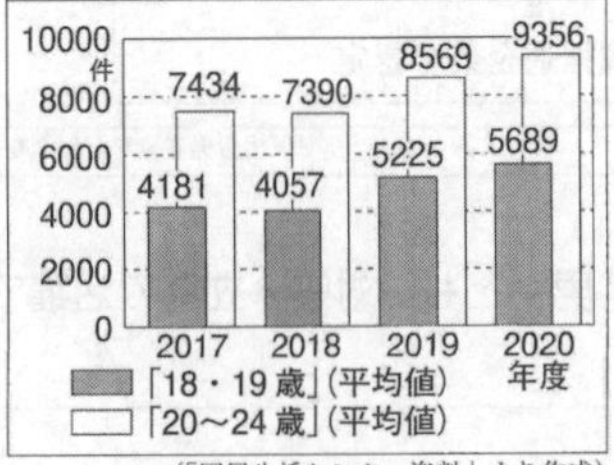

（「国民生活センター資料」より作成）

資料３　契約について

一度契約を結ぶと，たがいにそれを守る義務が生まれ，当事者が未成年の場合を除き，一方が勝手な理由で契約を取り消すことは，原則としてできない。

資料４　2018年６月の新聞記事

春樹さんのまとめ①（一部）

> **資料２**から，これまでは18・19歳の相談件数は20～24歳と比べて少なかったが，**資料３，４**から，今後， □ ことが予想されるため，政府による対策のほか，私たち一人一人が自立した消費者としての自覚をもつ必要がある。

(4)　春樹さんは，**資料１のカードＤ**に関して，次のページの**資料５，６，７，８**を見つけ，地球温暖化に対する国際的なルールの決め方について，次のページのようにまとめました。**資料５，６，７**をもとに， ① ， ② に当てはまる内容の組み合わせとして最も適切なものを，下の**ア～カ**から１つ選び，記号で答えなさい。

ア　①－ＤからＡ　②－パリ協定が最終的な決定であり，今後変更されることはない
イ　①－ＤからＡ　②－今後も状況によって見直され，変更される可能性がある
ウ　①－ＤからＡ　②－考え方や求めるものがちがうために起こる争いである
エ　①－ＣからＢ　②－パリ協定が最終的な決定であり，今後変更されることはない
オ　①－ＣからＢ　②－今後も状況によって見直され，変更される可能性がある
カ　①－ＣからＢ　②－考え方や求めるものがちがうために起こる争いである

資料５	京都議定書

・1997年採択
・先進国に排出削減の義務あり，目標が達成できなければ罰則
・発展途上国の排出削減の義務なし

資料６	京都議定書採択後からパリ協定合意前までの先進国と発展途上国の対立

先進国の主張

発展途上国の中にも，急速な工業化で，たくさんの温室効果ガスを排出している国があるので，地球温暖化を解決するためには，これらの国も排出削減を行うべきである。

発展途上国の主張

地球温暖化は解決すべきだが，先に大量のエネルギーを使って経済成長した先進国の方が，温暖化に責任がある。私たち途上国も工業化して豊かになる権利があるはずだ。

資料７	パリ協定

・2015年採択
・途上国を含むすべての国に目標の策定，報告，見直しを義務付け
・先進国から発展途上国への資金援助のしくみを構築
・2019年の世界の二酸化炭素排出量は，前年よりも減少

資料８	効率と公正の座標軸

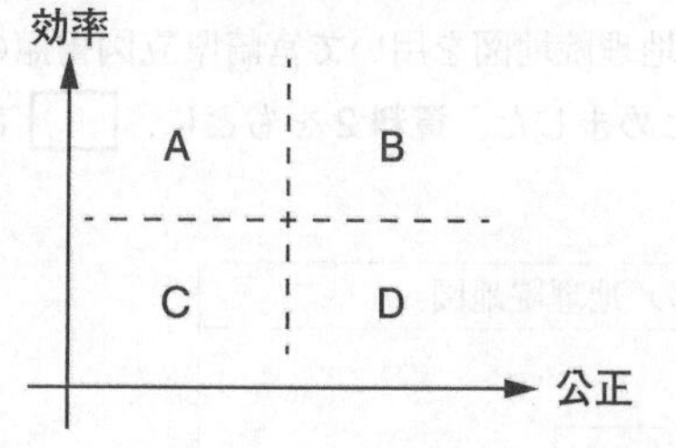

春樹さんのまとめ②（一部）

資料５の京都議定書というルールが作られた後も，**資料６**のように先進国と発展途上国の対立が続いたことから，**資料７**のパリ協定が結ばれた。このとき，効率と公正という観点に着目すると，パリ協定が結ばれたことにより，**資料８**の［　①　］の方向に変化したと考えられる。また，地球温暖化に関する国際的なルールについては，［　②　］と考えられる。

4　隆文《たかふみ》さんは，昨年，宮崎県立図書館が創立120周年を迎えたことを知り，宮崎県立図書館について紹介するリーフレットを作成しました。後の１～４の問いに答えなさい。

（**資料１**は，次のページにあります。）

1　隆文さんは，**資料１**の下線部**ａ**の年に日英同盟が結ばれたことを知り，同じころのできごとについて調べました。日英同盟の締結よりも後のできごとを，次の**ア**～**エ**から１つ選び，記号で答えなさい。

ア　甲午農民戦争　**イ**　日露戦争　**ウ**　日清戦争　**エ**　三国干渉

資料1	隆文さんが作成した宮崎県立図書館を紹介するためのリーフレット（一部）

創立120周年
宮崎県立図書館を紹介！

◆基本情報◆

所在地：宮崎市
蔵書数：約82.5万冊
貸出冊数：約41.5万冊
（2021年度）

◆歴史◆

a 1902年（明治35年）：創立
1967年（昭和42年）：電子コピーによる複写サービス開始
1988年（昭和63年）：b 現在地に移転　c 総工費約33億円
2017年（平成29年）：「宮崎県立図書館ビジョン」策定

◆宮崎県立図書館ビジョンについて◆

○　基本目標
「知の共有・創造」を支える全県図書館ネットワーク
○　基本的役割
・どこでも：「全県的な読書環境」を整える図書館
・ささえる：「図書館」を支える図書館
・つながる：「知の共有・創造の拠点」となる図書館
○　具体的な取組（一部）
・d 市町村立図書館の支援
図書配送システムを利用し，要望のあった市町村立図書館に貸し出す。

（「令和4年度宮崎県立図書館要覧」他より作成）

2　隆文さんは，資料1の下線部bに関して，資料2の地理院地図を用いて宮崎県立図書館の周辺を調べ，デジタル地図の特徴について，次のようにまとめました。資料2をもとに，□に入る適切な内容を書きなさい。

資料2	宮崎県立図書館周辺の※地理院地図

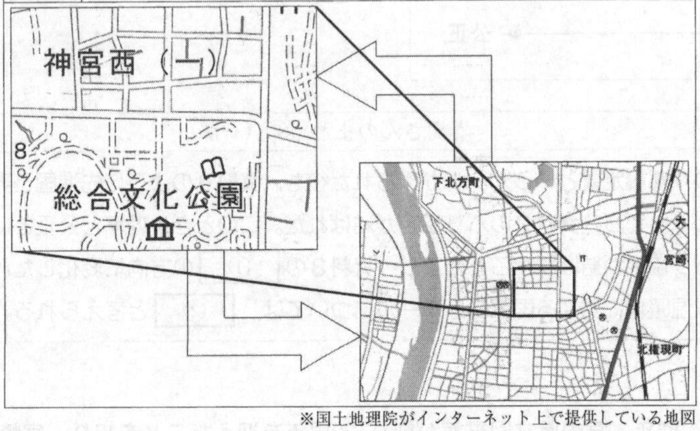

※国土地理院がインターネット上で提供している地図

隆文さんのまとめ（一部）
デジタル地図には，資料2から，特定の範囲をくわしく見たり，全体を広く見たりするために，□という特徴がある。

3　隆文さんは，資料1の下線部cに関して，地方財政について調べていく中で，資料3（次のページ）を見つけました。資料3のA～Dは，教育費，土木費，民生費，商工費のいずれかです。A

に当てはまる内容として最も適切なものを，次の**ア**～**エ**から１つ選び，記号で答えなさい。

資料３　宮崎県内市町村の歳出（合計）の変化

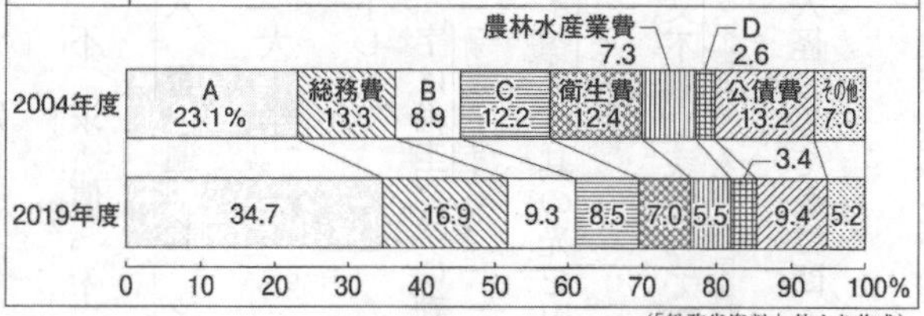

（「総務省資料」他より作成）

ア　学校の整備などの教育費　　**イ**　道路，港湾，公園の整備などの土木費
ウ　福祉関連の民生費　　**エ**　商工業や観光の振興などの商工費

4　隆文さんは，**資料１**の下線部**d**について，「なぜ宮崎県立図書館が市町村立図書館を支援するのだろう」という疑問をもち，新たに２つの資料を使って，次のような仮説を立てました。隆文さんが仮説を立てるときに，根拠とした資料として適切なものを，下の**ア**～**エ**から**２つ**選び，記号で答えなさい。

隆文さんの仮説

宮崎県立図書館が市町村立図書館を支援する理由の一つとして，規模の小さい図書館の市町村や遠方の市町村の住民も，宮崎県立図書館にある多くの本に触れられるようにするということがあるのだろう。

ア

宮崎県内市町村立図書館の蔵書数（一部）

市町村	蔵書数
A市	約67.6万冊
B市	約55.8万冊
C市	約47.2万冊
⋮	⋮
D町	約 2.7万冊
E村	約 1.9万冊
F町	約 1.1万冊

※分館のある市町村は，その蔵書数を含む

（「日本の図書館2021」より作成）

イ

宮崎県立図書館　分類別図書貸出冊数

ウ

宮崎県立図書館　レファレンス件数

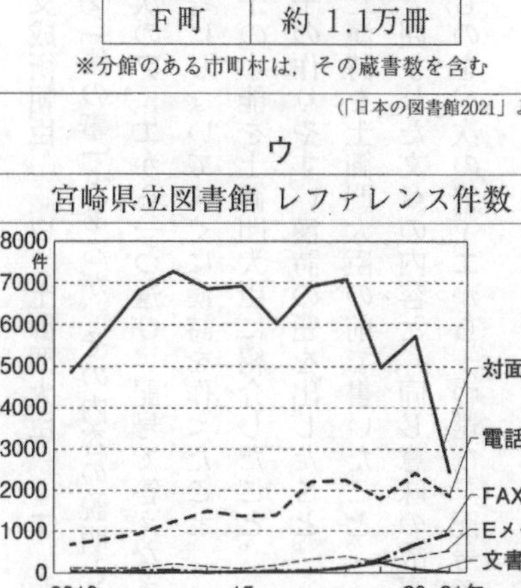

※レファレンスとは，利用者からの相談を受け，蔵書資料の紹介や情報の提供により調査・研究を支援するサービス

エ

宮崎県立図書館　本館の図書等貸出の地区別比率

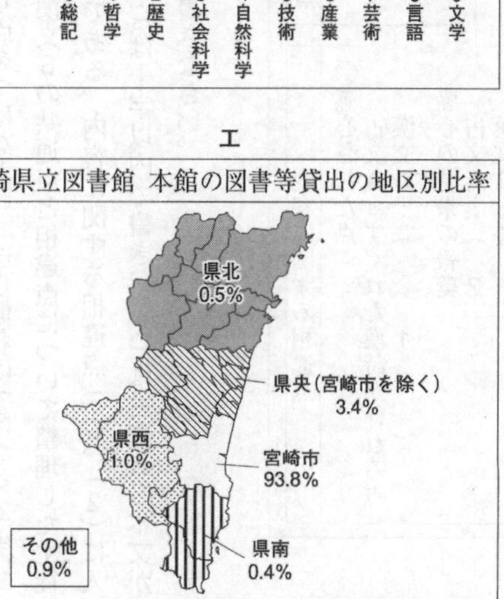

（イ，ウ，エ「令和４年度宮崎県立図書館要覧」より作成）

B

匡衡、字ハ稚圭。勤レムルモ学ニ而無レシ燭。隣舎ニ有レルモ燭而不レ逮バ。衡乃チ穿レチテ壁ヲ引ニキ其ノ光ヲ一、以レテ書ヲ映レシテ光ニ而読レム之ヲ。

邑人ノ大姓ノ文不識、家富ミテ多レシ書。衡乃チ与ニ客作スルモ而不レ求レメ償ヒヲ。主人怪シミテ問レフ衡ニ。衡曰ハク、「③願得主人書、遍ク読レマント之ヲ。」主人感嘆シ、資給スルニ以レテシ書ヲ、遂ニ成ニル大学ト一。

【書き下し文】

匡衡《きょうかう》（匡衡は）、字《あざな》は稚圭《ちけい》（別名を稚圭といった）。学に勤むるも燭《しょく》（ろうそく）無し。隣舎（隣の家）に燭有るも逮《およ》ばず（光は届かない）。衡乃《すなは》ち（そこで）壁を穿《うが》ちて（壁に穴を開けて）其《そ》の光を引き、書（書物を）を以《もつ》て光に映して之《これ》を読む。邑人《いふじん》の大姓《たいせい》の文不識《ぶんふしき》（村で代々続く家の、文不識という人）、家富みて書多し。衡乃ち与《とも》に客作《かくさく》するも償《つぐな》ひを求めず（匡衡は他の人とともに雇われて働いていたが、なんと賃金は求めなかった）。主人怪しみて衡に問ふ。衡曰《い》はく、「願はくは主人の書（書物）を得て、遍《あまね》く（広く）之を読まん（読みたい）。」と。主人感嘆し、資給するに書を以てし、遂《つひ》に大学（立派な学者）と成る。

（「西京雑記《せいけいざっき》」による）

問一　古文Aの――線①「なほうたがひて」について、次の問いに答えなさい。

㈠　傍線部の読み方を、現代仮名遣いで書きなさい。

㈡　誰の行為か。最も適当なものを、次のア～エから一つ選び、記号で答えなさい。

ア　江帥　**イ**　父成衡朝臣　**ウ**　土御門大臣　**エ**　帝

問二　古文Aに――線②「優の事」とあるが、その内容の説明として、最も適当なものを、次のア～エから一つ選び、記号で答えなさい。

ア　江帥が、何も参考にしないですぐに漢詩を作ったこと。

イ　父の成衡が、息子の才能を土御門大臣に紹介したこと。

ウ　父の成衡が、息子の作りやすい漢詩の題を出したこと。

エ　江帥が、持参した漢詩を土御門大臣の前で書いたこと。

問三　漢文Bの□で囲まれた文章の内容と、同じ意味の故事成語として、最も適当なものを、次のア～エから一つ選び、記号で答えなさい。

ア　漁夫の利　**イ**　矛盾　**ウ**　推敲《すいこう》　**エ**　蛍雪の功

問四　漢文Bの――線③「願得主人書」について、【書き下し文】の読み方になるように返り点をつけなさい。送り仮名はつけなくてよい。

問五　次は、古文Aと漢文Bの共通点と相違点について整理した生徒の【ノートの一部】である。内容に関する相違点（1）、（2）に入る適当な言葉を、（1）は十字以内で書き、（2）は古文Aの本文から三字で抜き出して書きなさい。

【ノートの一部】

構成に関する共通点

人物像の説明 → 出来事（感心・報奨） → 結末

内容に関する相違点

○感心された点
古文A…すぐれた漢詩が作れる点
漢文B…（　1　）

○感心の結果の報奨
古文A…（　2　）
漢文B…書

問一　〈**連絡文書**〉の□の中に入る言葉を、美波さんの〈**文化委員への連絡**〉をもとに、十五字以内で書きなさい。

問二　美波さんの〈**文化委員への連絡**〉について、大切な内容を確実に伝えるときの、話し方の工夫として、最も適当なものを、次の**ア**～**エ**から一つ選び、記号で答えなさい。

ア　くだけた表現を用いて、親しみをもたせるようにしている。
イ　具体的な数字を示して、自分の話の正しさを補強している。
ウ　感情や感想を入れて、聞き手の想像をふくらませている。
エ　同じ内容を繰り返して、相手の記憶に残るようにしている。

問三　〈**資料**〉について、〈**文化委員と先生の会話**〉の涼真さんと夏南さんの発言をもとに、書き言葉と話し言葉の使い方に対するあなたの考えを、次の〈**条件**〉に従って書きなさい。

〈条件〉
・第一段落には、涼真さんと夏南さんの発言を踏まえて、グラフから分かることを、解答用紙の空欄（　ア　）、（　イ　）にふさわしい表現でそれぞれ書くこと。
・第二段落には、第一段落を踏まえた、書き言葉と話し言葉の使い方に対するあなたの考えを、自分の体験や具体例を挙げて、九十字以上百二十字以内で書くこと。
・第二段落の書き始めは、一字下げて書き出すこと。

問四　次の毛筆は、落語の演目「寿限無《じゅげむ》」を行書で書いたものですが、行書としては一箇所不十分なところがあります。よくするためのアドバイスとして、最も適当なものを、後の**ア**～**エ**から一つ選び、記号で答えなさい。

ア　「寿」の横画は始筆で力強く押さえて均一な直線を引くとよい。
イ　「限」の「こざとへん」は点画を明確にして三画で書くとよい。
ウ　「限」の最終画の右払いは払い出さないで軽く止めるとよい。
エ　「無」の「れっか」は四点を離してしっかり止めて書くとよい。

四　次の古文**A**、漢文**B**を読んで、後の問いに答えなさい。

A

江帥《がうのそつ》（大江匡房《おおえのまさふさ》）、歳《とし》十一にて、父成衡《しげひら》朝臣《あそん》にぐして（父の大江成衡朝臣に従って）土御門《つちみかど》大臣《のおとど》の御もとに参《まゐり》（源師房《みなもとのもろふさ》のもとに参上して）て、「此《この》春より詩をつくるなり」（漢詩を作っているのだ）と申《まうし》けるを（申し上げると）、①なほうたがひて、「雪裏見松貞」（雪に覆われても常に緑色の松を見る）と云《いふ》題をいだしてつくらせけるに（出して漢詩を作らせたところ）、抄物《せうもつ》、切韻もぐせず（参考書や韻を調べる辞書も持たず）、筆を染《そめ》てやがて書《かき》てたてまつりたりければ（その場で即座に書いて差し上げたところ）、「まことに②優の事也《なり》」と、此詩を内にもちて参て（帝のもとへ持って参上して）御覧ぜさせられければ（ご覧に入れなさったところ）、叡感《えいかん》ありて（帝は感心して）、学問料給《たま》はりけり（学資をお与えになった）。これより名誉さかりなりけり（盛んだったそうだ）。

（「続古事談《ぞくこじだん》」による）

〈連絡文書〉

芸術鑑賞会のお知らせ

文化委員会

日　時：令和４年11月1日（火）
　　　　３、４校時

場　所：本校体育館

内　容：落語

持参物：落語で使うざぶとんとハンカチ
　　　　※ただし、ざぶとんについては
　　　　□

その他：時間割の変更あり
　　　　11/1（火）変更分
　　　　３校時…芸術鑑賞会
　　　　４校時…芸術鑑賞会
　　　　５校時…国語
　　　　６校時…理科

〈文化委員と先生の会話〉

先生　ここに、書き言葉と話し言葉に関する〈資料〉がありますよ。

真琴《まこと》　連絡文書を作るとき、書き言葉と話し言葉の違いを感じました。

美波　確かに、話すときは書くときよりも形式は意識しませんでした。

愛也《あや》　今の美波さんの発言は、〈資料〉で言うとＣの回答に近いね。

涼真《りょうま》　回答者の割合が多い上位二項目は、どちらの年度も同じだね。

夏南《かな》　その二項目の調査結果を年度間で比べると分かることがあるね。

先生　いいところに着目しましたね。これを機会に、書き言葉と話し言葉の使い方について考えてみましょう。

〈資料〉

書き言葉と話し言葉の使い方はどうあるべきだと思うか

調査対象：全国16歳以上の男女

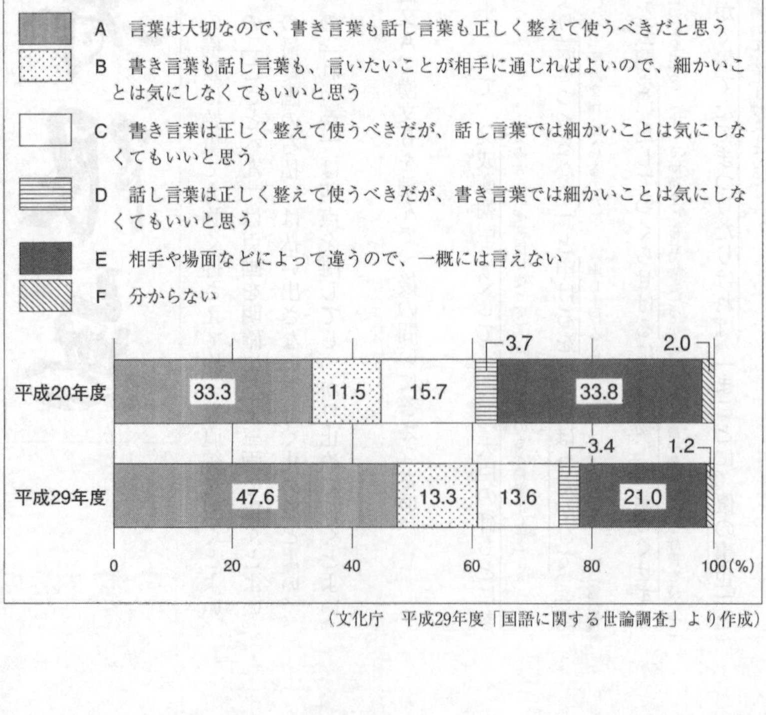
A　言葉は大切なので、書き言葉も話し言葉も正しく整えて使うべきだと思う
B　書き言葉も話し言葉も、言いたいことが相手に通じればよいので、細かいことは気にしなくてもいいと思う
C　書き言葉は正しく整えて使うべきだが、話し言葉では細かいことは気にしなくてもいいと思う
D　話し言葉は正しく整えて使うべきだが、書き言葉では細かいことは気にしなくてもいいと思う
E　相手や場面などによって違うので、一概には言えない
F　分からない
平成20年度
33.3
11.5
15.7
3.7
33.8
2.0
平成29年度
47.6
13.3
13.6
3.4
21.0
1.2
0
20
40
60
80
100(%)

（文化庁　平成29年度「国語に関する世論調査」より作成）

の特徴を説明したものとして、最も適当なものを、次のア～エから一つ選び、記号で答えなさい。

ア　紙のパッケージ素材より、防水・防湿機能を備えていなかった。
イ　食品以外の消費財や、食品の外箱の包みとして主に使われた。
ウ　広く用いられた紙より、用途が限られるため需要はなかった。
エ　チョコレートや、菓子に直接触れる包装として主に使われた。

問三　文章中の□に最もよく当てはまる言葉を、次のア～エから一つ選び、記号で答えなさい。

ア　なぜなら
イ　ところで
ウ　つまり
エ　そこで

問四　文章中に――線②「［商品の］色、サイズ、形、材質感や肌触りが事細かにわかる」とあるが、このことがなぜセロファンの販売促進につながるのか。この説明として最も適当なものを、次のア～エから一つ選び、記号で答えなさい。

ア　おいしそうな見た目は客の購買意欲を高める効果があり、紙ではなくセロファンを使うことで見せる販売が可能になるから。
イ　食品に広く使用されてきたのは紙製のパッケージ素材であり、素材の質感の違いは客の好奇心を満たすことにつながるから。
ウ　客の購買意欲が高まるのは商品の詳細を自分で確認したときであり、客が納得して買い物できる環境を店が整えられるから。
エ　包装袋には内容物を守る機能があり、客が手に取ると傷んでしまうものでもセロファン越しに触れられるようになるから。

問五　文章中に――線③「この新しいセロファンの開発」とあるが、新しく開発されたセロファンが実現を可能にした、食料品店の販売方法に当たる最も適当な言葉を、文章中から十字で抜き出して書きなさい。

問六　文章中の――線④「見せる包装」について、筆者の言う「見せる包装」とはどのようなものか。「中身」という言葉を使って、四十字以内で説明しなさい。

三　次の文章を読んで、後の問いに答えなさい。

中学生の美波《みなみ》さんは、文化委員会に出席後、芸術鑑賞会についての内容をクラスの文化委員たちに話して伝えました。文化委員たちは、美波さんから聞いた内容をもとに連絡文書を作成して、クラスで配付します。次は、美波さんの〈文化委員への連絡〉、〈連絡文書〉、配付後の〈文化委員と先生の会話〉、〈資料〉です。

〈文化委員への連絡〉

芸術鑑賞会は落語で時間割が変わります。十一月一日火曜日の三、四校時が連続で鑑賞会になって、五校時が国語、六校時が理科になるよ。場所は体育館だよ。あと、ざぶとんとハンカチを忘れないこと。落語を自分たちもするからだって。本物の落語家の気分になれそう。繰り返しになるけど、ざぶとんとハンカチを忘れないようにね。敷くものだったら絶対ざぶとんじゃないといけないことはないよ。当日は楽しみだね。

①当時販売されたセロファンは防湿効果がなかったことから、衣類や化粧品、タバコなどの食品以外の消費財や、チョコレート箱などの外装として主に使用されていた。一九二七年にデュポン社で防水・防湿機能を備えた新型セロファンが開発されると、食品に直接触れるパッケージとして利用可能となった。だが当時は、食品パッケージとして広く使用されていた紙製のパッケージ素材と比べるとセロファンは高価で、食品販売業者の多くはなかなかこの透明フィルムを使おうとはしなかった。

□デュポン社は、セロファンの販売促進の中で、紙との決定的な違いである透明性を強調し、中身が見える包装がいかに売り上げ増加につながるかを宣伝したのである。防湿セロファンが開発されて間もない一九二八年に発行された同社の※販促用冊子では、セロファンのパッケージは「②『商品の』色、サイズ、形、材質感や肌触りが事細かにわかる」と訴えた。特に食品の「おいしそうな見た目」は「味覚を刺激し、客の購買意欲を高める」効果があるとして、視覚に訴えるパッケージや販売方法の重要性を説いた。

ただ、スーパーの食品売り場で使用するには、この防湿セロファンも完璧《かんぺき》ではなく、低温にさらすともろく破れやすくなり、冷蔵ケースで使用するには不向きであった。また、精肉のパッケージとして使用すると、フィルムが触れる肉の部分が変色する傾向があった。これは空気透過やパッケージ内の湿度調整が十分にできていなかったためで、肉を包装し一定時間冷蔵ケースの中に置いておく必要があるセルフサービスには致命的な問題であった。

精肉向けパッケージを含め、透明フィルム市場をⓑ開拓しようと、一九三〇年代から四〇年代にかけて多くの化学メーカーが商品開発を進めていたのだが、ついに一九四六年、他社に先駆けてデュポン社は、精肉パッケージに適した透明フィルムを開発した。パッケージの外側に、防水効果のあるニトロセルロースという素材を用いることで、内部の湿気を程よく逃すことができる一方、何もⓒ塗られていない内側は、肉の適度な湿度を保つことができた。また、肉の変色を防ぐためには適度に空気に触れることが必要なため、フィルムの両面とも空気が透過できるようになっていた。さらに、新しいセロファンは高い強度で破れにくく、セルフサービスで客が手に取っても破損しづらいものであった。③この新しいセロファンの開発で、透明フィルムを用いた生鮮食品の包装が飛躍的に拡大した。

セロファンの使用拡大で、単にパッケージ技術や食料品店内の見た目が変化しただけでなく、食品を購入する際、視覚情報がより重要になっていったともいえる。透明フィルムはパッケージの中身を見ることを可能にしたが、客は商品を直接触ったり匂いを嗅いだりすることができないため、視覚以外の情報を得ることが難しくなったのだ。また、パッケージ越しに見えるようになった商品は、食品のありのままの（あるいは「自然な」）姿のようでありながら、実はそれは入念に作り出された姿であった。セロファンは、透明なフィルムを通して中身を見せているだけでなく、パッケージ内の湿度や空気をコントロールすることで、野菜や肉など生鮮食品の見た目や新鮮さを長持ちさせるよう開発されたものだからである。よって、④見せる包装は、見えないコントロールによって成り立っていたのだ。

（久《ひさ》野《の》愛《あい》「視覚化する味覚」による）

※販促用冊子…販売促進用冊子の省略した言い方。

問一　文章中の＝＝線ⓐ～ⓒについて、カタカナの部分は漢字に直し、漢字の部分はその読みをひらがなで書きなさい。

問二　文章中に――線①「当時販売されたセロファン」とあるが、そ

エ　注意であっても大勢の前で恥をかかせるのはやめてほしい。

問四　文章中に――線②「沖縄へ帰ることを決心した」とあるが、春帆が「決心」できた理由を、きっかけも含めて、四十字以内で書きなさい。

問五　文章中に――線③「曲は歌う本人の心も救ってくれるようだ。」とあるが、このときの眠人の様子について説明したものとして、最も適当なものを、次のア～エから一つ選び、記号で答えなさい。

ア　教訓を含んだ歌詞の内容によって、親が怒るのは子供に対する深い愛情のためだと想像できるようになり、感謝している。

イ　前奏を一音ずつ丁寧に弾くことによって、周囲の様子を冷静に把握できるようになり、おばさんの嘲笑を受け流している。

ウ　語りかけるような曲調やリズムによって、場の空気が和らいで自分の感情も解きほぐされ、物事を前向きにとらえている。

エ　やわらかな三線の音色とやさしい曲調によって、不幸を願う人々の悪意に傷ついた自分の心が癒やされ、浄化されている。

問六　本文の表現について説明したものとして、最も適当なものを、次のア～エから一つ選び、記号で答えなさい。

ア　出来事を短文で淡々と述べることで、物事を客観的にとらえて対処する眠人の大人びた性格が明示されている。

イ　主人公の視点から丁寧に人物像や心情を描くことで、臨場感が高まり作品内の様子が想像しやすくなっている。

ウ　回想を挿入することで、冒頭場面の僕の思いの根拠となる出来事を確認しながら読み進める構成になっている。

エ　人物や情景を描写するときに比喩を多く用いることで、登場人物の気持ちがくわしく直接的に表現されている。

二　次の文章を読んで、後の問いに答えなさい。

照明や冷蔵技術と並んで、食品の見せ方や買い物の仕方を大きく変えたものの一つが、食品パッケージ、特に透明フィルムを使用したパッケージである。そしてこれは、多くの食料品店が望んでいた、生鮮食品売り場を含めた店舗全体の「完全なセルフサービス」の実現を可能としたものでもあった。

今日、肉や魚から野菜、果物、パンや菓子類にいたるまで多種多様の食品に透明のパッケージフィルムや包装袋が使われている。食品の種類によっても異なるが、フィルムを通して見える商品の姿がパッケージデザインの一部になっているものもある。消費者は、スーパーマーケットで買い物をする際、パッケージを通して中身を確認することができ、透明フィルムは商品の品質について透明性を高めたようにもみえる。パッケージの内容物をⓐホゴしつつも、食品を見せることのできるこの透明フィルムは、私たちに何を教えてくれるのだろうか。

世界最初の透明フィルムは、一九〇八年にスイス人化学者ジャック・ブランデンバーガーによって開発されたセルロースフィルムである。これは木材パルプ（セルロース）から作られたもので、ブランデンバーガーは、「セルロース（cellulose）」とギリシャ語で透明を意味する「ダイアフェイン（diaphane）」を合わせた造語から「セロファン（cellophane）」と名づけた。この発明を商品化するため、一九一七年、フランスに拠点を置くラ・セロファン社を設立した。一九二二年までに四〇〇トンものセロファンが製造され、そのうち四割がアメリカに輸出された。アメリカでの高い需要を見越し、一九二三年、ラ・セロファン社は、アメリカ・デラウエア州に拠点を置くデュポン社にアメリカ国内における製造・販売独占権を譲与した。

には前に踏み出そうとする力がなかった、と。メジャーのアイドルになるための一歩目を頑張れなかった、と。でも三線の先生という新たな目標のために、一歩目を踏み出そうと決心したのだそうだ。沖縄に帰るのは高校二年生が終わってからでもよかったはずなのに、ⓑイても立ってもいられなくなって学年の途中で帰った。それほどまでに新たな一歩に燃えていた。

　たった一歩を踏み出せるかどうか。逃げ出さず、一歩だけ前へ。その大切な行為を三線との出会いのなかで、自分は知らず知らずのうちにしていたのだろう。感謝しなければいけないのはこっちのほうだ。

　前奏が終わり、歌が始まる。『てぃんさぐぬ花』は作詞者も作曲者も不明でいろいろなバリエーションがある。歌詞は十番まであって様々な教訓を歌っている。一番から三番までは親にまつわる教訓だ。春帆から初めて歌詞の説明を受けたときはぴんとこなかった。※直彦《なおひこ》からほっとかれて育ったせいかもしれない。

　しかし春帆がⓒ師匠になってくれて、相談やたわいない会話を交わすようになってから、歌詞を理解できるようになった。春帆という年上のありがたい存在のおかげで、親の大切さやつながりの深さを想像できるようになったからだと思う。

　そして銀ぶち眼鏡のおばさんが激怒するのも、いまの自分なら理解できた。子供のために親は本気で心配したり怒ったりするものなのだ。それはやっぱりうらやましいことだった。

　歌うあいだ、様々な感情が心の表面に現れては消えていく。うらやましさ、春帆が沖縄へ帰った寂しさ、彼女がたくさん話を聞いてくれたことへの感謝。それらが歌に彩《いろど》りを添えていく。

　次第に場の空気が和んでいくのがわかった。歌えば歌うほど、向けられている視線がやわらかくなっていく。好奇心全開というふうに見ていた人たちも、楽しげな表情へ変わっていく。三線のやわらかい音色と、語りかけるようなやさしい曲調が、みんなを変えていく。③曲は歌う本人の心も救ってくれるようだ。楽器を通して生み出したリズムとメロディーが、自分の心を励まし、背中を押していた。不思議なことに視界が広がる感覚がある。耳を傾けている人たちひとりひとりの顔がよく見える。ぐぐっとみんなが前のめりになってきている。音楽には人を引き寄せる力があるのだと知った。

（関口《せきぐち》　尚《ひさし》「虹の音色が聞こえたら」による）

※　うちなーぐち……沖縄の方言や言葉。

※　小太りのおばさん…声を掛けてきた大人の一人。眠人の腕をつかんだとき、眠人が腕をはらい、バランスを失って転んだ。

※　地下アイドル……テレビや映像よりも主にライブ会場で活動する芸能人。

※　直彦……………眠人の父親。

問一　文章中の＝線ⓐ～ⓒについて、カタカナの部分は漢字に直し、漢字の部分はその読みをひらがなで書きなさい。

問二　文章中の□に入る言葉として、最も適当なものを、次の**ア**～**エ**から一つ選び、記号で答えなさい。

ア　茶化す　**イ**　いきり立つ　**ウ**　ひるむ　**エ**　もてはやす

問三　文章中に――線①「殴られる人間にだって心があるのに。」とあるが、この表現から眠人のどのような思いが読み取れるか。その説明として、最も適当なものを、後の**ア**～**エ**から一つ選び、記号で答えなさい。

ア　夜遊びは悪いけれども練習した僕は正しいと認めてほしい。

イ　大人でも間違いはあるので子供の過《あやま》ちも受けいれてほしい。

ウ　一方的に決めつけないで僕の言い分や事情を知ってほしい。

＜国語＞

時間　五〇分　満点　一〇〇点

一　次の文章を読んで、後の問いに答えなさい。

東京に住む小学五年生の眠人《みんと》は、訪れた公園で、高校生の春帆《はるほ》が弾く沖縄の楽器「三線《さんしん》」の音色に魅了される。眠人は春帆に連日弟子入りを志願して教えてもらうようになり、時折友人の竜征《りゅうせい》も練習に立ち会いながら、公園で暗くなるまで夢中で練習を行った。眠人と竜征が二人で練習をして、夜八時になり、帰ろうとしたときに大人たちから声を掛けられる。

「ぼくは沖縄の楽器を教わっていたんです」

ベンチに置いてあった三線を取ってきて見せた。銀ぶち眼鏡のおばさんが嘲笑《あざわら》うように言う。

「結局、遊んでただけじゃないの」

「眠人の三線は遊びじゃないぞ。眠人、みんなに聞かせてやれ。春帆から本気で習ってたんだって弾いて証明してやれ」

「あんたたちなに言ってんの。いまの状況わかってる？　その三線ってやつを夜にここで弾いてたのがそもそもの問題だったんじゃない。悪いことしてたって自覚がまるでないじゃないの」

銀ぶち眼鏡のおばさんが［　　］。「まあまあ」と警察官がなだめてくれた。

眠人はぐるりと見回した。薄暗い中、野次馬を合わせて二十人あまりの人がいて、すべての視線が眠人に注がれていた。好意的な視線はゼロだ。きっとみんな眠人と竜征を悪い子供と思っている。

また線が引かれていた。線の向こうは正しくて、こっちは悪い。

でもどうしてこっち側の事情を聞いてくれないのか。こっち側の本当を知ろうとしないのだろう。

外で三線を弾いていたのは家では無理だからだ。春帆は変な女子高生などではなく、やさしくてⓐソンケイできる人だ。おばさんたちは親の教育が悪いなんて思っているようだけれど、親に関してはこっちだって被害者なのだ。

事実や事情を知ろうともせず、交わされていた本当の言葉たちに耳を澄まそうともせず、勝手に線を引いて正しさで殴りかかってくる。

①殴られる人間にだって心があるのに。

春帆に教わった※うちなーぐちで言えば、くくるがあるのに。

立ったまま三線を構えた。「おいおい」と警察官が困惑の声を上げるのが聞こえた。野次馬たちが携帯電話を構える。写真を撮るつもりなのだろう。銀ぶち眼鏡のおばさんが目を吊《つ》り上げて喚《わめ》いている。

※小太りのおばさんはほかのおばさんやあとから来た警察官に介抱され、落ち着いてきたようで申し訳なさそうにお辞儀をしていた。笑みも見える。よかった、大きな怪我《けが》はしていないらしい。

小さく息を吸って、『てぃんさぐぬ花』の前奏を弾いた。びびって指が震えそうになる。視線が肌にざくざくと突き刺さる。でも一音ずつ丁寧に奏《かな》でていく。

②沖縄へ帰ることを決心した春帆が、ふたりきりのときに打ち明けてくれた言葉がよみがえった。

「わたしはね、一歩前に進むことが大切だって眠人から教わったんだよ。わたしが何度断っても眠人は三線を教えてくださいって粘ったでしょう。その一歩進もうとする力が、自分を新しく変えていくんだよね。そのことを教えてくれた眠人には感謝してるんだ」

春帆は続けて言っていた。※地下アイドルをやっていたときの自分

MEMO

大切なことはメモしておこうネ！

2023年度

解答と解説

《2023年度の配点は解答用紙集に掲載してあります。》

＜数学解答＞

1　(1)　5　(2)　$-\frac{1}{10}$　(3)　$4\sqrt{2}$　(4)　$b=\frac{a+1}{3}$
(5)　$(x,\ y)=(5,\ -1)$　(6)　$x=0,\ \frac{5}{9}$　(7)　エ
(8)　右図

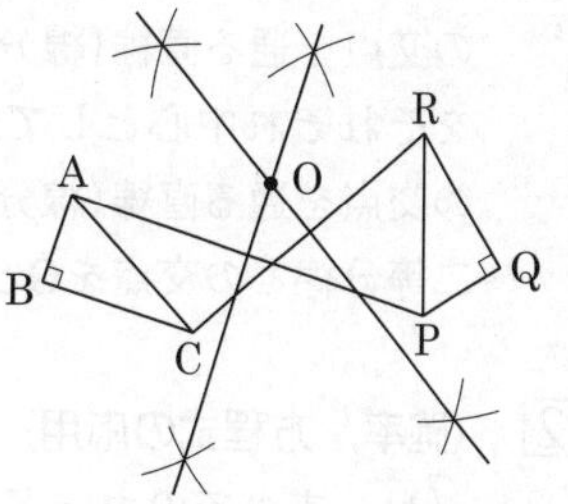

2　1　(1)　$\frac{1}{5}$　(2)　解説参照　2　(1)　$50x+120y$
(2)　①　8　②　6

3　1　$y=9$　2　$y=-\frac{1}{2}x+6$　3　(1)　$\mathrm{CD}=-\frac{1}{4}t^2-\frac{1}{2}t+6$
(2)　C(2, 5)

4　1　∠CDB＝70度　2　(1)　解説参照　(2)　$\sqrt{5}$ cm　(3)　$\frac{25}{12}\mathrm{cm}^2$

5　1　4本　2　$18\sqrt{3}\ \mathrm{cm}^2$　3　$18\sqrt{2}\ \mathrm{cm}^2$　4　$54\mathrm{cm}^3$

＜数学解説＞

1　(数・式の計算，平方根，等式の変形，連立方程式，二次方程式，資料の散らばり・代表値，作図)

(1)　異符号の2数の和の符号は絶対値の大きい方の符号で，絶対値は2数の絶対値の大きい方から小さい方をひいた差だから，$-2+7=(-2)+(+7)=+(7-2)=5$

(2)　異符号の2数の積の符号は負で，絶対値は2数の絶対値の積だから，$-\frac{3}{4}\times\frac{2}{15}=-\left(\frac{3}{4}\times\frac{2}{15}\right)=-\frac{3\times2}{4\times15}=-\frac{1}{10}$

(3)　$\sqrt{50}=\sqrt{2\times5^2}=5\sqrt{2}$，$\sqrt{8}=\sqrt{2^3}=\sqrt{2^2\times2}=2\sqrt{2}$，$\sqrt{18}=\sqrt{2\times3^2}=3\sqrt{2}$ だから，$\sqrt{50}+\sqrt{8}-\sqrt{18}=5\sqrt{2}+2\sqrt{2}-3\sqrt{2}=(5+2-3)\sqrt{2}=4\sqrt{2}$

(4)　等式$-a+3b=1$　左辺の$-a$を右辺に移項して$3b=a+1$　両辺を3で割って$3b\div3=(a+1)\div3$　$b=\frac{a+1}{3}$

(5)　連立方程式$\begin{cases}y=x-6\cdots①\\3x+4y=11\cdots②\end{cases}$　①を②へ代入して，$3x+4(x-6)=11$　$3x+4x-24=11$　$7x=35$　$x=5$　これを①に代入して，$y=5-6=-1$　よって，連立方程式の解は，$x=5$，$y=-1$

(6)　二次方程式$9x^2=5x$より，$9x^2-5x=0$　共通な因数xをくくり出して，$x(9x-5)=0$　これより，$x=0$　または，$9x-5=0$より，$x=\frac{5}{9}$

(7)　ア　2001年も2021年もそれぞれ9月の30日間の記録である。これより，第1四分位数は「日最高気温」の低い方から8番目の記録，第2四分位数(中央値)は「日最高気温」の低い方から15番目と16番目の記録の平均値，第3四分位数は「日最高気温」の高い方から8番目の記録である。2001年では，第3四分位数が30℃より低いから，30℃以上の日は7日以下である。正しいとはいえない。　イ　箱ひげ図からは，平均値はわからないから，2021年の平均値が30℃であるかど

うかはわからない。　ウ　2001年も2021年も，第1四分位数は25℃より高いから，気温が25℃以下の日はそれぞれ7日以下である。2021年と2001年でどちらが多いかは判断できない。
エ　2001年より2021年の方が，**範囲も四分位範囲**も，ともに小さいから，気温の散らばりの程度は，2001年より2021年の方が小さい。正しいといえる。

(8)（着眼点）**回転移動では，その回転の中心は，対応する点を端点とする線分の垂直二等分線上にある。**（作図手順）次の①～③の手順で作図する。　①　線分APと線分CRを引く。　②　点A，Pをそれぞれ中心として，交わるように半径の等しい円を描き，その交点を通る直線（線分APの垂直二等分線）を引く。　③　点C，Rをそれぞれ中心として，交わるように半径の等しい円を描き，その交点を通る直線（線分CRの垂直二等分線）を引き，線分APの垂直二等分線との交点をOとする。

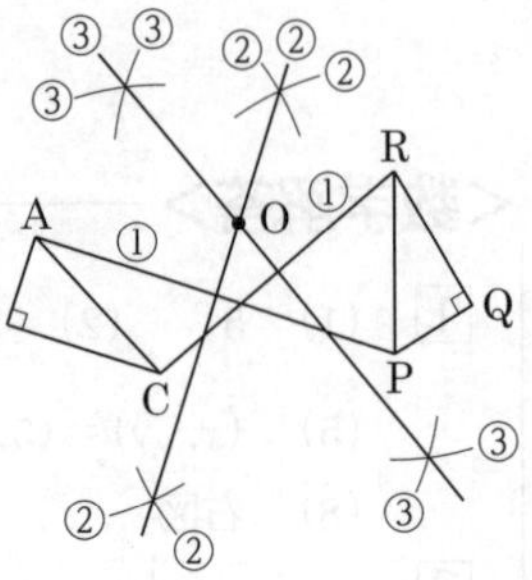

2　（確率，方程式の応用）

1　(1)　すべてのカードの取り出し方は5×5＝25（通り）。このうち，最初に取り出したカードに書かれた数字と，次に取り出したカードに書かれた数字が同じであるのは，右図の○印を付けた5通りだから，求める確率は$\frac{5}{25}=\frac{1}{5}$

最初に取り出すカード ＼ 2回目に取り出すカード	1	2	4	6	9
1	○				
2		○			
4			○		
6				○	
9					○

(2)　（理由）　（例）2けたの整数が4の倍数になる確率は，$\frac{7}{25}$　2けたの整数が6の倍数になる確率は，$\frac{5}{25}$　4の倍数になる確率が，6の倍数になる確率より大きいので，アの方が，起こりやすい。　（補足説明）2けたの整数が4の倍数になるのは，12，16，24，44，64，92，96の7通り　2けたの整数が6の倍数になるのは，12，24，42，66，96の5通り

2　(1)　図の中に書いてある人数は，カレーが2人分，肉じゃがが5人分だから，カレー1人分のじゃがいもの分量は$\frac{100}{2}=50$(g)，肉じゃが1人分のじゃがいもの分量は$\frac{600}{5}=120$(g)である。これより，カレーをx人分，肉じゃがをy人分つくるのに使用するじゃがいもの重さの合計は$50x+120y$(g)である。

(2)　カレー1人分の玉ねぎの分量は$\frac{130}{2}=65$(g)，肉じゃが1人分の玉ねぎの分量は$\frac{250}{5}=50$(g)である。これより，カレーをx人分，肉じゃがをy人分つくるのに使用する玉ねぎの重さの合計は$65x+50y$(g)である。収穫したじゃがいもの重さの合計は1120g，玉ねぎの重さの合計は820gだから，連立方程式$\begin{cases}50x+120y=1120\cdots㋐\\65x+50y=820\cdots㋑\end{cases}$が成り立つ。㋑より，$13x+10y=164$…㋑′　㋑′×12－㋐より，$106x=848$　$x=8$　これを㋑′に代入して，$13\times8+10y=164$　$y=6$　以上より，カレーは8人分，肉じゃがは6人分できる。

3　（図形と関数・グラフ）

1　点Aは$y=\frac{1}{4}x^2$上にあるから，そのy座標は$y=\frac{1}{4}\times(-6)^2=9$　よって，A$(-6,\ 9)$

2　同様にして，点Bのy座標は$y=\frac{1}{4}\times4^2=4$　よって，B$(4,\ 4)$　直線ℓ，すなわち直線ABの傾き

は，$\frac{4-9}{4-(-6)}=-\frac{1}{2}$　直線ℓの式を$y=-\frac{1}{2}x+b$とおくと，点Bを通るから，$4=-\frac{1}{2}\times4+b$　$b=6$
直線ℓの式は$y=-\frac{1}{2}x+6$

3　(1)　点Cは$y=-\frac{1}{2}x+6$上にあるから，そのy座標は$y=-\frac{1}{2}t+6$　点Dのx座標は，点Cのx座標と等しく，$y=\frac{1}{4}x^2$上にあるから，そのy座標は$y=\frac{1}{4}t^2$　以上より，CDの長さは点Cのy座標から点Dのy座標を引いた値だから，$-\frac{1}{2}t+6-\frac{1}{4}t^2=-\frac{1}{4}t^2-\frac{1}{2}t+6$

(2)　**放物線はy軸に関して対称**だから，点Eのx座標は$-t$　よって，EDの長さは点Dのx座標から点Eのx座標を引いた値だから，$t-(-t)=2t$　長方形CDEFが正方形となるとき，CD＝EDだから，$-\frac{1}{4}t^2-\frac{1}{2}t+6=2t$　整理して，$t^2+10t-24=0$　$(t-2)(t+12)=0$　$0<t<4$より$t=2$
以上より，点Cの座標は$\left(t,\ -\frac{1}{2}t+6\right)=\left(2,\ -\frac{1}{2}\times2+6\right)=(2,\ 5)$

4　**(角度，相似の証明，線分の長さ，面積)**

1　**直径に対する円周角は90°**だから，$\angle ACB=90^\circ$　よって，$\angle ACD=\frac{1}{2}\angle ACB=\frac{1}{2}\times90^\circ=45^\circ$
△ACDの内角と外角の関係から，$\angle CDB=\angle CAB+\angle ACD=25^\circ+45^\circ=70^\circ$

2　(1)　(証明)　(例)(△BCDと△DBFで，)**平行線の錯角は等しい**ので，CB//DFから，∠CBD＝∠BDF…①　CDは∠Cの二等分線だから，∠ACD＝∠BCD…②　また，$\overset{\frown}{AE}$に対する**円周角**だから，∠ACD＝∠DBF…③　②，③から，∠BCD＝∠DBF…④　①，④から，**2組の角が，それぞれ等しい**ので，△BCD∽△DBF

(2)　△ABCに**三平方の定理**を用いると，$AB=\sqrt{AC^2+BC^2}=\sqrt{6^2+3^2}=3\sqrt{5}$ (cm)　**角の二等分線と線分の比の定理**より，AD：DB＝AC：BC＝6：3＝2：1　$DB=AB\times\frac{DB}{AB}=AB\times\frac{DB}{AD+DB}=3\sqrt{5}\times\frac{1}{2+1}=\sqrt{5}$ (cm)

(3)　$\triangle ABC=\frac{1}{2}\times AC\times BC=\frac{1}{2}\times6\times3=9(cm^2)$　△ABCと△BCDで，**高さが等しい三角形の面積比は，底辺の長さの比に等しい**から，△ABC：△BCD＝AB：DB＝(AD＋DB)：DB＝(2＋1)：1＝3：1　$\triangle BCD=\triangle ABC\times\frac{1}{3}=9\times\frac{1}{3}=3(cm^2)$　△BCDと△DBFの**相似比**は，BC：DB＝3：$\sqrt{5}$　これより，$FD=DB\times\frac{\sqrt{5}}{3}=\sqrt{5}\times\frac{\sqrt{5}}{3}=\frac{5}{3}$(cm)　**相似な図形では，面積比は相似比の2乗に等しい**から，△BCD：△DBF＝3^2：$(\sqrt{5})^2$＝9：5　$\triangle DBF=\triangle BCD\times\frac{5}{9}=3\times\frac{5}{9}=\frac{5}{3}(cm^2)$　CB//DFより，△DEF∽△CEBで，相似比は，FD：BC＝$\frac{5}{3}$：3＝5：9　これより，△DEF：△CEB＝5^2：9^2＝25：81　よって，△DEF：四角形CDFB＝△DEF：(△CEB－△DEF)＝25：(81－25)＝25：56　△DEF＝四角形CDFB$\times\frac{25}{56}$＝(△BCD＋△DBF)$\times\frac{25}{56}$＝$\left(3+\frac{5}{3}\right)\times\frac{25}{56}=\frac{25}{12}(cm^2)$

5　**(空間図形，空間内の2直線の位置関係，動点，面積，体積)**

1　空間内で，平行でなく，交わらない2つの直線は**ねじれの位置**にあるという。辺BFと平行な辺は，辺AEと辺CGと辺DHの3本。辺BFと交わる辺は，辺ABと辺BCと辺EFと辺FGの4本。辺BFとねじれの位置にある辺は，辺CDと辺DAと辺GHと辺HEの4本。

2　△BFC≡△DHC≡△GFHで，それぞれが**直角二等辺三角形**で，**3辺の比は1：1：$\sqrt{2}$**だから，△CFHは，$CF=FH=HC=BC\times\sqrt{2}=6\sqrt{2}$ (cm)の正三角形　点Cから線分FHへ垂線CIを引く

と，△CFIは30°，60°，90°の直角三角形で，3辺の比は2：1：$\sqrt{3}$だから，$\mathrm{CI}=\mathrm{CF}\times\frac{\sqrt{3}}{2}=6\sqrt{2}\times\frac{\sqrt{3}}{2}=3\sqrt{6}$ (cm)　よって，$\triangle\mathrm{CFH}=\frac{1}{2}\times\mathrm{FH}\times\mathrm{CI}=\frac{1}{2}\times6\sqrt{2}\times3\sqrt{6}=18\sqrt{3}$ (cm²)

3　線分AGとPQの交点をSとする。△APSと△GQSで，点P，Qは，それぞれ頂点A，Gを同時に出発して，同じ速さで動くから，AP=GQ…①　AB//HGより，平行線の錯角は等しいから，∠PAS=QGS…②　∠APS=GQS…③　①，②，③より，1組の辺とその両端の角がそれぞれ等しいので，△APS≡△GQS　よって，AS=GS　これより，線分PQは，線分AGの中点Sを通りながら，頂点B，Hまで動くから，線分PQが動いてできる図形は，△ABSと△GHS　以上より，線分PQが動いてできる図形の面積は，$\triangle\mathrm{ABS}+\triangle\mathrm{GHS}=$長方形ABGH$\times\frac{1}{2}=\mathrm{AB}\times\mathrm{BG}\times\frac{1}{2}=6\times6\sqrt{2}\times\frac{1}{2}=18\sqrt{2}$ (cm²)

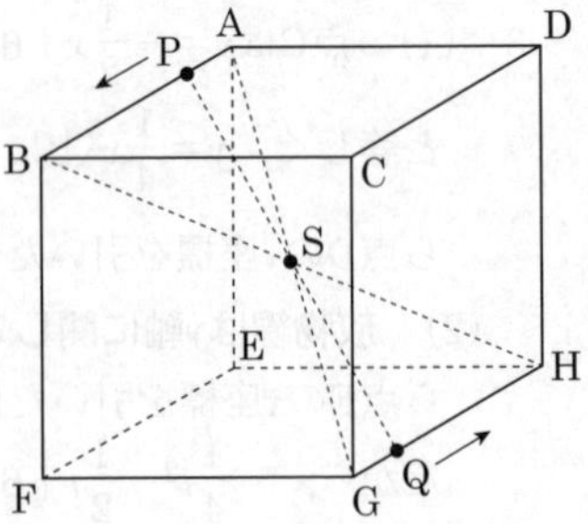

4　線分EGの中点をTとすると，3と同様に考えて，線分RQが動いてできる図形は，△EFTと△GHT　また，線分PRが動いてできる図形は，正方形ABFE　よって，△PQRが動いてできる立体は，立体ST−ABFEと立体S−GHTである。立体ST−ABFEを，立体S−ABFEと立体S−EFTに分けると，立体S−ABFEは底面が正方形ABFE，高さが$\frac{\mathrm{BC}}{2}$に等しい正四角錐であり，立体S−EFTは底面が△EFT，高さがSTの三角錐である。また，立体S−EFT≡立体S−GHTであること，点S，Tがそれぞれ線分AG，EGの中点より，△AGEに中点連結定理を用いて$\mathrm{ST}=\frac{\mathrm{AE}}{2}=\frac{6}{2}=3$(cm)であること，$\triangle\mathrm{EFT}=\frac{\text{正方形EFGH}}{4}=\frac{\mathrm{EF}^2}{4}=\frac{6^2}{4}=9$(cm²)であることより，△PQRが動いてできる立体の体積は，(立体ST−ABFEの体積)+(立体S−GHTの体積)=(正四角錐S−ABFEの体積)+(三角錐S−EFTの体積)×2=$\left(\frac{1}{3}\times\mathrm{AB}^2\times\frac{\mathrm{BC}}{2}\right)+\left(\frac{1}{3}\times\triangle\mathrm{EFT}\times\mathrm{ST}\right)\times2=\left(\frac{1}{3}\times6^2\times\frac{6}{2}\right)+\left(\frac{1}{3}\times9\times3\right)\times2=54$(cm³)

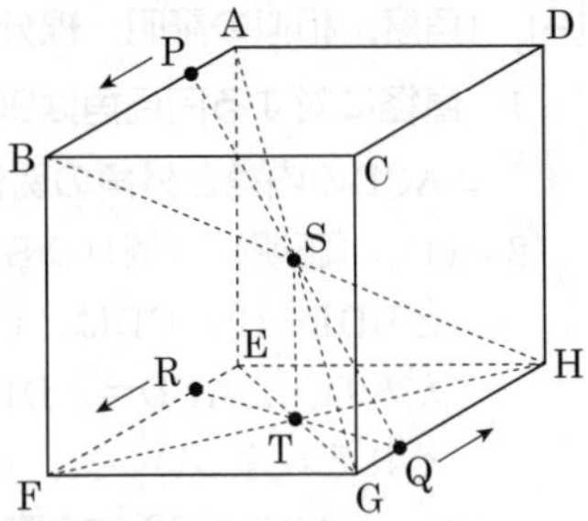

<英語解答>

1　1　イ→ウ→エ→ア　2　No. 1　ウ　No. 2　ア　No. 3　イ　3　No. 1　イ　No. 2　エ　No. 3　ウ　4　(例)I like spring because flowers are beautiful.

2　1　1　ウ　2　イ　3　エ　4　ア　5　オ　2　エ→ウ→ア→イ

3　1　1　エ　2　イ　3　ア　4　ウ　2　(1)　wish he could stay longer　(2)　What is this flower called　3　(1)　(例)日本では中学生が制服を着ていること　(2)　(例)They are good. I don't have to choose clothes every morning.

4　1　ask　2　ア　3　best　4　イ，エ

5　1　(1)　エ　(2)　ウ　(3)　ウ　2　①　living　②　spoken　3　イ　4　ア　5　grow healthy vegetables　6　(例)(I felt happy when)our soccer team won the game.

＜英語解説＞

1　(リスニング)

放送台本の和訳は，56ページに掲載。

2　(会話文問題：文挿入)

(全訳)　アリア：芽依，あなたの英語はよくなってきてるね。
芽衣　：私をサポートしてくれてありがとう。
アリア：1お手伝いできてうれしいよ。えっと，明日何かしない？
芽依　：午前中に図書館へ行きたいの。
アリア：オーケー。私もそこへ行く必要があるの。ランチはどう？
芽依　：シーフードを食べたいな。
アリア：駅のそばにおいしいシーフードレストランがあるよ。
芽依　：いいね。そこへ行こう。
アリア：ランチのあとは何をしたい？
芽依　：2動物園か美術館へ行きたい。
アリア：ああ，動物園は閉まっているって聞いたよ。
芽依　：本当？　じゃあ午後美術館へ行こう。
アリア：3たくさん有名な絵画があるよ。あなたはきっとそれらを好きになると思うな。
芽依　：ところで私の妹の誕生日がもうすぐなの。
アリア：彼女に誕生日プレゼントを送るつもりなの？
芽依　：もちろん。4いいものを見つけるのを手伝ってくれる？
アリア：もちろん！　絵本はどう？　彼女は読むのが好きなのよね？
芽依　：うん。彼女のために簡単な英語で書かれている本を見つけられるといいな。
アリア：美術館のそばに本屋があるよ。5夕方にそこに行けるね。
芽依　：いいね。明日のいい予定が立てられたと思う。
アリア：私もそう思う。

1　1　直前のお礼に対しての返答。**be glad to に動詞の原形**を続けて「～して嬉しく思う」。
2　何をしたいか聞かれているのでしたいことを答える。　3　直前の美術館に関する内容。
4　直後にアリアが「もちろん！」と答えているので何かを頼んでいることが考えられる。
5　美術館のそばに本屋があることから，あとで本屋に行くことが考えられる。

2　エ　「図書館」2つ目の芽依，3つ目のアリアの発話参照。　ウ　「レストラン」3つ目のアリアの発話から4つ目の芽依の発話までを参照。　ア　「美術館」5～7つ目のアリアの発話までの対話を参照。　イ　「本屋」9～10番目のアリアの発話までの対話を参照。

3　(語句補充，語句並べ換え，短文読解問題：現在完了，過去形，助動詞，仮定法，受け身，指示語，条件英作文)

1　(1)　「この映画をもう見ましたか」**<Have[Has]＋主語＋動詞の過去分詞形～ yet?>** で「もう～しましたか」という現在完了形の完了の表現。　(2)　「はい，先週家族と見ました」saw は see「見る」の過去形。過去の話なのでイがふさわしい。　(3)　「わあ，どうでしたか？」感想を聞いている。how は「どう，どんな風に」。　(4)　「それはすばらしかったです！それを見るべきですよ」should は「～すべき，～した方がいい」の助動詞。

2　(1)　(I)wish he could stay longer(.)「もっと長く彼がいられたらいいのに」**<I wish**

主語＋過去形～>は「～だったらいいのに」という現実とは違うことを願う表現。longer は long「長い」の比較級。 (2) What is this flower called(in English?)「この花は英語で何と言いますか」<be ＋動詞の過去分詞形>は「～される」という受身の表現。ここでは花が「何と言われるか」という表現。疑問詞のある疑問文は疑問詞のあとに be 動詞，主語を続ける語順となる。

3 本文の内容は「日本の中学生は制服を着ると聞いたことがあります。①これは私には興味深いです。アメリカでは多くの中学校でそれはありません。それなのであなたの意見を聞きたいです。②制服についてどう思いますか」の意味。 (1) This「これ」が指しているものは直前の内容。 (2) 身近なことについての自分の意見を主語動詞のある文で書けるように練習しておこう。解答例は「それはいいです。毎朝服を選ぶ必要がありません」という意味。

4 (会話文読解問題：語句補充，内容真偽)

【二人の対話】 祐司：私は次の水曜日に職場体験学習であなたの職場を訪れることになっています。いくつか質問①して もよろしいでしょうか？

スミス氏：はい，もちろんです。

祐司 ：ありがとうございます。何時にそちらの職場に行けばいいですか？

スミス氏：午前8時45分頃くらいに来たほうがいいです。うざき駅からこの職場へどのように来るか知っていますか？

祐司 ：はい，知っています。前にあなたの職場を訪れたことがあります。駅からあなたの職場まで歩きました。

スミス氏：なるほど。どの電車に乗る予定ですか？

祐司 ：ええと，たいが駅からうざき駅まで15分かかります。だから，たいが駅から午前②8時10分 の電車に乗ります。

スミス氏：いいですね。他に質問はありますか？

祐司 ：あなたを訪ねる前に何かすべきことはありますか？

スミス氏：いい質問ですね。はい，2つあります。一つはあなたに自己紹介と，学校生活について話してもらいたいです。それなので英語でスピーチをする準備をしてください。次は，実習時間中にウェブサイトを作ることになっています。

祐司 ：わあ！ とてもワクワクします。難しいかもしれませんが，③ベスト を尽くします。

スミス氏：それを聞いて嬉しいです。では私たちのところに来る前に，新しいウェブサイトに何をデザインしたいか考えてくださいね。

祐司 ：わかりました。お時間をありがとうございました，スミスさん。

スミス氏：どういたしまして。

1 ask a question「質問をする」

2 2つ目のスミス氏の発話，【スケジュール】の一番下「うざき駅から私たちの職場まで約10分で歩けます」，4つ目の祐司の発話を考えて，【時刻表】を見る。1つ目の祐司の発話から水曜日に行くことがわかるので時刻表の左の欄を見る。

3 do my best で「ベストを尽くす」の意味。

4 5，6つ目のスミス氏の発話からイ「英語でのスピーチを考えること」エ「新しいウェブサイトのアイディアを持つこと」がふさわしい。ア「AIについて学ぶこと」ウ「うざき駅から歩くこと」は文脈に合わない。

5 (長文読解問題・物語文：語句補充，文挿入，分詞，受け身，関係代名詞，条件英作文)

(全訳)　智明の両親は農家です。彼らは家の隣に大きな農場を持っています。彼らはヘルシーな野菜を育てています。その野菜はとてもおいしくて，その町に①(住んでいる)人たちの間でとても人気です。彼らは自分たちの仕事を誇りに思っています。

しかし，智明は週末に家族で出かけることができなかったのでA[両親の仕事が好きではありませんでした]。彼の友達は普段月曜日に学校で週末について楽しそうに話をしていました。しかし彼は友達と話すことは何もありませんでした。彼は友達のように家族との週末を楽しむ時間はありませんでした。彼の両親は週末でさえも朝から晩まで働いていました。そして彼らがとても忙しいときは彼らは智明や彼の弟たちと夕飯を食べることもできませんでした。智明はそのことについて悲しく思っていました。

ある日智明が家に帰ったとき，たくさんの人が農場にいるのが見えました。彼は彼らが地元の農家の人たちだと思いました。彼の両親はヘルシーな野菜を育てるための農業技術について話すための会合をよくしていました。

しかし，その日は違いました。農場で英語が②(話されていました)。外国人のグループがいました。智明は彼らが日本の農業について学んでいる生徒たちだとわかりました。彼は農場の両親のそばに歩いて行きました。彼の父親と母親は外国人の生徒たちと話していました。智明は両親が英語でコミュニケーションを取っていたので驚きました。彼の父親は初めて買った新しい機械について説明していました。そして智明は彼らの会話を聞いてもっと驚きました。

外国人生徒：この機械はとても高価だと思います。なぜ買うことを決めたのですか？
智明の父親：自分たちの仕事をより楽にするためです。私たちはずっと忙しすぎるのです。
智明の母親：この機械は私たちが子どもたちと過ごすための自由な時間をもっと与えてくれるでしょう。

智明は両親が子どもたちと過ごす時間がないことを心配していたことに気がつきました。彼はそれを知ってとても嬉しく感じました。

その後，智明は両親といい時間を過ごし，農業に興味を持つようになりました。彼はときどき農場の両親を手伝います。彼は彼らから農業技術を学びます。彼は今は自分の両親を誇りに思い，農業高校へ行くために熱心に勉強しています。彼は「私は両親のような農家になります。B[ヘルシーな野菜を育てて]，それを売って多くの人たちを幸せにしたいです」と言っています。彼は「そして高校で英語を一生懸命勉強します。また自分たちの農業技術を世界の多くの人たちと分かち合いたいと思います」と続けて言っています。

1 (1) エ「智明は自分と弟たちが両親が不在で夕飯を食べないといけないとき悲しく感じた」第2段落最後の2文参照。　ア「両親と弟たちと出かけることができた」　イ「彼の友達は週末について嬉しそうに話さなかった」　ウ「彼は週末でさえ朝から晩まで働かないとならなかった」は第2段落の内容と合わない。　(2) ウ「外国の生徒たちのグループは智明の両親から日本の農業について学ぶために農場に来た」第4段落参照。　ア「智明の両親が育てた野菜を買うために」　イ「日本の学校で英語で農業を教えるために」　エ「農業のための高価な機械を売るために」は第4段落の内容と合わない。　(3) ウ「智明の両親は子どもたちともっと多くの時間を過ごしたかったので新しい機械を買った」第4段落後半の会話部分と第5段落参照。
ア「古いのを使うのをやめたかった」　イ「外国人のためにもっと野菜を育てたかった」
エ「農業技術を共有したかった」は第4段落の内容と合わない。

2 ①　**名詞の後ろに動詞の～ ing 形を続けて，「～している(名詞)」と前の名詞を修飾することができる。**ここではpeople living in the town で「その町に住んでいる人々」となる。

② <be ＋動詞の過去分詞形>は「～される」という受身の表現。speak「話す」の過去分詞は spoken。

3　前の段落で両親の仕事の肯定的な内容が述べられているが，この段落では However「しかし」から始まっているのでその反対の否定的な内容であると考える。空欄直後では家族で出かけられないと不満が書かれているのでイがふさわしい。　ア 「智明は両親の仕事を手伝った」　ウ 「智明は野菜を育てるのを楽しんだ」　エ 「智明は野菜を売りたくなかった」は内容と合わない。

4　**関係代名詞 who** は先行詞が人の場合に使われる。ここでは先行詞が students「生徒たち」と人なので who がふさわしい。

5　空欄後に by selling them「それらを売ることで」とあり，この them が指すものは複数名詞で，ここでは農家であることなどから野菜であると考える。また，両親の仕事を誇りに思い，両親のようになりたいとあるので，両親がどのような農家なのかを考える。第1段落参照。want to に動詞の原形を続けて「～したい」の意味。

6　2つ目のA「今までにあなたを幸せにした経験はありますか」とあるので，何か嬉しかったことを書く。解答例を含むBは「私たちのサッカーチームが試合に勝ったときにとても嬉しく感じました」の意味。自分の意見を書けるように，教科書の例文などを参考にして練習しておこう。

2023年度英語(一般)　リスニングテスト

〔放送台本〕

これから，英語の学力検査を行います。最初の問題は，放送によるリスニングテストです。放送中はメモをとってもかまいません。では，1の問題を始めます。1の問題は，ある生徒の発表を聞いて，発表の内容の順番にイラストを並べ替える問題です。次のア，イ，ウ，エを，正しい順番に並べ替え，記号で答えなさい。英語による発表は，1回しか流れませんので，注意して聞いてください。それでは，始めます。

M: I went camping with my family last weekend. First, we set up the tent. Then we went swimming in the river. The water was a little cold but I had a lot of fun. After swimming, my father cooked dinner and we enjoyed it. At night, we saw beautiful stars in the sky. On the next day, before we left, we cleaned the area. On the way home, we sang songs in the car. It was a very nice weekend.

〔英文の訳〕

男性：私は先週末家族とキャンプへ行きました。まずテントを張りました。そして川へ泳ぎに行きました。水は少し冷たかったですがとても楽しかったです。泳いだあと，父が夕飯を作り，私たちはそれを楽しみました。夜は空の美しい星を見ました。次の日，帰る前にその場所を掃除しました。家に帰る途中，私たちは車で歌を歌いました。とてもいい週末でした。

〔放送台本〕

2の問題に移ります。2の問題は，No.1 から No.3のそれぞれの対話と質問を聞いて，質問の答えとして最も適切なものを選ぶ問題です。ア，イ，ウ，エの中から1つ選び，記号で答えなさい。英語による対話と質問は2回繰り返します。それでは，始めます。

No. 1　M: Did you see my smartphone, Nancy? I think I put it on the table.
F: No, Tom. Did you look next to the TV? You sometimes put it there.
M: Yes, but it wasn't there. And I couldn't find it in my bag either.
F: Oh, Look! I see it under the chair.
Question: Where did Nancy find Tom's smartphone?

No. 2　F: Let's do our homework together this weekend.
M: Sure. But I will visit my grandma on Sunday. How about Saturday?
F: I have to go to a swimming lesson in the afternoon. How about starting at 9:00 a.m.?
M: O.K.
Question: When will they do their homework together?

No. 3　M: Mom, can you take me to the Himuka Station tomorrow?
F: Sure. What time will the train start, Ken?
M: At eight fifty-five.
F: All right. We will leave home fifteen minutes before the train starts.
Question: What time will they leave home tomorrow?

〔英文の訳〕

No. 1　男性：ナンシー，私のスマートフォンを見ましたか？　テーブルに置いたと思うんですが。
女性：いいえ，トム。テレビの隣は見ましたか？　あなたは時々そこに置きます。
男性：はい，でもそこにはありませんでした。そしてカバンの中にも見つけられませんでした。
女性：あ，見てください！　いすの下に見えますよ。
質問：ナンシーはトムのスマートフォンをどこで見つけましたか？
答え：ウ

No. 2　女性：今週末一緒に宿題をしましょう。
男性：もちろんです。でも日曜日は祖母のところを訪れます。土曜日はどうですか？
女性：午後に水泳のレッスンに行かなくてはなりません。午前9時に始めるのはどうですか？
男性：オーケー。
質問：彼らはいつ一緒に宿題をしますか？
答え：ア　土曜日の午前

No. 3　男性：お母さん，ヒムカ駅に明日連れて行ってくれる？
女性：いいわよ。何時に電車が出るの，ケン？
男性：8時55分。
女性：わかったわ。電車が出る15分前に家を出るよ。
質問：彼らは明日何時に家を出ますか？
答え：イ

〔放送台本〕

3の問題に移ります。3の問題は，電話でのやり取りを聞いて，その内容についての質問に答える問題です。No. 1 から No. 3 の質問に対する答えとして最も適切なものを，ア，イ，ウ，エの中から1

つ選び，記号で答えなさい。英文と質問は2回繰り返します。 それでは，始めます。

M: Hello.
F: Hello. This is Kate. May I speak to Mary?
M: Sorry, she is not here now. Shall I take a message?
F: Thank you. Please tell her that my birthday party is on Saturday, April eighth. I invited Bob, Mike, and some friends. They will come to my house by eleven a.m. We will enjoy music and games. Mike is going to play the guitar. And my dad is going to play the piano.
M: O.K. Is that all?
F: My mom is going to order lunch from a restaurant.
M: Sure. I will also tell her about it.
F: Thank you. Bye.
M: Bye.

Questions
No. 1 Where is the party going to be held?
No. 2 What is Kate's father going to do at the party?
No. 3 Which is true about the party?

〔英文の訳〕
男性：もしもし。
女性：もしもし。ケイトです。メアリーはいますか？
男性：すみませんが，いま彼女はいません。メッセージをうかがいましょうか？
女性：ありがとうございます。私の誕生日パーティーが4月8日土曜日にあると彼女に伝えてください。私はボブとマイクと友達を何人か招待しました。彼らは私の家に午前11時までに来ます。音楽やゲームで楽しみます。マイクはギターを弾くことになっています。そして私の父はピアノを弾くことになっています。
男性：オーケー。以上ですか？
女性：私の母がレストランのランチを注文する予定です。
男性：わかりました。そのことについても彼女に伝えます。
女性：ありがとうございます。では。
男性：では。
質問 No. 1：パーティーはどこで行われますか？
答え ：イ ケイトの家で。
No. 2：ケイトの父親はパーティーで何をすることになっていますか？
答え ：エ 彼はピアノを弾くことになっています。
No. 3：パーティーについて正しいのはどれですか？
答え ：ウ

〔放送台本〕
4の問題に移ります。4の問題は，放送される英語を聞いて，あなたの考えを英語で書く問題です。英文はいくつでも構いませんが，それぞれ主語と動詞を含んだ英文で書きなさい。英語の放送は2回繰り返します。 それでは，始めます。
M: Japan has four seasons. Which season do you like the best? And why do

you like it?

〔英文の訳〕

男性：日本には四季があります。あなたはどの季節が一番好きですか？　そしてそれが好きなのはなぜですか？

解答例：私は花が美しいので春が好きです。

＜理科解答＞

1　1　(1)　ウ　(2)　イ　(3)　(A→)C(→)E(→)F(→)D(→)B　2　(1)　葉緑体

(2)　①　ウ　②　エ　③　キ

2　1　(1)　石基　(2)　イ　2　(1)　エ　(2)　11〔秒〕

3　1　1800〔J〕　2　(1)　6〔V〕　(2)　イ　(3)　ア　3　ウ

4　1　(1)　ア　(2)　a　Zn　b　Zn^{2+}

2　マグネシウム(>)銅(>)銀　3　燃料電池

5　1　(例)空気にふれる表面積が大きくなる　2　(1)　ウ

(2)　エ　3　(1)　酸素　(2)　イ

6　1　(1)　右図　(2)　イ　2　ウ　3　(例)熱や音など別のエネルギーに変わる

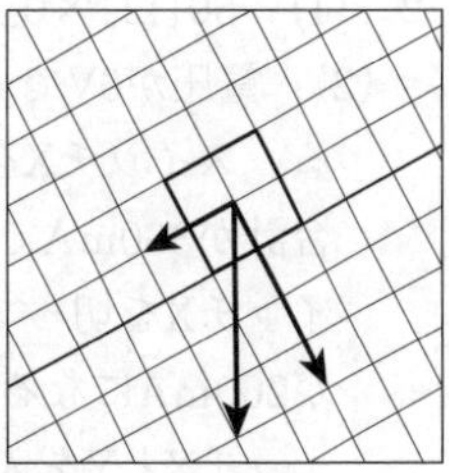

7　1　(1)　黄道　(2)　エ　(3)　ウ　(4)　ア　2　エ

8　1　イ　2　4.2〔g〕　3　ア　4　a　B　b　(例)温度による溶解度の変化がほとんどない

＜理科解説＞

1　(細胞分裂，動物の分類)

1　(1)　染色液には，酢酸オルセイン溶液のほか，酢酸カーミン溶液などがある。

(2)　顕微鏡で細胞の観察をするときは，細胞を染色してから行う。観察するものを視野の中から探しやすくするために，はじめは低倍率で観察する。

(3)　核の中に染色体が現れたあと，染色体が2つに分かれて，それぞれが細胞の両端へ移動する。移動した染色体が新しい核を形成し，真ん中に仕切りができて，2つの細胞となる。

2　(1)　光合成を行うのは，細胞内にある葉緑体という緑色の粒である。

特徴	鳥類	哺乳類	は虫類	両生類	魚類
羽毛や体毛がない			○	○	○
えらで呼吸する時期がある				○	○
肺で呼吸する時期がある	○	○	○	○	
胎生である		○			
卵生で，卵を水中に産む				○	○
卵生で，卵を陸上に産む	○		○		
背骨をもっている	○	○	○	○	○

(2)　表を完成させると，上表のようになる。

2　(火成岩，地震)

1　(1)　斑晶のまわりにある粒の細かいガラス質の部分を石基という。

(2)　深成岩は，鉱物の結晶が大きな**等粒状組織**をもつ。

2　(1)　地震では，隆起や沈降をともなうことがあるので，アは誤り。震源距離が長くなるほど，初期微動継続時間は長くなるので，イは誤り。P波が届くと初期微動が始まるので，ウは誤り。

(2)　図3から，P波の速さは，60〔km〕÷10〔s〕＝6〔km/s〕である。よって，地点AでP波を観測したのは，地震発生から30〔km〕÷6〔km/s〕＝5〔s〕より，5秒後である。よって，震源から80km離れた地点Bで緊急地震速報を受信したのは，地震発生から5＋4＝9〔s〕より9秒後である。また，図3より，S波の速さは40〔km〕÷10〔s〕＝4〔km/s〕なので，震源から地点BにS波が届くのは，80〔km〕÷4〔km/s〕＝20〔s〕となる。よって，緊急地震速報受信から地点Bで主要動が始まるまでの時間は，20－9＝11〔s〕より，11秒後である。

3　(電流とそのはたらき)

1　**熱量〔J〕＝電力〔W〕×時間〔s〕**より，4〔V〕×1.5〔A〕×(60×5)〔s〕＝1800〔J〕

2　(1)　50〔Ω〕×0.12〔A〕＝6〔V〕

(2)　電圧が6Vで一定の状態で，抵抗器aだけに電流が流れるとき，電流の大きさは120mAとなる。スイッチXを入れてスイッチYを切ると，抵抗器a，bに電流が流れ，回路に流れる電流の合計が360mAであることから，抵抗器bを流れる電流の大きさは，360－120＝240〔mA〕　スイッチXを切ってスイッチYを入れると，抵抗器a，cに電流が流れ，回路に流れる電流の合計が200mAになることから，抵抗器cを流れる電流の大きさは，200－120＝80〔mA〕　よってスイッチXとYを入れると，抵抗器a，b，cに電流が流れ回路に流れる電流の合計は120＋240＋80＝440〔mA〕となる。

(3)　(2)で求めた値から，抵抗器bは6Vの電圧を加えると240mAの電流が流れるため，抵抗は6〔V〕÷0.24〔A〕＝25〔Ω〕となる。抵抗器cに6Vの電圧を加えると80mAの電流が流れるため，抵抗は6〔V〕÷0.08〔A〕＝75〔Ω〕となる。よって，25÷75＝$\frac{1}{3}$〔倍〕

3　それぞれの電気器具に流れる電流を求めると，ヘアドライヤー：1200〔W〕÷100〔V〕＝12〔A〕，テレビ：350〔W〕÷100〔V〕＝3.5〔A〕，そうじ機：850〔W〕÷100〔V〕＝8.5〔A〕，扇風機：30〔W〕÷100〔V〕＝0.3〔A〕となる。2つ以上の電気器具を同時に使用したときに15Aを超えない組み合わせは，右の表のようになる。

電気器具	電流	組み合わせ				
		1	2	3	4	5
ヘアドライヤー	12A	○				
テレビ	3.5A		○	○	○	
そうじ機	8.5A		○	○		○
扇風機	0.3A	○	○		○	○

4　(イオンへのなりやすさ，化学電池)

1　(1)　－極の亜鉛板では亜鉛原子が亜鉛イオンとなって水溶液中にとけ出し，＋極の銅板の表面には，硫酸銅水溶液中の銅イオンが銅に変化して付着する。

(2)　亜鉛原子が2個の電子を失うと，＋の電気を帯びた亜鉛イオンとなる。

2　実験Ⅱからは，イオンへのなりやすさはマグネシウム＞銅であることがわかる。実験Ⅲからは，イオンへのなりやすさは銅＞銀であることがわかる。これらをまとめると，**マグネシウム＞銅＞銀**となる。

3　水の電気分解の逆の反応を利用して電気をとり出す装置を，燃料電池という。

5 (動物のからだのつくりとはたらき)

1　ヒトの肺には無数の肺胞がある。これによって，空気と肺の表面がふれ合う面積を増やすことができる。

2　(1)　ガラス管は気管，ゴム風船は肺，ゴム膜は横隔膜に相当する。

(2)　模型のひもを引くと，容器内の空間の体積が大きくなるため気圧が下がり，ガラス管から容器の内部へ空気が吸いこまれる。このときゴム風船がふくらむ。これは，ヒトが空気を吸うときのモデルといえる。

3　(1)・(2)　吸う息(空気)には，**約8割の窒素**，**約2割の酸素**がふくまれるが，酸素は呼吸で体内に取り込まれるため，吸った息とはいた息を比べると，はいた息にふくまれる割合のほうが少なくなっている。また，吸った息よりもはいた息に多くふくまれる気体は，水蒸気と二酸化炭素である。このことから，気体aは二酸化炭素，気体bは酸素，気体cは窒素，Aは「はく」，Bは「吸う」があてはまる。

6 (運動とエネルギー)

1　(1)　作図する2本の矢印は，重力を対角線とした長方形の辺のとなり合う2本となる。

(2)　斜面の傾きを大きくすると，斜面に平行な分力は大きくなり，斜面に垂直な分力は小さくなる。重力の大きさは変わらない。

2　位置エネルギーは，基準面からの高さが高いほど大きくなるので，アは誤り。EF間を運動しているとき，高さは変化していないので運動エネルギーは変化していない。よって，イは誤り。基準面からの高さが等しい点では運動エネルギーはすべて等しいため小球の速さも等しい。よってエは誤り。

3　力学的エネルギーの一部が熱エネルギーや音エネルギーに変化し，力学的エネルギーの総量が減少しても，**エネルギーの保存**により，力学的エネルギーと変換後の熱エネルギー，音エネルギーの総和は変わらない。

7 (天体)

1　(1)　太陽は，星座の間を動いていくように見える。この太陽の通り道を黄道という。

(2)　地球の自転も公転も，北極側から見ると反時計回りである。

(3)　Bの位置にある地球は秋分を表している。秋分と春分は，昼と夜の長さが等しくなる。

(4)　夏至の日の南中高度は，**90°－(緯度〔°〕－地軸の傾き〔°〕)**，冬至の日の南中高度は，**90°－(緯度〔°〕＋地軸の傾き〔°〕)**で求められる。よって，北緯35°の地点で地軸の傾きが23.4°のときの南中高度は，夏至：$90°-(35°-23.4°)=78.4°$，冬至：$90°-(35°+23.4°)=31.6°$となるが，地軸の傾きが10°になると南中高度は，夏至：$90°-(35°-10°)=65°$，冬至：$90°-(35°+10°)=45°$となる。よって，地軸の傾きが小さくなると，南中高度の変化も小さくなる。また，日本において夏至と冬至の昼の長さを比べると，地軸の傾きが小さいほうが昼と夜の長さの差が小さくなる。

2　星は，同じ時刻に観察すると，1か月前には東に30°傾いた位置に見える。星は**1時間たつと東から西へ15°動く**ので，1か月前の星が南中するのは，$30°\div15°=2$より，午後9時の2時間後である。

8 (水溶液)

1　塩化ナトリウムは，塩素原子とナトリウム原子が，1：1の数の割合で集まった物質である。

2　塩化ナトリウムの質量が全体の4.0%にあたるため，水(100g)の割合は96%となる。よって，水溶液の全体の質量は，100〔g〕÷(1−0.04)=104.16…〔g〕となる。このうち4.0%が塩化ナトリウムなので，104.16〔g〕×0.04=4.16…→4.2g

3　加熱すると，溶質の質量は変化しないが溶媒が減少するため，全体の濃度は高くなる。

4　温度によって溶解度があまり変化しない物質は，飽和水溶液を冷却しても，出てくる結晶の質量は大変小さい。よって，塩化ナトリウムのグラフはBである。

＜社会解答＞

1　1 (1) (例)ヨーロッパ　(2) ウ　(3) (例)平地が多く，年中高温で降水量も多い　(4) ① イ　② ベトナム　2 (1) エ　(2) エ　(3) ① 自動車　② イ　(4) A ア　B (例)患者をより速く，より安全に運ぶことができる。

2　1 (1) ウ　(2) ア　(3) ア 武家諸法度　イ 建武の新政　ウ C→A→B　(4) ア　2 (1) ウ　(2) イ→エ→ウ→ア　(3) イ　(4) (例)収入が増えたことにより，いろいろな電化製品を買えるようになった　(5) ① オ　② ウ

3　1 (1) 三審制　(2) ① (例)臨時会　② (例)特別会　(3) エ　(4) ① イ　② カ　2 (1) ウ　(2) エ　(3) (例)18・19歳が成人となったことで，契約を取り消すことができなくなり，相談が増える　(4) オ

4　1 イ　2 (例)拡大や縮小がしやすい　3 ウ　4 ア，エ

＜社会解説＞

1　(地理的分野—世界地理−地形・産業・交通・宗教，—日本地理−地形・人口・交通)

1 (1)　イギリスのロンドン郊外の**グリニッジ天文台**を通る経線が，**本初子午線**である。1884年の国際協定で，この線を東経0度，西経0度とし，全世界の経度の原点とすることが決定された。本初子午線が通る国は，**ヨーロッパ州**では，イギリス・フランス・スペイン，**アフリカ州**では，アルジェリア・マリ・ブルキナファソ・トーゴ・ガーナである。解答はヨーロッパ州でも，アフリカ州でも正答となる。

(2)　12世紀以降はムスリム商人がもたらした**イスラム教**が広まり，東南アジアでは人々のイスラム化が進んだ。現在，**インドネシア**は人口の90%近くがイスラム教を信仰し，世界で最も多くの**イスラム教徒**を抱える国である。イスラム教徒は1日に5回，聖地である**メッカ**の方角に向かって礼拝を行う。また，イスラム教では**豚肉食**が禁じられており，それ以外にも多くのタブーがあるため，これを尊重する必要がある。

(3)　**バングラデシュ**は平地が多く，地形的に**米生産**に向いている。また，気候的にも年中高温で降水量も多いため，米の生産が盛んで，**世界第4位の生産量**がある。上記を簡潔にまとめて解答すればよい。

(4)　①　ア・ウ・エは誤りを含んでおり，イが正しい。イは他のアジアの国々と比べて，労働者の**平均賃金**が安価であり，生産コストを抑えられるために，ベトナムに進出する外国企業数が大幅に増加している。　②　資料6には，ベトナムの乗り物であるシクロやタクシートゥクトゥクが道路を走る様子が写されており，写真はベトナムだとわかる。

2 (1)　ア　**小笠原諸島**は，東京都に属する。　イ　**五島列島**は，長崎県に属する。　ウ　**歯舞**

群島は，北海道根室沖のいわゆる**北方領土**の一部である。ア・イ・ウのどれも鹿児島県から沖縄県にかけての島々ではない。正しいのは，エの**南西諸島**である。南西諸島には，屋久島・種子島・奄美大島・沖縄の島々等が含まれる。

(2)　A年の二つの人口ピラミッドは，いずれも途中にふくらみがある，つぼ型が特徴である。1940年代と1970年代のベビーブームを示しているものである。A年の二つの人口ピラミッドは，少子高齢化が進んだ2020年のものであると推測される。B年の二つの人口ピラミッドは，富士山型が特徴である。1980年のものである。つぼ型・富士山型のどちらも傾向が顕著なのが宮崎県である。東京都には各県から生産年齢人口が集まって来るため，生産年齢人口の割合が大きい方が東京都である。

(3)　①　日本の**貨物輸送**を，貨物の重量に着目した場合，自動車が37億トン以上で約9割を占めている。　②　一方，貨物の重量と輸送された距離をかけると，船や鉄道の占める割合が高くなる。このことから，船や鉄道は,より長距離の輸送で多く利用されていることがわかる。

(4)　A　一番上は，観光の視点である。上から二番目は，産業の視点である。上から三番目は，防災の視点である。一番下が，医療の視点である。　B　高速道路の開通により，救急車が患者をより速く運ぶことができる。また，救急車の横揺れが小さくなり，患者をより安全に運ぶことができる。この2点に触れ，解答すればよい。

2 **(歴史的分野―日本史時代別－古墳時代から平安時代・鎌倉時代から室町時代・安土桃山時代から江戸時代・明治時代から現代，―日本史テーマ別－政治史・文化史・法律史・社会史・外交史，―世界史－政治史)**

1　(1)　ア　**大塩の乱**は江戸後期の1837年に起こったものである。　イ　**応仁の乱**は室町時代の1467年に起こったものである。　エ　**壬申の乱**は飛鳥時代の672年に起こったものである。どれも別の時代に起こった戦乱であり，鎌倉時代に起こった戦乱としては，ウの**承久の乱**が正しい。**後鳥羽上皇**が，1221年に倒幕の兵を挙げたのが承久の乱である。幕府の勝利後には，朝廷の監視と西国御家人の統制のために，京都に**六波羅探題**が置かれた。

(2)　イ　**日本書紀**は，720年に完成した。　ウ　**平家物語**が民衆に広まったのは，鎌倉時代のことである。　エ　**川柳**や**狂歌**が流行したのは，江戸時代のことである。イ・ウ・エのどれも時代が違っており，アが正しい。　ア　平安時代中期の，**国風文化**の時代に，日本独自の文字がつくられた。これがかな文字である。

(3)　ア　江戸幕府が諸大名を統制するために制定した法令が，**武家諸法度**である。1615年に徳川家康の命により**2代将軍徳川秀忠**のときに発布されたものが最初である。最初の武家諸法度は「**元和令**」として他と区別される。以後，将軍の代替わりごとに改訂された。**3代将軍徳川家光**のときに発せられた武家諸法度「**寛永令**」が，**参勤交代**を初めて明文化するなど重要である。武家諸法度の内容としては，新しく城を築くことを禁止し，また，城の修補をする場合でも，幕府に届け出るように定められていた。　イ　1333年に鎌倉幕府が滅亡し，流されていた**隠岐**から脱出した**後醍醐天皇**が，翌年元号を建武と改めて始めた政治を，**建武の新政**という。天皇による親政(自ら政治を行うこと)を復活させ，**記録所**を再興し，建武の新政は幕を開けた。しかし，武士の不満が強まり，2年あまりで終わりを告げた。Aは**刀狩令**で，1588年に**豊臣秀吉**の出した法令であり，Bは，武家諸法度で1615年に出された元和令である。Cは，『**二条河原の落書**』であり，1334年から1336年まで続いた建武の新政による政治の混乱を風刺するものである。したがって，年代の古い順に並べると，C→A→Bとなる。

(4)　資料5から，**琉球王国**は東シナ海にあるという地理的利点を生かした中継貿易を行っていたことがわかる。明や明に流れ込んだ世界各地の産物を，**朝貢船**によって大量に琉球に持ち帰り，日本や東南アジア諸国に輸出し，集めた物産を中国等に輸出していたのである。この中継貿易を続けさせて，日本(薩摩藩)が利益を得ようとしたのである。

2 (1) 1789年に起こった**フランス革命**の思想は，**フランス人権宣言**によく表れているように，特に人間の**自由**について強調したものだった。他にも平等・人民主権・言論の自由・三権分立等について重視したものだった。

(2) ア 地域紛争で停戦を維持したり，紛争拡大を防止したり，公正な選挙を確保するなどのための活動が，国連のPKO(平和維持活動)である。日本の自衛隊は，1992年以来この活動に参加している。 イ **第一次世界大戦**後の**パリ会議**は，**アメリカ大統領ウィルソン**の十四カ条の原則の柱である，**国際協調・民族自決**の精神で進められた。この国際協調の精神を具体化したものが，**国際連盟**である。国際連盟は1920年に創立されたが，アメリカは議会の上院の反対のため，加盟しなかった。 ウ 主として**第二次世界大戦**後に独立したアジア・アフリカの，日本を含む29か国の代表が集まり，1955年インドネシアのバンドンで開催した国際会議が，**アジア・アフリカ会議**である。**平和十原則**を共同宣言として発表した。したがって，年代の古い順にならべると，イ→エ→ウ→アとなる

(3) アは，江戸時代後期の**化政文化**の時代に関するものである。ウは，昭和中期の文化についての説明である。エは，明治初期の**文明開化**についての説明である。ア・ウ・エのどれも別の時期の文化についての説明であり，イが，大正時代の文化の説明として正しい。**ラジオ放送**が始まったのは，大正時代末期の1924年である。

(4) **高度経済成長**により，国民の収入が増え，電気洗濯機・電気冷蔵庫・カラーテレビなど，いろいろな電化製品を買えるようになった。

(5) ① 資料7によれば，主要産物の価格は，1887年から1889年にかけて大きく下落している。これにより農村などで困窮する家庭が増えたことで，**就学率**が下がったと考えられる。正答は，オである。 ② 資料8から，1880年に小学校に対する補助金が廃止され，各家庭の授業料負担が増えたことで，就学率が下がったと考えられる。正答は，ウである。

3 (公民的分野―裁判・国の政治の仕組み・消費生活・財政・経済一般・環境問題)

1 (1) 第一審(地方裁判所)・第二審(高等裁判所)・第三審(最高裁判所)の三つの審級の裁判所を設けて，当事者が望めば，原則的に3回までの審理を受けられるという制度が**三審制**である。審理を3回まで慎重に行うことで，冤罪などの誤った判決を防ぐためである。

(2) ① 日本国憲法第53条は，「内閣は，国会の**臨時会**の召集を決定することができる。いづれかの議院の総議員の四分の一以上の要求があれば，内閣は,その召集を決定しなければならない。」と臨時会について定めている。**臨時国会**ともいう。 ② 日本国憲法第54条によって定められる，衆議院の**解散**による**衆議院議員総選挙**後の30日以内に召集しなければならない国会を，**特別会**または**特別国会**という。特別国会が召集されたら,日本国憲法第67条にあるように，「**内閣総理大臣**を，国会議員の中から国会の議決で，これを指名する。この指名は,他のすべての案件に先だって，これを行う。」ことになっている。以上を簡潔にまとめて解答する。

(3) ア **衆議院の優越**には限りがあり，内閣総理大臣が衆議院を優先させて政治を行うことはない。 イ 行政権のトップを国民が直接選べないということと，選挙区制の問題は関係がない。 ウ 議会に**調書**を送るのは，アメリカの大統領である。ア・イ・ウには誤りがあり，エが正しい。 エ 憲法66条に規定されているとおり「内閣は，行政権の行使について，国会に対し連帯して責任を負ふ。」ことになっており，これが**議院内閣制**の特徴である。

(4) ① ア・ウ・エは，子育てや家庭のあり方には関係がない。 イ 男女の平均賃金の格差は，男女の働き方，ひいては子育て家庭のあり方に影響を及ぼす。 ② キ 外国人労働者の数は子育てや家庭のあり方に関係がない。 ク 男女の平均寿命は，子育てや家庭のあり方には関係がない。 ケ 文の男女が逆である。キ・ク・ケのどれも問題には関係なく，②に入る短文としてはカが正しい。

2 (1) ア **希少性**とは，欲望される量に比べて利用可能な量が少ない状態をいう。 イ ダイアモンドは海の水より，希少性が高い。 エ 一般的に希少性の高いものの方が，価格が高くなる。ア・イ・エはどれも誤りを含んでおり，ウが正しい。 ウ 地球上での空気よりも，宇宙ステーションでの空気の方が得られにくく，希少性が高いと言える。

(2) 日本に流通している通貨の約9割を預金が占めている。**日本銀行**は，「銀行の銀行」と通称され，個人から資金を預かることはない。日本銀行は，**金融政策**を行い景気を調整する。なお，**財政政策**を行うのは政府である。政府は増税・減税をしたり，公共事業を行ったりすることで，景気を調整する財政政策を行っている。

(3) **成人年齢**が18歳となる前は，**契約**には保護者の同意が必要で，保護者が契約を解除することもできた。しかし，成人年齢が18歳になったことで，自分の判断で契約ができるようになる一方，契約を取り消すことができなくなり，国民生活センターへの相談が増えるのである。

(4) 時間・費用・労力の面で無駄を省く考え方が「効率」である。手続き・機会や結果において公平を期す考え方が「公正」である。**パリ協定**は，効率も公正も達成する方向にシフトしたと言える。しかし，**先進国**と**発展途上国**の間には，大きな主張の隔たりがあり，今後も状況により変更される可能性がある。

4 **(歴史的分野―日本史時代別－明治時代から現代，―日本史テーマ別－外交史，地理的分野―日本地理－地形図の見方，公民的分野―地方自治)**

1 ア **甲午農民戦争**とは，1894年に朝鮮南部で起こった農民反乱である。 ウ **日清戦争**は，1894年から1895年まで戦われ，1895年の**下関条約**で講和が結ばれた戦争である。 エ **三国干渉**とは，日清戦争後の1895年に結ばれた下関条約に際して，ロシア・ドイツ・フランスが，**遼東半島**を清国に返還するよう要求したものである。ア・ウ・エのどれも1902年に結ばれた**日英同盟**よりも前のできごとである。日英同盟が締結されたよりも後のできごとは，イの**日露戦争**である。1904年から1905年の日露戦争を前に，ロシアの南下を警戒するイギリスと，ロシアの満州・朝鮮への進出を抑えようとする日本の利害が一致したから，日英同盟が結ばれたのである。

2 **デジタル地図**には，特定の範囲を詳しく見るために拡大したり，全体を広く見るために縮小したりすることがしやすいという利点がある。このような趣旨を簡潔にまとめればよい。

3 **民生費**とは，**地方自治体**の歳出において，生活保護・障害者や高齢者に対する福祉の充実・児童福祉・母子福祉・子育て支援などに使われる経費である。2004年度から2019年度までの伸びが一番大きく，2019年度では，全体の三分の一以上を占めている。

4 イ 市町村立図書館に対する県立図書館の支援に，図書の分類は関係がない。 ウ 同じくレファレンス件数も関係がない。したがって，残るア・エが正解である。

＜国語解答＞

一　問一　ⓐ 尊敬　ⓑ 居(ても)　ⓒ ししょう　問二　イ　問三　ウ
問四　(例)何度断っても粘る眠人の姿から，自分も目標のために一歩前に進む力をもらったから。　問五　ウ　問六　イ

二　問一　ⓐ 保護　ⓑ かいたく　ⓒ ぬ(られ)　問二　イ　問三　エ　問四　ア
問五　完全なセルフサービス　問六　(例)食品のありのままの姿のようでありながら，中身は入念にコントロールされているもの。

三　問一　(例)床に敷くものであればよい。　問二　エ　問三　第一段落　ア　(例)Aは一四・三ポイント増え，Eは一二・八ポイント減った　イ　(例)大きくなった
第二段落　(例)私も，言葉は大切なので，書き言葉も話し言葉も正しく整えて使うべきだと思う。私はメールでは短い文にしがちで，話すときもつい言葉を省略しすぎて伝わらないことがあった。相手に自分の考えが伝わってこその言葉なので，常に伝わる表現を心がけたい。　問四　ウ

四　問一　(一)　なおうたがいて　(二)　ウ　問二　ア　問三　エ
問四　願得㆓主人書㆒　問五　1　(例)書を読む意欲が強い点　2　学問料

＜国語解説＞

一　(小説―情景・心情，内容吟味，文脈把握，脱文・脱語補充，漢字の読み書き，表現技法・形式)

問一　ⓐ　模範に足る存在として仰ぎ見ること。　ⓑ　「居る」は，同音異義語に注意したい。
ⓒ　「匠」の訓読みは「たくみ」。音読みは「ショウ」。

問二　おばさんは，警察官になだめられるほどに**興奮していた**ことをおさえる。

問三　眠人は，「どうしてこっち側の事情を聞いてくれないのか」と思っている。「事実や事情を知ろうともせず」に自分たちを悪い子だと決めつける人たちに**自分たちの本当の事情を分かって欲しい**と考えているのだ。

問四　春帆が沖縄に帰るきっかけは眠人が作った。**眠人が何度も三線を教えて欲しいと粘った姿から一歩進もうとすることの大切さを知った**のだ。その一歩が自分を新しく変えていくことを眠人から教わって，春帆自身も沖縄で三線の先生になるという新しい自分に成長していけたのだ。

問五　前段落に注目。**「次第に場の空気が和んで」**いき，**三線の音色と曲調がみんなを変えていった**とある。さらに傍線③のあとに「メロディーが，自分の心を励まし，背中を押していた」とあり，**眠人の心が前向きになっている様子**も読み取れる。

問六　この文章は**眠人の視点**から描かれ，眠人自身の心情も豊かに描写されている。また，**三線を演奏する場面の様子も丁寧に描かれ，三線の音色に引き込まれていくような臨場感**が感じられる。ア「眠人の大人びた性格」が不適切。ウ「冒頭場面の僕の思い」が中心の文章ではない。エのように比喩は多用されていない。

二　(論説文―大意・要旨，内容吟味，文脈把握，接続語の問題，漢字の読み書き)

問一　ⓐ　弱いものを危険から救うように手を打つこと。　ⓑ　新しい分野や技術を切り開くこと。
ⓒ　「塗」の訓読みは，「ぬ・る」，音読みは「ト」。「塗料(トリョウ)」。

問二　傍線①の後「衣類や化粧品……外装として主に使用されていた。」をふまえて選択肢を選ぶ。

問三　当時の食品販売業者の多くが透明フィルムを使おうとしなかった**現状を受けて**，デュポン社の宣伝戦略を紹介しているので「そこで」が適切。

問四　傍線②の後「特に食品の……販売方法の重要性を説いた。」をふまえて選択肢を選べばよい。イは「紙製のパッケージ素材との質感の違いが客の好奇心を満たすことにつながる」という点，ウは「客の購買意欲が高まるのは商品の詳細を自分で確認したとき」という点，エは客がセロファン越しに商品に触れること想定している点がそれぞれ不適である。

問五　「新しいセロファン」が実現したことに関しては，文章冒頭に「生鮮食品売り場を含めた店舗全体の『完全なセルフサービス』の実現を可能とした」と紹介されている。ここから抜き出す。

問六　最後の段落に「パッケージ越しに見えるようになった商品は，**食品のありのままの姿のようでありながら，実はそれは入念に作り出された姿**」とある。また，セロファンは「透明なフィルムを通して中身を見せているだけでなく，**パッケージ内の湿度や空気をコントロール**」して長持ちさせてもいるとある。つまり，**見た目はありのままのようでありながら，中身はコントロールされている**のだということを含めてまとめよう。

三　(会話・議論・発表―文脈把握，脱文・脱語補充，作文，書写)

問一　美波さんが「敷くものだったら絶対にざぶとんじゃないといけないことはない」と言っているので，**敷くものなら他のものでもよい**旨の内容を補う。

問二　「繰り返しになるけど」と，**再度伝えていることが大切な内容**だ。大切だからこそ，相手の記憶に残るよう工夫して伝える必要がある。

問三　AとEを比較して数値を読み取り，空欄を補う。アの割合の差は，しっかりと計算をして，**差がどう変化したのか**を答える。また，第二段落では，書き言葉と話し言葉についての自分の考えを書く。**ともに〝相手に気持ちや考えを伝える道具〟である**ことに変わりはない。どのように使い分けすると良いかなどについて，自分の体験とともに述べていくとよいだろう。

問四　**行書は点画の省略や連続**が起こる。また，点画は丸みを持つ。したがって，ア・イ・エは不適切な説明。

四　(古文・漢文―大意・要旨，文脈把握，脱文・脱語補充，ことわざ・慣用句，仮名遣い)

【現代語訳】　A　大江匡房は年が十一のとき，父の大江成衡朝臣に従って，源師房のもとに参上して，「この春から漢詩を作っています」と申し上げると，(師房は)怪しんで「雪に覆われても常に緑色の松を見る」という題を出して，漢詩を作らせたところ，参考書や韻を調べる辞書も持たないまま，その場で即座に詩を書いて差し上げたところ，「本当に優れたことだ」と言い，この詩を帝のもとへ持って参上して，ご覧に入れなさったところ，帝は感心して，学資をお与えになった。これによって名が知れ渡ることは盛んだったそうだ。

B　匡衡は別名を稚圭といった。学業にいそしんでいたがろうそくがなかった。隣の家にろうそくがあるが，光は届かない。そこで，壁に穴を開けて，そのろうそくの光を引いて，書物を光に映して読んだ。村で代々続く家の文不識という人は，家が裕福で蔵書が多かった。匡衡は他の人とともに雇われて働いていたが，なんと賃金は求めなかった。主人(文不識)は不思議に思って匡衡に理由を尋ねた。匡衡が言うことに「できればご主人様の書物をいただいて，幅広く読みたいです。」と。主人は感嘆し，給料として書物を与えることにより，ついに匡衡は立派な学者となった。

問一　(一)　語中・語尾の歴史的仮名遣いの「は・ひ・ふ・へ・ほ」は，現代仮名遣いでは「ワ・イ・ウ・エ・オ」となる。　(二)　**詩を作っていることを告げた相手**が「なほうたがひて」の主語だから，土御門大臣である。

問二　**匡房の行い**に対して「優の事」と言っているのだから，その行いをおさえる。「抄物，切韻もぐせず，筆を染てやがて書てたてまつりたりければ」の口語訳をふまえて選択肢を選ぶ。

問三　「蛍雪の功」は，**苦学しながら勉学に励む**こと。

問四　願→主→人→書→得の順で読む。最初に読む「願」のあと，「得」は「主人書」の三字を読んでから返って読むことになる。**二字以上返って読むので，一・二点**を用いる。

問五　漢文Bにおいて，主人が感嘆したのは「願はくは主人の書を得て，遍く之を読まん。」だから，(1)には**書物を読みたいという意欲が強いこと**を指定字数で書く。また，古文Aで「叡感ありて，学問料給はりけり」とあるので，(2)の報奨には「学問料」が補えよう。

宮崎県公立高等学校（推薦）

2022年度

入　試　問　題

2022年度

●くわしい解説……19ページ

＜数学＞

時間　30分　　満点　40点

1　次の(1)～(13)の問いに答えなさい。

(1)　$3+(-7)$ を計算しなさい。

(2)　$6\div\left(-\dfrac{8}{5}\right)$ を計算しなさい。

(3)　$(-2)^2-3^2\div 9$ を計算しなさい。

(4)　$9x^2y\div\dfrac{3}{2}x\times 2y$ を計算しなさい。

(5)　$(a-2b)^2$ を展開しなさい。

(6)　x^2-9y^2 を因数分解しなさい。

(7)　$\sqrt{27}-\dfrac{6}{\sqrt{3}}$ を計算しなさい。

(8)　連立方程式 $\begin{cases}2x-3y=-7\\3x+4y=-2\end{cases}$ を解きなさい。

(9)　二次方程式 $x^2+3x-1=0$ を解きなさい。

(10)　ある数 a の小数第1位を四捨五入した近似値が2であるとき，a の範囲を，不等号を使って表しなさい。

(11)　正の整数 a を3で割ったときの商を b，余りを1とするとき，a，b の関係を等式に表しなさい。

(12)　家から駅まで，分速60mで進むと，分速90mで進むときよりも15分多く時間がかかった。家から駅までの道のりは何mか，求めなさい。

(13)　縦 a cm，横 b cmの長方形がある。このとき，次の式はどのような数量を表していますか。
$2(a+b)$　(cm)

2

1　次の(1)，(2)の問いに答えなさい。

(1)　右の図は，ある中学校の図書館の6月と11月における1日の利用者数を20日間調べ，そのデータを箱ひげ図に表したものである。この図から読みとれ

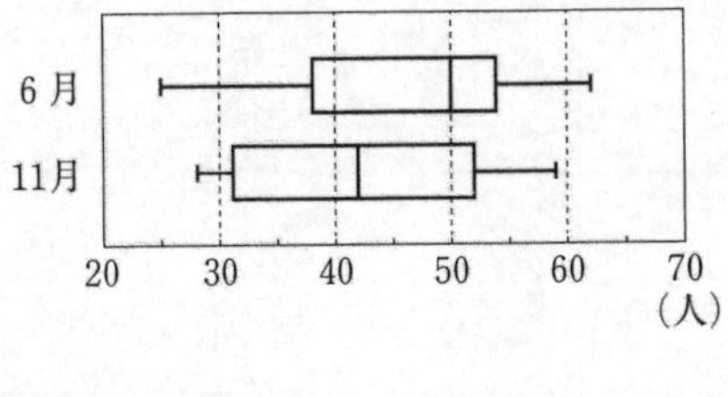

ることとして，**かならずいえること**を次のア～エから１つ選び，記号で答えなさい。

ア　６月における１日の利用者数の平均値は50人である。

イ　１日の利用者数の20日間の合計は，６月より11月の方が多い。

ウ　四分位範囲は，11月より６月の方が大きい。

エ　11月は，１日の利用者数が40人を超えた日が10日以上ある。

(2)　右の図のように，１から５の数字が１つずつ書かれた５枚のカードが袋の中にはいっている。この袋の中から同時に２枚のカードを取り出すとき，取り出した２枚のカードに書かれた数の和が３の倍数になる確率を求めなさい。

　ただし，どのカードが取り出されることも同様に確からしいとする。

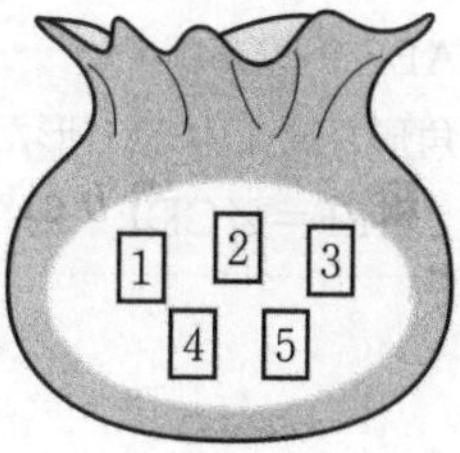

2　右の図のように，関数 $y=\frac{1}{2}x+3$ …①のグラフと関数 $y=-2x+8$ …②のグラフが点Aで交わっており，①と y 軸との交点をB，②と x 軸との交点をCとする。

　このとき，次の(1)～(3)の問いに答えなさい。

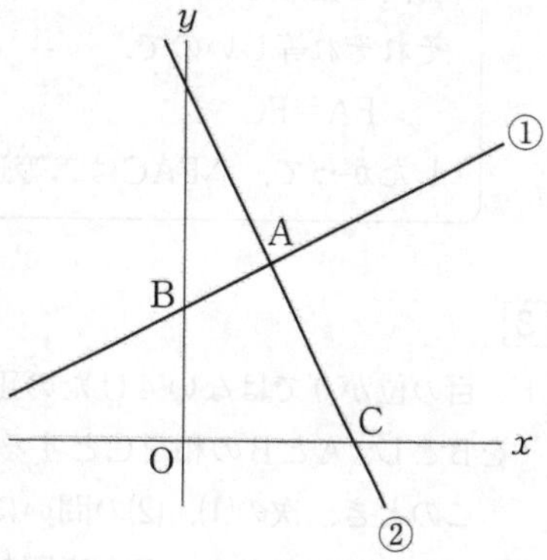

(1)　一次関数 $y=-2x+8$ で，x の増加量が１のとき，y の増加量を求めなさい。

(2)　交点Aの座標を求めなさい。

(3)　x 軸上の $x<0$ の部分に点Pをとる。△APCの面積と四角形ABOCの面積が等しくなるとき，点Pの x 座標を求めなさい。

3　次の(1)，(2)の問いに答えなさい。

(1)　下の図のような，線分ABを直径とする円Oがある。円Oの周上に点Cをとり，点Cが接点となるような接線と直線ABとの交点をDとする。∠BAC＝24°のとき，∠ADCの大きさを求めなさい。

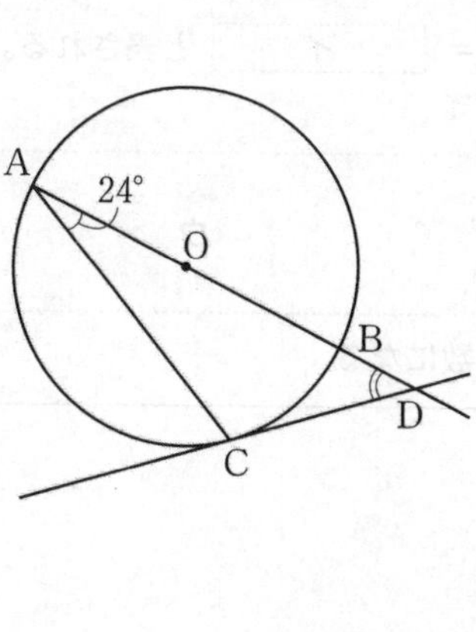

(2)　右の図は，長方形ABCDを対角線ACを折り目として折ったものである。頂点Bが移動した点をEとし，2辺AD，CEの交点をFとする。

このとき，△FACは二等辺三角形であることを次のように証明した。【証明】を完成させなさい。

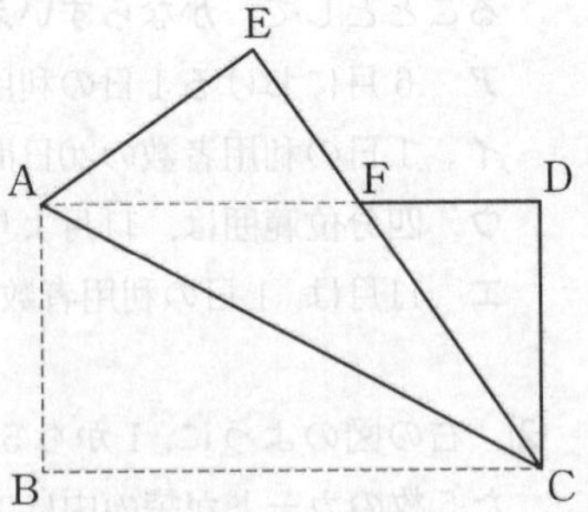

【証明】

△AEFと△CDFで
四角形ABCDは長方形だから，
∠AEF＝∠CDF＝90°　…①

［　　　　　　　　　　］

△AEF≡△CDF
合同な図形では，対応する辺の長さはそれぞれ等しいので，
FA＝FC
したがって，△FACは二等辺三角形である。

3

1　百の位が0ではない4けたの正の整数Aがある。Aの左端の数字を右端に移動させてできる数をBとし，AとBの和をCとする。例えば，A＝9876のとき，B＝8769であり，C＝18645である。
このとき，次の(1)，(2)の問いに答えなさい。

(1)　A＝1234のとき，Cを素因数分解しなさい。

(2)　「Cは11の倍数になる」ことを次のように証明した。［ア］，［イ］に当てはまる式を答えなさい。また，［ウ］をうめて，【証明】を完成させなさい。

【証明】

Aの千の位の数をa，百の位の数をb，十の位の数をc，一の位の数をdとすると，AとBは，
A＝［　ア　］，B＝［　イ　］と表される。
このとき，

［　ウ　］

したがって，Cは11の倍数になる。

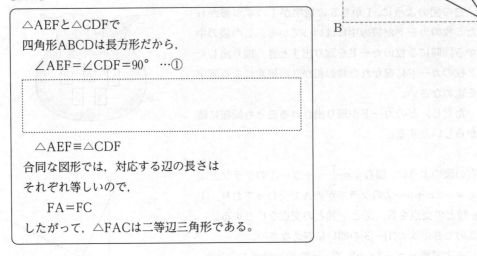

2　３つの立体Ａ，Ｂ，Ｃがあり，それぞれの立体に球がはいっている。
このとき，次の⑴～⑶の問いに答えなさい。ただし，円周率はπとする。

⑴　図Ⅰの立体Ａは，１辺６㎝の立方体である。図Ⅰは，この立方体に１個の球をいれたものであり，この球は立方体のすべての面にぴったりとくっついている。
このとき，この球の体積を求めなさい。

図Ⅰ

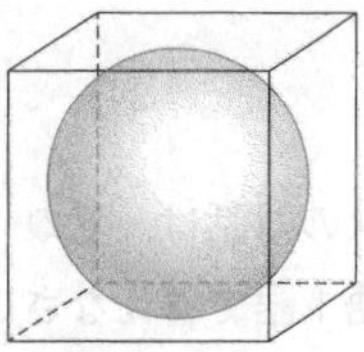

立体Ａ

⑵　図Ⅱの立体Ｂは，底面が１辺４㎝の正方形で，高さが７㎝の直方体である。図Ⅱは，この直方体に同じ大きさの２個の球をいれたものである。下の球は，直方体の底面と４つの側面および上の球にぴったりとくっついており，上の球は一部がはみ出している。球のはみ出した部分を直方体の底面で切ると，切り口の図形は円になった。
このとき，切り口の円の面積を求めなさい。

図Ⅱ

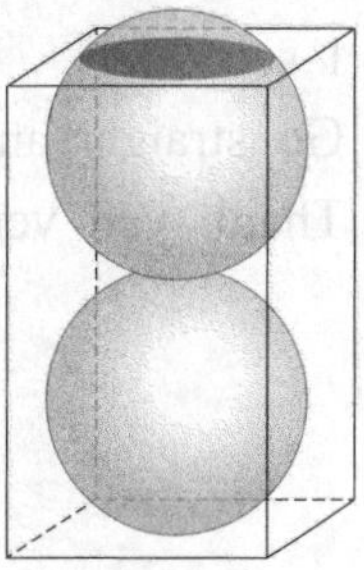

立体Ｂ

⑶　図Ⅲの立体Ｃは，縦４㎝，高さ８㎝の直方体である。図Ⅲは，この直方体に同じ大きさの３個の球㋐，㋑，㋒を図のようにいれたものであり，となりあう球はぴったりとくっついている。また，㋐と㋒の球は，直方体の３つの側面と底面にぴったりとくっついており，㋑の球は，直方体の３つの側面にぴったりとくっついている。
このとき，この球の半径を求めなさい。

図Ⅲ

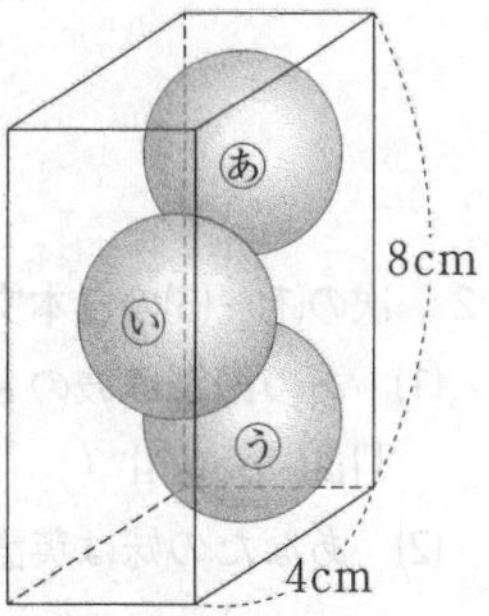

立体Ｃ

＜英語＞

時間　30分　　満点　40点

1

1　次の対話は，下の【地図】を見ながら行われています。対話の（①）～（③）に入る適切な語を，英語１語で答えなさい。

A：Excuse（　①　）.　Would you like some help?

B：Yes, thank you.　（　②　）can I get to the art museum?

A：Let's see.　You're here, just in front of the bank.

B：I see.

A：Go straight and turn left at the（　③　）corner.　It's on your right.

B：Thank you very much.

【地図】

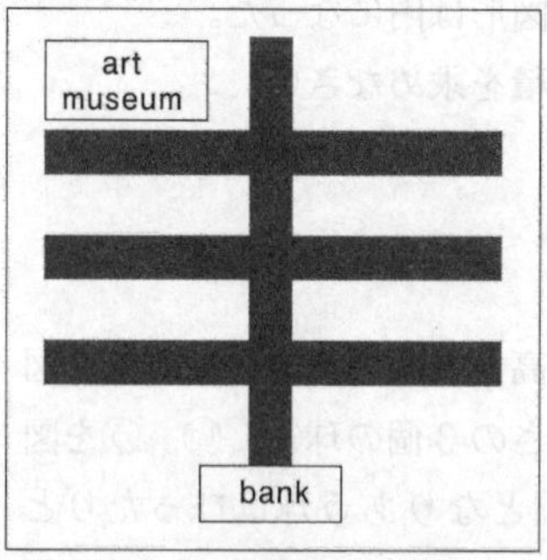

2　次の⑴～⑸の日本文に合うように（　）に入る適切な語を，英語１語で答えなさい。

⑴　あの鉛筆は彼のものではありません。

That pencil（　　　）his.

⑵　あなたの妹は英語が好きですか。

（　　　）your sister like English?

⑶　私はペットを飼っていません。

I have（　　　）pets.

⑷　彼は走ることが得意です。

He is good at（　　　）.

⑸　昨日はとても寒かったので，私は一日中家にいました。

It was（　　　）cold yesterday that I stayed home all day.

3　次の⑴～⑷の対話について，（　）内のア～エの語句をすべて用い，意味がとおるように並べかえ，記号で答えなさい。

ただし，文頭にくる語も小文字で示してあります。

⑴　*A*：Can（ア　you ／ イ　ask ／ ウ　a question ／ エ　I）?

B：Sure.

(2) *A* : What should I do next?
B : Well, I（ア to / イ want / ウ you / エ carry ）these boxes.
(3) *A* :（ア come / イ why / ウ you / エ don't ）to the party tomorrow?
B : Of course. I'll come.
(4) *A* : This（ア a camera / イ in / ウ is / エ made ）Germany.
B : It looks cool.

4　次の(1)～(4)の英文の（　）に入る最も適切な語句を，それぞれア～エから１つずつ選び，記号で答えなさい。

(1) We have about 4（　　）in a month.
ア hours　イ days　ウ weeks　エ years
(2) I don't（　　）to go to school tomorrow because it's a holiday.
ア leave　イ have　ウ send　エ bring
(3) A（　　）is a kind of list that shows you what you can order.
ア menu　イ magazine　ウ question　エ letter
(4) People in Japan usually（　　）their shoes when they go into houses.
ア put on　イ get on　ウ turn off　エ take off

5　次の質問に対して，あなたならどのように答えますか。主語と動詞を含む６語以上の英文１文で書きなさい。
ただし，符号（，．！？など）は語の数に入れないものとします。

質問 : What time did you go to bed last night?

2

1　次の(1)～(3)について，二人の対話が自然に流れるように（①）～（③）に入る最も適切な英文を，それぞれア～ウから１つずつ選び，記号で答えなさい。

(1) *A* : Are you ready to order?
B :（ ① ）　ア Would you like anything to drink?
A :（ ② ）　イ No. That's all. Thanks.
B :（ ③ ）　ウ Yes. I'll have two hamburgers, please.
(2) *A* : Look. The rain is getting harder.
B :（ ① ）　ア Don't worry. Let's share mine.
A :（ ② ）　イ Oh, no! I don't have an umbrella with me.
B :（ ③ ）　ウ Thanks. You're always kind.
(3) *A* : May I help you?
B :（ ① ）　ア Well, I'm looking for a bag for my friend.
A :（ ② ）　イ Great. I'll take it because she likes this color.
B :（ ③ ）　ウ How about this blue one? It's new in our shop.

2　次の英語プレゼンテーションコンテスト（English Presentation Contest）の案内を読んで，下の⑴，⑵の問いの答えとして最も適切なものを，それぞれア～エから１つずつ選び，記号で答えなさい。

English Presentation Contest
for junior high school students

Topic　:　How to make good friendships with people in foreign countries.

Date　:　October 25th (Monday)
Time　:　9:00 a.m.～4:00 p.m.
Place　:　Hinata Library

・The winner can study abroad in a student exchange program.
・Visit our website for more information.

https://tsetnoc.neserp.com

⑴　What can you do if you win the contest?
　ア　I can go to a foreign country.
　イ　I can join an event in the library.
　ウ　I can introduce my school on the website.
　エ　I can watch my presentation on the Internet.

⑵　Which is the best idea for the topic if you join the contest?
　ア　We should eat breakfast every morning.
　イ　We should have a work experience program.
　ウ　We should understand different cultures.
　エ　We should keep our town beautiful.

3　令央（Reo）がクラスメートのキャシー（Cathy）と話をしています。次の対話を読んで，あとの⑴～⑷の問いに答えなさい。

Cathy: Hi, Reo.　Do you have time now?
Reo　: Yes.　What's the matter, Cathy?
Cathy: I'm doing my Japanese homework.　I can read all the *hiragana* and *katakana*.　But *kanji* is ①(ア of / イ most / ウ part / エ difficult / オ the) all Japanese for me.　Can you tell me what this *kanji* is?
Reo　: Sure.　It means forest.　Do you know why it means forest?
Cathy: No, I don't.　Please tell me.
Reo　: OK.　Look at this *kanji* again.　[　　　　　　]　So this *kanji* shows us what a forest looks like.
Cathy: That's wonderful!　I want to learn more about *kanji*.
Reo　: You can also use some *kanji* together to make other words.　For

example, if you use the *kanji* for “hand” and “paper” together, it becomes “letter.”

Cathy : I see. Please show me another one.

Reo : If you use the *kanji* for “sound” and “fun” together, it becomes “(②).”

Cathy : Wow! That’s interesting.

Reo : Let’s learn more *kanji* to read many books.

(1) 下線部①について，( ) 内のア～オの語をすべて用い，意味がとおるように並べかえ，記号で答えなさい。

(2) [　　] について，あなたが令央ならどのように答えますか。主語と動詞を含む６語以上の英文１文で書きなさい。

ただし，符号（，．！？など）は語の数に入れないものとします。

(3) （②）に入る最も適切な語を，英語１語で答えなさい。

(4) 次のア～エの英文について，本文の内容と合っているものを１つ選び，記号で答えなさい。

ア Cathy and Reo talked about how to read *katakana*.

イ Cathy thought *hiragana* was hard to learn.

ウ Reo helped Cathy with her Japanese homework.

エ Reo showed Cathy many books to learn *kanji*.

3 次の英文は，英語の授業で真美（Mami）が行ったスピーチです。後の１～７の問いに答えなさい。

Today, I’m going to talk about the power of words. Can you believe the words that we choose change how we feel? If we use *negative words such as “don’t” or “can’t,” we will see things in a negative way. (①), using *positive words such as “like” or “hope” can make us positive. Choosing positive words is important to improve our life.

Those words can also have the power to affect our health. Some researchers studied the *autobiographies of 180 *nuns. Then the researchers checked how many positive or negative words each nun used in them. Look at this *graph. It shows how the words that the nuns used changed their life. According to the graph, (②). The researchers found the words that the nuns used affected how long they lived.

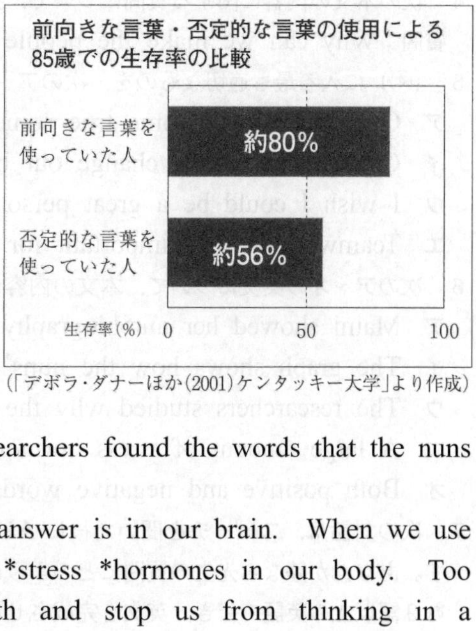

(「デボラ・ダナーほか(2001)ケンタッキー大学」より作成)

Why do words have such power? The answer is in our brain. When we use negative words, our brain increases some *stress *hormones in our body. Too many stress hormones damage our health and stop us from thinking in a positive way. However, using positive words can（ ③ ）happy hormones. We can improve our health and become positive because of these hormones. Listening to those words can affect our brain too.

It is said that people say about 16,000 words in a day. Please imagine what will happen when we try to use positive words more. Those words will change how we feel a lot. We also have many chances for communication with people around us. The positive words that we say affect their brain when we talk with them. We can make people around us positive in this way. The words that we choose have great power. I hope we will start using positive words from now.（ ④ ）

（注） negative　否定的な　positive　前向きな　autobiography　自伝
nun　修道女（宗教の修行をする女性）　graph　グラフ　stress　ストレス
hormone　ホルモン

1　(①)に入る最も適切なものを，次のア～エから１つ選び，記号で答えなさい。
ア　On the other hand　イ　Second　ウ　Besides　エ　Finally

2　(②)に入る最も適切なものを，次のア～エから１つ選び，記号で答えなさい。
ア　about 56 percent of the nuns used positive words
イ　about 80 percent of the nuns used positive words
ウ　the nuns who used negative words lived longer
エ　the nuns who used positive words lived longer

3　(③)に入る最も適切なものを，次のア～エから１つ選び，記号で答えなさい。
ア　make our brain help　イ　make our brain helps
ウ　help our brain make　エ　help our brain makes

4　次の本文の内容に関する質問について，英文で答えなさい。
質問：Why can we make the people around us positive?

5　(④) に入る最も適切なものを，次のア～エから１つ選び，記号で答えなさい。
ア　Our dreams will come true some day.
イ　Change our words, change our brain.
ウ　I wish I could be a great person like you.
エ　Teamwork is very important for our life.

6　次のア～オの英文について，本文の内容と合っているものを２つ選び，記号で答えなさい。
ア　Mami showed her autobiography to talk about her life.
イ　The graph shows how the nuns' words affected their life.
ウ　The researchers studied why the nuns used negative words.
エ　A large amount of stress hormones can damage our body.
オ　Both positive and negative words can make us happy.

7　次の対話は，スピーチを聞いた後にALTのサム（Sam）先生と陸（Riku）が話した内容です。あなたが陸なら先生の質問にどのように答えますか。(　)にあなたの考えを主語と動詞を含む９語以上の英語で書き，英文を完成させなさい。

ただし，符号（,　.　！？など）は語の数に入れないものとします。

Sam: Mami gave us a great speech. What do you usually do to be positive in your daily life, Riku?

Riku: Well, I always use positive words. And I also do other things. For example, (　　　　　　　　) to be positive.

本人が漢文をどのように文化に取り入れてきたのか分かりますね。

七海　漢文を参考にして作られた作品を、他にも探してみたくなりました。

問一　漢文Aの――線①「便令種竹。」について、【書き下し文】の読み方になるように返り点をつけなさい。送り仮名はつけなくてよい。

問二　漢文Aの――線②「此君」とは何か。最も適当なものを、次のア～エから一つ選び、記号で答えなさい。

ア　或ひと　イ　王徽之　ウ　空宅　エ　竹

問三　漢文Aの王徽之の人物像として、最も適当なものを、次のア～エから一つ選び、記号で答えなさい。

ア　相手を無視して自分の好みを押しとおすわがままな人物。
イ　世間の評価を気にしないで思うままに生きる風流な人物。
ウ　他人に無理難題をもちかけては困らせるやっかいな人物。
エ　毎日の生活習慣を欠かすことなく実行する真面目な人物。

問四　漢文Bについて、次の問いに答えなさい。

㈠　漢詩の形式を漢字四字で書きなさい。
㈡　この漢詩の起句と承句は、意味のまとまりで見ると、同じところで一度切れる。朗読するときにどのような効果があるか、説明しなさい。

問五　漢文Bの――線③「深林人不知」の意味として、最も適当なものを、次のア～エから一つ選び、記号で答えなさい。

ア　奥深い竹林の暗い中に一人でいる作者の無念は、世間の人たちには伝えられないということ。
イ　奥深い竹林は、人間の行いや喜怒哀楽と無関係にいつも変わりなく存在しているということ。
ウ　奥深い竹林の静かな趣きやその中で行う楽しみは、世間の人たちは誰も知らないということ。
エ　奥深い竹林は、作者の存在や行為を他の場所にいる人に分かるように知らせているということ。

問六　次は、漢文A、【図】、漢文B、古文Cについての、授業中の【会話】です。（　）に入る適当な表現を、二十五字以内で書きなさい。

【会話】

涼太《りょうた》　【図】は、漢文Aに関する絵ですか。
先生　そうですよ。【図】は日本で江戸時代に製作されました。当時は、漢文Bの出典「唐詩選」が大流行するなど、多くの人が漢文の世界に親しみました。漢文には知識人や文化人が、日常から離れて自然の中に身を置き、詩などを嗜《たしな》んで悠然と暮らす世界がえがかれたものもありますね。
七海《ななみ》　では、古文Cも漢文Bを和歌で表したものですか。
先生　そのとおり。江戸時代に作られた和歌です。歌人の千種有功が「唐詩選」の漢詩を、日本独自の和歌で表し直した一首ですよ。
七海　漢文Bの内容にそっくりですね。琴、月、竹の素材ももれなく入っていて、翻訳みたいです。
涼太　本当に全部同じかな。下の句は、漢文Bには書いていないよ。
七海　そうか、漢文Bと古文Cを比べると、月が照らしているものに違いがあるね。古文Cは漢文Aの内容も踏まえているとも考えられるよ。
涼太　七海さんの意見を参考にすると、古文Cは、漢文Bの内容に（　　）様子を加えて、間接的に「独り」を表現する工夫が見られるね。
先生　漢文Aは、『枕草子』にも出てくる、有名な話です。日

の価値であり、これが自由を守ることにつながる。

イ 互いの自由を理解し、互いに能動的に支えることは自由の理念に必要であり、これが自由を守ることにつながる。

ウ 自己の価値を理解し、互いに能動的に支えることが逆境の克服《こくふく》に重要であり、これが自由を守ることにつながる。

エ 互いの自由を理解し、互いに能動的に支えることは支援の体制の整備になり、これが自由を守ることにつながる。

三 次の漢文A、B、古文Cを読んで、後の問いに答えなさい。

A

晋《しん》ノ王《わう》徽《き》之《し》字《あざな》ハ子《し》猷《いう》、右軍羲《ぎ》之《し》之《の》子《こ》ナリ。性卓犖《らく》不《ふ》羈《き》、為《なり》二大《だい》司《し》馬《ば》桓《くわん》温《をん》ノ参軍一ト、蓬《ほう》首《しゅ》散《さん》帯《たい》、不《ず》レ綜《をさ》メ二府事一ヲ。嘗《かつ》テ寄《き》二居《きょ》シ空《くう》宅《たく》中一ニ、①便《すなは》チ令《し》ム種《う》ヱ竹ヲ。或《ある》ヒト問《と》フ二其《そ》ノ故《ゆゑ》ヲ一。徽之但《ただ》嘯《せう》詠《えい》シ、指《さ》シテレ竹ヲ曰《いは》ク、何《なん》ゾ可《べ》ケン三一《いち》日《じつ》モ無《な》カル二②此《こ》ノ君《きみ》一邪《や》ト。

【書き下し文】

晋の王徽之字（別名）は子猷、右軍羲之（右軍将軍で書家の王羲之《おうぎし》）の子なり。性卓犖不羈（学問に優れ、何にも束縛されず）、大司馬桓温（軍部大臣桓温）の参軍と為り（補佐役となったが）、蓬首散帯、府事を綜めず（身だしなみや役所の仕事に無関心だった）。嘗て空宅中に寄居し（空き家の仮住まい時に）、便ち（すぐに）竹を種ゑしむ（竹を植えさせた）。或ひと其の故（わけ）を問ふ。徽之但嘯詠し（声をのばして歌い）、竹を指して曰く、何ぞ（どうして）一日も此の君無かる可けんやと（なくていられようか、いやいられない）。

（「蒙求《もうぎゅう》」による）

【図】

（『蒙求図会』「子猷尋戴」より）

B

※竹里館《ちくりくわん》　王維《わうゐ》

独《ひと》リ坐《ざ》ス幽《いう》篁《くわう》ノ裏《うち》
弾《だん》ジレ琴《こと》ヲ復《ま》タ長《ちやう》嘯《せう》ス
③深林人不《ず》レ知《し》ラ
明月来《き》タリテ相《あひ》照《て》ラス

【書き下し文】

独り坐す幽篁の裏（奥深く静かな竹やぶのなかにいて）
琴を弾じ復た長嘯す（声を長く引き、詩を口ずさみ興じる）
深林（奥深い竹林）人知らず
明月来たりて相照らす（私を）

（「唐詩選《とうしせん》」による）

（注）※竹里館…主維の別荘《べっそう》の一番奥にある、竹林のなかの別館。王維は好んでこの館を訪れた。

C

竹里館　千種有功《ちくさありこと》

琴とればこよひも月の照らしきて友をならぶる竹のかげかな（琴を手に取ると今夜も）

（「和漢草《わかくさ》」による）

　生活の具体的な場面で感じる自由の意識を正直に描写する彼女の言葉は、自由の本質に届いている。お金がなくて自由を実行できなくても、考える自由を手放すわけにはいかない。そうしてしまえば、真に人間は不自由になるから。やりたいことがあっても、それをやりとげるための手段（お金）を構成できなければ、自由を実感することはできないだろう。しかし、どうすれば目的を達成できるのか、そのために何ができるのか。これらを考えるための自由は与えられている。だから、不自由ではない。考え続けるいまが、いつか実行するそのときをたしかに支える、というのだ。

　自由は自分の生き方を一人で決めることを意味しない。自己実現、多様性、自己固有性に※コミットできなければ、この社会の成員である資格がない、ということでもない。「私と同じように、自由になりたいと思っている人たちにこのことを伝えたい」と彼女は書いている。〈私〉の自由が他者の自由を支え、他者の自由が〈私〉の自由を支えるときに初めて、自由の理念が※十全化する可能性が出てくるのである。

（岩内《いわうち》章《しょう》太《た》郎《ろう》「〈普遍性〉をつくる哲学『幸福』と『自由』をいかに守るか」による）

（注）※　倦怠……いやになってなまけること。あきあきすること。
※　悶々……もだえ苦しむさま。
※　コミット…関わること。
※　十全……欠けたところがなく、十分にととのっていること。

問一　文章中の══線ⓐ～ⓒについて、漢字の部分はその読みをひらがなで書き、カタカナの部分は漢字に直しなさい。

問二　文章中に──線①「〈私〉の自由と他者の自由が支え合う仕組み」とあるが、どのような仕組みか。その説明として、最も適当なものを、次の**ア**～**エ**から一つ選び、記号で答えなさい。

ア　〈私〉の価値を多くの人に承認してもらうために、他者が自分の欲望を制限する仕組み。
イ　〈私〉の価値と他者の価値を常に同じものにするために、他者の存在を強調する仕組み。
ウ　〈私〉の価値を周囲の人に承認してもらう以前に、他者を優先して承認していく仕組み。
エ　〈私〉の価値を他者に承認してもらうと同時に、自分も他者の承認の欲求を充たす仕組み。

問三　文章中に──線②「普遍性を独断化させないための原理」とあるが、どういうことか。その説明として、最も適当なものを、次の**ア**～**エ**から一つ選び、記号で答えなさい。

ア　平等性を求める社会で適用すべき自由の意味を、自己と他者を比べて判断させないようにする上で根本となる考え方のこと。
イ　一部の人に当てはまればよい自由の意味を、全ての人に通じる考えで決めさせないようにする上で根本となる考え方のこと。
ウ　社会の人々に一様に当てはまる自由の意味を、特定の人による考えで決めさせないようにする上で根本となる考え方のこと。
エ　多様性を求める社会で適用すべき自由の意味を、決まりに基づき個人で判断させないようにする上で根本となる考え方のこと。

問四　次の文は、文章中の──線③「『自由でなくても、不自由ではない』」について、その理由を説明したものである。［　　］に入る適当な表現を、四十五字以内で書きなさい。

今は、［　　　　　　　　］から。

問五　本文の内容と最も合っているものを、次の**ア**～**エ**から一つ選び、記号で答えなさい。

ア　互いの価値を理解し、互いに能動的に支えることが自由の本来

二　次の文章を読んで、後の問いに答えなさい。

　自由を先へ推し進めて、その邪魔になるような物語はすべて徹底《てってい》的に解体する。そのうえで、①〈私〉の自由と他者の自由が支え合う仕組みを考える。複数の自由な存在が、自由の意識を互いに補完する相補的関係に至ることができれば、自由であることはそれほどⓐ居心地の悪いものではないだろう。

　自由と承認の議論では、自己の価値を認めさせるために、〈私〉が他者による承認を求めていることが強調される。認められたい、救われたい、愛されたい。これらの欲望は分かりやすい。しかし当然、他者もまた、認められたい存在、救われたい存在、愛されたい存在である。だとすれば、〈私〉は他者が持つ承認の欲望を充《み》たすことができる存在でもある。この認識を持っている人はあまりいない。

　本来、自分が他者を認めることと他者から自分が認められることは、二つで一つのことなのである。自由の意識を補完しあうためには、互いが互いにとっての他者として主体性を発揮することが必要なのではないだろうか。簡単に言えば、認めること、救うこと、愛すること――これらのことは自分に属する可能性である、と気づくことが、自由の相補性への最初の一歩になるのだ。自由のチケットを単に受け取るのではなく、私たちはもう一度、自由であることの意味を選択する場面に来ている。簡単な課題ではないが、※倦怠《けんたい》に苦しんで一人で※悶々《もんもん》とするよりはましである。

　自由はさまざまな生き方の可能性を認めるだけではない。不遇《ふぐう》な立場にいる人や生きがたさを抱える人を支援することも、自由の理念には含まれている。普遍《ふへん》性は社会の構成員に例外なく適用されるのだから、それは特定の人びとの部分的ⓑリエキを代表しない。もちろん、独断化した普遍性は危険である。しかし、相対性だけで社会は回らない。だから私たちは、普遍性を単に相対化する方法ではなく、②普遍性を独断化させないための原理を考えてきたのだ。

　最後に、私が担当した授業を受講した学生のレポートを紹介しよう。タイトルは「自由について」である。彼女は、奨学金を借りて、アルバイトをしながら大学に通っている。同年代の友人はアルバイト代を遊びや旅行に使って学生生活を楽しむが、自分は学費と定期代にすべて消えてしまい、新学期が近づくたびに教材費の出費で不安になる。そうして、自分の境遇に悩み、「お金があれば、自由になれるのに」と書く。が、しかし、自分は③「自由でなくても、不自由ではない」とも言う。その理由をこう書いている。

　自分で考えること。これはお金がなくてもできます。
　私が今できる唯一《ゆいいつ》のことです。
今、考えることをやめなければきっといつか自由になれると私は思います。
　そして、私と同じように、自由になりたいと思っている人たちにこのことを伝えたいと私は思います。
　「自由」と「不自由」――対になるこの言葉は、人間に当てはめると対ではなくなるのだと。
　考えることをやめ、選ぶこともやめ、実行できる未来をⓒ諦めた時、私たちは「不自由」になるのだと。
　だから今は何ができるのか、何をしなくてはいけないのか、それを考えることが「自由」になるために必要なことであると。
　そして、考え続けた先に実行できるその日が待っており、ようやく「自由」になれるのだと私は思います。

較すると、多くの人に使われることで、辞書に記載される内容も変化することが分かりました。
このことから、言葉の使われ方の変化についてさらに興味がわきました。みなさんも言葉について辞書で④調べてみませんか。

問一　文章中の――線①の文節の数を、次のア～エから一つ選び、記号で答えなさい。

ア　四　イ　五　ウ　六　エ　七

問二　文章中の ② に入る言葉を、次のア～エから一つ選び、記号で答えなさい。

ア　すなわち　イ　ところが　ウ　だから　エ　なぜなら

問三　文章中の ③ に入る最も適当な言葉を、【材料メモ】の中から、五字で抜き出して書きなさい。

問四　文章中の――線④「調べ」と、活用形が同じものを、次のア～エから一つ選び、記号で答えなさい。

ア　彼はきっと来ないよ。
イ　公園で遊べばいいよ。
ウ　彼女は歌うのが好きだ。
エ　私は運動場を走ります。

問五　【原稿】の構成の説明として、最も適当なものを、次のア～エから一つ選び、記号で答えなさい。

ア　導入で疑問を投げかけ、問題提起をしている。
イ　導入で問いかけをして、話題提示をしている。
ウ　結論で主張を述べて、自分の立場を示している。
エ　結論で具体例を挙げ、主張の根拠を示している。

(五)　次は、「伊曾保《いそほ》物語」の一部分です。これを読んで、後の問いに答えなさい。

河の辺《ほとり》を、馬に乗つて通る人ありけり。その傍《かたはら》に、龍《りゅう》と①いふもの、水に離れて迷惑する（水辺から離れて困る）事ありけり。この龍、今の人（今馬に乗ってそこを通っている人）を見て申しけるは、「我、今、水に離れて詮方《せんかた》なし（対処の方法がない）。②哀《あはれ》みを垂れ給《たま》ひ、その馬に乗せて、水ある所へ付けさせ給はば（連れて行ってくだされば）、その③返報として、金銭を奉《たてまつ》らん」といふ。

問一　文章中の――線①の読み方を、現代仮名遣いで書きなさい。

問二　文章中の――線②の本文中での意味として、最も適当なものを、次のア～エから一つ選び、記号で答えなさい。

ア　龍が哀れなあなたにも馬を与えてくださり
イ　龍が情けない私を助けようとしてくださり
ウ　あなたが私に情けをかけてくださり
エ　あなたが哀れな馬を救ってくださり

問三　文章中の――線③「返報」の「報」と同じ意味を含む熟語として、最も適当なものを、次のア～エから一つ選び、記号で答えなさい。

ア　報奨　イ　時報　ウ　報告　エ　警報

〈国語〉

時間　三〇分　満点　四〇点

一

(一) 次の①～④の――線部について、漢字の部分はその読みをひらがなで書き、カタカナの部分は漢字に直しなさい。なお、漢字に直す場合、送り仮名が必要なものは、ひらがなで正しく送ること。

① 柔和な人柄が彼の長所である。

② 次の場所へ速やかに移動する。

③ オンダン前線が通過する。

④ オサナイ子供が遊んでいる。

(二) 次の漢文に、【書き下し文】の読み方になるように返り点をつけなさい。送り仮名はつけなくてよい。

不　説　人　短。

【書き下し文】人の短《たん》を説《い》はず。

(三) 次の行書で書かれた四つの漢字のうち、楷書で書いたときに総画数が最も多い漢字を、ア～エから一つ選び、記号で答えなさい。

ア 雪　イ 草　ウ 開　エ 被

(四) 直紀《なおき》さんは、国語のスピーチの授業で、「言葉の変化」について調べて発表することになりました。次は、直紀さんのスピーチの【材料メモ】と【原稿】です。これらを読んで、後の問いに答えなさい。

【材料メモ】

国語辞典A　初版　二〇〇二年
やば・い〔形〕　自分に不利な状況が身近にせまるさま。また、そのような状況が予測されるさま。

国語辞典A　第二版　二〇一〇年
やば・い〔形〕　①自分に不利な状況が身近にせまるさま。また、そのような状況が予測されるさま。②程度が激しいことを表す語。はなはだしい。ひどい。
表現　多く望ましくないことについていうが、近年、若者がプラス評価の評価に用いることもある。「これおいしい！　やばいよ」

国語辞典B　第八版　二〇一九年
やば・い〔形〕　①危険や悪い事が起こりそうな形勢だ。あぶない。②まずい。好ましくない。③すごい。驚くほどである。▽③は近年、若者を中心に広まる。良い意味にも悪い意味にも使う。感動詞的に相づちにも使う。

【原稿】

みなさんは「やばい」という言葉を使うことがありますか。私は、いろいろな場面で、この言葉を使っています。例えば、忘れ物をしたことに気がついたときや、①欲しかったものを見つけたときです。

先日、新聞の投書欄に「やばいという言葉の使い方が違うのではないか」という意見が寄せられているのを見つけました。そこで、「やばい」とはどのようなときに使う言葉なのだろうと考え、数冊の辞書で調べたところ、本来は自分に不利な状況が迫るときだけに使われる言葉でした。［②］、二〇一〇年に発行された辞書では、若者を中心に、［③］をするときにも使う表現という記載がありました。さらに、二〇一九年に発行された別の辞書でも、新しい使い方が載せられていました。このように辞書を比

2022年度

解 答 と 解 説

《2022年度の配点は解答用紙集に掲載してあります。》

＜数学解答＞

1　(1)　-4　(2)　$-\frac{15}{4}$　(3)　3　(4)　$12xy^2$　(5)　$a^2-4ab+4b^2$
(6)　$(x+3y)(x-3y)$　(7)　$\sqrt{3}$　(8)　$(x,\ y)=(-2,\ 1)$　(9)　$x=\frac{-3\pm\sqrt{13}}{2}$
(10)　$1.5\leqq a<2.5$　(11)　$a=3b+1$　(12)　2700m　(13)　(例)長方形の周の長さ

2　1　(1)　エ　(2)　$\frac{2}{5}$　2　(1)　-2　(2)　$(2,\ 4)$　(3)　$x=-\frac{3}{2}$
3　(1)　42度　(2)　解説参照

3　1　(1)　$C=5^2\times11\times13$　(2)　ア　$1000a+100b+10c+d$　イ　$1000b+100c+10d+a$
ウ　解説参照　2　(1)　$36\pi\,\mathrm{cm}^3$　(2)　$3\pi\,\mathrm{cm}^2$　(3)　$12-4\sqrt{7}\,\mathrm{cm}$

＜数学解説＞

1　(数・式の計算，式の展開，因数分解，平方根，連立方程式，二次方程式，近似値，文字を使った式，方程式の応用)

(1)　異符号の2数の和の符号は絶対値の大きい方の符号で，絶対値は2数の絶対値の大きい方から小さい方をひいた差だから，$3+(-7)=(+3)+(-7)=-(7-3)=-4$

(2)　異符号の2数の商の符号は負で，絶対値は2数の絶対値の商だから，$6\div\left(-\frac{8}{5}\right)=-\left(6\times\frac{5}{8}\right)=-\frac{15}{4}$

(3)　四則をふくむ式の計算の順序は，指数→かっこの中→乗法・除法→加法・減法となる。$(-2)^2=(-2)\times(-2)=4$だから，$(-2)^2-3^2\div9=4-9\div9=4-1=3$

(4)　$9x^2y\div\frac{3}{2}x\times2y=\frac{9x^2y}{1}\div\frac{3x}{2}\times\frac{2y}{1}=\frac{9x^2y}{1}\times\frac{2}{3x}\times\frac{2y}{1}=12xy^2$

(5)　乗法公式$(\boldsymbol{a}-\boldsymbol{b})^2=\boldsymbol{a}^2-2\boldsymbol{ab}+\boldsymbol{b}^2$より，$(a-2b)^2=a^2-2\times a\times2b+(2b)^2=a^2-4ab+4b^2$

(6)　乗法公式$(\boldsymbol{a}+\boldsymbol{b})(\boldsymbol{a}-\boldsymbol{b})=\boldsymbol{a}^2-\boldsymbol{b}^2$より，$x^2-9y^2=x^2-(3y)^2=(x+3y)(x-3y)$

(7)　$\sqrt{27}=\sqrt{3^2\times3}=3\sqrt{3}$，$\frac{6}{\sqrt{3}}=\frac{6\times\sqrt{3}}{\sqrt{3}\times\sqrt{3}}=\frac{6\sqrt{3}}{3}=2\sqrt{3}$だから，$\sqrt{27}-\frac{6}{\sqrt{3}}=3\sqrt{3}-2\sqrt{3}=(3-2)\sqrt{3}=\sqrt{3}$

(8)　連立方程式$\begin{cases}2x-3y=-7\cdots① \\ 3x+4y=-2\cdots②\end{cases}$　①×4+②×3より，$2x\times4+3x\times3=(-7)\times4+(-2)\times3$
$17x=-34$　$x=-2$　これを②に代入して，$3\times(-2)+4y=-2$　$-6+4y=-2$　$y=1$　よって，連立方程式の解は，$x=-2$，$y=1$

(9)　二次方程式$\boldsymbol{ax^2+bx+c=0}$の解は，$\boldsymbol{x=\frac{-b\pm\sqrt{b^2-4ac}}{2a}}$で求められる。問題の二次方程式は，$a=1$，$b=3$，$c=-1$の場合だから，$x=\frac{-3\pm\sqrt{3^2-4\times1\times(-1)}}{2\times1}=\frac{-3\pm\sqrt{9+4}}{2}=\frac{-3\pm\sqrt{13}}{2}$

(10)　小数第1位を四捨五入して2になる数aは，1.5以上で，かつ2.5未満の数だから，aの範囲を不等号を使って表すと，$1.5\leqq a<2.5$である。

(11)　(割られる数)＝(割る数)×(商)＋(余り)より，$a=3b+1$

(12)　家から駅までの道のりをxmとする。**(時間)**$=\dfrac{\textbf{(道のり)}}{\textbf{(速さ)}}$より，家から駅まで，分速60mで進んだときにかかった時間は$\dfrac{x}{60}$分　分速90mで進んだときにかかった時間は$\dfrac{x}{90}$分。分速60mで進むと，分速90mで進むときよりも15分多く時間がかかったから，$\dfrac{x}{60}=\dfrac{x}{90}+15$　両辺に180をかけて，$3x=2x+2700$　$x=2700$　以上より，家から駅までの道のりは2700mである。

(13)　(長方形の周の長さ)＝(縦の長さ)×2＋(横の長さ)×2＝{(縦の長さ)＋(横の長さ)}×2＝$(a+b)\times2=2(a+b)$(cm)

[2]　(資料の散らばり・代表値，確率，図形と関数・グラフ，角度，図形の証明)

1　(1)　ア　**箱ひげ図から平均値はわからない。**　イ　箱ひげ図から1日毎の利用者数はわからないから，1日の利用者数の20日間の合計はわからない。　ウ　**四分位範囲は，第3四分位数から第1四分位数を引いた値**で求められる。6月の四分位範囲は20人未満で，11月の四分位範囲は20人以上だから，四分位範囲は，6月より11月の方が大きい。　エ　11月の**第2四分位数(中央値)**は40人を超えているから，11月は，1日の利用者数が40人を超えた日が，調査した20日間の50%（10日)以上ある。エはかならずいえる。

(2)　5枚のカードがはいった袋の中から，同時に2枚のカードを取り出すとき，全ての取り出し方は，([1]，[2])，([1]，[3])，([1]，[4])，([1]，[5])，([2]，[3])，([2]，[4])，([2]，[5])，([3]，[4])，([3]，[5])，([4]，[5])の10通り。このうち，取り出した2枚のカードに書かれた数の和が3の倍数になるのは～～を付けた4通りだから，求める確率は$\dfrac{4}{10}=\dfrac{2}{5}$

2　(1)　**一次関数$y=ax+b$では，変化の割合は一定で，aに等しい**から，**(変化の割合)**$=\dfrac{\textbf{(}y\textbf{の増加量)}}{\textbf{(}x\textbf{の増加量)}}$$=a$より，**($y$の増加量)$=a\times$($x$の増加量)**が成り立つ。よって，一次関数$y=-2x+8$で，$x$の増加量が1のとき，($y$の増加量)$=-2\times1=-2$

(2)　$y=\dfrac{1}{2}x+3$…①　と，$y=-2x+8$…②　の交点Aの座標は，①と②の連立方程式の解。①を②に代入すると，$\dfrac{1}{2}x+3=-2x+8$　両辺を2倍して　$x+6=-4x+16$　$5x=10$　$x=2$　これを①に代入して，$y=\dfrac{1}{2}\times2+3=4$　よって交点Aの座標は(2，4)

(3)　x軸上の$x<0$の部分に，BP//AOとなるように点Pをとると，**平行線と面積の関係**より，四角形ABOC＝△AOC＋△ABO＝△AOC＋△APO＝△APCが成り立つ。直線BPの傾きは直線AOの傾き$\dfrac{4-0}{2-0}=2$と等しく，切片は関数$y=\dfrac{1}{2}x+3$の切片3と等しいから，直線BPの式は$y=2x+3$…③　よって，求める点Pのx座標は，③に$y=0$を代入して，$0=2x+3$　$x=-\dfrac{3}{2}$

3　(1)　△OACはOA＝OCの二等辺三角形だから，**内角と外角の関係**より，∠COD＝2∠OAC＝2×24°＝48°　**接線と接点を通る半径は垂直に交わる**から，∠OCD＝90°　△OCDの内角の和は180°だから，∠ADC＝180°－∠COD－∠OCD＝180°－48°－90°＝42°

(2)　(証明)　(例)△AEFと△CDFで四角形ABCDは長方形だから，∠AEF＝∠CDF＝90°…①　AE＝CD…②　また，**対頂角は等しい**ので，∠AFE＝∠CFD…③　**三角形の内角の和は180°**だから，∠EAF＝180°－(∠AEF＋∠AFE)　∠DCF＝180°－(∠CDF＋∠CFD)　これらのことと，①，③より　∠EAF＝∠DCF…④　①，②，④より　1組の辺とその両端の角が，それぞれ等しいので，(△AEF≡△CDF)

[3]　(素因数分解，式による証明，空間図形，体積，面積，球の半径)

1　(1)　A＝1234のとき，B＝2341であり，C＝1234＋2341＝3575である。自然数を**素因数の積**

に分解することを**素因数分解**という。素因数分解は，右図のように，**素数**で順にわっていき，商が素数になったらやめる。よって，3575を素因数分解すると$5^2\times11\times13$である。

$$\begin{array}{r|r} 5 & 3575 \\ 5 & 715 \\ 11 & 143 \\ & 13 \end{array}$$

(2)　ア　$A=a\times1000+b\times100+c\times10+d$より$A=1000a+100b+10c+d$と表される。　イ　Bの千の位の数は$b$，百の位の数は$c$，十の位の数は$d$，一の位の数は$a$だから，同様に考えて，$B=b\times1000+c\times100+d\times10+a$より$B=1000b+100c+10d+a$と表される。
ウ　(例)$C=(1000a+100b+10c+d)+(1000b+100c+10d+a)=1001a+1100b+110c+11d$ $=11(91a+100b+10c+d)$　$91a+100b+10c+d$は整数だから，$11(91a+100b+10c+d)$は11の倍数である。

2 (1)　この球の直径は，立体Aの1辺の長さと等しく6cmだから，半径は3cm　**半径rの球の体積は$\frac{4}{3}\pi r^3$**だから，この球の体積は$\frac{4}{3}\times\pi\times3^3=36\pi$ (cm^3)

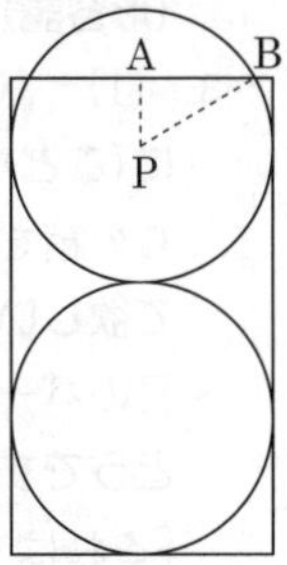

(2)　2個の球の中心を通り，直方体の側面に平行な平面で切った切断面を右図に示す。2個の球の直径はそれぞれ，立体Bの底面の1辺の長さと等しく4cmだから，$PB=\frac{4}{2}=2$cm　また，PA=(立体Bの高さ)−(球の半径)×3=$7-2\times3=1$(cm)　これより，△PABは**3辺の比が$2:1:\sqrt{3}$の直角三角形**だから，$AB=PA\times\sqrt{3}=1\times\sqrt{3}=\sqrt{3}$ (cm)　以上より，切り口の円の面積は，$\pi\times AB^2=\pi\times(\sqrt{3})^2=3\pi$ (cm^2)

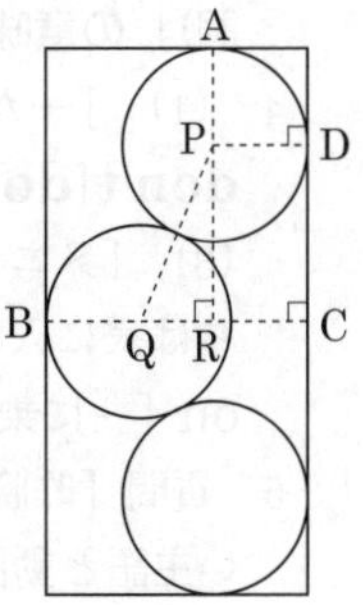

(3)　3個の球の中心を通り，直方体の(4cm，8cm)の側面に平行な平面で切った切断面を右図に示す。求める球の半径を$r$cmとすると，$AP=BQ=CR=DP=r$cm　BC=4cm　図形の対称性から，$AR=\frac{8}{2}=4$cm　これらより，$PQ=2r$cm　$PR=AR-AP=(4-r)$cm　$QR=BC-BQ-CR=4-r-r=(4-2r)$cm　以上より，△PQRに**三平方の定理**を用いると，$PQ^2=PR^2+QR^2$より，$(2r)^2=(4-r)^2+(4-2r)^2$　整理して，$r^2-24r+32=0$　**解の公式**を用いて，$r=\frac{-(-24)\pm\sqrt{(-24)^2-4\times1\times32}}{2\times1}=\frac{24\pm\sqrt{576-128}}{2}$ $=12\pm4\sqrt{7}$　ここで，明らかに$r<2$であるから，$r=12-4\sqrt{7}$　求める球の半径は$12-4\sqrt{7}$ cmである。

＜英語解答＞

1　1 ① me　② How　③ third　2 (1) isn't　(2) Does　(3) no　(4) running　(5) so　3 (1) エ，イ，ア，ウ　(2) イ，ウ，ア，エ　(3) イ，エ，ウ，ア　(4) ウ，ア，エ，イ　4 (1) ウ　(2) イ　(3) ア　(4) エ　5 (例)I went to bed at ten.

2　1 (1) ① ウ　② ア　③ イ　(2) ① イ　② ア　③ ウ　(3) ① ア　② ウ　③ イ　2 (1) ア　(2) ウ　3 (1) オ，イ，エ，ウ，ア　(2) (例)There are three trees in it.　(3) music　(4) ウ

3　1 ア　2 エ　3 ウ　4 (例)Because the positive words that we say affect their brain when we talk with them.　5 イ　6 イ，エ　7 (例)I always try to enjoy everything that I do

＜英語解説＞

[1] **(語句補充問題・語句並べ換え問題・条件英作文：代名詞，形容詞，現在形，動名詞，接続詞，不定詞，過去分詞，助動詞)**

1　①「すみません」人の前を通ったり，話しかけたりするときによく使われる表現。　②「この美術館にはどうやって行きますか」how は「どのように」の意味。　③「まっすぐ行って3つ目の角を左に曲がってください」**third「3番目」**

2　(1)　主語が単数なので続く現在形の be 動詞は is となり，否定の notをつなげて isn't となる。　(2)　現在形の一般動詞疑問文は主語が三人称で単数の場合**＜Does ＋主語＋動詞の原形～？＞**で表す。　(3)　no に名詞を続けて「1つの～もない」という否定の表現となる。　(4)　**be good at ～ ing「～することが得意」**　(5)　**＜so ＋形容詞＋ that ～＞「とても(形容詞)なので～だ」**

3　(1)　(Can)I ask you a question(?)「質問してもいいですか」**＜ask ＋人＋こと＞「人に(こと)をたずねる」**　(2)　(Well, I)want you to carry(these boxes.)「ええと，これらの箱をあなたに運んでもらいたいです」**＜want ＋人＋ to ＋動詞の原形＞が「(人)に～して欲しいと思う」**の表現。　(3)　Why don't you come(to the party tomorrow?)「明日のパーティーに来たらどうですか」**＜Why don't you ＋動詞の原形～？＞は「～したらどうですか」**という軽い提案を表す表現。(4)　(This)is a camera made in(Germany.)「これはドイツで作られたカメラです」**動詞の過去分詞形を名詞の後ろに続けて「～された(名詞)」の意味**を表現できる。

4　(1)「一か月は約4週間ある」　(2)「休日なので明日は学校へ行く必要はない」**＜主語＋don't[doesn't] have to ＋動詞の原形＞「～する必要はない，～しなくてもいい」**　(3)「メニューとはあなたが何を注文できるかを表したリストの一種だ」　(4)「日本の人たちは家に入るときに普通靴を脱ぐ」take off「～を脱ぐ」，put on「～を身に付ける」，get on「～に乗る」，turn off「～を消す」

5　質問「昨晩何時に寝ましたか」解答例は「10時に寝ました」。go to bedで「寝る」。指示に従い主語と動詞のある文を書けるようにしておくこと。

[2] **(文並べ換え問題・短文読解問題：文並べ換え，英問英答，語句並べ換え，語句補充，条件英作文，内容真偽)**

1　(1)「ご注文はお決まりですか」食べ物を注文している会話。　①ウ「はい。ハンバーガーを2つお願いします」　②ア「何かお飲み物はいかがですか」　③イ「いいです。これで全部です。ありがとうございます」　(2)「見て。雨が激しくなってきてる」　①イ「ああ，やだ！　傘を持ってない」　②ア「心配なく。私のを一緒に使いましょう」　③ウ「ありがとうございます。いつも親切ですね」　(3)「おうかがいいたしましょうか」　①ア「ええと，友達へのカバンを探しています」　②ウ「この青いのはどうですか？　このお店の新商品です」　③イ「すてきですね。彼女はこの色が好きなのでこれを買います」

2　(1)「もしコンテストで優勝したら何ができますか」ア「外国へ行くことができる」案内の下の方に「勝者は交換留学プログラムを使って留学をすることができる」とある。　(2)「もしこのコンテストに参加するならトピックとして一番いい考えはどれですか」ウ「異なる文化を理解するべきだ」案内のTopic「トピック」に「外国で，人々といい友情を築く方法」とある。ア「毎朝朝食を食べるべき」イ「職業体験プログラムがあるべき」エ「街をきれいに保つべき」は合わない。

3 (全訳) キャシー：こんにちは，令央。今時間ある？

令央　　：うん。どうしたの，キャシー？

キャシー：今日本語の宿題をしているの。ひらがなとカタカナは全部読める。でも漢字は私にとって全ての日本語の中で①(一番難しい部分)の1つなの。この漢字が何を意味するか教えてくれる？

令央　　：もちろん。これは森を意味するよ。なぜこれが森を意味するかわかる？

キャシー：わからないわ。教えて。

令央　　：オーケー。この漢字をもう一度見て。この中に3つの木がある。だからこの漢字は私たちに森がどのように見えるか示しているんだ。

キャシー：素晴らしいね！ もっと漢字について知りたいな。

令央　　：他の言葉を作るためにいくつかの漢字を一緒に使うこともできるよ。例えば，もし「手」の漢字と「紙」の漢字を一緒に使うと，「手紙」になる。

キャシー：なるほど。もう1つ教えて。

令央　　：「音」の漢字と「楽しい」の漢字を一緒に使うと「②(音楽)」になる。

キャシー：わあ！ おもしろい。

令央　　：たくさん本を読むためにもっと漢字を学ぼう。

(1) (But *kanji* is)the most difficult part of(all Japanese for me.)<**the most** + 形容詞～>で「最も(形容詞)な～」という最上級の表現。

(2) 「森」の漢字を説明する。解答例は「この中に3本の木がある」の意味。主語と動詞のある文を書くこと。

(3) 空欄②直前の発話 sound「音」fun「楽しい」から「音楽」と考える。

(4) ア「キャシーと令央はカタカナの読み方について話していた」(×) 漢字について話している。 イ「キャシーはひらがなは学ぶのが難しいと思っていた」(×) 2つ目のキャシーの発話参照。 ウ「令央はキャシーの日本語の宿題を手伝った」(○) 2つ目のキャシーの発話以降を参照。 エ「令央はキャシーに漢字を学ぶために本をたくさん見せた」(×) 最後のレオの発話参照。

3 **(長文読解問題・スピーチ：語句補充，文挿入，英問英答，内容真偽，条件英作文)**

(全訳) 今日私は言葉の力について話します。私たちが選ぶ言葉が私たちがどう感じるかを変えるということを信じられますか？ もし「しない」「できない」などの否定的な言葉を使うと，私たちは物事を否定的に見ます。①(一方で)，「好き」「期待する」などの前向きな言葉を使うことは私たちを前向きにします。前向きな言葉を選ぶことは私たちの人生をより良くするために大事なのです。

これらの言葉はまた私たちの健康に影響を与える力も持っています。研究者たちは180人の修道女たちの自伝を研究しました。そして研究者たちはいくつの前向き，または否定的な言葉をそれぞれの修道女が使うかを確認しました。このグラフを見てください。これは修道女たちが使った言葉がどのように彼女たちの人生を変えたかを表しています。グラフによると②(前向きな言葉を使った修道女たちがより長生きをしています)。研究者は修道女たちが使った言葉がどれくらい長く生きたかに影響を与えたと発見しました。

なぜ言葉がそのような力を持っているのでしょうか？答えは私たちの脳にあります。否定的な言葉を使うと私たちの脳は体の中にストレスホルモンを増やします。ストレスホルモンが多すぎると私たちの健康にダメージを与え，私たちが前向きに考えることを止めます。しかし，前向きな言葉を使うことは③(私たちの脳が幸せホルモンを作る)のを助けます。私たちはこれらのホルモンのおかげで健康を向上させ，前向きになることができます。これらの言葉を聞くことも脳に影響を与えることができます。

人は一日に約16,000語を使うと言われています。前向きな言葉をもっと使おうと試みたら何が起こるか想像してみてください。これらの言葉は私たちがどう感じるかを大きく変えるでしょう。私たちは周りの人たちとのコミュニケーションを取る機会も多くあります。私たちが言う前向きな言葉は彼らと話すときに彼らの脳に影響を与えます。このやり方で私たちの周りの人たちを前向きにすることができます。私たちが選ぶ言葉には素晴らしい力があります。今から私たちが前向きな言葉を使い始めることを期待します。④(言葉を変えて，脳を変えよう。)

1　空欄の前では否定的な言葉の話，後ろでは前向きな言葉の話をしているので **on the other hand**「一方で」がふさわしい。 ウ **Besides** は「そのうえ，さらに」の意味。

2　グラフは生存率を表していることに注意する。

3　**<help ＋人・もの＋動詞の原形>で「(人・もの)が～するのを手伝う，助ける」**の意味。

4　「なぜ私たちは周りの人たちを前向きにさせることができるのですか」解答例は「なぜなら私たちが使う前向きな言葉は，それを使って話しているときに彼らの脳に影響を与えるから」。最終段落第5文参照。

5　最終段落は前向きな言葉を使うと気持ちが大きく変わり，話す人たちの脳に影響を与えて前向きにするから自分も前向きな言葉を使いたいという内容なのでイがふさわしい。ア「いつか私たちの夢はかなう」，ウ「あなたのような素晴らしい人になれたらと願う」，エ「私たちの生活にチームワークはとても重要だ」は内容と合わない。

6　ア　「真美は自分の人生について話すために自分の自伝を見せた」(×)　第2段落第2文参照。 イ　「グラフは修道女の言葉が彼女たちの人生にどのように影響を与えたかを表している」(○)　第2段落第5～7文参照。　ウ「研究者たちはなぜ修道女たちが否定的な言葉を使ったかを研究した」(×)　第2段落参照。　エ　「大量のストレスホルモンが私たちの体にダメージを与える」(○)　第3段落第3，4文参照。　オ「前向き，否定的な言葉の両方とも私たちを幸せにすることができる」(×)　第3，4段落参照。

7　サムは「真美はいいスピーチをしました。陸，日々の生活で前向きにいるために普段何をしていますか」。解答例を含む陸の返答は「ええと，私はいつも前向きな言葉を使います。また他のこともします。例えば前向きにいるために(自分のすること全てを楽しもうといつも心掛けています)」の意味。自分の意見を自分の知っている単語を使って確実に書けるように練習しよう。

＜国語解答＞

一　(一)　①　にゅうわ　②　すみ(やか)　③　温暖　④　幼い　(二)　不レ説二人短一。
(三)　ウ　(四)　問一　ア　問二　イ　問三　プラス評価　問四　エ
問五　イ　(五)　問一　いうもの　問二　ウ　問三　ア

二　問一　ⓐ　いごこち　ⓑ　利益　ⓒ　あきら(めた)　問二　エ　問三　ウ
問四　(例)お金がなくて自由を実行できなくても，実行できる日まで何ができるかを考えるための自由はある　問五　イ

三　問一　便令レ纏レ竹。　問二　エ　問三　イ　問四　(一)　五言絶句
(二)　(例)リズムをよくする効果。　問五　ウ　問六　(例)月が竹を照らして,その竹の影が友人のように現れる

＜国語解説＞

一　(漢字の読み書き，段落・文章構成，接続語の問題，脱文・脱語補充，熟語，筆順・画数・部首，仮名遣い，文と文節，品詞・用法，表現技法・形式，書写)

(一)　①　優しくて穏やかな様子。　②　できるだけ時間をかけずに行う様子。　③　似た意味の組み合わせの漢字。対義語は「寒冷」。　④　「幼」の訓読みは「おさな・い」。送り仮名に注意。音読みは「ヨウ」。

(二)　漢字の読む順番は「人」→「短」→「説」→「不」だ。「不」も「説」も**すぐには読まないから何らかの返り点が付く**はずだ。「人」を一番目に読み，「短」を読んだあとに二字以上返って「説」を読むので一・二点を用いる。そして「説」の後に一字返って「不」を読むのでレ点を用いる。

(三)　アは11画，イは9画，ウは12画，エは10画だ。

(四)　問一「欲しかった／ものを／見つけた／ときです」となる。**一文節に自立語は一つずつ**ある。　問二　□の前は本来の意味を示し，後には若者が使う新しい意味の表現を示している。**逆接**の接続詞が適切だ。　問三　二〇一〇年の版に「若者がプラス評価の評価に用いる」とあるので，ここから抜き出せる。　問四　傍線④「調べ」は**「て」に接続するので連用形**だ。アは**「ない」に接続するので未然形**，イは**「ば」に接続するので仮定形**，ウは**準体言の「の」に接続するので連体形**，エは**「ます」に接続するので連用形**である。　問五　導入で行っているのは「みなさんは……ありますか」という問いかけだ。「やばい」という例を挙げて言葉の使われ方という話題を提示している。

(五)　問一　語中・語尾の「は・ひ・ふ・へ・ほ」は，現代仮名遣いで「わ・い・う・え・お」になる。　問二　これは水辺から離れて困っている龍の言葉だ。**龍は「我」であり訳すと「私」だ。そして，詮方なしの状態にある**ことをおさえる。「垂れ給ひ」の主語は馬に乗って通る人で，詮方なしの状態の龍に哀れみ(情け)をかけてくださり，という意味となる。　問三　「報」は報いのことで，**他者のための仕事に対するお礼**のこと。

二　(論説文一大意・要旨，内容吟味，文脈把握，漢字の読み書き)

問一　ⓐ　そこにいるときの気分や感じ。　ⓑ　「益」の上の部分を「ツ」のように三画にしない。ⓒ　「諦める」の訓読みは，「あきら・める」。送り仮名に注意する。音読みは「テイ」。「諦念(テイネン)」。

問二　「自由と承認の議論では」で始まる段落に，**「〈私〉が他者による承認を求めている」と同時に，「〈私〉は他者が持つ承認の欲求を満たすことができる」**とあり，この関係を後の段落で「自分が他者を認めることと他者から自分が認められることは，二つで一つのこと」としている。この**相互の関係性**をふまえて選択肢を選ぶ。

問三　傍線②「普遍性」とは**広くすべてのものに例外なく共通してみられる性質**のこと，「独断」とは**自分だけの判断**のことだ。これをふまえると，選択肢において「社会の人々に一様にあてはまる」と「特定の人による考え」という説明がふくまれているものが適切である。

問四　学生は「今」の**お金がなくてやりたいことをやる自由を実行できない**状態でいる自分を「自由ではない」としている。しかし彼女は，「どうすれば目的を達成できるのか，そのために何ができるのか。これらを**考えるための自由は与えられている。だから，不自由ではない。**」と考えていることにより傍線③のように言ったのである。

問五　本文の最後の一文に着目する。「〈私〉の自由が他者の自由を支え，他者の自由が〈私〉の自由を支えるときに初めて，自由の理念が十全化する可能性が出てくる」とあり，**相互の自由をそれ**

ぞれが能動的に認め合い，支え合うことにより，自由が欠けることなく守られる状態になるとある。これをふまえて選択肢を選ぶ。アは「お互いの価値を理解」とするのが不適切。価値という個々の内面については本文で触れていない。ウは「逆境の克服」という記述が，エは「支援制の整備」という記述が，本文にはないので不適切。

三　(漢文・古文—内容吟味，文脈把握，脱文・脱語補充，表現技法・形式)

【現代語訳】 A　晋の王徽之の別名は子猷で，右軍将軍で書家の王羲之の子どもである。学問に優れ，何にも束縛されず，軍部大臣桓温の補佐役となったが，身だしなみや役所の仕事に無関心だった。昔，空き家の仮住まい時にすぐに竹を植えさせた。ある人がその理由を尋ねた。徽之はただ声をのばして歌い，竹を指さして言うことに，どうして一日も竹がなくていられようか，いやいられない，と。　B　独りで座って奥深く静かな竹やぶのなかにいて，琴を奏でて声を長く引き，詩を口ずさみ興じる。奥深い竹やぶ(での暮らしの楽しさ)を人は知らない。明るい月がのぼって，私を照らしてくれる。　C　琴を手に取ると今夜も月が照らしてくれて，まるで友達が並んで座っているかのように見える竹の影であることよ。

問一　漢字の読む順番は「便」→「竹」→「種」→「令」となる。「便」のあとはすべて一字返って読むので「種」と「令」にレ点が付く。

問二　「此」は指示語。徽之が指さした「竹」が該当するのだ。

問三　まず，身だしなみや仕事(地位や名誉)に興味がないということで世間の評価を気にしないことがわかる。さらに竹やぶの生活を楽しむ風流人であることが読み取れる。

問四　(一)　四行の構成は絶句。八行は律詩。　(二)　同じところで切れる文を読めば，リズムが合うのでリズム感が出る。

問五　主語と述語を明らかにして直訳すると，「人が深林を知らない」のだ。深林は竹やぶであり，そこで暮らすことをも意味する。つまり人は竹やぶで暮らす楽しさを知らないと解釈すればよい。

問六　(　)の様子が描かれると，間接的に「独り」を表現できるとある。それは，BになくてCにある様子である。二つの違いは，月が照らすものがBは「私」であり，Cは私だけでなく「友」も加えられている点だ。そしてこの「友」は実際の友人ではなく，月が竹を照らすことでできる竹の影を友に見立てているのである。したがって，(　)には月が作り出した竹の影が友のように出現する様子を補えばよい。影の友人を表現することで間接的に私が一人であることを表せると発言した涼太の意見にも一致する。

宮崎県公立高等学校（一般）

2022年度

入　試　問　題

2022年度

●くわしい解説……51ページ

＜数学＞

時間　50分　　満点　100点

1　次の⑴～⑻の問いに答えなさい。

⑴　$-4-(-8)$ を計算しなさい。

⑵　$\frac{3}{8}\div\left(-\frac{1}{6}\right)$ を計算しなさい。

⑶　$3(a-2b)+4(-a+3b)$ を計算しなさい。

⑷　$(\sqrt{3}+\sqrt{2})^2$ を計算しなさい。

⑸　二次方程式 $x^2-5x=6$ を解きなさい。

⑹　正十角形の１つの内角の大きさを求めなさい。

⑺　右の図は，ある中学校の体力テストにおいて，Ａ組の生徒20人とＢ組の生徒20人が上体起こしを行い，その記録をヒストグラムにまとめたものである。例えば，記録が５回以上10回未満の生徒はＡ組に１人，Ｂ組に３人いたことがわかる。この図からいえることとして，**正しいとは限らないもの**を，次の**ア**～**エ**から１つ選び，記号で答えなさい。

ア　回数が30回以上であるＡ組の生徒は６人である。

イ　中央値の含まれる階級は，どちらの組も25回以上30回未満の階級である。

ウ　最大値と最小値の差は，どちらの組も40回である。

エ　最頻値はＡ組よりＢ組の方が大きい。

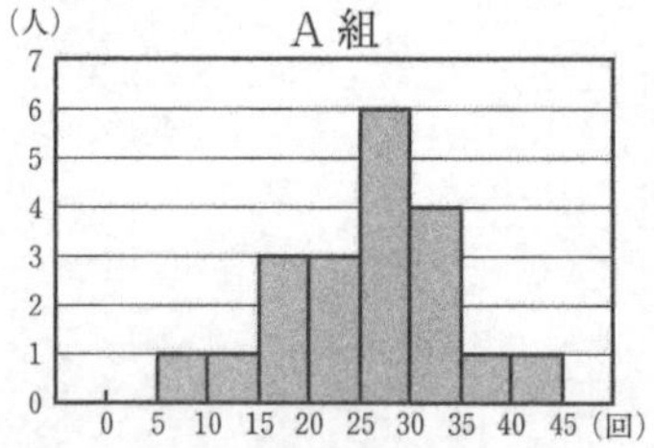

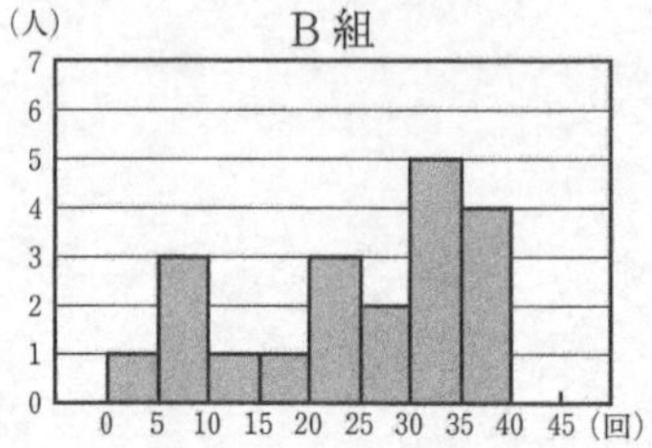

⑻　右の図のような△ABCがある。２辺AB，ACまでの距離が等しくて，点Ｃから最も近い距離にある点Ｐを，コンパスと定規を使って作図しなさい。作図に用いた線は消さずに残しておくこと。

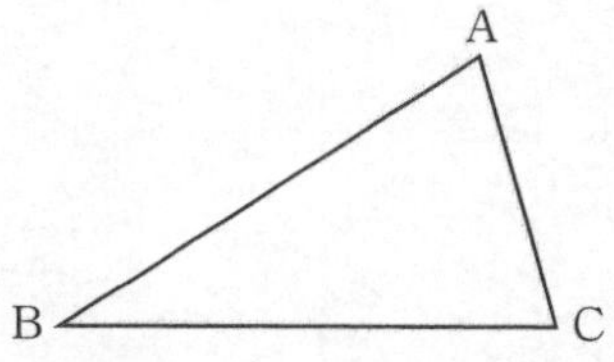

2　後の１，２の問いに答えなさい。

1　正五角形を５等分して作られた三角形のカードＡ，Ｂ，Ｃ，Ｄ，Ｅがある。それぞれのカードは，一方の面が白色，もう一方の面が黒色であり，正五角形の形になるように置かれている。

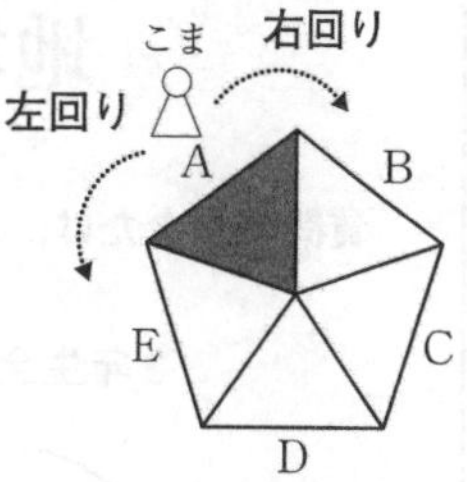

右の図は，カードＡのみ黒色の面を上にして，こまをＡの位置に置いたものである。この状態から，１から６までの目が出るさいころを使って，次の①，②の手順で**【操作】**をおこなう。

このとき，下の⑴，⑵の問いに答えなさい。

【操作】

① さいころを１回投げて出た目の数だけ，こまを**右回り**に進め，こまが止まった位置のカードをうら返す。

② さいころを１回投げて出た目の数だけ，①の操作でこまが止まった位置から，こまを**左回り**に進め，こまが止まった位置のカードをうら返す。

※ 例えば，①の操作で，さいころを投げて２の目が出た場合は，こまはＣに進み，カードＣをうら返すと，正五角形は

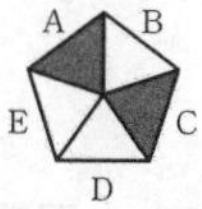

になる。そして，②の操作で，さいころを投げて３の目が出た場合は，こまはＥに進み，カードＥをうら返すと，正五角形は

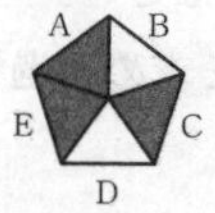

になる。

⑴ 次の文中の［ア］に当てはまる数を答えなさい。また，［イ］には理由を書きなさい。

①の操作で，さいころを投げて［ア］の目が出ると，②の操作の後は，黒色の面が上になるカードが，かならず１枚だけになる。その理由は［イ］である。

⑵ ②の操作を終えたとき，例えば，

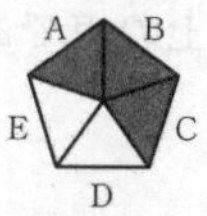

のように，黒色の面が上になるカードが，となり合う３枚だけになる確率を求めなさい。

ただし，さいころは，１から６までのどの目が出ることも同様に確からしいとする。

2　次の図は，ある中学校における生徒会新聞の記事の一部である。３年生全員に，地域清掃活動に参加したことが「ある」か「ない」かの質問に回答してもらい，その結果をもとに円グラフと帯グラフを作成した。

このとき，あとの⑴，⑵の問いに答えなさい。

地域清掃活動についての調査結果

質問　あなたは，地域清掃活動に参加したことがありますか。

3年生全員の割合

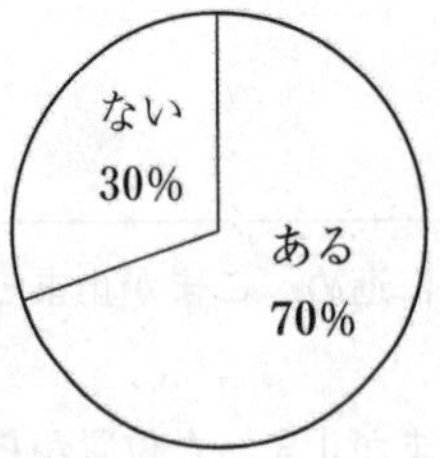

3年生の男子・女子それぞれの割合

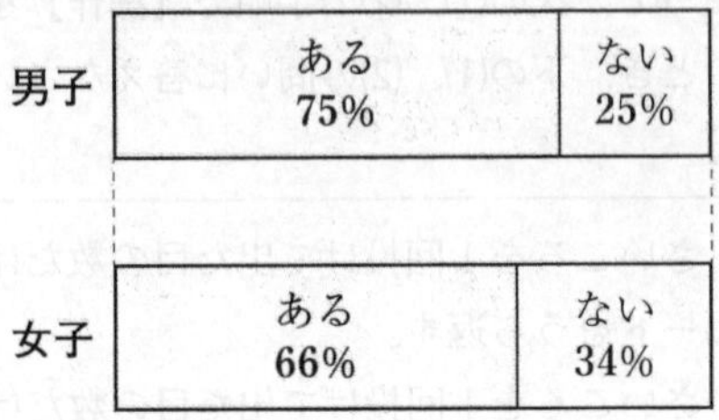

(1)　3年生の男子の人数を x 人，女子の人数を y 人とする。帯グラフから読みとれることをもとに，地域清掃活動に参加したことが「ある」と回答した生徒の人数を x，y を用いて表しなさい。

(2)　地域清掃活動に参加したことが「ある」と回答した人数は，女子の人数の方が男子の人数より3人多かった。このとき，3年生全員の人数を方程式を使って求めなさい。

　ただし，3年生の男子の人数を x 人，女子の人数を y 人とし，答えを求める過程がわかるように，式と計算も書きなさい。

3　図Ⅰのように，2つの関数

$y = ax^2$ $(a > 0)$ ……①

$y = \frac{1}{3}x^2$ ……②

のグラフがある。2点A，Bは②のグラフ上の点であり，その x 座標は，それぞれ-3，6である。

　このとき，次の1，2の問いに答えなさい。

図Ⅰ

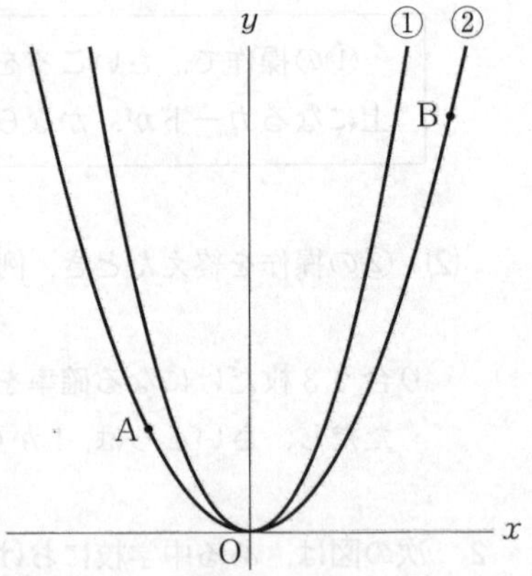

1　次の(1)～(3)は，関数①の特徴について述べたものである。それぞれの文中の下線部が正しければ○を書き，誤っていれば，下線部の誤りをなおして正しくしなさい。

(1)　グラフは，双曲線とよばれる曲線である。

(2)　$x = 0$ のとき，y の値は最小になる。

(3)　比例定数 a の値が大きいほど，グラフの開き方は，大きくなる。

2　図Ⅱは，図Ⅰにおいて，2点A，Bを通る直線を ℓ とし，直線 ℓ と①のグラフの交点で，点Bに近い方を点Cとしたものである。ただし，点Cの x 座標は6より小さいとする。

このとき，次の⑴，⑵の問いに答えなさい。

⑴　直線 ℓ の式を求めなさい。

⑵　△AOCと△COBの面積比が7：2であるとき，a の値を求めなさい。

図Ⅱ

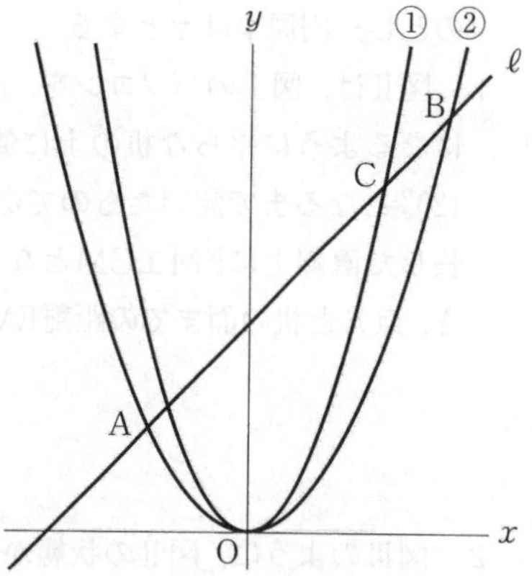

4　図Ⅰのような△ABCがある。辺AB上に点D，辺AC上に点Eをとり，線分BE，CD，DEをひく。また，線分BEと線分CDの交点をFとする。

CE＝DE，∠DBE＝∠ECDのとき，次の1～3の問いに答えなさい。

図Ⅰ

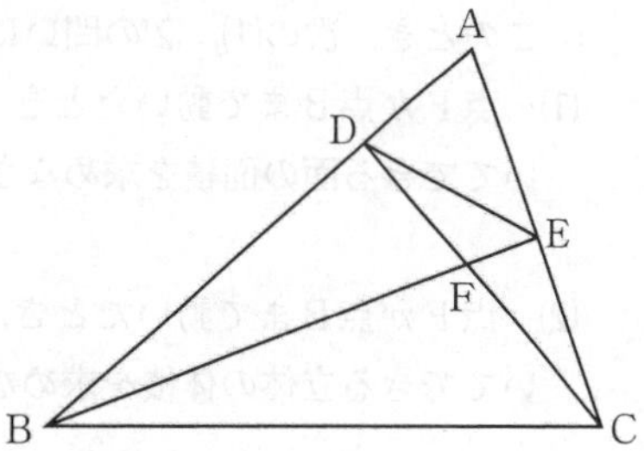

1　∠DBE＝20°のとき，∠AEDの大きさを求めなさい。

2　△BDE∽△DFEであることを証明しなさい。

3　図Ⅱは，図Ⅰにおいて，辺BCの中点をMとし，線分EMをひいたものである。

BC＝4㎝，BD＝3㎝，AB∥EMのとき，次の⑴，⑵の問いに答えなさい。

⑴　線分CEの長さを求めなさい。

⑵　△DFEの面積を求めなさい。

図Ⅱ

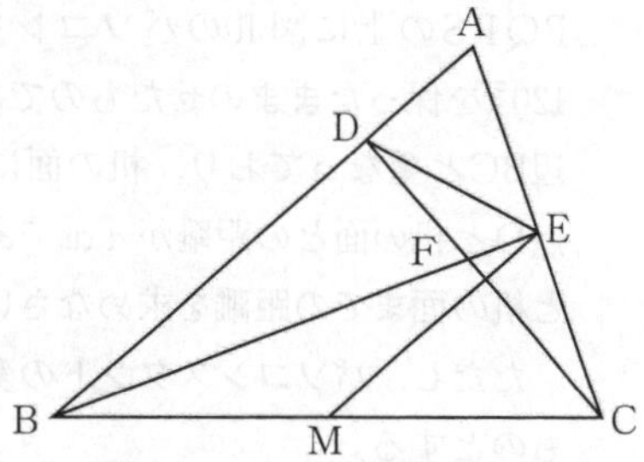

5　図Ⅰのような，本体と画面が長方形の形をしたノート型パソコンがある。このパソコンは辺ADを回転の軸として開閉し，閉じると，点Bと点F，点Cと点Eはぴったりと重なる。また，パソコンの本体は，AB＝20㎝，AD＝30㎝であり，画面部分の長方形GHIJの各辺は，長方形FADEの各辺から2㎝だけ内側にある。

このとき，次のページの1～3の問いに答えなさい。

図Ⅰ

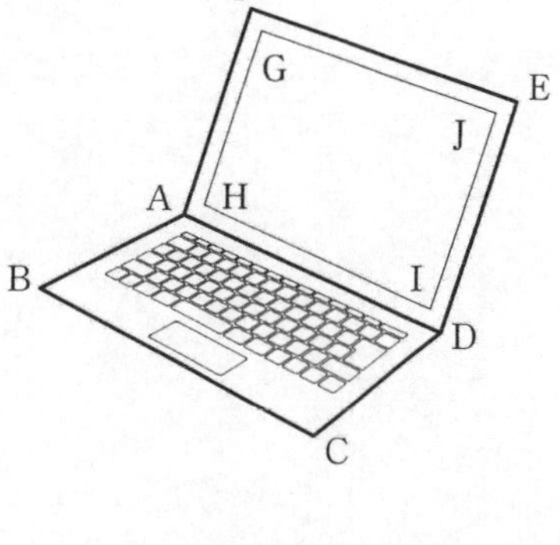

ただし，パソコンの厚さや変形は考えないものとし，円周率はπとする。

1　図Ⅱは，図Ⅰのパソコンを，面ABCDが水平になるように平らな机の上に置き，∠CDE＝120°となるまで開いたものである。辺CDを延長した直線上にEM⊥CMとなる点Mをとるとき，点Eと机の面までの距離EMを求めなさい。

図Ⅱ

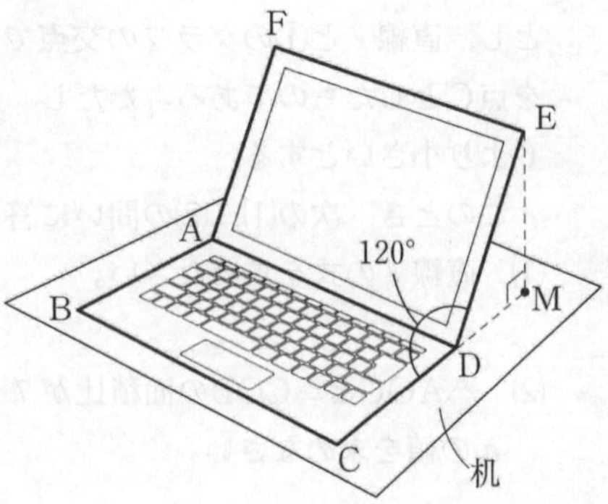

2　図Ⅲのように，図Ⅱの状態から，面ABCDを机の面に固定したまま，辺ADを回転の軸としてパソコンを閉じる。

このとき，次の⑴，⑵の問いに答えなさい。

⑴　点Fが点Bまで動いたとき，線分AFが動いてできる面の面積を求めなさい。

⑵　点Fが点Bまで動いたとき，面GHIJが動いてできる立体の体積を求めなさい。

図Ⅲ

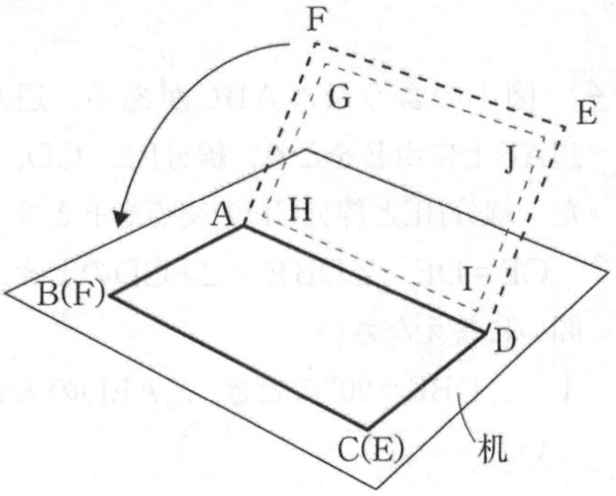

3　図Ⅳは，平らな机の上に三角柱の形をしたパソコンスタンドを置き，パソコンスタンドの面PQRSの上に図Ⅱのパソコンを，∠CDE＝120°を保ったままのせたものである。辺PQは辺BCと重なっており，机の面にふれている。点Dと机の面との距離が4 cmであるとき，点Eと机の面までの距離を求めなさい。

ただし，パソコンスタンドの変形は考えないものとする。

図Ⅳ

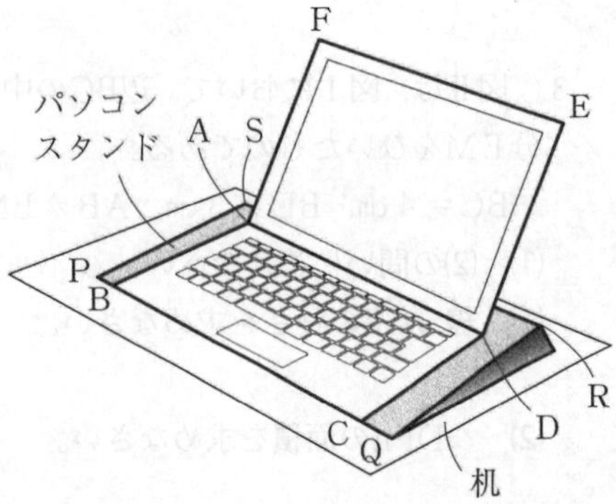

＜英語＞

時間　50分　　満点　100点

1　次の１～４は，リスニングテストです。放送の指示に従って答えなさい。

1

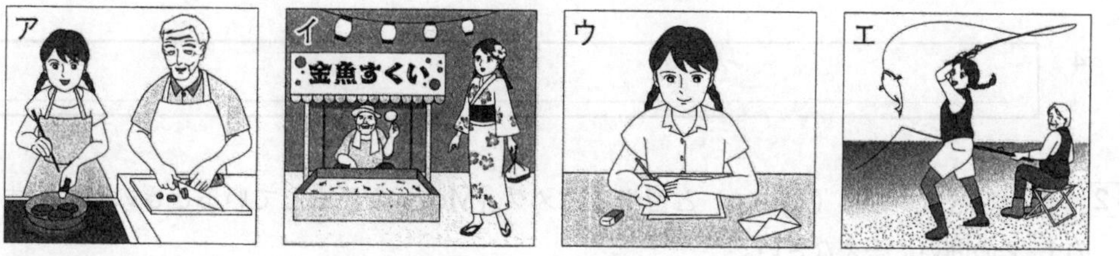

2　No.1

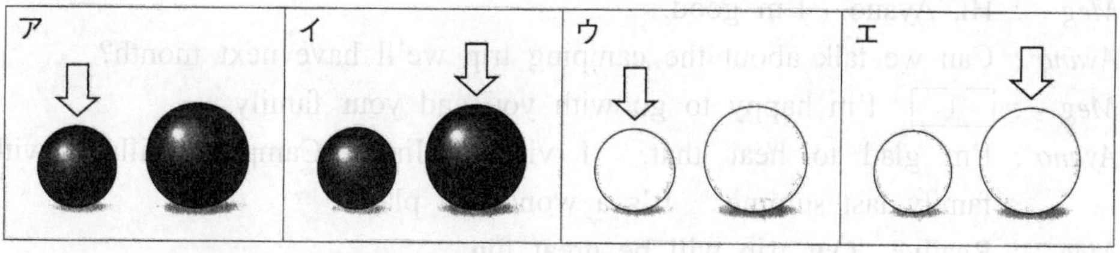

No.2　ア　He will call Mark.
　　　イ　He will play baseball with Mark.
　　　ウ　He will see his brother.
　　　エ　He will ask his brother.

No.3

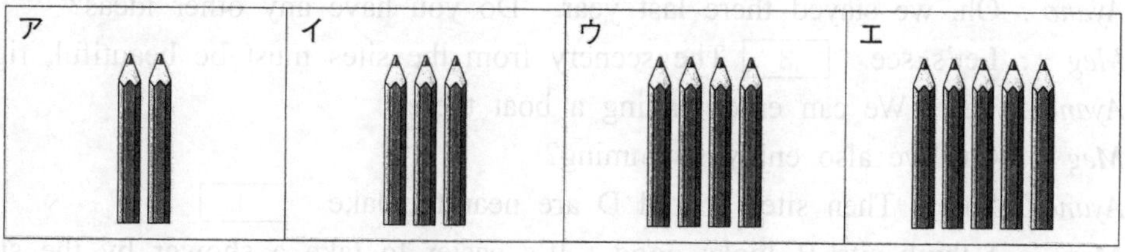

3　No.1　ア　Because he was sick.
　　　　イ　Because he was fine.
　　　　ウ　Because he had a chorus contest.
　　　　エ　Because he had homework.

No.2　ア　12:55
　　　イ　1:15
　　　ウ　1:20
　　　エ　1:35

No.3

ア	イ	ウ	エ
・将来の夢について ・月曜日に使う ・20語以上	・将来の夢について ・月曜日に使う ・30語以上	・将来の夢について ・水曜日に使う ・20語以上	・将来の夢について ・水曜日に使う ・30語以上

4

2 次の対話は，彩乃（Ayano）と留学生のメグ（Meg）が話をしているときのものです。あとの1，2の問いに答えなさい。

Ayano : Hi, Meg. How are you?

Meg : Hi, Ayano. I'm good.

Ayano : Can we talk about the camping trip we'll have next month?

Meg : [1] I'm happy to go with you and your family.

Ayano : I'm glad to hear that. I visited Hinata Camping Village with my family last summer. It's a wonderful place.

Meg : Really? Our trip will be great fun.

Ayano : Please look at the map of the Camping Village to check the *camping sites.

Meg : OK.

Ayano : [2] I'd like to choose a good one.

Meg : I see. How about site A? It's very close to the *office.

Ayano : Oh, we stayed there last year. Do you have any other ideas?

Meg : Let's see. [3] The scenery from the sites must be beautiful, right?

Ayano : Yes. We can enjoy taking a boat there.

Meg : Can we also enjoy swimming?

Ayano : Sure. Then sites B and D are near the lake. [4]

Meg : I think site B looks good. It's easier to take a shower by the site. I hope your sister will also like the site.

Ayano : [5] She can play in the park beside site C. So site B is the best place for all of us.

Meg : I can't wait for next month.

（注） camping site　キャンプ場の区画　　office　事務所

1　[1] ～ [5] に入る最も適切なものを，それぞれ次のア～オから１つずつ選び，記号で答えなさい。

ア　The Camping Village has a lake.

イ　Of course, we can.

ウ　She loves any activities outside.

エ　Shall we choose one from the two sites?

オ　There're four different camping sites.

2　対話の内容から，the map として site A ～ site D の位置が正しくなるように【地図】の①～④に，それぞれA～Dを１つずつ書き入れなさい。

【地図】

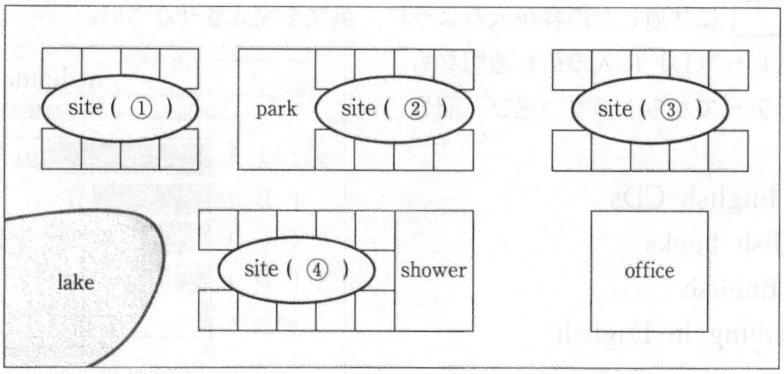

3 次の１～３の問いに答えなさい。

1　次の対話の（１）～（４）に入る最も適切なものを，それぞれア～エから１つずつ選び，記号で答えなさい。

A：Whose watch （　1　） this?

B：It's （　2　）.　My father bought it for me.

A：It's cool.　Please tell me （　3　） he bought it.

B：It was （　4　） at a shop in Himuka Station.

（１）　ア　is　　イ　are　　ウ　do　　エ　does

（２）　ア　him　　イ　his　　ウ　my　　エ　mine

（３）　ア　what　　イ　where　　ウ　when　　エ　why

（４）　ア　sell　　イ　sells　　ウ　sold　　エ　selling

2　次の⑴，⑵の対話について，（　）内の語句をすべて用い，意味がとおるように並べかえて，正しい英文を完成させなさい。

ただし，文頭にくる語も小文字で示してあります。

⑴　*A*：Hello.　May I speak to Tom, please?

B：Sorry.　He's out now.　I'll (you / him / call / to / tell) back.

⑵　*A*：(be / what / like / the weather / will) tomorrow?

B：It'll be sunny.

3　次の英文と次のページのグラフ（graph）をもとに，下の⑴，⑵の問いに答えなさい。

Our ALT asked us a question in English class.　She asked, "[　　　] at home?" I'm going to talk about our answers.

Please look at the graph.　A lot of students study English by reading English books or by writing something in English at home.　The number of students reading English books is the largest. It's three times as large as the number of students listening to English CDs. I often speak in English with my family. But there are not many students doing that. Only two students do other ways.

Our ALT said, "Listening, reading, speaking, and writing are all important. Please study English in many ways."

(1) 英文とグラフの ＿＿ に共通した内容が入るように，英文を完成させなさい。

(2) グラフの項目（A）～（D）に入る最も適切なものを，それぞれ次のア～エから１つずつ選び，記号で答えなさい。

ア Listening to English CDs
イ Reading English books
ウ Speaking in English
エ Writing something in English

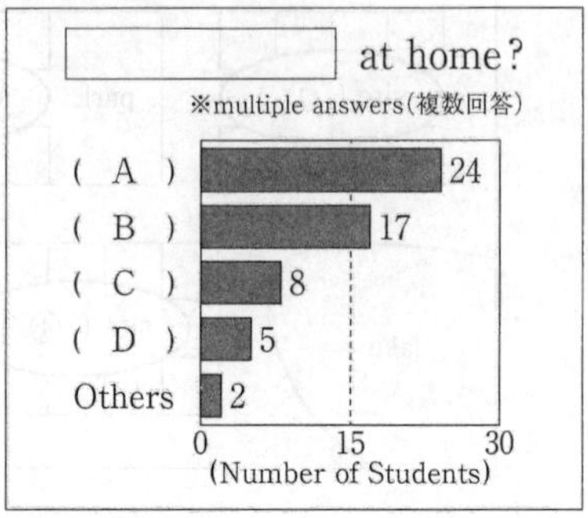

4 啓太（Keita）と留学生のアダム（Adam）が，あるウェブサイト（英語版）の**【試合情報】**を見ながら話をしています。**【二人の対話】**をもとに，下の１～４の問いに答えなさい。

【試合情報】

Hinata Soccer Club

ア News　イ Team　Games & *Tickets　ウ Fans　エ Shop

■ Games in July

Date	Starting Time	Games	Place
3rd (Saturday)	5:00 p.m.	*vs. East Soccer Club	①
11th (Sunday)	6:00 p.m.	vs. South Soccer Club	
17th (Saturday)	2:00 p.m.	vs. East Soccer Club	
25th (Sunday)	1:00 p.m.	vs. South Soccer Club	

■ Tickets

Types	Club Members	*Non-members
special seat	3000 yen	3400 yen
normal seat	2300 yen	2600 yen

○ Tickets for people who are 15 years old and under are half price.
○ Please *click "Team" for information about the players of our club.

（注） ticket チケット　vs. ～対　non- ～でない　click クリックする

【二人の対話】

Keita : Adam, my father will take me to a "Hinata Soccer Club" game held at Green Park. Shall we go together?

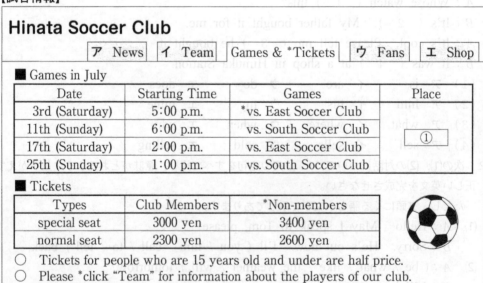

Adam : That's nice. When are we going to watch it?
Keita : Here's the game information. I want to watch the night game with "South Soccer Club." So we'll go to the game on July ② .
Adam : Oh, that day is my 15th birthday.
Keita : Really? Why don't we get special seats? That sounds good for your birthday!
Adam : Thanks. Then how much money should we pay for the tickets?
Keita : I'm a club member. And I'm 16 years old. My ticket will be ③ yen. But you're not a club member. So your ticket will be ④ yen.
Adam : I see. I want to know more about the players of the club.
Keita : Do you? Let's click here.

1 【試合情報】の ① に入る最も適切な語句を，英語２語で書きなさい。
2 【二人の対話】の ② に入る最も適切なものを，次のア～エから１つ選び，記号で答えなさい。
　ア 3rd　イ 11th　ウ 17th　エ 25th
3 【二人の対話】の ③ と ④ に入る適切な数字をそれぞれ答えなさい。
4 【二人の対話】の下線部 here が指している場所として最も適切なものを，【試合情報】のア～エから１つ選び，記号で答えなさい。

5 次の英文は，留実（Rumi）が中学生のときに経験したことをもとに書かれたものです。後の１～６の問いに答えなさい。

"What are you watching on the internet?" asked Rumi's mother. "I'm watching some famous pianists' videos. I'm looking for good ones," said Rumi. "The internet is useful. But you can also get information from books," said her mother. Rumi looked at her and said, "The internet can tell us anything quickly."

Rumi was a junior high school student. She loved to play the piano. Her goal was to win a piano contest. She practiced playing the piano every day, but she couldn't win. So she tried to find out (　　) to do for her goal by using the internet. She found lots of famous pianists' videos. She tried to play like them when she practiced the piano. But it was too difficult for her to play. *Little by little practicing the piano made her sad.

One day, Rumi visited her grandmother Yukie. Yukie loved reading books. She had about a thousand books in her room. "Why do you read so many books?" asked Rumi. Yukie answered, "Reading books is so fun. Books teach me many things." Rumi said, " A . So it's better than books." Yukie said, "I understand that. But books have some good points too. Try to read some books. You can take them home." Rumi said, "OK, I will," and walked around the room. Then she chose one book and put it in her bag.

After getting home, Rumi took the book she borrowed out of her bag. [B] It said, "When your flower doesn't open, try to grow your *roots *until your big flower opens." She didn't understand what the words meant then.

The next day, Rumi continued reading the book to find out the meaning of the words. The book was a story about a Japanese pianist. He had a dream to be the best player in Japan. He tried to play the piano like famous players when he was young. But he couldn't play better. Through *trial and error, he finally found that *basic skills were the most important. So he kept practicing them until he became one of the best players in Japan. Suddenly, Rumi found out that "your big flower opens" means " [C] ." Also, she found out that "to grow your roots" means "to practice basic skills." Rumi found out how the player reached his dream. Since then, she practiced basic skills harder than before.

A few months later, Rumi visited her grandmother again. Yukie asked, "How's your piano lessons?" Rumi said, "Great! I can play better now. The book I borrowed from you helped me a lot. I thought about what my problem was. And I could find my own answer." Yukie smiled at her. Rumi said, "Can I borrow your books again, grandma?"

（注） little by little　徐々に　　root　根　　until　～するまで　　trial and error　試行錯誤
basic skill　基本技術

1　次の⑴～⑶の英文を，本文の内容と合うように完成させるのに，最も適切なものを，それぞれア～エから１つずつ選び，記号で答えなさい。

⑴ When Rumi talked with her mother about the internet, Rumi ______.
ア stopped using it quickly
イ asked her mother to watch some videos
ウ was finding some good videos
エ was reading a book in her room

⑵ Rumi's goal was ______.
ア to practice the piano every day
イ to get the first prize in a piano contest
ウ to meet famous pianists
エ to find lots of famous pianists' videos

⑶ A few months later, Rumiat ______ at Yukie's house.
ア tried to borrow some books from Yukie
イ tried to play the piano for Yukie
ウ asked Yukie about Yukie's piano lessons
エ asked Yukie about Yukie's favorite books

2　文中の（　）に入る最も適切なものを，次のア～エから１つ選び，記号で答えなさい。

ア　which　　イ　where　　ウ　when　　エ　what

3　文中の A に入る最も適切な**連続した７語の英語**を，**本文中からそのまま抜き出して**答えなさい。

4　文中の B に本文の内容に合う英文を入れるとき，最も適切な順番になるように，次のア～エを並べかえて，記号で答えなさい。

ア　It looked difficult from the first few pages.

イ　When she read half of the book, one part caught her eye.

ウ　But she found that it was interesting as she kept reading it.

エ　Then she opened it and started reading.

5　文中の C に入る最も適切なものを，次のア～エから１つ選び，記号で答えなさい。

ア　you practice the piano hard　　　イ　you have a good dream

ウ　your flower shop opens　　　　　エ　your dream comes true

6　次の対話は，留実の話を読んだ後に二人の中学生が話した内容です。対話が成り立つように，下線部に入る**主語**と**動詞**を含む**９語以上**の**英文１文**を書きなさい。

ただし，符号（，．！？など）は語の数に入れないものとします。

A：This is a good story about reading books.　What do you think of reading books about different topics?　Science, sports, and history, for example.

B：I think it's good because ________.

A：I see.　That's good.

＜理科＞

時間　50分　満点　100点

1　次の文は，血液の循環についての彰《あきら》さんと琴乃《ことの》さんの会話である。次の会話文を読んで，後の1～5の問いに答えなさい。

彰　：　血液は，赤血球や白血球，血小板などの固形成分と［　　］という液体成分からなっていることを学習したね。

琴乃：　血液の循環には，心臓が関わっているよね。

彰　：　ヒトの血液の循環を模式的に表した図を見ると，心臓から送り出された血液は血管を流れていろいろな器官に送られていることがわかるね。

琴乃：　血液の循環や心臓のはたらきについて，もっと調べてみよう。

図

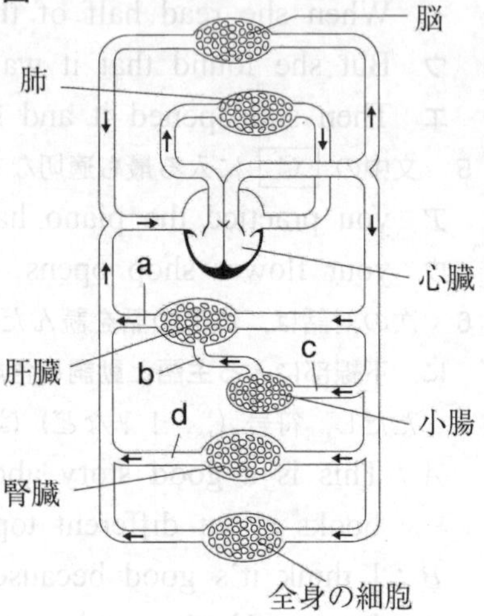

1　［　　］に入る適切な言葉を書きなさい。

2　血小板のはたらきを簡潔に書きなさい。

3　図のa～dの血管のうち，尿素が最も少ない血液が流れる血管として，最も適切なものはどれか。a～dから1つ選び，記号で答えなさい。

4　彰さんは，血液が全身から心臓にもどり肺に送り出されるまでの流れについて調べ，次のようにまとめた。［①］～［③］に入る適切な言葉の組み合わせを，下のア～エから1つ選び，記号で答えなさい。

〔まとめ〕

［①］が広がり，血液が流れこむ。

↓

［①］が収縮して，［①］から［②］に血液が流れこむ。

↓

［②］が収縮し，肺に血液が送り出される。心臓から肺へ送り出される血液は［③］である。

ア　①：右心房　　②：右心室　　③：動脈血

イ　①：右心房　　②：右心室　　③：静脈血

ウ　①：右心室　　②：右心房　　③：動脈血

エ　①：右心室　　②：右心房　　③：静脈血

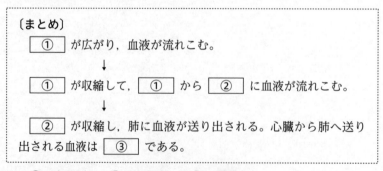

5　琴乃さんは，健康な成人のヒトの心臓が送り出す血液量について調べ，次のようにまとめた。**まとめ**からいえることとして，適切なものはどれか。下の**ア**～**エ**から１つ選び，記号で答えなさい。

〔まとめ〕

ヒトの体全体の血液量の目安は，体重の約$\frac{1}{13}$といわれている。例えば，体重60kgのヒトでは，約4.6kg，体積では約4.4Ｌの血液が体の中をすみずみまで循環していることになる。

安静にしているときの心臓は，１分間に約70回血液を送り出し，１回で約70mLの血液を送り出す。また，運動をしているときは，１分間に最大で約30Ｌの血液を送り出す。

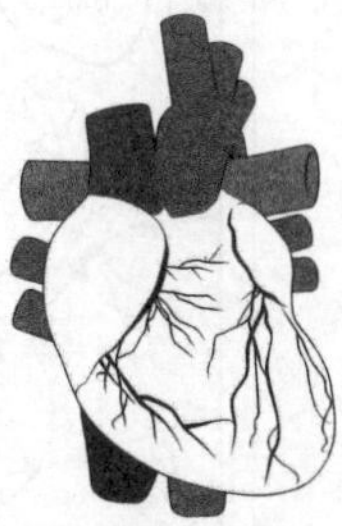
ヒトの心臓

ア　運動時の体全体の血液量は，安静時の約６倍に増える。

イ　心臓の筋肉をつくる細胞は，酸素を必要としていない。

ウ　安静時に心臓から送り出される血液量は，５分間で20Ｌ以上になる。

エ　運動時に心臓から送り出される血液量は，安静時と比べて最大で400倍以上になる。

2　広幸《ひろゆき》さんは，日本の春の天気について調べた。後の１，２の問いに答えなさい。

1　広幸さんは，図の**Ａ**～**Ｄ**のように，ある年の４月13日～４月16日の午前９時の天気図をカードにした。このとき，**Ｄ**が４月16日の天気図であることは記録していたが，**Ａ**～**Ｃ**がどの日の天気図であったかを記録していなかった。後の(1)～(4)の問いに答えなさい。

図

Ａ　　　　　　　　　　　　　　Ｂ

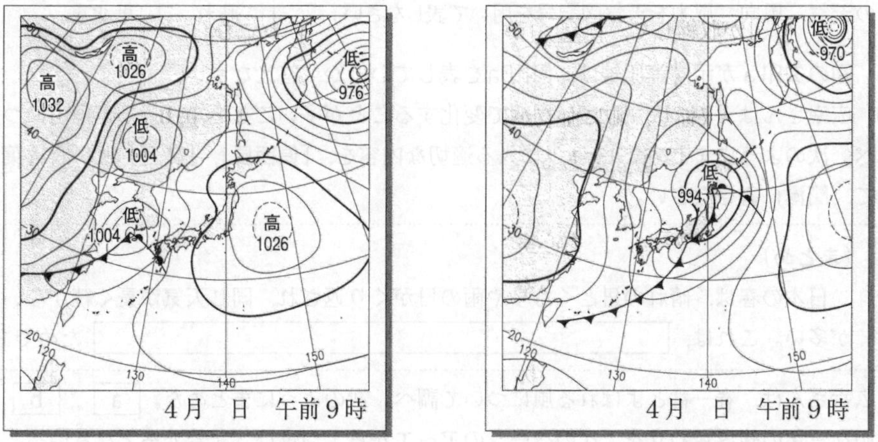

C

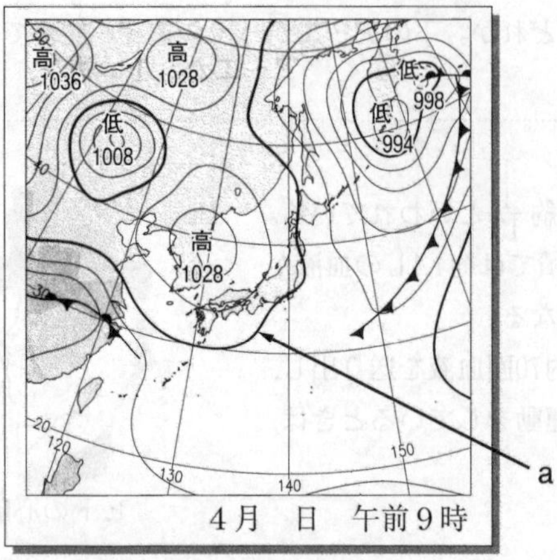

4月　日　午前9時

D

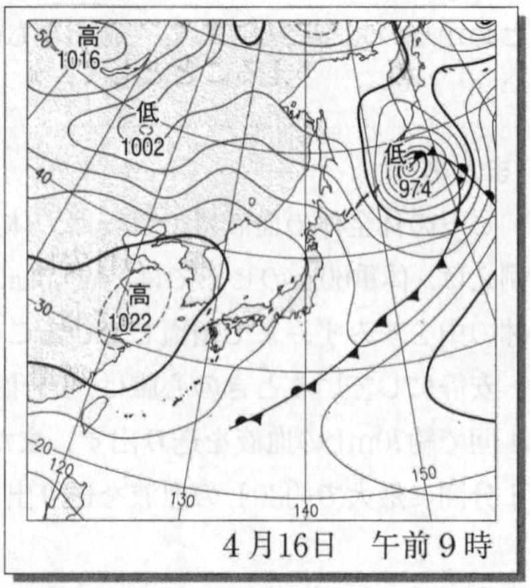

4月16日　午前9時

(1)　次の表1は，図の天気図が記録された日の宮崎市の天気をまとめたものである。表1をもとに，図のA～Cを日にちの順に並べ，記号で答えなさい。

表1

月日	天　気
4月13日	1日中晴れとなった。
4月14日	朝から雨が降り，いったん雨は止んだが，夜はまた雨となった。
4月15日	明け方までくもりであったが，その後は晴れとなった。
4月16日	おおむね晴れの1日となった。

(2)　右の表2は，4月13日の天気図が記録されたときの宮崎市のある地点における気象要素である。このときの天気，風向，風力を天気図記号を用いて表しなさい。

表2

天気	風向	風力
晴れ	東北東	3

(3)　図の矢印aが示す等圧線は，何hPaを表しているか，答えなさい。

(4)　広幸さんは，春の天気は短い周期で変化することが多いことを知り，その理由について調べ，次のようにまとめた。［　　］に入る適切な内容を，「偏西風」，「交互」という言葉を使って，簡潔に書きなさい。

〔まとめ〕
日本の春は，晴れの日とくもりや雨の日がくり返され，同じ天気が長く続かないことが多い。これは，［　　　　　　　　　　］ためである。

2　広幸さんは，春一番とよばれる風について調べ，次のようにまとめた。［a］，［b］に入る適切な言葉の組み合わせを，次のページのア～エから1つ選び，記号で答えなさい。

〔まとめ〕
2月下旬をすぎ，［　a　］がおとろえて［　b　］の季節風が弱まるころ，日本海上で低気圧が発達し，その低気圧に向かって南よりの強い風がふくことがある。この風のうち，特定の条件を満たすものを春一番とよんでいる。

ア　a：シベリア気団　　b：北西　　イ　a：シベリア気団　　b：南東
ウ　a：小笠原気団　　b：北西　　エ　a：小笠原気団　　b：南東

3　知希《ともき》さんは，クラスの友達と力の合成と分解について調べた。後の1，2の問いに答えなさい。ただし，ばねばかりは水平補正しているものとし，糸の重さは考えないものとする。

1　知希さんたちは，一直線上で反対向きにはたらく力の関係を調べるために，**実験Ⅰ**を行い，結果を**表**にまとめた。下の(1)，(2)の問いに答えなさい。

〔実験Ⅰ〕

① 水平に置いた板にばねAの一方をくぎで固定した。
② 図1のように，ばねAに糸1を結びつけ，その糸をばねばかり1で引き，ばねAがある長さになったときのばねばかり1が示す値を記録した。
③ 図2のように，ばねAの矢印aで示した部分に糸2，3を結びつけ，ばねばかり2，3を引く力が一直線上で反対向きになるようにして，ばねAの長さが図1のときと同じになるようにそれぞれの糸を引いた。このときのばねばかり2，3が示す値を記録した。

図1

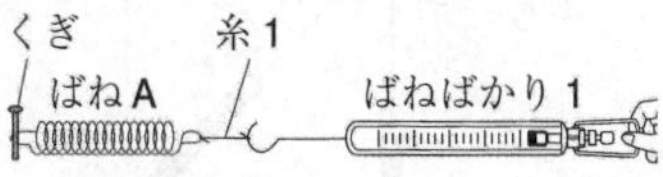

図2

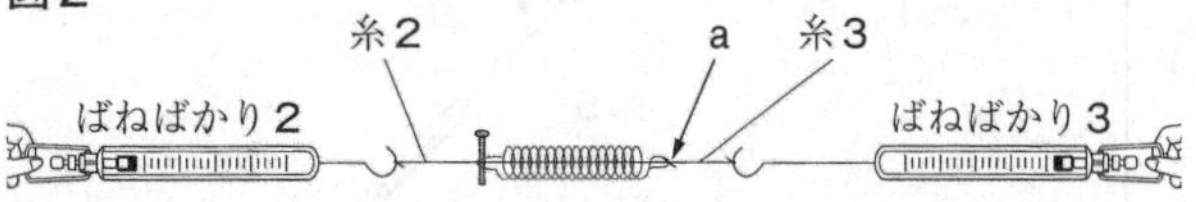

表

ばねばかり	ばねばかり1	ばねばかり2	ばねばかり3
ばねばかりが示す値〔N〕	0.3	0.2	（　ア　）

(1) 表の（ア）に適切な数値を入れなさい。

(2) 図3は，ばねAと別のばねBについて，ばねに加えた力の大きさとばねののびの関係を示したものである。ばねAとばねBに関する説明として，適切なものはどれか。次のア～エから1つ選び，記号で答えなさい。ただし，ばねAおよびばねBではフックの法則が成り立っているものとする。

図3

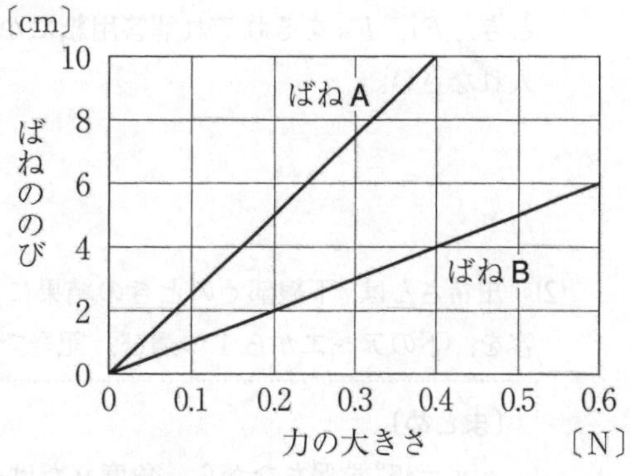

ア　ばねAを0.5Nの力で引くとき，ばねAののびは15㎝である。
イ　2つのばねを同じ力の大きさで引くとき，ばねののびが大きいのは，ばねBである。
ウ　2つのばねののびが同じとき，ばねBを引く力の大きさは，ばねAを引く力の大きさの4倍である。
エ　ばねBののびが8㎝になるときの力の大きさでばねAを引くとき，ばねAののびは20㎝である。

2　知希さんたちは，異なる方向にはたらく力の関係を調べるために，**実験Ⅱ**を行った。下の(1)，(2)の問いに答えなさい。

〔実験Ⅱ〕

① 水平に置いた板に直線をかき，その直線を基準線として，基準線上にばねCの一方をくぎで固定し，もう一方に糸4，5を結びつけた。

② 図4のように，それぞれの糸をばねばかり4，5で異なる方向に引き，基準線上の点Oまでばねを引きのばしたときの b 糸4，5と基準線との間の角度x・yを調べた。

③ 図5のように，x＝45°，y＝45°となるようにばねばかり4，5で糸を引き，点Oまでばねを引きのばした後，c ばねCの長さを変えずにx＝45°を保ちながら，ばねばかり5をy＝90°になるまで動かし，この間のばねばかり4，5が示す値を調べた。

図4

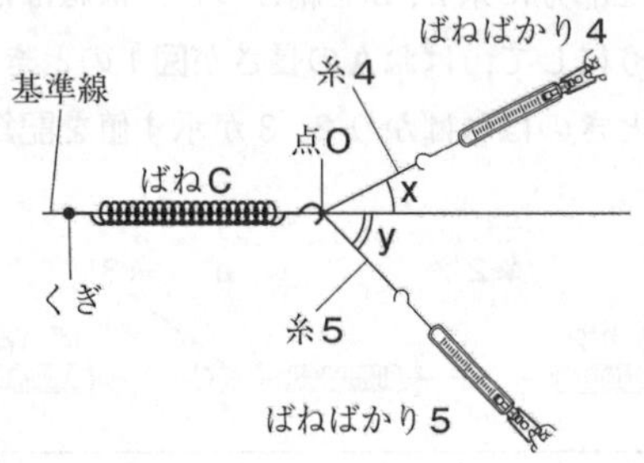

図5

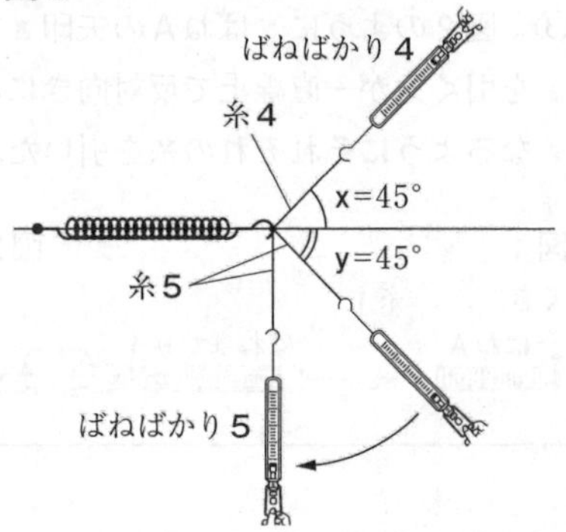

(1) 図6は，下線部bのときの糸の方向を示した図であり，矢印は糸4，5がそれぞればねCを引く力の合力を示している。糸4，5がばねCを引く力をF_4，F_5とするとき，F_4，F_5をそれぞれ解答用紙にかき入れなさい。

図6

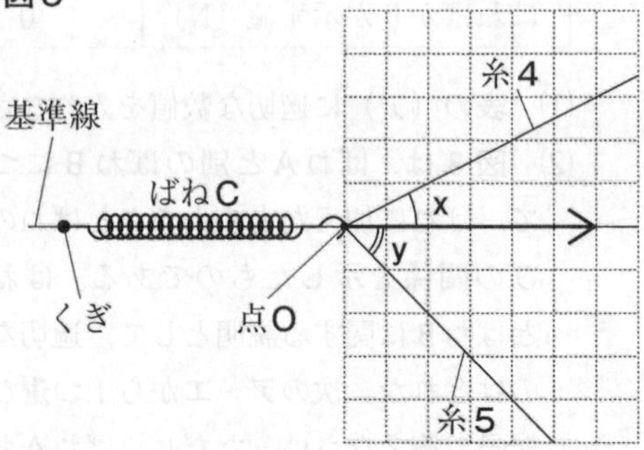

(2) 知希さんは，下線部cのときの結果について，次のようにまとめた。□ に入る適切な内容を，下のア～エから1つ選び，記号で答えなさい。

〔まとめ〕

x＝45°を保ちながら，角度yだけを大きくしていくと，□。

ア　ばねばかり4が示す値は変化せず，ばねばかり5が示す値は大きくなった

イ　ばねばかり4と5が示す値は両方とも大きくなった

ウ　ばねばかり4が示す値は大きくなり，ばねばかり5が示す値は変化しなかった

エ　ばねばかり4と5が示す値は両方とも変化しなかった

4　美希《みき》さんは，お菓子作りに用いるベーキングパウダーには炭酸水素ナトリウムが含まれていることを知り，炭酸水素ナトリウムについて調べた。後の１，２の問いに答えなさい。

1　美希さんは，炭酸水素ナトリウムを加熱したときの変化について調べるために，**実験Ⅰ**を行い，**レポート**にまとめた。下の(1)～(3)の問いに答えなさい。

〔レポート〕（一部）

【学習問題】　炭酸水素ナトリウムを加熱すると何ができるだろうか。

【実験Ⅰ】
① 炭酸水素ナトリウム２ｇを乾いた試験管Ａに入れ，図１のような装置を組み立てた。
② 試験管Ａを加熱して，はじめに出てくる気体を試験管１本分捨ててから，発生した気体を３本の試験管（Ｂ，Ｃ，Ｄ）に集めた。
③ 試験管Ｂに火のついた線香を入れた。
④ 試験管Ｃに火のついたマッチを近づけた。
⑤ 試験管Ｄに石灰水を入れてよく振った。
⑥ 加熱後の試験管Ａの口付近についた液体に，乾燥した塩化コバルト紙をつけた。
⑦ 加熱後の試験管Ａに残った白い物質を別の試験管に移し，水を加えてとかした後，フェノールフタレイン溶液を加えた。

図１

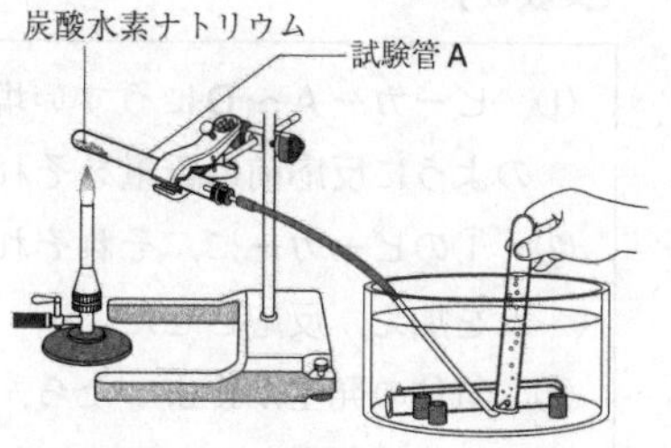

【結果】　表１

実験Ⅰの操作	結　果
③	[a]。
④	変化はなかった。
⑤	石灰水は[b]。
⑥	塩化コバルト紙が赤色に変化した。
⑦	濃い赤色になった。

【考察】　表１から，発生した気体は二酸化炭素であり，試験管Ａの口付近についた液体は水だとわかった。また，加熱後の試験管Ａに残った白い物質を水にとかすと，その水溶液は[c]であることもわかった。

(1)　図１のように，安全に実験を行うために試験管Ａの口を少し下げて加熱する理由を，簡潔に書きなさい。

(2)　[a]，[b]に入る適切な内容の組み合わせを，次のページのア～エから１つ選び，記号で答えなさい。

ア　a：線香が激しく燃えた　　　b：透明のままであった
イ　a：線香が激しく燃えた　　　b：白くにごった
ウ　a：線香の火が消えた　　　　b：透明のままであった
エ　a：線香の火が消えた　　　　b：白くにごった

(3)　[c] に入る適切な言葉を，次のア～ウから１つ選び，記号で答えなさい。

ア　アルカリ性　　イ　酸性　　ウ　中性

2　美希さんは，うすい塩酸に炭酸水素ナトリウムを加えることでも二酸化炭素が発生することを知り，実験Ⅱを行い，結果を表２にまとめた。下の(1)，(2)の問いに答えなさい。

〔実験Ⅱ〕

① ビーカーＡ～Ｄにうすい塩酸20㎤をそれぞれ入れ，図２のように反応前の質量をそれぞれ測定した。
② ①のビーカーに，それぞれ異なる質量の炭酸水素ナトリウムを加え，反応させた。
③ 気体の発生が止まったら，再びビーカーの質量を測定し，反応後の質量とした。

図２

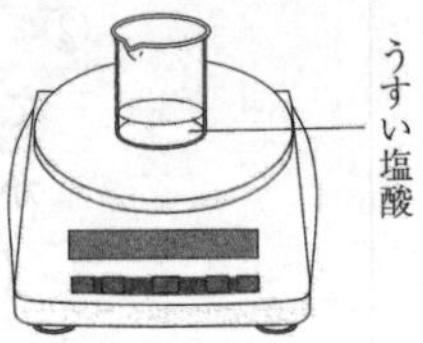

表２

ビーカー	A	B	C	D
反応前の質量〔g〕	83.60	83.60	83.60	83.60
加えた炭酸水素ナトリウムの質量〔g〕	1.00	2.00	3.00	4.00
反応後の質量〔g〕	84.08	84.56	85.30	86.30

(1)　表２に関して，加えた炭酸水素ナトリウムの質量と発生した二酸化炭素の質量との関係を表したグラフとして，最も適切なものはどれか。次のア～エから１つ選び，記号で答えなさい。ただし，それぞれのグラフは加えた炭酸水素ナトリウムの質量〔g〕を横軸に，発生した二酸化炭素の質量〔g〕を縦軸にとったものである。

ア

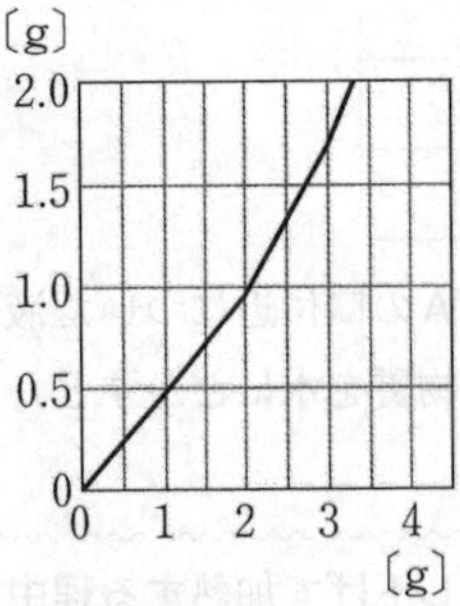

イ

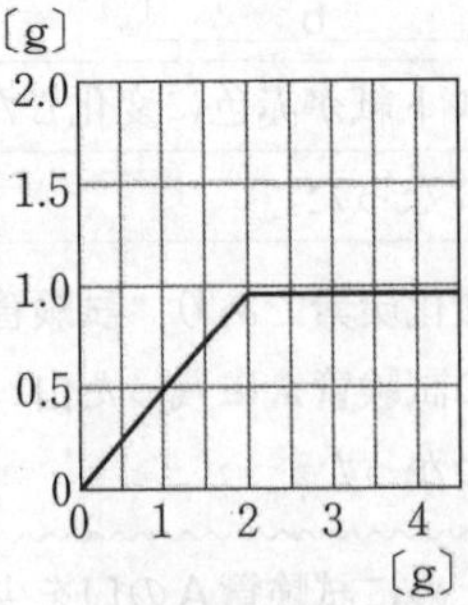

ウ

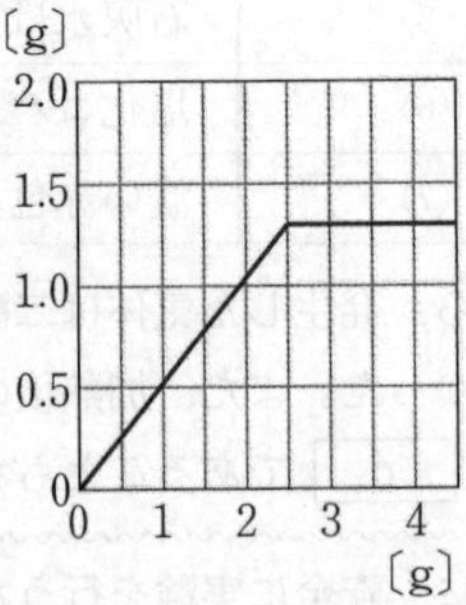

エ

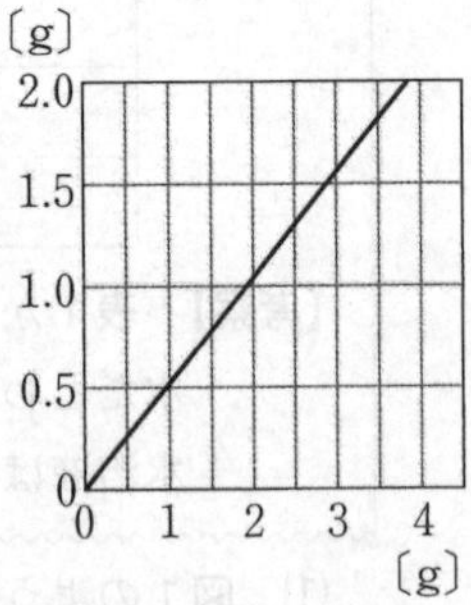

(2)　美希さんは，実験Ⅱと同じ濃度の塩酸20㎤にベーキングパウダー６ｇを加える実験を行った。このとき0.78ｇの二酸化炭素が発生したとすると，ベーキングパウダーには炭酸水素ナトリウムが何％含まれていたか，求めなさい。ただし，発生した二酸化炭素はすべてベーキングパウダーに含まれる炭酸水素ナトリウムが反応して発生したものとする。

5 栄介《えいすけ》さんは，植物の観察をする中で，植物の体のつくりやはたらきについて興味をもち，調べることにした。後の１～３の問いに答えなさい。

1　双子葉類と単子葉類の根のつくりと植物の組み合わせとして，適切なものはどれか。次のア～エから１つ選び，記号で答えなさい。

	双子葉類		単子葉類	
	根のつくり	植物	根のつくり	植物
ア	主根と側根	アブラナ	ひげ根	タンポポ
イ	主根と側根	サクラ	ひげ根	ユリ
ウ	ひげ根	タンポポ	主根と側根	イネ
エ	ひげ根	ユリ	主根と側根	アブラナ

2　シダ植物とコケ植物に共通していることとして，適切なものはどれか。次のア～エから１つ選び，記号で答えなさい。

ア　昼は光合成だけ行い，呼吸は行わない。
イ　根，茎，葉の区別がある。
ウ　種子をつくり，新しい個体をふやしていく。
エ　体が細胞でできている。

3　栄介さんは，蒸散について調べるために，次のような実験を行い，レポートにまとめた。下の(1)～(3)の問いに答えなさい。

〔実験〕

① 長さと太さ，葉の数や大きさがほぼ等しいホウセンカの枝を３本用意した。
② ３本の枝を，A～Cのように準備し，同じ量の水を入れた試験管３本にそれぞれの枝をさし，少量の油を注いだ。

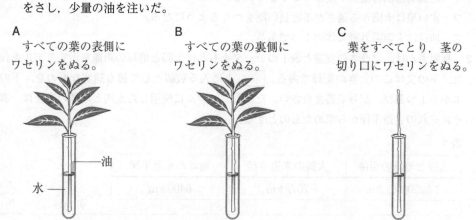

A　すべての葉の表側にワセリンをぬる。
B　すべての葉の裏側にワセリンをぬる。
C　葉をすべてとり，茎の切り口にワセリンをぬる。

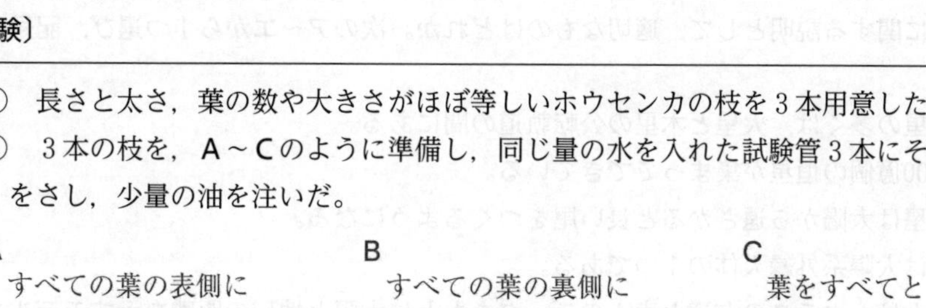

③ それぞれの試験管の全体の質量を測定した。
④ 明るく風通しのよいところにしばらく置いた。
⑤ 再び質量を測定し，水の減少量を求めた。

〔レポート〕（一部）

【結果】 それぞれの試験管の水の減少量は，次の表のようになった。

表

試験管	Aを入れた試験管	Bを入れた試験管	Cを入れた試験管
水の減少量〔g〕	X	Y	Z

【まとめ】 植物の体の表面には，2つの三日月形の細胞で囲まれたすきまである［ア］が見られ，水蒸気の出口としての役割を果たしている。実験において，葉の表側に比べて，葉の裏側からの蒸散量が多かったのは，葉の裏側には表側よりも［ア］が多く存在しているからだと考えられる。

(1) ［ア］に入る適切な言葉を漢字で書きなさい。

(2) 下線部のことを確認するためには表のX～Zの値のうち，どの2つを比べて，どのような結果が得られればよいか，簡潔に書きなさい。

(3) 実験の結果より，ホウセンカの枝全体からの蒸散量はどのような式で表すことができるか。適切な式を，表のX～Zの記号を使って書きなさい。

6　真帆《まほ》さんは，太陽系について学習する中で，太陽系の天体の特徴や位置関係について興味をもち，調べることにした。後の1～3の問いに答えなさい。

1　太陽系に関する説明として，適切なものはどれか。次のア～エから1つ選び，記号で答えなさい。

ア　小惑星の多くは，火星と木星の公転軌道の間にある。
イ　約2000億個の恒星が集まってできている。
ウ　すい星は太陽から遠ざかると長い尾をつくるようになる。
エ　地球は太陽系外縁天体の1つである。

2　真帆さんは，クラスの友達と表1のデータをもとに太陽と地球の距離を示すモデルを作成した。下の文はこのときの記録である。［　　］に入る数値として最も適切なものを，下のア～エから1つ選び，記号で答えなさい。ただし，モデルに使用した太陽と地球の半径は，表1のそれぞれの赤道半径から求めたものとする。

表1

太陽と地球の距離	太陽の赤道半径	地球の赤道半径
1億5000万 km	70万 km	6400 km

校庭に半径24mの円をかいて，その中心に太陽があり，円周上に地球があるモデルを作成した。このとき，太陽の半径は［　　］であったが，地球の半径は太陽と比べてとても小さくなった。モデルを作成することで，太陽と地球がどれくらい離れているのかを実感することができた。

ア　11.2㎜　　イ　11.2㎝　　ウ　1.12m　　エ　11.2m

3　真帆さんは，太陽系の８個の惑星の特徴をまとめた表２を見つけ，それをもとに図のようなグラフを作成した。下の(1)，(2)の問いに答えなさい。ただし，赤道半径は地球を１としたときの値であり，平均密度は惑星を構成する物質１cm^3あたりの質量〔g〕を示している。

表２

惑星	自転周期〔日〕	公転周期〔年〕	赤道半径	平均密度	衛星の数
a	0.41	11.86	11.21	1.33	79
b	0.44	29.46	9.45	0.69	65
c	0.67	164.77	3.88	1.64	14
d	0.72	84.02	4.01	1.27	27
e	1.00	1.00	1.00	5.51	1
f	1.03	1.88	0.53	3.93	2
g	58.65	0.24	0.38	5.43	0
h	243.02	0.62	0.95	5.24	0

図

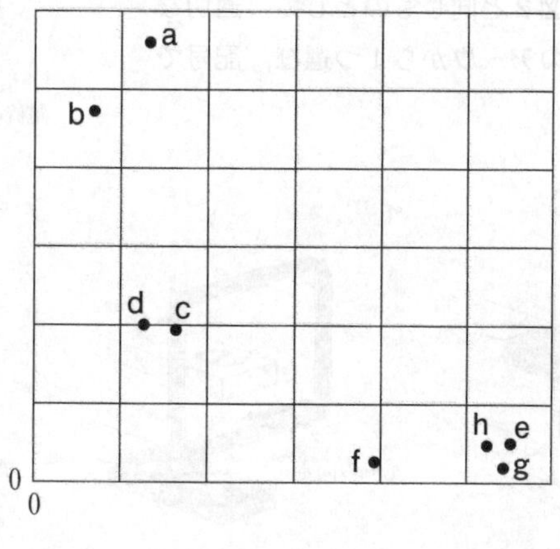

(1)　図の横軸と縦軸が表すものとして，適切なものはどれか。次のア～オからそれぞれ１つずつ選び，記号で答えなさい。

ア　自転周期　**イ**　公転周期　**ウ**　赤道半径　**エ**　平均密度　**オ**　衛星の数

(2)　a～hの惑星に関する説明として，適切なものはどれか。次のア～エから１つ選び，記号で答えなさい。

ア　c，d，e，fの４個の惑星は，地球型惑星とよばれる。

イ　bの惑星は，おもに水素とヘリウムからなる大気をもつ。

ウ　太陽からの距離が最も近いのはaの惑星で，最も遠いのはhの惑星である。

エ　dの惑星は火星で，gの惑星は水星である。

7　美優《みゆ》さんは，モーターには磁石とコイルが使われていることを知り，電流と磁界について興味をもち，調べることにした。後の１，２の問いに答えなさい。

1　美優さんは，電流が磁界から受ける力を調べるために，**実験Ⅰ**を行った。下の⑴，⑵の問いに答えなさい。

〔実験Ⅰ〕

① エナメル線を20回巻いたコイルを作成し，図１のような装置を組み立てた。

② コイルに電流を流し，コイルの動き方を調べた。

③ 電流の向きや，磁石による磁界の向きを変えて，コイルの動き方を調べた。

図１

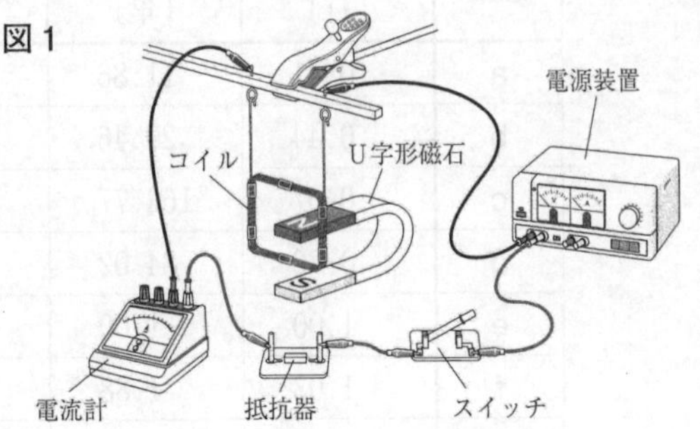

⑴ 図２は，**実験Ⅰ**において，矢印の向きに電流が流れたときのコイルが動く向きを示している。コイルの動く向きが図２と同じものとして，適切なものはどれか。次の**ア**～**ウ**から１つ選び，記号で答えなさい。

図２

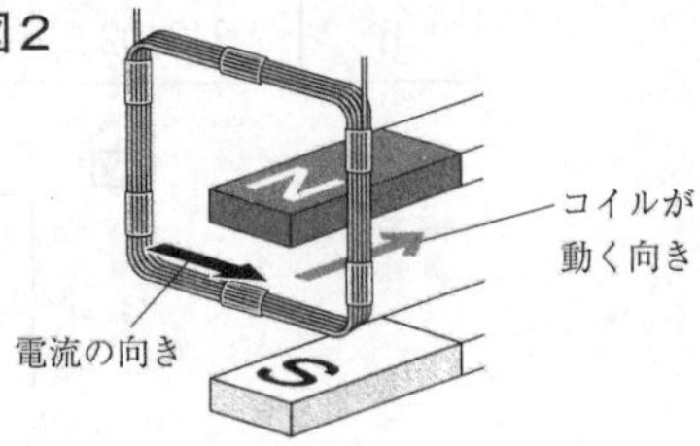

ア

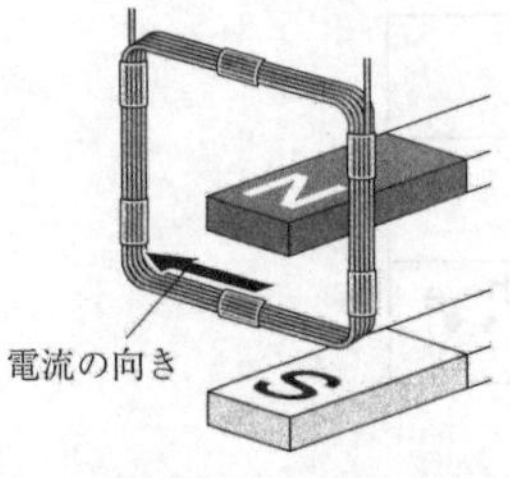

イ

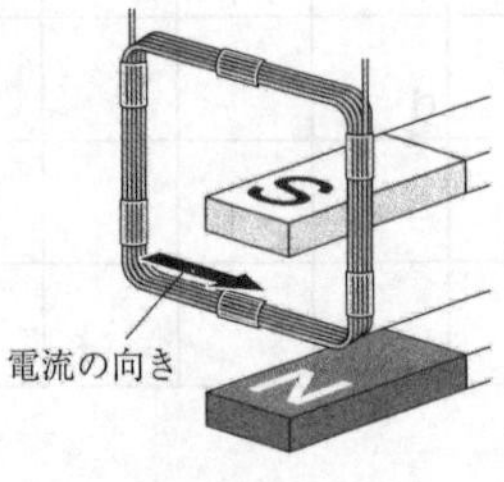

ウ

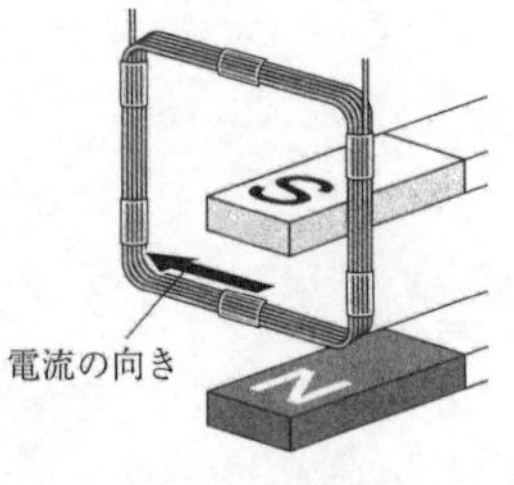

⑵ 美優さんは，**実験Ⅰ**で組み立てた装置の中で，磁石だけをとりかえた場合と，抵抗器だけをとりかえた場合のそれぞれについて実験を行い，コイルの動く幅を調べ，次のようにまとめた。[a]，[b]に入る適切な言葉の組み合わせを，下の**ア**～**エ**から１つ選び，記号で答えなさい。ただし，磁石および抵抗器をとりかえる前後で，電源装置の電圧の大きさは変えないものとする。

〔まとめ〕

強い磁石にとりかえた場合，コイルの動く幅は磁石をとりかえる前と比べて[a]なった。また，電気抵抗が大きい抵抗器にとりかえた場合，コイルの動く幅は抵抗器をとりかえる前と比べて[b]なった。

ア　a：大きく　b：小さく　　**イ**　a：小さく　b：大きく

ウ　a：大きく　b：大きく　　**エ**　a：小さく　b：小さく

2　美優さんは，コイルと磁石を用いて**実験Ⅱ**を行い，電流が発生するしくみを調べ，下のようにまとめた。下の(1)～(3)の問いに答えなさい。

〔実験Ⅱ〕

①　コイルに検流計をつなげた。

②　図３のように，棒磁石のＮ極をコイルに近づけたり遠ざけたりしたときの検流計の指針の振れ方を記録した。

③　図３の棒磁石の上下を入れかえて，棒磁石のＳ極をコイルに近づけたり遠ざけたりしたときの検流計の指針の振れ方を記録した。

④　図４のように，棒磁石を動かさずに，コイルを棒磁石のＮ極に下から近づけたときの検流計の指針の振れ方を記録した。

図３

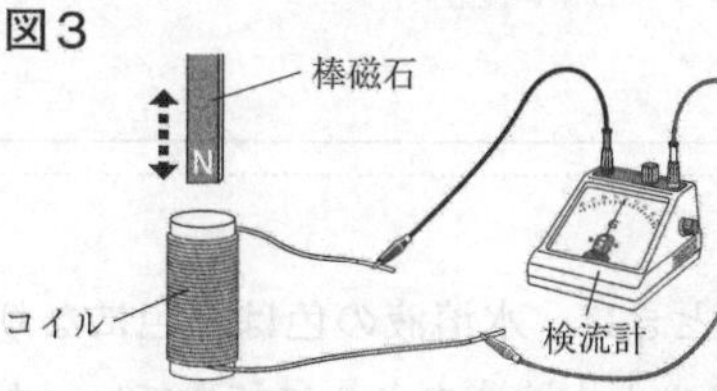

図４

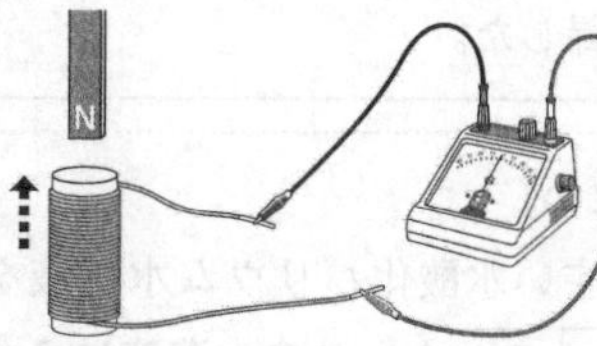

〔まとめ〕

コイルの中の磁界が変化すると，その変化に応じた電圧が生じて，コイルに電流が流れる。このような現象を［c］という。このとき流れる電流はコイルの巻数が［d］ほど大きくなる。また，磁石を［e］動かすほど電流は大きくなる。

(1)　［c］に入る適切な言葉を**漢字で書きなさい。**

(2)　［d］，［e］に入る適切な言葉の組み合わせを，次の**ア**～**エ**から１つ選び，記号で答えなさい。

ア　d：多い　e：ゆっくり　**イ**　d：多い　e：速く

ウ　d：少ない　e：ゆっくり　**エ**　d：少ない　e：速く

(3)　**実験Ⅱ**に関して，コイルを棒磁石のＮ極に下から近づけていくと，検流計の指針が右に振れた。**実験Ⅱ**の結果，検流計の指針が右に振れる操作として，適切なものはどれか。次の**ア**～**エ**からすべて選び，記号で答えなさい。

ア　棒磁石のＮ極をコイルに近づけていく。

イ　棒磁石のＮ極をコイルから遠ざけていく。

ウ　棒磁石のＳ極をコイルに近づけていく。

エ　棒磁石のＳ極をコイルから遠ざけていく。

8　翔《しょう》太《た》さんは，中和について調べるために，次のような実験を行い，下のようにまとめた。あとの１～４の問いに答えなさい。

〔実験〕

①　ビーカーにうすい硫酸20㎝³を入れ，緑色のBTB溶液を２，３滴加えた。

②　図のような装置をつくり，①のビーカーにステンレス電極を入れて３Ｖの電圧を加え，電流の大きさを実験前の値として記録した。

③　うすい水酸化バリウム水溶液を１㎝³ずつ加え，電流の大きさと水溶液の色を記録した。

図

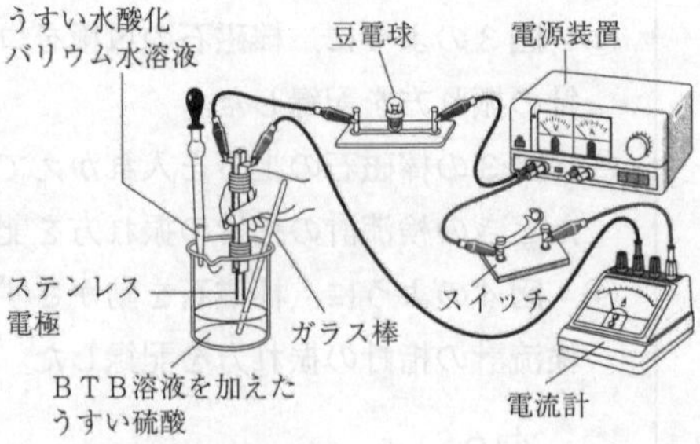

〔まとめ〕

うすい水酸化バリウム水溶液を８㎝³加えたときに，水溶液の色は緑色になり，電流は [a] なった。この水溶液にうすい水酸化バリウム水溶液をさらに加えていったときの電流の大きさは，水溶液の色が緑色のときと比べて [b] 。また，２つの水溶液を混ぜたときにできた白い沈殿は硫酸バリウムであり，実験の化学変化は次の化学反応式で表すことができる。

H_2SO_4 ＋ $Ba(OH)_2$ → $BaSO_4$ ＋ [c]

1　[a]，[b] に入る適切な言葉の組み合わせを，次のア～エから１つ選び，記号で答えなさい。

ア　a：ほとんど流れなく　　b：大きくなった

イ　a：ほとんど流れなく　　b：変わらなかった

ウ　a：実験前の値よりも大きく　　b：大きくなった

エ　a：実験前の値よりも大きく　　b：変わらなかった

2　まとめの化学反応式の [c] の部分を答えなさい。

3　実験に関する説明として，適切なものはどれか。次のア～エから１つ選び，記号で答えなさい。

ア　うすい水酸化バリウム水溶液を４㎝³加えたときには中和は起こっていない。

イ　硫酸バリウムは水中でバリウムイオンと硫酸イオンに電離しやすい。

ウ　うすい水酸化バリウム水溶液を10㎝³加えたときと，12㎝³加えたときの硫酸バリウムの沈殿の量は同じである。

エ　うすい水酸化バリウム水溶液を８㎝³加えたときの水溶液は中性であり，９㎝³以上加えても水溶液は中性である。

4　翔太さんは，中和についてさらに調べるために，うすい塩酸にうすい水酸化ナトリウム水溶液を加えた水溶液を用意した。この水溶液に緑色のBTB溶液を２，３滴加えたところ，水溶液の色が青色になった。このとき，水溶液中の塩化物イオン（Cl^-）とナトリウムイオン（Na^+）の数の関係として，適切なものはどれか。次のア～ウから１つ選び，記号で答えなさい。

ア　Cl^-よりNa^+の方が少ない。　　イ　Cl^-よりNa^+の方が多い。

ウ　Cl^-とNa^+の数は同じである。

＜社会＞

時間　50分　　満点　100点

1　環奈《かんな》さんのクラスでは，地理的分野の学習で，テーマを決めて調査活動を行いました。

1　環奈さんは，「世界における国と国の結びつき」というテーマで，**資料1**を作成しました。後の(1)～(4)の問いに答えなさい。

資料1　環奈さんが作成したウェビングマップ（一部）

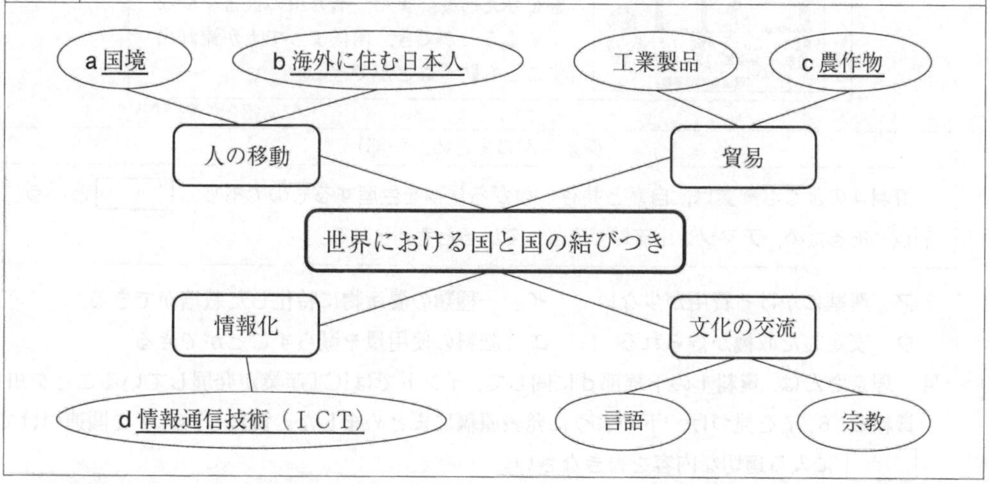

(1)　**資料1**の下線部**a**に関して，経線を利用して決められた国境として最も適切なものを，**資料2**の**ア**～**エ**から1つ選び，記号で答えなさい。

資料2　国境を示した地図（一部）

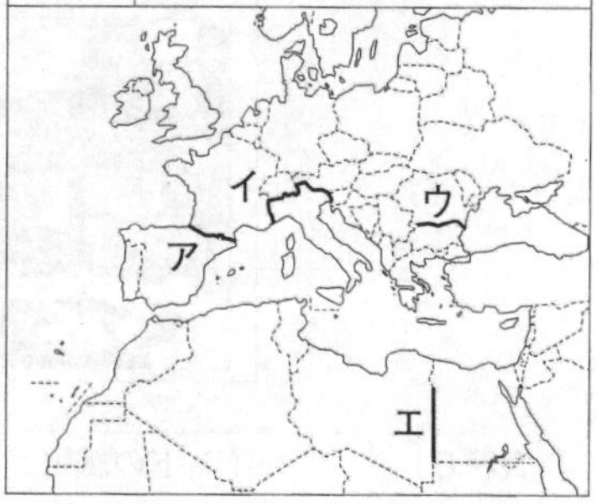

(2)　環奈さんは，**資料1**の下線部**b**に関して，**資料3**を見つけました。**資料3**についての説明として最も適切なものを，次の**ア**～**エ**から1つ選び，記号で答えなさい。

ア　10か国すべてが，太平洋に面している。

イ　10か国すべてが，北半球の国である。

ウ　10か国の中には，赤道が通っている国がある。

エ　10か国の中には，アフリカ州の国がある。

資料3	日本人が多く住む国（2019年10月1日現在）
1位	アメリカ合衆国
2位	中華人民共和国
3位	オーストラリア
4位	タイ
5位	カナダ
6位	イギリス
7位	ブラジル
8位	大韓民国
9位	ドイツ
10位	フランス

（「外務省資料」より作成）

(3)　環奈さんは，**資料１**の下線部**c**に関して，南アメリカ州のアマゾン川流域における農業について調べていく中で，**資料４**を見つけ，下のようにまとめました。**資料４**をもとに，［　　］に入る内容として**適切でないもの**を，下の**ア**～**エ**から１つ選び，記号で答えなさい。

資料４　森の中で行われる農業について

アマゾン川流域では，農業と林業を組み合わせた農法が広まっている。左の図のように，森の中でさまざまな農産物や樹木を混ぜて植えることで，互いの成長に良い影響を与えあう。また，病害虫の被害を少なくすることができ，雨によって土が流れ出すことも防ぐことができる。

（「アクティブ地理」他より作成）

環奈さんのまとめ（一部）

資料４のような農業は，自然と共存しながら作物を生産するものであり，［　　］という利点もあるため，アマゾン川流域で広まっていると考えられる。

ア　農薬にかける費用が少ない　　**イ**　一種類の農産物に特化した栽培ができる

ウ　安定した収穫が得られる　　**エ**　肥料の使用量を減らすことができる

(4)　環奈さんは，**資料１**の下線部**d**に関して，インドではICT産業が発展していることを知り，**資料５，６，７**を見つけ，下のように発表原稿にまとめました。**資料５，６，７**を関連づけて，［　　］に入る適切な内容を書きなさい。

資料５　ベンガルールのＩＣＴ関連企業

インド南部のベンガルールには，ＩＣＴ関連企業が多く進出し，アメリカ合衆国のシリコンバレーの企業から，データ処理や電話対応の業務などを請け負っている。

（「アクティブ地理」他より作成）

資料６　インドの紙幣

英語はインドの共通言語として普及している。

（「地理資料集」より作成）

資料７　ベンガルールとシリコンバレーの位置と時刻の違い

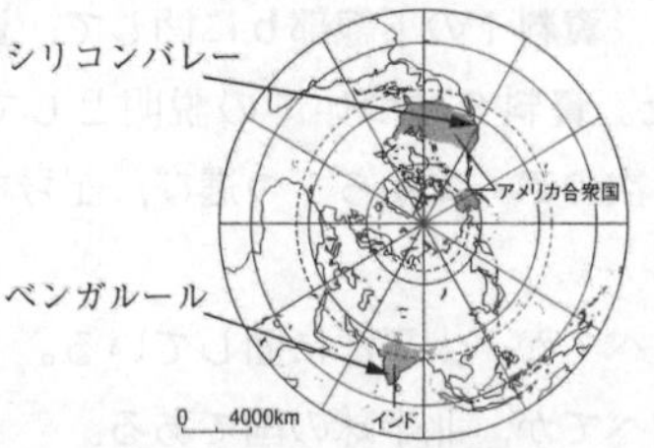

シリコンバレーの時刻が，ある日の19時のとき，ベンガルールの時刻は，その次の日の８時30分である。

環奈さんの発表原稿（一部）

資料５，６，７から，アメリカ合衆国のＩＣＴ関連企業がインドのベンガルールに多く進出しているのは，ベンガルールでは［　　］ことができるため，効率的に作業が進むからだと思います。

2　保則《やすのり》さんは，「日本における持続可能なまちづくり」について調べ，**資料1**を作成しました。後の⑴～⑸の問いに答えなさい。

資料1　保則さんが作成した資料（一部）

○　持続可能なまちづくりに向けた取り組みの事例

7地方区分	県名	主な取り組み
中国・四国地方	徳島県	「葉っぱビジネス」による地域活性化
	山口県	地域内産業の技術革新の推進
□地方	愛知県	次世代の交通を生み出すサービスの進展
	富山県	d <u>水産業の振興</u>と富山のさかなのブランド向上
a <u>東北地方</u>	b <u>秋田県</u>	水素エネルギーの活用による産業振興
	c <u>岩手県</u>	防災・減災による安全・安心なまちづくり

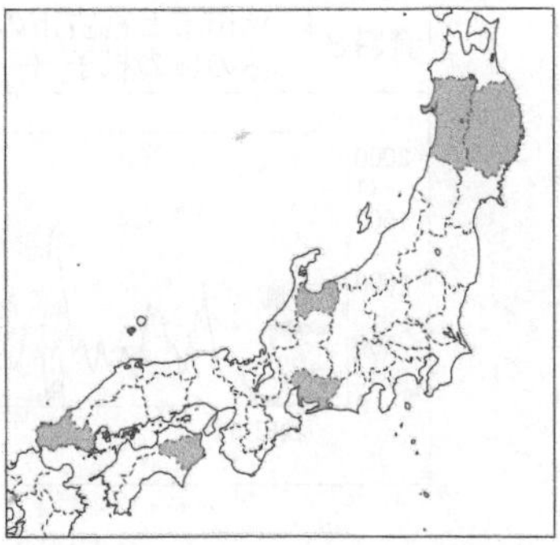

（「内閣府資料」他より作成）

⑴　**資料1**の□に当てはまる語を，**漢字で書きなさい。**

⑵　**資料1**の下線部**a**の太平洋の沖にある潮目（潮境）についての説明として最も適切なものを，次の**ア**～**エ**から1つ選び，記号で答えなさい。

ア　奥行きのある湾と小さな岬がくり返す海岸

イ　海岸からゆるやかに傾斜して続く浅い海底

ウ　寒流の千島海流と暖流の日本海流がぶつかる場所

エ　沿岸から200海里までのうち領海を除く部分

⑶　保則さんは，**資料1**の山口県，愛知県，富山県，岩手県の工業について調べ，**資料2**を作成しました。次の**ア**～**エ**のうち，愛知県に当たるものを1つ選び，記号で答えなさい。

資料2　山口県，愛知県，富山県，岩手県の工業製品出荷額と主な品目（2017年）

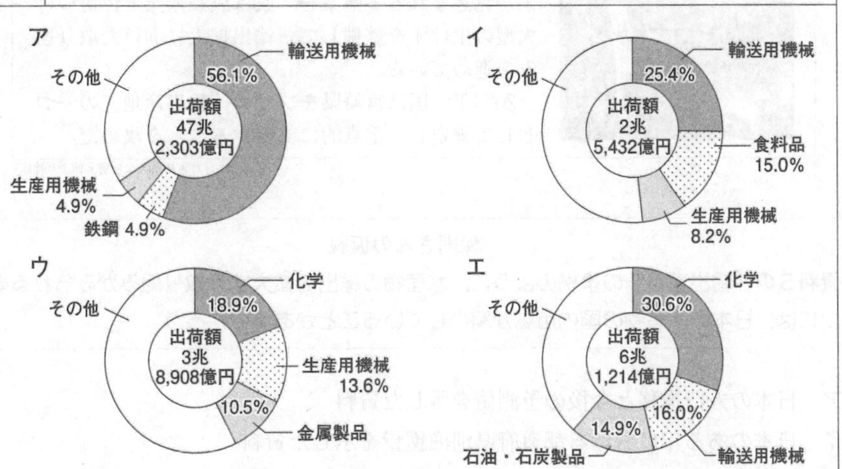

（「データでみる県勢 2020年版」他より作成）

(4)　保則さんは，**資料1**の下線部b，cに関して，秋田市と岩手県宮古市がほぼ同じ緯度上にあることを知り，興味をもち調べていく中で，**資料3，4**を見つけました。**資料3**をもとに，**資料4**の □ に当てはまる数値として最も適切なものを，下の**ア**～**エ**から１つ選び，記号で答えなさい。

資料３　秋田市と宮古市の間の断面図および夏と冬の風の様子（一部）

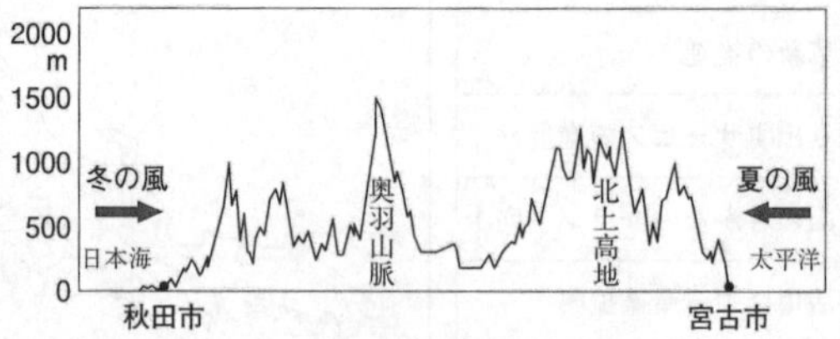

（「地理院地図」より作成）

資料４　秋田市と宮古市の平均気温と降水量の※平年値（一部）

		秋田市	宮古市
平均気温の平年値(℃)	1月	0.4	0.5
	8月		
降水量の平年値(mm)	1月		
	8月	184.6	177.9

※平年値は1991年から2020年の30年間の平均

（「気象庁資料」より作成）

ア

25.0	22.1
63.4	118.9

イ

25.0	22.1
118.9	63.4

ウ

22.1	25.0
63.4	118.9

エ

22.1	25.0
118.9	63.4

(5)　保則さんは，**資料1**の下線部dに関して，宮崎県についても調べていく中で，**資料5**を見つけ，「なぜ水産物の輸出を拡大する取り組みがみられるのだろうか」という疑問をもち，新たに２つの資料を使って，下のような仮説を立てました。

保則さんが仮説を立てるときに，根拠とした資料として適切なものを，下の**ア**～**エ**から２つ選び，記号で答えなさい。

資料５　水産物の輸出拡大に向けた宮崎県の取り組み

宮崎県では，ブリの養殖が行われており，生産拡大が見込まれる養殖業を，県は成長産業と位置づけ，大型の生けすを整備して，輸出拡大に向けた取り組みを進めている。

2020年，国は宮崎県をブリの「輸出産地」の一つとして選定し，重点的に支援することを決めた。

（「宮崎県水産白書」他より作成）

保則さんの仮説

資料5の「輸出産地」の事例のように，水産物の輸出を拡大する取り組みがみられる要因の一つには，日本の水産物の国内市場が縮小していることがあるのだろう。

ア　日本の人口推移と今後の予測値を示した資料
イ　日本のある年における都道府県別漁獲量を示した資料
ウ　日本の水産物輸入先の国を地図上に示した資料
エ　日本の１人１年あたりの水産物購入量の変化を示した資料

2　裕也《ゆうや》さんのクラスでは，歴史的分野で学習したことを，班ごとにまとめる活動を行いました。

1　裕也さんと紀子《のりこ》さんの班は，歴史カルタを作りました。次のA～Fは，裕也さんが作成したカルタの読み札です。後の⑴～⑷の問いに答えなさい。

A
（江戸幕府）
えどばくふ
開いた人物
まつられる

B
（運慶）
うんけいが
木彫りに込めた
武士の気風

C
（百済）
くだら救援
失敗の後
守り固める

D
（頼通）
よりみちが
この世に表現
極楽浄土

E
（農民）
のうみんが
一致団結
土一揆

F
（外国船）
がいこくせん
打ち払わずに
帰らせよ

⑴　Aの傍線部の人物名を，漢字４文字で書きなさい。

⑵　紀子さんは，A～Dの取り札であるア～エの４枚を作成しました。この４枚の取り札を年代の古い順に並べたときに最も古いものを，次のア～エから１つ選び，記号で答えなさい。

ア
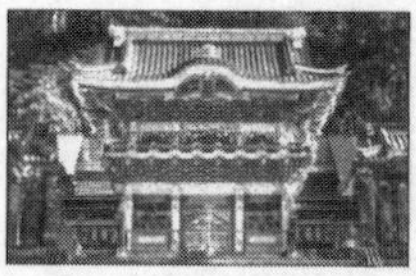
日光東照宮《とうしょうぐう》

イ

平等院鳳凰《ほうおう》堂

ウ

東大寺南大門

エ

大野城跡と水城跡

⑶　紀子さんは，Eの取り札を作成したときに，資料１，２を見つけ，土一揆の背景について，次のページのようにまとめました。資料１，２をもとに，①，②に当てはまる語を，下のア～オからそれぞれ１つ選び，記号で答えなさい。

ア　座　　イ　土倉　　ウ　問（問丸）　　エ　馬借　　オ　惣

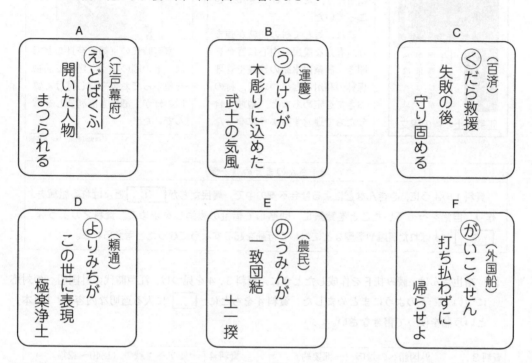

Eの取り札

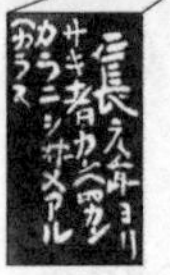

（一四二八年以前の借金は神戸《かんべ》四か郷《ごう》では帳消しにする）

正長の土一揆の碑文《ひぶん》

資料1　農村の運営について

15世紀は地球規模での寒冷期に当たり，たびたびききんが起こっていた。

これに対して村の団結が強まり，有力な農民を中心に寄合《よりあい》を開き，農業用水路の建設や管理，森林の利用などについて，村のおきてを定めるなど，地域を自分たちで運営するようになった。

資料2　室町時代の金融業

室町時代の京都や奈良などでは，上の図のような建物で品物を預かってお金を貸し付ける質屋のほか，酒屋も高利貸しを営んでいた。

（「歴史資料集」，他より作成）

紀子さんのまとめ（一部）

資料1のように，ききんなどによる社会不安の中で，農民たちが［①］とよばれる組織を作り，自治を行っていたことを背景に，団結して借金の帳消しを求めて，資料2のような［②］とよばれた質屋や酒屋などに対して行動を起こすようになったと考えられる。

(4) 裕也さんは，読み札Fを作成したときに，資料3，4を見つけ，江戸時代の外国船への対応について，下のようにまとめました。資料4をもとに，［　］に入る適切な内容を，「日本」という語を使って書きなさい。

資料3　外国船への対応（一部要約）

○ 1825年の方針
どこの港でも，外国船が入港するのを見たなら，有無を言わさず，いちずに打ち払え。

○ 1842年の方針
外国船が難破して漂流し，薪《まき》や水，食料を求めてきたとき，事情を考えず，いちずに打ち払っては失礼なので，よく様子を見て必要な品を与え，帰るように言い聞かせよ。

資料4　アヘン戦争（1840～42年）

兵器の威力で勝るイギリスは，清を降伏させ，不平等条約を結んだ。

裕也さんのまとめ（一部）

資料3，4から，幕府は，1825年の方針では外国船に対して強い姿勢を見せていたが，アヘン戦争で［　］ことをおそれて，外国船への対応を転換したと考えられる。

2　絵美《えみ》さんの班は，「近代・現代の日本と世界の関わり」について調べ，歴史新聞を作成しました。後の(1)～(5)の問いに答えなさい。

(1) 資料1の［　］に当てはまる語を，次のア～エから1つ選び，記号で答えなさい。

ア　日朝修好条規　　イ　下関条約　　ウ　ポーツマス条約　　エ　ベルサイユ条約

資料１	絵美さんの班が作成した歴史新聞（一部）

歴史新聞　近代・現代の日本と世界の関わり

日本と東アジア諸国

一八九四年、朝鮮半島をめぐり、日本と清の軍隊が衝突した。翌年の講和会議で□が結ばれ、清は朝鮮半島の独立を認め、日本は領土や賠償金を得た。

講和条約の調印の様子

日本とアメリカ①

日本が東南アジアに進出すると、b日米関係は悪化していき、一九四一年に太平洋戦争が始まった。その後、日本の戦局は悪化し、一九四五年、ポツダム宣言を受諾し、戦争が終わった。

戦争後の日本では、c政治や経済の民主化が進められた。

日本とヨーロッパ諸国

一九一四年、ヨーロッパで第一次世界大戦が始まると、日本は日英同盟を理由に参戦した。a戦争中の日本では、連合国から船舶の注文が相次ぎ、造船・鉄鋼業が発展した。こうして、日本の工業生産額は農業生産額を上まわるようになった。

日本とアメリカ②

一九五一年、サンフランシスコで講和会議が開かれ、日本とアメリカなど四八か国との間で講和条約が調印された。

一九六五年、dアメリカが、北ベトナムと南ベトナムとの戦争に本格的に介入すると、アメリカや日本をはじめ世界各国で、反戦運動が高まった。

(2)　資料１の傍線部aに関して，第一次世界大戦中の日本の経済について最も適切なものを，次のア～エから１つ選び，記号で答えなさい。

ア　かつてない好景気がおこり，急に金持ちになる成金が現れた。

イ　土地の所有者に地券を発行し，現金で税を納めさせることを始めた。

ウ　主なエネルギー源が石炭から石油にかわり，重化学工業が発展した。

エ　人々が銀行に殺到して預金を引き出したため，多くの銀行が休業した。

(3)　絵美さんは，資料１の傍線部bに関して，近代から現代における日米関係について調べていく中で，資料２を見つけました。資料２のア～エを，年代の古い順に記号で並べなさい。

資料２	絵美さんが見つけた資料

ア

連合国軍総司令部（GHQ）の指示で作られた警察予備隊

イ

黒船を見学する庶民

ウ

日本も参加した軍縮のためのワシントン会議

エ

日本車を壊すアメリカの労働者

（「アドバンス中学歴史資料」他より作成）

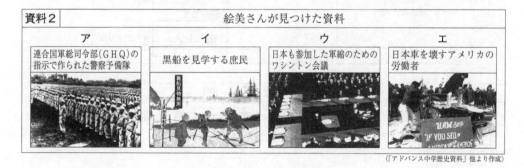

(4)　絵美さんは，**資料1**の傍線部**c**について調べていく中で，**資料3**を見つけました。**資料3**に関する説明として最も適切なものを，あとの**ア**～**エ**から1つ選び，記号で答えなさい。

資料3　太平洋戦争後の日本の民主化に関する資料

グラフX

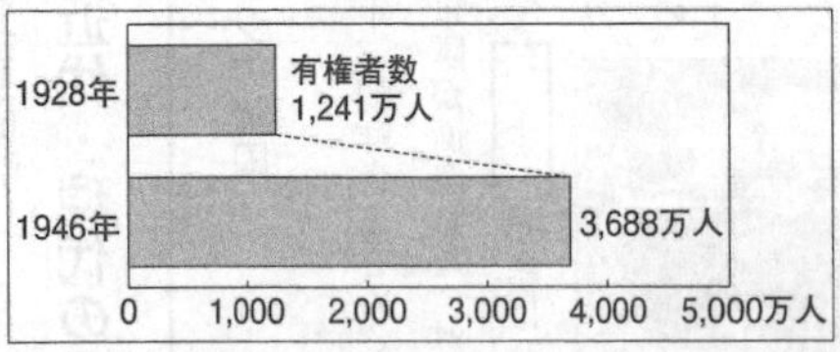

グラフY

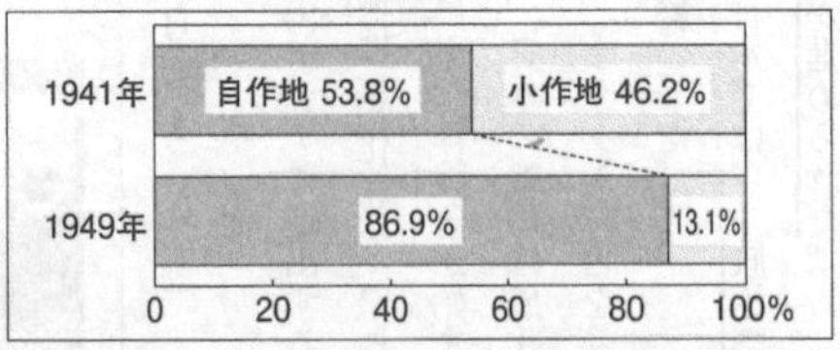

（「日本統計年鑑」他より作成）

ア　満25歳以上の男性に選挙権が与えられ，**グラフX**のように有権者数が増加した。

イ　納税額による選挙権の制限が廃止され，**グラフX**のように有権者数が増加した。

ウ　政府が地主の土地を買い上げ，小作人に売り渡すことが行われ，**グラフY**のように自作地が増加した。

エ　地主に対して小作料の減額などを求める小作争議が急増し，**グラフY**のように自作地が増加した。

(5)　絵美さんは，**資料1**の傍線部**d**について調べていく中で，**資料4，5，6**を見つけ，ベトナム戦争へのアメリカの介入について下のようにまとめました。**資料5，6**を関連づけて，［　　］に入る適切な内容を書きなさい。

資料4　1960年代のアジアの地図（一部）

資料5　アメリカとソ連の対立

第二次世界大戦後の世界は，アメリカを中心とする資本主義諸国と，ソ連を中心とする社会主義諸国とに分かれ，厳しく対立した。

資料6　北ベトナムと南ベトナムの対立

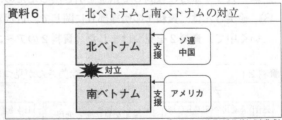

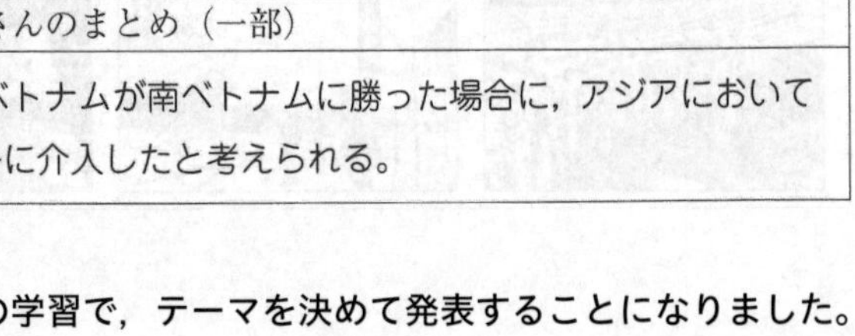

（「アドバンス中学歴史資料」より作成）

絵美さんのまとめ（一部）
資料4，5，6から，アメリカは，北ベトナムが南ベトナムに勝った場合に，アジアにおいて［　　］ことを防ぐため，ベトナム戦争に介入したと考えられる。

3　**伸子《のぶこ》さんのクラスでは，公民的分野の学習で，テーマを決めて発表することになりました。**

1　伸子さんの班は，「私たちと政治」について調べ，プレゼンテーションソフトを使用して，次のページの**資料1**を作成しました。後の(1)～(4)の問いに答えなさい。

資料１　仲子さんの班が作成したスライド（一部）

スライドA

日本国憲法の三つの基本原理

日本の政治

国民による政治	個人の尊重	国際協調 戦争の放棄
国民主権	基本的人権の尊重	□

日本国憲法

スライドB

社会権の保障

○　社会権
人間らしい豊かな生活を保障する権利
➡1919年　ドイツのワイマール憲法で初めて保障

○　日本国憲法における社会権の保障

第25条①すべて国民は，健康で文化的な最低限度の生活を営む権利を有する。

スライドC

世論とマスメディア

○　選挙のときに役に立ったもの（一部）
（2017年衆議院議員選挙）

候補者の政見放送・経歴放送（テレビ）	18.9%
党首討論会（テレビ・インターネット）	17.4%
政党の政見放送（テレビ）	17.0%

（明るい選挙推進協会による意識調査より）

スライドD

規制緩和について

○　規制緩和とは
自由な経済活動を促すため，行政が企業などに出す許可や認可を見直すこと
➡新たな分野への企業の参入が可能

ドローン（無人航空機）による宅配サービスの実験

⑴　**資料１のスライドA**について，□に当てはまる語を，**漢字**で書きなさい。

⑵　**資料１のスライドB**に関して，日本国憲法における社会権についての説明として適切なものを，次の**ア**～**エ**から１つ選び，記号で答えなさい。

ア　教育を受ける権利が，社会権として規定されている。

イ　プライバシーの権利が，社会権として規定されている。

ウ　財産を持つ権利が，社会権として規定されている。

エ　裁判を受ける権利が，社会権として規定されている。

⑶　仲子さんは，**資料１のスライドC**に関して，**資料２，３**を見つけ，インターネットと政治について，次のページのように発表原稿にまとめました。**資料２，３**をもとに，**ア**，**イ**に入る適切な内容を書きなさい。

資料２　インターネットの発達と民主政治

従来，有権者は，新聞やテレビなどにより一方的に発信される政治の情報を受け取ることがほとんどであった。

しかし現在は，インターネットを使って，政府や政党の動向などを自ら検索して知るとともに，自分の意見や情報を広く発信したり，政治に関する問題を話し合ったりすることも可能になった。

資料３　フェイクニュースについて

真実ではない，虚偽の情報や報道のことをフェイクニュースという。主にインターネット上で発信され，政治的な意図のあるフェイクニュースの拡散が社会的な問題となっている。

（「総務省資料」他より作成）

伸子さんの発表原稿（一部）

　資料２から，インターネットを通じて，政治に関する情報を主体的に集めることや意見表明・議論をすることで，今までよりも国民が［　ア　］ことにつながると思います。一方で，資料３から，インターネット上の多様な情報について，偏った情報に基づいた世論が生まれてしまうおそれもあるので，国民は［　イ　］ことができる能力が求められていると思います。

(4)　伸子さんは，**資料１のスライドＤ**に関して調べていく中で，ドローンの飛行ルールについての規制緩和が進み，宅配便などを運ぶ実験が行われていることを知り，「なぜドローンによる物流の実用化に向けた取り組みがみられるのだろうか」という疑問をもちました。そこで，**資料４，５**を使って，下のように仮説を立てました。**資料４，５**を関連づけて，［　　］に入る適切な内容を書きなさい。

資料４　宅配便の取り扱い個数の推移

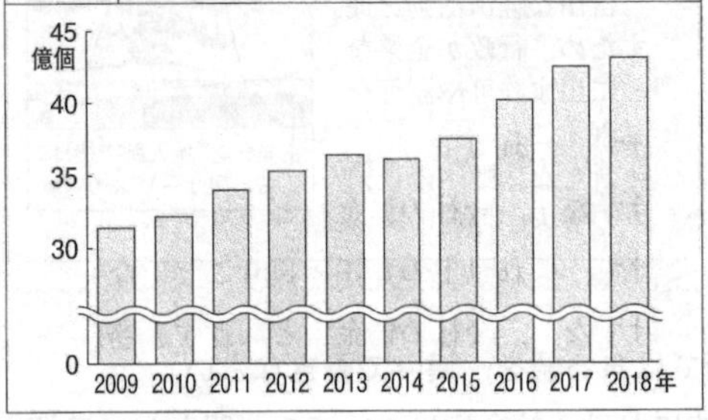

資料５　トラックドライバーと全産業の労働者の平均年齢の推移

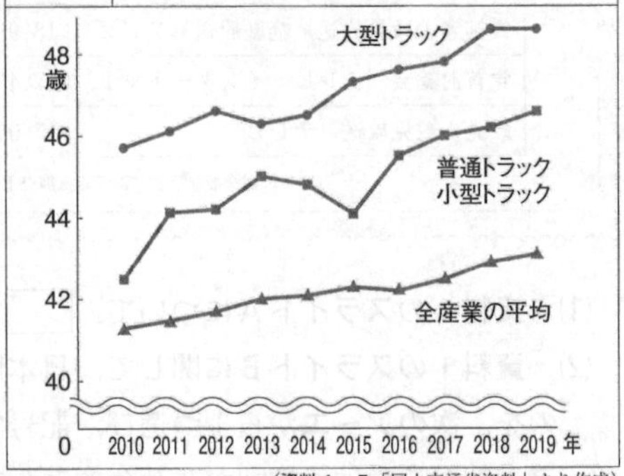

（資料４，５「国土交通省資料」より作成）

伸子さんの仮説

　ドローンによる物流の実用化に向けた取り組みがみられるのは，**資料４，５**から，［　　］ことが予測されるため，規制緩和によって新たなサービスを生み出してトラック輸送の一部を補おうとしているからだろう。

2　晴彦《はるひこ》さんは，「私たちと経済」について，学習した内容を振り返り，**資料１**を作成しました。後の(1)～(4)の問いに答えなさい。

資料１　晴彦さんが作成した資料

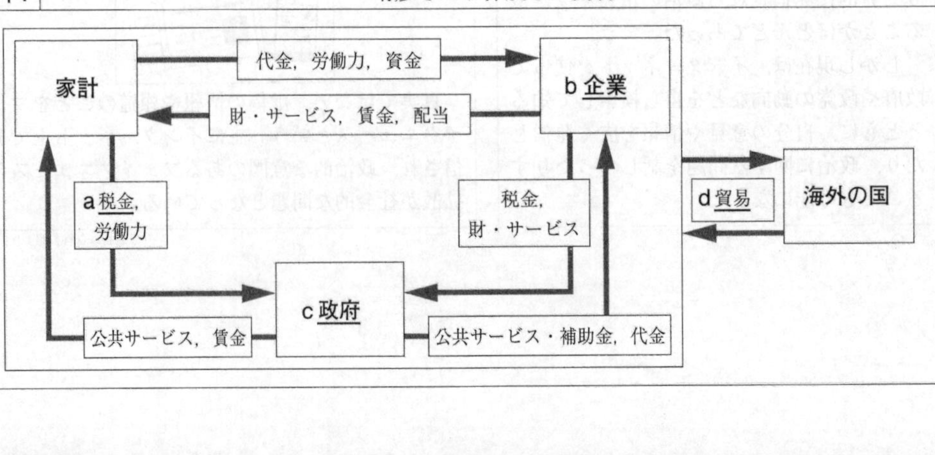

⑴　資料１の下線部ａに関して，次の □ に当てはまる語を，**漢字で書きなさい。**

> 税金は，納税者と負担者が同じものと異なるものがあり，消費税のように納税者と負担者が異なる税金を □ という。

⑵　資料１の下線部ｂに関して，次の ① ，② に当てはまる語と内容の組み合わせとして最も適切なものを，下のア～エから１つ選び，記号で答えなさい。

> 企業は，私企業と公企業に大きく分けられる。株式会社は最も代表的な私企業の形式であり，株式会社の株主には， ① に出席して基本方針などについて議決する権利や，利潤の一部を配当として受け取る権利が保障されている。また，株式会社が倒産した場合，株主は ② 。

ア　①－取締役会　　②－出資金を失うだけで，それ以上の責任を負うことはない
イ　①－取締役会　　②－出資金を失うだけでなく，会社の借金なども返す義務がある
ウ　①－株主総会　　②－出資金を失うだけで，それ以上の責任を負うことはない
エ　①－株主総会　　②－出資金を失うだけでなく，会社の借金なども返す義務がある

⑶　晴彦さんは，資料１の下線部ｃに関して，政府が行う社会保障に興味をもち調べていく中で，資料２，３を見つけました。資料２の①，②の意見を，資料３で位置づけたものとして最も適切なものを，資料３のア～エからそれぞれ１つ選び，記号で答えなさい。

資料２	今後の日本の社会保障の在り方に関する意見（一部）
	①　現状の年金や介護サービスなどをより充実させるために，税や社会保険料を高くすべきである。 ②　現状の税や社会保険料を安くするために，年金や介護サービスなどをしぼりこむべきである。

資料３	社会保障の給付と負担の在り方についての意見を整理するための表

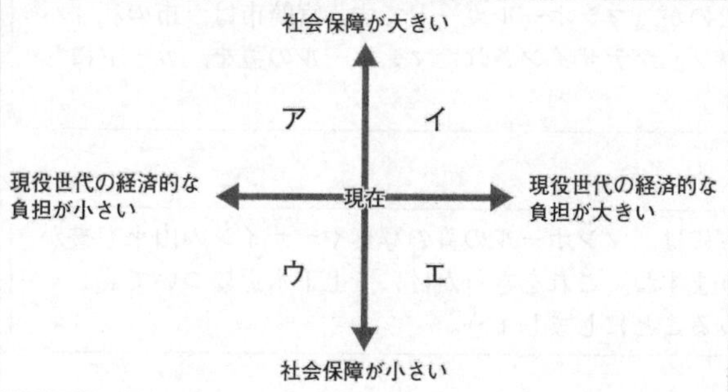

(4) 晴彦さんは，資料１の下線部ｄに関して，資料４を見つけ，貿易と為替相場の関係について，下のようにまとめました。資料４をもとに，□に入る内容として最も適切なものを，下のア～エから１つ選び，記号で答えなさい。

資料４　為替相場について

海外と貿易するときには，日本の通貨である円を，外国の通貨と交換する必要がある。左の写真は，ある日の為替相場において，１ドルが120円台であったことを示している。

野菜や果物などの価格の決まり方と同じように，円を売ってドルを買いたい人と，ドルを売って円を買いたい人の需要量と供給量が一致したところで，ドルの価格が決まる。

（「ビジュアル公民」他より作成）

晴彦さんのまとめ（一部）

例えば，日本からアメリカへの輸出が増えると，代金として日本へ支払われたドルが増える。その結果，日本の外国為替市場で□ため，円高になる傾向がある。つまり，貿易の変化が為替相場に影響を与える要因の一つとなっていると考えられる。

ア　ドルを売って円を買う動きが強まり，円の需要が増える
イ　ドルを売って円を買う動きが強まり，ドルの需要が増える
ウ　円を売ってドルを買う動きが強まり，円の需要が増える
エ　円を売ってドルを買う動きが強まり，ドルの需要が増える

４　雅紀《まさき》さんと涼子《りょうこ》さんは，マンホールカードを作っている自治体があることを知り，上下水道について調べ学習を行いました。後の１～３の問いに答えなさい。

雅紀さん

マンホールの蓋のデザインが全国各地で違うことに着目して作られたのが，マンホールカードです。宮崎市は，市の花「ハナショウブ」がデザインされたマンホールの蓋を，カードにしています。

涼子さん

カードには，マンホールの蓋の写真やデザインの由来も書かれてありますね。これをきっかけに，上下水道について詳しく調べてみることにしましょう。

宮崎市が制作したマンホールカード

１　雅紀さんは，水道の維持や管理について調べていく中で，次のページの資料１，２を見つけ，下のようにまとめました。資料１，２をもとに，①，②に当てはまる語と内容の組み合わせとして最も適切なものを，あとのア～エから１つ選び，記号で答えなさい。

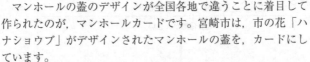

資料1　日本の水道普及率の推移

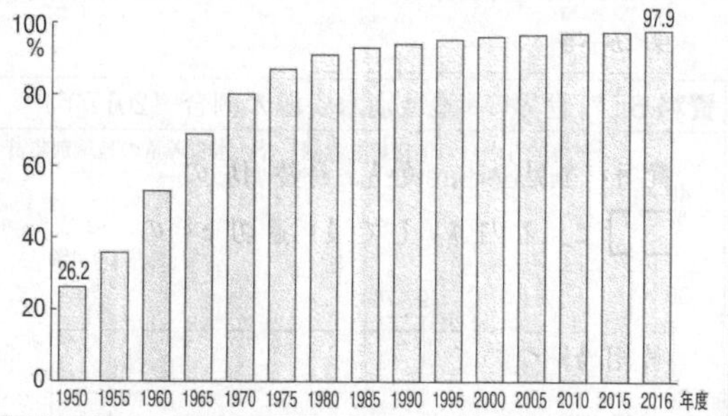

資料2　水道事業の現状

水道事業は，原則として水道料金からの収入で運営されている。

法律で定められた耐用年数の40年をこえて，更新時期を迎える水道管が増える一方で，水道管の更新率は，年々低下しており，老朽化が進行することが予測されている。

（資料1，2「厚生労働省資料」他より作成）

雅紀さんのまとめ（一部）

資料1，2から，日本の水道管は［①］を中心に普及が進み，今後更新が必要であるが，水道管の更新率が近年低下しているのは，人口減少が進む中，自主財源として［②］ことのできる水道料金からの収入が減り，水道事業の資金が不足しているからだと考えられる。

ア　①－大正時代　　　②－国が決定する
イ　①－大正時代　　　②－地方公共団体が決定する
ウ　①－高度経済成長期　②－国が決定する
エ　①－高度経済成長期　②－地方公共団体が決定する

2　涼子さんは，下水道の活用について調べていく中で，**資料3，4**を見つけ，下のようにまとめました。**資料3，4**をもとに，［ア］，［イ］に入る適切な内容を書きなさい。

資料3　下水から作られた肥料で栽培された農作物

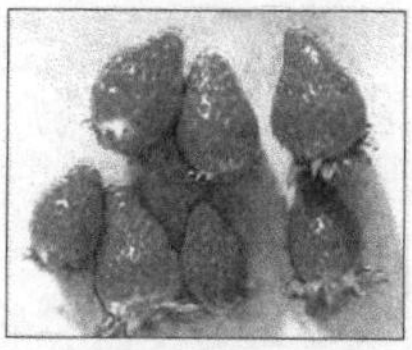

家庭などからの排水が下水処理場で処理されてできる下水汚泥《おでい》には，農業に有効とされる窒素やリンなどが含まれている。従来は，埋め立てて処分されていた下水汚泥を加工して肥料とし，イチゴなどの農作物を作る取り組みが進められている。

資料4　マンホールトイレについて

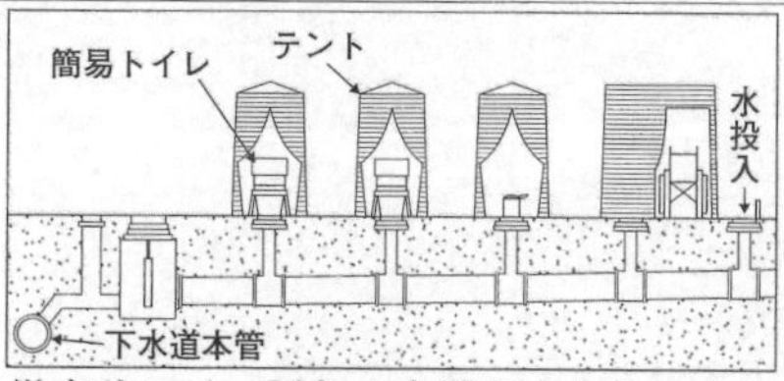

災害時には，電気や水道が止まり，水洗トイレが使用できなくなることがある。下水道に直結するマンホールトイレは，仮設トイレよりも設置が容易であり，衛生的でもある。

最近では，運動会などでマンホールトイレを使用し，地域住民が設置や片付けに参加する取り組みもみられる。

（資料3，4「国土交通省資料」他より作成）

涼子さんのまとめ（一部）

資料3のように，下水汚泥から肥料を作る取り組みは，［ア］という点で，持続可能な社会につながることが考えられる。また，**資料4**のように，災害用のマンホールトイレを実際に使用したり設置したりすることが行われているのは，多くの人々が実際に体験し，その特徴を知ることで［イ］からだと考えられる。

3　雅紀さんは，調べ学習の最後に，振り返りを行いました。資料5，6をもとに，［　　］に入る適切な内容を書きなさい。

資料5　地球上の水の内訳

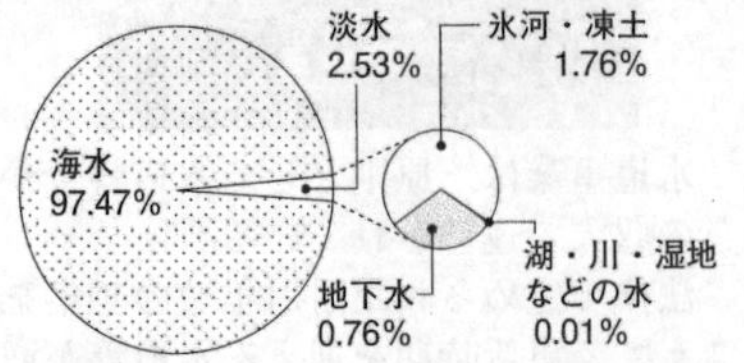

水は飲み水だけでなく，農業や工業にも使われる資源である。地球上には大量の水があるが，海水は塩分濃度を低くする必要があるため，通常は淡水を資源として利用している。

資料6　世界の※地域別水資源の割合（2017年）

※地域外からの供給量を考慮しない水資源量の地域別集計
世界全体を100%としたときの割合

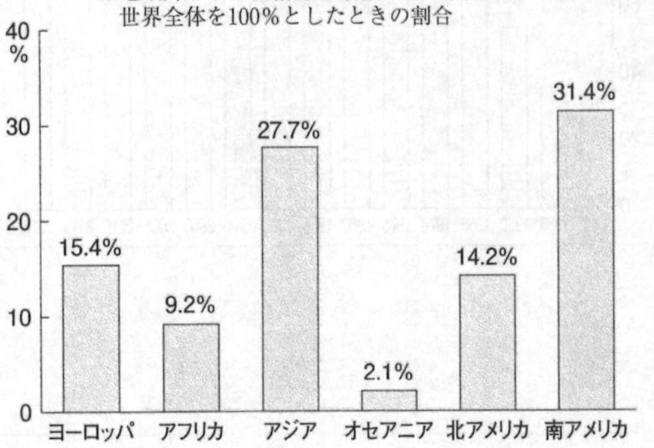

（資料5，6「国土交通省資料」他より作成）

雅紀さんの振り返り（一部）

○　学習の前後を比べて，新たに分かったことや今後も考え続けていきたいことを書こう。

以前は水道や水について深く考えなかったけれど，調べ学習で社会や環境とのつながりを学ぶことができた。

資料5，6から，資源としての水は［　　］ことが分かったので，今後は，世界人口の増加や経済発展，気候変動などが水資源に与える影響について考えていきたい。

それぞれ十字以内で書きなさい。

> 古文Aと漢文Bは、人を（　1　）して失敗した例を用いて話が進められているが、漢文Bには、人を（　2　）して失敗した例も加えられている。

問六　次の文字は「取」を行書で書いたものである。この中に見られる行書の特徴として、**不適当なもの**を、ア～エから一つ選び、記号で答えなさい。

ア　点画の連続がみられる。
イ　点画の省略がみられる。
ウ　点画の変化がみられる。
エ　筆順の変化がみられる。

の故《ゆゑ》を問ふ。答へて云はく、「吾《われ》、人に貴《たっと》びらるること（敬われることは）、我が徳に非《あら》ず。ただ、この装束故なり」と云へり。

（「正法眼蔵随聞記《しょうほうげんぞうずいもんき》」による）

B

澹臺子羽ハ、君子之容也。仲尼幾シテ而取ルレ之ヲ、與ニ処ルコト久シクシテ、而③行不レ称ハ二其ノ貌ニ一。宰予之辞ハ、雅ニシテ而文。仲尼幾シテ而取ルレ之ヲ、與ニ処ルニ而智不レ充ラ二其ノ弁ニ一。故ニ孔子曰ク、以テレ容ヲ取リテレ人ヲ乎、失ス二之ヲ子羽ニ一。以テレ言ヲ取リテレ人ヲ乎、失ス二之ヲ宰予ニ一。故ニ以テシテ二仲尼之智ヲ一、而モ④有失実之声。

【書き下し文】

澹臺子羽《たんだいしう》（孔子の弟子の子羽）は、君子の容《よう》なり（君子らしく見えた）。仲尼幾《ちゅうぢき》して之《これ》を取る（孔子は彼に期待をしていたが）、與《これ》に処ること久《を》しくして（長く一緒に居るうちに）、行其《かうそ》の貌《ばう》に称《かな》はず。宰予《さいよ》（孔子の弟子の宰予）の辞（言葉）は、雅にして文《ぶん》なり（美しかった）。仲尼幾して之を取る、與に処るに智《ち》其の弁に充《あた》らず。故に孔子曰《いは》く、容を以《もっ》て人を取りてや、之を子羽に失《しっ》す（子羽で失敗した）。言を以て人を取りてや、之を宰予に失すと。故に仲尼の智を以てして（もってしても、人物の真実を見誤ったのだという世間の評判は立ってしまうのである）、而《しか》も実《じつ》を失ふの声有《な》り。

（「韓非子《かんぴし》」による）

問一　古文Aに――線①「これを見て」とあるが、その内容を説明したものとして、最も適当なものを、次のア～エから一つ選び、記号で答えなさい。

ア　宇治の関白殿が鼎殿の役人を見て
イ　宇治の関白殿が鼎殿にある火を焚く所を見て
ウ　鼎殿の役人が宇治の関白殿を見て
エ　鼎殿の役人が鼎殿にある火を焚く所を見て

問二　古文Aに――線②「逃げぬ。」とあるが、鼎殿の役人が逃げたのはなぜか。その説明として最も適当なものを、次のア～エから一つ選び、記号で答えなさい。

ア　宇治の関白殿に着替えを命じたことを悔やみ、つらくなったから。
イ　着替えをした宇治の関白殿の真意が分からなくて、戸惑ったから。
ウ　遠方でも分かる宇治の関白殿の迫力を恐れて、助けを求めたから。
エ　宇治の関白殿を追い出すというあやまちに気づき、怖くなったから。

問三　漢文Bの――線③「行」の意味を含む熟語として、最も適当なものを、次のア～エから一つ選び、記号で答えなさい。

ア　運行　　イ　行書　　ウ　行為　　エ　改行

問四　漢文Bの――線④「有失実之声。」について、【書き下し文】の読み方になるように返り点をつけなさい。送り仮名はつけなくてよい。

問五　次の□の中の文は、古文Aと漢文Bの話の共通点と相違点について説明したものである。（1）、（2）に入る適当な言葉を、

を、次のア～エから一つ選び、記号で答えなさい。

ア　遊びごとに質問1の選択肢を用意して理由を書く場所も設ける。

イ　本音を書いてもらいやすくするために学年を尋ねるのをやめる。

ウ　質問内容や質問項目は昨年のままにして回答は複数回答にする。

エ　楽しさの度合いがよく分かるように選択肢はすべて数値で示す。

問四　〈**話し合いの様子**〉の雪絵さんの発言は、話し合いを進める上でどのような役割がありますか。その役割として最も適当なものを、次のア～エから一つ選び、記号で答えなさい。

ア　複数の意見の共通点や相違点を整理して、論点を絞る役割。

イ　全ての意見を肯定して、自分の考えも含めてまとめる役割。

ウ　他者の意見の問題点を指摘して、新たな意見を提案する役割。

エ　他者と異なる視点から意見を出して、課題を明確にする役割。

問五　〈**話し合いの様子**〉全体や、大輝さんと美春さんの発言を踏まえて、あなたなら、どのような「しりとり」の新しいルールを考えますか。下の〈**沙樹さんの資料**〉の考え方をもとに、後の〈**条件**〉に従って、九十字以内で書きなさい。なお、〈**メモ**〉にある例を用いてもよい。

〈条件〉
- 二文で書くこと。
- まず、通常のルールと新しいルールを両方紹介すること。
- 次に、新しいルールを、具体例を挙げて、相手に分かるように説明すること。

〈沙樹さんの資料〉

（例：新しいミネラルウォーターを考える）

ステップ2	←	ステップ1
ステップ1の逆を考える		業界の常識を列挙する
・黒いボトルに入っている ・蓋がない ・色・香りが付いている …	←	・透明な容器に入っている ・蓋がある ・透明で無臭 …

（佐々木康裕《ささきやすひろ》「感性思考」より作成　一部省略がある）

〈メモ〉

（しりとりの新しいルールを考える）

ステップ2	←	ステップ1
新しいルール		通常のルール
	←	・言葉の最後に「ん」がつくと負け …

四　次の古文A、漢文Bを読んで、後の問いに答えなさい。

A

宇治《うじ》の関白殿《くわんぱくどの》、或《あ》る時、鼎殿《かなへどの》（宮中で食物や水を煮炊きする場所）に到《いた》りて、火を焚《た》く所を見給《たま》へば（御覧になると）、鼎殿①（鼎殿の役人）これを見て云《い》はく、「いかなる者ぞ、案内なく、御所《ごしょ》の鼎殿へ入《い》れる」と云つて、追ひ出《いだ》されし後、関白殿、先の悪《わろ》き（見ぐるしい）衣服等を脱ぎ更《か》へて、顒々《ぎょうぎょう》と装束して出《い》で給ふ（暖かみのある関白の公服を着てお出でになる）時、鼎殿、遥《はる》かに見て、恐れ入りて、逃げぬ②。時に、殿下《てんが》（関白殿）、装束（着ていた公服）を竿《さお》の先《さき》に掛け、拝《はい》せられけり（頭を下げて礼をなさった）。人、そ

れます。

悠斗　そうでしょうか。質問2は一番楽しかった遊びについての結果なので、正確なことは分かりません。今年は②アンケートを改善する必要があると思います。

夏花　これまでに出た二つの提案について、どうするかは後で決めたいと思います。次は、楽しめた人たちの理由にもあるように、みんなで楽しめる遊びについて考えましょう。

志郎　自分たちで考えたじゃんけんゲームは盛り上がったと思います。「じゃんけんをして勝った方が何かをするもの」と、「じゃんけんのルール自体を変えるもの」の二種類でした。

雪絵《ゆきえ》　確かにおもしろかったですが、質問1の「ルールが分かりにくい」という回答に注目すると、どんな遊びでもルールは分かりやすくしたほうがいいと思います。

沙樹　そうだ、新しいことを考える方法が載っている資料があるので、これを使って「しりとり」で新しいルールを考えてみませんか。

大輝《だいき》　おもしろそうですね。志郎さんが挙げた二種類のうち、ルール自体を変えるほうで資料と同じような表を作ってみて、「しりとり」の新しいルールを考えてみましょう。

美春《みはる》　新しいルールですが、言葉の終わりと次の言葉の始めをつなげる「しりとり」の原則は崩さないようにしましょう。最初の言葉を出す人が意図的に終わらせるようなルールは避けましょう。

問一　〈**話し合いの様子**〉の［　］に入る言葉として、最も適当なものを、次のア～エから一つ選び、記号で答えなさい。

ア　お楽しみ会について全員がアンケートに回答したこと
イ　楽しかったという回答が全体の約八割を占めたこと
ウ　まあまあ楽しいとあまり楽しくないとの差が小さいこと
エ　楽しくなかったと回答した人は全体の約三割いたこと

問二　話し合いの結果、〈**話し合いの様子**〉の――線①「希望調査」を、小学校に依頼することになりました。次は、その依頼状です。［A］～［D］に入る最も適当なものを、後のア～エから一つずつ選び、記号で答えなさい。

拝啓　青い空に秋の深まりを感じる季節となりました。［A］［B］
さて、先日の田中先生のお電話で、私たちの委員会が毎年行っているお楽しみ会についての希望調査をお受けいただき、ありがとうございました。［C］一週間後にお電話いたしますので、変更点などありましたら、そのときにお知らせください。
委員はみんな、小学生と一緒に遊ぶのを楽しみにしております。
敬具
［D］
十月十日
ひなた中学校　ボランティア委員会　委員長
宮崎夏花
ひなた小学校
白井華枝先生

ア　私はひなた中学校ボランティア委員会の、宮崎夏花と申します。
イ　お忙しいこととは存じますが、よろしくお願いいたします。
ウ　白井華枝先生には、お元気でお過ごしのことと思います。
エ　希望調査の見本を同封しましたので、ご覧いただき、内容をご検討ください。

問三　〈**話し合いの様子**〉の――線②「アンケートを改善する必要があると思います。」について、その改善案として、最も適当なもの

ウ　自分の考えに対して積極的に肯定することで、この後の例外の否定につなげ、冒頭の段落で提示した文法に対する否定的な印象を取り除く役割。

エ　自分の考えに対して具体的な事例を挙げることで、この後の根拠の提示につなげ、自分の論に不足している歴史についての説明を補強する役割。

三

次の文章を読んで、後の問いに答えなさい。

中学生の夏花《なつか》さんが委員長を務めるボランティア委員会では、毎年十二月にひなた小学校の四年生から六年生を対象に、お楽しみ会を開いています。夏花さんは昨年よりも充実した内容にしたいと考え、委員会で話し合いをしました。次は、〈昨年のアンケート用紙〉および〈昨年のアンケート結果〉と〈話し合いの様子〉です。

〈昨年のアンケート結果〉

お楽しみ会についてのアンケート結果（まとめ）
（小学生の参加者全員がアンケートに回答）

質問１　お楽しみ会について

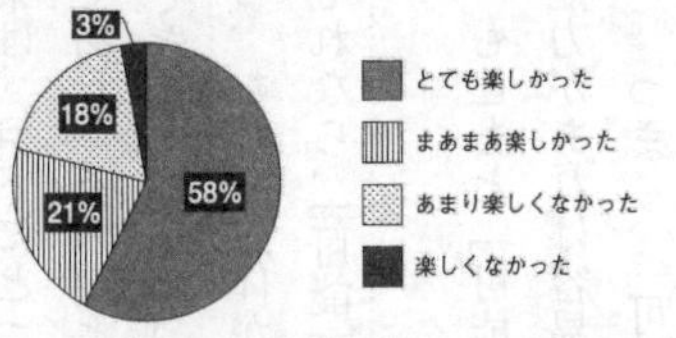

〈「とても楽しかった」と回答した人の主な理由〉
・みんなで遊べた（４・５・６年生）
・中学生がやさしかった（４年生）
・たくさん勝ってよかった（５年生）
・初めてする遊びがおもしろかった（６年生）

〈「楽しくなかった」と回答した人の主な理由〉
・負けてばかりでつまらなかった（４年生）
・ルールが分かりにくかった（５年生）
・相手が弱かった（６年生）

質問２　一番楽しかった遊びについて

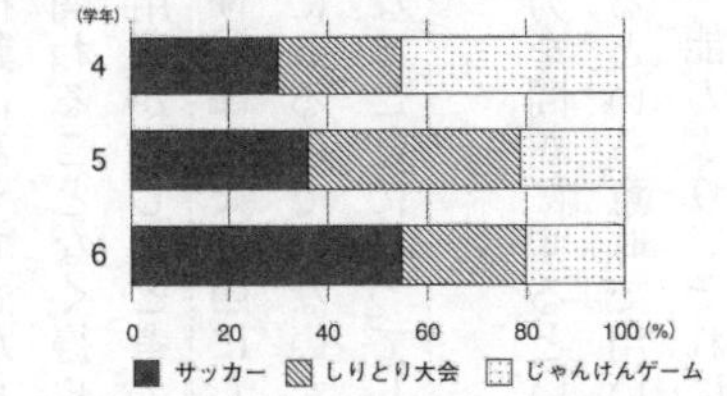

〈昨年のアンケート用紙〉

お楽しみ会についてのアンケート
ひなた中学校ボランティア委員会

学年に○をつけてください。
（　４　・　５　・　６　）

質問１　お楽しみ会は楽しかったですか。
一つだけ○をつけてください。
（　）とても楽しかった
（　）まあまあ楽しかった
（　）あまり楽しくなかった
（　）楽しくなかった
理由を書いてください。
［　　　　　　　　　　］

質問２　どの遊びが一番楽しかったですか。
一つだけ○をつけてください。
（　）サッカー
（　）しりとり大会
（　）じゃんけんゲーム

ご協力ありがとうございました。

〈話し合いの様子〉（一部）

夏花　では、質問１のアンケート結果を見て、意見を出してください。

悠斗《ゆうと》　グラフから［　　］が分かるので、いい企画だったと思います。一方で、楽しめなかった人もいて残念でした。今年は全員が楽しめる遊びをもっと意識したほうがいいと思います。

志郎《しろう》　事前に希望をとると、もっと全員が楽しめる遊びができると思うので、①希望調査をするといいと思います。

夏花　では、質問２の学年別に集計したグラフについてはどうですか。

沙樹《さき》　サッカーは、四、五年生と六年生では結果に差があります。四年生の回答理由に「負けてばかりでつまらなかった」とあるので、体の大きさや体力の差が原因だと考えら

一方、それが「尊敬」とどう繋がるかと言うと、目上の人の行動に目下が介入することはできないため、目上の人の行動によってもたらされた結果は、目下にとっては、目下が主体的に関わることなく得られた結果であり、そのことから「尊敬」を表わす用法が生じたと考えることができる。しかし、「可能」は、それが主体の能力を問題にしているなら、むしろ主体が積極的に関与することになるのではないだろうか。それなら、「可能」は他の用法とかなり異なることになってしまう。

じつは、もともと「可能」の用法は、主体の能力を問題にするというより、能力があれば容易に行為の結果が得られるという意味で用いられていた。つまり、「可能」の用法においても、能力より、それによって得られる結果のほうが重視されていたのである。そうだとすれば、他の用法から「可能」の意味がⓒハセイしても不思議ではない。しかし、その後、「可能」の用法は次第に能力を意味するようになり、他の用法との違いが目立つようになって来た。

そして、④このことが五段活用動詞に「書ける」のような可能動詞が成立した理由であり、また、今日、一段活用動詞に「食べれる」のような「ら抜き言葉」が普及しつつある理由であると考えることができる。

（佐久間《さくま》淳一《じゅんいち》「本当にわかる言語学」による）

問一　文章中の＝＝線ⓐ～ⓒについて、漢字の部分はその読みをひらがなで書き、カタカナの部分は漢字に直しなさい。

問二　文章中に――線①「他動詞文」とあるが、他動詞が含まれている文として正しいものを、次の**ア**～**エ**から一つ選び、記号で答えなさい。

ア　私は本を片づける。　**イ**　花が美しく咲く。

ウ　私は彼より足が速い。　**エ**　私は椅子に座る。

問三　次の［　］の中の文は、文章中の――線②「なぜそんなことが可能か」という問いに対する筆者の答えを説明したものである。（　）に入る最も適当な言葉を、文章中から十字で抜き出して書きなさい。

> 英語とは異なり、（　　）でも受動文を作ることができるという日本語の特徴があるから。

問四　文章中に――線③「日本語の受動文の視点は基本的に人に置かれている。」とあるが、筆者はその理由をどのように考えているか。能動文との違いを明らかにして、七十字以内で説明しなさい。

問五　文章中の――線④「このこと」について、その指示する内容を説明したものとして、最も適当なものを、次の**ア**～**エ**から一つ選び、記号で答えなさい。

ア　可能の用法が時代の変化に伴い異なる用法に変化したこと。

イ　可能の用法と他の用法の併存状態が一つに統一されたこと。

ウ　可能の用法と他の用法との意味のつながりが薄らいだこと。

エ　可能の用法に本来の用法とは関係のない意味が付いたこと。

問六　文章中の［　］で囲った部分について、論の展開における役割を説明したものとして、最も適当なものを、次の**ア**～**エ**から一つ選び、記号で答えなさい。

ア　自分の考えに対して疑問を提起することで、この後の新しい話題の紹介につなげ、冒頭で示した言語の特性についての話題に論を転換する役割。

イ　自分の考えに対して異なる考えを示すことで、この後の反論につなげ、一つの単語が様々な用法を持つという自分の解釈の妥当性を高める役割。

受動文は主語と目的語を持つ①他動詞文からしか作れないということになる。

しかし、日本語では「今日は帰りに雨に降られた」のように、受動文でありながら動詞が他動詞でない例が見受けられる。これはどう考えればよいのだろうか。

まず、「今日は帰りに雨に降られた」の視点は、この文の発話者に置かれている。しかし、この文の動詞は「降る」なので、この文の発話者は動詞「降る」の主語でも目的語でもない。つまり、主語でも目的語でもないものが視点に選ばれていることになる。では、②なぜそんなことが可能かというと、この文の発話者は、雨に降られたことによって、服が濡《ぬ》れるなどのⓐ迷惑を被っていて、「雨が降る」というできごとに間接的に関わっているからである。

同様に、動詞は確かに他動詞だが、「彼女は持ち歌を先に歌われた」という文で視点が置かれている「彼女」は、対応する能動文「彼女の持ち歌を誰かが先に歌った」の主語でも目的語でもない。この場合も、歌おうと思っていた曲を先に歌われたことによって「彼女」が迷惑しているという繋《つな》がりがあるからこそ、こうした文が可能になる。

このように、日本語では、動詞との関係が間接的でも受動文が作れるのに対し、英語ではそうではない。これは、「秋刀魚《さんま》を焼くときに出るにおい」を「秋刀魚を焼くにおい」とⓑチヂめて言えることと関係している。

さて、「今日は帰りに雨に降られた」や「彼女は持ち歌を先に歌われた」という文でもう1つ気をつけなければならないことは、文の視点が人に置かれているということである。もちろん日本語にも、「この味噌《みそ》は昔ながらの製法で作られている」のように、物に視点が置かれた受動文がないわけではない。しかし、「彼女の財布がすりに盗《と》られた」は不自然で、「彼女はすりに財布を盗られた」のほうが自然なように、③日本語の受動文の視点は基本的に人に置かれている。

しかも、受動文の内容は、視点に置かれた人にとって好ましくない事態、迷惑を被るような事態であることが多い。これはなぜなのだろうか。

ここで注意しなければならないのは、能動文ができごとそのものを描写するのに対し、受動文は、むしろそのできごとの結果を表わすということである。このとき、できごとそのものと直接関係がある場合はともかく、間接的な関わりしかない人を視点にするには相応の動機が必要で、視点人物が何か悪い影響を受けたということがないと文が作りにくいのだと考えられる。

ところで、日本語の受動文は、動詞に「れる」「られる」をつけて作るが、「れる」「られる」は受身だけを表わすわけではない。「自発」や「尊敬」「可能」という用法もある。それでは、なぜ同じ「れる」「られる」がいろいろな意味を表わすことができるのであろうか。

言語には同音異義語というものがあり、「受身」「自発」「尊敬」「可能」を表わす「れる」「られる」は、たまたま発音が同じな同音異義語なのかもしれない。しかし、4つの単語の発音がたまたま同じというのは不自然で、同じ1つの単語がさまざまな用法を持っていると解釈したほうがより自然であり、そうだとすれば、「受身」「自発」「尊敬」「可能」の間に何らかの繋がりがあると考えるべきだろう。

まず、「自発」は、ものごとが自然に起こるという意味を表わす。一方、「受身」は、前述したように、視点人物にとって好ましくないことが起こってしまう、という意味を表わしていた。そうすると、「自発」と「受身」は、主体が積極的に関与していないにもかかわらず、ある結果が生じるという点では共通していると言える。

ひどく悲しげに聞こえた。③その突き刺すような鋭い鳴き声が真子の胸にささった。

（にしがきようこ「イカル荘へようこそ」による）

※テリトリー……領域。なわばり。
※リーダー……野鳥を観察する会の指導者。
※藤念……藤念真子。颯太と同じ中学二年生。イカル荘に滞在している。
※ジジさん……颯太の祖父。真子が滞在するイカル荘の持ち主。
※イカル……黄色く太いくちばしが特徴の野鳥。
※精悍……顔つきがたくましく、目つきが鋭いこと。
※あずま屋……庭園などに設けた四方の柱と屋根だけの休憩所。

問一　文章中の═══線ⓐ～ⓒについて、カタカナの部分は漢字に直し、漢字の部分はその読みをひらがなで書きなさい。

問二　文章中の［A］、［B］に入る言葉の組み合わせとして、最も適当なものを、次のア～エから一つ選び、記号で答えなさい。

ア（A　ぽつぽつと　B　ぱたりと）
イ（A　わらわらと　B　ふわりと）
ウ（A　きらきらと　B　がらりと）
エ（A　のそのそと　B　ぷかりと）

問三　文章中に――線①「真子は心の中でひどくがっかりしてしまった。」とあるが、真子はなぜそのように思ったのか。その説明をした次の文の［　］に入る最も適当な言葉を、文章中から四字で抜き出して書きなさい。

サシバの若鳥は親や親戚に守られて渡るという自分の考えを、［　］であると否定されたから。

問四　文章中に――線②「はっとした颯太がカメラを構えた。」とあるが、サシバの姿をとらえようと夢中になっている颯太の様子が、具体的な行動として描写されている一文を、これより後の文章中から抜き出し、初めの五字を書きなさい。

問五　文章中に――線③「その突き刺すような鋭い鳴き声が真子の胸にささった。」とあるが、なぜ胸にささったのか、六十字以内で説明しなさい。

問六　本文の表現について説明したものとして、最も適当なものを、次のア～エから一つ選び、記号で答えなさい。

ア　情景の描写に直喩を多く用いて臨場感を出すことで、真子の心情が直接的に表現されている。
イ　双眼鏡の中から肉眼へと徐々に視界が開かれていくことで、場面転換が自然に行われている。
ウ　心の声を（　）の記号で表すことで、発言できない真子の遠慮がちな性格が明示されている。
エ　鳥の状態や様子を詳しく写実的に表現することで、読み手が鳥の特徴を想起しやすくしている。

［二］　次の文章を読んで、後の問いに答えなさい。

文法と聞くと無味乾燥な暗記物と考えてしまうかもしれない。しかし、文法を深く追究すると、言語の特性から歴史まで、いろいろなことを知ることができる。

たとえば、あるできごとを描写する際、視点を転換する手段として、多くの言語では受動態が使われる。実際、受動態は日本語にも英語にもあるが、日本語の受動態には英語にない特徴がある。受動態が視点の転換を表わすためにあるとすれば、描写対象のできごとには視点を設定できる対象が2つなければならない。その2つの対象のうち、1つは能動態における主語であり、もう1つは能動態における目的語で、その目的語が、受動態で視点に選ばれ、主語になるのだから、

たり前のことなんだ。普通のことなんだよ。たとえ命がけでもな」

颯太が両手で双眼鏡を握った。

「そんなこと言ったって、おれも、一羽で旅立つサシバが、すげえかっこいいと勝手に思ってんだけどな」

真子の心がしんとしてしまった。

渡りをするサシバのひとり立ち、それは一羽で、命がけで遠くの国へと渡っていくことだと言う颯太の声が耳に残った。

（群れていても、一羽なんだ）

真子は再び空に目をやった。

真子が目をもどすと、颯太があらぬ方向を見て口を半開きにしていた。そばの人たちも、あっけにとられた表情を浮かべて、颯太と同じ方向を見つめている。

※ジジさんが、颯太の肩をたたいた。②はっとした颯太がカメラを構えた。

「さっき、カラスに追われていたサシバの若鳥だ」

ジジさんのささやく声が、はっきりと聞こえた。

真子も見た。

すぐそばのスギの本立ちの間から、 B 一羽のサシバの若鳥が現れたのだ。

双眼鏡ごしじゃない。肉眼ではっきりとサシバの姿が見えるのだ。見開かれた真っ黒な目はまん丸で、射抜くような視線は、見たこともないほど鋭い光を放っている。くちばしはナイフのように研ぎ澄まされ、翼を広げて飛ぶ姿は思ったより大きくて、堂々としている。尾羽根を力いっぱい広げて、ⓑ獲物を狙っているような緊張感が体全体から伝わってくる。それは他の鳥にはない威厳であり、迫力だった。

サシバの特徴もよくわからない真子だ。でも、ハトや、スズメ、そして※イカルとは明らかに違っているのがよくわかる。※精悍《せいかん》な姿をしたサシバが、すぐ目の前を飛んでいる。

（か、かっこいい！）

鳥肌がたち、心を一気に持っていかれた。

サシバの若鳥が、※あずま屋のすぐ上空を回りはじめた。肉眼で追っていた真子ははっとした。そのサシバの右の翼、その羽根が一本、空を向いて立っているのだ。ほかの羽根とは逆方向、上を向いてぴんと立っている。

颯太の声がした。

「あいつ、羽根が折れてる。手負いだな。さっきのカラスにやられたんだ」

羽根が折れたサシバが目の前を飛んでいる。真子のⓒ脳裏に、そのサシバの姿がくっきりと焼きついた。

そのときだった。

――ピーックルー

「わ、サシバが鳴いた！」

サシバの若鳥を驚かせないように、さざ波のようにざわめきがあがった。

「すげえ。サシバの鳴き声、おれ、はじめて聞いた」

必死で興奮を静めようとしている颯太の声が震えている。颯太は、カメラを食べてしまいそうなほど前のめりになって、ピーックルーと鳴いたサシバをカメラで追いはじめた。シャッター音が立て続けにあたりに響いた。

手が届きそうなところを、サシバの若鳥がふうわりと飛んでいく。一本の折れた羽根を上に突き立て、また鳴いた。

――ピーックルー

＜国語＞

時間 五〇分　満点 一〇〇点

一

次の文章を読んで、後の問いに答えなさい。

「北西、十一時方向、あれ、カラスか？」
颯太《そうた》がすぐに双眼鏡を構える。
「ん？　カラスに追われて、一羽、なんだろ？　お、サシバだ！」
颯太が興奮した声をあげた。
「確認。カラスにつつかれてる。ドジだな。カラスの※テリトリーに入っちゃったんだ。まだ若鳥だな？　早く逃げろよ！」と、※リーダーが声をあげた。
颯太が小走りでよく見える場所へと移動していく。真子《まこ》は颯太を追いかけ、そこで双眼鏡を構えた。その視界の中に見えている黒い点、それがカラスだと教えられる。［ A ］羽ばたいているカラスの群れの中から、スーッとすべるように抜けだしてくる一羽のタカ。明らかにカラスとは違う姿・形。それがサシバだという。まっすぐこちらに向かってくる。
「逃げてくる」
息をつめて、双眼鏡の中を真子はにらむ。
「あ、消えた」
真子は左右に双眼鏡をずらす。カラスは［ A ］飛んでいるのだけれど、こちらに向かってきているはずのサシバの姿が見えなくなってしまった。
しんとしてしまった。観察している人たちも、見失ったサシバを探して、双眼鏡を忙しく動かしている。
「見失っちゃった」
残念そうな声があがり、真子は双眼鏡をおろした。
「今飛んでたのって、サシバの若鳥なの？」と、横にいる颯太に声をかけた。
「うん。サシバって、日本で繁殖するんだ。今年、卵から孵《かえ》って、はじめて渡りをしようとしている若鳥だよ」
「へえ。その若鳥って、親鳥や大人のサシバに守られて渡りをするんでしょ？」
颯太がふふふと軽く笑った。
「ないない。それは人間の思う、甘い幻想ってやつだな。サシバの若鳥はたった一羽で一万キロを旅するのさ。親鳥は親鳥で必死だから、子どもにかかわってたら渡れない」
「え、そうなの」
①真子は心の中でひどくがっかりしてしまった。親や親戚が集まり、若鳥を守りながら、渡りという ⓐクナンに立ち向かっていくのかと、わからないながらも想像していた。それを思いっきり否定されてしまった。
「※藤念《とうねん》も、若鳥を守りながら渡る美しい親子愛、なんて期待してたんだろう。鳥は巣立ったらもう一人前だ。だれも助けてくれない」
颯太はきっぱりと言いきった。
「そ、そんなこと、ない、っていうか、それほど、サシバのこと知らないもん」
「サシバの気持ちなんて、人間のおれらにはわからないと思う。気持ちというものがサシバにあるかどうかもわからないもんな。人間の思いをサシバにかぶせるのは勝手だけど、きっと、違うと思う。たった一羽で渡っていくのはかわいそうだと思っても、サシバにとっては当

2022年度

解答と解説

《2022年度の配点は解答用紙集に掲載してあります。》

＜数学解答＞

1 (1) 4　(2) $-\frac{9}{4}$　(3) $-a+6b$　(4) $5+2\sqrt{6}$
(5) $x=-1$, 6　(6) 144度　(7) ウ　(8) 右図

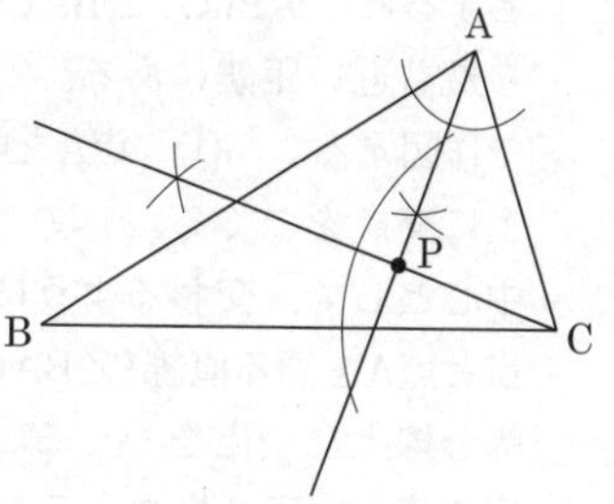

2 1 (1) ア 5　イ 解説参照　(2) $\frac{5}{18}$
2 (1) $0.75x+0.66y$人　(2) 90人(式と計算は解説参照)

3 1 (1) 放物線　(2) ○　(3) (例)小さくなる
2 (1) $y=x+6$　(2) $a=\frac{5}{8}$

4 1 ∠AED＝40度　2 解説参照　3 (1) $\sqrt{2}$ cm
(2) $\frac{3\sqrt{7}}{28}$cm^2

5 1 $10\sqrt{3}$ cm　2 (1) $\frac{400}{3}\pi$ cm^2　(2) $\frac{8320}{3}\pi$ cm^3　3 $6+12\sqrt{2}$ cm

＜数学解説＞

1 (数・式の計算，平方根，二次方程式，角度，資料の散らばり・代表値，作図)

(1) 正の数・負の数をひくには，符号を変えた数をたせばよい。また，異符号の2数の和の符号は絶対値の大きい方の符号で，絶対値は2数の絶対値の大きい方から小さい方をひいた差だから，$-4-(-8)=(-4)+(+8)=+(8-4)=4$

(2) 異符号の2数の商の符号は負で，絶対値は2数の絶対値の商だから，$\frac{3}{8}\div\left(-\frac{1}{6}\right)=-\left(\frac{3}{8}\div\frac{1}{6}\right)=-\left(\frac{3}{8}\times\frac{6}{1}\right)=-\frac{9}{4}$

(3) 分配法則を使って，$3(a-2b)=3\times a+3\times(-2b)=3a-6b$，$4(-a+3b)=4\times(-a)+4\times 3b=-4a+12b$だから，$3(a-2b)+4(-a+3b)=(3a-6b)+(-4a+12b)=3a-6b-4a+12b=3a-4a-6b+12b=(3-4)a+(-6+12)b=-a+6b$

(4) 乗法公式$(a+b)^2=a^2+2ab+b^2$より，$(\sqrt{3}+\sqrt{2})^2=(\sqrt{3})^2+2\times\sqrt{3}\times\sqrt{2}+(\sqrt{2})^2=3+2\sqrt{6}+2=5+2\sqrt{6}$

(5) 二次方程式$x^2-5x=6$より，$x^2-5x-6=0$　たして-5，かけて-6になる2つの数は，$(+1)+(-6)=-5$，$(+1)\times(-6)=-6$より，$+1$と-6だから　$x^2-5x-6=\{x+(+1)\}\{x+(-6)\}=(x+1)(x-6)=0$　$x=-1$，$x=6$

(6) 多角形の外角の和は360°だから，正十角形の1つの外角の大きさは$\frac{360°}{10}=36°$　1つの頂点における内角と外角の和は180°だから，正十角形の1つの内角の大きさは$180°-36°=144°$

(7) ア…回数が30回以上であるA組の生徒は$4+1+1=6$(人)である。アは正しい。イ…中央値は資料の値を大きさの順に並べたときの中央の値。生徒の人数はどちらの組も20人で偶数だから，回数の少ない方から10番目と11番目の生徒が含まれている階級が，中央値の含まれる階級で，どちらの組も25回以上30回未満の階級である。イは正しい。ウ…ヒストグラムからは，最大値

と**最小値**の含まれる階級はわかっても，最大値と最小値はわからない。ウは正しいとは限らない。エ…ヒストグラムの中で**度数**の最も多い階級の**階級値**が**最頻値**だから，A組の最頻値は25回以上30回未満の階級の階級値$\frac{25+30}{2}=27.5$(回)，B組の最頻値は30回以上35回未満の階級の階級値$\frac{30+35}{2}=32.5$(回)で，A組よりB組の方が大きい。エは正しい。

(8)　(着眼点)　**角をつくる2辺AB，ACまでの距離が等しい点は，∠BACの二等分線上にある。**また，点Cから∠BACの二等分線に垂線をひき，∠BACの二等分線との交点をPとすると，点Pは，∠BACの二等分線上の点のうち，点Cから最も近い距離にある。　(作図手順)　次の①～④の手順で作図する。　①　点Aを中心とした円を描き，辺AB，AC上に交点をつくる。　②　①でつくったそれぞれの交点を中心として，交わるように半径の等しい円を描き，その交点と点Aを通る直線(∠BACの二等分線)を引く。　③　点Cを中心とした円を描き，∠BACの二等分線上に交点をつくる。　④　③でつくったそれぞれの交点を中心として，交わるように半径の等しい円を描き，その交点と点Cを通る直線(点Cから∠BACの二等分線に引いた垂線)を引き，∠BACの二等分線との交点をPとする。

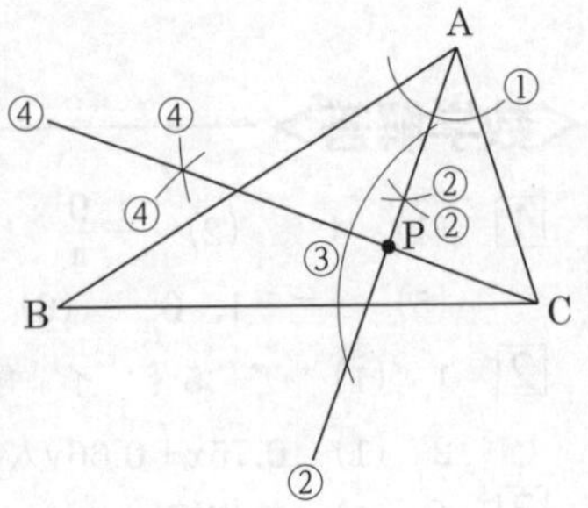

2　(確率，方程式の応用)

1　(1)　ア　①の操作の後，黒色の面が上になるカードは，0枚か2枚である。0枚のとき，②の操作の後，黒色の面が上になるカードは，かならず1枚だけになる。2枚のとき，②の操作の後，黒色の面が上になるカードは，1枚か3枚になる。よって，②の操作の後，黒色の面が上になるカードは，かならず1枚だけになるのは，①の操作の後，黒色の面が上になるカードが，0枚になるときであり，①の操作で，さいころを投げて5の目が出るときである。

イ　(理由)　(例)1回目に5の目が出ると，カードAがうら返り，すべてのカードは白色の面が上になるので，次にどの目が出ても黒色の面が上になるカードは1枚だけになるから

(2)　さいころを2回投げるとき，全ての目の出方は6×6=36(通り)。このうち，②の操作を終えたとき，黒色の面が上になるカードが，となり合う3枚だけになるのは，1回目に出たさいころの目の数をa，2回目に出たさいころの目の数をbとしたとき，$(a,\ b)=(1,\ 2)$，(1，4)，(2，1)，(2，6)，(3，4)，(4，1)，(4，3)，(4，6)，(6，2)，(6，4)の10通り。よって，求める確率は$\frac{10}{36}=\frac{5}{18}$

2　(1)　地域清掃活動に参加したことが「ある」と回答した男子の人数は，男子全員の75％で$0.75x$人，女子の人数は，女子全員の66％で$0.66y$人だから，地域清掃活動に参加したことが「ある」と回答した生徒の人数は，$0.75x+0.66y$(人)である。

(2)　(式と計算)　(例)$\begin{cases}0.75x+0.66y=0.7(x+y)\cdots① \\ 0.66y-0.75x=3\cdots②\end{cases}$　①より，$5x-4y=0$…①′　②より，$-25x+22y=100$…②′　①′×5+②′より，$2y=100$　よって，$y=50$　$y=50$を①′に代入して，$x=40$　$(x,\ y)=(40,\ 50)$　この解は問題にあっている。したがって，3年生全員の人数は90人である。

3　(**関数$y=ax^2$，図形と関数・グラフ**)

1　(1)　一般に，yがxの関数で$y=ax^2$(aは0でない定数)と表されるとき，**yはxの2乗に比例**し，そ

のグラフは**放物線**とよばれる。

(2)　関数$y=ax^2$のグラフは，$a>0$のとき上に開き，$x=0$でyの値は最小になる。また，$a<0$のとき下に開き，$x=0$でyの値は最大になる。

(3)　関数$y=ax^2$のグラフは，aの**絶対値**が大きいほど，グラフの開き方は小さくなる。

2 (1)　点A，Bは$y=\frac{1}{3}x^2$上にあるから，そのy座標はそれぞれ$y=\frac{1}{3}\times(-3)^2=3$，$y=\frac{1}{3}\times6^2=12$　よって，A$(-3,\ 3)$，B$(6,\ 12)$　直線ℓの傾き$=\frac{12-3}{6-(-3)}=1$　直線ℓの式を$y=x+b$とおくと，点Aを通るから，$3=(-3)+b$　$b=6$　直線ℓの式は$y=x+6$…㋐

(2)　点Cのx座標をcとする。また，点A，B，Cからx軸へそれぞれ垂線AP，BQ，CRを引く。△AOCと△COBは点Oを共有するから，それぞれの底辺をAC，CBとするとき，高さは等しい。**高さが等しい三角形の面積比は，底辺の長さの比に等しい**から，△AOC：△COB＝AC：CB＝7：2　AP//BQ//CRより，**平行線と線分の比の定理**を用いると，PR：RQ＝AC：CB＝7：2　つまり，$\{c-(-3)\}:(6-c)=7:2$　$2(c+3)=7(6-c)$　$c=4$　点Cは直線ℓ上の点だから，そのy座標は㋐に$x=4$を代入して，$y=4+6=10$　よって，C$(4,\ 10)$　関数①は点Cを通るから，$10=a\times4^2=16a$　$a=\frac{5}{8}$

4　**(角度，相似の証明，線分の長さ，面積)**

1　CE＝DEより，△ECDは二等辺三角形だから，△ECDの**内角と外角の関係**より，$\angle$AED＝$2\angle$ECD＝$2\angle$DBE＝$2\times20°=40°$

2　(証明)　(△BDEと△DFEで，)(例)仮定より，$\angle$DBE＝$\angle$ECD…①　CE＝DEより，△ECDは二等辺三角形だから，$\angle$EDC＝$\angle$ECD…②　①，②から，$\angle$DBE＝$\angle$EDC　よって，$\angle$DBE＝$\angle$FDE…③　共通な角だから，$\angle$BED＝$\angle$DEF…④　③，④から，2組の角が，それぞれ等しいので，△BDE∽△DFE

3 (1)　4点B，C，D，Eについて，B，Cが直線DEの同じ側にあって，$\angle$DBE＝$\angle$ECDだから，**円周角の定理の逆**より，この4点は1つの円周上にある。弧CEに対する**円周角**の大きさが等しいことを考慮すると，$\angle$EBC＝$\angle$EDC＝$\angle$ECD＝$\angle$DBE…①　また，AB//EMより，**平行線の錯角は等しい**から，$\angle$BEM＝$\angle$DBE…②　①，②より，$\angle$EBM＝$\angle$BEMで，△BEMはBM＝EM…③　の二等辺三角形　また，仮定より，BM＝CM…④　③，④より，BM＝EM＝CM　よって，4点B，C，D，Eは辺BCを直径とする円周上にある。**直径に対する円周角は90°**だから，$\angle$BDC＝$\angle$BEC＝90°　△BCDに**三平方の定理**を用いると，$CD^2=BC^2-BD^2=4^2-3^2=7$　△BAE≡△BCEより，AD＝BA－BD＝BC－BD＝4－3＝1(cm)　△ACDに三平方の定理を用いると，$AC=\sqrt{AD^2+CD^2}=\sqrt{1^2+7}=2\sqrt{2}$ (cm)　以上より，$CE=\frac{AC}{2}=\frac{2\sqrt{2}}{2}=\sqrt{2}$ (cm)

(補足説明)　△BAE≡△BCEの証明　△BAEと△BCEで，BE共通…⑤　$\angle$ABE＝$\angle$CBE…⑥　$\angle$BEA＝$\angle$BEC＝90°…⑦　⑤，⑥，⑦より，1組の辺とその両端の角がそれぞれ等しいので，△BAE≡△BCE

(2)　△BCEに三平方の定理を用いると，$BE=\sqrt{BC^2-CE^2}=\sqrt{4^2-(\sqrt{2})^2}=\sqrt{14}$(cm)　△BAE＝△BCE＝$\frac{1}{2}\times$BE$\times$CE$=\frac{1}{2}\times\sqrt{14}\times\sqrt{2}=\sqrt{7}$ (cm²)　△BDE＝△BAE$\times\frac{BD}{BA}$＝△BAE$\times\frac{BD}{BC}$$=\sqrt{7}\times\frac{3}{4}=\frac{3\sqrt{7}}{4}$(cm²)　△BDE∽△DFEで，**相似比**はBE：DE＝BE：CE＝$\sqrt{14}:\sqrt{2}$　**相似な図形では，面積比は相似比の2乗に等しい**から，△BDE：△DFE＝$(\sqrt{14})^2:(\sqrt{2})^2=7:1$　以上より，△DFE＝$\frac{1}{7}$△BDE$=\frac{1}{7}\times\frac{3\sqrt{7}}{4}=\frac{3\sqrt{7}}{28}$(cm²)

5　(三平方の定理，おうぎ形の面積，回転体の体積，線分の長さ)

1　∠EDM＝180°－∠CDE＝180°－120°＝60°より，△EDMは30°，60°，90°の直角三角形で，3辺の比は2：1：$\sqrt{3}$ だから，EM＝DE×$\frac{\sqrt{3}}{2}$＝20×$\frac{\sqrt{3}}{2}$＝10$\sqrt{3}$ (cm)

2　(1)　線分AFが動いてできる面は，半径が20cm，中心角が120°のおうぎ形だから，その面積は $\pi\times AF^2\times\frac{120°}{360°}=\pi\times20^2\times\frac{120°}{360°}=\frac{400}{3}\pi$ (cm²)

(2)　面GHIJが動いてできる立体は，底面の半径がAF－2＝20－2＝18(cm)，高さがAD－2×2＝30－2×2＝26(cm)の円柱の体積の$\frac{120°}{360°}=\frac{1}{3}$から，底面の半径が2cm，高さが26cmの円柱の体積の$\frac{1}{3}$を引いたものだから，$\pi\times18^2\times26\times\frac{1}{3}-\pi\times2^2\times26\times\frac{1}{3}=\pi\times(18^2-2^2)\times26\times\frac{1}{3}=\pi\times(18+2)(18-2)\times26\times\frac{1}{3}=\pi\times20\times16\times26\times\frac{1}{3}=\frac{8320}{3}\pi$ (cm³)

3　右図のように3点C，D，Eを通る平面で考える。問題の条件より，CD＝DE＝20cm，DK＝4cm　△CDKに三平方の定理を用いると，CK＝$\sqrt{CD^2-DK^2}=\sqrt{20^2-4^2}=8\sqrt{6}$ (cm)　△EDMは30°，60°，90°の直角三角形で，3辺の比は2：1：$\sqrt{3}$ だから，DM＝$\frac{DE}{2}=\frac{20}{2}$＝10(cm)，EM＝$\sqrt{3}$DM＝$\sqrt{3}$×10＝10$\sqrt{3}$ (cm)　△CEMに三平方の定理を用いると，$CE^2=CM^2+EM^2=(CD+DM)^2+EM^2=(20+10)^2+(10\sqrt{3})^2=1200$　4点C，E，L，Mについて，L，Mが直線CEの同じ側にあって，∠CLE＝∠CME＝90°だから，円周角の定理の逆より，この4点は線分CEを直径とする円周上にある。これより，△CDK∽△CNL∽△ENMであることがいえる。EN＝EM×$\frac{CD}{CK}=10\sqrt{3}\times\frac{20}{8\sqrt{6}}=\frac{25\sqrt{2}}{2}$ (cm)　NL＝$x$cmとすると，CL＝NL×$\frac{CK}{DK}=x\times\frac{8\sqrt{6}}{4}=2\sqrt{6}x$ (cm)　△CELに三平方の定理を用いると，$CE^2=CL^2+EL^2=CL^2+(EN+NL)^2=(2\sqrt{6}x)^2+\left(\frac{25\sqrt{2}}{2}+x\right)^2=1200$　整理して，$2x^2+2\sqrt{2}x-71=0$　解の公式を用いて，$x=\frac{-2\sqrt{2}\pm\sqrt{(2\sqrt{2})^2-4\times2\times(-71)}}{2\times2}=\frac{-\sqrt{2}\pm12}{2}$　ここで，$x>4$だから$x=\frac{-\sqrt{2}+12}{2}$　以上より，点Eと机の面までの距離は，EL＝EN＋NL＝$\frac{25\sqrt{2}}{2}+\frac{-\sqrt{2}+12}{2}=6+12\sqrt{2}$ (cm)

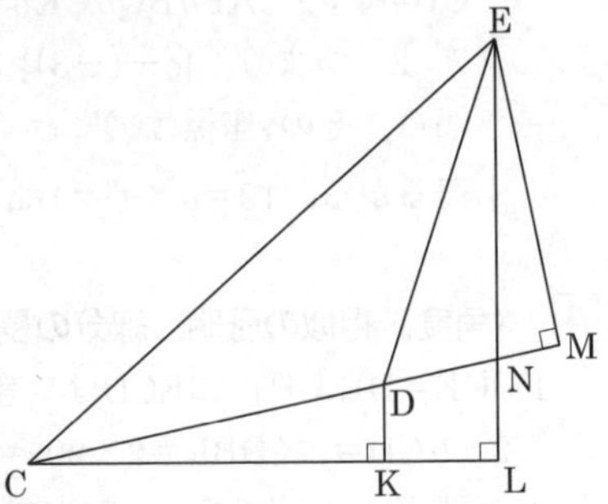

＜英語解答＞

1　1　エ→ア→イ→ウ　2　No. 1　ウ　No. 2　ア　No. 3　イ　3　No. 1　ア　No. 2　エ　No. 3　エ　4　(例)I will make my original bag from them.

2　1　1　イ　2　オ　3　ア　4　エ　5　ウ　2　①　D　②　C　③　A　④　B

3　1　1　ア　2　エ　3　イ　4　ウ　2 (1)　tell him to call you　(2)　What will the weather be like　3　(1)　(例)How do you study English　(2)　A　イ　B　エ　C　ア　D　ウ

4　1　Green Park　2　イ　3　③　3000　④　1700　4　イ

5　1　(1)　ウ　(2)　イ　(3)　ア　2　エ　3　The internet can tell us anything quickly　4　エ→ア→ウ→イ　5　エ　6　(例)I can learn about topics I have never known

＜英語解説＞

1 (リスニング)

放送台本の和訳は，58ページに掲載。

2 (会話文問題：文挿入)

(全訳) 彩乃：こんにちは，メグ。元気？

メグ：こんにちは，彩乃。元気だよ。

彩乃：来月のキャンプ旅行の話をしていい？

メグ：1 もちろん，いいよ。あなたとあなたの家族と行けて嬉しいよ。

彩乃：それを聞いて嬉しいな。この前の夏に家族でヒナタキャンピングビレッジを訪れたの。とても素晴らしい場所だよ。

メグ：本当？　私たちの旅行はとても楽しいものになるね。

彩乃：キャンプ場の区画を確認するからキャンピングビレッジの地図を見て。

メグ：オーケー。

彩乃：2 4つの異なるキャンプ場の区画があるの。いいところを(1つ)選びたいな。

メグ：なるほど。A区画はどう？　事務所にとても近いね。

彩乃：ああ，昨年そこに泊まったよ。他のアイディアある？

メグ：そうねえ。3 キャンピングビレッジには湖があるね。その区画からの景色は美しいに違いないよね？

彩乃：うん。そこでボートを漕いで楽しめるよ。

メグ：泳ぐのも楽しめる？

彩乃：もちろん。そしてBとD区画は湖に近いね。4 この2つの区画から一つ選ぼうか？

メグ：B区画がよさそうだと思う。この区画のそばのシャワーを浴びるのがより楽だね。あなたの姉[妹]もこの区画が気に入るといいな。

彩乃：5 彼女は外の活動なら何でも好きなの。C区画の隣の公園で遊べるね。じゃあ私たち全員にとってB区画が一番いい場所だね。

メグ：来月が待てないよ。

1　1　直前のCan we ～？　に対する返答。Of course「もちろん」　2　直後に「1つ選びたい」とあるので何か複数あるものから選ぶと考える。　3　続く彩乃の発話から湖の話と考える。　4　空欄直前にB区画とD区画が候補として挙げられており，直後にはメグがB区画がいいと答えている。　5　直前に姉[妹]の話が出て，直後にも姉[妹]が遊べるという内容になっている。

2　①　8つ目の彩乃，メグの発話参照。　②　9つ目の彩乃の発話参照。　③　5つ目のメグの発話参照。　④　8つ目の彩乃，メグの発話参照。

3 (語句補充，語句並べ換え，短文読解問題：現在形，代名詞，間接疑問文，受け身，不定詞，前置詞，条件英作文)

1　1「これは誰の時計ですか」主語が単数なので続くbe動詞は is となる。疑問文の do や does は一般動詞と共に使われる。　2「それは私のものです」mineは「私のもの」という所有代名詞。　3「彼がそれをどこで買ったか教えてください」Please tell me と Where did he buy it? が一つになった間接疑問文。**後ろに続く疑問詞の文は<疑問詞＋主語＋動詞>の語順になることに注意する。**　4「それはヒムカ駅のお店に売っていました」**<be動詞＋動詞の過去分詞形>で「～される，られる」**という受け身の表現になる。sold は sell の過去形，過去分詞形。

2 (1) (I'll)tell him to call you(back.)「あなたに電話を折り返すように彼に伝えます」**<tell +人+ to +動詞の原形>「(人)に〜するように言う」** (2) What will the weather be like(tomorrow?)「明日の天気はどうですか」この like は一般動詞「好き」の意味ではなく**前置詞「〜のような」**の意味。

3 (1) 第2段落の「グラフを見てください。多くの生徒が家で英語の本を読んだり何かを英語で書いたりして英語を勉強しています。英語の本を読んでいる生徒の数が一番多いです。これは英語の CD を聞いている生徒の数の3倍の多さです。私はよく家族と英語で話をします。しかしそれをしている生徒は多くはいません。生徒2人だけが他の方法をしています」という内容から「家でどのように英語を勉強しますか」という質問だと考える。 (2) 第2段落第2，3文から一番多いのがイ「英語の本を読む」，次が「英語で何かを書く」，第4文から C がア「英語の CD を聞く」，第5，6文から D がウ「英語で話す」とわかる。

4 (会話文読解問題：語句補充，語句解釈)

【二人の対話】

啓太　：アダム，僕の父がグリーンパークで開かれる「ヒナタサッカークラブ」の試合に僕を連れて行ってくれるんだ。一緒に行かない？

アダム：それはいいね。いつ見るつもりなの？

啓太　：これが試合情報だよ。「サウスサッカークラブ」との夜の試合を見たいんだ。だから7月②11日の試合に行くよ。

アダム：ああ，その日は僕の15歳の誕生日だ。

啓太　：本当？　特別席を取るのはどうだろう？　きみの誕生日によさそうだよね！

アダム：ありがとう。それでそのチケットにはいくら払うの？

啓太　：僕はクラブメンバーなんだ。そして16歳。僕のチケットは③3000円。でもきみはクラブメンバーじゃない。だからチケットは④1700円だよ。

アダム：なるほど。クラブの選手についてもっと知りたいな。

啓太　：知りたい？　ここをチェックしよう。

1 1つ目の啓太の発話で place「場所」について述べられている。

2 2つ目の啓太の発話内容と試合情報の Games in July「7月の試合」欄を照らし合わせる。

3 3つ目の啓太の発話から特別席のチケットを取ることがわかる。4つ目の啓太の発話と試合情報の ticket「チケット」欄を見る。 ③ クラブメンバーで16歳なので3000円。 ④ クラブメンバーではない場合は3400円だが，チケット欄の下1つ目に「15歳以下の人のチケットは半額」とあり，2つ目のアダムの発話からアダムは15歳の誕生日をその日に迎えることがわかるので，半額の1700円となる。

4 最後のアダムの発話から選手について知りたいことがわかるので，選手情報は team「チーム」にあると考える。

5 (長文読解問題・物語文：語句補充，文の並べ換え，条件英作文)

(全訳)「あなたはインターネットで何を見ているの？」と留実の母親が聞きました。「有名なピアニストたちの動画を見てる。いいのを探しているの」と留実は言いました。「インターネットは役に立つね。でも本からも情報を得ることができるのよ」と母親は言いました。留実は彼女を見て「インターネットは何でもすぐに教えてくれるよ」と言いました。

留実は中学生でした。彼女はピアノを弾くことが大好きでした。彼女の目標はピアノコンテストで優勝することでした。毎日ピアノを練習していましたが，優勝することはできませんでした。それなのでインターネットを使って目標のために(何)をすべきかを見つけようとしていました。彼女はたくさんの有名なピアニストの動画を見つけました。ピアノの練習をするときに彼らのように弾こうと心掛けました。しかし彼女には難しすぎて弾けませんでした。ピアノを練習するたびに徐々に悲しくなりました。

ある日留実は祖母のユキエを訪れました。ユキエは本を読むのが大好きでした。彼女は部屋に1000冊くらい本を持っていました。「何でそんなに多くの本を読むの？」と留実は聞きました。ユキエは「本を読むことはとても楽しいの。本は私に多くのことを教えてくれるのよ」と答えました。留実は「Aインターネットは何でもすぐに教えてくれるよ。だから本よりいいよ」と言いました。ユキエは「わかるわよ。でも本にもいい点があるのよ。本を何冊か読んでみなさい。家に持って行っていいよ」と言いました。留実は「わかった。そうするね」と言って部屋を歩き回りました。そして1冊の本を選びカバンに入れました。

家に帰ってから留実は借りた本をカバンから出しました。Bそして彼女はそれを開いて読み始めました。最初の数ページは難しそうに見えました。しかし読み続けるにつれて面白いことに気づきました。半分読んだときに，1つのパートが彼女の眼をとらえました。そこには「あなたの花が咲かないとき，大きな花が咲くまで，その根を育てようとしなさい」とありました。彼女はその時はこの言葉の意味がわかりませんでした。

次の日留実はその言葉の意味を見つけるために本を読み続けました。その本は日本人のピアニストについての本でした。彼は日本で一番のピアニストになる夢を持っていました。彼は若い頃有名なピアニストのようにピアノを弾こうとしていました。しかし彼はよりよく上手には弾けませんでした。試行錯誤を通して彼はついに基本技術が一番大切であると気づきました。それなので日本で一番のピアニストの1人になるまでそれを練習し続けました。突然留実は「大きな花が咲く」が「Cあなたの夢が叶う」という意味だと気が付きました。また，「根を育てる」が「基本技術を練習する」という意味であることにも気が付きました。留実はそのピアニストがどのようにして夢を達成したかを知りました。それ以来彼女は以前よりも熱心に基本技術を練習しました。

数か月後，留実は祖母をまた訪れました。ユキエは「ピアノのレッスンはどう？」と聞きました。留実は「とてもいいよ！　今前よりも上手に弾ける。借りた本が私をかなり助けてくれたの。私の問題は何だったのか考えたの。そして自分の答えを見つけることができたの」と言いました。ユキエは彼女に微笑みました。留実は「おばあちゃん，また本を借りていい？」と言いました。

1　(1)　ウ「留実がインターネットについて彼女の母親と話したとき，留実はいい動画を探していた」第1段落第2，3文参照。　(2)　イ「留実の目標はピアノコンテストで優勝することだった」第2段落第3文参照。　(3)　ア「数か月後，留実はユキエの家でユキエから本を借りようとしていた」最終段落参照。

2　**<疑問詞＋ to ＋動詞の原形>で「～するべきか」**の意味を表すことができる。what to do で「何をすべきか」の意味。

3　空欄直後の「本よりもいい」という考え方に注目する。第1段落後半でも母に本から情報を得られると言われてインターネットの方がいいというような返答をしている。

4　直前に本をカバンから取り出したので，次は読み始めたと考えてエ。次は「最初の数ページ」とあるのでアがふさわしい。次はアの difficult「難しい」からウ interesting「面白い」に推移しており，最後は「半分読んだ」とあるのでイとなる。

5　第5段落第3文目以降に日本人ピアニストが成功するまでの流れが書かれている。最後に成功しているのでエの「夢が叶う」がふさわしい。

6 A「これは本を読むことについてのいいお話です。様々なトピックについての本を読むことをどう思いますか？　例えば，科学，スポーツ，歴史」　B「(今まで知らなかったトピックについて知ることができる)のでいいと思います」　A「なるほど。それはいいですね」身近なことについての自分の意見を書けるように，教科書の例文などを参考にして練習しておこう。

2022年度英語(一般)　リスニングテスト

〔放送台本〕

これから，英語の学力検査を行います。最初の問題は，放送によるリスニングテストです。放送中はメモをとってもかまいません。では，1の問題を始めます。1の問題は，ある生徒の発表を聞いて，発表の内容の順番にイラストを並べ替える問題です。次のア，イ，ウ，エを，正しい順番に並べ替え，記号で答えなさい。英語による発表は，1回しか流れませんので，注意して聞いてください。それでは，始めます。

F：I'm going to talk about my trip. Last month, I visited my grandparents. On the first day, I went fishing at the sea with my grandma. I caught a lot of fish there. At night, I cooked them with my grandpa. They were very good. The next day, I joined a festival in the town. I was so happy to wear a *yukata*. I really enjoyed staying with my grandparents. After I got home, I wrote a letter to them.

〔英文の訳〕

女性：私の旅行について話します。先月祖父母を訪ねました。初日は祖母と海へ釣りに行きました。そこでたくさん魚を釣りました。夜は祖父とそれらを料理しました。とてもおいしかったです。次の日は町のお祭りに参加しました。浴衣を着られてとても嬉しかったです。祖父母のところへの滞在をとても楽しみました。家に帰ってから彼らに手紙を書きました。

〔放送台本〕

2の問題に移ります。2の問題は，No.1からNo.3のそれぞれの対話と質問を聞いて，質問の答えとして最も適切なものを選ぶ問題です。ア，イ，ウ，エの中から1つ選び，記号で答えなさい。英語による対話と質問は2回繰り返します。それでは，始めます。

No.1　M:　Kate, can you pass the white ball to me?
F:　Sure, Jim. Which white ball do you want?
M:　The smaller one.
F:　OK.
Question: Which ball did Jim want?

No.2　F:　Do you have any plans for this Sunday, Ken?
M:　I'll go to see a baseball game with my brother.
F:　I hear Mark will go on the same day too.
M:　Really? I'll call and ask him to come with us.

Question: What will Ken do next?

No.3 M: Lucy, I need 10 pencils for the club. But I have only 5 now.
F: All right, Tom. You can use all of mine. Here you are.
M: Thanks. But I need to find 2 more pencils.
F: OK. I'll help you.
Question: How many pencils did Lucy have?

〔英文の訳〕

No.1 男性：ケイト，その白いボールを取ってくれますか？
女性：もちろんです，ジム。どっちの白いボールが欲しいんですか？
男性：小さい方。
女性：オーケー。
質問：ジムが欲しかったボールはどれですか？
答え：ウ

No.2 女性：今週の日曜日は何か予定はありますか，ケン？
男性：兄[弟]と野球の試合を見に行きます。
女性：マークも同じ日に行くと聞きました。
男性：本当ですか？　私たちと一緒に行くように電話して聞いてみます。
質問：ケンは次に何をしますか？
答え：ア　彼はマークに電話をする。

No.3 男性：ルーシー，クラブに鉛筆が10本必要です。でも今，私は5本しか持っていません。
女性：大丈夫です，トム。私のを全部使っていいです。どうぞ。
男性：ありがとうございます。でもあと2本見つけないといけません。
女性：オーケー。手伝います。
質問：ルーシーは何本鉛筆を持っていましたか？
答え：イ

〔放送台本〕

3の問題に移ります。3の問題は，留守番電話のメッセージを聞いて，その内容についての質問に答える問題です。No.1からNo.3の質問に対する答えとして最も適切なものを，ア，イ，ウ，エの中から1つ選び，記号で答えなさい。英文と質問は2回繰り返します。それでは，始めます。

M: Hi, Sam. This is Yuta. Are you OK? I heard you were sick at home today. I hope you'll be fine soon. I want to tell you about two things we'll have next week at school. Our class will practice singing for a chorus contest. After lunch, we'll practice for 20 minutes every day. It begins at 1：15. The other thing is about our English homework. We need to write about our dream for the future. We'll use it in English class next Wednesday. It must be more than 30 words. See you next Monday. Bye.

Questions No.1: Why was Sam at home today?
No.2: What time will Sam's class finish singing?
No.3: Which is true about the homework?

〔英文の訳〕

男性：こんにちは，サム。ユウタです。大丈夫ですか？　今日は家で具合が悪いと聞きました。すぐに良くなることを願っています。来週学校である2つのことを伝えたいと思います。私たちのクラスは合唱コンテストのために歌の練習をします。昼食後毎日20分練習をします。1時15分に始まります。もう1つは英語の宿題についてです。将来の夢について書く必要があります。次の水曜日に英語の授業で使います。30語以上なくてはなりません。次の月曜日に会いましょう。では。

質問　No.1：サムはなぜ今日家にいますか？

答え：ア　彼は具合が悪いので。

No.2：サムのクラスが歌い終わるのは何時ですか？

答え：エ　1時35分。

No.3：宿題について正しいのはどれですか？

答え：エ

〔放送台本〕

4の問題に移ります。4の問題は，放送される英語を聞いて，あなたの考えを英語で書く問題です。英文はいくつでも構いませんが，それぞれ主語と動詞を含んだ英文で書きなさい。英語の放送は2回繰り返します。それでは，始めます。

F：You have some T-shirts that you can't wear. They are too small for you. But you want to use them in different ways. What will you do?

これで，リスニングテストを終わります。

〔英文の訳〕

女性：あなたは着られないTシャツを何枚か持っています。それはあなたには小さすぎます。でもそれを違う形で使いたいです。どうしますか？

解答例：それでオリジナルのカバンを作ります。

<理科解答>

1　1　血しょう　2　(例)出血したとき血液を固める。　3　d　4　イ　5　ウ

2　1　(1)　C(→)A(→)B(→D)　(2)　下図1　(3)　1020〔hPa〕　(4)　(例)偏西風の影響により，日本付近を移動性高気圧と低気圧が交互に通過する　2　ア

3　1　(1)　0.5　(2)　エ　2　(1)　右図2　(2)　イ

4　1　(1)　(例)液体が発生した場合，加熱部分に流れて試験管が割れないようにするため。　(2)　エ　(3)　ア　2　(1)　ウ　(2)　25〔%〕

図1

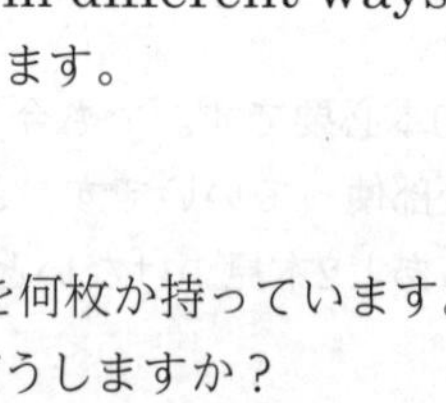

図2

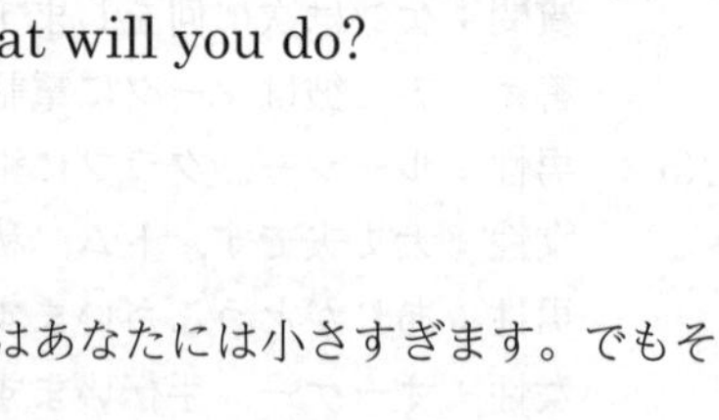

5　1　イ　2　エ　3　(1)　気孔　(2)　(例)XとYの値を比べて，XがYよりも大きけれ

ばよい。 (3) X＋Y－Z
[6] 1 ア　2 イ　3 (1) (横軸) エ　(縦軸) ウ　(2) イ
[7] 1 (1) ウ　(2) ア　2 (1) 電磁誘導　(2) イ　(3) ア，エ
[8] 1 ア　2 $2H_2O$　3 ウ　4 イ

＜理科解説＞

[1] (動物のからだのつくりとはたらき)

1 血液の液体成分は血しょうといい，さまざまな物質が溶け込んでいる。

2 血小板は決まった形のない小さな固形成分で，出血の際，血液を凝固させるはたらきがある。

3 血液中の尿素は，腎臓で血液中からこし取られる。水とともにこし取られた尿素は，尿のもとになる。

4 全身からもどった血液が最初に入る心臓の部屋は右心房である。血液は**右心房→右心室→肺動脈→肺**の順に循環する。

5 70〔mL〕×70〔回〕×5〔分〕＝24500〔mL〕　これは，24.5Lに相当する。

[2] (天気の変化，日本の天気)

1 (1) 前線をともなう低気圧が，西から東へ移動し，最終的にDになるように並べかえる。 (2) 風向を天気図記号で表す場合は，風がふいてくる方向に矢を立てる。 (3) 等圧線の太線は，1000hPaを基準に，20hPaおきに引かれている。 (4) 春のころは，日本付近を低気圧と高気圧が交互に通過するために，天気が周期的に変わりやすく同じ天気が長く続かない。

2 冬に発達する**シベリア気団**がおとろえて，西高東低の冬型の気圧配置が弱まると，冬の北西の季節風も弱まる。

[3] (力の合成，分解)

1 (1) 図1のばねAと図2のばねAは同じ長さであることから，図1同様，図2でもばねAには右へ0.3Nで引く力が加わっているが，この力はばねばかり2と3による合力である。ばねばかり2で左へ0.2Nの力で引いていることから，ばねばかり3で右へ引く力は，0.3＋0.2＝0.5〔N〕 (2) ばねA，ばねBを，それぞれ1cmのばすのに必要な力の大きさは，ばねAが0.4〔N〕÷10〔cm〕＝0.04〔N〕，ばねBは0.6〔N〕÷6〔cm〕＝0.1〔N〕である。よって，ばねBののびが8cmになるときにばねBを引く力の大きさは，0.1〔N〕×8〔cm〕＝0.8〔N〕　ばねAに0.8Nの力を加えたときのばねののびは，0.8〔N〕÷0.04〔N〕＝20〔cm〕

2 (1) 合力を対角線，糸4と5を2辺とする**平行四辺形**を作図する。このとき，平行四辺形の糸4方向の辺がF_4，糸5方向の辺がF_5となる。 (2) 角度yだけを大きくしても，合力は変わらない。また，角度x，yがそれぞれ45°のとき，合力を対角線とする平行四辺形の2辺の長さと，角度yだけを大きくしたときにできる平行四辺形の2辺の長さを比べると，角度yを大きくしていったときのほうがどちらの力の大きさも大きくなる。

[4] (化学変化)

1 (1) この化学変化では，試験管の口の部分に水が発生する。実験中に，この水が加熱部にたれると，温度差によって試験管が割れるおそれがある。 (2) 試験管B～Dには，炭酸水素ナトリウムの分解によって生じた二酸化炭素が多く集められているため，線香の火は消えてしま

い，石灰水は白くにごる。　(3)　炭酸水素ナトリウム水溶液は**弱いアルカリ性**であるが，加熱後に残った炭酸ナトリウムの水溶液は**強いアルカリ性**を示す。

2　(1)　発生した気体の質量は，ビーカーAが83.60＋1.00−84.08＝0.52〔g〕，同様にビーカーBが1.04g，ビーカーCが1.30g，ビーカーDが1.30gとなる。　(2)　表2より，炭酸水素ナトリウム1.00gを用いると，0.52gの二酸化炭素が発生することがわかる。0.78gの二酸化炭素が発生するとき，もとになった炭酸水素ナトリウムの質量をxgとすると，1.00：0.52＝x：0.78　x＝1.50〔g〕　よって，6gのベーキングパウダー中に含まれていたのは，1.50÷6×100＝25〔%〕

5　(植物のからだのつくりとはたらき，植物の分類)

1　双子葉類の根は**主根と側根**からなり，単子葉類の根は**ひげ根**からなる。アブラナ，サクラ，タンポポは双子葉類，ユリ，イネは単子葉類の植物である。

2　シダ植物もコケ植物も光合成と呼吸は行うが，体に根，茎，葉の区別があるのはシダ植物のみである。また，シダ植物とコケ植物は，ともに花がさかず胞子でふえる。

3　(1)　空気中と植物体内の間での気体の出入りは，体の表面にある気孔で行われる。　(2)　Xは葉の裏側と葉以外の部分から出た水蒸気の量，Yは葉の表側と葉以外の部分から出た水蒸気の量を表している。葉以外の部分から出た水蒸気の量はXとYでは等しいと考えられるので，XとYの値の差は，葉の裏側と表側からの蒸散量の差であると考えることができる。　(3)　X…葉の裏側＋葉以外の部分から出た水蒸気の量，Y…葉の表側＋葉以外の部分から出た水蒸気の量，Z…葉以外の部分から出た水蒸気の量をそれぞれ表している。よって，葉の表側からの蒸散量＝Y−Z，葉の裏側からの蒸散量＝X−Zより，枝全体からの蒸散量＝葉の表側からの蒸散量＋葉の裏側からの蒸散量＋葉以外の部分からの蒸散量＝(Y−Z)＋(X−Z)＋Z＝X＋Y−Z

6　(太陽系)

1　太陽系に見られる恒星は太陽のみである。すい星は，太陽に近づくと長い尾をつくるようになる。地球は太陽系の惑星の1つである。

2　校庭の1mが表す長さは，1億5000万〔km〕÷24〔m〕＝625万〔km〕　よって，校庭における太陽の半径をxmとすると，625万〔km〕：1〔m〕＝70万〔km〕：x〔m〕　x＝0.112〔m〕　よって，11.2cmとなる。

3　(1)　縦軸について，表2から，a＞b＞d＞cとなるのが赤道半径と衛星の数。ただし，目盛りの数と打点の位置が表2と一致しているのは赤道半径である。横軸について，e＞g＞h＞fとなっているので，平均密度とわかる。　(2)　公転周期の長さは，g＜h＜e＜f＜a＜b＜d＜cとなっていることから，この順に**水星→金星→地球→火星→木星→土星→天王星→海王星**となっている。よって，bの惑星は土星である。土星は，水素やヘリウムからなる天体で非常に軽い。

7　(磁界)

1　(1)　電流の向きと，磁石の極の位置がともに反対になっているウが正解。　(2)　磁力の強い磁石を用いると，磁界を通る電流にはたらく力が大きくなる。また，電気抵抗が大きい抵抗器にとりかえると回路に流れる電流が小さくなるため，磁界の中を流れる電流にはたらく力が弱くなり，コイルの動き方も小さくなる。

2　(1)・(2)　電磁誘導で流れる誘導電流は，コイルの**巻数を多くしたり**，磁石を**速く動かしたり**，**磁力の強い磁石に変えたり**することで大きくすることができる。　(3)　同じ向きに電流を流すためには，磁石の極を逆にし，磁石の動く向きも逆になっているものを選ぶ。また，コイルを磁石に近づけても磁石をコイルに近づけても結果は同じになる。

8 (中和)

1　水酸化バリウムとうすい硫酸による中和で生じる塩(硫酸バリウム)は水に溶けにくい。そのため，水溶液中でイオンになることはないので，中和した液体は水となっている。よって，電流はほとんど流れない。中和した水溶液にアルカリ性の水酸化バリウムを加えるにつれて，水溶液中に存在するイオンの数がしだいに多くなるため，流れる電流も少しずつ大きくなる。

2　中和では必ず水ができる。$BaSO_4$は，硫酸バリウム(塩)である。

3　うすい水酸化バリウム水溶液を$8cm^3$加えると完全に中和し，これ以上うすい水酸化バリウム水溶液を加えても新たに中和は起こらない。よって，塩の質量も変わらない。

4　$HCl+NaOH \rightarrow NaCl+H_2O$の化学変化が起こりやがて中性となる。中性となった水溶液は，$NaCl$が電離し，Na^+とCl^-が同数含まれる塩化ナトリウム水溶液となっている。ここに水酸化ナトリウム水溶液をさらに加えると，Na^+とOH^-が追加される。よって，Na^+とCl^-の数を比べると，Na^+の方がCl^-よりも多いということになる。

<社会解答>

1　1 (1) エ　(2) ウ　(3) イ　(4) (例)英語が普及しており，シリコンバレーとの時差を利用してデータ処理などの業務を引き継ぐ　2 (1) 中部　(2) ウ　(3) ア　(4) イ　(5) ア・エ

2　1 (1) 徳川家康　(2) エ　(3) ① オ　② イ　(4) (例)清に勝利したイギリスが，日本に武力で開国を迫る　2 (1) イ　(2) ア　(3) イ→ウ→ア→エ　(4) ウ　(5) (例)ソ連や中国などの社会主義国の影響力が強くなる

3　1 (1) 平和主義　(2) ア　(3) ア (例)政治に参加する　イ (例)情報を批判的に読み取る　(4) (例)増加する宅配便の需要に対し，トラックドライバーの高齢化が進み労働力が不足する　2 (1) 間接税　(2) ウ　(3) ① イ　② ウ　(4) ア

4　1 エ　2 ア (例)廃棄物を資源として利用する　イ (例)災害時の備えとなる
3 (例)地球上の水全体に占める割合が少なく，地域別に偏って存在している

<社会解説>

1 (地理的分野ー日本ー日本の国土・地形・気候，農林水産業，工業，世界ー地形・気候，産業)

1 (1)　経線を利用して決められた国境は直線的な特徴をもつことから判断する。

(2)　ブラジルには赤道が通っている。

(3)　資料4の図中に，複数の農産物を栽培している様子が描かれていることから判断する。

(4)　資料5からシリコンバレー，資料6から英語，資料7から時差について記されているので，これらに触れながら記述する。

2 (1)　愛知県は東海地方，富山県は北陸地方に区分される。

(2)　潮目は好漁場となるため，三陸沖では漁業がさかん。アがリアス海岸，イが大陸棚，エが排他的経済水域についての説明。

(3)　4県のうち出荷額が最大であることや輸送用機械が占める割合が最大であることから判断

する。イが岩手県，ウが富山県，エが山口県。

(4)　**やませ**の影響で，太平洋沿岸に位置する岩手県宮古市の8月の気温は，秋田市に比べて低くなる。北西**季節風**の影響で，日本海沿岸に位置する秋田市の1月の降水量は，宮古市に比べて多くなる。

(5)　保則さんの仮説中の「水産物の国内市場が縮小」に着目する。

2　**(歴史的分野ー日本史ー時代別ー古墳時代から平安時代，鎌倉・室町時代，安土桃山・江戸時代，明治時代から現代，日本史ーテーマ別ー政治・法律，経済・社会・技術，文化・宗教・教育，外交)**

1　(1)　**徳川家康**は，1603年に江戸幕府を開いた。

(2)　アがA(江戸時代)，イがD(平安時代)，ウがB(鎌倉時代)，エがC(飛鳥時代)の取り札。

(3)　まとめの文中の「農民たち」「質屋」などから判断する。農村の自治組織を**惣**というのに対し，商工業者の同業者組合を**座**という。ウ・エは運送業者。

(4)　資料3中の1842年の方針とは，**天保の薪水給与令**の内容。

2　(1)　歴史新聞の「日本と東アジア諸国」の記述から，**日清戦争**の内容と判断する。

(2)　第一次世界大戦中に**大戦景気**がおこり，日本の輸出額が輸入額を上回った。

(3)　アが1950年，イが1853年，ウが1921年，エが1980年代。

(4)　**満20歳以上の男女**に選挙権が与えられ，グラフXのように有権者が増加した。グラフYは**農地改革**により，自作地が増加した。

(5)　資本主義陣営の中心であったアメリカは，対立する社会主義陣営のソ連や中国が北ベトナムを支援したことから，アジア諸国に社会主義陣営の影響力が広まるのを懸念したため，ベトナム戦争に介入した。

3　**(公民的分野ー憲法の原理・基本的人権，三権分立・国の政治の仕組み，財政・消費生活・経済一般)**

1　(1)　**平和主義**は，日本国憲法前文と第9条で規定されている。

(2)　**教育を受ける権利**は，日本国憲法第26条で規定されている。ウは自由権，エは請求権のひとつとして規定されている。イは憲法には規定されていない新しい人権で，個人情報保護法によって規定されている。

(3)　情報化社会を生きる上で，何が正しい情報であるかを見抜く力(**メディアリテラシー**)をつける必要がある。

(4)　資料4・5から，宅配便の取り扱い個数が年々増加している反面，トラックドライバーの高齢化が進んでいることが読み取れる。

2　(1)　納税者と負担者が同じ税金を**直接税**という。

(2)　株主が出席する**株主総会**は，株式会社における最高議決機関。株主が出資金以上の責任を負わないことを，有限責任という。

(3)　①の政策をとる政府を**大きな政府**，②の政策をとる政府を**小さな政府**という。

(4)　まとめの文中の「**円高**になる傾向がある」から，円の需要が増えた結果であることがわかる。円の需要が増えたのは，円を買う動きが強まったからであると判断する。

4　**(地理的分野ー地理総合，公民的分野ー地方自治)**

1　①について，資料1から，日本の水道管の普及が進んだのが1950年代から1970年代にかけての時期だと読み取れる。②について，まとめの文中の「自主財源」から判断する。

2　ア…持続可能な社会の実現のための，リデュース・リユース・リサイクルの3R運動の例。資料3の例は3Rのうち**リサイクル**にあたる。　イ…災害時は混乱が生じるため，平時にマンホールトイレを体験しておくことで災害時に備える目的があることがわかる。

3　資料5から，地球上の水のほとんどは資源として利用しづらい海水がしめていることが読み取れる。資料6から，水資源の多くはアジアや南アメリカに偏っていることが読み取れる。

<国語解答>

一　問一　ⓐ　苦難　ⓑ　えもの　ⓒ　のうり　問二　イ　問三　甘い幻想
問四　颯太は，カ　問五　(例)羽根が折れても，だれからも守られずに一羽で命がけで渡るサシバの若鳥を見て，生きていくことの厳しさを重く受け止めたから。　問六　エ

二　問一　ⓐ　めいわく　ⓑ　縮(めて)　ⓒ　派生　問二　ア　問三　動詞との関係が間接的　問四　(例)能動文はできごとそのものを描写するのに対し，受動文は，できごとの結果を表すもので，視点人物が何か影響を受けたということを示すものだから。
問五　ウ　問六　イ

三　問一　イ　問二　A　ウ　B　ア　C　エ　D　イ　問三　ア　問四　エ
問五　(例)通常のルールは言葉の最後に「ん」がつくと負けですが，新しいルールは二人めからは言葉の最後に「ん」がつくと勝ちにします。例えば，最初の言葉「うみ」の次に「みかん」と言えたから勝ちです。

四　問一　ウ　問二　エ　問三　ウ　問四　有二失レ実之声一。
問五　1　(例)見た目で判断　2　(例)言葉づかいで判断　問六　イ

<国語解説>

一　(小説―情景・心情，内容吟味，文脈把握，脱文・脱語補充，漢字の読み書き，表現技法・形式)

問一　ⓐ　大きな苦しみやつらさを与える出来事。　ⓑ　「獲」の訓読みは「え・る」，音読みは「カク」。　ⓒ　頭の中。

問二　A　にはカラスが**群れる様子**の擬態語が入る。　B　にはサシバが現れた時の様子が入る。「思ったより大きくて，堂々としている」姿が宙に「ふわりと」現れたと読むのが適切だ。

問三　颯太の「ないない。」と否定する言葉で始まる台詞に「それは人間の思う，甘い幻想ってやつだな。」とある。**「それ」とは，真子の「その若鳥って，親鳥や大人のサシバに守られて渡りをする」という考え**を指していて，**その考えを「甘い幻想」だと否定している**のだ。

問四　「颯太は，**カメラを食べてしまいそうなほど**前のめりになって」という描写が，夢中な様子を表している。これを含む一文を抜き出す。

問五　胸に刺さったのは悲しげに感じたからだ。真子が悲しく感じたのは**サシバが巣立ったら「だれも助けてくれない」ので「一羽で命がけで」渡っていくという事実**だ。目の前に見えているサシバのように，たとえ羽が折れたとしても守ってくれるものはいないという**自然の厳しさを感じ**させる鳴き声であった。

問六　サシバの様子が詳しく描写されている。ア「直喩を多く用いた」とする点，イ「場面転換」，ウ「(　)の記号で表す」と言う説明がそれぞれ不適切。

二 **(論説文―大意・要旨，内容吟味，文脈把握，段落・文章構成，指示語の問題，脱文・脱語補充，漢字の読み書き，品詞・用法)**

問一 ⓐ 「惑う」の訓読みは「まど・う」，音読みは「ワク」。「惑星(ワクセイ)」。 ⓑ 「縮」の訓読みは「ちぢ・む」，音読みは「シュク」。 ⓒ もとになるものから，それとは少しちがったものが分かれ出ること。

問二 他動詞には目的語「～を」が必要。ア「片付ける」は他動詞で，対応する自動詞は「片付く」。

問三 英語と日本語の違いとして「このように，日本語では，動詞との関係が間接的でも受動文が作れるのに対し，英語ではそうではない。」とした記述から抜き出せる。

問四 「ここで注意しなければ……」の段落に，理由が説明されている。**能動文は「できごとそのものを描写する」が受動文は「その出来事の結果を表わす」という違い**を明記し，そのうえで受動文の視点が人に置かれている理由として，受動のように間接な関わりしかない場合には**「視点人物が何か悪い影響を受けたということがないと文が作りにくい」という理由**を付け加えるとよい。

問五 「このこと」は，直前の内容を指している。前段落の「しかし，その後，『可能』の用法は次第に能力を意味するようになり，他の用法との違いが目立つようになって来た」が該当する。「他の用法との**違い**」は，他の用法との**つながりが薄らいだ**と解釈できる。関係がないとするのは言い過ぎだ。

問六 ここは筆者が「同じ1つの単語がさまざまな用法を持っていると解釈」すると考える記述が展開されている部分だ。囲みの部分は他と「かなり異なる」場合を示しているようにみえるがそうではない。「可能」の用法は，「能力より，それによって得られる結果のほうが重視されていた」とあり，これも受動文の在り方と一致するのだ。したがって，**従来の自分の視点と反対の考えを示して反論に備え，自分の考えの妥当性を支える根拠**としている。

三 **(会話・議論・発表―文脈把握，脱文・脱語補充，作文，表現技法・形式)**

問一 質問1から「とても楽しかった」と「まあまあ楽しかった」を足すと79%であることがわかる。

問二 時候の挨拶のあとは，**安否の挨拶**をしてから自己紹介をする。文章の**最後には結びの挨拶**がくる。

問三 質問2は一番楽しかった遊びについての結果である。改善する場合は**一つひとつの遊びについての感想が聞ける**ようにするのがよい。また，**楽しかった理由を聞ける**と今後の参考になるだろう。

問四 みんなが「楽しめたかどうか」という視点でアンケートを分析する中で，雪絵さんは「ルールがわかりにくい」という**新たに注目すべき回答**について発言している。

問五 沙樹さんの資料から，新しいものを生み出す際の方法として，**「常識を列挙してからその逆を考える」という方法**が示されている。しりとりの通常のルールが語尾に「ん」がつくと負けならば，**逆にそれを勝ちにするルール**を作っても新しい。

四 **(古文・漢文―大意・要旨，文脈把握，脱文・脱語補充，表現技法・形式，書写)**

【現代語訳】 A 宇治の関白殿が，あるとき，宮中で食物や水を煮炊きする釜がある場所に行って，そこをご覧になると，鼎殿の役人がこれを見て言うことに，「誰だ，案内もなく御所の鼎殿に入っているのは」と言って追い出されたあと，関白殿が先ほどの見苦しい衣服などを着替えて，暖かみのある関白の公服を着てお出でになると，鼎殿が，その姿を遠くに見て，恐れ入って逃げた。あるとき，関白殿が着ていた公服を竿の先に掛けて，頭を下げて礼をなさった。人がその理由を尋ねた。関白殿が答えて言うに，「私が人に敬われることは，私の徳ではない。ただ，この装束を着ているからだ」と言った。

B　孔子の弟子の子羽は，君子らしく見えた。孔子は彼に期待をしていたが，長く一緒にいるうちに，その行動はその見た目にかなわなかった。宰予の言葉は優雅で美しかった。孔子は宰予に期待していたが，長く一緒にいるうちに，智さはその言葉遣いほど充ちていなかったと判明した。そこで孔子がいうことに，容貌で人を取り立てたが子羽で失敗した。言葉をもって人を取り立てたが， 宰予で失敗した。だから孔子の知恵をもってしても，人物の真実を見誤ったのだという世間の評判は立ってしまうのである。

問一　「これ」は，前に述べられた関白殿の行動で，それを**役人が見た**のである。

問二　役人が逃げたのは，**先ほど追い出したのが関白殿だと気づいた**からだ。

問三　「行」は，子羽の**行い**のことだ。

問四　実→失→之→声→有の順で読む。最初に読むのは「実」だから，それまでの二字には何らかの返り点が付く。まず「実」と「失」は一字返って読むので，「失」にレ点を用いる。さらに「声」と「有」は二字以上返って読むので，一・二点を用いる。

問五　AとBの共通点は**人を見た目で判断した**という点だ。また，Bには宰予のようにその**人の言葉使いによって判断**して失敗した話も書かれている。

問六　行書になっても点画の省略はない。

MEMO

大切なことはメモしておこうネ！

宮崎県公立高等学校（推薦）

2021年度

入 試 問 題

●くわしい解説……17ページ

2021年 宮崎県公立高校入試 出題範囲について

令和２年５月13日付け２文科初第241号「中学校等の臨時休業の実施等を踏まえた令和３年度高等学校入学者選抜等における配慮事項について（通知）」を踏まえ，出題範囲について以下通りの配慮があった。

○推薦・連携型入学者選抜における学力検査問題の出題範囲

数学	◇ 中学校第１学年から第２学年までの全内容。 ◇ 中学校第３学年の次の内容。 ・教科書［啓林館 未来へひろがる数学３］のＰ．１７１まで
英語	◇ 中学校第１学年から第２学年までの全内容。 ◇ 中学校第３学年の次の内容。 ・教科書［開隆堂 Sunshine 3］のＰ．８３まで
理科	◇ 中学校第１学年から第２学年までの全内容。 ◇ 中学校第３学年の次の内容。 ・教科書［啓林館 未来へひろがるサイエンス３］のＰ．１８９まで
社会	◇ 地理的分野、歴史的分野の全内容。 ◇ 公民的分野の次の内容。 ・教科書［東京書籍 新編 新しい社会 公民］のＰ．１４５まで ・教科書［日本文教出版 中学社会 公民的分野］のＰ．１５７まで
国語	◇ 中学校第１学年から第２学年までの全内容。 ◇ 中学校第３学年の次の内容。 ・教科書［東京書籍 新編 新しい国語３］のＰ．１７３まで ・教科書［光村図書 国語３］のＰ．１８０まで

※上記は宮崎県教育委員会発表資料による。

⇒除外された内容としては…

数学	「三平方の定理」「標本調査」
英語	中３年生で新たに学習する一部の単語・熟語
理科	「エネルギー資源とその利用」「自然界のつり合い」「人間と環境」 「自然が人間の生活におよぼす影響」「科学技術と人間」「科学技術の利用と環境保全」
社会	「「私たちと経済」のうち「国民の生活と政府の役割」の一部」「私たちと国際社会の諸課題」
国語	中３年生で新たに学習する一部の漢字

＜数学＞

時間　30分　　満点　40点

1 次の(1)～(13)の問いに答えなさい。

(1) $-3-(-5)$ を計算しなさい。

(2) $(-12)\times\left(-\dfrac{1}{3}+\dfrac{3}{2}\right)$ を計算しなさい。

(3) $(-9^2)\div(-3)^3$ を計算しなさい。

(4) 次の２つの式で，左の式から右の式をひきなさい。
$4x-6y,\ x+6y-5$

(5) $3x^2\div 6xy\times 16y$ を計算しなさい。

(6) $(2x-1)^2$ を展開しなさい。

(7) $(x-y)a-2(x-y)$ を因数分解しなさい。

(8) $\sqrt{125}-\dfrac{5}{\sqrt{5}}$ を計算しなさい。

(9) 方程式 $2x-y-4=x-2y-6=1$ を解きなさい。

(10) 二次方程式 $(2x+3)^2=7$ を解きなさい。

(11) x 本の鉛筆を，１人に３本ずつ y 人に配ると２本余る。
このときの数量の関係を等式に表しなさい。

(12) おはじきが，はじめにAの袋に25個，Bの袋に何個かはいっている。Bの袋から14個取り出してAの袋に移したところ，AとBの袋の中のおはじきの個数の比が３：２になった。はじめにBの袋にはいっていたおはじきは何個か求めなさい。

(13) $\sqrt{84a}$ の値が自然数となるような自然数 a のうち，もっとも小さいものを求めなさい。

2

1　次の(1)，(2)の問いに答えなさい。

(1) 次のページの表は，ある中学校の生徒40人がクイズ10問に答え，正解した数をまとめたものである。この40人のクイズの正解数の中央値を求めなさい。

正解数(問)	0	1	2	3	4	5	6	7	8	9	10	計
人　数(人)	0	2	3	2	6	7	8	6	4	1	1	40

⑵　１つのさいころを２回投げて，１回目に出た目の数を a，２回目に出た目の数を b とするとき，$\frac{b}{a}$ が整数となる確率を求めなさい。

ただし，さいころの１から６の目は，どの目が出ることも同様に確からしいとする。

2　次の⑴，⑵の問いに答えなさい。

⑴　反比例 $y=\frac{a}{x}$ で，x の値が１から２まで増加するときの変化の割合が－３のとき，a の値を求めなさい。

⑵　右の図のように，関数 $y=\frac{1}{2}x^2$…①のグラフ上に，２点A，Bがあり，A，Bの x 座標は，それぞれ－４，２である。

このとき，次のア，イの問いに答えなさい。

ア　直線ABの式を求めなさい。

イ　△OABの面積を求めなさい。

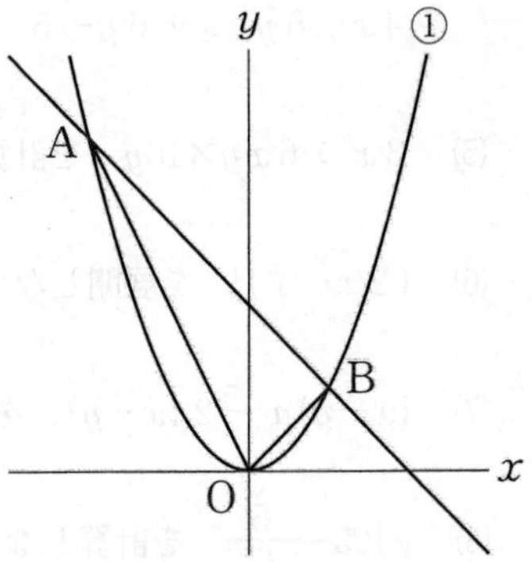

3　次の⑴～⑶の問いに答えなさい。

⑴　右の図で，同じ印をつけた角の大きさが等しいとき，∠x の大きさを求めなさい。

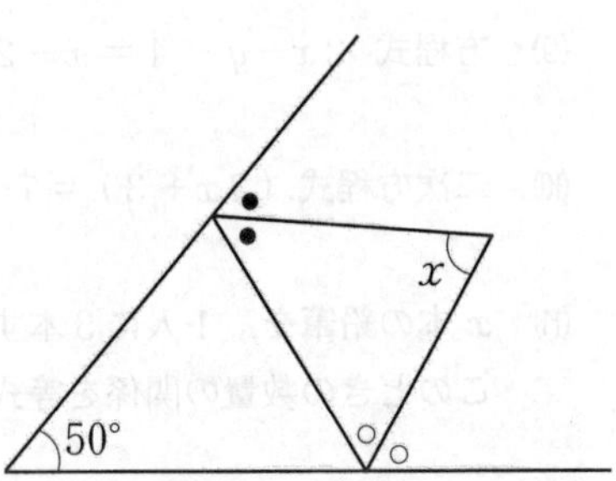

⑵　右の図のように，AC＝BC＝８㎝，∠C＝90° の直角二等辺三角形と，点Oを中心とする半円がある。半円の直径DEは直角二等辺三角形の辺AB上にあり，辺AC，BCは半円に点F，Gで，それぞれ接している。このとき，BD，BF，$\overset{\frown}{DF}$ で囲まれた部分（▒）の面積を求めなさい。

ただし，円周率は π とする。

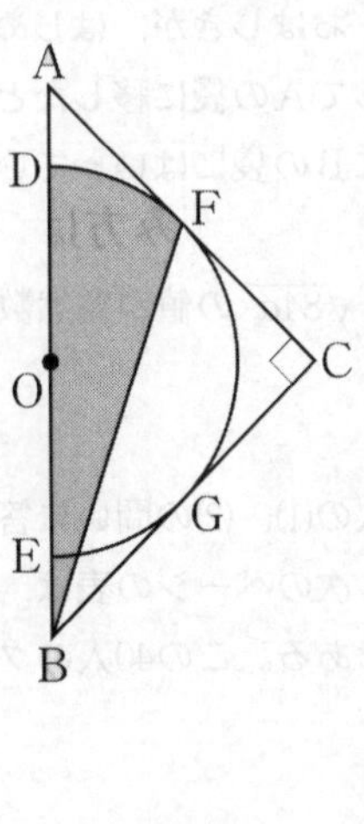

(3)　右の図のような，長方形ABCDがある。頂点A，Cから対角線BDに垂線をひき，BDとの交点をそれぞれE，Fとする。

　このとき，BE＝DF であることを次のように証明した。【証明】を完成させなさい。

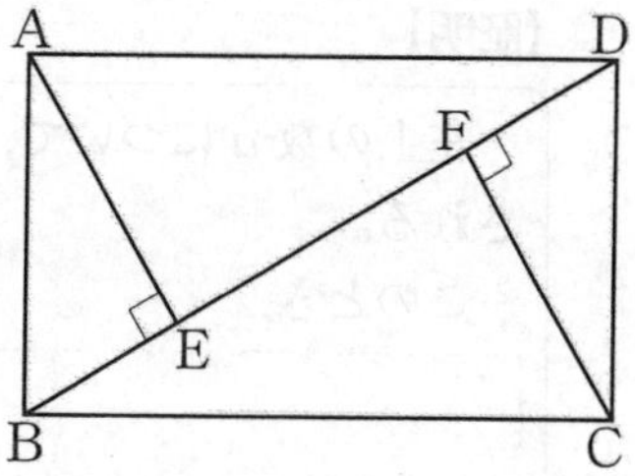

【証明】

(左下より続く)

(右上へ続く)

BE = DF

3

1　右は，かけ算の「九九」の表に，答えを途中まで書き入れたものである。

　この表を完成させたとき，次の(1)，(2)の問いに答えなさい。

(1)　[2 / 4 / 6] のように縦に並ぶ3つの数を□で囲むとき，3つの数の和が54になる囲み方は何通りあるか求めなさい。

(2)　[14 16 / 21 24] のように，正方形で囲まれた4つの数の組 [a b / c d] について，$a-b-c+d$の値はつねに1になることを次のように証明した。次のページの【証明】を完成させなさい。

　ただし，左上の数aについて，かけられる数をx，かける数をyとして証明するものとする。

「九九」の表

かけられる数＼かける数	1	2	3	4	5	6	7	8	9
1	1	2	3	4	5	6	7	8	9
2	2	4	6	8	10	12	14	16	18
3	3	6	9	12	15	18	21	24	27
4									
5									
6									
7									
8									
9									

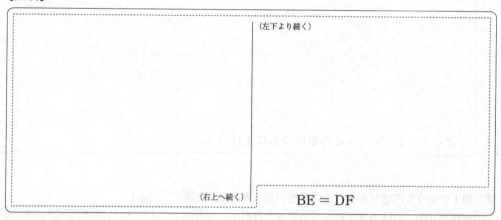

【証明】

左上の数 a について，かけられる数を x，かける数を y とすると，$a = xy$ と表される。

このとき，

よって，$a-b-c+d$ の値はつねに１になる。

2 図Ⅰのような円錐《すい》がある。この円錐の高さが３cm，底面の半径が４cm，母線の長さが５cmのとき，次の⑴～⑶の問いに答えなさい。

ただし，円周率は π とする。

図Ⅰ

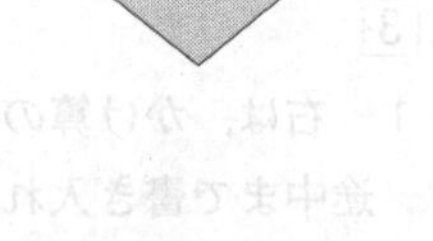

⑴ 図Ⅰの円錐の体積を求めなさい。

⑵ 図Ⅱは，図Ⅰの円錐の底面と同じ半径の底面をもつ円柱である。この円柱の体積は，図Ⅰの円錐の体積と等しい。

図Ⅱ

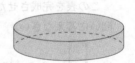

図Ⅲは，図Ⅰの円錐の底面と図Ⅱの円柱の底面をぴったりと重ねてつくった立体である。

図Ⅲ

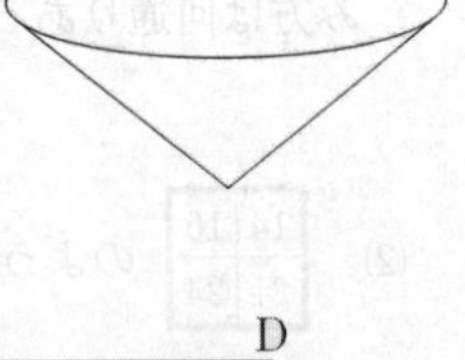

このとき，図Ⅲの立体の表面積を求めなさい。

⑶ 図Ⅳのように，直方体ABCDEFGHの中に図Ⅲの立体が，すべての面にぴったりとくっついてはいっている。図Ⅲの円錐部分（図Ⅰ）の母線をPQとするとき，この母線PQは，面EFGH上にあり，線分EF，線分GHのそれぞれの中点を結ぶ直線と重なっている。

このとき，直方体において，長方形BFGCの周の長さを求めなさい。

図Ⅳ

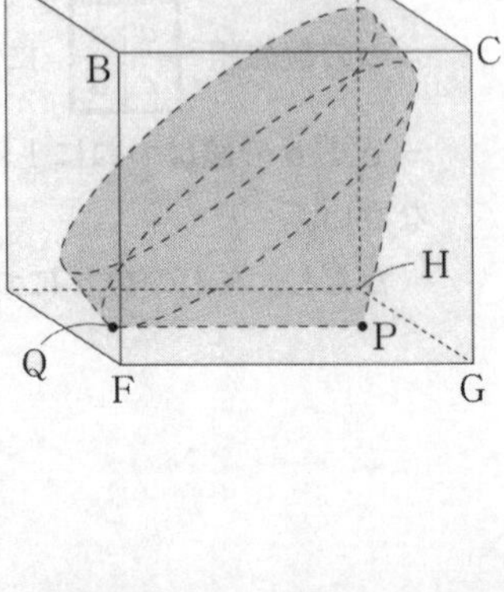

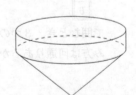

＜英語＞

時間　30分　満点　40点

1

1　右下の【メモ】はALTが行った自己紹介を聞いてまとめたものです。この【メモ】を見て，次の対話の（①）～（③）に入る適切な語を，**英語1語**で答えなさい。

A：　I had an English class with a new ALT yesterday.
　　　His（　①　）is Sam Wood.
B：　Oh, really?　（　②　）is he from?
A：　He's from Canada.
B：　I see.　What does he like?
A：　He likes（　③　）to music.
B：　That's nice.

【メモ】

名前	サム・ウッド
出身	カナダ
年齢	30歳
好きなこと	音楽を聴くこと

2　次の(1)～(5)の日本文に合うように，（　）に入る適切な語を，**英語1語**で答えなさい。

(1)　奈津子と私は友達です。
Natsuko and I（　　　）friends.

(2)　明日は雨が降りますか。
Will（　　　）rain tomorrow?

(3)　宮崎県には9つの市があります。
There are 9（　　　）in Miyazaki Prefecture.

(4)　私はすべての季節の中で春が最も好きです。
I like spring the（　　　）of all the seasons.

(5)　彼はおととい新しいノートを1冊買いました。
He bought a new notebook the day（　　　）yesterday.

3　次の(1)～(4)の対話について，（　）内のア～エの語をすべて用い，意味がとおるように並べかえ，記号で答えなさい。
ただし，文頭にくる語も小文字で示してあります。

(1)　*A*：　That temple looks very old.
　　B：　Yes.（ア　about / イ　was / ウ　built / エ　it）600 years ago.

(2)　*A*：（ア　you / イ　would / ウ　something / エ　like）to eat?
　　B：　No, thank you.　I'm not hungry.

(3)　*A*：（ア　hers / イ　bag / ウ　which / エ　is）?
　　B：　The big one is.

(4)　*A*：　Has Ken ever visited Okinawa?
　　B：　No, he（ア　been / イ　never / ウ　there / エ　has）.

4　次の(1)～(4)の英文の（　）に入る最も適切な語句を，それぞれ後のア～エから1つずつ選び，記号で答えなさい。

(1)　We have Children's Day on（　　）5th in Japan.

ア March　　イ April　　ウ May　　エ June

⑵ Who (　　) the tennis tournament last week?

ア wins　　イ won　　ウ do you win　　エ did you win

⑶ Yui went to many famous places (　　) she was in Kyoto.

ア while　　イ during　　ウ among　　エ between

⑷ A (　) is a kind of shop that serves drinks and dishes.

ア library　　イ bank　　ウ hospital　　エ restaurant

5　次の質問に対して，あなたならどのように答えますか。主語と動詞を含む５語以上の英文１文で書きなさい。

ただし，符号（，．！？など）は語の数に入れないものとします。

質問：What do you usually do to have a healthy body?

2

1　次の⑴～⑶について，二人の対話が自然に流れるように（①）～（③）に入る最も適切な英文を，それぞれア～ウから１つずつ選び，記号で答えなさい。

⑴ *A*：Hi, do you need any help?

B：（ ① ）

A：（ ② ）

B：（ ③ ）

ア Yes.　Shall I take you there?

イ Well, is there a post office near here?

ウ Oh, thank you.

⑵ *A*：Can you come to my house next Saturday?

Let's study together.

B：（ ① ）

A：（ ② ）

B：（ ③ ）

ア O.K.　What time should I come?

イ How about next Sunday?

ウ I really want to, but I'm busy on that day.

⑶ *A*：Hello, this is Rina.

May I speak to Tom?

B：（ ① ）

A：（ ② ）

B：（ ③ ）

ア Hi, Rina.　I'm sorry, but he's out now.

イ Sure.　Hold on a second, please.

ウ All right.　May I leave a message then?

2　次の広告（flyer）を読んで，下の(1)，(2)の問いの答えとして最も適切なものを，それぞれア～エから１つずつ選び，記号で答えなさい。

Hinata Shoes Shop

New Year Sale

Get your new shoes!

January 3rd (Sunday) – January 6th (Wednesday)
10 a.m. – 8 p.m.

You can get a 30% discount for 4 days.

※ People who bring this flyer can get a special gift.
※ On the last day, 50% discount for kids' shoes.

(1)　When can you get the biggest discount to buy kids' shoes?

ア　January 3rd　　イ　January 4th　　ウ　January 5th　　エ　January 6th

(2)　What do you have to do to get a special gift?

ア　I have to bring a New Year card.
イ　I have to get new shoes.
ウ　I have to bring the flyer of the shop.
エ　I have to get a 30% discount.

3　圭太（Keita）がクラスメートの美久（Miku）と，クラスで実施したアンケート（questionnaire）について話をしています。次の対話を読んで，後の(1)～(4)の問いに答えなさい。

Keita:　I'm checking the questionnaire about our school life. I'm glad to ①(ア written / イ see / ウ by / エ many comments) our classmates. But I think some students don't feel happy in our classroom.

Miku:　That's true. I've just talked with one of them.

Keita:　Oh, what did ② the student say?

Miku:　She said, "I don't have a lot of time to talk with all the classmates. I want more new friends." I think many students in our classroom agree with this.

Keita:　I see. We should do something for her as the classroom leaders.

Miku:　Yes, you're right. Do you have any good ideas?

Keita:　Let's see. ［　　　　　　］

Miku:　That's a good idea.

Keita:　Thank you. I hope she'll like this idea.

Miku:　Yes. We have to keep up an effort for our classmates.

Keita:　That's right!

(1)　下線部①について，（　）内のア～エの語句をすべて用い，意味がとおるように並べかえ，記号で答えなさい。

(2) 下線部②の生徒が書いたコメントとして最も適切なものを，次のア～エから１つ選び，記号で答えなさい。

ア Every student in this classroom is always friendly to me.

イ There are not so many chances to talk with all the classmates.

ウ This questionnaire has too many questions for me to answer.

エ Our classroom leaders work very hard for us every day.

(3) □ について，あなたが圭太ならどのように答えますか。英文はいくつでもかまいませんが，それぞれ主語と動詞を含み，全体で８語以上の英文で書きなさい。
ただし，符号（，．！？など）は語の数に入れないものとします。

(4) 次のア～エの英文について，本文の内容と合っているものを１つ選び，記号で答えなさい。

ア The students answered the questionnaire about their school history.

イ Miku talked with one student who felt happy in her classroom.

ウ Keita thinks he has to work alone as a classroom leader.

エ Keita and Miku will work hard for their classmates.

3 次の英文は，智也（Tomoya）が英語の授業でスマート農業（Smart Agriculture）について英語でスピーチをしたときのものです。後の１～６の問いに答えなさい。

Hello, I'm Tomoya. Today, I'm going to talk about Smart Agriculture. What do you think of agriculture in Japan? Some people may think farmers have no holidays. Other people may think farmers need to work for a long time. However, Smart Agriculture is changing farmers' work style. Farmers can make their hard work easier by using *robots and *ICT. Smart Agriculture will be a good help for farmers in Japan.

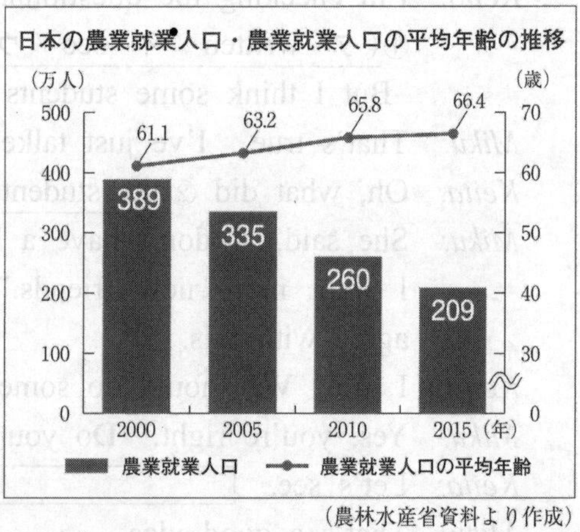

(農林水産省資料より作成)

Do you know why some Japanese farmers started using Smart Agriculture? They think it can *solve some problems around them. Please look at the graph. The number of farmers in Japan falls from about 3.9 million to about 2.1 million in 15 years. This means that many farmers have stopped their jobs. However, when you look at the *average age of the farmers, (①) This shows that the number of new young people who start *farm jobs isn't so large. So I think it's necessary for the farmers to change their work style.

Robots and ICT help the farmers in many ways. For example, *drones with a camera are useful. They can watch how vegetables grow from the sky.

(②) On the ground, robots can help the farmers by doing many things. They can continue giving plants water and picking fruits and vegetables for long hours. (③) The farmers also use ICT to get useful information. They can decide how much water they should give plants or when the best harvest time is. A difficult job becomes (④) with the help of robots and ICT.

Smart Agriculture is changing the work style in the farms. I think young people will become interested in farm jobs for this reason. Agriculture is a necessary job for our lives. So it's important for young people like us to know a lot about agriculture. Now Smart Agriculture is spreading all over Japan to help the farmers. Let's learn more about Smart Agriculture.

（注） robot ロボット　ICT（Information and Communication Technology） 情報通信技術
solve 解決する　average 平均　farm 農場（の）　drone ドローン

1 （①）に入る最も適切な英文を，次のア～エから１つ選び，記号で答えなさい。

ア it falls quickly from 2005 to 2010.

イ it increases little by little from 2000 to 2015.

ウ the age in 2000 is higher than in 2010.

エ the age in 2005 is a little lower than in 2000.

2 （②），（③）に入る最も適切な英文を，それぞれ次のア～エから１つずつ選び，記号で答えなさい。

ア They can carry many things and work for a long time without resting.

イ They can show the farmers how to get the new young farmers.

ウ They can bring the technology used in agriculture to many places in Japan.

エ They can move very fast like birds to check large space in the farms.

3 本文の内容に合うように（④）に入る最も適切な**英語１語**を，**本文中からそのまま抜き出し**て答えなさい。

4 次の本文の内容に関する質問について，**英文**で答えなさい。

Why does Tomoya think young people will become interested in farm jobs?

5 次の**ア～オ**の英文について，本文の内容と合っているものを**２つ**選び，記号で答えなさい。

ア Tomoya asked some farmers a question about holidays in their jobs.

イ Japanese farmers wanted to start new jobs by using Smart Agriculture.

ウ Tomoya thinks Japanese farmers need to change how they work in their farms.

エ ICT can give the farmers useful information about their fruits and vegetables.

オ Farmers all over Japan have already used Smart Agriculture in their farms.

6 次の対話は，スピーチを聞いた後に ALT のジュデイー（Judy）先生と由紀（Yuki）が話した内容です。あなたが由紀なら先生の質問にどのように答えますか。(　)にあなたの考えを書きなさい。**英文**はいくつでもかまいませんが，それぞれ**主語**と**動詞**を含み，全体で**10語以上**の英文で書きなさい。

ただし，符号（，．！？など）は語の数に入れないものとします。

Judy: His speech was so good. We can learn how robots help farmers. What do you think, Yuki?

Yuki: The speech was wonderful. I also think we have many other ways to use robots for our better lives.

Judy: Can you give me an example?

Yuki: Yes. (　　　　　　　)

ウ　仏道の修行をする人は、修行に長い年月を費やすより、自分の命を大事にする必要がある。

エ　仏道の修行をする人は、金銭に対する愚かな欲望を捨て去り、修行に専念する必要がある。

問七　次は、中学生の恵美《えみ》さんと先生の「寸陰を惜しむ」という表現についての【会話】と、先生が示した【資料】です。【会話】の（　）に入る適当な言葉を書きなさい。ただし、（1）は漢文Aの【書き下し文】から三字で抜き出して書き、（2）、（3）はそれぞれ四字で書くこと。

【会話】

恵美　「少年老い易く学成り難し。一寸の光陰軽んずべからず。」という言葉が、教室のカレンダーに書いてありました。これは、漢文Aや古文Bに通じる考えだと思いますが、どうでしょうか。

先生　前半は、「若者は、若いと思っているうちにすぐに年をとるけれども、学問を成就《じょうじゅ》させることは難しい。」という意味です。では、「一寸の光陰軽んずべからず。」の部分を、漢文Aと古文Bの表現に当てはめて考えてみましょう。

恵美　「一寸の光陰」は「寸の陰」とか「寸陰」に当たります。「軽んずべからず」は「軽く考えてはいけない」ということなので、漢文Aの【書き下し文】だと（　1　）という表現と同じです。やはり、思ったとおり、通じていますね。

先生　ちょうど、恵美さんの年代にも当てはまるメッセージですね。

恵美　はい。私も夢に向かって、寸暇を（　2　）勉強したいと思います。

先生　そうなのですね。ちなみに、このような【資料】があるのですが、恵美さん見てください。何か気づきませんか。

【資料】

慣用句等の認識と使用　どちらの言い方を使うか

（a）寸暇を惜しまず　（b）寸暇を惜しんで

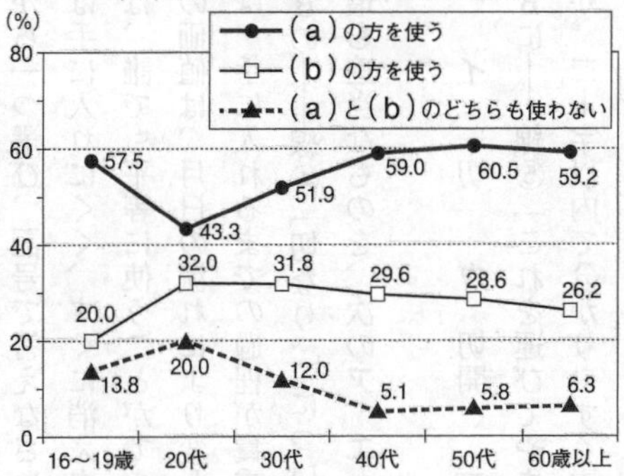

全ての年代を通じて、本来の言い方ではない方を使うと答えた人の割合が多い。

20代では、他の年代に比べて（a）と（b）の差が小さく、また、「（a）と（b）のどちらも使わない」が２割と高くなっている。

（文化庁「平成22年度　国語に関する世論調査」より作成）

恵美　そうか、私の使い方では、「わずかな時間を勉強にあてない」という意味になりますね。寸暇を（　3　）勉強したいと言うべきでした。十代は、私も含めて使い方に注意が必要ですね。

先生　そうです。言葉は、古典作品が書かれた時代から現代にかけて使われ方が変わることがありますが、やはり、正しく知って使いたいですね。

三　次の漢文A、古文Bを読んで、後の問いに答えなさい。

A

日回《めぐり》而月周《めぐリテ》、①時《ハ》不二與《と》レ人遊《あそバ》一。故《ゆゑニ》②聖人不貴尺之璧、而③重《ンズ》二寸之陰《いんヲ》一。時《ノ》難《がたクシテ》レ得《え》而易《やすケレバ》レ失《ヒ》也《なり》。

【書き下し文】

日回り月周りて（日は流れ月も流れて）、時は人と遊ばず。故に聖人は尺《せき》の璧《たま》（一尺もある大きな宝玉）を貴《たつと》ばずして、寸の陰（わずかな時間）を重んず。時の得難くして失ひ易ければなり。

（「淮南子《えなんじ》」による）

B

寸陰《すんいん》惜しむ人なし。これよく知れるか（分かっているからなのか）、愚《おろ》かなるか。愚かにして怠《おこた》る人のために言はば（言うならば）、※一銭軽《かろ》しといへども、是《これ》をかさぬれば（積み重ねると）、貧しき人を富める人となす。されば、商人《あきびと》の一銭を惜しむ心、④切《せつ》なり。刹那《せつな》覚えず（一瞬間は意識されない）といへども、⑤これを運びてやまざれば、命を終《お》ふる期《ご》（生涯を終える時期）、忽《たちま》ちに至る（来る）。

されば、道人《だうにん》（仏道の修《しゅ》行をする人）は、遠く日月《にちぐわつ》を惜しむべからず。ただ今の一念（一瞬間）、むなしく過ぐる事を惜しむべし。

（「徒然草《つれづれぐさ》」による）

（注）※一銭…一円の百分の一。

問一　漢文Aに――線①「時不與人遊。」とあるが、この説明として、最も適当なものを、次のア～エから一つ選び、記号で答えなさい。

ア　人は遊ぶ時がない。　イ　時々人と遊ばない。

ウ　時は人を待たない。　エ　人に時は関係ない。

問二　漢文Aの――線②「聖人不貴尺之璧」について、【書き下し文】の読み方になるように返り点をつけなさい。送り仮名はつけなくてよい。

問三　漢文Aに――線③「重寸之陰。」とあるが、「聖人」はなぜ「寸之陰」を大切にするのか。その説明として、最も適当なものを、次のア～エから一つ選び、記号で答えなさい。

ア　時間は手に入れにくく、すぐに消え去るものだから。

イ　時間は、誰でも平等に使うことができるものだから。

ウ　宝玉の価値は、月日の流れにより変わるものだから。

エ　宝玉は、手に入れるまでの過程が貴重なものだから。

問四　古文Bの――線④「切なり。」について、同じ意味をもつ熟語として、最も適当なものを、次のア～エから一つ選び、記号で答えなさい。

ア　切断　　イ　一切　　ウ　切開　　エ　切実

問五　古文Bに――線⑤「これを運びてやまざれば」とあるが、どういうことか。二十字以内で分かりやすく説明しなさい。

問六　古文Bにおける筆者の考えの説明として、最も適当なものを、次のア～エから一つ選び、記号で答えなさい。

ア　仏道の修行をする人は、長い月日がかかることを覚悟したうえで、一瞬を過ごす必要がある。

イ　仏道の修行をする人は、人生には限りがあるので、一瞬に価値があると気づく必要がある。

います！図書館で」に変えると、よりいっそう④効果的ですね。

晴樹《はるき》　ポスターなので、見る人の興味を引く工夫があった方がいいと思います。文字だけでなく、⑤と、さらによいポスターになるのではないでしょうか。

問一　文章中の――線①の品詞名を、次の**ア**～**エ**から一つ選び、記号で答えなさい。

ア 動詞　**イ** 形容詞　**ウ** 形容動詞　**エ** 副詞

問二　文章中の ② に当てはまる四字熟語として、最も適当なものを、次の**ア**～**エ**から一つ選び、記号で答えなさい。

ア 一朝一夕　**イ** 一長一短
ウ 一石二鳥　**エ** 一日千秋

問三　文章中の ③ に入る表現技法として、最も適当なものを、次の**ア**～**エ**から一つ選び、記号で答えなさい。

ア 反復法　**イ** 省略法　**ウ** 対句法　**エ** 倒置法

問四　文章中の――線④と熟語の構成が同じものを、次の**ア**～**エ**から一つ選び、記号で答えなさい。

ア 本格化　**イ** 非公開　**ウ** 新学期　**エ** 衣食住

問五　文章中の ⑤ に入る内容として、最も適当なものを、次の**ア**～**エ**から一つ選び、記号で答えなさい。

ア 当日の運営をする図書委員の名前を載せる
イ 今年の読書週間のキャッチコピーを載せる
ウ 昨年の図書館フェスティバルの写真を載せる
エ 当日に図書委員が紹介する本の題名を載せる

(五)　次は、「竹取物語」の一部分です。これを読んで、後の問いに答えなさい。

七月十五日の月に①いでゐて、（かぐや姫は）せちに《ひどく》物思へる気色《けしき》なり。近く使はるる人人、たけとりの翁《おきな》に告げていはく、「かぐや姫、例も《ふだんでも》②月をあはれがりたまへども、このごろとなりては、ただごとにもはべらざめり《ふつうのご様子でもないようでございます》。いみじく《ひどく》思《おぼ》し嘆くことあるべし。よくよく見たてまつらせたまへ《気をつけて見てさしあげてください》」と③いふを聞きて、……

問一　文章中の――線①の読み方を、現代仮名遣いで書きなさい。

問二　文章中の――線②の本文中での意味として、最も適当なものを、次の**ア**～**エ**から一つ選び、記号で答えなさい。

ア 月を悲しい気持ちでご覧になっていらっしゃいますが
イ 月を楽しい気持ちでご覧になっていらっしゃいますが
ウ 月を物足りない気持ちでご覧になっていらっしゃいますが
エ 月を申し分ない気持ちでご覧になっていらっしゃいますが

問三　文章中の――線③「いふ」の主語を、次の**ア**～**エ**から一つ選び、記号で答えなさい。

ア たけとりの翁　**イ** 近く使はるる人人
ウ かぐや姫　**エ** 月の人

二　※問題に使用された作品の著作権者が二次使用の許可を出していないため、問題を掲載しておりません。

（出典：今井むつみ「親子で育てることば力と思考力」による一部省略がある）

〈国語〉

時間 三〇分　満点 四〇点

一

(一) 次の①～④の――線部について、漢字の部分はその読みをひらがなで書き、カタカナの部分は漢字に直しなさい。なお、漢字に直す場合、送り仮名が必要なものは、ひらがなで正しく送ること。

① 内容を詳細に伝える。
② 学習発表会を催す。
③ 清掃クイキを確認する。
④ しばらく荷物をアズケル。

(二) 次の漢文について、【書き下し文】の読み方になるように返り点をつけなさい。送り仮名はつけなくてよい。

来 不 知 去

【書き下し文】 来《きた》るときは去るを知らず

(三) 次の行書の○で囲んだ部分に見られる特徴を説明したものとして、最も適当なものを、次のア～エから一つ選び、記号で答えなさい。

ア 横画をつなげている。
イ 折れが丸みを帯びている。
ウ 右払いの形が変化している。
エ 点画を省略している。

(四) 図書委員の陽菜《ひな》さんは、読書週間に毎年実施している「図書館フェスティバル」のポスターを作成しました。次は、陽菜さんが作成した【ポスター案】と図書委員の【話し合いの様子】です。これらを読んで、後の問いに答えなさい。

【ポスター案】

図書館フェスティバル

来館すると一挙両得です。

○ 図書委員が「あなたのための本」を紹介します。
○ 購入図書のリクエストができます。

日時・11月4日(水)～6日(金)
・昼休み
場所・学校図書館

図書館で待っています！

図書委員会

【話し合いの様子】

陽菜　文に「一挙両得」という四字熟語を使ったのですが、どう思いますか。

優香《ゆうか》　来館することによって、図書委員からおすすめの本を紹介してもらえるだけでなく、購入図書のリクエストもできることが伝わるので、①よい表現だと思います。でも、 ② という四字熟語の方が分かりやすくなるのではないですか。

洋平《ようへい》　確かにそうですね。さらに印象を強めるために、「図書館で待っています！」の部分は ③ を使って「待って

2021年度

解答と解説

《2021年度の配点は解答用紙集に掲載してあります。》

＜数学解答＞

1　(1)　2　(2)　-14　(3)　3　(4)　$3x-12y+5$　(5)　$8x$　(6)　$4x^2-4x+1$
(7)　$(x-y)(a-2)$　(8)　$4\sqrt{5}$　(9)　$(x,\ y)=(1,\ -3)$　(10)　$x=\frac{-3\pm\sqrt{7}}{2}$
(11)　$x=3y+2$　(12)　40個　(13)　21

2　1　(1)　5.5問　(2)　$\frac{7}{18}$　2　(1)　$a=6$　(2)　ア　$y=-x+4$　イ　12
3　(1)　$\angle x=65$度　(2)　$2\pi+8\mathrm{cm}^2$　(3)　解説参照

3　1　(1)　3通り　(2)　解説参照　2　(1)　$16\pi\mathrm{cm}^3$　(2)　$44\pi\mathrm{cm}^2$　(3)　$\frac{126}{5}$cm

＜数学解説＞

1　(数・式の計算，式の展開，因数分解，平方根，連立方程式，二次方程式，文字を使った式，比例式)

(1)　正の数・負の数をひくには，符号を変えた数をたせばよい。また，異符号の2数の和の符号は絶対値の大きい方の符号で，絶対値は2数の絶対値の大きい方から小さい方をひいた差だから，$-3-(-5)=(-3)+(+5)=+(5-3)=2$

(2)　分配法則を使って，$(-12)\times\left(-\frac{1}{3}+\frac{3}{2}\right)=(-12)\times\left(-\frac{1}{3}\right)+(-12)\times\left(\frac{3}{2}\right)=4-18=-14$

(3)　$-9^2=-(9\times9)=-81$，$(-3)^3=(-3)\times(-3)\times(-3)=-27$だから，$(-9^2)\div(-3)^3=(-81)\div(-27)=3$

(4)　多項式の減法は，ひくほうの多項式の各項の符号を変えて加えればよい。$(4x-6y)-(x+6y-5)=(4x-6y)+(-x-6y+5)=4x-6y-x-6y+5=4x-x-6y-6y+5=3x-12y+5$

(5)　$3x^2\div6xy\times16y=3x^2\times\frac{1}{6xy}\times16y=\frac{3x^2\times16y}{6xy}=\frac{3\times16\times x\times x\times y}{6\times x\times y}=8x$

(6)　乗法公式$\boldsymbol{(a-b)^2=a^2-2ab+b^2}$を用いて，$(2x-1)^2=(2x)^2-2\times2x\times1+1^2=4x^2-4x+1$

(7)　$(x-y)a-2(x-y)$　$x-y=M$とおくと，$(x-y)a-2(x-y)=Ma-2M$　共通な因数Mをくくり出して，$Ma-2M=M(a-2)$　Mを$x-y$にもどして，$M(a-2)=(x-y)(a-2)$

(8)　$\sqrt{125}=\sqrt{5^3}=5\sqrt{5}$，$\frac{5}{\sqrt{5}}=\frac{5\times\sqrt{5}}{\sqrt{5}\times\sqrt{5}}=\frac{5\sqrt{5}}{5}=\sqrt{5}$だから，$\sqrt{125}-\frac{5}{\sqrt{5}}=5\sqrt{5}-\sqrt{5}=(5-1)\sqrt{5}=4\sqrt{5}$

(9)　問題の方程式を，連立方程式$\begin{cases}2x-y-4=1\cdots①\\x-2y-6=1\cdots②\end{cases}$と考える。①を整理して，$2x-y=5$　yについて解いて，$y=2x-5\cdots③$　②を整理して，$x-2y=7\cdots④$　③を④に代入して，$x-2(2x-5)=7$　$x-4x+10=7$　$-3x=-3$　$x=1$　これを③に代入して，$y=2\times1-5=-3$　よって，連立方程式の解は，$x=1$，$y=-3$

(10)　$(2x+3)^2=7$より，$2x+3$は7の平方根であるから，$2x+3=\pm\sqrt{7}$　$2x=-3\pm\sqrt{7}$　よって，$x=\frac{-3\pm\sqrt{7}}{2}$

(11)　鉛筆を1人に3本ずつy人に配るとき，配った鉛筆の本数は，3(本)$\times y$(人)$=3y$(本)　2本余

ったから，最初にあった鉛筆の本数x本は，x(本)$=3y$(本)$+2$(本)　つまり，$x=3y+2$

(12)　はじめにBの袋にはいっていたおはじきの個数をx個とする。Bの袋から14個取り出してAの袋に移したところ，AとBの袋の中のおはじきの個数の比が3：2になったから，$(25+14):(x-14)=3:2$　**比例式の内項の積と外項の積は等しい**から　$3(x-14)=2(25+14)=78$　$x-14=26$　$x=40$　以上より，はじめにBの袋にはいっていたおはじきは40個である。

(13)　$\sqrt{84a}$の値が自然数となるためには，$\sqrt{\ }$の中が(自然数)^{2}の形になればいい。$\sqrt{84a}=\sqrt{2^2\times3\times7\times a}=2\sqrt{3\times7\times a}$より，このような自然数$a$は$3\times7\times$(自然数)^{2}と表され，このうちでもっとも小さいものは$3\times7\times1^2=21$である。

2　**(資料の散らばり・代表値，確率，図形と関数・グラフ，角度，面積，図形の証明)**

1　(1)　**中央値**は資料の値を大きさの順に並べたときの中央の値。生徒の人数は40人で偶数だから，正解数の少ない方から20番目と21番目の正解数の**平均値**が中央値。正解数が5問以下の生徒が$0+2+3+2+6+7=20$人いて，正解数が6問以下の生徒が$20+8=28$人いるから，正解数の少ない方から20番目と21番目の正解数の平均値，即ち，中央値は$\dfrac{5+6}{2}=5.5$(問)

(2)　1つのさいころを2回投げるとき，全ての目の出方は，$6\times6=36$(通り)。このうち，1回目に出た目の数をa，2回目に出た目の数をbとするとき，$\dfrac{b}{a}$が整数となるのは，bがaの倍数になるときであり，$(a,\ b)=(1,\ 1)$，$(1,\ 2)$，$(1,\ 3)$，$(1,\ 4)$，$(1,\ 5)$，$(1,\ 6)$，$(2,\ 2)$，$(2,\ 4)$，$(2,\ 6)$，$(3,\ 3)$，$(3,\ 6)$，$(4,\ 4)$，$(5,\ 5)$，$(6,\ 6)$の14通り。よって，求める確率は，$\dfrac{14}{36}=\dfrac{7}{18}$

2　(1)　**反比例**$y=\dfrac{a}{x}$について，$x=1$のとき$y=\dfrac{a}{1}=a$，$x=2$のとき$y=\dfrac{a}{2}$。よって，xの値が1から2まで増加するときの**変化の割合**は，$\left(\dfrac{a}{2}-a\right)\div(2-1)=-\dfrac{a}{2}$　これが-3に等しいから，$-\dfrac{a}{2}=-3$　$a=6$

(2)　ア　点A，Bは$y=\dfrac{1}{2}x^2$上にあるから，そのy座標はそれぞれ$y=\dfrac{1}{2}\times(-4)^2=8$，$y=\dfrac{1}{2}\times2^2=2$　よって，$A(-4,\ 8)$，$B(2,\ 2)$　直線ABの傾き$=\dfrac{2-8}{2-(-4)}=-1$より，直線ABの式を$y=-x+b$とおくと，点Bを通るから，$2=-2+b$　$b=4$　直線ABの式は，$y=-x+4$

イ　直線ABとy軸との交点をCとすると，直線ABの切片が4であることより，$C(0,\ 4)$　$\triangle OAB=\triangle OAC+\triangle OBC=\dfrac{1}{2}\times OC\times$(点Aの$x$座標の絶対値)$+\dfrac{1}{2}\times OC\times$(点Bの$x$座標の絶対値)$=\dfrac{1}{2}\times4\times4+\dfrac{1}{2}\times4\times2=12$

3　(1)　$\triangle BCD$の**内角の和は180°**だから，$\angle BCD+\angle CBD+\angle CDB=50°+(180°-\angle ABD)+(180°-\angle EDB)=180°$　これより，$\angle ABD+\angle EDB=230°$　$\triangle BDF$の内角の和は180°だから，$\angle x=180°-(\angle FBD+\angle FDB)=180°-\left(\dfrac{1}{2}\angle ABD+\dfrac{1}{2}\angle EDB\right)=180°-\dfrac{1}{2}(\angle ABD+\angle EDB)=180°-\dfrac{1}{2}\times230°=65°$

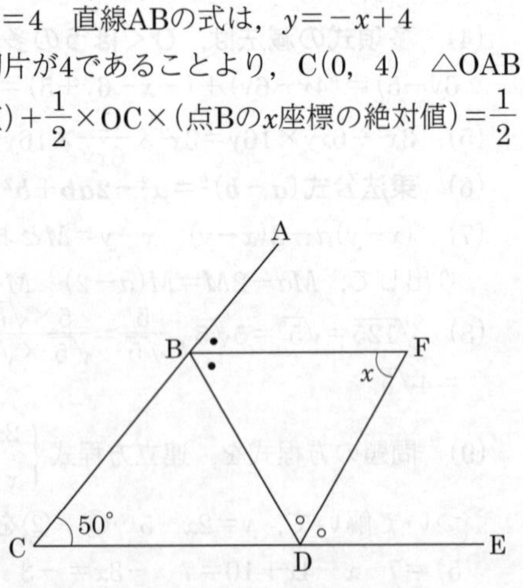

(2)　問題の図形は，線分OCを**対称の軸**とする**線対称な図形**であるから，点Oは辺ABの中点である。**接線と接点を通る半径は垂直に交わる**ので，$OF\perp AC$より，$OF/\!/BC$である。**平行線と線分の比についての定理**を用いると，$AF:AC=OF:BC=AO:AB=1:2$である。$\triangle AOF$が直角二等辺三角形であることを考慮すると，求める面積は，おうぎ形$ODF+\triangle OBF=\pi\times OF^2\times\dfrac{\angle AOF}{360°}+\dfrac{1}{2}\times OF\times CF=\pi\times\left(\dfrac{BC}{2}\right)^2\times\dfrac{\angle AOF}{360°}+\dfrac{1}{2}$

$\times\dfrac{\mathrm{BC}}{2}\times\dfrac{\mathrm{AC}}{2}=\pi\times\left(\dfrac{8}{2}\right)^2\times\dfrac{45^\circ}{360^\circ}+\dfrac{1}{2}\times\dfrac{8}{2}\times\dfrac{8}{2}=2\pi+8(\mathrm{cm}^2)$

(3)　(証明)　(例)△ABEと△CDFで，四角形ABCDは長方形なので，AB＝CD…①　AB//CD…②　AE，CFはBDに対する垂線なので，∠AEB＝∠CFD＝90°…③　また，②から，**平行線の錯角は等しい**ので，∠ABE＝∠CDF…④　①，③，④から，直角三角形の斜辺と1つの鋭角がそれぞれ等しいので，△ABE≡△CDF　合同な図形では，対応する辺の長さはそれぞれ等しいので，(BE＝DF)

3　(式による証明，空間図形，体積，表面積，長方形の周の長さ)

1　(1)　縦に並ぶ3つの数を上からp，q，rとし，pについて，かけられる数をx，かける数をyとすると，$p=xy$，$q=(x+1)y$，$r=(x+2)y$と表されるから，$p+q+r=54$となるのは，$xy+(x+1)y+(x+2)y=54$　整理して，$(x+1)y=18$…①　が成り立つとき。$1\leqq x\leqq 7$，$1\leqq y\leqq 9$であることを考慮すると，①が成り立つような$(x,\ y)$の値の組は，$(5+1)\times 3=18$，$(2+1)\times 6=18$，$(1+1)\times 9=18$の3通りある。

(2)　(証明)　(例)$b=x(y+1)$，$c=(x+1)y$，$d=(x+1)(y+1)$と表されるから，$a-b-c+d=xy-x(y+1)-(x+1)y+(x+1)(y+1)=xy-xy-x-xy-y+xy+x+y+1=1$

2　(1)　円錐の体積＝$\dfrac{1}{3}$×底面積×高さ＝$\dfrac{1}{3}\times\pi\times 4^2\times 3=16\pi(\mathrm{cm}^3)$

(2)　円柱の高さを$h$cmとすると，円柱の体積は，底面積×高さ＝$\pi\times 4^2\times h=16\pi h(\mathrm{cm}^3)$　これが円錐の体積の$16\pi\mathrm{cm}^3$に等しいから，$16\pi h=16\pi$　$h=1(\mathrm{cm})$　円錐の側面を展開したときのおうぎ形は，半径が母線の長さと等しく5cm，弧の長さは底面の円周の長さと等しく$2\pi\times 4=8\pi(\mathrm{cm})$であり，**半径$r$，弧の長さ$\ell$のおうぎ形の面積は$\dfrac{1}{2}\ell r$**で求められるから，求める立体の表面積は，円柱の底面積＋円柱の側面積＋円錐の側面積＝$\pi\times 4^2+2\pi\times 4\times 1+\dfrac{1}{2}\times 8\pi\times 5=44\pi(\mathrm{cm}^2)$

(3)　母線PQを通り，長方形BFGCに平行な面で切断した断面図を右図に示す。ここで，点Oは円錐の底面の円の中心である。長方形BFGCの周の長さは，長方形IJKLの周の長さに等しい。問題の条件より，PO＝3cm，QO＝4cm，PQ＝5cm，QT＝RS＝1cm，TS＝8cmである。また，△PQO∽△TSI∽△QTJ∽△SRLであるから，$\mathrm{SI}=\mathrm{TS}\times\dfrac{\mathrm{QO}}{\mathrm{PQ}}=8\times\dfrac{4}{5}=\dfrac{32}{5}(\mathrm{cm})$，$\mathrm{TI}=\mathrm{TS}\times\dfrac{\mathrm{PO}}{\mathrm{PQ}}=8\times\dfrac{3}{5}=\dfrac{24}{5}(\mathrm{cm})$，$\mathrm{TJ}=\mathrm{QT}\times\dfrac{\mathrm{QO}}{\mathrm{PQ}}=1\times\dfrac{4}{5}=\dfrac{4}{5}$

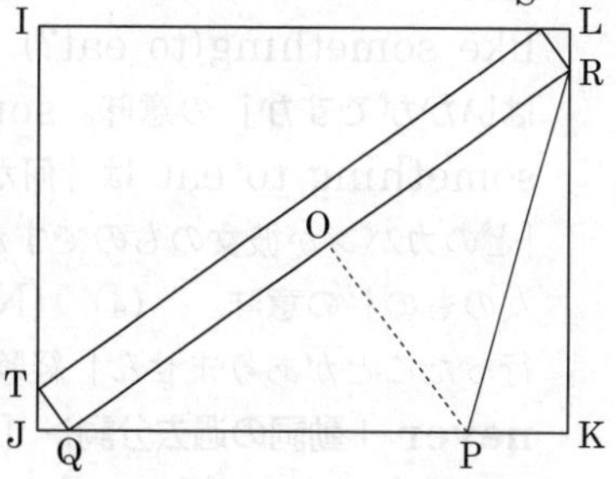

(cm)，$\mathrm{SL}=\mathrm{SR}\times\dfrac{\mathrm{PO}}{\mathrm{PQ}}=1\times\dfrac{3}{5}=\dfrac{3}{5}(\mathrm{cm})$　以上より，長方形BFGCの周の長さ，つまり，長方形IJKLの周の長さは，$(\mathrm{IL}+\mathrm{IJ})\times 2=(\mathrm{SI}+\mathrm{SL}+\mathrm{TI}+\mathrm{TJ})\times 2=\left(\dfrac{32}{5}+\dfrac{3}{5}+\dfrac{24}{5}+\dfrac{4}{5}\right)\times 2=\dfrac{126}{5}(\mathrm{cm})$

(補足説明)　△PQO∽△TSI∽△QTJ∽△SRLの証明　△PQOと△TSIと△QTJと△SRLで，∠POQ＝∠TIS＝∠QJT＝∠SLR＝90°…①　∠PQO＝180°－∠TQO－∠TQJ＝180°－90°－∠TQJ＝90°－∠TQJ…②　∠QTJ＝180°－∠QJT－∠TQJ＝180°－90°－∠TQJ＝90°－∠TQJ…③　②，③より，∠PQO＝∠QTJ…④　同様に考えて，∠QTJ＝∠TSI…⑤　∠TSI＝∠SRL…⑥　④，⑤，⑥より，∠PQO＝∠TSI＝∠QTJ＝∠SRL…⑦　①，⑦より，2組の角がそれぞれ等しいので，△PQO∽△TSI∽△QTJ∽△SRLである。

<英語解答>

1　1 ① name　② Where　③ listening　2 (1) are　(2) it
(3) cities　(4) best　(5) before　3 (1) エ, イ, ウ, ア
(2) イ, ア, エ, ウ　(3) ウ, イ, エ, ア　(4) エ, イ, ア, ウ　4 (1) ウ
(2) イ　(3) ア　(4) エ　5 (例)I usually run after school.

2　1 (1) ① イ　② ア　③ ウ　(2) ① ウ　② イ　③ ア
(3) ① ア　② ウ　③ イ　2 (1) エ　(2) ウ　3 (1) イ, エ, ア, ウ
(2)イ　(3) (例)We can play games to make new friends.　(4) エ

3　1 イ　2 ② エ　③ ア　3 easier　4 (例)Because Smart Agriculture is changing the work style in the farms.　5 ウ, エ
6 (例)A robot cleans my house for me while I'm out.

<英語解説>

1　(語句補充問題・語句並べ換え問題・条件英作文:名詞, 動名詞, 現在, 未来, 比較, 受け身, 不定詞, 代名詞, 現在完了, 過去, 接続詞)

1 ①「彼の名前はサム・ウッドです」 ②「彼はどこ出身ですか」 ③「彼は音楽を聴くことが好きです」**like 〜 ing で「〜することが好き」**, listen to 〜で「〜を聴く」の意味。

2 (1) 主語が2人で複数なので続く現在形の be 動詞は are となる。 (2) 天気を表すときは it が主語になる。 (3)「市」は city だが複数なので cities となる。 (4) **like 〜 the best of …で「…で〜が最も好き」** (5) **the day before yesterday**「おととい」

3 (1) It was built about(600 years ago.)「これは約600年前に建てられました」。**<be 動詞 +動詞の過去分詞形>で「〜される」**という受け身の文となる。 (2) Would you like something(to eat?)「何か食べ物はいかがですか」**Would you like 〜?で「〜はいかがですか」**の意味。something to に動詞の原形を続けて「〜するための何か」で, something to eat は「何か食べるもの」の意味になる。 (3) Which bag is hers(?)「どのカバンが彼女のものですか」Which bag で「どのカバン」, hers は所有代名詞で「彼女のもの」の意味。 (4) (No, he)has never been there(.)「いいえ, 彼は今までそこへ行ったことがありません」経験を表す現在完了形に否定の never を使って**<have[has]+never +動詞の過去分詞>「今までに〜したことがない」**の意味。「〜へ行ったことがある」の表現は goを使わず have been to 〜を使う。

4 (1)「日本では子どもの日が5月5日にあります」月の単語を覚えておくこと。 (2)「先週のテニストーナメントで誰が勝ちましたか」主語はWho で続く動詞は過去の文なので過去形の won となる。 (3)「ユイは京都にいる間多くの有名な場所を訪れた」**while は「〜している間に」の接続詞。** (4)「レストランは飲み物や料理を提供するお店の種類です」serve「〜を提供する, 〜に仕える」

5 質問「あなたは普段健康な体でいるために何をしますか」解答例は「私は普段放課後に走ります」。自分の行動や考えを書けるように練習しておくこと。

2　(文並べ換え問題・短文読解問題:文並べ換え, 英問英答, 語句並べ換え, 語句補充, 条件英作文, 内容真偽)

1 (1) 「こんにちは，何かお手伝いしましょうか」の返答。 ①イ「ええと，この近くに郵便局はありますか」 ②ア「はい。そこまでお連れしましょうか」 ③ウ「ああ，ありがとうございます」 (2) 「次の土曜日に私の家に来られますか。一緒に勉強しましょう」という誘いへの返答。 ①ウ「本当に行きたいんだけどその日は忙しいです」 ②イ「次の日曜日はどうですか」 ③ア「オーケー。何時に行くべきですか」 (3) 「もしもし，リナです。トムはいらっしゃいますか」電話の会話。 ①ア「こんにちは，リナ。すみませんが彼は不在です」 ②ウ「わかりました。ではメッセージをお願いできますか」 ③イ「もちろんです。少しお待ちください」

2 (1) 「子供靴を買うために一番大きなディスカウントが得られるのはいつですか」エ「1月6日」広告の一番下に「最終日子供靴は50%ディスカウント」とある。 (2) 「スペシャルギフトを手に入れるために何をしなくてはなりませんか」ウ「このお店の広告を持って行かなくてはならない」広告の下から2つ目に「この広告を持ってきた人はスペシャルギフトをもらえます」とある。

3 (全訳) 圭太：学校生活についてのアンケートをチェックしているんだ。①(クラスメイトによって書かれたたくさんのコメントを見れて)嬉しいよ。でも僕たちのクラスで幸せに思っていない生徒たちもいると思う。

美久：その通りね。ちょうどそういう1人と話をしてきたの。

圭太：ああ，②その生徒は何て言ってた？

美久：彼女は「全てのクラスメイトと話す時間が多くない。もっと新しい友達が欲しい」って言っていたよ。私たちのクラスの多くの生徒たちがこれに同意すると思う。

圭太：なるほど。クラスリーダーとして彼女のために何かするべきだね。

美久：ええ，そうね。何かいいアイディアある？

圭太：ええと。新しい友達を作るためにゲームができるね。

美久：いい考えね。

圭太：ありがとう。彼女がこのアイディアを気に入ってくれるといいな。

美久：ええ。クラスメイトたちのために努力を続けないとね。

圭太：その通り！

(1) (I'm glad to)see many comments written by(our classmates.) be glad to に動詞の原形を続けて「～して嬉しく思う」の意味。動詞の過去分詞形は名詞の前後について「～された(名詞)」という意味を表すことができる。ここでは comments の後ろに written を続けて「書かれたコメント」となる。

(2) 2つ目の美久の発話第1文参照。イ「クラスメイト全員と話すチャンスが多くない」

(3) クラスのみんなと話すチャンスができるような内容の文を書く。

(4) ア 「生徒たちは学校の歴史に関するアンケートに答えた」(×) 圭太の1つ目の発話第1文参照。 イ 「美久はクラスで幸せに感じている生徒と話をした」(×) 圭太の1つ目の発話最終文，1つ目の美久の発話参照。 ウ 「圭太はクラスのリーダーとして1人で働かなくてはならないと思っている」(×) 3つ目の圭太の発話参照。主語が We となっているので一緒にするつもりである。 エ 「圭太と美久はクラスメイトたちのために熱心に働くだろう」(○) 最後の美久と圭太の発話参照。

3 (長文読解問題・スピーチ：語句補充，文挿入，英問英答，内容真偽，条件英作文)

(全訳) こんにちは，私は智也です。今日はスマート農業について話をします。みなさんは日本の農業についてどう思いますか？ 農家の人たちには休みがないと思う人がいるかもしれません。農家の人たちは長い時間働かないといけないと思う人もいるかもしれません。しかし，スマート農業は農家の働き方を変えています。農家の人たちはロボットや ICT を使うことで重労働をより簡単にすることができます。スマート農業は日本の農家の人たちにとっていい手助けとなるでしょう。

なぜ日本人の農家がスマート農業を使い始めたか知っていますか？　彼らはそれが自分たちの周りにある問題を解決してくれると思っています。このグラフを見てください。日本の農業就業人口は15年間で約390万人から約210万人に減っています。これは多くの農家が仕事を辞めてしまったということです。しかし農家の平均年齢を見てみると，①(2000年から2015年で少しずつ上がっています。)これは農場の仕事を始める新しく若い人たちの数があまり大きくないことを表しています。それなので私は農家の人たちが彼らの働き方を変える必要があると思います。

ロボットや ICT は農家の人たちを多くの点で助けています。例えばカメラ付きのドローンは役に立ちます。それらでどのように野菜が育つかを空から見ることが出来ます。②(農場の広いスペースをチェックするために鳥のようにとても早く飛ぶことができます。)地上ではロボットが多くのことをして農家の人たちを助けます。長時間に渡り，植物に水を与え続けたり果物や野菜を収穫したりできます。③(多くの物を運んだり，休むことなく長時間働いたりすることができます。)農家の人たちはまた役立つ情報を得るために ICT を使うこともできます。それらはどれくらいの水を植物に与えたらいいかや，収穫に一番いいときを決めたりできます。困難な仕事がロボットや ICT の手助けのおかげで④(より簡単に)なります。

スマート農業は農場での働き方を変えています。この理由によって若い人たちが農場の仕事に興味を持つと思います。農業は私たちの生活に必要な仕事です。それなので私たちのような若い人たちが農業についてたくさん知ることが大切です。今スマート農業は農家の人たちを助けるために日本中で広がっています。もっとスマート農業について学びましょう。

1　グラフを見ると平均年齢が上がっているのでイがふさわしい。

2　②　空欄直前の2文にドローンの有効な使用について書かれているのでドローンができる内容のエを選ぶ。　③　空欄直前の2文ではロボットができることが述べられているのでロボットが地上でできる内容のアを選ぶ。

3　同じ様な内容が第1段落第7文にある。easier は easy の比較級。

4「なぜ智也は若い人たちが農場の仕事に興味を持つだろうと思っているのですか」解答例は「スマート農業は農場での働き方を変えているから」。第1段落第6文以降，最終段落参照。

5　ア「智也は農家の人たちに彼らの仕事の休日について質問をした」(×)　第1段落第4文参照。質問はしていない。　イ「日本の農家はスマート農業を使って新しい仕事を始めたかった」(×)　第2段落第1，2文参照。新しい仕事は始めていない。　ウ「智也は日本の農家は自分たちの農場でどのように働くかを変える必要があると思っている」(○)　第2段落最終文参照。　エ「ICT は農家に彼らの果物や野菜についての役立つ情報を与えてくれる」(○)　第3段落第8，9文参照。　オ「日本中の農家はすでに自分たちの農場でスマート農業を使っている」(×)　第4段落第5文参照。現在広がっているところである。

6　1つ目の由紀は「スピーチは素晴らしかった。私たちのよりよい生活のためにロボットを使った他の方法が多くあるとも思う」。先生の質問は「例を挙げられますか」。解答例は「私がいない間にロボットが私の家を掃除します」の意味。身近なことについて自分の考えを書けるように練習すること。

＜国語解答＞

一　(一)　①　しょうさい　②　もよお　③　区域　④　預ける
(二)　来不レ知レ去　(三)　エ　(四)　問一　イ　問二　ウ　問三　エ
問四　ア　問五　ウ　(五)　問一　いでいて　問二　ア　問三　イ

二　問一　ⓐ　刻　ⓑ　たが　ⓒ　とくしゅ　問二　ウ
問三　イ　問四　右図　問五　(例)特定のモノと結びつけて考えるのではなく，比べるための枠を探してから考えることができるようになる

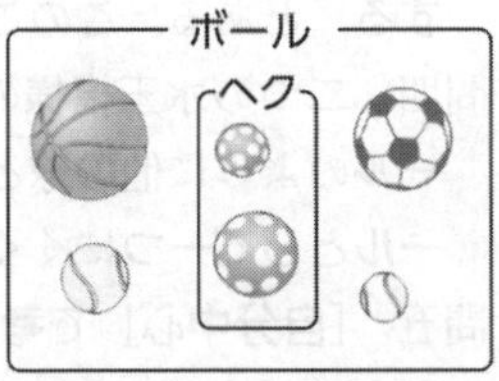

三　問一　ウ　問二　聖人不レ貴ニ尺之璧一　問三　ア
問四　エ　問五　(例)無意識の一瞬を過ぎていくままにすること。　問六　イ　問七　1　重んず　2　惜しまず　3　惜しんで

＜国語解説＞

一　(漢字の読み書き，脱文・脱語補充，熟語，ことわざ・慣用句，仮名遣い，品詞・用法，表現技法・その他，書写)

(一)　①　詳しいこと。細かな点。　②　「催」は，訓読みが「もよお・す」、音読みが「サイ」。訓読みの送り仮名に注意したい。　③　八画目は「口」の下に入る横画だ。上ではない。　④　「預」は「予」を「矛」にしない。

(二)　漢字の読む順番は「来」→「去」→「知」→「不」だ。「知」と「不」が一字返って読み，さらにその前には「知」と「去」を一字返して読むので，いずれもレ点を入れる。

(三)　いとへんの画数が省略されている。

(四)　問一　「よい」は体言を修飾している語だ。連体詞か形容詞か形容動詞の可能性がある。「—い」という活用語尾で体言に接続しているので形容詞と判断できる。

問二　「一挙両得」は，一つのことをして同時に二つの利益を得ること。同義は「一石二鳥」。ア「一朝一夕」はわずかの時日。イ「一長一短」は長所もある一方において必ず短所も伴ってあること。エ「一日千秋」は待ち遠しく感じること。

問三　修飾語と被修飾語である述語の順番が入れ替わっているので倒置法だ。

問四　傍線④「効果的」は，接尾語「—的」が付いた構成なので，同様に接尾語「—化」が付いた「本格化」を選ぶ。イは「非・公開」，ウ「新・学期」，エ「衣・食・住」で区切れる。

問五　⑤の直前で「文字だけでなく」と述べているので，「写真を載せる」というウが適切だ。

(五)　問一「ゐ」は，現代仮名遣いで「い」と書く。

問二　いつも「あはれ」がっているが，最近は「いみじく思し嘆く」とある。ひどくなった状態が「嘆く」で，悲しみを強く表しているのだから，ふだんの「あはれ」も悲しがっていることが読み取れる。

問三　翁に向けて「いふ」のは「近く使はるる人人」で，それを聞くのが「翁」である。

二　(論説文—大意・要旨，内容吟味，文脈把握，漢字の読み書き)

問一　ⓐ「刻み込む」は，覚えこむこと。　ⓑ「互」は訓読みが「たが・い」，音読みが「ゴ」。ⓒ「殊」は，つくりが「朱」なので音読みが「シュ」。

問二　傍線①の知識は，同段落にあるように「**自分の知識を使って**」漢字を読むことで得るような知識を指す。

問三　傍線②の直前に「これを直接確かめるために」とあるので，指示語「これ」の指す内容をおさえればよい。「これ」は前段落までに述べられたことを指していて，**子どもは新しい単語を覚えると，その「モノの名前」を示す単語を「すでに持っている他の単語との関係づけ」ることをする**，とある。このことを確かめようとしたのだ。

問四　二つの水玉模様の球はひとまとめにくくり，「ヘク」としてサッカーボールやバスケットボールのように**他の球と区別して「対立する関係」**に置く。そして，描かれている**すべての球はボールとして一つ**にくくる。

問五　**「自分中心」で考えるときは「特定のモノと結びつけて考え」る**が「相対的な見方」をするときは「比べるための枠が必要」で，子どもはその枠を「自分で探さなければならない」。したがって，**相対的な見方ができるようになるとは，比べるための枠を自分で探して考えることができる**ことを意味する。自己中心の考えを打ち消したあとに，相対的な見方の内容を続けるように書くとうまくまとまる。

三　**(漢文・古文―大意・要旨，内容吟味，文脈把握，脱文・脱語補充，語句の意味，表現技法・その他)**

【現代語訳】　わずかの時間を無駄にする人はいない。このことをよく分かっているからなのか，愚かな人がいるものだ。愚かで怠っている人のために言うならば，一銭は軽いといっても，これを積み重ねると，貧乏人を裕福な人にする。だから，商人が一銭を大切にする心は，非常に大切である。一瞬間は意識されないけれども，一瞬一瞬を過ごしていると，生涯を終える時期が，あっという間に来る。だから，仏道の修行をする人は，長い年月を無駄にしてはならない。ただこの一瞬間を，むなしく過ごすことを無駄に思うべきだ。

問一　ここの主語は「時は」だ。そして「遊ぶ」は，心のままに過ごして楽しむことなので，ここでは**時間が人に合わせることなく，自由に流れ流れていくこと**を表現している。

問二　漢字の読む順番は「聖」→「人」→「尺」→「之」→「璧」→「貴」→「不」となる。「不」と「貴」は**一字返って読むので「不」にレ点**が付く。「人」の後は「不」と「貴」を抜かして「尺」まで飛び，その後三字続けて読んでから「貴」に戻るので，**二字以上返って読む際に用いる一・二点**を用いる。

問三　「時難得而易失也」に該当する書き下し文「時の得難くして失い易ければなり」を参考にする。

問四　「切なり」は，**非常に大切である，重要である**という意味。ア「切断」は断ち切ること，イ「一切」はものすべてに行きわたること。すべて。ウ「切開」は切り開くこと。エ「切実」は身に染みて大切さを感じること。

問五　「これ」は一瞬間を意識しない状態を指す。したがって傍線⑤は，一瞬間を意識しない状態を続けていくこと，**意識しないまま過ごしていくこと**だと解釈できよう。

問六　仏道の修行をする人については最終段落に記述がある。それまでの本文で**無駄に年月を過ごしているとあっという間に死期がやってくる**ことを示し，限りある人生を「惜しむ」べきだといっている。**一瞬の重要性・一瞬の価値**に修行者は気づくべきなのだ。

問七　(1)は「軽く考えてはいけない」と同じ意味の語が入る。(2)・(3)は，「わずかな時間を大切にする」という意味になるように語を補うのだが，会話の後半で展開する「寸暇を惜しまず」と「寸暇を惜しんで」の言い方についての発端となる表現を(2)に入れなければならない。**十代**

は「寸暇を惜しまず」を多用し，「寸暇を惜しんで」は使われにくいということが【資料】から読み取れる。恵美さんもこの傾向と同じであることに気が付き，今後は注意したいと述べているので，最初に使った(2)に「惜しまず」が入り，訂正した(3)に「惜しんで」を補う。

MEMO

宮崎県公立高等学校（一般）

2021年度

★★★★★★★★★★★★★★★★★★★★★★★★

入 試 問 題

2021年度

●くわしい解説……55ページ

2021年 宮崎県公立高校入試　出題範囲について

令和２年５月13日付け２文科初第241号「中学校等の臨時休業の実施等を踏まえた令和３年度高等学校入学者選抜等における配慮事項について（通知）」を踏まえ，出題範囲について以下通りの配慮があった。

○一般入学者選抜における学力検査問題の出題範囲

数学	◇ 中学校第１学年から第２学年までの全内容。 ◇ 中学校第３学年の次の内容。 ・教科書［啓林館 未来へひろがる数学３］のＰ．１９３まで
英語	◇ 中学校第１学年から第２学年までの全内容。 ◇ 中学校第３学年の次の内容。 ・教科書［開隆堂 Sunshine 3］のＰ．９１まで
理科	◇ 中学校第１学年から第２学年までの全内容。 ◇ 中学校第３学年の次の内容。 ・教科書［啓林館 未来へひろがるサイエンス３］のＰ．２４１まで
社会	◇ 地理的分野、歴史的分野の全内容。 ◇ 公民的分野の次の内容。 ・教科書［東京書籍 新編 新しい社会 公民］のＰ．２０４まで ・教科書［日本文教出版 中学社会 公民的分野］のＰ．２０４まで
国語	◇ 中学校第１学年から第２学年までの全内容。 ◇ 中学校第３学年の次の内容。 ・教科書［東京書籍 新編 新しい国語３］のＰ．２０９まで ・教科書［光村図書 国語３］のＰ．１９６まで

※上記は宮崎県教育委員会発表資料による。

⇒除外された内容としては…

数学	「標本調査」
英語	中３年生で新たに学習する一部の単語・熟語
理科	「科学技術と人間」「科学技術の利用と環境保全」
社会	「私たちと国際社会の諸課題」のうち「よりよい社会を目指して」
国語	中３年生で新たに学習する一部の漢字

＜数学＞

時間　50分　満点　100点

1　次の(1)～(9)の問いに答えなさい。

(1)　$-3-6$　を計算しなさい。

(2)　$-\frac{7}{10}\times\left(-\frac{5}{21}\right)$　を計算しなさい。

(3)　$1-(-3)^2$　を計算しなさい。

(4)　$-4(a-b)+5(a-2b)$　を計算しなさい。

(5)　$(\sqrt{8}+\sqrt{18})\div\sqrt{2}$　を計算しなさい。

(6)　二次方程式 $x^2-10x=-21$　を解きなさい。

(7)　関数 $y=x^2$ について，x の変域が $-2\leqq x\leqq 1$ のときの y の変域を求めなさい。

(8)　右の表は，ある学校の２年生15人と３年生15人が，ハンドボール投げを行い，その記録の平均値，最大値，最小値についてまとめたものである。

２年生，３年生の記録について，この表から，**かならずいえること**を，次のア～エからすべて選び，記号で答えなさい。

（単位：m）

	２年生	３年生
平均値	24	25
最大値	30	32
最小値	15	17

ア　２年生の記録を大きさの順に並べたとき，その中央の値は24mである。
イ　２年生の記録の合計は，３年生の記録の合計よりも小さい。
ウ　２年生の記録の範囲と３年生の記録の範囲は等しい。
エ　３年生の記録の中で，もっとも多く現れる値は32mである。

(9)　下の図のように，直線 ℓ と円Oがあり，直線 ℓ 上に２点A，Bがある。

円Oの円周上にあり，△ABPの面積がもっとも小さくなるような点Pを，コンパスと定規を使って作図しなさい。作図に用いた線は消さずに残しておくこと。

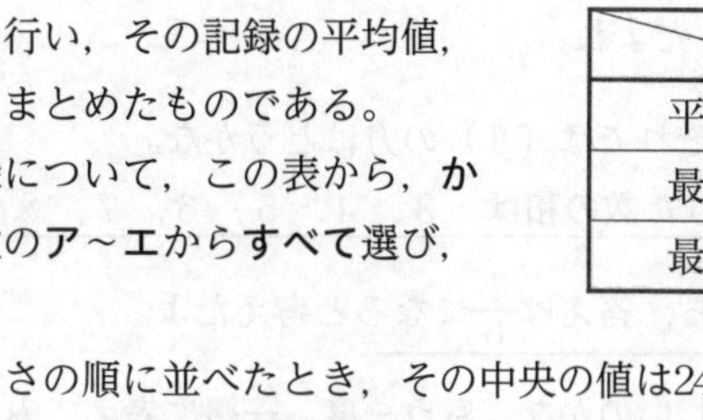

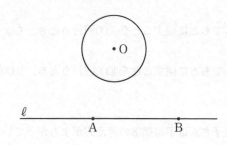

2 後の１，２の問いに答えなさい。

1 咲子《さきこ》さんと健太《けんた》さんは，次の【課題】について考えた。下の【会話】は，２人が話し合っている場面の一部である。

このとき，下の(1)，(2)の問いに答えなさい。

【課題】

右のように，1，2，3，4の数字が，それぞれ書かれた玉が１個ずつはいっている箱Aと，２，３，４の数字が，それぞれ書かれた玉が１個ずつはいっている箱Bがある。

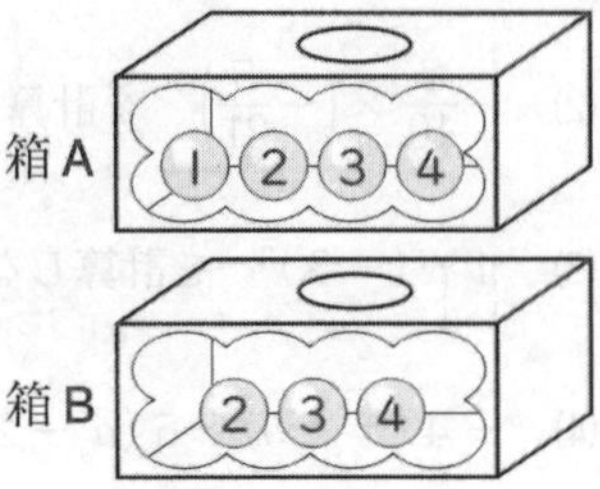

（Ⅰ） 箱Aの中から１個の玉を取り出すとき，３が書かれた玉が出る確率を求めなさい。
　ただし，どの玉の取り出し方も同様に確からしいとする。

（Ⅱ） 箱A，箱Bの中からそれぞれ１個ずつ玉を取り出すとき，玉に書かれた数の和が５になる確率を求めなさい。
　ただし，箱A，箱Bのそれぞれにおいて，どの玉の取り出し方も同様に確からしいとする。

【会話】

咲子：（Ⅰ）の答えは①$\frac{1}{4}$だよね。

健太：そのとおりだね。それでは（Ⅱ）の方はどうかな。

咲子：②２個の玉に書かれた数の和は，３，４，５，６，７，８の６通りあり，和が５になるのは１通りだから，答えは$\frac{1}{6}$になると考えたよ。

健太：その考え方は，正しいのかな。もう一度，一緒に考えてみよう。

(1) 【会話】の中の下線部①について，この確率の意味を正しく説明している文を，次のア～エから１つ選び，記号で答えなさい。

ア　１個の玉を取り出してもとに戻すことを４回行うとき，かならず１回，３が書かれた玉が出る。

イ　１個の玉を取り出してもとに戻すことを４回行うとき，少なくとも１回は，３が書かれた玉が出る。

ウ　１個の玉を取り出してもとに戻すことを4000回行うとき，ちょうど1000回，３が書かれた玉が出る。

エ　１個の玉を取り出してもとに戻すことを4000回行うとき，1000回ぐらい，３が書かれた玉が出る。

(2) この【会話】の後，咲子さんは下線部②の考え方がまちがっていることに気づきました。

（Ⅱ）について，答えを求める過程がわかるように，樹形図や表を用いて説明を書き，正しい答えを求めなさい。

2　次は，ある鉄道会社の列車の路線図と通常運賃表，団体割引についての案内の一部である。通常運賃については，下の**【表の見方】**にあるように，例えば，ある人がC駅から列車に乗り，F駅で降りる場合，720円である。

このとき，下の(1)，(2)の問いに答えなさい。

路線図

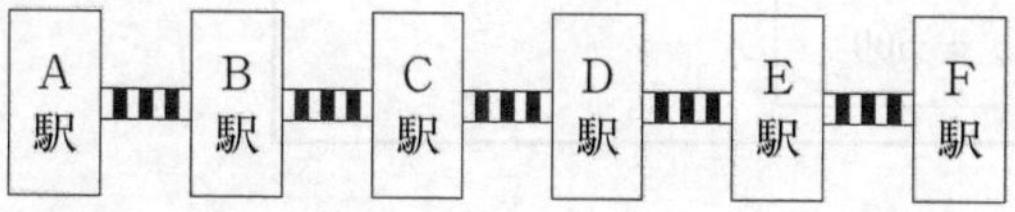

通常運賃表

＜大人・中学生1人あたり＞

（単位：円）

					F駅
				E駅	240
			D駅	300	540
		C駅	180	480	720
	B駅	120	300	600	840
A駅	360	480	660	960	1200

＜団体割引のご案内＞

20人以上の団体のお客様で，全員の乗る駅と降りる駅が同じ場合に，次のように通常運賃から割引します。（団体割引は大人と中学生をあわせて20人以上であれば適用されます。）

大　人	1人あたり30%引き
中学生	1人あたり50%引き

【表の見方】

(例) C駅から列車に乗り，F駅で降りる場合

（単位：円）

					F駅
				E駅	240
			D駅	300	540
		C駅	180	480	720
	B駅	120	300	600	840
A駅	360	480	660	960	1200

⇨ 通常運賃は720円

(1)　大人6人がA駅から列車に乗り，この6人のうち，3人がD駅で列車を降りた。その後，残りの3人はF駅で降りた。

このとき，6人の運賃の合計を求めなさい。

(2)　大人5人と中学生15人の計20人の団体が，団体割引を利用して，路線図の中のある駅から一緒に列車に乗り，別の駅で一緒に降りたところ，運賃の合計は6600円であった。

この列車は，A駅からF駅に向かって進むものとするとき，この20人がどの駅から乗り，どの駅で降りたか，方程式を使って求めなさい。

ただし，答えを求める過程がわかるように，式と計算，説明も書きなさい。

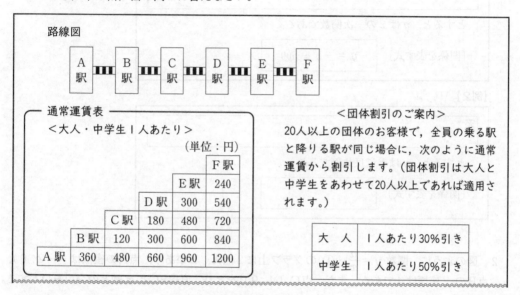

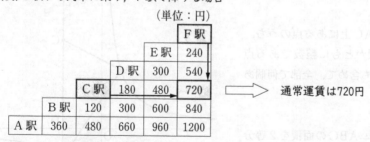

3 次の１，２の問いに答えなさい。

1 次の【例１】は，y が x の一次関数である例を示している。【例１】を参考にして，下の【例２】が，y が x に反比例する例になるように，ア には単位を含めて適切な文を，イ には式を入れなさい。

【例１】

500 mL の牛乳を，x mL 飲んだとき，残りの牛乳を y mL

とすると，y は x の一次関数である。

〔関係を表す式〕 $y = -x + 500$

【例２】

ア

とすると，y は x に反比例する。

〔関係を表す式〕 イ

2 図のように，関数 $y = \dfrac{a}{x}$ …① のグラフ上に２点A，Bがあり，点Aの座標は（－２，６），点Bの x 座標は４である。また，点C（４，９）をとり，直線BCと x 軸との交点をDとする。

線分AB，ACをひくとき，次の(1)～(3)の問いに答えなさい。

(1) a の値を求めなさい。

(2) △ABCの辺AC上にある点のうち，x 座標，y 座標がともに整数である点は，頂点A，Cも含めて，全部で何個あるか求めなさい。

(3) 点Dを通り，△ABCの面積を２等分する直線の式を求めなさい。

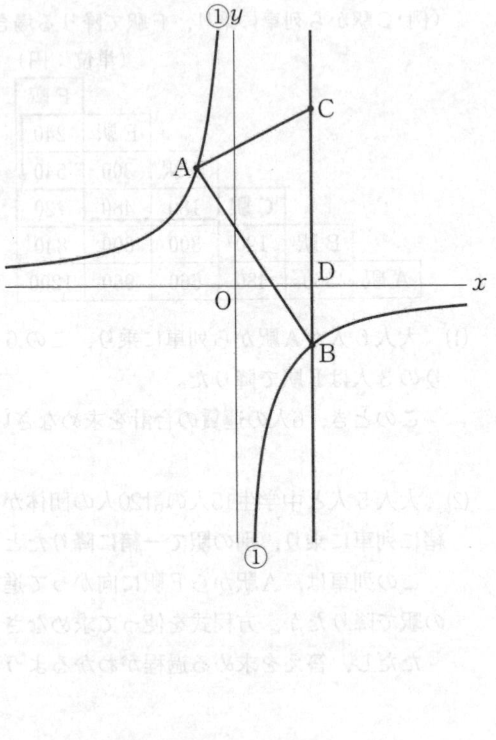

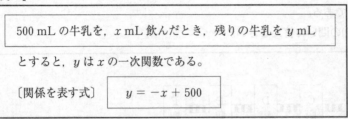

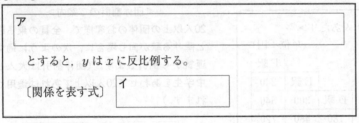

4　右の図のように，∠BCA＝90°の直角三角形ABCと，辺ABを１辺とする正方形EBAD，辺BCを１辺とする正方形BFGCがある。線分AF，ECをひき，AFとECの交点をHとする。

このとき，次の１～３の問いに答えなさい。

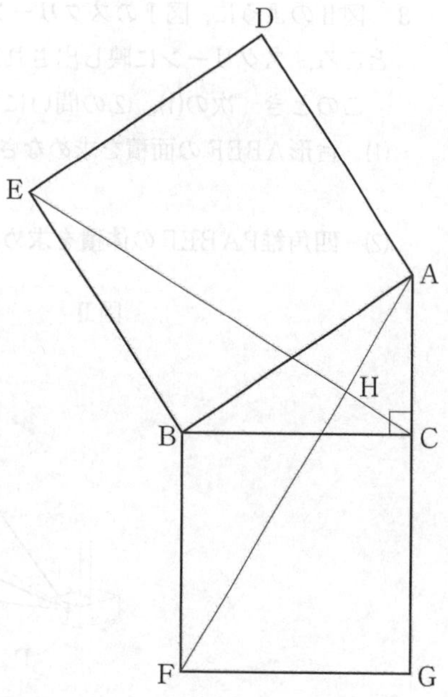

1　∠ABC＝35°のとき，∠DAGの大きさを求めなさい。

2　△ABF≡△EBCであることを証明しなさい。

3　BC＝３㎝，AC＝２㎝のとき，次の⑴，⑵の問いに答えなさい。

⑴　四角形ECADの面積を求めなさい。

⑵　３点A，B，Hを通る円をかくとき，この円において，点Hを含む方の$\overset{\frown}{AB}$の長さを求めなさい。

ただし，円周率はπとする。

5　和恵《かずえ》さんの学校のプロジェクタは，電源を入れると，図Ⅰのように，水平な床に対して垂直なスクリーンに，四角形の映像を映し出す。

プロジェクタの光源をP，四角形の映像を長方形ABCDとするとき，プロジェクタから出る光によってできる空間図形は，点Pを頂点とし，長方形ABCDを底面とする四角錐《すい》になるものとする。

このとき，後の１～３の問いに答えなさい。

ただし，PA＝PB＝PC＝PD＝13m，AB＝６m，AD＝８mとする。また，直線ABは水平な床に対して垂直であり，スクリーンは平面であるものとする。

図Ⅰ

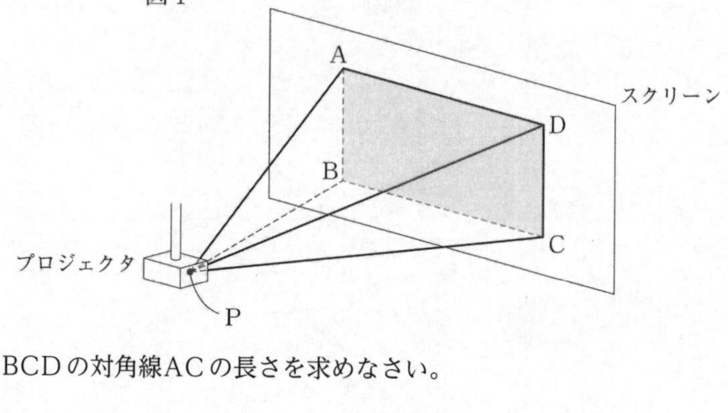

1　長方形ABCDの対角線ACの長さを求めなさい。

2　四角錐PABCDの体積を求めなさい。

3 図Ⅱのように，図Ⅰのスクリーンを，直線ABを回転の軸として矢印の向きに45°回転させたところ，スクリーンに映し出された長方形ABCDの映像が，台形ABEFに変わった。

このとき，次の(1)，(2)の問いに答えなさい。

(1) 台形ABEFの面積を求めなさい。

(2) 四角錐PABEFの体積を求めなさい。

図Ⅱ

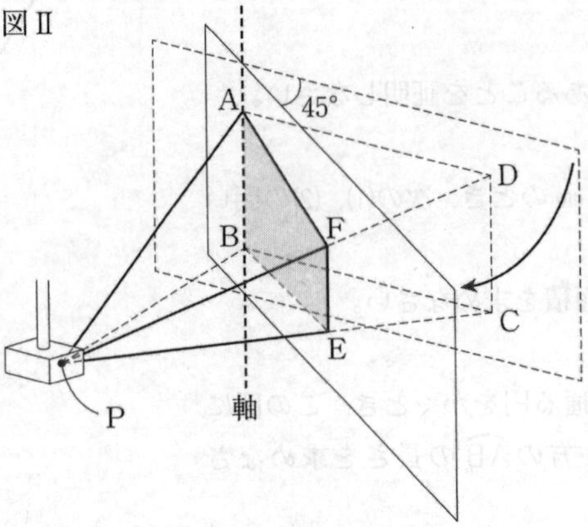

＜英語＞

時間　50分　　満点　100点

1　次の１～４は，リスニングテストです。放送の指示に従って答えなさい。

1

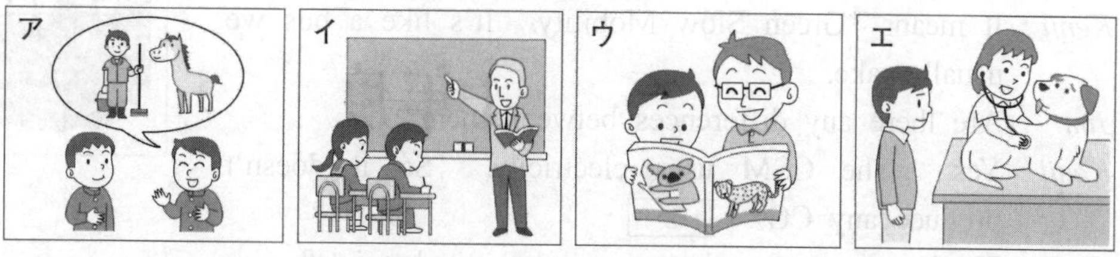

2　No. 1

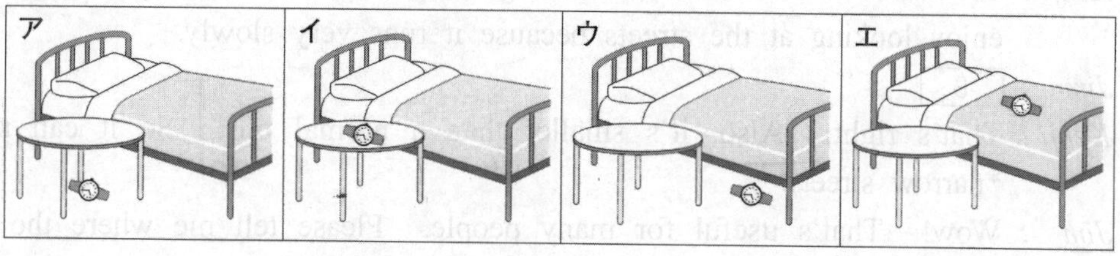

No. 2

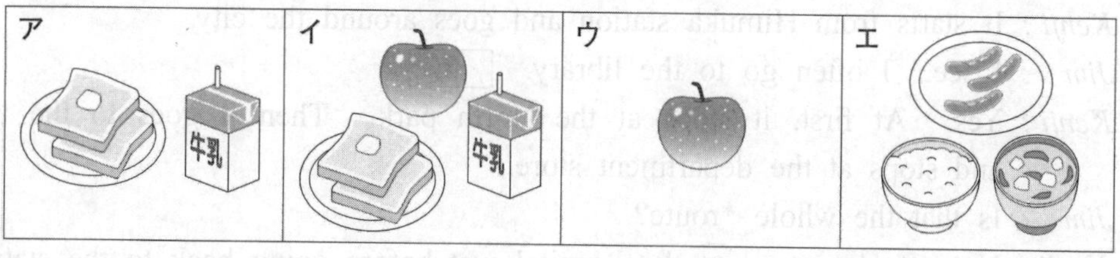

No. 3　ア　8:15 a.m.　　イ　8:30 a.m.　　ウ　8:33 a.m.　　エ　8:50 a.m.

3　No. 1　ア　2 weeks　　イ　3 weeks　　ウ　4 weeks　　エ　5 weeks

No. 2　ア　Desk 1　　イ　Desk 2　　ウ　Desk 3　　エ　Desk 4

No. 3

ア	イ	ウ	エ
（月～金） 9 a.m. ～ 6 p.m. （土） 8 a.m. ～ 6 p.m.	（月～金） 9 a.m. ～ 6 p.m. （土） 9 a.m. ～ 5 p.m.	（火～土） 9 a.m. ～ 6 p.m. （日） 8 a.m. ～ 6 p.m.	（火～土） 9 a.m. ～ 6 p.m. （日） 9 a.m. ～ 5 p.m.

4

[2] 次の対話は，健二（Kenji）と留学生のジム（Jim）が話をしているときのものです。下の１，２の問いに答えなさい。

GSM

Jim　: What's that, Kenji?

Kenji : It's a GSM. It runs around our city.

Jim　: [1]

Kenji : It means *Green Slow Mobility. It's like a bus we usually take.

Jim　: Are there any differences between them?

Kenji : Yes. The GSM uses electricity. So it doesn't produce any CO_2. [2]

Jim　: That's great. Are there any other good points?

Kenji : Of course. It has some other good points. For example, people can enjoy looking at the streets because it runs very slowly.

Jim　: [3]

Kenji : That's right. Also, it's smaller than a normal bus. So it can run in *narrow streets.

Jim　: Wow! That's useful for many people. Please tell me where the GSM runs.

Kenji : It starts from Himuka station and goes around the city.

Jim　: I see. I often go to the library. [4]

Kenji : Yes. At first, it stops at the North park. Then it goes to the library and stops at the department store.

Jim　: Is that the whole *route?

Kenji : No. It also stops at the hospital just before going back to the station.

Jim　: That's nice. [5]

Kenji : Right! My grandmother often needs to go there. But she has no car. It's useful for her to take the GSM.

Jim　: I think <u>this route</u> is wonderful.

（注）　Green Slow Mobility　グリーンスローモビリティ（旅客自動車の名称）　narrow　狭い
route　路線

１　[1] ～ [5] に入る最も適切なものを，それぞれ次のア～オから１つずつ選び，記号で答えなさい。

ア　Does it stop there?

イ　Oh, it's good for sightseeing.

ウ　What does GSM mean?

エ　It does little damage to the environment.

オ　It can help sick people.

２　次のページの【地図】の①～⑤は，GSM の停留所がある建物や施設を表しています。対話の内容から，下線部 <u>this route</u> として最も適切なものを，あとの**ア**～**エ**から１つ選び，記号で答えなさい。

ア ①→②→⑤→③→④→①

イ ①→②→⑤→④→③→①

ウ ③→①→②→⑤→④→③

エ ③→①→②→④→⑤→③

【地図】

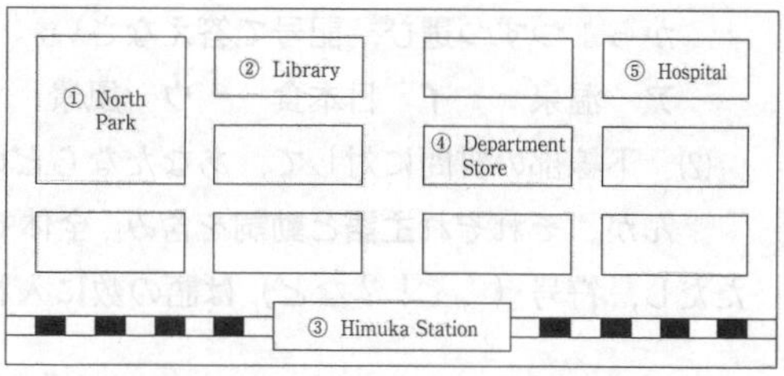

3 次の１～３の問いに答えなさい。

1 次の対話の（１）～（４）に入る最も適切なものを，それぞれア～エから１つずつ選び，記号で答えなさい。

A： Those pictures on the wall （ 1 ） good.

B： Thanks. I （ 2 ） them on New Year's Day this year.

A： That's nice. Who's the man （ 3 ） a *kimono*?

B： He's my （ 4 ）. He's my mother's brother.

（1） ア am　イ is　ウ are　エ be

（2） ア take　イ took　ウ taken　エ am taking

（3） ア wear　イ wore　ウ worn　エ wearing

（4） ア uncle　イ aunt　ウ son　エ daughter

2 次の(1)，(2)の対話について，（ ）内の語をすべて用い，意味がとおるように並べかえて，正しい英文を完成させなさい。

ただし文頭にくる語も小文字で示してあります。

(1) *A*： I'm going to go to Canada to study English next week.

B： Really? （ come / you / when / back / will ） to Japan?

(2) *A*： Have you decided the name of your new dog?

B： Yes. I （ Shiro / it / after / its / named ） color.

3 次の英文を読んで，あとの(1)，(2)の問いに答えなさい。

Do you see any foreigners who travel around Miyazaki? A lot of foreigners have visited Japan to enjoy many things.

Please look at the graph below. It shows what these foreigners wanted to enjoy before they visited Japan. More than 50 percent of the foreigners wanted to enjoy shopping and Japanese food. Japanese food was the most popular among them. Also, hot springs were not as popular as scenery.

Miyazaki is a good place for sightseeing. We want more foreigners to know about Miyazaki. <u>What can you do about this?</u>

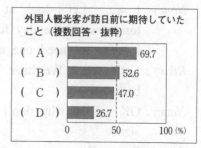

外国人観光客が訪日前に期待していたこと（複数回答・抜粋）

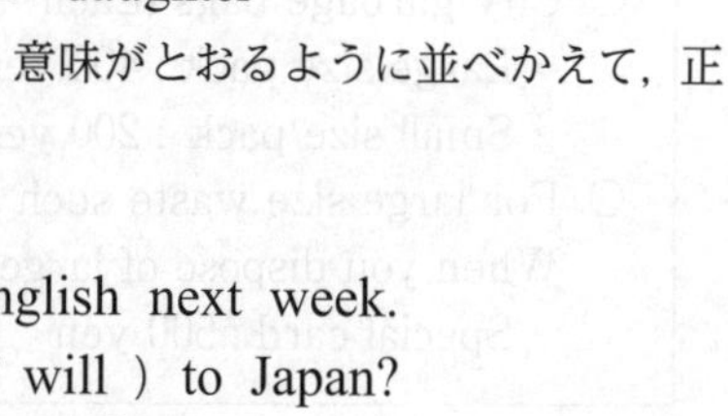

（観光庁資料より作成）

(1) 前のページのグラフの項目（A）～（D）に入る最も適切なものを，それぞれ次のア～エから１つずつ選び，記号で答えなさい。

ア 温泉　**イ** 日本食　**ウ** 風景　**エ** 買い物

(2) 下線部の質問に対して，あなたならどのように答えますか。**英文**はいくつでもかまいませんが，それぞれ**主語と動詞**を含み，全体で**７語以上**になるように書きなさい。

ただし，符号（，．！？など）は語の数に入れないものとします。

4 里香（Rika）が，里香の家にホームステイ中のナンシー（Nancy）と話をしています。**【案内】**と**【二人の対話】**をもとに後の１～４の問いに答えなさい。

【案内】

Collecting *Garbage and Recycling Information

Types of Garbage	Day (Time)	Other Information
*Burnable Garbage	Monday and Friday (by 8:30 a.m.)	Put your garbage in a garbage bag made by this city.
Old Clothes	Wednesday (by 8:30 a.m.)	Don't *dispose of it on a rainy day.
Plastics	Thursday (by 9:00 a.m.)	Only plastics with プラ.

○ City garbage bags (Each *pack has 10 bags in it.)
- Large size pack : 400 yen
- Medium size pack : 300 yen
- Small size pack : 200 yen

○ For large size waste such as chairs and bikes, please put a special card on it. When you dispose of large size waste, please call 0120-XXX-XXX.
- Special card : 500 yen

（注） garbage　ごみ　　burnable　燃やせる　　dispose of　～を捨てる　　pack　包み

【二人の対話】

Rika : Thanks for your help. We've cleaned our house and collected lots of garbage.

Nancy: You're welcome. But how can we dispose of that large chair?

Rika : Well. Look at this information. We need to put a special card on the chair and [①] to dispose of it.

Nancy: I see. Let's look at the information again. Today is Thursday. So tomorrow is the day for the [②]. Oh, we have no city garbage bags. I guess we need one medium size pack.

Rika : Let's see. We have lots of garbage. I think one large size pack is better.

Nancy: OK. Then why don't we go out to buy one card and one pack of that size?

Rika : Sure. We must pay (　　　) yen for them, right?

Nancy: That's right. Before we go out, let's dispose of the ③ .
Rika : Wait. It's almost 11:00. So we should dispose of them next week.

1 次の質問の答えとして，下線部に入る適切な語を，英語１語で書きなさい。
（質問） How many times is burnable garbage collected in this city?
（答え） It's collected ______ a week.

2 【二人の対話】の ① に入る最も適切なものを，次のア～エから１つ選び，記号で答えなさい。
ア clean our house　イ collect garbage
ウ recycle it　エ call this number

3 【二人の対話】の ② と ③ に入る最も適切なものを，それぞれ次のア～エから１つずつ選び，記号で答えなさい。
ア burnable garbage　イ old clothes
ウ plastics　エ large size waste

4 【二人の対話】の（ ）に入る適切な数字を答えなさい。

5 次の英文は，俊貴（Toshiki）が中学生の時に経験したことをもとに書かれたものです。後の１～６の問いに答えなさい。

"What's happening?" Toshiki said when he read a newspaper before going to school. It said, "A lot of *wild animals are caught to protect people and the *fields around this city."

At school, Toshiki showed the newspaper to his teacher and classmates. They talked about why many wild animals came to the city. Their teacher said to the class, "I'll tell you one of the reasons. Some wild animals get their food from *broadleaf trees. However, people have *cut down these trees. Now the animals don't have anything to eat in mountains. So they come to the city to look for food." The students felt sad after hearing that. （ A ）

After school, Toshiki and his classmates began to study about this problem to save the wild animals. They found many wild animals were caught all over Japan. But they couldn't find out how to save the animals. Then Toshiki said, "We are too young to save the wild animals." But their teacher said, "Never *give up. If you really want to make a change, you should think deeply about the problem." All the students agreed. （ B ） They decided to continue thinking together about how to save the wild animals.

One day, Toshiki and his classmates visited a farmer to talk about this problem. The farmer said, "The wild animals come to our fields and eat the vegetables. （ C ） I think we farmers may make this situation. The vegetables we left in the fields are good food for the animals. They come to eat the vegetables to live. I know that. But we have to catch them to protect our vegetables." Toshiki couldn't decide what he should do.

That night, Toshiki talked about this with his mother. She said, "I know you really want to save the wild animals. I want to save them too. At the same time, I want you to understand what the farmers think. (D)" Toshiki thought he should save the wild animals and help the farmers.

A few days later, Toshiki and his classmates visited many farmers. They started a project to *tackle the problem together. A lot of farmers began to join it quickly. The students and the farmers worked to protect the fields. They also worked to [1] for the wild animals. One day, ① <u>the TV news</u> reported about their project. Later, their project spread all over the city.

10 years later, Toshiki was 25 years old. He became a teacher in a high school. He sometimes told his students about the experience. One day, one of his students came to him with a newspaper. She said, "② <u>Many children in the world are suffering from hunger.</u> I'd like to save them. But I can't do anything because I'm too young." Toshiki said to her, "If you want to save the children, [2]."

（注） wild　野生の　　field　畑　　broadleaf tree　広葉樹　　cut down　～を切り倒す
　　give up　あきらめる　　tackle　～に立ち向かう

1　次の⑴～⑶の英文を，本文の内容と合うように完成させるのに，最も適切なものを，それぞれア～エから１つずつ選び，記号で答えなさい。

⑴ After Toshiki read a newspaper, ＿＿＿＿.

ア he showed his classmates some broadleaf trees
イ he came to his school to look for another newspaper
ウ he told his classmates how wild animals got their food
エ he took it to his school for his teacher and classmates to read

⑵ After school, Toshiki and his classmates ＿＿＿＿.

ア studied about the problem to catch the wild animals
イ got a good idea to save the wild animals
ウ found people caught wild animals all over Japan
エ thought they were young enough to save the wild animals

⑶ ＿＿＿＿ when he was 25 years old.

ア Toshiki showed a newspaper to his students
イ Toshiki worked at high school
ウ Toshiki suffered from hunger
エ Toshiki saved many children in the world

2　次の英文は，文中の（A）～（D）のどこに入るのが最も適切か，記号で答えなさい。

They need to protect the vegetables for their everyday lives.

3　文中の [1] に入る最も適切なものを，次のア～エから１つ選び，記号で答えなさい。

ア cut down the broadleaf trees　　イ leave some vegetables in the fields
ウ make the problem worse　　エ fix the environment in the mountains

4　次の対話は，下線部①the TV newsの取材で行われたインタビューの一部です。本文の内容に合うように（ア）と（イ）に入る最も適切な**英語１語**を，それぞれ**本文中からそのまま抜き出して**答えなさい。

Interviewer :　What did you learn from this project?
Toshiki　　:　Well.　I learned that even（　ア　）people like us can change a situation if we try.　Of course, I couldn't start this project alone without the help of others.　So we need to work（　イ　）to find a good solution to the problem.

5　文中の［ 2 ］に入る最も適切な**連続した７語の英語**を，**本文中からそのまま抜き出して**答えなさい。

6　文中の下線部②の問題に対して，あなたができる取り組みの具体例を**英文**で答えなさい。英文はいくつでもかまいませんが，それぞれ**主語**と**動詞**を含み，全体で**９語以上**になるように書きなさい。
　ただし，本文中の「study about this problem」と「start a project」以外の取り組みを書くこと。
　また，符号（, . ! ? など）は語の数に入れないものとします。

＜理科＞

時間　50分　満点　100点

1　次の文は，刺激に対する反応のしくみについての真《まこと》さんと優衣《ゆい》さんの会話である。次の会話文を読んで，後の１～４の問いに答えなさい。

真　：　学習したa瞳の大きさの変化について，家で実際に確かめてみたら，本当に変化したよ。

優衣：　瞳の大きさの変化のように，b刺激に対して無意識に起こる，生まれつきもっている反応は反射といわれることを学習したね。

真　：　刺激に対する反応には，神経が関わっているよね。

優衣：　ヒトの神経系は，脳や脊髄《せきずい》からなる□神経と，そこから枝分かれした末しょう神経で構成されていたね。

真　：　反射だけではなく，意識して起こる反応にも神経が関わっているはずだから，それについて調べてみよう。

1　下線部aに関して，明るいところから暗いところへ移動したときの変化を説明したものとして，適切なものはどれか。次のア～エから１つ選び，記号で答えなさい。

ア　虹彩《こうさい》のはたらきにより，瞳の大きさが小さくなる。

イ　虹彩のはたらきにより，瞳の大きさが大きくなる。

ウ　レンズのはたらきにより，瞳の大きさが小さくなる。

エ　レンズのはたらきにより，瞳の大きさが大きくなる。

2　下線部bの例として，適切なものはどれか。次のア～エから１つ選び，記号で答えなさい。

ア　友人に名前を呼ばれて，返事をした。

イ　飛んでくるボールを見て，バットを振った。

ウ　短距離走で笛の音を聞いて，走り出した。

エ　口の中に食物が入ると，自然にだ液が出た。

3　□に入る適切な言葉を書きなさい。

4　真さんたちは，意識して起こる反応について調べるために，次のような実験を行い，結果を表にまとめた。後の(1)，(2)の問いに答えなさい。

〔実験〕

①　図１のように，11人で背中合わせに手をつないで輪になった。

②　最初の人は，ストップウォッチをスタートさせると同時に，となりの人の手をにぎった。手をにぎられた人は，さらにとなりの人の手をにぎり，これを手を見ないようにして次々に行った。

③　最後の人は，最初の人からすぐにストップウォッチを

図１

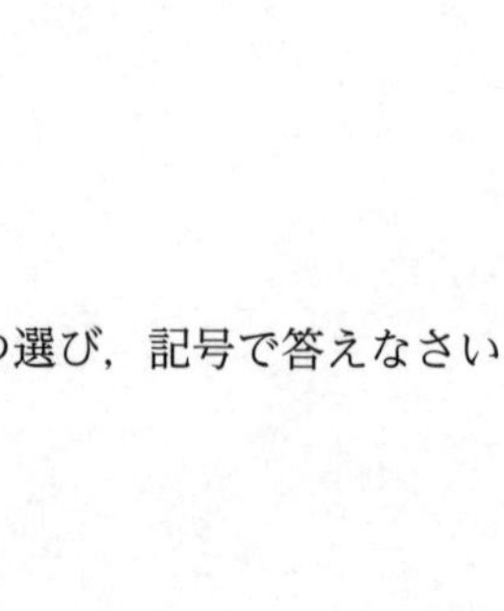

受けとり，自分の手がにぎられたらストップウォッチを止めた。
④　計測した時間を，刺激や命令の信号が伝わる時間として記録した。
⑤　①～④を３回行い，平均値を求めた。

表

回数〔回〕	1	2	3	平均値
時間〔秒〕	2.80	2.69	2.61	2.70

(1)　**実験**において，刺激を受けてから反応を起こすまで，信号はどのような経路で伝わるか。信号が伝わる順になるように，**図２**の**ア**～**カ**から必要な記号を**すべて**選び，左から順に並べなさい。

図２

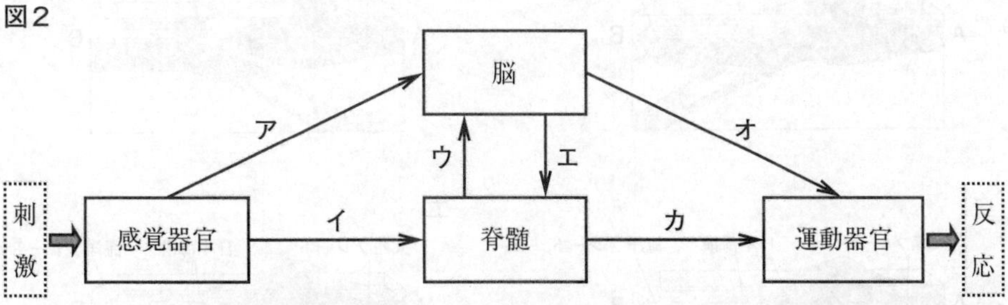

(2)　１人の人の右手から左手まで信号が伝わる経路の距離を1.5mとしたとき，右手から左手まで信号が伝わる平均の速さは何m/sになるか，**表**の平均値をもとに求めなさい。ただし，答えは，小数第２位を四捨五入して求めなさい。なお，最初の人は，スタートと同時にとなりの人の手をにぎるので，計算する際の数には入れないものとする。

2　小春《こはる》さんは，プレートの動きや地層について調べることにした。後の１，２の問いに答えなさい。

１　小春さんは，日本付近の地震の震央の分布を示す**図１**を見つけた。**図１**の**A**は日本海のある地点を，**B**は太平洋のある地点をそれぞれ示している。後の(1)，(2)の問いに答えなさい。

図１

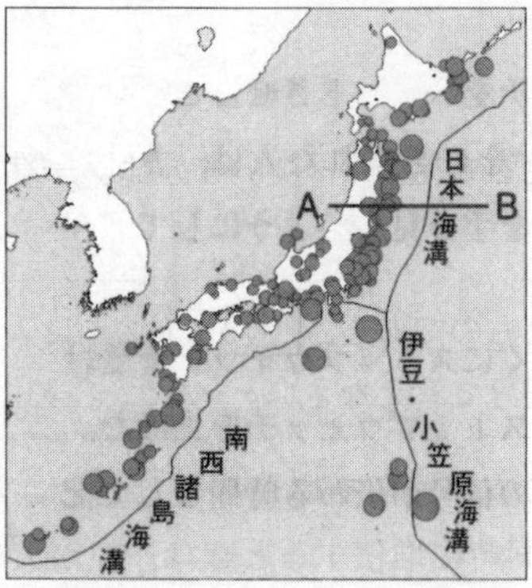

（「気象庁ホームページ」他より作成）

図１の●の中心は震央を示し，●の大きさは地震の規模を示している。

⑴　地震の規模に関する説明として，適切なものはどれか。次のア～エから１つ選び，記号で答えなさい。

ア　マグニチュードで表され，値が大きいほど地震のエネルギーは大きい。

イ　マグニチュードで表され，ふつう，観測地点が震央に近いほど値が大きくなる。

ウ　震度で表され，値が大きいほど地震のエネルギーは大きい。

エ　震度で表され，ふつう，観測地点が震央に近いほど値が大きくなる。

⑵　図１のA－B間のプレートのようすや動きを表す模式図として，適切なものはどれか。次のア～エから１つ選び，記号で答えなさい。ただし，図中の矢印はプレートが動く方向を示している。

ア

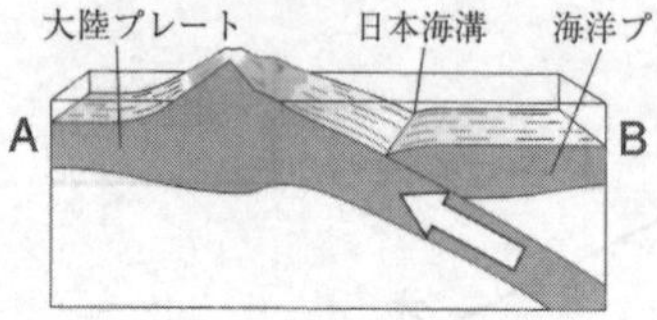

イ

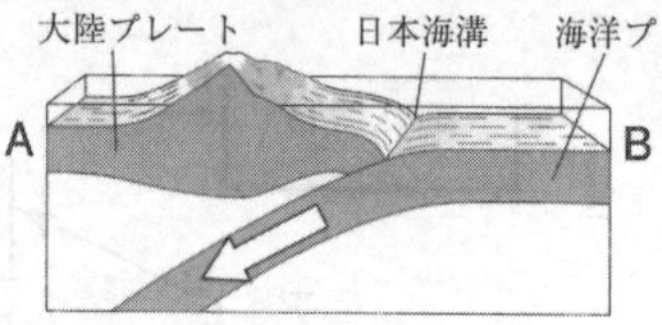

ウ

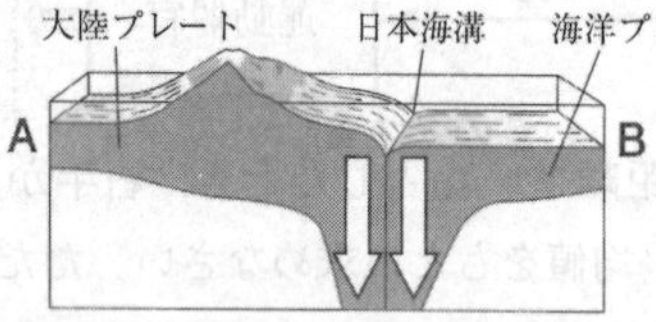

エ

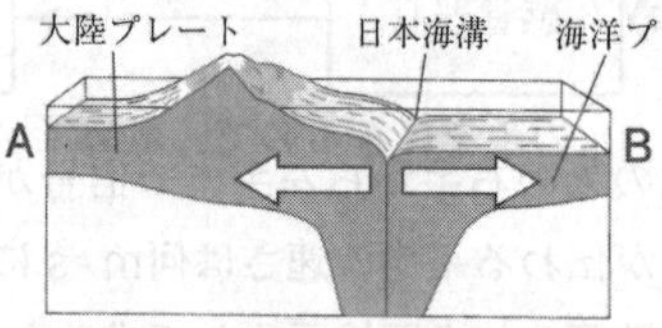

2　次の文は，地層についての小春さんと先生の会話である。次の会話文を読んで，後の⑴～⑶の問いに答えなさい。

小春：　この「鬼の洗濯板」とよばれる地層では，どうして凹凸が見られるのですか。

先生：　この地層は，砂と泥が交互に重なって堆積したものが，長い年月の間に砂岩や泥岩となってできました。泥岩の方が侵食が激しく，このような凹凸ができたのですよ。

小春：　他の地層も見てみたくなりました。

先生：　学校の近くで観察できる地層では化石も見つかっていますよ。一緒に行って観察してみましょう。

⑴　次の文は，砂と泥の堆積について説明したものである。［①］，［②］に入る適切な言葉の組み合わせを，後のア～エから１つ選び，記号で答えなさい。

河口に運ばれた砂と泥では，［①］の方が河口や岸から離れたところで堆積しやすい。また，粒の大きさがちがうものが同時に堆積するときは，粒が大きなものほど［②］沈む。

ア　①：泥　②：速く　　イ　①：泥　②：ゆっくり
ウ　①：砂　②：速く　　エ　①：砂　②：ゆっくり

⑵　小春さんは，観察の前に化石について調べたところ，示相化石とよばれる化石があることを知った。示相化石からはどのようなことが推定できるか，簡潔に書きなさい。

⑶　小春さんは，学校の近くの崖《がけ》に見られる地層のようすを図２のように記録し，それぞれの層の特徴を表のようにまとめた。この地層に関して考えられることとして，最も適切なものはどれか。下のア～エから１つ選び，記号で答えなさい。

図２

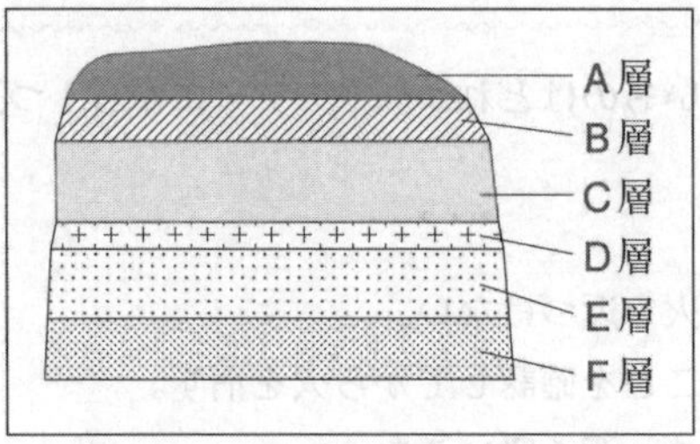

表

層	特　徴
A	茶色の砂岩の層
B	うすい茶色の泥岩の層
C	灰色がかった茶色の砂岩の層
D	凝灰岩の層
E	灰色の泥岩の層 アンモナイトの化石が見つかった。
F	灰色の砂岩の層

ア　A，C，Fの砂岩の層は，同じ時期に堆積した。
イ　A～F層は，すべて陸上で堆積した。
ウ　D層が堆積した時期は，火山活動が起こっていた。
エ　E層は，新生代に堆積した。

3　智也《ともや》さんは，混合物から目的の物質をとり出す方法について調べた。後の１，２の問いに答えなさい。

１　智也さんは，液体成分として水とエタノールがふくまれるみりんから，エタノールをとり出せないかと考え，仮説を立てて実験Ⅰを行い，次のようなレポートにまとめた。後の⑴～⑶の問いに答えなさい。ただし，みりんにふくまれる水とエタノール以外の物質は考えないものとする。

〔レポート〕（一部）

【学習問題】　みりんからエタノールをとり出せるだろうか。

【仮説】　蒸留を利用すると，・・・

【実験Ⅰ】　①　図１のように，枝つきフラスコにみりん25 cm^3と沸とう石を入れ，弱火で加熱した。

②　出てきた液体を順に３本の試験管に約２ cm^3ずつ集め，加熱をやめた。３本の試験管を，液体を集めた順に，試験管A，B，Cとした。

③　試験管A，B，Cにたまった液体のにおいを比べた。

④　試験管A，B，Cにたまった液体をそれぞれ蒸発皿に移し，マッチの火を近づけ，ちがいを比べた。

図１

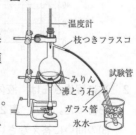

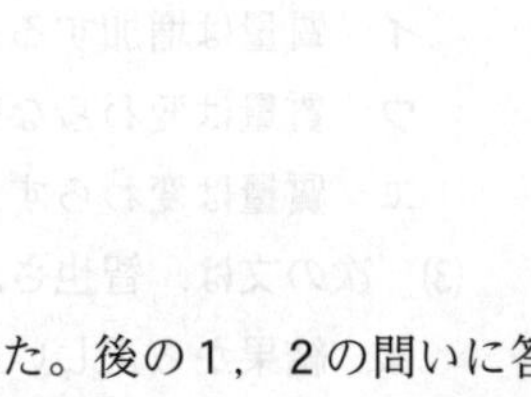

【結果】　表1

試験管	A	B	C
液体のにおい	エタノールのにおいがした。	少しエタノールのにおいがした。	ほとんどにおいはしなかった。
火を近づけたときのようす	火がついて，しばらく燃えた。	火がついたが，すぐに消えた。	火がつかなかった。

【考察】　表1から，試験管Aにはエタノールが多くふくまれており，試験管Cにはエタノールよりも水が多くふくまれていると考えられる。

⑴　**実験Ⅰ**を行うときの注意点として，**適切でないもの**はどれか。次のア～エから1つ選び，記号で答えなさい。

ア　沸とう石は，液体を加熱する前に入れる。
イ　加熱中は，出てくる物質やたまった液体に火を近づけない。
ウ　ガラス管が試験管の液体につかっていないことを確認してから火を消す。
エ　液体のにおいをかぐときは，できるだけ長く，深く吸いこむ。

⑵　エタノールが液体から気体に状態変化するときの説明として，適切なものはどれか。次のア～エから1つ選び，記号で答えなさい。

ア　質量は増加し，分子どうしの間隔が広がるため，体積も増加する。
イ　質量は増加するが，分子どうしの間隔は変わらないため，体積は変化しない。
ウ　質量は変わらないが，分子どうしの間隔が広がるため，体積は増加する。
エ　質量は変わらず，分子どうしの間隔も変わらないため，体積も変化しない。

⑶　次の文は，智也さんが**実験Ⅰ**を行う前に，**図2，3**をもとに立てた**仮説**であり，この**仮説**は，**結果**から正しいことがわかった。□に入る適切な内容を，「**エタノール**」，「**水**」という言葉を使って，簡潔に書きなさい。ただし，**図2**は，水とエタノールの混合物を加熱したときの温度変化を示しており，**図3**は，エタノールを加熱したときの温度変化を示している。

【仮説】
蒸留を利用すると，□により，みりんからエタノールをとり出せるだろう。

図2

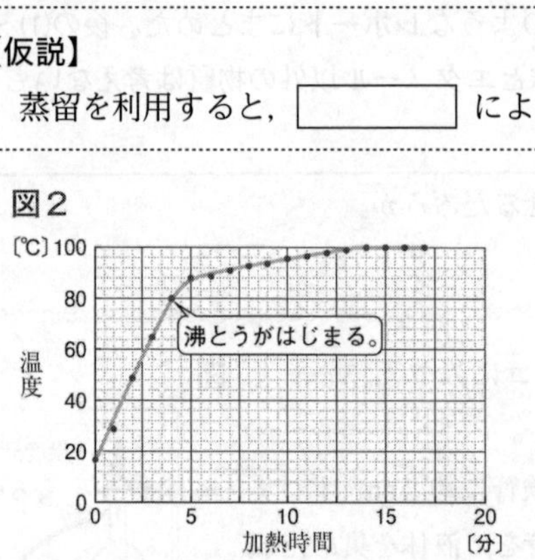

図3

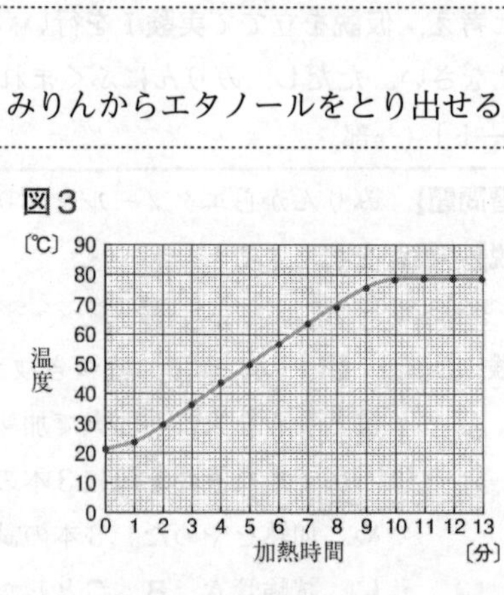

2　次に智也さんは，液体と固体の混合物に興味をもち，水にとけた物質をとり出すために**実験Ⅱ**を行った。また，**表2**は，水100gにとける硝酸カリウムの質量を表したものである。後の⑴～⑶の問いに答えなさい。

〔実験Ⅱ〕

① 80℃の水50gが入ったビーカーを用意した。
② ①の水を80℃に保ったまま，硝酸カリウムを入れてかき混ぜ，とけ残りがないように飽和水溶液をつくった。
③ できた飽和水溶液を20℃まで冷やし，図4のようにろ過して，硝酸カリウムの固体をとり出した。

図4

表2

水の温度〔℃〕	硝酸カリウム〔g〕
20	31.6
40	63.9
60	109.2
80	168.8

⑴ 実験Ⅱの②の飽和水溶液の質量パーセント濃度として，最も適切なものはどれか。次のア～エから１つ選び，記号で答えなさい。

ア 約46%　　イ 約63%　　ウ 約77%　　エ 100%

⑵ 実験Ⅱの③で，とり出した固体を，水を蒸発させてから顕微鏡で観察すると，図5のように規則正しい形をしていることがわかった。純粋な物質でこのような規則正しい形をした固体を何というか，漢字で書きなさい。

図5

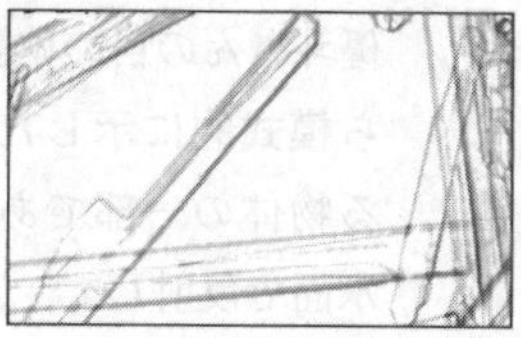

⑶ 実験Ⅱの③で，硝酸カリウムの固体は何gとり出すことができると考えられるか，求めなさい。

4 次の文は，優斗《ゆうと》さんがイルミネーションを見に行ったことを，香奈《かな》さんに話しているときの会話である。次の会話文を読んで，後の１～３の問いに答えなさい。

優斗： とてもきれいなイルミネーションだったよ。
香奈： 何がいちばん印象に残っているの。
優斗： 光る文字が池の水面に映って，「ＦＵＮ」に見えるようになっていたのが特に印象的だったよ。イルミネーションを見ていたら，鏡を使った反射の実験を思い出して，光についてもっと調べてみたくなったよ。
香奈： 私も興味があるので，一緒に調べてみましょう。

1 図１は，光が鏡で反射するときの光の道すじを示したものである。「反射角」として適切なものはどれか。図１のア～エから１つ選び，記号で答えなさい。ただし，光は矢印の方向に進んでおり，点線は，鏡の面に垂直な直線を示している。

図１

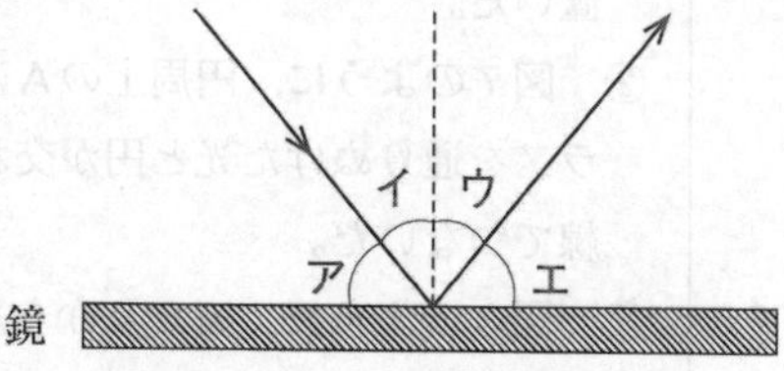

2 次のページの図２は，優斗さんと「ＦＵＮ」の文字をつくる物体との位置関係を示している。また，図３は，水面に映った文字を模式的に示したものである。後の⑴，⑵の問いに答えなさい。ただし，「ＦＵＮ」の文字をつくる物体は▨でかくされた部分に設置されている。

図２

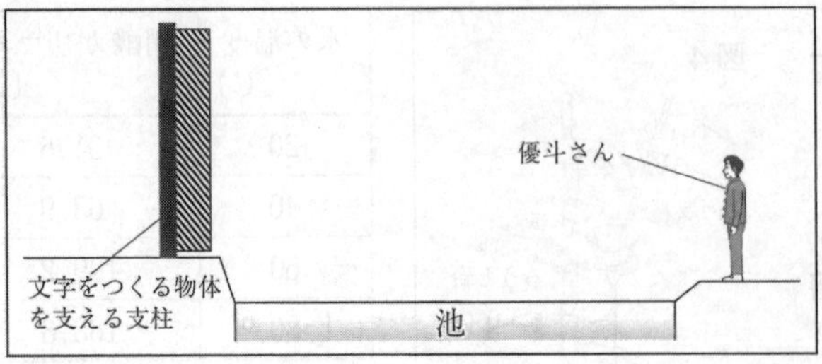

図３

(1) 優斗さんの位置から，図３のように，「ＦＵＮ」と見えるようにするためには，「Ｆ」の文字をつくる物体は，優斗さんから見て，どの向きに設置すればよいか。次のア～エから１つ選び，記号で答えなさい。

ア　イ　ウ　エ

(2) 図４は，図２の文字をつくる物体の一部と優斗さんの目の位置との位置関係を，真横から模式的に示したものである。文字をつくる物体の一部である●で示した部分の光が水面で反射して，○で示した優斗さんの目の位置に届くまでの光の道すじを，解答用紙にかき入れなさい。

図４

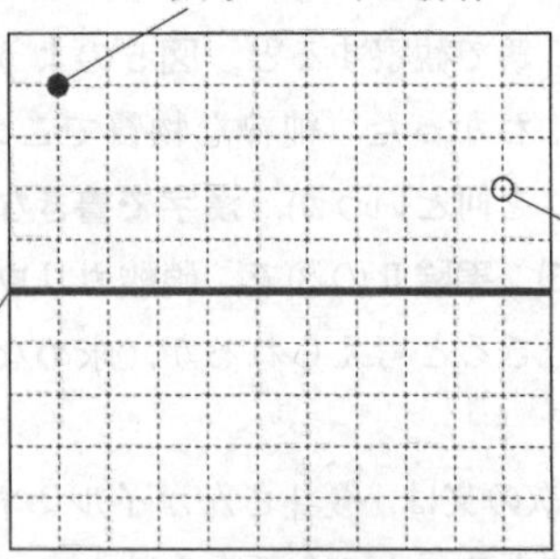

３ 光の屈折について調べることにした優斗さんたちは，図５のような半円形ガラスを使って実験を行い，結果を表にまとめた。後の(1)，(2)の問いに答えなさい。ただし，図５のａ，ｂはレンズの直線部分の両端を示している。

図５

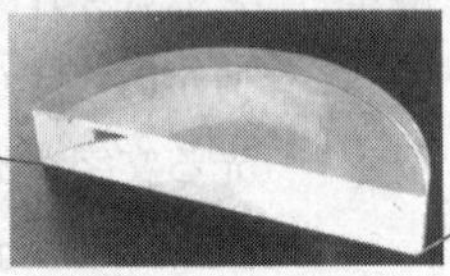

〔実験〕

① 図６のように，垂直に交わる横軸と縦軸を紙にかいて交点をＸとし，Ｘを中心とする円をかいて，半円形ガラスを，ａとｂが横軸上にあり，ab間の中央とＸが重なるように置いた。

② 図７のように，円周上のＡに光源装置を設置し，Ｘを通るように光を当て，半円形ガラスを通りぬけた光と円が交わった点をＢとし，Ａ，Ｂを●印で記録して，●印とＸを線でつないだ。

③ 図８のように，Ａ，Ｂから縦軸に垂線を引き，それぞれの交点をＣ，Ｄとし，ＡＣ，ＢＤ間の長さをそれぞれ測定した。

④ Ａの位置を変え，②，③をくり返した。

(図は次のページ)

図６

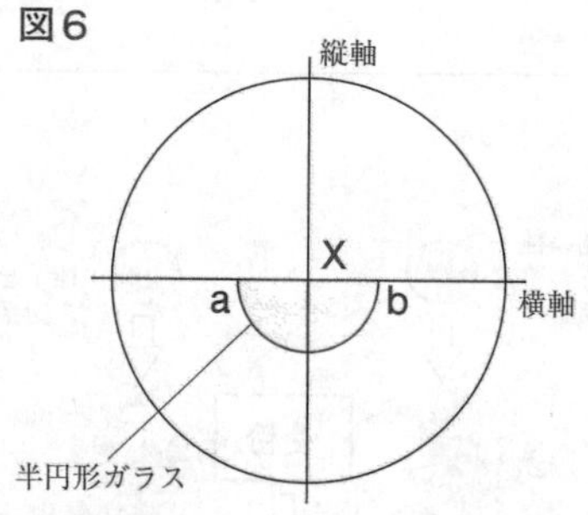

図７

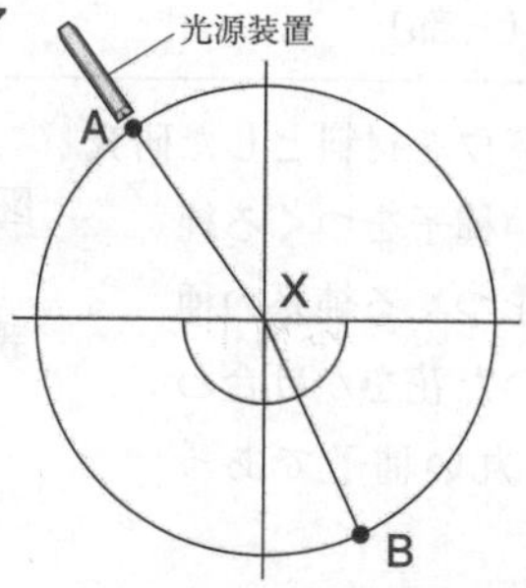

図８

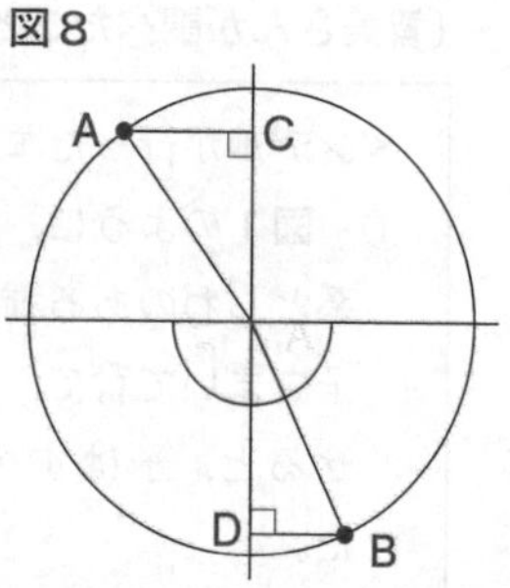

表

ＡＣ間の長さ〔cm〕	4.0	6.0	8.0
ＢＤ間の長さ〔cm〕	2.7	4.0	5.4

⑴　**実験**からわかることとして，最も適切なものはどれか。次の**ア**～**エ**から１つ選び，記号で答えなさい。

ア　AC間が長くなるにつれて，入射角は小さくなり，屈折角は大きくなる。
イ　AC間の長さが8.0㎝のときの入射角は，屈折角より小さい。
ウ　BD間の長さが変わっても，屈折角の大きさは変わらない。
エ　BD間の長さが4.0㎝のときの屈折角は，2.7㎝のときの屈折角よりも大きい。

⑵　優斗さんたちは，**実験**の後，**図９**のように半円形ガラスを通して鉛筆を見た。**図９**の矢印の方向から観察したときの鉛筆の見え方として，最も適切なものはどれか。次の**ア**～**エ**から１つ選び，記号で答えなさい。ただし，**図９**は，半円形ガラスに接するように鉛筆を置いたときの位置関係を，真上から模式的に示したものである。

図９

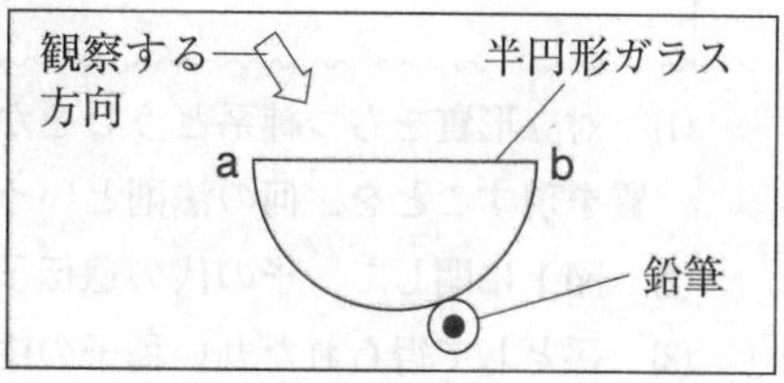

ア

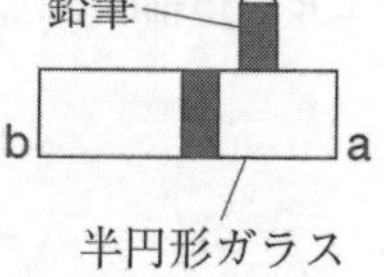

イ

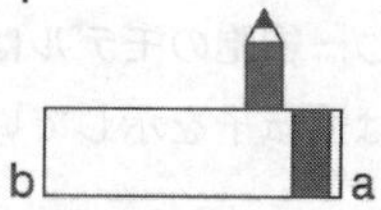

ウ

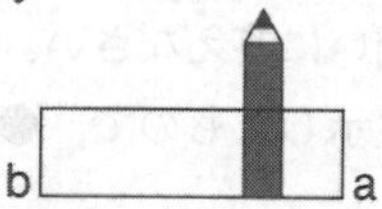

エ

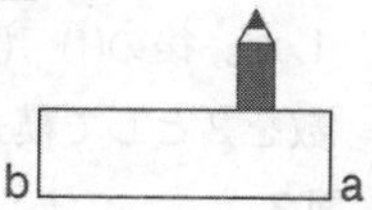

５　智美《ともみ》さんは，親から子への特徴の伝わり方について調べることにした。後の１，２の問いに答えなさい。

１　智美さんは，メンデルが行ったエンドウを材料とした研究について調べ，次のページのようにまとめた。後の⑴～⑶の問いに答えなさい。ただし，エンドウの種子を丸くする遺伝子をA，しわにする遺伝子をａとする。

〔智美さんが調べたこと〕（一部）

メンデルが行ったエンドウを材料とした研究

① 図１のように，丸い種子をつくる純系としわのある種子をつくる純系の種子をまいて育て，咲いた花をかけ合わせると，子はすべて丸い種子であった。

② ①でできた種子をまいて育て，自家受粉をさせたところ，丸い種子としわのある種子が３：１の比で現れた。

③ 遺伝子の組み合わせが，親の丸い種子では，ＡＡとなっており，しわのある種子では，ａａとなっていると考えると，親から孫への遺伝子の伝わり方には規則性があることがわかった。

図１

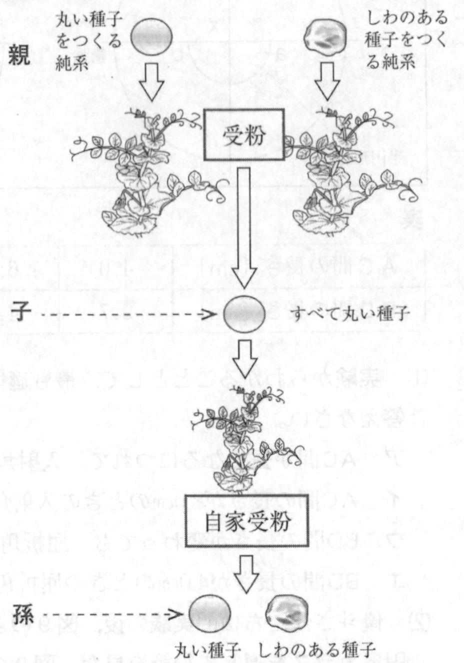

(1) 対立形質をもつ純系どうしをかけ合わせたとき，子が親のいずれか定まった一方と同じ形質を現すことを，何の法則というか，答えなさい。

(2) 図１に関して，子の代の遺伝子の組み合わせを，遺伝子の記号を用いて答えなさい。

(3) 孫として得られた丸い種子の中から１つを選んだ。このとき，選んだ種子が純系であると言えるためには，選んだ種子をまいて育てた後，どのようなかけ合わせを行い，どのような形質が現れればよいか，簡潔に書きなさい。

2 智美さんは，カエルのふえ方を，雄と雌の細胞のモデルとともに，図２のように模式的に示した。後の(1)，(2)の問いに答えなさい。ただし，細胞のモデルは，カエルの体細胞を，染色体数を２として模式的に示したもので，●や○は遺伝子を示している。

図２

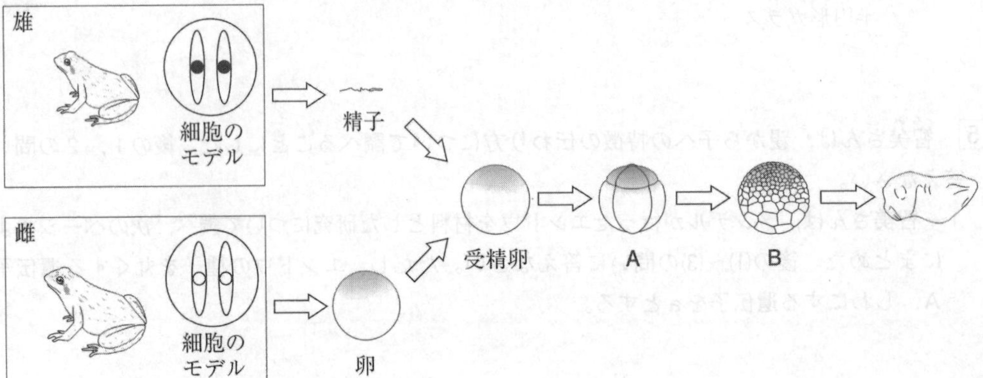

⑴　生殖細胞がつくられるときに見られる細胞分裂を何というか，漢字で書きなさい。

⑵　智美さんは，図２における遺伝子の伝わり方を考えるために，図３のように３通りの細胞のモデルを用意した。図２，３に関する説明として最も適切なものはどれか。下のア～エから１つ選び，記号で答えなさい。ただし，生殖と発生は正常に行われているものとする。

図３

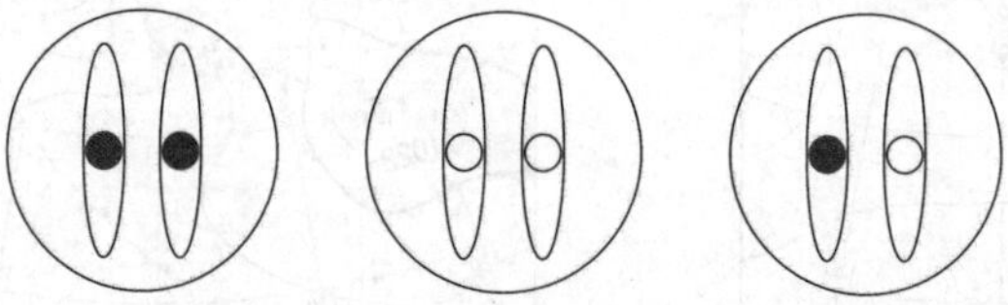

①　②　③

ア　Ａの１つの細胞と精子の染色体の数は同じであり，Ａの細胞は②で表すことができる。

イ　受精卵の染色体の数は，Ａの１つの細胞の染色体の数と比べて$\frac{1}{8}$になっており，受精卵は③で表すことができる。

ウ　Ｂの１つの細胞の染色体の数は，卵と比べて２倍になっており，Ｂの細胞は③で表すことができる。

エ　ＡとＢのそれぞれの１つの細胞の染色体の数は同じであり，Ａには①と②で表すことができる細胞が４つずつある。

6　若菜《わかな》さんは，日本の季節ごとに見られる天気の特徴について調べることにした。後の１，２の問いに答えなさい。

１　若菜さんは，図１のＡ～Ｄ（Ｃ・Ｄは次のページ）のような，日本の季節に見られる特徴的な天気図を見つけた。また，ある日の宮崎市の気象要素を次のページの表１にまとめ，空気の温度と飽和水蒸気量との関係を表２にまとめた。後の⑴，⑵の問いに答えなさい。ただし，図１のＡ～Ｄは，春，梅雨，夏，冬のいずれかの天気図であり，このうちの１つは，表１の気象要素が観測された日時の天気図である。

図１

Ａ　Ｂ

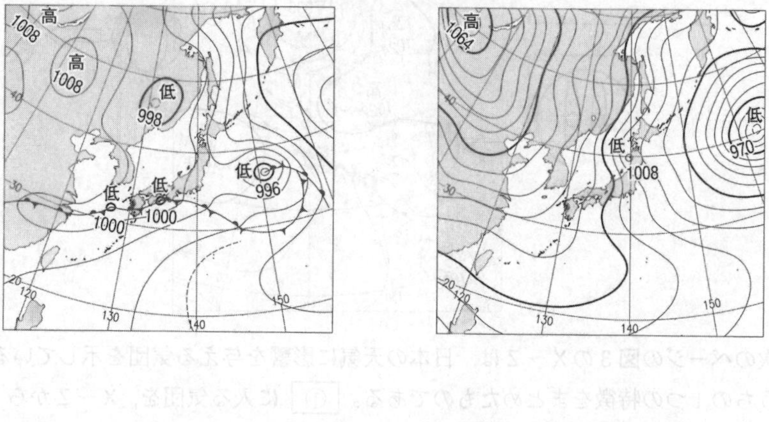

C

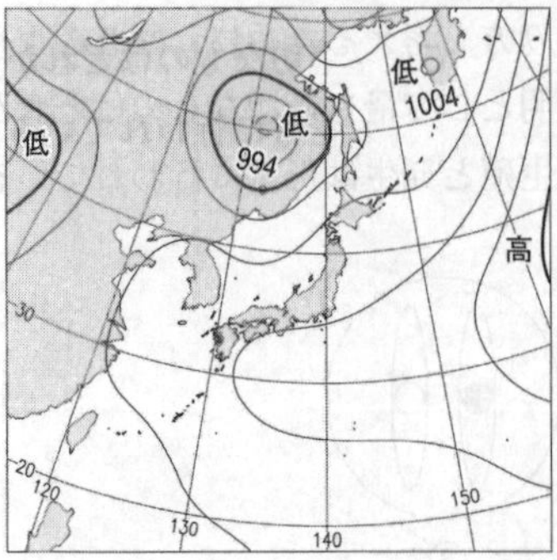

D

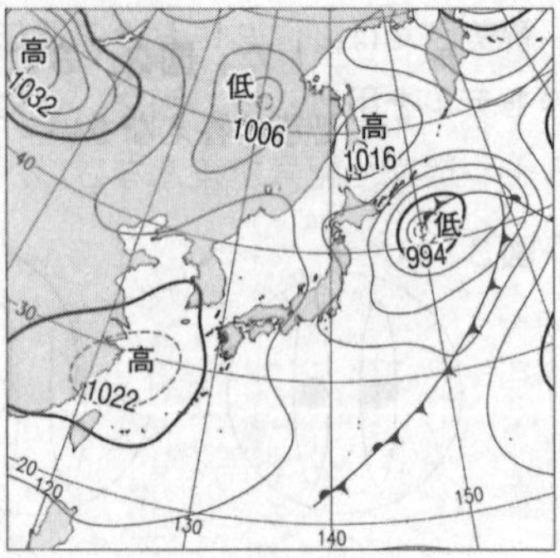

表１

天気	晴れ
気温〔℃〕	30
湿度〔%〕	72
気圧〔hPa〕	1010

表２

空気の温度〔℃〕	飽和水蒸気量〔g/m³〕
18	15.4
20	17.3
22	19.4
24	21.8
26	24.4
28	27.2
30	30.4

(1)　表１のときの天気図として，最も適切なものはどれか。図１のＡ～Ｄから１つ選び，記号で答えなさい。また，表１のとき，露点はおよそ何℃と考えられるか。表２から，最も適切な温度を選び，答えなさい。

(2)　若菜さんは，日本の秋に見られる特徴的な天気図である図２を見つけた。図１のＡ～Ｄを，日本の季節の移り変わりの順になるように図２に続けて並べ，記号で答えなさい。

図２

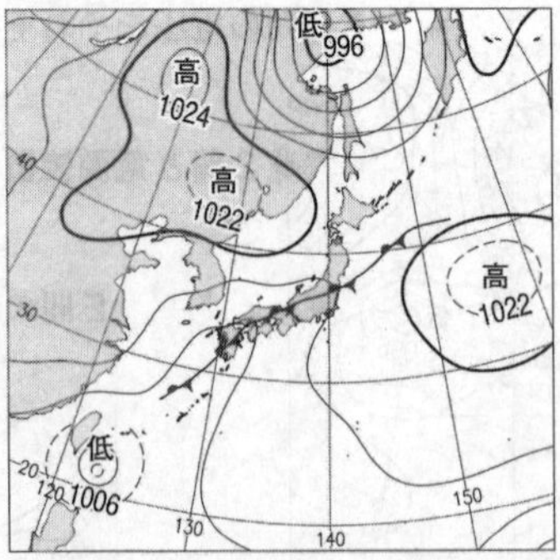

2　次のページの図３のＸ～Ｚは，日本の天気に影響を与える気団を示している。次の文は，このうちの１つの特徴をまとめたものである。［①］に入る気団を，Ｘ～Ｚから１つ選び，記号で答えなさい。また，［②］，［③］に入る適切な言葉の組み合わせを，後のア～エから１つ選

び，記号で答えなさい。

図３

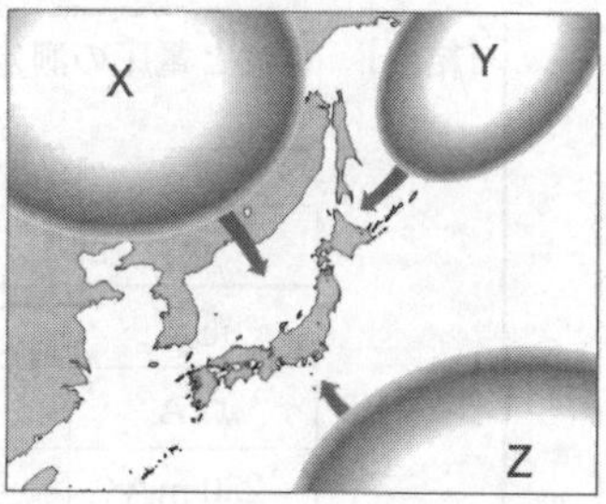

| ① | の気団は，大陸上で地表が冷えて高気圧が発達してできた大きな大気のかたまりであり，冷たくて | ② | いる。この気団から冷たい北西の | ③ | がふき寄せるなど，日本の冬の天気に影響を与えている。

ア　②：乾燥して　　③：偏西風
イ　②：乾燥して　　③：季節風
ウ　②：湿って　　③：偏西風
エ　②：湿って　　③：季節風

7　健雄《たけお》さんは，電流や電圧と豆電球の明るさの関係について調べた。後の１～３の問いに答えなさい。

1　健雄さんは，電気回路と豆電球の明るさの関係について，次のような実験を行い，次のページのレポートにまとめた。後の(1)，(2)の問いに答えなさい。

〔実験〕

① 図１のように，同じ豆電球２個と電源装置とスイッチをつなぎ，電源装置の電圧を2.5Vに設定した。
② 図１の回路で，点Aの電流とAB間の電圧をそれぞれ測定した。
③ ２つの豆電球の明るさを記録した。
④ 図２のように，①で使用した豆電球２個と電源装置とスイッチをつなぎ，電源装置の電圧を2.5Vに設定した。
⑤ 図２の回路で，点C，D，Fの電流およびDE間の電圧をそれぞれ測定した。
⑥ ２つの豆電球の明るさを記録した。

図１

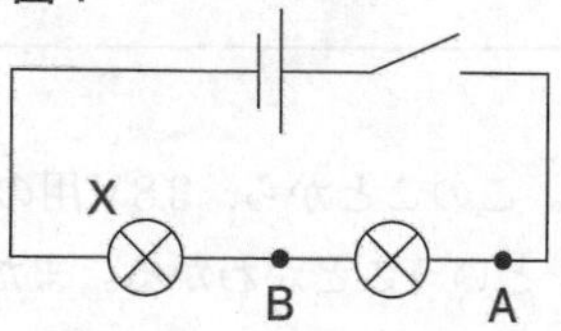

図２

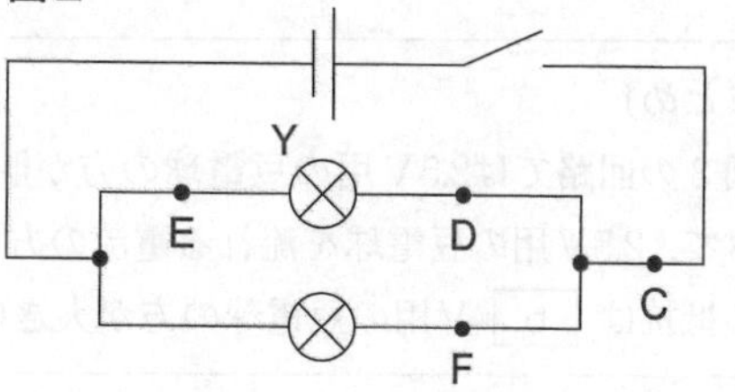

〔レポート〕(一部)

【結果】 電流と電圧の測定結果は，次の**表**のようになった。

表

図1		図2			
電流	電圧	電流			電圧
点A	AB間	点C	点D	点F	DE間
230 mA	1.25 V	660 mA	330 mA	[a] mA	2.50 V

【考察】 図1のXと図2のYの豆電球の明るさを比べると，[b] の方が明るかった。このとき，[b] の豆電球が消費する電力は [c] Wであった。

(1) レポートの [a] に適切な数値を入れなさい。

(2) レポートの [b] に「X」または「Y」のどちらかを入れなさい。また，[c] に入る数値として最も適切なものを，次のア～エから1つ選び，記号で答えなさい。

ア 約0.3　　イ 約0.8　　ウ 約290　　エ 約830

2 健雄さんは，実験室にある豆電球には2.5V用と3.8V用があることに気づいた。そこで，この2種類の豆電球を図3のようにつなぎ，電源装置の電圧を2.5Vに設定して明るさを比べ，下のようにまとめた。[a]，[b] に入る適切な言葉の組み合わせを，下のア～エから1つ選び，記号で答えなさい。

図3

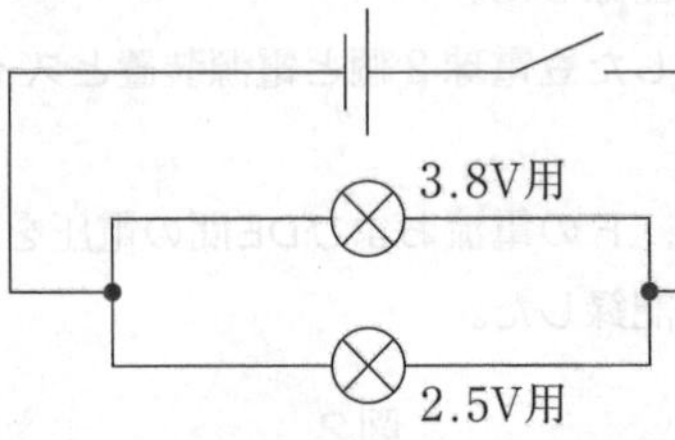

〔まとめ〕
図3の回路では2.5V用の豆電球の方が明るかった。このことから，3.8V用の豆電球と比べて，2.5V用の豆電球を流れる電流の方が [a] ということがわかる。また，このときの抵抗は [b] V用の豆電球の方が大きいこともわかった。

ア a：大きい　b：3.8　　イ a：大きい　b：2.5
ウ a：小さい　b：3.8　　エ a：小さい　b：2.5

3 健雄さんは，図4のような2種類の電球があることに気づき，明るさを比べた。次のページの文は，健雄さんが2種類の電球について，先生に質問したときの会話である。[　] に入る適切な内容を，「光エネルギー」という言葉を使って，簡潔に書きなさい。

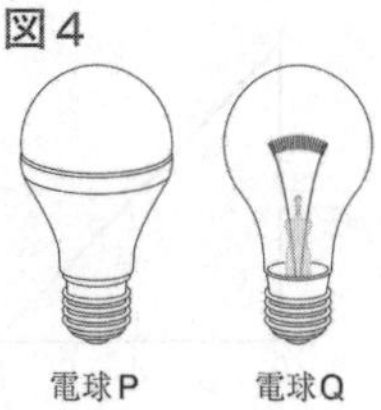

健雄：　２つの電球の明るさを比べてみたら，それほど変わりませんでした。なぜ，２種類の電球があるのか気になりました。
先生：　よいところに気がつきましたね。実は，電球Ｐは電球Ｑに比べて，消費電力が小さくなっています。
健雄：　消費電力が違うのに同じ明るさなのはどうしてだろう。
先生：　そのことを考えるにはエネルギーについて考えてみるとよいですよ。電球Ｐでは電気エネルギーの約70％が熱エネルギーに移り変わっていて，電球Ｑでは電気エネルギーの約90％が熱エネルギーに移り変わっています。
健雄：　わかりました。２つの電球には消費電力の差があるのに，明るさがそれほど変わらない理由は，電球Ｐの方が［　　　　　　］ためだと考えられますね。
先生：　その通りです。エネルギーのことを知る，よい機会になりましたね。

8　真《ま》由《ゆ》さんは，水酸化ナトリウム水溶液に塩酸を加えたときの変化について調べるために，次のような**実験**を行い，結果を**表**にまとめた。下の１，２の問いに答えなさい。

〔**実験**〕

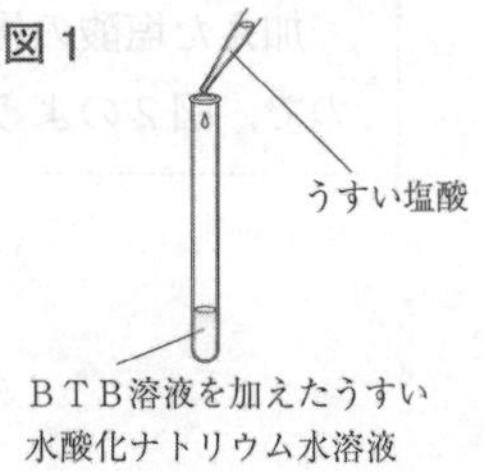

①　うすい水酸化ナトリウム水溶液３cm^3を試験管にとり，緑色のBTB溶液を２，３滴加えて，色の変化を見た。
②　①の試験管に，**図１**のようにうすい塩酸を２cm^3加え，色の変化を見た。
③　②の試験管に，うすい塩酸をさらに２cm^3ずつ加えて，そのたびに色の変化を見た。

表

加えた塩酸の量〔cm^3〕	0	2	4	6	8
水溶液の色	青色	うすい青色	緑色	うすい黄色	黄色

1　次の文は，**実験**の①のときの水溶液について説明したものである。［　　］に入る適切な言葉を書きなさい。

緑色のBTB溶液が青色に変化したことから，［　　　］性の水溶液であることがわかる。

2　真由さんは，**実験**において，うすい塩酸を加えていったときの水溶液中のイオンの数が，どのように変化するかをグラフに表すことにした。後の(1)，(2)の問いに答えなさい。ただし，それぞれのグラフは加えた塩酸の量〔cm^3〕を横軸に，水溶液中のイオンの数を縦軸にとったものである。

(1)　ナトリウムイオンの数の変化を表しているグラフとして，最も適切なものはどれか。次のページの**ア**～**エ**から１つ選び，記号で答えなさい。

ア

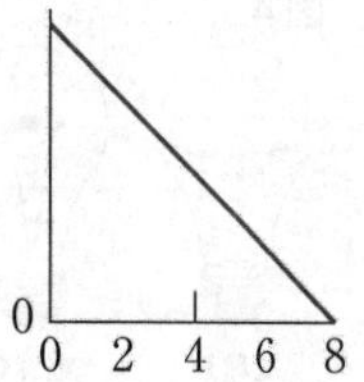

イ

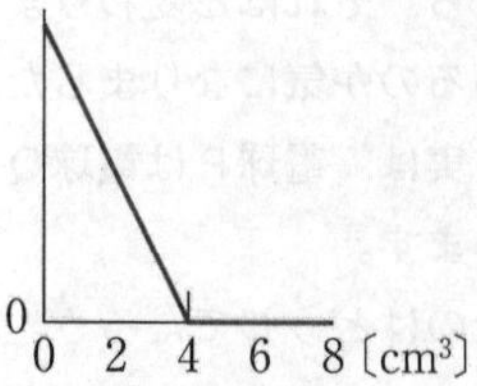

ウ

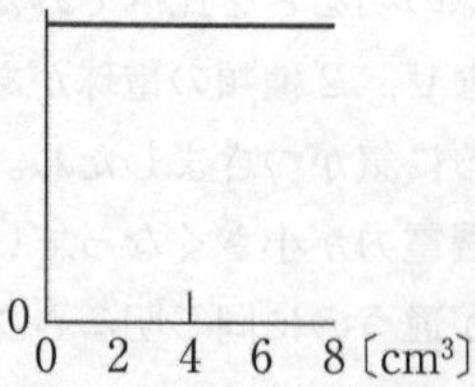

エ

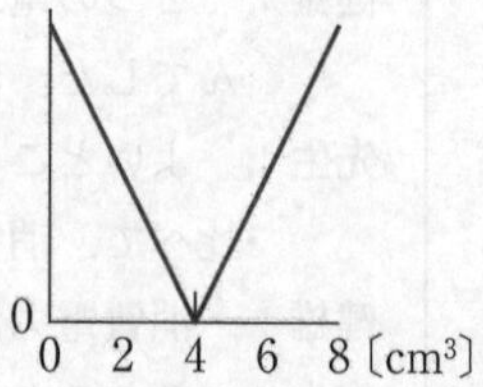

(2) 真由さんは，はじめ，水素イオンの数の変化を図２のように考えたが，図３の方がより適切であることに気づき，その理由を下のようにまとめた。［　　］に入る適切な内容を，イオンの名称を使って，簡潔に書きなさい。

図２

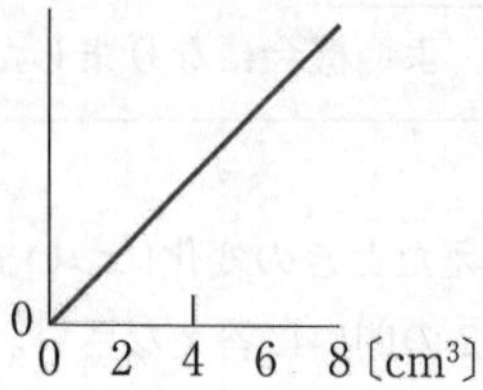

図３

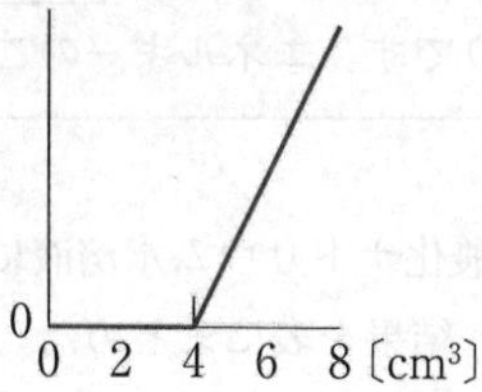

加えた塩酸の量が0 cm^3 ～ 4 cm^3 の間では，水素イオンは［　　　　　　　　］ので，図２のようには水素イオンが増えないことから，図３の方がより適切である。

＜社会＞

時間　50分　　満点　100点

1　三恵《みえ》さんのクラスでは，地理的分野の学習で，テーマを決めて，調査活動を行いました。

1　三恵さんは，自分の住む自治体がアフリカ州の国と交流していることを知り，アフリカ州を紹介するポスターを作成しました。後の(1)～(4)の問いに答えなさい。

資料１　三恵さんが作成したポスター

アフリカ州の今を知ろう

ウガンダは，日本と協力して，病気や乾燥に強い a 稲の栽培に取り組んでいる。

南アフリカ共和国の b ケープタウン近郊では，夏の乾燥に強いぶどうが栽培されている。

ナイジェリアは，c 石油や天然ガスなどの資源の輸出を背景に，経済成長をとげている。

マダガスカルは， d 自然環境の保全と観光の両立をめざす活動に取り組んでいる。

（「地理資料集2020」他より作成）

(1)　三恵さんは，資料１の下線部 a に関して，資料２，３を見つけました。資料２を参考にして，資料３の □ に当てはまる語を書きなさい。

資料２　世界の米の総生産量に占める国別の生産割合（一部）（2017年）

国　名	生産割合(%)	国　名	生産割合(%)
中国	27.6	ブラジル	1.6
インド	21.9	パキスタン	1.5
インドネシア	10.6	カンボジア	1.3
バングラデシュ	6.4	ナイジェリア	1.3
ベトナム	5.6	日本	1.3
タイ	4.3	アメリカ	1.1
ミャンマー	3.3	エジプト	0.8
フィリピン	2.5		

資料３　世界の米の総生産量に占める州別割合（2017年）

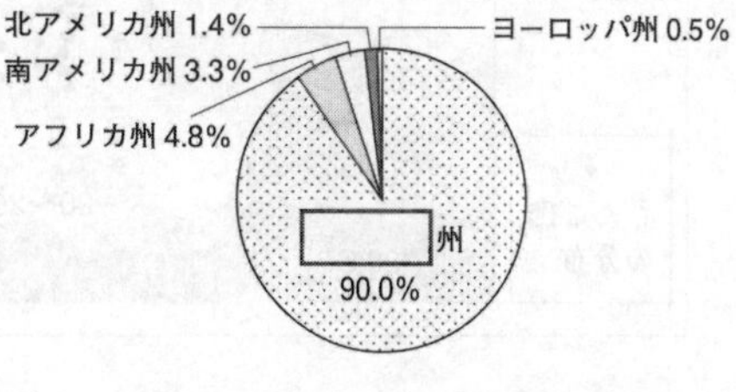

（資料２，３「データブック オブ・ザ・ワールド2020」より作成）

(2)　三恵さんは，資料１の下線部 b について，ケープタウンの気候を調べ，雨温図を作成しました。ケープタウンの雨温図を，次のページのア～エから１つ選び，記号で答えなさい。

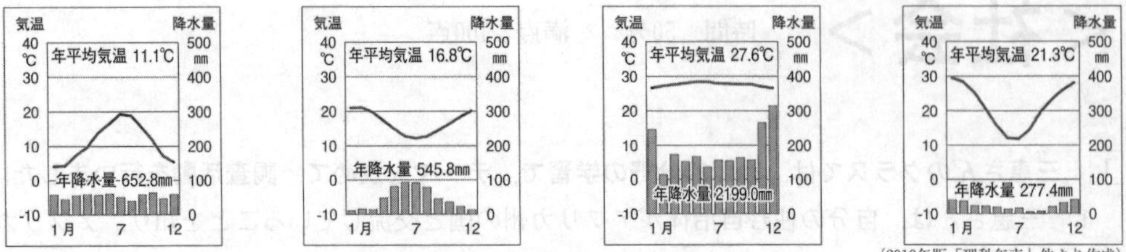

（2019年版「理科年表」他より作成）

(3)　三恵さんは，資料１の下線部ｃについて興味をもち，輸出額全体に占める割合の上位４品目の中に，石油または天然ガスが入っている主な国を調べ，資料４を作成しました。資料４の ① ， ② に当てはまる語の組み合わせとして最も適切なものを，下のア～エから１つ選び，記号で答えなさい。

資料４　三恵さんが作成した資料（一部）

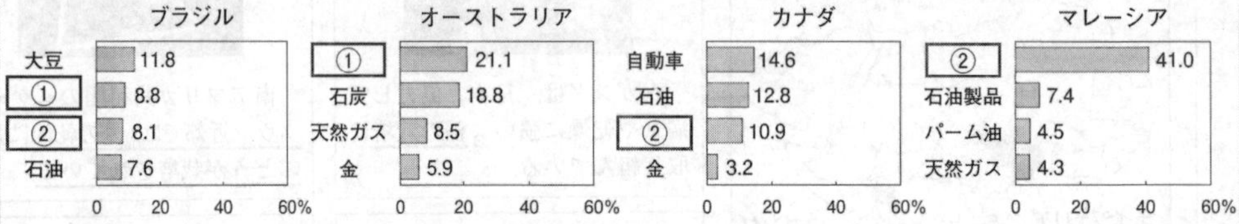

※2017年の輸出額の統計

（「世界国勢図会2019/20」より作成）

ア　①―小麦　　②―機械類　　イ　①―小麦　　②―木材
ウ　①―鉄鉱石　②―機械類　　エ　①―鉄鉱石　②―木材

(4)　三恵さんは，資料１の下線部ｄに関して，資料５を見つけ，「なぜ同じ緯度でも，アフリカ大陸の東側と西側では，さんご礁の分布にかたよりがあるのだろうか」という疑問をもち，下のような仮説を立てました。資料５，６を関連づけて，　　　に入る最も適切な内容を，後のア～エから１つ選び，記号で答えなさい。

資料５　アフリカ大陸周辺のさんご礁の分布と海水温（一部）

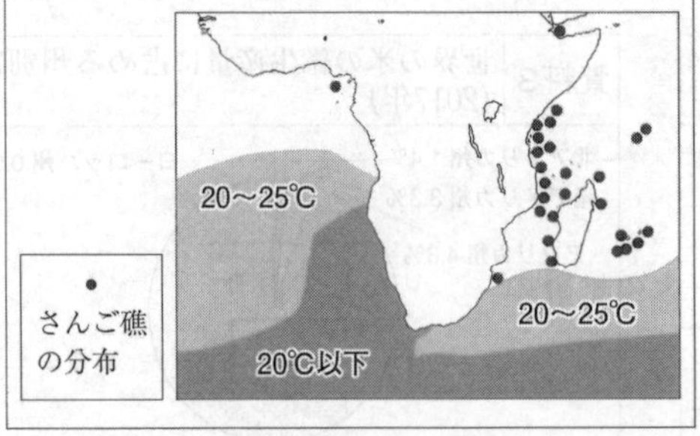

資料６　アフリカ大陸周辺の海流の動き（一部）

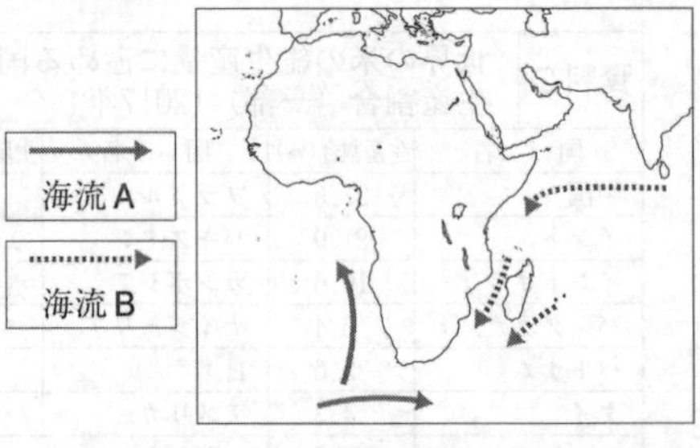

（資料５，６「中学校社会科地図」他より作成）

三恵さんの仮説

同じ緯度でも，アフリカ大陸の東側と西側で，さんご礁の分布にかたよりがあるのは，資料５，６から，アフリカ大陸の東側は　　　　ことが，さんご礁の発達する要因の一つとなっているからだろう。

ア　海流Aの影響を受けるため，西側よりも海水が冷たい
イ　海流Aの影響を受けるため，西側よりも海水が温かい
ウ　海流Bの影響を受けるため，西側よりも海水が冷たい
エ　海流Bの影響を受けるため，西側よりも海水が温かい

2　俊介《しゅんすけ》さんは，宮崎県原産の果樹である日向夏《ひゅうがなつ》が発見から200年を迎えたことを知り，「地域の資源や特産品」について調べ，**資料1**を作成しました。後の(1)～(5)の問いに答えなさい。

資料1　俊介さんが作成した資料（一部）

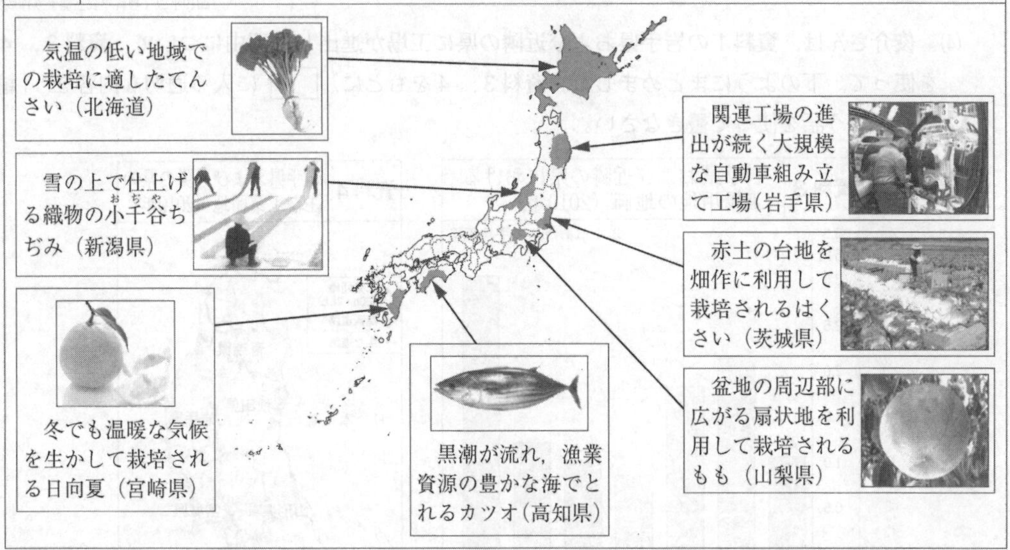
気温の低い地域での栽培に適したてんさい（北海道）
雪の上で仕上げる織物の小千谷《おぢや》ちぢみ（新潟県）
冬でも温暖な気候を生かして栽培される日向夏（宮崎県）
黒潮が流れ，漁業資源の豊かな海でとれるカツオ（高知県）
関連工場の進出が続く大規模な自動車組み立て工場（岩手県）
赤土の台地を畑作に利用して栽培されるはくさい（茨城県）
盆地の周辺部に広がる扇状地を利用して栽培されるもも（山梨県）

（「最新地理資料集」他より作成）

(1)　日本を7地方に分けた場合，**資料1**の［　　］で示した**いずれの道県も属さない地方**として，最も適切なものを，次の**ア～エ**から1つ選び，記号で答えなさい。

ア　関東地方　　**イ**　近畿地方　　**ウ**　中部地方　　**エ**　東北地方

(2)　**資料1**の茨城県の自然環境について，次の［　　］に入る内容として最も適切なものを，下の**ア～エ**から1つ選び，記号で答えなさい。

茨城県の中央部から南西部は，日本最大の平野の一部をなしており，その平野には，［　　］など多くの河川が流れている。

ア　流域面積が日本最大の利根川
イ　流域面積が日本最大の信濃川
ウ　長さが日本最長の利根川
エ　長さが日本最長の信濃川

(3) 俊介さんは，前のページの**資料1**の北海道，新潟県，山梨県，高知県に関して，県庁所在地の1月の平均気温と降水量を調べ，**資料2**を作成しました。**資料2**の**ア**～**エ**は，札幌市，新潟市，甲府市，高知市のいずれかである。**ア**～**エ**のうち，新潟市に当たるものを1つ選び，記号で答えなさい。

資料2　札幌市，新潟市，甲府市，高知市の1月の平均気温と降水量

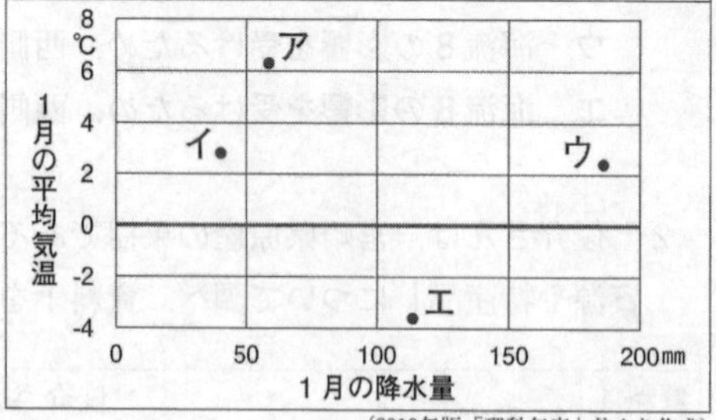

（2019年版「理科年表」他より作成）

(4) 俊介さんは，**資料1**の岩手県および近隣の県に工場が進出した理由について，**資料3**，**4**を使って，下のようにまとめました。**資料3**，**4**をもとに，［　　］に入る適切な内容を，「輸送」という語を使って書きなさい。

資料3　岩手県および近隣の県における工場用地の地価（2010年）

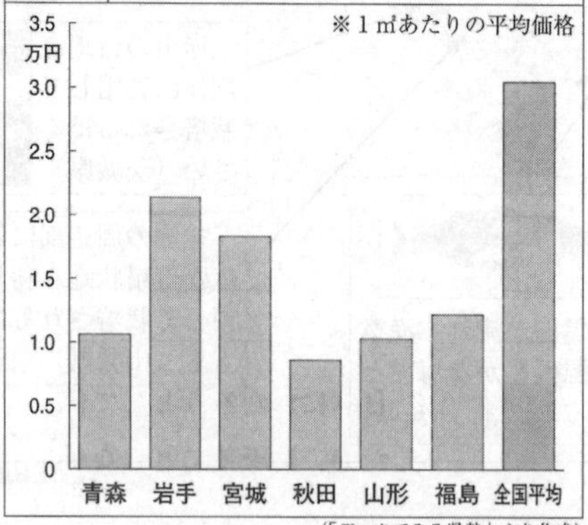

（「データでみる県勢」より作成）

資料4　岩手県および近隣の県の主な工業団地（2010年）

俊介さんのまとめ（一部）
資料3，4から，岩手県および近隣の県は［　　］ため，多くの工業団地がつくられ，工場が進出したと考えられる。

(5) 俊介さんは，**資料1**の日向夏など，地域の特産品を扱う地方自治体のアンテナショップが，東京都に多く出店されている理由について，**資料5**，**6**を使って，次のページのように発表原稿にまとめました。**資料5**，**6**をもとに，［**ア**］，［**イ**］に入る適切な内容を書きなさい。

資料5　日本全体に占める三大都市圏の人口の割合（2018年）

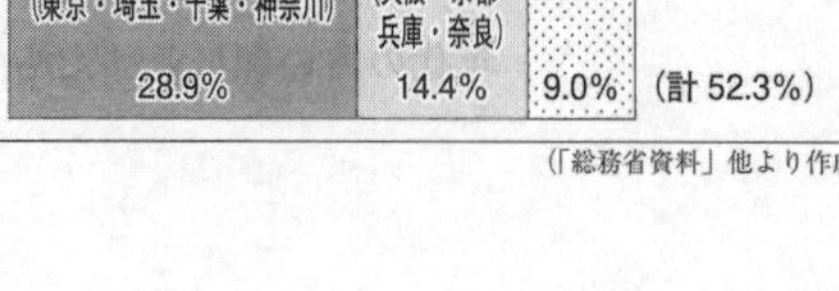

（「総務省資料」他より作成）

資料6　宮崎県のアンテナショップ「新宿みやざき館 KONNE（コンネ）」（東京都）

地域の特産品の宣伝や観光情報の提供のほか，試験販売を通じた市場調査などを行っている。

（「宮崎県物産貿易振興センターホームページ」他より作成）

俊介さんの発表原稿（一部）

資料5，6から，地方自治体のアンテナショップが東京都に多く出店されているのは，東京圏は三大都市圏の中で ア ため，地域の情報を効率よく発信できたり，消費者の イ ことができたりするなど，地域と東京圏を結び付ける役割が期待されているからだと思います。

2 直樹《なおき》さんのクラスでは，歴史的分野の学習で，テーマを決めて，調査活動を行いました。

1　直樹さんは，「海外との関わりをもった歴史上の人物」について調べ，資料A～Dを作成しました。後の(1)～(5)の問いに答えなさい。

資料A　聖徳太子（廐戸《うまやどの》皇子）

中国を統一した隋《ずい》の進んだ制度や文化を取り入れようと，小野妹子らを派遣した。

(伝 聖徳太子像)

資料B　フビライ=ハン

朝鮮半島の高麗《こうらい》を従え，さらに日本を従えようと，使者を送ってきた。

資料C　豊臣秀吉

キリスト教が国内統一のさまたげになると考え，宣教師の国外追放を命じた。

資料D　鑑真

日本にわたろうとして何度も遭難したが，遣唐使にともなわれて来日した。

(1)　資料Aの下線部の人物が建てたと伝えられ，五重塔などが，現存する世界最古の木造建築として有名な寺院を，次のア～エから1つ選び，記号で答えなさい。

ア　法隆寺　　イ　正倉院　　ウ　平等院鳳凰《ほうおう》堂　　エ　延暦寺

(2)　資料Bの下線部について，次の □ に当てはまる人物名を，漢字で書きなさい。

フビライは日本に服属を要求したが，その当時，幕府の執権であった □ が，これをこばむと，2度にわたって日本に襲来した。

(3)　直樹さんは，新たに資料Eを作成しました。資料A～Eを，年代の古い順に並べたものとして最も適切なものを，下のア～エから1つ選び，記号で答えなさい。

資料E　平清盛

中国との貿易の利益に目をつけ，瀬戸内海の航路を整え，兵庫(神戸市)の港を整備した。

ア　A → B → D → E → C　　イ　A → B → E → D → C

ウ　A → D → B → E → C　　エ　A → D → E → B → C

(4)　直樹さんは，**資料C**の下線部に関して，豊臣秀吉が宣教師の国外追放を命じた後も，日本でキリスト教信者が増えていったことを知り，その理由について，下のようにまとめました。**資料1，2**をもとに，［ア］には当てはまる語を書き，［イ］には適切な内容を，「**一体**」という語を使って書きなさい。

資料1　バテレン追放令（1587年）（一部）

一　宣教師の日本滞在を禁止するので，今日から20日間以内に帰国しなさい。
一　ポルトガル船・スペイン船が貿易に来るのは特別あつかいとする。今後も自由に貿易をしなさい。

（「松浦文書」より作成）

資料2　海外との貿易について

ポルトガルやスペインの商人がもたらした輸入品には，中国の品物のほか，地球儀などヨーロッパの品物もあった。イエズス会の宣教師も，貿易船に乗り，次々と日本にやってきた。

直樹さんのまとめ①（一部）

資料1，2から，豊臣秀吉は宣教師の国外追放を命じたものの，ポルトガルやスペインと行われた［ア］とよばれる貿易は許可しており，当時の海外との貿易は［イ］ため，宣教師の追放を徹底できず，日本でキリスト教信者が増えていったと考えられる。

(5)　直樹さんは，**資料D**の下線部に関して，鑑真をまねいた目的や当時の遣唐使の航路について，下のようにまとめました。**資料3，4，5**を関連づけて，［ウ］，［エ］に入る適切な内容を書きなさい。ただし，［エ］には，「**新羅**《しらぎ》」という語を使って書きなさい。

資料3　当時の仏教界について

日本では，寺や大仏の建設のために，農民たちには重い税や労働が課せられていた。一方，僧には税がかからなかったので，仏教をよく知らないのに僧になる者が増え，仏教界は乱れていた。

（「NHK for School」他より作成）

資料4　直樹さんが作成した年表（一部）

年	主なできごと
630	遣唐使を開始する
663	白村江の戦いで，日本が敗北する
753	鑑真が来日する

資料5　7～8世紀の遣唐使の航路（一部）

直樹さんのまとめ②（一部）

資料3から，当時［ウ］ことのできる僧がほとんどいなかった日本は，遣唐使とともに中国にわたった僧たちの努力によって鑑真をまねいたが，その当時の遣唐使の航路は，**資料4，5**から，［エ］が困難になっていたため，東シナ海を横断するものになったと考えられる。

2　正美《まさみ》さんは，「日本の歴史の中の資源」について調べ，**カードA～D**にまとめました。後の(1)～(4)の問いに答えなさい。

カードA
〈金〉
小判などの貨幣のほかに，元禄文化を代表する工芸品などにも用いられた。

カードB
〈石炭〉
蒸気機関の燃料として産業革命を支え，第二次世界大戦後には，重点的に生産された。

カードC
〈銅〉
江戸時代の老中であった田沼意次は，棒状にした銅を，中国などへ輸出した。

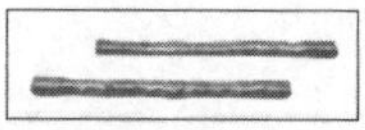

カードD
〈鉄〉
日清戦争の後に，官営の八幡製鉄所が建設され，鉄鋼需要の増大にそなえた。

⑴　**カードA**の下線部に関して，元禄文化を代表する浮世絵である**資料1**の作者を，次の**ア**～**エ**から1つ選び，記号で答えなさい。

ア　喜多川歌麿
イ　狩野永徳
ウ　黒田清輝
エ　菱川師宣

資料1　見返り美人図

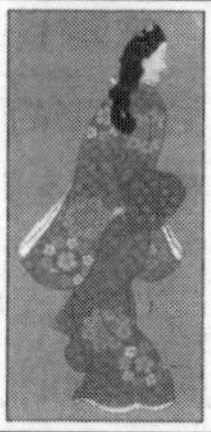

⑵　正美さんは，**カードB**の下線部に関して，戦後の日本や世界の歴史について調べていく中で，**資料2**と写真**ア**～**エ**を見つけました。**資料2**の X，Y の経済状況と最も関連の深いできごとを，下の**ア**～**エ**からそれぞれ1つずつ選び，記号で答えなさい。

資料2　戦後の日本の※経済成長率(一部)
※国民総生産の増加率

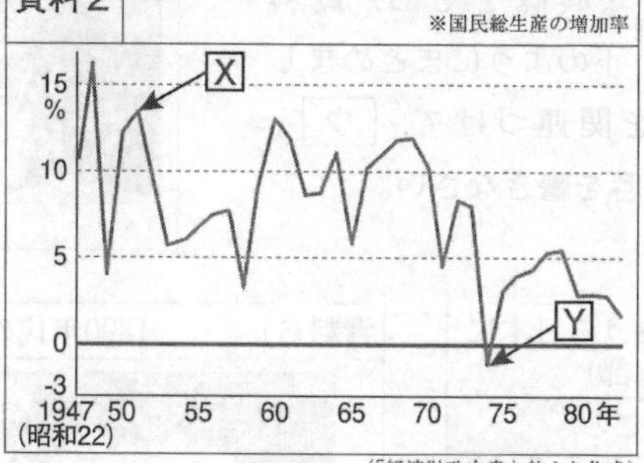

（「経済財政白書」他より作成）

ア
アジア最初のオリンピック

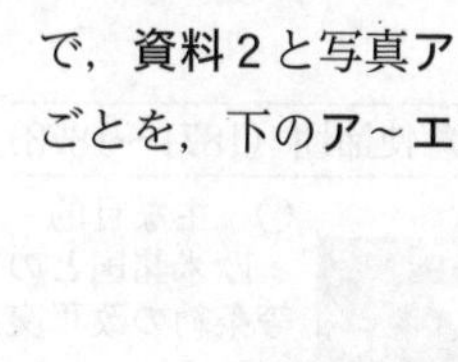

イ
石油の値上がりによる混乱

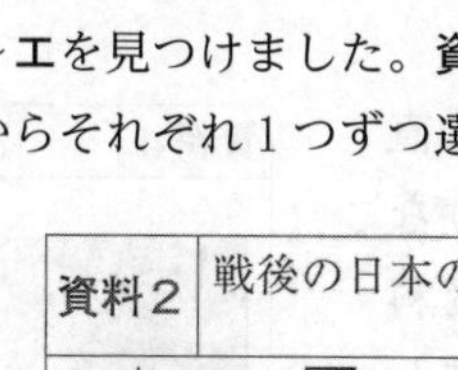

ウ
北緯38度線付近での戦争

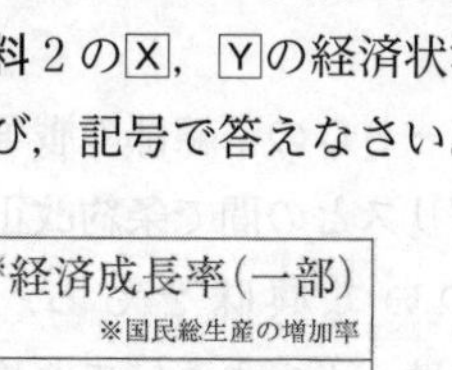

エ
壁の崩壊とドイツの人々

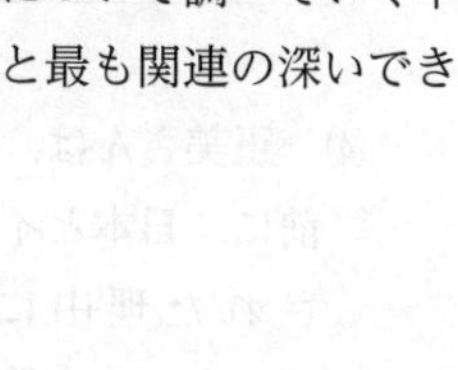

（「よみとき総合歴史」他より作成）

⑶　正美さんは，**カードC**の下線部に関して，江戸時代の老中が行った政治や改革に興味をもち，**資料3**を作成し，次のページのように発表原稿にまとめました。**資料3**をもとに，ア

には適切な語を書き，［イ］には適切な内容を書きなさい。

資料３　正美さんが作成した資料（一部）

田沼の政治

田沼意次

○　株仲間の営業権を認めて，税を納めさせた。
○　俵物とよばれる海産物を輸出して，金・銀を輸入した。

寛政の改革

松平定信

○　江戸に出てきていた農民を故郷に帰した。
○　商品作物の栽培を制限し，米などの穀物の栽培を奨励した。

天保の改革

水野忠邦

○　江戸に出てきていた農民を故郷に帰した。
○　江戸や大阪周辺の農村を，幕府の直接の支配地である幕領にしようとした。

正美さんの発表原稿（一部）

資料３から，松平定信と水野忠邦は，主に農業を重視して，年貢米を増やそうとしたのに対して，田沼意次は，株仲間からの税の徴収や貿易の奨励など，主に［ア］を重視した点で違いがあります。３人に共通する点は，政治や改革を通して，幕府の［イ］ことだと思います。

(4)　正美さんは，**カードＤ**の下線部の戦争の直前に，日本とイギリスとの間で条約改正がなされた理由について興味をもち，**資料４，５，６**を見つけ，下のようにまとめました。**資料４，５，６**を関連づけて，［ウ］，［エ］に入る適切な内容を書きなさい。

資料４　岩倉使節団（1871～1873）

○　主な目的
欧米諸国との不平等条約の改正交渉

○　結果
交渉は不成功
欧米の政治や産業，社会を視察して帰国

資料５　19世紀後半における日本に関する資料（一部）

年	主なできごと
1885	内閣制度ができる
1889	大日本帝国憲法が発布される
1890	第一回帝国議会が開会される

資料６　1890年代の日本と周辺諸国（一部）

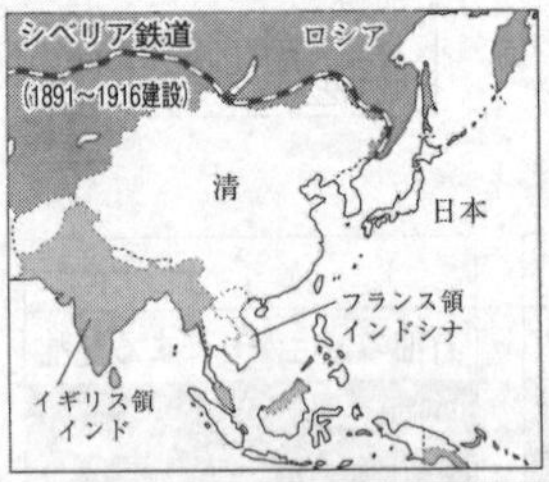

南に領土を広げたいロシアは，清に進出したイギリスと対立を深めていた。

正美さんのまとめ（一部）

日本とイギリスとの間で条約改正がなされたのは，**資料４，５**から，日本が［ウ］を整えたことを受けて，**資料６**から，［エ］ことが必要であったイギリスが，日本の協力を得るために交渉に応じたからだと考えられる。

3　光《ひかる》さんのクラスでは，公民的分野の学習で，テーマを決めて，発表することになりました。

1　光さんは，「私の気になるニュース」について調べ，「公民新聞」を作成しました。後の(1)～(4)の問いに答えなさい。

資料1　光さんが作成した「公民新聞」（一部）

公民新聞

2020年，日本で新内閣が発足

国会で新しい内閣総理大臣が指名され，新内閣が発足した。a内閣は国会の信任に基づいて成立し，国会に対して連帯して責任を負うなど，互いに抑制し合い，均衡を図っている。

（閣議のようす）

一票の格差，最高裁が判断

2019年7月の参議院議員選挙における一票の格差について，b最高裁判所が憲法に違反していないと判断した。

（最高裁判所の大法廷）

中学生サミット開催

c中学生のインターネットの利用方法について話し合う会議が開かれ，近隣の中学校から生徒会役員が参加した。

（タブレット型端末）

ネーミングライツ制度広がる

ネーミングライツ制度とは，企業が公共施設などに愛称を付ける権利を得る代わりに，ネーミングライツ料を支払うものである。dこの制度は，全国の多くの自治体で活用されている。

宮崎県の施設の中にも，この制度を活用して，愛称が付けられているものがある。

（宮崎県総合運動公園）

（「宮崎県スポーツ施設協会ホームページ」他より作成）

(1)　資料1の下線部aについて，次の□に当てはまる語を書きなさい。

衆議院で内閣不信任の決議が可決されると，内閣は，10日以内に衆議院の□をして国民の意思を問う総選挙を行うか，総辞職をしなければならない。

(2)　資料1の下線部bについて，次の□に当てはまる語を，下のア～エから1つ選び，記号で答えなさい。

最高裁判所は，国会がつくる法律や内閣による行政処分などが，合憲か違憲かについての最終決定権をもっており，「□」とよばれている。

ア　国権の最高機関　　イ　全体の奉仕者
ウ　憲法の番人　　エ　弾劾《だんがい》裁判

(3)　光さんは，資料1の下線部cに関して，次のページの資料2，3を使って，中学生のインターネットの利用について班で話し合いました。ア には適切な記号を書き，イ には適切な内容を書きなさい。

班の話し合い（一部）

光　：資料２から，インターネットは何かを調べる時に便利であることが分かるけれど，利用する際に問題はないのでしょうか。

武史《たけし》：私は，学力に影響を与えることが問題だと思います。だから，各家庭で利用する時間についてのルールが必要になると思います。

恭子《きょうこ》：私も同じ意見です。「何をするために利用するか」でルールを決めるよりも，「１日の中でどのくらい利用するか」でルールを決めた方がいいと思います。

光　：恭子さんの主張するルールの決め方は，資料３のＡ～Ｄでは，［ア］に分類されますね。また，２人の指摘する問題点をより明確にするためには，［イ］を示す資料が必要になりますね。

武史：確かにそうですね。みんなで調べてみましょう。

資料２　中学生のインターネットに関する利用状況調査（一部）

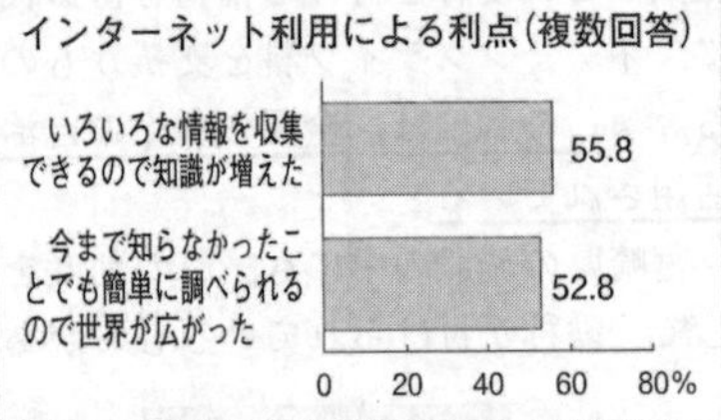

（「総務省の調査（平成28年）」より作成）

資料３　意見を整理するための表

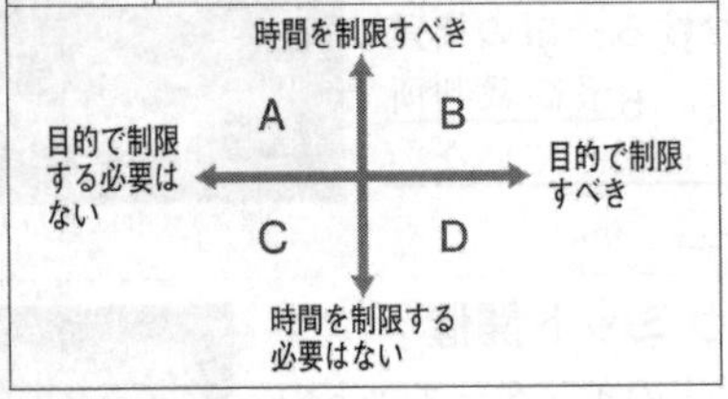

(4)　光さんは，資料１の下線部ｄについて，資料４，５を見つけ，下のように発表原稿にまとめました。資料４，５をもとに，［ウ］，［エ］に入る適切な内容を書きなさい。

資料４　公共施設に関する費用について

公共施設には，土地の取得や建築費用のほかに，毎年の施設維持・運営費用，耐震化等に対応する修理費用などが発生する。

このため，地方自治体が公共施設の維持・運営を計画する際は，建築費用の２～３倍程度を見込む必要があるといわれている。

（「公共施設の台帳整備に関する調査研究」より作成）

資料５　ネーミングライツ制度に関する資料（一部）

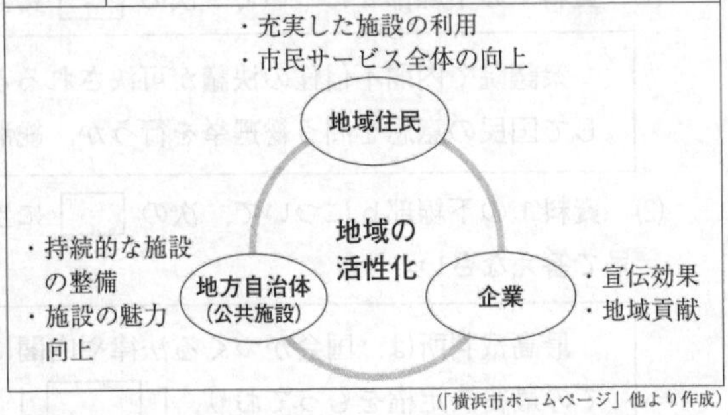

（「横浜市ホームページ」他より作成）

光さんの発表原稿（一部）

資料４，５から，ネーミングライツ制度は，宣伝効果や地域貢献を考える企業から地方自治体が安定的に［ウ］ことができるだけでなく，地方自治体・地域住民・企業の三者それぞれに［エ］ことにより，地域の活性化につながる取り組みだと思います。

2　真一《しんいち》さんは，「現代の私たちの暮らし」というテーマを決めて，政府が行った世論調査の結果について調べました。後の(1)～(5)の問いに答えなさい。

資料１　政府に対する要望についての回答（複数回答）（一部）

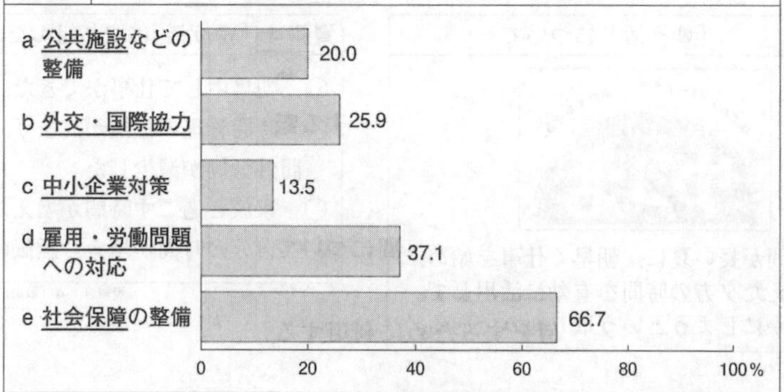

（令和元年６月「国民生活に関する世論調査」より作成）

(1)　資料１の下線部ａに関して，次の □ に当てはまる語を，**漢字で書きなさい。**

多くの人が共同で利用する道路や港湾，学校などの公共施設は，□ とよばれ，警察や消防などの公共サービスとともに，社会を支える基盤として，政府によって供給されている。

(2)　資料１の下線部ｂに関して，次の □ に当てはまる語を書きなさい。

国際連合には多くの機関が置かれ，このうち加盟国すべてが参加し，年１回定期的に開かれる □ では，世界のさまざまな問題を話し合っている。

(3)　真一さんは，資料１の下線部ｃに関して，資料２を見つけました。資料２の ① ，② と Ａ ，Ｂ に当てはまる語の組み合わせとして最も適切なものを，下のア～エから１つ選び，記号で答えなさい。

資料２　大企業と中小企業の割合（2016年）

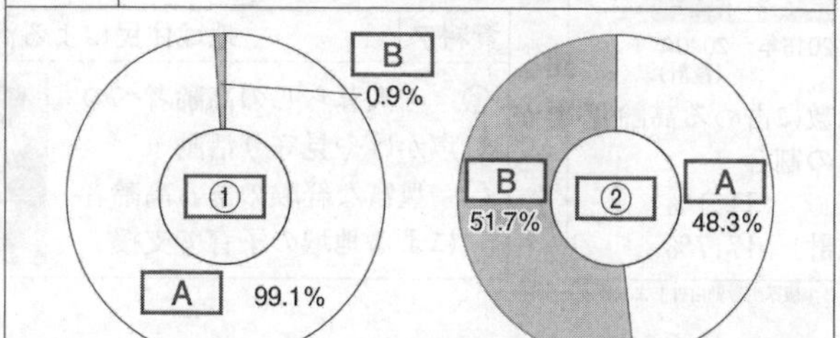

※従業者４人以上の製造業における統計

（「日本国勢図会2019/20」他より作成）

ア　①―事業所数　②―出荷額　Ａ―大企業　Ｂ―中小企業
イ　①―事業所数　②―出荷額　Ａ―中小企業　Ｂ―大企業
ウ　①―出荷額　②―事業所数　Ａ―大企業　Ｂ―中小企業
エ　①―出荷額　②―事業所数　Ａ―中小企業　Ｂ―大企業

(4) 真一さんは，**資料１**の下線部ｄに関して調べていく中で，**資料３**，**４**を見つけ，「ゆう活」のような取り組みが行われている背景について，下のようにまとめました。**資料３**，**４**をもとに，[　　] に入る適切な内容を，「**両立**」という語を使って書きなさい。

資料３　「ゆう活」について

日照時間が長い夏に，朝早く仕事を始め，仕事を終えた夕方の時間を有効に活用して，生活を豊かにしようという取り組みである。

資料４　「ゆう活」に取り組んだ人の感想（一部）

○ 朝集中して仕事ができた。
○ 時間管理の意識が高まり，残業などの時間外労働が減少した。
○ 家族と過ごす時間が増えた。
○ 自分の時間が増え，睡眠時間も増えた。

（資料３，４「政府広報オンライン」より作成）

真一さんのまとめ（一部）

資料３，**４**から，「ゆう活」のような取り組みが行われているのは，残業などによって，健康で豊かな生活がそこなわれないように，[　　] ことが求められているからであり，このような取り組みは，一人一人に合った多様な働き方を実現する一つのきっかけになると考えられる。

(5) 真一さんは，下線部ｅに関して，**資料５**，**６**，**７**を見つけ，日本の社会保障の在り方について，下のように発表原稿にまとめました。**資料５**，**６**，**７**をもとに，[ア]，[イ] に入る適切な内容を書きなさい。

資料５　高齢社会に関する資料

○ 介護や看病など生活の支えが必要な※高齢者の世帯数

※一人暮らしおよび夫婦のみの世帯数

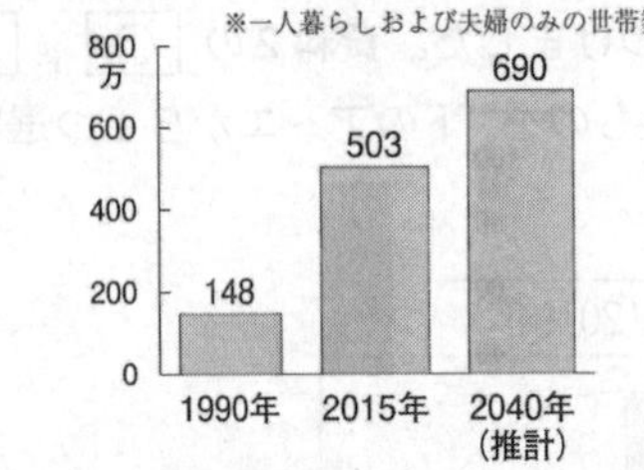

○ 一般世帯総数に占める高齢者の一人暮らしの割合

2015年	11.1%
2040年（推計）	17.7%

（「令和２年版厚生労働白書」より作成）

資料６　社会保障の考え方について（一部）

私たちの人生には，重い病気になる，失業する，高齢によって介護が必要になるなど，生活が困難になるさまざまなリスク（望ましくないことが起こる可能性）が潜んでいる。
このような生活上のリスクに，世代をこえて社会全体で対応するしくみが社会保障制度である。

（「厚生労働省ホームページ」他より作成）

資料７　地域住民による活動（一部）

○ 一人暮らしの高齢者への声かけや見守り活動
○ 豊富な経験のある高齢者による地域の子育て支援

真一さんの発表原稿（一部）

資料５，**６**から，生活上のリスクを抱える高齢者の増加が予想されるため，社会全体で対応する社会保障制度のいっそうの充実が求められます。同時に，公的な制度に加えて，**資料６**のようなリスクに対しては [ア] ことや，**資料７**の地域活動のように，[イ] ことを大切にして，すべての人が安心して暮らせる社会づくりを考えていく必要があると思います。

4　朝子《あさこ》さんのクラスでは，社会科の授業において，身の回りにある認証ラベルを使って，それぞれのテーマに基づいて調べ学習を行いました。後の１～３の問いに答えなさい。

先生：第三者が，品質などの基準を審査し，認めた商品に付けられるのが認証ラベルです。今日は，みなさんが見つけてきた認証ラベルについて，発表してもらいましょう。

ラベルA

朝子さん：私が見つけたラベルAは，「国際フェアトレード」の認証ラベルです。コーヒーやチョコレートなどの商品に付いており，その数は年々増加しています。

ラベルB

勇治《ゆうじ》さん：ラベルBは，「富岡シルクブランド」の認証ラベルの一つです。純国産の生糸で作られたネクタイやハンカチなどに付いているそうです。

ラベルC

文彦《ふみひこ》さん：ラベルCは，宮崎県産の椎茸《しいたけ》に付いていた「ＦＳＣ」の認証ラベルです。学習用ノートや紙袋などにも，この認証ラベルが見られます。

先生：身近なところに，認証ラベルの付いた商品が増えていますね。では，各自のテーマに沿って学習を進めていきましょう。

1　朝子さんは，ラベルAについて調べていく中で，資料１，２を見つけ，下のように学習課題を設定しました。資料１，２および【予想】を関連づけた内容となるように，【朝子さんの学習課題】の［ア］，［イ］に入る適切な内容を書きなさい。

資料１　フェアトレードについて（一部）

フェアトレードとは，発展途上国の原料や製品を適正な価格で継続的に購入することにより，生産者や労働者の生活改善などをめざす「公平な貿易」のしくみである。

イギリスでは，フェアトレードの普及活動に取り組む組織が1992年に作られ，日本でも1993年に作られた。

（「フェアトレードジャパンホームページ」他より作成）

資料２　フェアトレードの認知率（2015年）

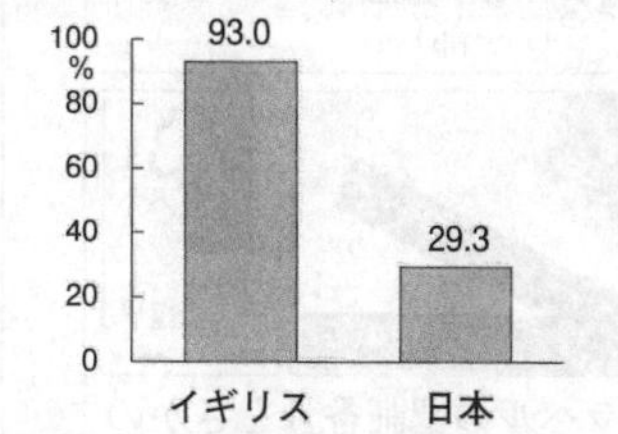

（「フェアトレード財団ホームページ」他より作成）

【朝子さんの学習課題】

イギリスと日本では，フェアトレードの普及活動に取り組む組織がほぼ［　ア　］のに，なぜ，日本よりも［　イ　］のだろうか。

【予想】

イギリスは，学校でフェアトレードについて学ぶ機会が多く，国民の理解が進んでいるからではないか。

2　勇治さんは，ラベルBについて，「なぜ『富岡シルクブランド』が作られたのだろうか」という学習課題を設定し，次のように学習メモにまとめました。学習メモの①～③をもとに，［ア］，［イ］に入る適切な内容を書きなさい。

勇治さんの学習メモ（一部）

①　江戸時代末期，ヨーロッパで蚕《かいこ》の病気が流行し，日本の生糸輸出が増加

従来の手工業では，輸出用の生糸の生産が追いつかず，品質も満たせなくなった。⇨

明治政府は，欧米の進んだ機械を取り入れた富岡製糸場の操業を始めた。大量生産された「富岡シルク」の品質は，世界から高く評価された。

②　その後の富岡製糸場

化学繊維の普及など
⇩
富岡製糸場の操業停止（1987年）
⇩
富岡シルクブランド協議会の設立（2008年）
⇩
世界文化遺産への登録（2014年）

⇨

③　富岡シルクブランド協議会の願い

富岡市の養蚕《ようさん》農家は，現在12戸と激減しており，全戸廃業の危険性さえある。養蚕農家が，誇りと技術をもって蚕の生育に取り組み続けることが，富岡製糸場の世界文化遺産としての価値である。
⇩
富岡シルクブランド認証制度の開始（2016年）

⇨

考えたこと

富岡製糸場は，①から，海外へ輸出する生糸の［ア］を図るために作られ，その製品は世界で高評価を得た。その後，②から，操業は停止したが，世界文化遺産に登録され，富岡シルクは再び大きな注目を集めた。これを受け，③から，富岡シルクのブランド化を推進することで，地元の［イ］に努めようとしていると考えられる。

（「富岡市観光ホームページ」他より作成）

3　文彦さんは，ラベルCについての調べ学習の最後に，振り返りを行いました。資料3をもとに，［ア］に入る適切な内容を書きなさい。また，振り返りと先生の言葉の［イ］に共通して当てはまる語を書きなさい。

資料3　FSC認証ラベルの役割（一部）

ラベルの認証番号をさかのぼると，原材料が適切に管理された森林に由来することが分かり，商品が森を壊すことなく作られた証となる。

（「FSCジャパンホームページ」他より作成）

文彦さんの振り返り（一部）

①　学習の前後を比べて，新たに分かったことを説明しよう。

以前はFSC認証ラベルのことをよく知らなかったけれど，調べ学習でその役割を学び，資料3から，自らの消費行動によって，［ア］ことができると分かった。

②　今後も考え続けていきたいことを書こう。

これからも，身の回りの認証ラベルに関心をもち，それらの正しい知識を身に付けて，「［イ］した消費者」として，商品を選択していきたい。

先生

消費者がどんな商品を選択・購入するかは，社会に大きな影響を与えます。だから，私たちは，「［イ］した消費者」として，自ら知識や情報を広く収集し，的確な判断力を養い，それに基づいて行動する必要があるのです。

今回，3人が調べた認証ラベルは，それぞれ人や社会，地域，環境に配慮した消費につながるものですね。これらのキーワードを意識しながら，生活していきましょう。

【書き下し文】

子曰く、賢（自分より知徳の優れた人）を見ては齊《ひと》しからんこと（同じになるようなこと）を思ひ、不賢を見ては内に自《みづか》ら省《かへり》みるなり。

（「論語《ろんご》」による）

C

自分より優秀な人を見ると、ついその人を羨《うらや》んだり、妬《ねた》んだりしてしまいます。

でも、ライバルや自分より優秀な人が周りにいる事は、とても幸運な事ではないでしょうか。

本当に賢いのは優秀な人物やライバルたちに追いつき、追い抜くという気持ちを強く持つ事ができる人ではないでしょうか。周囲にいる人々は自分を成長させてくれる存在なのです。

孔子は自分の方が勝っていると思う人、そういった人からも学びなさいと言っています。人は、自分の間違いや劣った部分に目を向けないようにする傾向があります。そのような時、他人を見つめる事で、④自分に目を向ける事ができます。

（佐久協《さくやすし》「ためになる論語の世界」による）

問一　古文Aについて、――線①「古人」の言った内容は「銅をもて」からどこまでか。終わりの五字を抜き出して書きなさい。

問二　古文Aの――線②「古を以て鏡としては興廃を知り」について、次の問いに答えなさい。

㈠　「鏡」の字を漢和辞典の部首索引、八画「金」で引く場合の画数を、漢数字で答えなさい。

㈡　次の【漢和辞典で調べた内容の一部】を含めて考えたとき、――線②を説明したものとして、最も適当なものを、後のア～エから一つ選び、記号で答えなさい。

【漢和辞典で調べた内容の一部】

【鏡】かがみ
1　顔や姿をうつして見る道具。青銅の鏡。
2　光を反射させるもの。
3　手本。模範。

ア　遠く過ぎ去った世と照合し、成功や発展の歴史を知ること。
イ　遠く過ぎ去った世を先例に、繁栄や衰退の歴史を知ること。
ウ　遠く過ぎ去った世を考慮し、損失や廃止の歴史を知ること。
エ　遠く過ぎ去った世と反対に、流行や滅亡の歴史を知ること。

問三　漢文Bの――線③「見賢思齊」について、【書き下し文】の読み方になるように返り点をつけなさい。送り仮名はつけなくてよい。

問四　文章Cに――線④「自分に目を向ける」とあるが、古文A、漢文Bを踏まえると、「自分に目を向ける」とは具体的にどうすることか。二十字以内で説明しなさい。

問五　次の a を b のように書き直したときの説明として、最も適当なものを、後のア～エから一つ選び、記号で答えなさい。

a　衣冠を正す　→　b　衣冠を正す

ア　仮名の中心を行の中心からずらし、漢字はやや大きめに書いた。
イ　仮名の中心を行の中心に合わせ、漢字は筆脈を意識せず書いた。
ウ　行書で書かれた漢字を楷書に直し、仮名は太く直線的に書いた。
エ　楷書で書かれた漢字を行書に直し、仮名はやや小さめに書いた。

問一 〈対話の様子〉の［　］に入る言葉として、最も適当なものを、次のア～エから一つ選び、記号で答えなさい。

ア 兎による予言
イ 八十神と大国主神の比較
ウ 八上比売からの求婚
エ 大国主神が国をゆだねた理由

問二 〈対話の様子〉の［　］内の言葉は、奈月さんが心の中で思っていることです。このとき奈月さんは、恭平さんの発言をどのように聞いていますか。その説明として、最も適当なものを、次のア～エから一つ選び、記号で答えなさい。

ア 相手の発言に反対する別の意見を考えながら聞いている。
イ 相手の提案に対して新たな提案を考えながら聞いている。
ウ 相手の発言の内容を理解して要点を考えながら聞いている。
エ 相手の考えの誤りを探して修正点を考えながら聞いている。

問三 二人のメモを比べたとき、**恭平さんのメモ** の特徴を説明したものとして、最も適当なものを、次のア～エから一つ選び、記号で答えなさい。

ア 特徴をよい点や問題点に分けて、二つの視点から考えている。
イ 作品間や作品内で比較した違いを挙げ、考えに結びつけている。
ウ 自分だけの観点を設けて独自の例を出し、根拠を補強している。
エ 箇条書きで特徴を示し、特徴と考えを番号で対応させている。

問四 **恭平さんの批評文** の〰〰線「人柄が際立ち」という表現について、次のアドバイスを取り入れて、意味を変えずに〰〰線部を書き換えなさい。

（アドバイス）

主語との対応を考え、他の述部と同様に、自然につながるとよい。

問五 **改善案** と、次の（条件）に従い、**奈月さんの批評文** を推敲しなさい。

（条件）

・もとの批評文の内容を踏まえて、二文で九十字以内で書くこと。
・解答用紙に合わせて、一文めは「作者が、」の後から書き出し、二文めは「～ものが、Aという作品だ。」に続くように書くこと。
・付箋に書かれている内容は、すべて加えること。
・付箋と批評文の文頭や文末表現については、前後に合うような形に変えてもよい。

四

次の古文A、漢文B、漢文Bについて解説した文章Cを読んで、後の問いに答えなさい。

A

①古人《こじん》の云《い》はく、銅《あかがね》をもて鏡としては衣冠《いくわん》（衣服と冠）を正し、人をもて鏡としては得失を知り、②古《いにしへ》を以《も》て鏡としては興廃を知り、心を以て鏡としては万法《まんぽふ》（あらゆる存在の真理）を照《てら》すと云へり。

（「沙石集《しゃせきしゅう》」による）

B

子曰ク、③見賢思齊焉、見テハ二不賢ヲ一而内ニ自ラ省ル也。

恭平さんのメモ

観点	気づいた特徴	考えたこと
人物像	・兄たちは競い合っている ・オオクニヌシは争いを好まない	・兄たちの人物像をとらえさせている ・うさぎを助けるやさしさ
現代語訳との違い	・現代語訳は結婚話で話が進んでいる ・作品Aは二者の話	①うさぎとオオクニヌシの話 ②神話と物語

恭平さんの批評文

作者が、オオクニヌシを争いを好まない人物と設定し、兄たちよりもやさしい人柄が際《きわ》立ち、神話のいきさつをうさぎとオオクニヌシの物語にふくらませているのが、Aという作品だ。

次に、批評文を互いに読み合って、意見の交流をした後、奈月さんは推敲《すいこう》のために改善案を考え、付け加える内容を付箋《ふせん》に書き出しました。次は、その〈対話の様子〉（一部）および **改善案** と **付箋** です。

〈対話の様子〉（一部）

奈月　恭平さんと比べて、私の批評文は、感想文に近いね。

恭平　批評文は、自分の考えの根拠をはっきり示して、よさや特性、価値などの評価を書くものだよね。確かに、単に好き嫌いを述べた文があるね。

奈月　やはり、私の批評文の二文めは、削除した方がいいね。

恭平　そうだね。でも、オオクニヌシ一人に着目している点は、私と違っているから面白いよ。結末部分は、どの部分から考えたの。

奈月　終末の段落が、**現代語訳** と **作品A** を比べると、［　　］ではなかったところだよ。**作品A** では、「オオクニヌシが活躍する話」と考えたのだね。

恭平　その違いに気がついて、「オオクニヌシ一人に着目した話」という奈月さんの考えが、分かりやすく伝わるといいよね。考えの根拠を、もっと示したらどうかな。

奈月　（恭平さんは根拠が足りないと言いたいのだな。）確かにそうだね。恭平さんは、どうやって考えたの。

恭平　メモを見せるね。気づいた特徴から考えをまとめるときに、作者の意図を考えたよ。その上で、特徴が根拠として使えるか確認したよ。

奈月　そうか、批評文を書くときは、根拠を具体的に挙げて説得力をもたせたほうがいいね。批評文を推敲するよ。

改善案

感想のところは削除して二文で書こう。批評文の一文めは、根拠を足そう。三文めは、気づいた特徴をもとに「作者はなぜそう書いたのか」と考え、自分の考えの部分を書き直そう。そして、今ある特徴にさらに説明を足して、根拠にしよう。これら三つの内容を付箋に書き出そう。そして、付箋の内容を批評文に付け足したり、置き換えたりしよう。

付箋

・作者が、かわいそうにという心情表現を加えている。

・作者は、オオクニヌシを主役とする物語にしようとした。

・作者が、世の人々の認める結末に変えている。

その兄弟の神々が、めいめい稲羽《いなば》（因幡国《いなばのくに》。鳥取県東部）の八《や》上比売《かみひめ》と結婚したいと思う心をもって、一緒に稲羽に行った時に、大穴牟遅神《おおあなむじのかみ》（のちの大国主神）に袋を背負わせて、従者として連れて行った。

（中略）

そこで、大穴牟遅神は、その兎《うさぎ》に教えて、「今すぐにこの河口に行き、真水でお前の身体を洗って、すぐにその河口の蒲《がま》の花を取り、敷きつめてその上に横たわり転がれば、お前の身体はきっともとの肌のように治るだろう」と仰《おお》せられた。それで、教えにしたがったところ、兎の身体は元通りになった。これが稲羽の素兎《しろうさぎ》である。今は兎神という。

そして、この兎は大穴牟遅神に、「あの八十神は、きっと八上比売を手に入れることはできないでしょう。袋を背負ってはいても、あなた様が手に入れるでしょう」と申した。

（山口佳紀《やまぐちよしのり》・神野志隆光《こうのしたかみつ》「古事記」による　一部省略がある）

作品A

むかし、むかし、大むかし。

いずもの国に、八十人ものかみさまの兄弟がいました。そして、自分こそ、国をおさめるのにふさわしいと、たがいに力をきそい合っていました。でも、すえっ子のオオクニヌシだけは、あらそうことをこのみませんでした。

（中略）

うさぎの話を聞くと、オオクニヌシは、

「おお、かわいそうに。すぐ、川の水でよくあらいなさい。それから、みずべに生えているがまのほをとって、まきちらし、ねころがるとよい。元どおりになるだろう。」

と教えました。

うさぎは川へ行って、きれいな水でしお水をていねいにあらいながすと、がまのほをあつめた上にねころがりました。すると、本当にまっ白い、ふわふわの毛の白うさぎにもどりました。

それからというもの、「オオクニヌシこそ、八十人の兄弟の中でいちばんすぐれた方だ。」と、世につたわるようになりました。

（なかがわりえこ「いなばの白うさぎ」による　一部省略がある）

まず、二人は、**現代語訳**と**作品A**の冒頭と終末部分の違いに着目してメモを作成し、**作品A**についての批評文を書きました。次は、それぞれの**メモ**と**批評文**です。

奈月さんのメモ

観点	気づいた特徴	考えたこと
人物像	・やさしい人柄が書いてある	・作品Aの方が好き
現代語訳との違い	・終末をいちばんすぐれた方とまとめている	・オオクニヌシが活躍する話

奈月さんの批評文

作品Aでは、オオクニヌシのやさしい人柄が書いてある。私は作品Aの方が好きだ。終末をいちばんすぐれた方とまとめていて、オオクニヌシが活躍する話だと思った。

一つ選び、記号で答えなさい。

ア　むしろ　イ　しかし　ウ　また　エ　すなわち

問三　文章中に――線①「じつに革命的なことをいっている。」とあるが、筆者がそのように考える理由として、最も適当なものを、次のア～エから一つ選び、記号で答えなさい。

ア　西洋の音楽は理性で秩序に従って作られるのに、音楽を感覚的に作っているから。

イ　西洋の音楽は純粋な構築物だと言われているのに、音に形がないと認めているから。

ウ　西洋の音楽は神が作り出すものなのに、人間が音楽を作っていると考えているから。

エ　西洋の音楽は法則どおり音で構築されるのに、音のない部分で音楽を感じているから。

問四　Ⅰの文章構成の説明として、最も適当なものを、次のア～エから一つ選び、記号で答えなさい。

ア　冒頭で日本人の「間」について具体例を取り上げた後、具体例に対する事実や筆者の体験を繰り返し説明し、終末で例示の正しさを検証して結論を述べている。

イ　冒頭で日本人の「間」について具体例を取り上げた後、その例を抽象化して筆者の考えと結びつけて紹介し、終末で新たな具体例を提示して話題を広げている。

ウ　冒頭で日本人の「間」について筆者の考えを述べた後、その根拠を日本と西洋を比較しながら複数の例を挙げて説明し、終末で改めて筆者の考えを述べている。

エ　冒頭で日本人の「間」について筆者の考えを述べた後、具体例を挙げて筆者と対立する考えを紹介し、終末で対立する二つの考えを統合した結論を述べている。

問五　文章中に――線②「枯淡の風情」とあるが、「枯淡の風情」が生まれる過程を説明した図として、最も適当なものを、次のア～エから一つ選び、記号で答えなさい。

ア
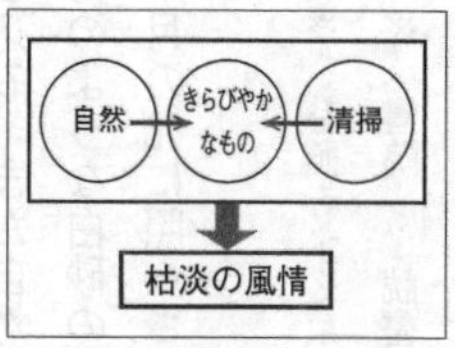

イ
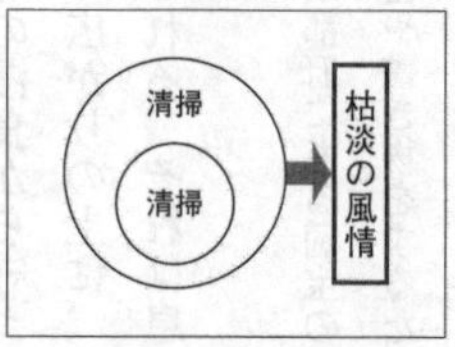

ウ
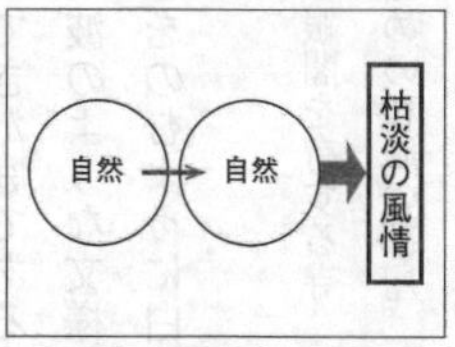

エ
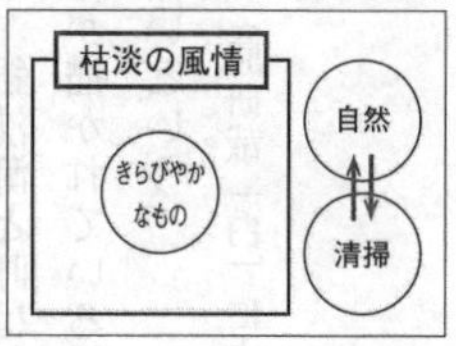

問六　ⅠとⅡの文章における、日本人の美意識について、日本人と自然との関わり方が分かるように、「Ⅰは～、Ⅱは～」という形式で、八十字以内で説明しなさい。

三　次の文章を読んで、後の問いに答えなさい。

　国語の授業で、「かぐや姫」など、古典を素材にして創作された現代文の作品についての批評文を書くことになりました。奈月《なつき》さんと恭平《きょうへい》さんは、小学校で学習した「いなばの白うさぎ」の話を選び、素材になった古典「古事記」の現代語訳と、現代文の作品Aを図書館で見つけました。次は、その 現代語訳 と 作品A です。

現代語訳

この大国主神《おおくにぬしのかみ》の兄弟に、八十神《やそがみ》（大勢の神々）がいらっしゃった。けれども、皆、国を大国主神にゆだねた。ゆだねた理由はというと、こういういきさつがある。

一つの演奏、一つの動作の表現が終わった後で、名残《なご》りおしい情緒が、さらにより いっそう深まってくるということがある。そんなときに、「余」の字をあてて「余情」という。

何もない余白にこそ、書かれざる無限の想いをこめた画面がある。そのためには、生地、素材を大事にする。なぜならば、素材には、自然そのものが残されているからだ。つまり人間が加工するよりも、そのまま残しておくほうが、天然自然と相通じる無限の可能性を持っているわけである。

※キャンバスが白だと、どのようにでも想像力で可能性を膨らませることができる。一度人間が描くことによってそれを埋め尽くしたら、もうそれでおしまいだ。日本人の美意識は、絵や書の書かれていないところに残された、限りない可能性を予感する。

人間がやるべきことは、ほんのわずかなきっかけをつくって、それを暗示しさえすればいい。いや、人間にはそれしかできない。それが間の充実ということになるわけである。

このように、音楽においては時間的な「間」、絵画においては空間的な「間」というものを用いるのは、ひたすら人間の力を超えたものに到達したい、そこにこそ本当のもの、真実があるはずだという意識があるからだ。それが、日本の文化を貫いているのである。

（栗田《くりた》勇《いさむ》「日本文化のキーワード」による）

※　幾何学的……法則や一定のパターンに従っている様子。
※　パラドクシカル……一見真理ではないことを述べているようで、よく考えると真理を述べている説のようであること。
※　タブロー……完全に仕上げられた絵画作品。
※　キャンバス……油絵を描くための画布。

Ⅱ

※慈照寺《じしょうじ》は、枯淡の風情《ふぜい》に人気があり、常に多くの参拝者を引きつけてやまない。寺社の建築や作庭の妙、※書院の趣、※向月台や※銀沙灘《ぎんさだん》の造形など、この寺の魅力は枚挙にいとまがない。しかし、この寺が、人々の心に刻印するものは、時を超え、時代を超えて残ってきた日本の美の核心のようなものだ。清掃に清掃を重ねる一方で、自然はこの寺のきらびやかなものを一枚一枚はぎ取るように風化させてきた。結果として現れてきた②枯淡の風情を、人は慈《いつく》しみ、さらに清掃を重ねてその美を絶やさぬように維持してきた。

この寺の美しさは、月の美しさに似ている。月は日の光を受けてしんと澄んで世界を照らす。二階建ての銀閣はこの寺の中心的な建物だが、その下層を「心空殿」といい、二層を「潮音閣」という。潮音閣には観音《かんのん》像が祀《まつ》られている。この寺の清掃や手入れをⓒイトナむ職人は、定年を迎える日に一度だけ、潮音閣に登ることを許される。

潮音閣から庭を見おろす。長い年月をかけて清掃を重ね、自然を呼び込み、また自然の浸食から守ってきた庭である。銀沙灘と呼ばれる海のような白砂の広がりの上に、波のような文様が描かれている様子が月の光に照らされる。それは息をのむように白いという。

（原研哉《はらけんや》「白」による）

※　慈照寺……京都府にある国宝の銀閣を有する寺。
※　書院……読書や書き物をするための和風の部屋。
※　向月台……山の形に盛られた白い砂の呼称。
※　銀沙灘……白い砂を波状に整形して盛り上げた砂地の呼称。

問一　文章中の══線ⓐ～ⓒについて、カタカナの部分は漢字に直し、漢字の部分はその読みをひらがなで書きなさい。

問二　文章中の□に最もよく当てはまる言葉を、次のア～エから

イ　思いのつまったドレスの解体は当然で、開き直っている。
ウ　思いのつまったドレスの解体に激怒し、我を忘れている。
エ　思いのつまったドレスの解体を覚悟し、意を決している。

問四　文章中の――線③「清澄はリッパーをあつかう手をとめて、空中を睨んでいた。」について、「わたし」は、このような様子から、清澄は何をしようとしていると考えたか。それが分かる連続する二文を、文章中から抜き出し、初めの五字を書きなさい。

問五　次の［　　］の文は、文章中の――線④「そうね」と言ったときの「わたし」の思いを説明したものである。（　）に入る内容を、四十字以内で書きなさい。

清澄の言うように、（　　　　　　　　　　　　　　　）

問六　本文の表現について説明したものとして、最も適当なものを、次のア～エから一つ選び、記号で答えなさい。
ア　擬音語やカタカナの表現を織り交ぜることで、文章全体に軽《かろ》やかな感じを与えている。
イ　「……」と言葉を省略することで言い尽くせないほどの感動を読み手にもたせている。
ウ　会話文に方言を用いることで、臨場感を高めながら登場人物の心情を読み手に伝えている。
エ　「わたし」の視点で淡々と情景や心情を描くことで、「わたし」の受け身な性格を暗示している。

二　次のⅠ・Ⅱの文章を読んで、後の問いに答えなさい。

Ⅰ

生命というのは断絶するリズムである。しだいに高まっていくリズムだ。それは宇宙のリズムである。そういう考え方が、人間の身体ということから受けとめた日本人の宇宙的、時空的な、演劇や音楽の「間《ま》」になっている。

西欧の音楽は、ひじょうに※幾何学的に構築されて、人間の幾何学的精神の純粋な構築物だといわれている。この理性こそ神の賜物《たまもの》、幾何学的秩序として唯一神の証《あかし》であり、だから高貴なものだとされる。

ところが一九九二年に亡くなったアメリカの偉大な現代作曲家、ジョン・ケージは、『サイレンス（沈黙）』という本のなかで、音の鳴っていないところにこそ、じつは真の宇宙の音楽が鳴りひびいているという。日本人にはわかりいいが、しかし西洋文明からすれば、①じつに革命的なことをいっている。こういうところまで、世界の新しいⓐゲイジュツは来ているのかなという気もする。

その間を抜く。間を外して、「せぬ暇《ひま》」を重視する。そうすると「無い」ものがいちばん充実してくる。たいへん※パラドクシカルというか、ⓑ矛盾した言い方だが、充実した無、音のない音楽、それがすっとわかるような気がするのが、私たち日本人なのである。

絵についても、同じことがいえる。西洋の絵というのは※タブロー、つまり四角の額ぶちに囲まれている。その額の中をことごとく油絵の具で塗りつぶしていく。そこに完結したリアリティがあると考えられていた。

［　　］、東洋や日本の絵画、とくに水墨画など、多くは、余白というものをきわめて大切にする。

余白というと聞こえはいいが、つまりは何も描いてないわけだ。西欧画なら未完成品である。さらに書道でも、やはり書かれざる空間、余白をひじょうに重視する。いったい「余白」や「余」とは何か。これもやはり、一つの「間」であろう。

て決めつけて。※せやから、これはあかんねん。※わかってない僕がつくったこのドレスは、たぶん姉ちゃんには似合わへん」

水青のことを尊重していなかった。清澄が言いたいのは、要するにそういうことなのだろうか。そういうことなん？　と訊《たず》ねるのはでも、やめておく。たとえ拙い言葉でも自分の言葉で語ろうとしている。大切なことを見つけようとしている。邪魔をしてはいけない。

「わかった。そういうことなら、手伝うわ」

自分の裁縫箱から、リッパーを取り出す。向かい合ってⓑ畳に座った。指先にやわらかい絹が触れた瞬間、涙がこぼれそうになる。真剣な顔でひと針ひと針これを縫っていた清澄の横顔を思い出してしまった。自分で決めたこととはいえ、さぞかしくやしかろう。

「一からって、デザイン決めからやりなおすの？」

「そうなるね」

「手伝う時間が減るかもしれんわ、おばあちゃん。……プールに通うことにしたから」

「プール」

ⓒフクショウする清澄には、さしたる表情の変化はなかった。どんな反応が返ってきたとしても、もう気持ちは固まっていたけど。

「そう。プール。泳ぐの、五十年ぶりぐらいやけどな」

「そうか。……がんばってな」

清澄はふたたび手元に視線を落とす。ぷつぷつとかすかな音を立てて、糸が布から離れていく。うつむき加減の額にかかる前髪も、皮膚《ひふ》も、まだ新品と言っていい。

この子にはまだ何十年もの時間がある。男だから、とか、何歳だから、あるいは日本人だから、とか、そういうことをなぎ倒して、きっと生きていける。

「七十四歳になって、新しいことはじめるのは勇気がいるけどね」

清澄がまっすぐに、わたしを見る。わたしも、清澄を見る。

でも、というかたちに、清澄の唇が動いた。

「でも、今からはじめたら、八十歳の時には水泳歴六年になるやん。なにもせんかったら、ゼロ年のままやけど」

やわらかな絹に触れる指が小刻みに震えてしまう。④そうね、という声までも震えてしまいそうになって、お腹《なか》にぐっと力をこめた。

（寺地《てらち》はるな「水を縫う」による）

※鴨居……和室でふすまや障子《しょうじ》をはめるために、上部に渡した横木。
※仮縫い……しつけ糸で粗く縫い合わせること。
※リッパー……はさみの代わりに縫い目や糸を切る道具。
※言うたらええかな……言ったらいいかな。
※思っとってん……思っていた。
※せやから……だから。
※あかんねん……だめなんだ。

問一　文章中の＝＝線ⓐ～ⓒについて、漢字の部分はその読みをひらがなで書き、カタカナの部分は漢字に直しなさい。

問二　文章中に――線①「心なしか」とあるが、どのような意味で使われているか。最も適当なものを、次の**ア**～**エ**から一つ選び、記号で答えなさい。

ア　気のせいかもしれないが　　**イ**　意外だが
ウ　思った通りではあるが　　**エ**　不本意だが

問三　文章中に――線②「ふーっと長い息を吐いて」とあるが、これは清澄のどのような様子を表現しているか。その説明として、最も適当なものを、次の**ア**～**エ**から一つ選び、記号で答えなさい。

ア　思いのつまったドレスの解体が不満で、いら立っている。

＜国語＞

時間　五〇分　満点　一〇〇点

一　次の文章を読んで、後の問いに答えなさい。

「わたし」は、高校一年生の清澄《きよすみ》と姉水青《みお》の祖母である。清澄は、結婚する姉のために、趣味の刺繍《ししゅう》や裁縫を生かし、「ウェディングドレスは僕が縫う」と言い出した。しかし、かわいらしさや華やかさを頑《かたく》なに拒否する姉とは意見が合わない。「わたし」は、清澄の作業を手伝う中で、やりたいことを抑えてきた自分の人生を振り返っていた。

わたしが夢想した「新しい時代」に、自分自身は含まれていなかった。含んではいけないと、なぜだかかたく思いこんでいた。

「ただいま」

夕方になって、ようやく清澄が帰ってきた。①心なしか、表情が冴《さ》えない。具合でも悪いのだろうか。

「ちょっと、部屋に入るで」

裁縫箱を片手に、わたしの部屋に入っていく。※鴨居《かもい》にかけた、※仮縫いの水青のウェディングドレス。腕組みして睨《にら》んでいると思ったら、いきなりハンガーから外して、裏返しはじめた。

「どうしたん、キヨ」

清澄は※リッパーを手にしている。②ふーっと長い息を吐いてから、縫い目にⓐ挿しいれた。

「えっ」

驚くわたしをよそに、清澄はどんどんドレスの縫い目をほどいていく。

「水青になんか言われたの？」

「なんも言われてない」

ためらいなくドレスを解体していく手つきと裏腹に、清澄の表情は歪《ゆが》んでいた。声もわずかに震えている。

「でも、姉ちゃんがこのドレスは『なんか違う』って言った気持ちが、なんとなくわかったような気がする」

学習塾に行った時、水青はしばらく清澄たちに気づかずに、仕事をしていたという。「パソコンを操作したり、講師の人となんか喋《しゃべ》ったりする顔が」と言いかけてしばらく黙る。

「なんて※言うたらええかな。知らない人みたい、ともちょっと違うし……うん。でもとにかく、見たことない顔やった」

③清澄はリッパーをあつかう手をとめて、空中を睨んでいた。そこに、次に言うべき言葉が漂っているみたいに、真剣な顔で。

「たぶん僕、姉ちゃんのことあんまりわかってなかった」

生活していくために働いている。やりたいこととか夢とか、そんなのはいっさいない。いつもそう言っている水青の仕事はきっとつまらないものなのだと決めつけていた、のだそうだ。

「でも仕事してる姉ちゃん、すごい真剣っぽかった」

「はあ」

「生活のために割りきってる、ってことと、真剣やないってこととは違うんやと思った」

でもそれが、なぜドレスをほどく理由になるのか、わたしには今いちわからない。

「姉ちゃんはな、ただわかってないだけやと※思っとってん。ドレスのこととか、ぜんぶ。僕とおばあちゃんに任せたらちゃんと姉ちゃんがいちばんきれいに見えるドレスをつくってあげられるのにって。どっかでちょっと、姉ちゃんのこと軽く見てたと思う。わかってない人っ

MEMO

大切なことはメモしておこうネ！

2021年度

解答と解説

《2021年度の配点は解答用紙集に掲載してあります。》

＜数学解答＞

1　(1)　-9　(2)　$\frac{1}{6}$　(3)　-8　(4)　$a-6b$
(5)　5　(6)　$x=3,\ 7$　(7)　$0 \leqq y \leqq 4$
(8)　イ，ウ　(9)　右図

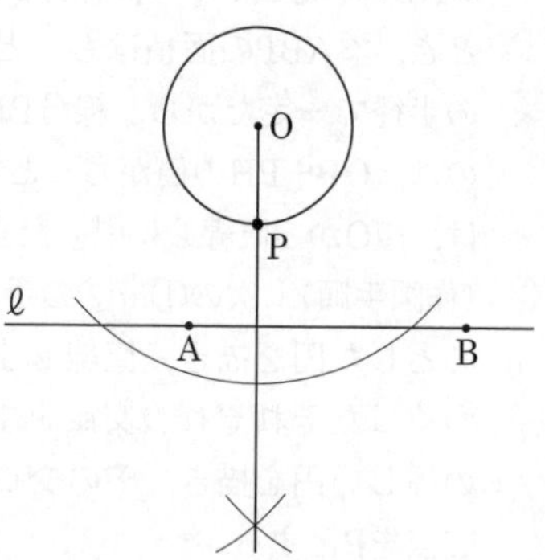

2　1　(1)　エ　(2)　(正しい答え)$\frac{1}{4}$(説明は解説参照)
2　(1)　5580円　(2)　(乗った駅)　B駅
(降りた駅)　E駅(式と計算，説明は解説参照)

3　1　ア　(例)面積が18cm^2の長方形の縦の長さを$x$cm，横の長さを$y$cm　イ　(例)$y=\frac{18}{x}$　2　(1)　$a=-12$
(2)　4個　(3)　$y=-\frac{7}{4}x+7$

4　1　$\angle$DAG$=145$度　2　解説参照　3　(1)　$\frac{23}{2}\text{cm}^2$　(2)　$\frac{\sqrt{26}}{4}\pi\,\text{cm}$

5　1　10m　2　192m^3　3　(1)　$27\sqrt{2}\,\text{m}^2$　(2)　72m^3

＜数学解説＞

1　(数・式の計算，平方根，二次方程式，関数$y=ax^2$，資料の散らばり・代表値，作図)

(1)　同符号の2数の和の符号は2数と同じ符号で，絶対値は2数の絶対値の和だから，$-3-6=(-3)+(-6)=-(3+6)=-9$

(2)　同符号の2数の積の符号は正で，絶対値は2数の絶対値の積だから，$-\frac{7}{10}\times\left(-\frac{5}{21}\right)=+\left(\frac{7}{10}\times\frac{5}{21}\right)=\frac{1}{6}$

(3)　$(-3)^2=(-3)\times(-3)=9$だから，$1-(-3)^2=1-9=-8$

(4)　分配法則を使って，$-4(a-b)=(-4)\times a+(-4)\times(-b)=-4a+4b$，$5(a-2b)=5\times a+5\times(-2b)=5a-10b$だから，$-4(a-b)+5(a-2b)=(-4a+4b)+(5a-10b)=-4a+4b+5a-10b=-4a+5a+4b-10b=a-6b$

(5)　分配法則を使って，$(\sqrt{8}+\sqrt{18})\div\sqrt{2}=(\sqrt{8}+\sqrt{18})\times\frac{1}{\sqrt{2}}=\sqrt{8}\times\frac{1}{\sqrt{2}}+\sqrt{18}\times\frac{1}{\sqrt{2}}=\frac{\sqrt{8}}{\sqrt{2}}+\frac{\sqrt{18}}{\sqrt{2}}=\sqrt{\frac{8}{2}}+\sqrt{\frac{18}{2}}=\sqrt{4}+\sqrt{9}=2+3=5$

(6)　$x^2-10x=-21$　右辺の-21を左辺に移項して，$x^2-10x+21=0$　たして-10，かけて$+21$になる2つの数は，$(-3)+(-7)=-10$，$(-3)\times(-7)=+21$より，-3と-7だから　$x^2-10x+21=\{x+(-3)\}\{x+(-7)\}=(x-3)(x-7)=0$　$x=3$，$x=7$

(7)　xの変域に0が含まれているから，yの最小値は0。$x=-2$のとき，$y=(-2)^2=4$　$x=1$のとき，$y=1^2=1$　よって，yの最大値は4　yの変域は，$0 \leqq y \leqq 4$

(8)　2年生の記録を大きさの順に並べたとき，最大値と最小値はわかるが，その他の記録がわからないため，その中央の値が24mであるとはかならずしもいえない。記録の合計は平均値×人数で求められる。2年生の記録の合計は24(m)×15(人)＝360(m)，3年生の記録の合計は25(m)×15(人)＝375(m)だから，2年生の記録の合計は，3年生の記録の合計よりも小さい。**記録の範囲**は最大値－最小値で求められる。2年生の記録の範囲は30(m)－15(m)＝15(m)，3年生の記録の範囲は32(m)－17(m)＝15(m)だから，2年生の記録の範囲と3年生の記録の範囲は等しい。3年生の記録の中で，最大値と最小値はわかるが，その他の記録がわからないため，もっとも多く現れる値が32mであるとはかならずしもいえない。

(9)　(着眼点)　点Pから直線ℓへ垂線PHを引くと，線分PHは△ABPの高さだから，線分PHの長さがもっとも小さくなるとき，△ABPの面積はもっとも小さくなる。線分OPは円Oの半径で一定だから，線分PHの長さがもっとも小さくなるのは，OP＋PHの値がもっとも小さくなるときであり，これは，点Oから直線ℓに引いた垂線上に点Pがあるときである。(作図手順)　次の①～②の手順で作図する。　①　点Oを中心とした円を描き，直線ℓ上に交点をつくる。　②　①でつくったそれぞれの交点を中心として，交わるように半径の等しい円を描き，その交点と点Oを通る直線(点Oから直線ℓに引いた垂線)を引き，円Oとの交点をPとする。

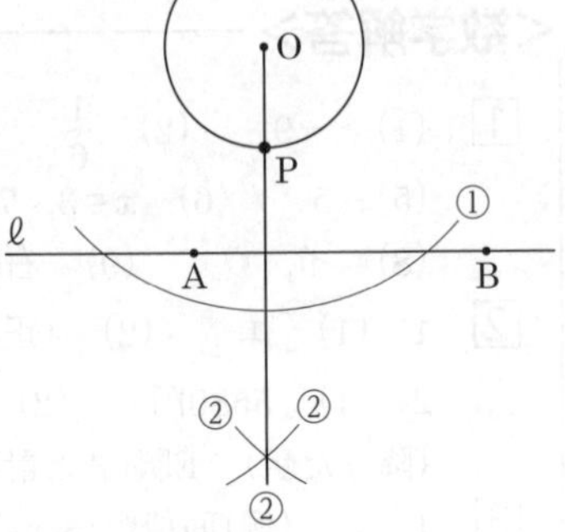

2　(確率，方程式の応用)

1　(1)　**確率は「あることがらの起こることが期待される程度を表す数」**。1個の玉を取り出してもとに戻すことを4回行うとき，かならず1回，3が書かれた玉が出るとはいえない。同様に，1個の玉を取り出してもとに戻すことを4回行うとき，少なくとも1回は，3が書かれた玉が出るともいえないし，1個の玉を取り出してもとに戻すことを4000回行うとき，ちょうど1000回，3が書かれた玉が出るともいえないので，ア，イ，ウは正しく説明していない。1個の玉を取り出してもとに戻すことを4000回行うとき，1000回ぐらい，3が書かれた玉が出ると期待されるので，エは正しく説明している。

(2)　(説明)　(例)玉の取り出し方は，右図のように，12通りある。数の和が5になる取り出し方は，①－④，②－③，③－②の3通りだから，求める確率は$\frac{3}{12}=\frac{1}{4}$

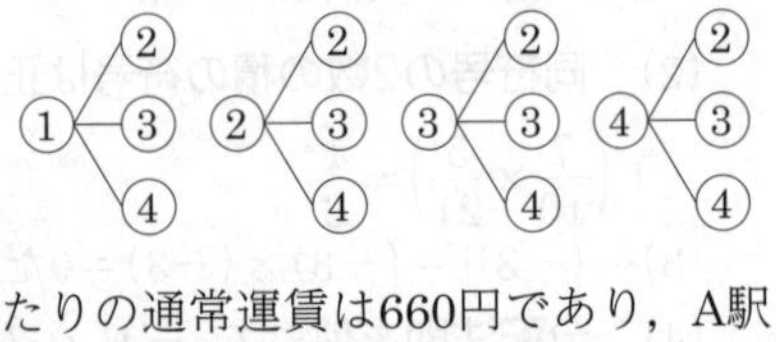

2　(1)　A駅から列車に乗り，D駅で降りる場合，大人1人あたりの通常運賃は660円であり，A駅から列車に乗り，F駅で降りる場合，大人1人あたりの通常運賃は1200円であるから，6人の運賃の合計は，660(円)×3(人)＋1200(円)×3(人)＝5580(円)である。

(2)　(式と計算，説明)　(例)1人あたりの通常運賃をx円とすると，$(1-0.3)x\times5+(1-0.5)x\times15=6600$　$0.7x\times5+0.5x\times15=6600$　$3.5x+7.5x=6600$　$11x=6600$　$x=600$　表から，通常運賃が600円であるのは，B駅から列車に乗り，E駅で降りた場合であり，これは問題にあっている。

3　(比例関数，図形と関数・グラフ)

1　yがxの関数で，その間の関係が，定数aを用いて$y=\frac{a}{x}$で表されるとき，**yはxに反比例する**といい，定数aを**比例定数**という。他の例としては，150kmの道のりを，時速$x$kmの自動車で走ったら，y時間かかったとすると，yはxに反比例する。この場合の関係を表す式は，$y=\frac{150}{x}$である。

2 (1) $y=\frac{a}{x}$は点A$(-2,\ 6)$を通るから，$6=\frac{a}{-2}$　$a=6\times(-2)=-12$

(2) 2点A$(-2,\ 6)$，C$(4,\ 9)$を通る直線の式は，傾きが$\frac{9-6}{4-(-2)}=\frac{1}{2}$なので，$y=\frac{1}{2}x+b$とおいて点Aの座標を代入すると，$6=\frac{1}{2}\times(-2)+b=-1+b$　$b=7$　よって，直線ACの式は，$y=\frac{1}{2}x+7$…①　頂点A，Cも含めて，△ABCの辺AC上にある点とは，直線AC上にある点のうち，$-2\leqq x\leqq 4$の範囲にある点ということである。これらの点のうち，x座標，y座標がともに整数である点を求めると，①の$\frac{1}{2}x$が整数とならなければならないので，$x=-2$のとき$y=\frac{1}{2}\times(-2)+7=6$，$x=0$のとき$y=\frac{1}{2}\times0+7=7$，$x=2$のとき，$y=\frac{1}{2}\times2+7=8$，$x=4$のとき$y=\frac{1}{2}\times4+7=9$，つまり，$(-2,\ 6)$，$(0,\ 7)$，$(2,\ 8)$，$(4,\ 9)$の4個である。

(3) 点Bは$y=-\frac{12}{x}$上にあるから，そのy座標は　$y=-\frac{12}{4}=-3$　よって，B$(4,\ -3)$　また，D$(4,\ 0)$である。△ABC$=\frac{1}{2}\times$CB×(点Cのx座標−点Aのx座標)$=\frac{1}{2}\times\{9-(-3)\}\times\{4-(-2)\}=36$，△ADC$=\frac{1}{2}\times$CD×(点Cの$x$座標−点Aの$x$座標)$=\frac{1}{2}\times(9-0)\times\{4-(-2)\}=27$　$\frac{1}{2}$△ABC$=\frac{1}{2}\times36=18$より，△ADC>$\frac{1}{2}$△ABCだから，点Dを通り△ABCの面積を2等分する直線は辺ACと交わる。その交点をEとし，x座標をeとすると，点Eは直線AC上にあるから①より，E$\left(e,\ \frac{1}{2}e+7\right)$…②　△EDC$=\frac{1}{2}\times$CD×(点Cの$x$座標−点Eの$x$座標)$=\frac{1}{2}\times(9-0)\times(4-e)=\frac{9}{2}(4-e)$　これが$\frac{1}{2}$△ABCになればいいから，$\frac{9}{2}(4-e)=18$　$e=0$　よって，②より，E$\left(0,\ \frac{1}{2}\times0+7\right)=E(0,\ 7)$　以上より，点Dを通り，△ABCの面積を2等分する直線は，2点D$(4,\ 0)$，E$(0,\ 7)$を通る直線であり，傾きが$\frac{7-0}{0-4}=-\frac{7}{4}$，切片が7なので，その式は$y=-\frac{7}{4}x+7$である。

4 (角度，合同の証明，面積，弧の長さ)

1 ∠BAC＝180°−∠BCA−∠ABC＝180°−90°−35°＝55°だから，∠DAG＝∠DAB＋∠BAC＝90°＋55°＝145°

2 (証明) (例)△ABFと△EBCで，四角形EBADは正方形だから，AB＝EB…①　四角形BFGCは正方形だから，BF＝BC…②　また，∠ABF＝∠ABC＋∠CBF＝∠ABC＋90°　∠EBC＝∠ABC＋∠EBA＝∠ABC＋90°　よって，∠ABF＝∠EBC…③　①，②，③から，2組の辺とその間の角が，それぞれ等しいので，△ABF≡△EBC

3 (1) △ABF≡△EBCより，AF＝EC…①　∠BAF＝∠BEC…②　4点B，H，A，Eについて，A，Eが直線BHの同じ側にあって，②より∠BAH＝∠BEHだから，円周角の定理の逆より，この4点は1つの円周上にある。また，∠EBA＝90°だから，**円周角の定理の逆**より，点Bは線分AEを直径とする円周上にあり，**直径に対する円周角は90°**であることから，∠EHA＝90°である。△ABCと△AFGにそれぞれ**三平方の定理**を用いると，AB$=\sqrt{\mathrm{BC}^2+\mathrm{AC}^2}=\sqrt{3^2+2^2}=\sqrt{13}$(cm)，AF$=\sqrt{\mathrm{AG}^2+\mathrm{FG}^2}=\sqrt{(\mathrm{AC}+\mathrm{CG})^2+\mathrm{FG}^2}=\sqrt{(\mathrm{AC}+\mathrm{BC})^2+\mathrm{BC}^2}=\sqrt{(2+3)^2+3^2}=\sqrt{34}$(cm)　よって，①より，EC＝AF$=\sqrt{34}$(cm)　△AFG∽△ACHより，AF：AC＝AG：AH　AH$=\frac{\mathrm{AC}\times\mathrm{AG}}{\mathrm{AF}}=\frac{2\times5}{\sqrt{34}}=\frac{10}{\sqrt{34}}$(cm)　以上より，四角形ECADの面積は，△ADE＋△ACE$=\frac{1}{2}\times$AD×DE$+\frac{1}{2}\times$EC×AH$=\frac{1}{2}\times$AB×AB$+\frac{1}{2}\times$EC×AH$=\frac{1}{2}\times\sqrt{13}\times\sqrt{13}+\frac{1}{2}\times\sqrt{34}\times\frac{10}{\sqrt{34}}=\frac{23}{2}(\mathrm{cm}^2)$

(補足説明) △AFG∽△ACHの証明　△AFGと△ACHで，∠AGF＝90°…③　∠AHC＝180°

$-\angle \mathrm{EHA}=180^\circ-90^\circ=90^\circ$…④ ③，④より，$\angle \mathrm{AGF}=\angle \mathrm{AHC}$…⑤ 共通な角だから，$\angle \mathrm{FAG}=\angle \mathrm{CAH}$…⑥ ⑤，⑥より，2組の角が，それぞれ等しいので，△AFG∽△ACH

(2) △ABEは直角二等辺三角形で，**3辺の比は1：1：$\sqrt{2}$** だから，$\mathrm{AE}=\mathrm{AB}\times\sqrt{2}=\sqrt{13}\times\sqrt{2}=\sqrt{26}$(cm) 4点B，H，A，Eは1つの円周上にあり，AB＝EBである。**1つの円で，長さの等しい弦に対する弧の長さは等しい**から，点Hを含む方の弧ABの長さは，$\frac{\text{弧ABE}}{2}=\frac{1}{2}\times\left(\pi\times \mathrm{AE}\times\frac{1}{2}\right)=\frac{1}{2}\times\left(\pi\times\sqrt{26}\times\frac{1}{2}\right)=\frac{\sqrt{26}}{4}\pi$ (cm)

5 **(空間図形，線分の長さ，体積，切断面の面積)**

1 △ABCに三平方の定理を用いると，$\mathrm{AC}=\sqrt{\mathrm{AB}^2+\mathrm{BC}^2}=\sqrt{\mathrm{AB}^2+\mathrm{AD}^2}=\sqrt{6^2+8^2}=10$(m)

2 長方形ABCDの対角線AC，BDの交点をHとすると，線分PHはスクリーンに垂直であり，△PAHは$\angle \mathrm{PHA}=90^\circ$の直角三角形である。△PAHに三平方の定理を用いると，$\mathrm{PH}=\sqrt{\mathrm{PA}^2-\mathrm{AH}^2}=\sqrt{\mathrm{PA}^2-\left(\frac{\mathrm{AC}}{2}\right)^2}=\sqrt{13^2-\left(\frac{10}{2}\right)^2}=12$(cm) よって，四角錐PABCDの体積は，$\frac{1}{3}\times$(長方形ABCDの面積)×高さ$=\frac{1}{3}\times\mathrm{AB}\times\mathrm{AD}\times\mathrm{PH}=\frac{1}{3}\times6\times8\times12=192$($\mathrm{m}^3$)

3 (1) 点Fからスクリーンへ垂線FIを引く。また，点Fを通る水平な平面と，辺AB，辺CDとの交点をそれぞれQ，Rとする。△FIQは$\angle \mathrm{FIQ}=90^\circ$，$\angle \mathrm{FQI}=45^\circ$の直角二等辺三角形で，3辺の比は1：1：$\sqrt{2}$ だから，QI＝xmとすると，FI＝QI＝xm，$\mathrm{FQ}=\mathrm{QI}\times\sqrt{2}=\sqrt{2}x$m，IR＝QR－QI＝AD－QI＝$(8-x)$mである。PH//FIより，**平行線と線分の比についての定理**を用いると，PH：FI＝HD：ID

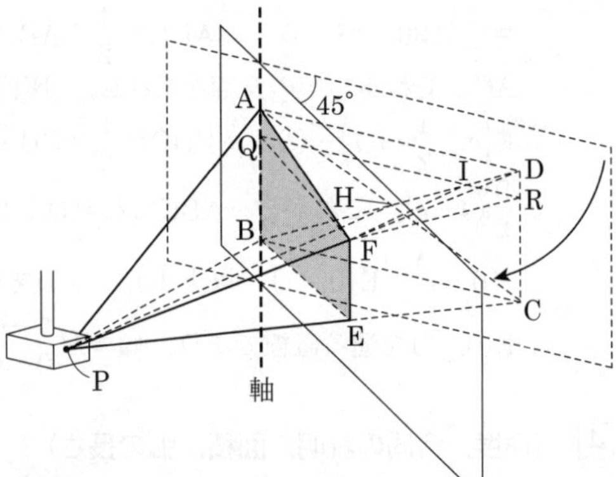

$\mathrm{ID}=\frac{\mathrm{FI}\times\mathrm{HD}}{\mathrm{PH}}=\frac{\mathrm{FI}\times\mathrm{AH}}{\mathrm{PH}}=\frac{x\times5}{12}=\frac{5}{12}x$(m)

IR//BCより，同様に，IR：BC＝DR：CD

$\mathrm{DR}=\frac{\mathrm{IR}\times\mathrm{CD}}{\mathrm{BC}}=\frac{\mathrm{IR}\times\mathrm{AB}}{\mathrm{AD}}=\frac{(8-x)\times6}{8}=\frac{3}{4}(8-x)$(m) △DIRに三平方の定理を用いると，$\mathrm{ID}^2=\mathrm{IR}^2+\mathrm{DR}^2$より，$\left(\frac{5}{12}x\right)^2=(8-x)^2+\left\{\frac{3}{4}(8-x)\right\}^2$ 整理して，$x^2-18x+72=0$ $(x-6)(x-12)=0$ ここで，$0<x<8$だから，$x=6$ 四角錐PABCDが，点Pを通る水平な平面に対称な立体であることを考慮すると，$\mathrm{EF}=\mathrm{CD}-2\mathrm{DR}=6-2\times\frac{3}{4}(8-6)=3$(m) また，$\mathrm{FQ}=\sqrt{2}\times6=6\sqrt{2}$(m) 以上より，台形ABEFの面積は，$\frac{1}{2}\times(\mathrm{EF}+\mathrm{AB})\times\mathrm{FQ}=\frac{1}{2}\times(3+6)\times6\sqrt{2}=27\sqrt{2}$ (m^2)

(2) 四角錐PABEFの体積は，四角錐PABCDの体積192m^3から，立体EF－ABCDの体積を引いたものである。四角錐PABCDが，点Pを通る水平な平面に対称な立体であることを考慮すると，立体EF－ABCDの体積は，四角錐FAQRDの体積の2倍と，底面が△FQR，高さがEFの三角柱の体積を加えたものだから，立体EF－ABCDの体積は，$\left(\frac{1}{3}\times\mathrm{AD}\times\mathrm{DR}\times\mathrm{FI}\right)\times2+\frac{1}{2}\times\mathrm{QR}\times\mathrm{FI}\times\mathrm{EF}=\left\{\frac{1}{3}\times8\times\frac{3}{4}(8-6)\times6\right\}\times2+\frac{1}{2}\times8\times6\times3=120$($\mathrm{m}^3$) 以上より，求める体積は$192-120=72$($\mathrm{m}^3$)

＜英語解答＞

1　1　ウ→ア→エ→イ　　2　No. 1　ウ　　No. 2　イ　　No. 3　エ　　3　No. 1　ア　No. 2　ウ　　No. 3　エ　　4　(例)I will look it up in a dictionary.

2　1　(1)　ウ　　(2)　エ　　(3)　イ　　(4)　ア　　(5)　オ　　2　エ

3　1　(1)　ウ　　(2)　イ　　(3)　エ　　(4)　ア　　2　(1)　When will you come back　(2)　named it Shiro after its　　3　(1)　A　イ　　B　エ　　C　ウ　　D　ア　(2)　(例)I can make English maps of Miyazaki.

4　1　twice　　2　エ　　3　②　ア　　③　ウ　4　900

5　1　(1)　エ　　(2)　ウ　　(3)　イ　　2　D　　3　エ　　4　ア　young　イ　together　　5　you should think deeply about the problem　6　(例)I can join a charity event to save them.

＜英語解説＞

1　(リスニング)

放送台本の和訳は，62ページに掲載。

2　(会話文問題：文挿入)

(全訳)　ジム：あれは何，健二？

健二：あれはGSMだよ。この町の中を走っているんだ。

ジム：$_1$GSMはどういう意味？

健二：グリーンスローモビリティという意味だよ。僕たちが普段乗るバスみたいなものだよ。

ジム：それらに違いはあるの？

健二：うん。GSMは電気を使っているんだ。だから二酸化炭素を出さないよ。$_2$これは環境にダメージを与えることがほとんどない。

ジム：それはいいね。他にいい点はあるの？

健二：もちろん。他にもいくつかいい点があるよ。例えばとてもゆっくり走るので道を見て楽しむことができる。

ジム：$_3$ああ，それは観光にいいね。

健二：その通り。それに普通のバスよりも小さい。だから狭い道も走ることができる。

ジム：わあ！　それは多くの人たちにとって役に立つね。どこでGSMが走っているのか教えて。

健二：ヒムカ駅を出発して町中を走るよ。

ジム：なるほど。僕はよく図書館へ行くよ。$_4$そこには停まる？

健二：うん。まず北公園に停まる。そして図書館に行ってデパートに停まるよ。

ジム：それが路線全部なの？

健二：いや。駅に戻って来る少し前に病院にも停まるよ。

ジム：それはいいね。$_5$病気の人たちを手助けできるね。

健二：その通り！　僕の祖母がよくそこに行く必要があるんだ。でも車を持っていない。彼女にとってGSMに乗るのは便利だよ。

ジム：この路線は素晴らしいと思うよ。

1　(1)　直後にGMSの意味を伝えている。mean「～を意味する」　(2)　直前に挙げられた

GMSの良い点に続くのにふさわしいのはエ。　(3)　直前のゆっくり走るという内容から観光にいいと考える。　(4)　直後にYesと返答していることから疑問文だと考える。　(5)　バスが病院に行くという直前直後の内容からオがふさわしい。

2　6つ目の健二の発話から8つ目の健二の発話までの会話を参照する。

3　(語句補充，語句並べ換え，短文読解問題：現在形，過去形，分詞，名詞，助動詞，条件英作文)

1　(1)　「壁にある写真はいいですね」主語はpicturesと複数なので続くbe動詞はareとなる。(2)　「今年の元日に撮りました」過去の話をしているので過去形にする。takeの過去形はtook。　(3)　「着物を着ている男性は誰ですか」**動詞のing形は名詞の前後について「～している(名詞)」の意味を表すことができる。**　(4)　「彼は私のおじです」**uncle「おじ」　aunt「おば」**

2　(1)　When will you come back(to Japan?)「いつ日本に帰ってきますか」助動詞willの疑問文は＜(疑問詞＋)will ＋主語＋動詞の原形～？＞となる。　(2)　(I)named it Shiro after its(color.)「私はその色からシロと名付けました」nameには「～と名前をつける」という動詞の意味がある。**name A B after C で「CにちなんでAにBと名をつける」**となる。

3　(1)　第2段落第3～5文に「外国人の50%以上が買い物と日本食を楽しみたいと思っている。彼らの中で日本食が一番人気だ。また温泉は風景ほどは人気はない」とある。　(2)　第3段落は「宮崎は観光にいい場所だ。外国人にもっと宮崎のことを知ってもらいたい。このことについてあなたは何ができますか」とあるので，外国人観光客のためにできそうなことを書く。解答例は「私は宮崎の英語の地図を作ることができます」という意味。**社会的なことに対する意見を持ち，英語で表現できるように練習すること。**

4　(短文読解問題：英問英答，語句補充)

【二人の対話】

里香　：手伝ってくれてありがとう。家を掃除して，たくさんのゴミを集めたわね。
ナンシー：どういたしまして。でもその大きなイスをどうやって捨てるの？
里香　：ええと。この情報を見て。イスに特別なカードを置いて，捨てるために①この番号に電話をかける必要があるのよ。
ナンシー：なるほど。もう一度この情報を見よう。今日は木曜日。だから明日が②燃やせるごみの日。ああ，市のゴミ袋がないわ。中型サイズのパックが1つ必要だと思う。
里香　：そうね。ゴミがたくさんあるわ。大型のパック1つの方がいいと思う。
ナンシー：オーケー。じゃあカード1つとそのサイズを1パック買いに出かけない？
里香　：ええ。私たちはそれに(900)円払わないといけないよね？
ナンシー：その通りね。出かける前に③プラスチックを捨てよう。
里香　：待って。もうすぐ11時。だから来週捨てるべきね。

1　「この市では燃やせるゴミは何度回収されますか」「1週間に2回回収される」案内の表の燃やせるゴミ欄を見ると月曜日と金曜日に回収されることがわかる。

2　イスの捨て方の話をしているので，案内の一番下の欄を見る。「イスや自転車のような大型のゴミは特別なカードを置いてください。大型のゴミを捨てる場合は0120-XXX-XXXに電話してください」とある。

3　②は直前に今日が木曜日だとあるので明日は金曜日。案内の表から金曜日に回収するのは燃やせるゴミだとわかる。　③　今日は木曜日であるので案内の表からプラスチックゴミの日だとわかる。

4　2つ目のナンシーの発話から3つ目のナンシーの発話までの会話で，市のゴミ袋の大型パックを1つ，特別カードを1枚買わないといけないことがわかる。案内の下の部分より大型パックは400円，特別カードは500円とわかる。

5　(長文読解問題・物語文：語句補充，文挿入，条件英作文)

(全訳)「何が起こっているんだ？」学校へ行く前に新聞を読んでいたときに俊貴が言いました。そこには「たくさんの野生動物が人とこの町の畑を守るために捕まえられている」とありました。

学校で俊貴は先生とクラスメイトにその新聞を見せました。彼らはなぜ多くの野生動物が町へ来るのかについて話しました。先生はクラスに「理由の1つをお話しします。野生動物には広葉樹からエサを手に入れるものがいます。でも人がこれらの木を切り倒してしまいました。今動物たちは山で食べるものがありません。だから彼らは食べ物を探すために町に来るのです」と言いました。それを聞いたあと生徒たちは悲しい気持ちになりました。

放課後，俊貴とクラスメイトは野生動物を救うためにこの問題について勉強を始めました。彼らは日本中で多くの野生動物たちが捕まえられていることを知りました。しかしどのように彼らを救うかはわかりませんでした。そして俊貴は「僕たちは野生動物を救うには若すぎるんだ」と言いました。しかし先生は「決してあきらめないでください。もし本当に変化をもたらせたければ，その問題について深く考えるべきです」と言いました。全ての生徒が賛同しました。彼らは野生動物をどのように救うかについて一緒に考え続けることに決めました。

ある日，俊貴とクラスメイトはこの問題について話すためにある農家を訪れました。その農家の人は「野生動物が私の畑に来て野菜を食べる。私たち農家がこの状況を作っているのかもしれないと思う。畑に残している野菜は動物たちにはいい食べ物だ。彼らは生きるために野菜を食べに来る。それはわかっている。でも我々は自分たちの野菜を守るために彼らを捕まえなくてはならない」と言いました。俊貴はどうすべきか決められませんでした。

その夜，俊貴はこのことについて母と話しました。彼女は「野生動物をとても守りたいのはわかる。私も守りたい。それと同時に農家の人たちがどう思っているかもあなたに理解して欲しい。(D)彼らは自分たちの日々の生活のために野菜を守る必要がある」と言いました。俊貴は野生動物を救い，農家を助けるべきだと思いました。

数日後，俊貴とクラスメイトは多くの農家を訪ねました。彼らは一緒に問題に立ち向かうプロジェクトを始めました。多くの農家がすぐにこれに参加し始めました。生徒たちと農家の人たちは畑を守るために働きました。彼らは野生動物のために1[山の環境を修復する]ためにも働きました。ある日①テレビのニュースがこのプロジェクトについて報道しました。後にこのプロジェクトは町中に広がりました。

10年後，俊貴は25歳でした。彼は高校の先生になりました。彼はときどきこの経験について生徒たちに話をしました。ある日，生徒の1人が新聞を持ってやってきました。彼女は「②世界中の多くの子どもたちが空腹に苦しんでいます。私は彼らを救いたいです。でも私は若すぎるから何もできません」と言いました。俊貴は「もし子どもたちを救いたいなら，2[その問題について深く考えるべきです]」と彼女に言いました。

1　(1)　エ「俊貴は新聞を読んだあと先生やクラスメイトに読んでもらうために学校へそれを持って行った」第1段落，第2段落第1文参照。　(2)　ウ「放課後，俊貴とクラスメイトは人々が日本中で野生動物を捕まえていることを知った」第3段落第1，2文参照。　(3)　イ「俊樹は25

歳のときに高校で働いていた」最終段落第1，2文参照。

2　文挿入問題では代名詞が何を指すのかを確認する。この They「彼ら」は野菜を守る必要がある農家の人たちのこと。A，Bにはまだ農家の話はでていない。Cの前に農家が出ているが，The farmer と単数のため複数のThey には合わない。D は直前に the farmers があるのでこれを指していると考える。第4段落後半には農家が野菜を守らなければならないことも書かれており文脈に合う。

3　ア「広葉樹を切る」 イ「畑に野菜を残しておく」 ウ「この問題をもっと悪くする」 エ「山の環境を修復する」第2段落から木を切ってしまったために山に動物のえさがないこと，第4段落からは農家の人たちの思いがわかる。第5段落最終文では動物も農家も助けたいと考えている。空欄は動物にとっていいこととなる内容を入れるのでエがふさわしい。

4　ア「私たちのような若い人たちでさえ努力すれば状況を変えられると学びました」第3段落第4文目以降を参照する。people like us の like は前置詞「～のような」。 イ 「それなので私たちは問題に対するいい解決法を見つけるために一緒に働く必要があります」第6段落参照。生徒たちと農家の人たちが一緒に問題を解決しようとしている。

5　第3段落第5文の先生の発話を参照。この言葉をきっかけに俊貴は解決に向けて頑張ったことがわかる。そして後に先生になってから生徒の問題解決に対する悩みに対して，かつて先生にかけられた言葉を送っている。

6　身近な問題や社会問題に目を向け，自分の考えを持つこと。解答例は「私は彼らを救うためのチャリティーイベントに参加することができます」の意味。条件を守り必ず**主語と動詞のある文**で自分の考えを書けるように練習すること。

2021年度英語(一般)　リスニングテスト

〔放送台本〕

これから，英語の学力検査を行います。最初の問題は，放送によるリスニングテストです。放送中はメモをとってもかまいません。問題用紙を開きなさい。

では，1の問題を始めます。1の問題は，ある生徒のスピーチを聞いて，スピーチの内容の順番にイラストを並べ替える問題です。次のア，イ，ウ，エを，正しい順番に並べ替え，記号で答えなさい。英語によるスピーチは，1回しか流れませんので，注意して聞いてください。それでは，始めます。

M: I'm going to talk about my dream. When I was a child, my father often read books about animals to me. So I became interested in animals. One day, I talked with my friend about my dream of working with animals. Then I found out his mother was an animal doctor. The next day, I visited her hospital to see her job. I was moved because she saved a sick dog. So I'm studying hard at school every day to become an animal doctor.

〔英文の訳〕

男性：私の夢について話します。子どもの頃，父が動物についての本をよく私に読んでくれました。それで私は動物に興味を持ちました。ある日，私は動物と働く夢について友達に話をしました。すると彼のお母さんが獣医だとわかりました。次の日私は彼女の仕事を見に彼女の病院を訪れました。私は彼女が病気の犬を救ったので感動しました。それなので獣医になるために毎日学校で一生懸命勉強しています。

〔放送台本〕

2の問題に移ります。2の問題は，No. 1からNo. 3のそれぞれの対話と質問を聞いて，質問の答えとして最も適切なものを選ぶ問題です。ア，イ，ウ，エの中から1つ選び，記号で答えなさい。英語による対話と質問は2回繰り返します。それでは，始めます。

No. 1 M: Mom, I put my watch on the table by the bed. But I couldn't find it.
F: How about looking under the bed, Mike?
M: OK. Oh, I've found it.
F: I'm glad I could help.
Question: Where did Mike find his watch?

No. 2 F: What did you have for breakfast this morning, Kazuya?
M: Let's see. I had rice, miso soup, and sausages. How about you, Judy?
F: I usually have some toast and milk. This morning I also had an apple.
M: Oh, you had a lot this morning.
Question: What did Judy have for breakfast this morning?

No. 3 M: What time shall we meet at Hinata station to go to the zoo?
F: How about 8:15 a.m.? We can take the train that leaves at 8:30 a.m.
M: OK. How long does it take from Hinata station to Sakura station near the zoo?
F: Well, it takes 20 minutes to get there.
Question: What time does the train get to Sakura station?

〔英文の訳〕

No.1 男性：お母さん，ベッドのそばのテーブルに時計を置いたんだけど，見つからない。
女性：ベッドの下を見てみたらどう，マイク？
男性：オーケー。ああ，見つけた。
女性：お手伝いできてよかったわ。
質問：マイクはどこで時計を見つけましたか。
答え：ウ

No.2 女性：今朝朝食に何を食べた，カズヤ？
男性：ええと，ご飯とお味噌汁とソーセージ。ジュディは？
女性：私は普段トーストと牛乳。今朝はリンゴも食べたわ。
男性：ああ，今朝はたくさん食べたね。
質問：ジュディは今朝朝食に何を食べましたか。
答え：イ

No.3 男性：動物園へ行くのにヒナタ駅で何時に会おうか。
女性：午前8時15分はどう？　8時半に出る電車に乗れる。
男性：オーケー。ヒナタ駅から動物園のそばのサクラ駅までどれくらいかかる？

女性：そうね，そこへ行くのに20分かかるわ。
質問：電車は何時にサクラ駅に着きますか。
答え：エ　8時50分

〔放送台本〕

3の問題に移ります。3の問題は，ある図書館の案内を聞いて，その内容についての質問に答える問題です。No.1からNo.3の質問に対する答えとして最も適切なものを，ア，イ，ウ，エの中から1つ選び，記号で答えなさい。英文と質問は，2回繰り返します。それでは，始めます。

F: Welcome to Hinata Library. Now we will tell you how to use our library. First, you need a library card when you borrow books. Please come to Desk 1 to make it. You can borrow 5 books for 2 weeks. When you want to borrow books, please bring them with your card to Desk 2. If you have any questions about the books you need, please come to Desk 3. Our library opens from 9 a.m. to 6 p.m. Every Sunday it closes 1 hour earlier than usual. Every Monday it is closed. Finally, you can get a free magazine about our library's events on Desk 4. Please enjoy reading books.

Questions No. 1: How long can you borrow books?
No. 2: Where do you have to go to ask about the books you need?
No. 3: Which is true about the opening hours of the library?

〔英文の訳〕

女性：ヒナタ図書館へようこそ。さて，この図書館の使い方をお伝えします。まず，本を借りるときは図書館カードが必要です。 カードを作るためにデスク1にお越しください。本は5冊，2週間借りることができます。本を借りたいときは，本とカードをデスク2に持ってきてください。もし必要な本について質問がある場合はデスク3へお越しください。当図書館は9時から6時まで開いています。毎週日曜日は普段よりも1時間早く閉館します。毎週月曜日は閉館です。最後に当図書館のイベントについての無料雑誌をデスク4でもらえます。読書を楽しんでください。

質問　No. 1：どれくらいの長さ本を借りることができますか。
答え：ア　2週間
No. 2：必要な本について聞くためにどこへ行かなければなりませんか。
答え：ウ　デスク3
No. 3：図書館の開館時間について正しいのはどれですか。
答え：エ

〔放送台本〕

4の問題に移ります。4の問題は，放送される英語を聞いて，あなたの考えを英語で書く問題です。英文はいくつでも構いませんが，それぞれ主語と動詞を含んだ英文で書きなさい。英文の放送は2回繰り返します。それでは，始めます。

M: You are reading a book now. But you find a difficult word you don't know. What will you do to understand the meaning of the word?

これで，リスニングテストを終わります。

〔英文の訳〕

男性：今あなたは一冊の本を読んでいます。しかしあなたの知らない難しい言葉を見つけました。その言葉の意味を理解するためにあなたは何をしますか。

解答例：私はそれを辞書で調べます。

＜理科解答＞

[1] 1 イ　2 エ　3 中枢　4 (1) イ，ウ，エ，カ　(2) 5.6〔m/s〕

[2] 1 (1) ア　(2) イ　2 (1) ア　(2) (例)地層ができた当時の環境を推定することができる。(3) ウ

[3] 1 (1) エ　(2) ウ　(3) (例)エタノールと水の沸点の違い　2 (1) イ　(2) 結晶　(3) 68.6〔g〕

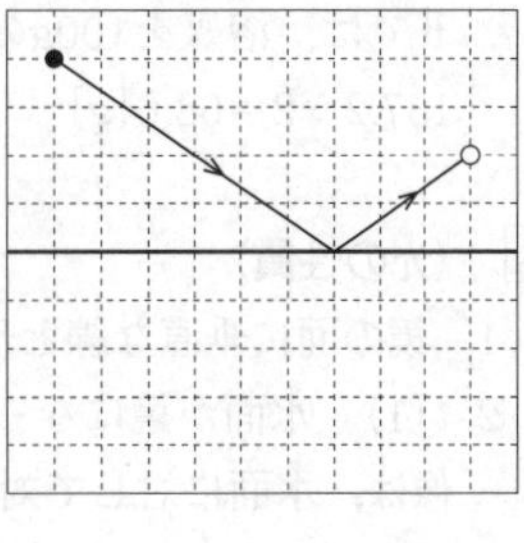

[4] 1 ウ　2 (1) エ　(2) 右図　3 (1) エ　(2) ア

[5] 1 (1) 優性(の法則)　(2) Aa　(3) (例)(選んだ種子を育てたものを，)しわのある種子をまいて育てたものとかけ合わせて，できた子にはすべて丸い種子が現れればよい。

2 (1) 減数分裂　(2) ウ

[6] 1 (1) (天気図) C　(露点) 24〔℃〕

(2) 図2→B→D→A→C　2 ① X　②・③ イ

[7] 1 (1) 330　(2) b Y　c イ　2 ア　3 (例)電気エネルギーから光エネルギーへの変換効率が高い

[8] 1 アルカリ　2 (1) ウ　(2) (例)水酸化物イオンと結合して水になっている

＜理科解説＞

[1] (動物のからだのつくりとはたらき)

1 まわりが暗く，目の中に入る光の量が少なくなると，虹彩が縮んで瞳を大きくし，目の中に入る光の量を増やす。

2 反射では，無意識に反応が起こる。

3 神経系は，脳や脊髄からなる中枢神経と，感覚神経・運動神経からなる末しょう神経などから構成されている。

4 (1) 皮膚で受けた刺激が感覚神経を通って脊髄から脳へ伝えられる。脳から出された命令は，脊髄を通して運動神経，筋肉へと伝わっていく。(2) 最初の人が出した刺激が最後の人まで伝わったとき，刺激は10人に伝えられて反応している。よって，刺激が1人を伝わるのにかかった時間は，2.70〔s〕÷10〔人〕＝0.270〔s〕である。よって，右手から左手まで信号が伝わる平均の速さは，1.5〔m〕÷0.270〔s〕＝5.55…〔m/s〕→5.6〔m/s〕

[2] (火山，地層)

1 (1) 震度はゆれの程度を表す。マグニチュードは地震の規模を表す。(2) 海洋プレートが大陸プレートの下に沈み込んでいくことで，日本海溝ができる。

2 (1) 粒が大きいものは河口付近に堆積し，粒が小さくなるほど河口から離れた沖合まで移動

してから堆積する。　(2)　化石には，地層が堆積した年代を推定できる**示準化石**と，地層が堆積したときの環境を推定できる**示相化石**などがある。　(3)　凝灰岩は，火山灰が堆積してできた堆積岩で，この地層ができたころ，周辺で火山活動があったことがわかる。

3　(蒸留)

1　(1)　液体のにおいをかぐときは，手であおぐようにして，少量ずつにおいをかぐ。　(2)　状態変化では，物質の分子の数が変わらないため質量は変化しないが，分子どうしの間隔が変化するため体積が変化する。　(3)　物質は，その種類によって沸点が異なっている。これを利用すると，蒸留によって混合物から各成分を分けることができる。

2　(1)　**質量パーセント濃度〔%〕**$=\dfrac{\text{溶質の質量〔g〕}}{\text{溶液の質量〔g〕}}\times 100=\dfrac{168.8\text{〔g〕}}{(168.8+100)\text{〔g〕}}\times 100=62.7\cdots\text{〔\%〕}$

(2)　純粋な物質の固体は，種類によって異なる形の結晶をつくる。　(3)　80℃の水100gの飽和水溶液を用いて20℃まで冷やした場合，出てくる結晶の質量は，168.8−31.6＝137.2〔g〕　実験Ⅱでは，溶媒を100gの半分の50gで実験しているので，出てくる結晶の質量も半分になるため，137.2÷2＝68.6〔g〕

4　(光の性質)

1　鏡の面に垂直な線と反射光がつくる角が反射角となる。

2　(1)　水面が鏡になっていると考える。物体と水面の像は，上下左右が逆になる。　(2)　●の像は，水面に対して対称となる位置にできる。優斗さんと●の像を直線で結んだとき，この直線と水面が交わる点で，光は反射する。

3　(1)　BD間の長さが長くなるほど，屈折角が大きくなる。　(2)　鉛筆から出た光がガラスを通り，平面から空気中に出ていくとき，**入射角＜屈折角**となるように屈折する。屈折光を半円形ガラスのほうにのばしていくと，この光は実際の鉛筆よりもb側から出てくるように見える。

5　(遺伝)

1　(1)　対立形質の純系の個体どうしをかけ合わせると，子には一方の形質が現れる。この形質を**優性(顕性)の形質**といい，この規則性を**優性の法則**という。　(2)　子は，丸い種子をつくる純系の親からAの遺伝子，しわのある種子をつくる純系の親からaの遺伝子を受け継ぐので，体細胞の遺伝子の組み合わせはAaとなる。　(3)　丸い種子(AA)としわのある種子(aa)をかけ合わせると，すべて丸い種子(Aa)が得られる。一方，丸い種子(Aa)としわのある種子(aa)をかけ合わせると，丸い種子としわのある種子が，丸：しわ＝1：1に近い割合で得られる。

2　(1)　生殖細胞をつくるときは，もとの細胞の染色体が半分に分かれて2つの生殖細胞に入る**減数分裂**が行われる。　(2)　Bの1つの細胞は，生殖細胞2つが受精してできた受精卵が体細胞分裂をくり返してできたものなので，染色体の数は卵の2倍である。また，雌と雄の染色体を1本ずつ受け継いでいるので，染色体のモデルは③となる。

6　(気象)

1　(1)　宮崎市付近が晴れていることから，B，C，Dが考えられるが，気圧が1010hPaであることから，Cとわかる。このときの空気中の水蒸気量は，30.4〔g/m^3〕×0.72＝21.8…〔g/m^3〕　よって露点は24℃とわかる。　(2)　Aは梅雨，Bは冬，Cは夏，Dは春である。秋以降の順に並べると，B→D→A→Cとなる。

2　大陸上の寒気団なので，Xがあてはまる。この気団は大陸上にできるため乾燥しており，冬に発達する。また，高気圧なので風を周囲へふき出すため，日本に北西の季節風をもたらす原因となる。

7 (電気)

1 (1) 流れる電流の大きさは，C点＝D点＋F点となる。660－330＝330〔mA〕 (2) 豆電球が消費する電力が大きくなるほど明るく点灯する。豆電球Xに加わる電圧は，2.50－1.25＝1.25〔V〕 流れる電流は0.23Aなので，消費する電力は，1.25〔V〕×0.23〔A〕＝0.2875〔W〕 豆電球Yに加わる電圧は2.50V，流れる電流は0.33Aなので，消費する電力は，2.50〔V〕×0.33〔A〕＝0.825〔W〕

2 並列回路なので，豆電球に加わる電圧は等しいが明るさが異なっているのは，**豆電球に流れる電流の大きさが異なるため**である。2.5V用の豆電球のほうが明るく点灯することから，この豆電球に流れる電流のほうが大きい。これは，2.5V用の豆電球のほうが，抵抗が小さいからである。

3 電球Pのほうが消費電力は小さいのに明るさが電球Qと同じということから，電球Pのほうが，電気エネルギーを光エネルギーに変換する割合が高いことがわかる。

8 (中和)

1 BTB溶液は，**酸性で黄色，中性で緑色，アルカリ性で青色**を示す。

2 (1) この反応の場合，ナトリウムイオンは中和によって塩化ナトリウムをつくる物質となるが，通常水溶液中で電離しているので，実験中，イオンの数の増減はない。 (2) 溶液が完全に中和するまでは，水素イオンを加えても水酸化物イオンと結合して水に変化するため，水素イオンは増加しない。溶液が中性になったあとも塩酸を加えると，水素イオンは増加を始める。

＜社会解答＞

1　1 (1) アジア (2) イ (3) ウ (4) エ 2 (1) イ (2) ア (3) ウ (4) (例)工場用地の地価が全国平均より安く，高速道路などが整備されて工業製品や原料の輸送に便利である (5) ア (例)最も人口が多い イ (例)反応や流行を探る

2　1 (1) ア (2) 北条時宗 (3) エ (4) ア 南蛮貿易 イ (例)キリスト教の布教と一体となっていた (5) ウ (例)仏教を正しく伝える エ (例)新羅に敗北し，北路を通ること 2 (1) エ (2) X ウ Y イ (3) ア (例)商業 イ (例)財政を立て直そうとした (4) ウ (例)立憲制国家のしくみ エ (例)ロシアの南下に対抗する

3　1 (1) 解散 (2) ウ (3) ア A イ (例)インターネットの利用時間と学力との関係 (4) ウ (例)収入を確保する エ (例)利点が生まれる 2 (1) 社会資本 (2) (例)総会 (3) イ (4) (例)仕事と生活の両立を図る (5) ア (例)自ら将来に備える イ (例)社会全体で助け合う

4　1 ア (例)同じ時期に作られた イ (例)イギリスはフェアトレードの認知率が高い 2 ア (例)増産や品質の向上 イ (例)養蚕業の継承 3 ア (例)森林を保護する イ 自立

<社会解説>

[1]　(地理的分野—日本—日本の国土・地形・気候，人口・都市，工業，世界—地形・気候，産業，交通・貿易)

1 (1)　資料2中のブラジル，ナイジェリア，アメリカ，エジプト以外の国が全てアジア州に位置する。 (2)　アフリカ大陸南部に位置するケープタウンが**南半球**に位置することから，1月や12月の気温が高く7月頃の気温が低いと判断する。 (3)　①について，ブラジルやオーストラリアはともに鉄鉱石の産出・輸出がさかんなことから判断する。②について，先進国カナダや，近年工業化が進んでいるマレーシアなどの輸出がさかんなことから判断する。 (4)　資料6中の海流A・Bについて，南極付近から流れているAが**寒流**，赤道付近から流れているBが**暖流**であり，これらが資料5中から読み取れる海水温に影響を与えていることが読み取れる。

2 (1)　アには茨城県，ウには新潟県・山梨県，エには岩手県がそれぞれ属している。 (2)　茨城・千葉県境を**利根川**が流れていることから判断する。**信濃川**は，長野県や新潟県を流域とする長さが日本最長の河川。 (3)　日本海に面している新潟県は冬の降水量が多くなることから判断する。アが高知市，イが甲府市，エが札幌市。 (4)　資料3から，東北地方の工場用地の地価が全国平均を下回っていることを読み取る。資料4から，工業団地の多くが高速道路沿いに立地していることを読み取る。 (5)　アについて，資料5から三大都市圏のうち，東京圏の人口が最大であることを読み取る。イについて，資料6中の「市場調査」から，消費者の動向をつかむ意図があることを読み取る。

[2]　(歴史的分野—時代別—古墳時代から平安時代，鎌倉・室町時代，安土桃山・江戸時代，明治時代から現代，日本史—テーマ別—政治・法律，経済・社会・技術，文化・宗教・教育，外交)

1 (1)　**法隆寺**は飛鳥時代に建立された寺院で，奈良県に位置する。イは奈良時代，ウ・エは平安時代に建てられた。 (2)　**北条時宗**は鎌倉幕府8代執権。元がフビライのとき2度にわたって日本に襲来したことを**元寇**(蒙古襲来)という。 (3)　資料Aが飛鳥時代，資料Bが鎌倉時代，資料Cが安土桃山時代，資料Dが奈良時代の人物。資料Eの**平清盛**は平安時代の人物。 (4)　スペイン人やポルトガル人のことは南蛮人とよばれた。彼らの最大の目的はキリスト教の布教であったため，日本で禁教が徹底されるのは貿易の窓口を長崎に限定した鎖国後のこととなる。 (5)　ウについて，資料3中の「仏教をよく知らないのに僧になる者が増え」から判断する。エについて，まとめ②中の「東シナ海を横断するものになった」から，遣唐使船は資料5の南路の行路をとっていたことがわかる。これは，資料4中の**白村江の戦い**で，日本が唐・新羅に敗れたことが原因であると考える。

2 (1)　**元禄文化**は17世紀末頃から上方で栄えた文化。アは江戸時代の化政期，イは安土桃山時代，ウは明治時代に活躍した人物。 (2)　[X]が1950年代前半，[Y]が1970年代前半であることから判断する。アの東京オリンピック開催が1964年，イの第一次石油危機が1973年，ウの朝鮮戦争勃発が1950年，エのベルリンの壁崩壊が1889年。 (3)　5代将軍**徳川綱吉**が悪化させた財政を立て直そうと，その後およそ100年間にわたって幕政改革が実施されたと考える。 (4)　日英間で条約改正がなされた時期が日清戦争開戦(1894年)の直前であること，また，資料5から，憲法や内閣・国会など国のしくみが出来上がった後であることがわかる。また，資料6から，南下政策を進めようとするロシアに対して，イギリスが警戒を強めていたことが読み取れる。

[3]　(公民的分野—三権分立・国の政治の仕組み，地方自治，国民生活と社会保障，財政・消費生活・経済一般，国際社会との関わり)

1 (1) 内閣が国会の信任のもとに成立し，国会に対して連帯責任を負うしくみを**議院内閣制**という。 (2) 国会や内閣に対する**違憲審査権**は，最高裁判所だけでなくすべての裁判所が持っている。 (3) アについて，恭子さんが「何をするために利用するか」には重点をおくべきではないと発言していることから，資料3中の左側の意見に分類される。また，「どのくらい利用するか」に重点をおくべきと発言していることから，資料3中の上部の意見に分類される。
(4) ネーミングライツ制度における地方自治体の利点として，企業から利益を得られるだけでなく，公共施設の維持費が軽減できるというメリットもある。

2 (1) **社会資本**とは人々が共同して利用する施設や設備のこと。 (2) 問題文中の「加盟国すべてが参加」「年1回」から判断する。国際連合の**総会**では，すべての加盟国に1票ずつの投票権が与えられている。 (3) 日本において，大企業は事業所数の割に出荷額が大きく，中小企業はその逆となっている。 (4) 仕事と生活の**ワーク・ライフ・バランス**を調整することで，これらの両立を図ることが重要である。 (5) アは自助，イは共助の考え方に基づく行動。

4 (地理的分野―世界―交通・貿易，日本―工業，公害・環境問題，公民的分野―財政・消費生活・経済一般)

1 資料1中の2段落目や資料2の内容などから判断する。

2 アについて，学習メモの①右の文中の「大量生産」「品質は，世界から高く評価された」などから，増産と品質向上の2点に着目する。イについて，③の文中の「蚕の生育に取り組み続けること」などから，富岡市での養蚕業が廃絶してしまわない内容と判断する。

3 資料3中の「商品が森を壊すことなく作られた」から判断する。**自立した消費者**とは，消費に関する的確な知識や情報をもち，商品を適切に取捨選択できる消費者のこと。

<国語解答>

一 問一 ⓐ さ ⓑ たたみ ⓒ 復唱 問二 ア 問三 エ 問四 たとえ拙い
問五 (例)新しいことをはじめるのに年は関係なく，今からでもなりたい自分になれるという思い。 問六 ウ

二 問一 ⓐ 芸術 ⓑ むじゅん ⓒ 営 問二 イ 問三 エ 問四 ウ
問五 ア 問六 (例)Ⅰは人間が加工しない自然の部分に，人間の力を超えたものに到達する可能性を感じることで，Ⅱは人の清掃活動と自然の風化によって生じるものを，美として慈しむこと。

三 問一 ア 問二 ウ 問三 イ 問四 (例)人柄を際立たせ 問五 (例)かわいそうにという心情表現を加えてオオクニヌシのやさしい人柄を書いている。また，オオクニヌシを主役とする物語にしようとして，いちばんすぐれた方と世の人々の認める結末に変えている

四 問一 万法を照す 問二 (一) 十一 (二) イ 問三 見レ賢思レ斉
問四 (例)自分の足りない部分について内省すること。 問五 エ

<国語解説>

一 (小説―情景・心情，内容吟味，文脈把握，漢字の読み書き，語句の意味，表現技法・形式)

問一　ⓐ　訓読みは「さ・す」，音読みは「ソウ」。　ⓑ　訓読みは「たたみ」，音読みは「ジョウ」。
ⓒ　確認のために，言われたことを繰り返して口に出して言うこと。

問二　「こころなし」とは，予めそう思ってみるせいか、その傾向が一層感じ取れることを表す。**感じ取るだけであって，確信はない。**したがってウは不適切。

問三　ドレスの縫い目をほどく作業は「わたし」が驚くような出来事だ。そんな**大胆なことを行う前なのだから意を決するための深呼吸である**ことが読み取れる。

問四　清澄が何をしようとしているかは，考え始めてから，「わかった。そういうことなら，手伝うわ。」という結果に至るまでの間に気が付いている。「わかった。……」の直前に「たとえ拙い……見つけようとしている。」と清澄のしようとしていることがあるので，ここを抜き出す。

問五　「そうね」は，直前の「でも，今からはじめたら……」という清澄の言葉の内容を受けている。**何かを始めるのに年齢は関係がないということ，何もしなかったらゼロのままで何も変わらないこと**が伝わってきたのだ。さらに「わたし」は今までやりたいことを抑えてきたことを後悔している。あらゆる可能性を秘めた若い清澄を見て，やりたいことをやって，**なりたい自分になれる可能性を自分の中にも見出している**ことを読み取ろう。

問六　「入るで」「どうしたん」「なんて言うたらええかな」などと，**方言を用いた会話**が多い。堅苦しくなく，馴染みやすいので読者にも臨場感が感じられる。ア「カタカナの表現」，イ「言葉の省略」はあるが，多用されてはいない。またエの「受け身な性格を暗示」というほどの効果は出ていない。

二　(論説文―大意・要旨，内容吟味，文脈把握，段落・文章構成，接続語の問題，脱文・脱語補充，漢字の読み書き)

問一　ⓐ　「術」はぎょうがまえ。　ⓑ　つじつまが合わないこと。　ⓒ　仕事や何かをすること。訓読みの際，送りがなに注意する。

問二　ここは**西洋と日本の対比**を述べた部分だ。□の前では西洋の絵画について述べた後で，日本の絵画について述べようとするのだから，**逆接**が適切である。

問三　「音の鳴っていないところにこそ，じつは真の宇宙の音楽が鳴りひびいている」という考え方は，一定の法則に従って成立している西洋音楽にとっては大革命なのである。

問四　文章の冒頭の序論で「日本人の宇宙的，時空的な……『間』」について述べ，本論においては西洋と日本の「間」の違いを音楽や絵画の例を挙げて説明している。そして最後に日本文化における「間」についての筆者の考えを示した構成となっている。

問五　「きらびやかなもの」は度重なる「清掃」によって維持されている。さらに「きらびやかなもの」は「自然」によって風化されてもきた。つまり，**「清掃」と「自然」によって「きらびやかなもの」が維持され，「枯淡の風情」を生み出している**のだ。「きらびやかなもの」と「清掃」・「自然」の三者が関係性を持っている選択肢を選ぶ。

問六　それぞれに示された日本人の美意識について，Ⅰは，**人間が加工するより自然のまま残しておく**部分に生じる人間の力を超えたものを，Ⅱは，**人による清掃活動と自然に風化させる**ことによって生じるもの(枯淡の風情)を美としている。解答のポイントは「日本人と自然との関わり方」であるから，それぞれの関わり方を明記しておきたい。

三　(会話・議論・発表―文脈把握，脱文・脱語補充，品詞・用法，作文)

問一　現代語訳の最終段落には「この兎は……と申した」と，兎の予言が書かれている。

問二　この心中表現からは，恭平の「考えの根拠を，もっと示したらどうかな」という意見を受け止めていることがわかり，**彼の発言のポイントを理解したこと**が読み取れる。

問三　二つの作品を，「人物像」・「違い」という観点から**比較して違いを導き出し**ている。この違いを見出したことで，考えが挙がったのだ。

問四　一文が長いが，この文の**主語は「作者が」**だ。作者が「設定し」「ふくらませている」のだから，波線部も「際立たせ」とするのが適切で，**「人柄を」と訂正し「際立たせ」の修飾語**にすればよい。

問五　まず一文目の「オオクニヌシのやさしい人柄」の説明として付箋の「かわいそうにという心情表現を加え」よう。二文目の「私は作品Aの方が好きだ」は削除する。三文目では，**オオクニヌシを主役にしようとした作者の意図を中心に据え，その方法としてすぐれた方として世の人々の認める結末にしたこと**を書けばよい。

四　(古文・漢文—情景・心情，文脈把握，脱文・脱語補充，仮名遣い，表現技法・形式,，書写)

【現代語訳】

A　古の人がいうことに，銅を鏡として衣服と冠を正し，人を鏡として損得を知り，昔を鏡として歴史の興廃を知り，心を鏡としてあらゆる存在の真理を照らすのだ，と言った。

B　孔子がいうことに，自分より知徳の優れた人を見ては同じようになることを思い，知徳の劣った人を見ては心の中で自分を省みるのだ，と。

問一　会話の引用は，**引用を示す助詞「と」の直前**までだ。

問二　(一)　つくりは十一画である。　(二)「鏡」は手本・模範だから，先例となる。また**「興廃」の「興」は盛んであること・繁栄を意味し，「廃」はすたれること・滅びること・衰退**を意味する。

問三　賢→見→齋→思の順で読むので，「見」と「賢」・「齋」と「思」がそれぞれ一字返って読むので，レ点を用いる。

問四　目を向けるべき自分とは傍線④の前文にある「自分の間違いや劣った部分」のことだ。こうした**自分の欠点に目を向けて反省すること**をいっている。

問五「衣」は行書になっている。また，仮名の「を」が小さめに書かれている。

MEMO

大切なことはメモしておこうネ！

宮崎県公立高等学校（推薦）

2020年度

入　試　問　題

●くわしい解説……25ページ

＜数学＞　時間　30分　満点　40点

1　次の⑴～⒁の問いに答えなさい。

⑴　$(-6)+(-17)$ を計算しなさい。

⑵　$\frac{8}{3}\div\left(-\frac{4}{15}\right)$ を計算しなさい。

⑶　$(-3^2)\times 7-(-4)^3$ を計算しなさい。

⑷　$\frac{1}{4}(a+8)-\frac{1}{6}(3-a)$ を計算しなさい。

⑸　$16xy^2\div(-4x^2y)\times(-2xy)$ を計算しなさい。

⑹　$(27a^2b-3a)\div 3a$ を計算しなさい。

⑺　$(2x+7y)(3x-5y)$ を展開しなさい。

⑻　$(x+3)^2-6(x+3)+8$ を因数分解しなさい。

⑼　$\frac{\sqrt{48}}{3}-\frac{2}{\sqrt{12}}$ を計算しなさい。

⑽　$x=35$ のとき，$x(x+12)-(x+2)(x+9)$ の値を求めなさい。

⑾　等式 $m=\frac{3a+7b}{2}$ を，b について解きなさい。

⑿　比例式 $(3x+2):(4x-9)=4:3$ を解きなさい。

⒀　連立方程式 $\begin{cases}3x+4y=36\\0.7x-0.2y=1.6\end{cases}$ を解きなさい。

⒁　二次方程式 $3x^2-x-1=0$ を解きなさい。

2

1　次の⑴，⑵の問いに答えなさい。

⑴　右の図で，$\ell /\!/ m$ とする。△ABCは，AB＝BC の二等辺三角形であり，頂点A，Bはそれぞれℓ，m上にある。

　このとき，$\angle x$ の大きさを求めなさい。

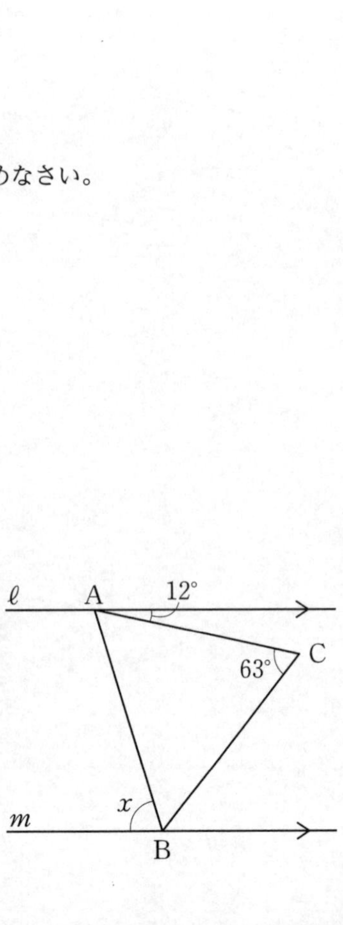

(2)　ある中学校の１年生を，16人ずつの４つのグループA，B，C，Dに分けて，10点満点の小テストを行った。次の図は，その結果をヒストグラムに表したものである。

このとき，下のア，イの問いに答えなさい。

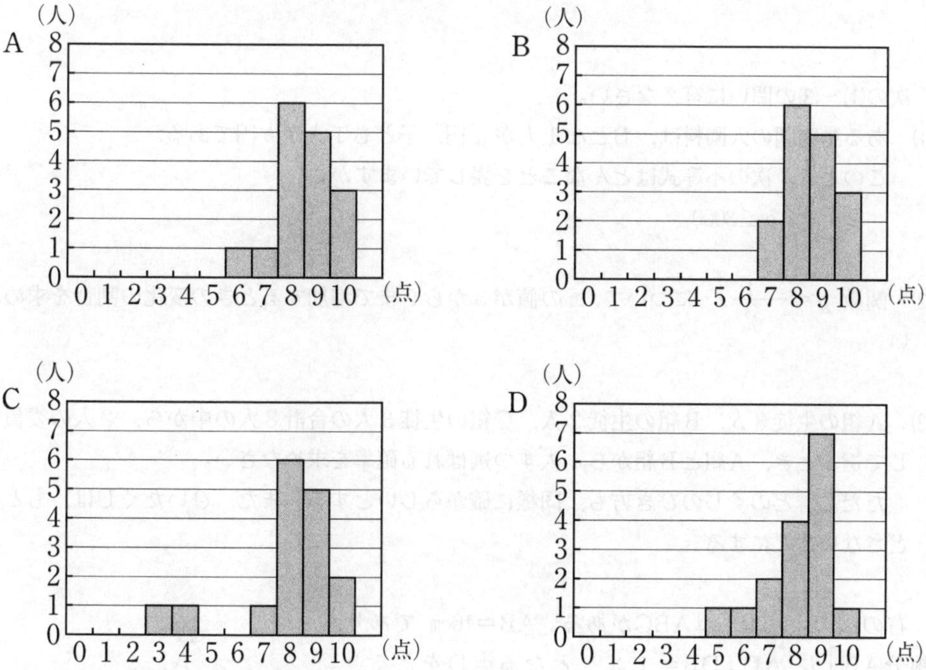

ア　Cの得点の範囲を求めなさい。

イ　あるグループの小テストの結果は，得点の最頻値が８点，中央値が8.5点，平均値が8.6点であった。ただし，平均値は小数第２位を四捨五入している。

この小テストの結果として，最も適切なヒストグラムを，上のA～Dの中から１つ選び，記号で答えなさい。

2　右の図のように，関数 $y=\frac{a}{x}$…① のグラフ上に３点A，B，Cがある。点Aの座標は（－１，８），点Bの座標は（－４，２），点Cのx座標は２である。また，２点A，Bを通る直線をℓとする。

このとき，次の(1)～(5)の問いに答えなさい。

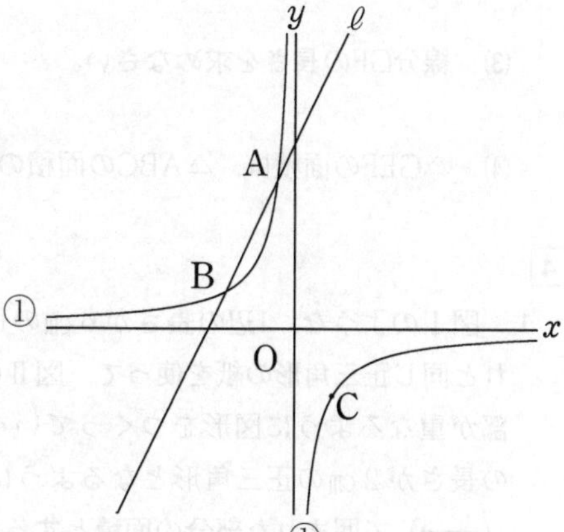

(1)　aの値を求めなさい。

(2)　直線ℓの式を求めなさい。

(3)　線分BCの長さを求めなさい。

⑷　△ABCの面積を求めなさい。

⑸　点Aを通り，△ABCの面積を２等分する直線の式を求めなさい。

3

1　次の⑴～⑶の問いに答えなさい。

⑴　ある動物園の入園料は，おとな１人がa円，子ども１人がb円である。
このとき，次の不等式はどんなことを表していますか。

$2a+3b \leqq 3000$

⑵　関数 $y=-\frac{1}{3}x^2$ について，xの値が３から９まで増加するときの変化の割合を求めなさい。

⑶　Ａ組の生徒３人，Ｂ組の生徒２人，Ｃ組の生徒３人の合計８人の中から，２人の委員をくじで選ぶとき，Ａ組とＢ組から１人ずつ選ばれる確率を求めなさい。
　ただし，どのくじのひき方も，同様に確からしいとする。また，ひいたくじは，もとにもどさないことにする。

2　右の図のような，△ABCがある。AB＝16㎝ であり，線分AB上に AD：DB＝１：２ となる点Dをとると，CD＝12㎝ となる。また，線分AC上に AE：EC＝２：１となる点Eをとり，線分ＣＤ上に AB//EF となる点Ｆをとる。点Gは，線分BEと線分CDの交点とする。
　このとき，次の⑴～⑷の問いに答えなさい。

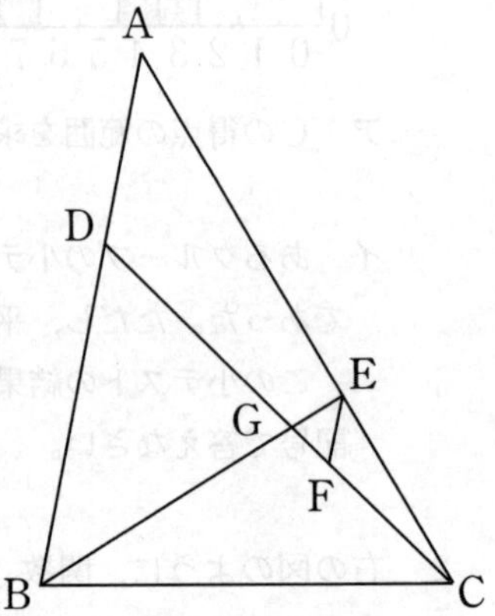

⑴　線分CFの長さを求めなさい。

⑵　△GBD∽△GEF であることを証明しなさい。

⑶　線分GFの長さを求めなさい。

⑷　△GEFの面積は，△ABCの面積の何倍になりますか。

4

1　図Ⅰのような，1辺の長さが６㎝の正三角形の紙がある。これと同じ正三角形の紙を使って，図Ⅱのように，正三角形の一部が重なるように図形をつくっていく。重なる部分は，１辺の長さが２㎝の正三角形となるようにし，図形の面積は太線（――）で囲まれた部分の面積とする。
　このとき，後の⑴，⑵の問いに答えなさい。

図Ⅰ

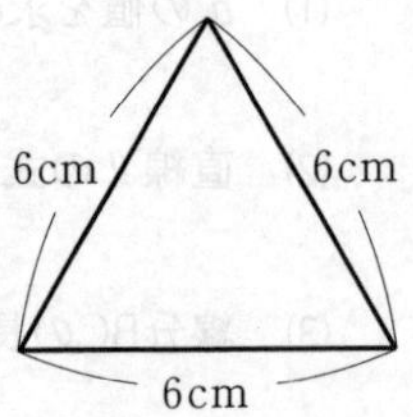

図Ⅱ

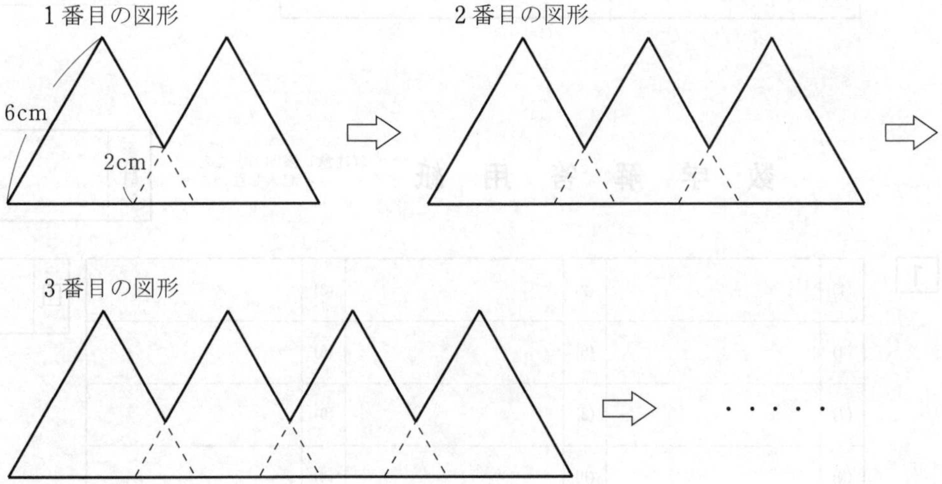

⑴　5番目の図形の面積を求めなさい。

⑵　n番目の図形の面積を，nを用いて表しなさい。

2　図のような，正四角錐《すい》ABCDEがある。この正四角錐の辺の長さはすべて8㎝である。点Aから平面BCDEに垂線をひき，平面BCDEとの交点をHとする。また，辺AC，AEの中点をそれぞれP，Qとし，3点B，P，Qを通る平面と辺ADとの交点をRとする。

このとき，次の⑴～⑶の問いに答えなさい。

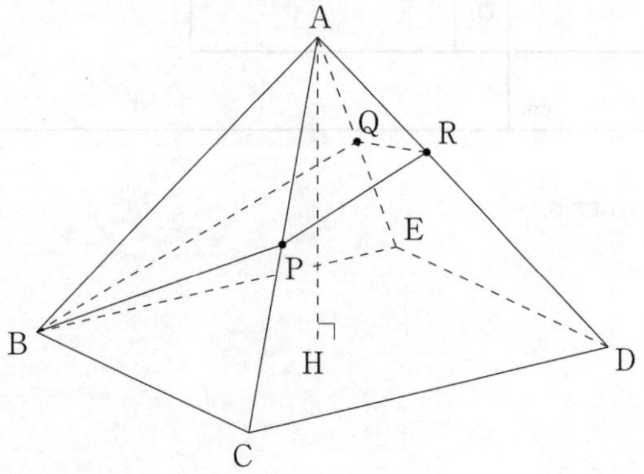

⑴　線分AHの長さを求めなさい。

⑵　直角三角形ABHを，直線AHを回転の軸として1回転させてできる立体の表面積を求めなさい。

ただし，円周率はπとする。

⑶　四角錐ABPRQの体積を求めなさい。

受検番号		氏　名	

※学科・コース

数 学 解 答 用 紙

（注意）※印のところは記入しないこと。

※計	

1

(1)		(2)		(3)	
(4)		(5)		(6)	
(7)		(8)		(9)	
(10)		(11)		(12)	$x=$
(13)	$(x,\ y)=(\quad,\quad)$	(14)	$x=$		

※1	

2

1	(1)	$\angle x=$　　度	(2)	ア　　点	イ	
2	(1)	$a=$	(2)		(3)	
	(4)		(5)			

※2	

3

1	(1)			
	(2)		(3)	
2	(1)	cm		
	(2)	（証明） △GBDと△GEFで，		
	(3)	cm	(4)	倍

※3	

4

1	(1)	cm^2	(2)	cm^2		
2	(1)	cm	(2)	cm^2	(3)	cm^3

※4	

※この解答用紙は167％に拡大していただきますと，実物大になります。

＜英語＞

時間　30分　　満点　40点

1

1　右の絵を見て，次の対話文の（①）～（③）に入る適切な語を，**英語1語**で答えなさい。

A：The cap（　①　）the table is good.
Is it yours?

B：No, it's my brother's.
My mother gave it to（　②　）for his birthday.

A：Where did she buy it?

B：At the Hinata Shop.　Do you know the place?

A：No.　I don't know how to go（　③　）.
Can you tell me the way?

B：Of course.　Shall we go together?

2　次の(1)～(5)の日本文に合うように，（　）に入る適切な語を，**英語1語**で答えなさい。

(1)　彼はたいてい夕食後に宿題をします。
He usually（　　）his homework after dinner.

(2)　彼女は今，プールで泳いでいるところです。
She is（　　）in the pool now.

(3)　私は先週，友人に本を送りました。
I（　　）my friend a book last week.

(4)　私たちは昨日からずっと忙しいです。
We have been busy（　　）yesterday.

(5)　その花屋は駅の前にあります。
The flower shop is in（　　）of the station.

3　次の(1)～(4)の対話文について，（　）内のア～エの語句をすべて用い，意味がとおるように並べかえ，記号で答えなさい。

(1)　*A*：What（ア　is / イ　the week / ウ　day / エ　of）it today?
B：It's Wednesday.

(2)　*A*：Do you have any plans for this weekend?
B：I'm（ア　to / イ　shopping / ウ　go / エ　going）with my family.

(3)　*A*：Where did you go during the winter vacation?
B：I went to（ア　see / イ　Sapporo / ウ　to / エ　the Snow Festival）.

(4)　*A*：You（ア　made / イ　in / ウ　interested / エ　us）studying math.
B：I'm really happy to hear that.

4　次のページの(1)～(4)の英文の（　）に入る最も適切な語句を，それぞれア～エから1つずつ選び，記号で答えなさい。

⑴　November is the (　　　) month of the year.
　ア　ninth　　イ　tenth　　ウ　eleventh　　エ　twelfth

⑵　I'll play baseball if it (　　　) fine in the afternoon.
　ア　be　　イ　is　　ウ　was　　エ　will be

⑶　That's Mt. Fuji.　It's the (　) mountain in Japan.
　ア　high　　イ　higher　　ウ　highest　　エ　as high as

⑷　You can see a lot of animals (　　　) as lions and bears in the zoo.
　ア　such　　イ　so　　ウ　example　　エ　for

5　次の質問に対して，あなたならどのように答えますか。5語以上の英文1文で書きなさい。ただし，符号（，．！？など）は語の数に入れないものとします。

質問：How long do you study every Sunday?

2

1　次の対話文の意味がとおるように，□内に当てはまる最も適切な英文を，それぞれア～エから1つずつ選び，記号で答えなさい。

⑴　*A*：Which season do you like the best?
　B：□　How about you?
　A：I agree with you.　I can go to the sea when it is hot.
　ア　I like winter better than any other season.
　イ　I like summer better than any other season.
　ウ　I think winter is the best of all the seasons.
　エ　I think summer is not as good as winter.

⑵　*A*：A new ALT came to my class!　I enjoyed her lesson.
　B：Oh, that's good for you.　□
　A：She is very kind and friendly.
　ア　What does she look like?
　イ　What is she looking at?
　ウ　What does she like?
　エ　What is she like?

2　アメリカからの留学生のマーク（Mark）とホストファミリーの優人（Yuto）が話をしています。次の【二人の対話】を読んで，後の⑴～⑷の問いに答えなさい。

【二人の対話】

Yuto　: Mark, this is a Japanese traditional dish.
Mark : Wow, it looks so great.
Yuto　: Have you ever tried it?
Mark : Yes, I have.　Japanese food is very popular in my country.
Yuto　: Oh, I am glad to hear that.　OK, let's eat.　"*Itadakimasu*."

Mark : "Itada...?" You spoke ①（ア for / イ fast / ウ me / エ too） to understand. What did you say?

Yuto : I said, "*Itadakimasu.*"

Mark : I heard it for the first time. What is it?

Yuto : It is the word I use before eating something. Japanese people always start eating with this word.

Mark : I see. Does it have any special meanings?

Yuto : Yes, it has several meanings. Some use it to say, "Thank you," to the people who cook their dishes. （ ② ） use it to the people who produce their food.

Mark : Oh, I see. In my country, many people just say, "I'm hungry," or "Let's eat," before eating.

Yuto : Really? I didn't know that.

Mark : It's good to know the difference.

⑴ 下線部①について，（ ）内のア～エの語をすべて用い，意味がとおるように並べかえ，記号で答えなさい。

⑵ （②）に入る最も適切な語を，次のア～エから１つ選び，記号で答えなさい。

ア Other　イ Others　ウ One　エ Another

⑶ 次のア～オの英文について，本文の内容と合っているものを２つ選び，記号で答えなさい。

ア In Mark's country, many people like Japanese food.

イ Mark used to say *Itadakimasu* in his country.

ウ Some Japanese people say *Itadakimasu* to the people who cook their dishes.

エ Yuto says *Itadakimasu* has only one special meaning.

オ Mark is sad to know the meaning of *Itadakimasu*.

⑷ 次のメールと写真は，マークがアメリカにいる父親に送ったものです。**【二人の対話】**の内容に合うように（１），（２）に入る最も適切な**英語１語**を，それぞれ，**【二人の対話】**から抜き出して答えなさい。

また，［３］には，写真についての説明を**８語以上の英文１文**で書きなさい。

ただし，符号（，．！？など）は語の数に入れないものとします。

<メール>

Hi, Dad. My Japanese life is exciting. Today, I learned a wonderful Japanese （ １ ）. It is "*Itadakimasu.*" Japanese people say it before eating something. They use it to say, "Thank you," to the people who cook or produce their food. I found a （ ２ ） between America and Japan. From now, I will try to use this to say, "Thank you."

After dinner, Yuto showed me some family pictures. Then, I found an interesting one. Look at the picture. Yuto said it was taken under the cherry trees when he was a child. In the picture, they are having a "*hanami*" party. [3]. They look so happy. I want to try it some day.

My life in Japan is fun.

Mark

＜写真＞

3 次の英文は，中学生の麻里（Mari）のスピーチです。後の１～５の問いに答えなさい。

One day in July, my English teacher told us some exciting news. She said, "We have a Summer English *Seminar during the summer vacation in Miyazaki. Junior high school students from Miyazaki and China will spend three days together. You will have a lot of group activities. You need to speak in English all day. If you want to join this Seminar, please come to the teacher's room." I was interested in the Seminar. I wanted to join it, but I couldn't decide then.

After lunch, I talked to my English teacher. "I want to join the Summer English Seminar. I am interested in English. But I'm worried because I am not good at speaking in English. Can I join the Seminar?" Then she said, "Mari, it's a good chance for you. ① <u>I want you to (ア like / イ something / ウ try / エ you)</u>. This experience will improve your English speaking *skill. (②) You can do it!" Her words were encouraging to me. So I decided to join the Seminar.

On the first day of the Seminar, I met my group members. My group had four Japanese students and one Chinese student. They all spoke English fluently. That was very surprising for me. Among them, a Chinese student, *Chang, spoke English very well. He was also a good leader. During the activities, I understood the ideas my members said. But I couldn't tell them my ideas in English. ③ <u>It was very sad for me to be quiet during the activities.</u>

After dinner, the students enjoyed talking to each other. I sat on a chair in the garden alone. Suddenly, a student talked to me. He was Chang. "Hi, Mari. What are you doing here? Are you OK?" I said to him, "I can't speak perfect English like you. I want to talk more, but I can't. I am afraid of mistakes." Then he said, "Do you think 'perfect' is important? I think communication is more important than perfect English. Try to speak in English. (②)" Then I said, "OK, I won't care about mistakes. I will do my best."

On the next day, I tried to speak in English. My group members listened to me *carefully. They sometimes helped me. After I finished talking, we smiled together. I made a lot of mistakes, but I could say my ideas. We talked about many things and became good friends. Now I understand Chang's words.

On the last day, I talked a lot and shared many ideas with my friends. Through my experience in the Seminar, I learned some very important things. I won't care about mistakes any more. I will try to speak in English.

（注）Seminar 研修会　skill 技能　Chang チャン（人名）　carefully 注意深く

1 下線部①について，(　) 内のア～エの語をすべて用い，意味がとおるように並べかえ，記号で答えなさい。

2 本文の内容に合うように，(②) に共通して入る最も適切なものを，次のア～エから１つ選び，記号で答えなさい。

ア Write your wish.　イ Hold on a second.

ウ Save your life.　エ Believe in yourself.

3 下線部③について，その理由を日本語で書きなさい。

4 麻里の心情の変化について，次のア～エを本文の流れに合うように並べかえ，順にその記号を答えなさい。

ア I was surprised. My group members spoke English fluently.

イ I was happy. I could tell my friends my ideas in English.

ウ I was excited. I was interested in the Summer English Seminar.

エ I was sad. I was quiet when other students were talking.

5 次の英語の先生の質問に対して，あなたならどう答えますか。８語以上の英文１文で書きなさい。

ただし，符号（，．！？など）は語の数に入れないものとします。

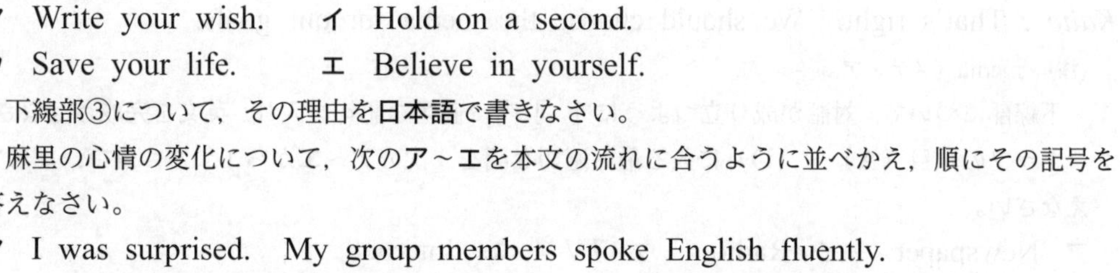
I think everyone has their own way to study English. How do you usually study English?
英語の先生
あなた

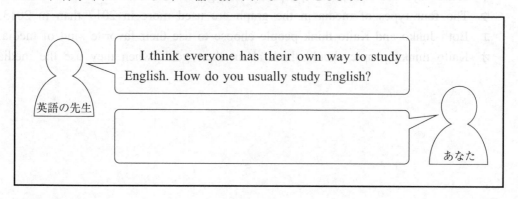

4 次の英文は，海人（Kaito）と純子（Junko）の対話です。下の１～４の問いに答えなさい。

Kaito : Look at the graph, Junko. <u>[　　　　　] from this graph?</u>

Junko : Let's see. In 2017, people use the TV and the Internet for more than one hundred minutes.

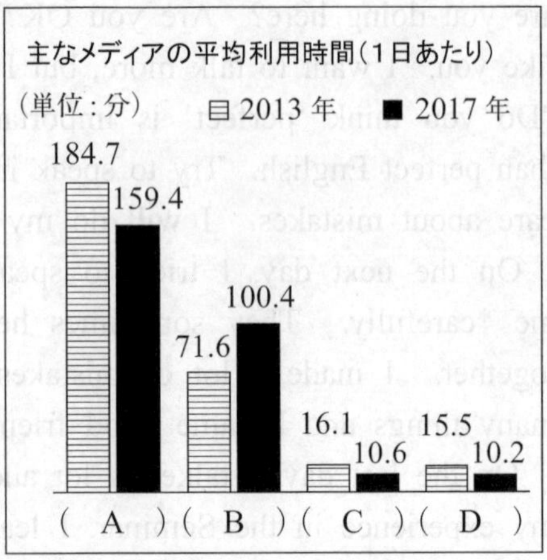

(総務省資料より作成)

Kaito : Yes. I think many people are still interested in the TV. The Internet is used more in 2017 than in 2013.

Junko : Look. People use the radio and the newspaper for only about ten minutes. They use the newspaper for the shortest time of all these *media in 2017.

Kaito : That's for sure.

Junko : I think people have their own favorite types of media to use.

Kaito : I agree with you. Each media has different good points. For example, people use the ① because ② .

Junko : I see. Then, I will tell you a good point of a different type of media. I think people use the ③ because ④ .

Kaito : That's right. We should choose the media for our goals.

（注） media メディア

1 下線部について，対話が成り立つように［ ］内に適切な語句を入れ，英文を完成させなさい。

2 グラフの項目（A）～（D）に入る最も適切な語を，次のア～エから１つずつ選び，記号で答えなさい。

ア Newspaper　イ Radio　ウ TV　エ Internet

3 ① ～ ④ に，文の流れに合うように，①と③は，newspaper, radio, TV, Internet から１つずつ選び，②と④は，それぞれ10語以上の英文１文を書きなさい。
ただし，符号（，．！？など）は語の数に入れないものとします。

4 次のア～オの英文について，本文の内容と合っているものを２つ選び，記号で答えなさい。

ア The graph shows why people use the four types of media in their lives.

イ Kaito says the number of people watching TV increased from 2013 to 2017.

ウ The four types of media in the graph are used more in 2017 than in 2013.

エ Both Junko and Kaito think people choose to use their favorite kind of media.

オ Kaito thinks people should think about their goals when they use the media.

受検番号		氏　名	

※学科・コース

英　語　解　答　用　紙

（注意）※印のところは記入しないこと。

※計	

1

1 ①　②　③

2 (1)　(2)　(3)　(4)　(5)

3 (1)　(2)　(3)　(4)

4 (1)　(2)　(3)　(4)

5

※1

2

1 (1)　(2)

2 (1)　(2)　(3)　(4) 1　2　3

※2

3

1

2

3

4 (　　) → (　　) → (　　) → (　　)

5

※3

4

1 [　　] from this graph?

2 A　B　C　D

3 ①　②　③　④

4

※4

※この解答用紙は167％に拡大していただきますと，実物大になります。

受検番号	
氏名	

※学科・コース（　　　　　）

国語解答用紙

（注意）※印のところは記入しないこと。

計※

一

（一）①気配　②強いる　③ボウエキ　④オサメル

（二）問一　問二　問三

（三）　（四）　（五）

（六）問一　問二　問三　問四

一※

二

問一　問二　問三

問四　1　2

問五　20　40　50

二※

三

問一　ⓐウツり　ⓑ円滑　ⓒケイケン

問二　問三

問四　問五

問六　20　40　60　80

三※

四

問一　問二　問三　問四

問五　莫不奇之。

問六　1

問六　2　20

四※

※この解答用紙は167%に拡大していただきますと、実物大になります。

真一　なるほど！　他にもこのような話がないか、読んでみたいな。

【選択肢】（ 1 ）
ア　親しい間柄でも礼儀は必要である
イ　最初の気持ちを忘れてはならない
ウ　人は見た目で判断してはいけない
エ　何事も専門家に任せるほうがよい

【書き下し文】

既に通じ、前みて坐す。元礼問ひて曰はく、「君と僕と何の親《親戚関係》有りや。」と。対へて曰はく、「昔、先君仲尼《私の先祖の孔子様は、》、君の先人※伯陽と、師資の尊有り《老子様を先生として尊敬していました。》。是れ僕と君と奕世《先祖代々》通好を為すなり。」と。元礼及び賓客、之を奇とせざるもの莫し《大した子どもだと評価した。》。

（「世説新語《せせつしんご》」による）

（注）　※孔文挙（孔融《ゆう》）…中国の漢代の人。孔子二十世の子孫。
※李元礼（李膺《よう》）…中国の漢代の人。
※伯陽…………老子のこと。老子とは、孔子と同じ春秋・戦国時代に活躍した、有名な思想家。

問一　古文Aの══線「さうなく」の読み方を、現代仮名遣いで書きなさい。

問二　古文Aの――線①、――線②「笑ひ」の説明として、最も適当なものを、次のア〜エから一つ選び、記号で答えなさい。

ア　①は、檜笠に梅の花を一枝さして飾る風流さをほめている。
イ　①は、粗末な装いと花の組合せの奇妙さをからかっている。
ウ　②は、児以外に発言する大人の法師がいなくてあきれている。
エ　②は、児の言葉で傷ついた心を内に隠してごまかしている。

問三　古文Aに――線③「言ひやりたるかたもなくてぞありける。」とあるが、その理由の説明として、最も適当なものを、次のア〜エから一つ選び、記号で答えなさい。

ア　連歌で問いかけたのに和歌で応えられて困惑したから。
イ　わざわざ戻ってきた修行僧のしつこさにあきれたから。
ウ　御房を蓑虫に例えたことが知られて気まずかったから。
エ　技巧に富んだ歌の出来映えにかなわないと思ったから。

問四　漢文Bに――線④「対」とあるが、誰が誰に応えているか。その説明として、最も適当なものを、次のア〜エから一つ選び、記号で答えなさい。

ア　孔文挙が李元礼に応えている。
イ　李元礼が孔文挙に応えている。
ウ　仲尼が李元礼に応えている。
エ　孔文挙が伯陽に応えている。

問五　漢文Bの――線⑤「莫不奇之。」について、【書き下し文】の読み方になるように返り点をつけなさい。送り仮名はつけなくてよい。

問六　次の文章は、古文A、漢文Bを読んだ後、グループで話し合ったときの会話です。「この話が今に残っている理由」について、（　）に入る最も適当な言葉を、（1）は後の【選択肢】から一つ選び、記号で答え、（2）は二十字以内で書きなさい。

健太《けんた》　古文Aからは、（　1　）という教訓が読み取れることが、昔から今まで読み継がれている理由だと思うよ。

佳恵《よしえ》　古文Aと漢文Bには、共通の「おもしろさ」があると思う。おもしろければ人々の話題に上るからね。だから、この話が今まで残ったのかな。

真一《しんいち》　私は、佳恵さんの言う、共通の「おもしろさ」がわからなかった。どんなところでそう感じたの？

佳恵　別の資料集で調べてみたら、『李元礼の先祖』ということから、「老子が『李』姓であった」ことをこじつけた」と書いてあったよ。だから、修行者や孔文挙が、相手の発言に対して（　2　）ことが「おもしろさ」として共通しているよ。

ウ　自己のテーマの発見を、他者と社会を形成していく営みとして具体化している。

エ　対話における自己と他者の連鎖を、個と社会の循環として具体化している。

問六　文章中に〰〰線「対話はその根幹思想としての理念と方法論を持たなければならない」とあるが、「対話」の「根幹思想としての理念と方法論」とはどのようなものか。Ⅱにおける論理展開を踏まえて、八十字以内で説明しなさい。

四　次の古文A、漢文Bを読んで、後の問いに答えなさい。

A

ある者、所の前を、春のころ、修行者《しゅぎやうじゃ》《修行僧で極めて粗末な装いの者》のふしぎなるが通りけるが、※檜笠《ひがさ》に梅の花を一枝さしたりけるを、※児《ちご》ども、法師など、あまた《たくさん》ありけるが《いたのだが、》、よにをかしげ《たいそう妙な様子》に思ひて、ある児の《が、》、「※梅の花笠きたる御房《ごばう》《お坊さん》」と言ひて①笑ひたりければ、この修行者、立ち返りて《引き返して来て、》、袖《そで》をかき合はせて《敬意を示しかしこまって、》、ゑみゑみと《にやにやと》②笑ひて、「身のうさの隠れざりける物ゆゑに《つらさは隠れないものだから（せめてもということで）》梅の花笠きたる御坊と仰《おほ》せられ《おっしゃった》候《さうらふ》やらん《のでしょうか》」と言ひたりければ、この者ども、「こはいかに《これはどうしたことか》」と、思はずに《意外なことに》思ひて、③言ひやりたるかたもなくてぞありける《言い返す言葉もなくなっていた。》。さうなく《軽々しく》人を笑ふ事、あるべくもなき事にや《絶対にしてはならないことであろうよ。》。

（『今物語《いまものがたり》』による）

（注）※檜笠……檜の薄片で作った、雨や日光を防ぐためのかぶり物。
※児……学問や行儀作法を習うために寺院に預けられた、貴族や武士などの子弟《てい》。
※梅の花笠きたる御房…『金葉集』の連歌の一節「むめの花がさ着たる蓑虫《みのむし》」の「蓑虫」を、粗末な服をまとっている「御房」に置き換えた表現。

B

> ※孔文挙《こうぶんきょ》が十歳のとき、父に随《したが》って首都の洛陽《らくよう》に行き、当時の高官だった※李元礼《りげんれい》に、どうにかして会ってみたいと思った。取り次ぎの者を通じて奥に通された孔文挙は、いよいよ李元礼の前に進み出て座った。

既《ニ》通《ジ》、前《すすミテ》坐《ざス》。元礼問《ヒテ》曰《いハク》、「君《きみト》与《と》レ僕有《ありヤト》二何《なんノ》親《しん》一。」④対《こたヘテ》曰《ハク》、「昔、先《せん》君《くん》仲《ちゆう》尼《じ》、与《と》二君《ノ》先《せん》人《じん》伯《はく》陽《よう》一、有《リ》二師《し》資《し》之《の》尊一。是《こレ》僕《ト》与《と》レ君奕《えき》世《せい》為《なス》二通《つう》好《こうヲ》一也《なりト》。」元礼及《ビ》賓《ひん》客《かく》、⑤莫不奇之。

見に出会うこともあり、また他者についての解釈もさまざまに変容します。

自分だけの問題ならば、他者に提示する必要はありません。なぜそのテーマを他者に提示するのかを考えることによって、自分の中のテーマの他者との差異と共通性について考えることになります。

ここでは、自分の興味関心に即したテーマを選択するために、自分と向き合わざるを得なくなります。さらに、他者からの賛同や共感あるいは否定や反発といったリアクションをⓒケイケンすることで、他者と自己の関係を見出《いだ》します。

そのことで、自分にとっての他者の存在の意味を知り、そうした他者と共存・共生するためには、他者との合意を社会としての合意として形成しなければならないことを学びます。それが自分たちで形成する社会とは何かという問題について考えることにつながっていくはずです。

（細川英雄《ほそかわひでお》「対話をデザインする」による
出題のために一部を省略、及び表記を改めた箇所がある）

（注）※ジェンダー論……性別や性差に関わる社会現象についての研究。
※インターアクション…相互作用。

問一　文章中の══線ⓐ～ⓒについて、カタカナの部分は漢字に直し、漢字の部分はその読みをひらがなで書きなさい。

問二　文章中に――線①「社会的行為主体」とあるが、その説明として、最も適当なものを、次の**ア**～**エ**から一つ選び、記号で答えなさい。

ア　社会に適応するために自己のテーマを持ち、社会的な自由を求めて行動する主体

イ　社会における自律と自由の違いを考え、社会の変革を目指して自ら行動する主体

ウ　自分の生きる目的について考え、その実現のために社会の中で自ら行動する主体

エ　自分で解決する社会的なテーマを持ち、人が真に自由になるために行動する主体

問三　文章中に――線②「このようなことばの活動を通しての振り返りが、むしろ人生の転換点になる」とあるが、それはなぜか。その説明として、最も適当なものを、次の**ア**～**エ**から一つ選び、記号で答えなさい。

ア　ことばの効率的な面を向上させることが、人が生きるための課題の解決につながるから。

イ　ことばで他者との相互理解を図ることが、ありたい自分を実現することにつながるから。

ウ　ことばの生活の陰の価値を認めることが、思考と表現の困難性の克服につながるから。

エ　ことばによる自己表現を上達させることが、自らの生についてよく考えることにつながるから。

問四　図中の□に当てはまる言葉を、本文中から八字で抜き出して書きなさい。

問五　文章中に――線③「この理解と表現の図式をさらに具体化したものとして次のような段階が記述されます。」とあるが、「次のような段階」の説明として、最も適当なものを、次の**ア**～**エ**から一つ選び、記号で答えなさい。

ア　自己のテーマの言語表現化を、自己に内在する価値観の認識・自覚として具体化している。

イ　対話が成立する相互関係を、他者からの賛同や反発などの反応として具体化している。

（中略）

Ⅱ

新しい対話の方向性として具体的にめざされることは、中身としてのテーマの固有性（オリジナリティ）と論理の共有性であり、それを支える※インターアクションへの自覚です。

それぞれの異なる価値観や考え方が、対話活動を通して明らかになるとともに、それぞれが持つイメージの差異を認識し、それを他者に向けて発信するという試みです。

以上の考え方をより具体的に示したものが、次のような図です。

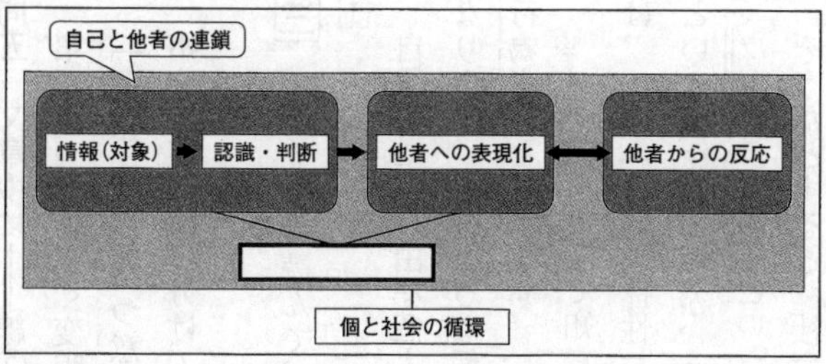

この図では、対象としての「情報」を取り込んで、それに対しての自分の「考えていること」の把握が始まり、その「把握したもの」をどのようにして相手に伝達するかというプロセスがあります。このあたりが自分の中の思考と表現の往還に当たります。

さらに、それに対する相手からの反応の確認があってはじめて、対話が成立するという相互関係が示されています。これが自己と他者の連鎖です。

ここで、わたしたちが言語を用いて、他者とやりとりし、その複数の他者とともに何らかの社会を形成していくことが不可欠であるとするならば、対話はその根幹思想としての理念と方法論を持たなければならないでしょう。その思想とは、まさに他者とともに生きるという共生の思想であり、社会形成の思想でもあるはずです。これを個と社会の循環と考えてみましょう。

③この理解と表現の図式をさらに具体化したものとして次のような段階が記述されます。

1　対象へのさまざまな興味・関心を思いとして言語表現化する（他者に伝える――一次テーマ）

2　他者との協働において、その対象への興味・関心の奥にあるテーマを発見する（二次テーマ）

3　そのテーマが、自分の過去・現在・未来をどのように結んでいるかを考える

4　自分が生涯にわたって取り組んでいくべきテーマとして発見する

5　このことにより、「この社会において自分はどのような個人であるのか」、また「他者とどのようにかかわり、どのような社会を形成していくか」を意識化する

以上のように、ことばによる活動は、「私」とテーマとの関係に向き合うことからすべては始まると考えることができます。

ここでは、まず自分の興味・関心に基づくテーマを手がかりに、自分に内在する価値観について認識・自覚します。それとともに、その価値観について根拠を求めるための検証を行います。この時点で、自己認識と自己検証が起こります。

次に、このことを他者に対して提示します。その際には、これを他者に提示する意味についてよく考えます。自分の考えを他者にぶつけることは、さまざまなコンフリクト（衝突・葛藤）が生じる可能性もありますが、同時に、そのプロセスの中で、自分についての新しい発

問五　文章中に――線②「『豊かさ』が持つ意味合いはこのとき、農業によって大きく変貌してしまったのかもしれない。」とあるが、「『豊かさ』が持つ意味合い」はどのように変わったのか。農業を始める前と後に分けて、五十字以内で説明しなさい。

三　次の文章を読んで、後の問いに答えなさい。

Ⅰ　自律した、自由な個人は、社会の中で自ら主体として生きることになります。このような個人を、少しかたい言い方をすると、①社会的行為主体と呼びます。

※ジェンダー論で知られるアメリカの哲学者ジュディス・バトラーは、この「行為主体性」について、これまでは、社会に適応する主体という概念だったが、これからは社会を変革する主体という意味にⓐウツりつつあるという解釈を示しています。

そうだとすると、社会的行為主体とは、自分のしたいことを持ち、その生きる目的のために社会の中で自ら活動する人をさすことになります。また、その生きる目的は、テーマというかたちで現れてくるはずです。

そう考えれば、また社会的行為主体とは、自らのテーマを持ち、そのテーマの実現のために社会とのかかわりを考える人ということになるでしょう。

このように考えることによって、一人ひとりが自らの生についてよく考えること、つまり「なぜ」を持って「生きる目的」について考えることが、その人のテーマを生み出す原動力になるということがわかります。固有のテーマを持つことによって、人が真に自由になることができるならば、わたしたち一人ひとりが主体となって行動する社会への変革が可能だということです。

社会的行為主体であるためにはテーマが必要で、しかもそのテーマがことばによって形成されるということは、わたしたちの生活の中で、自分の考えをどのようにしてことば化していくかということでもあります。

しかし、自分の考えていることをうまくことばにできないということは、わたしたちの日常で、だれにでもしばしば起こることです。

むしろ自分の考えをすらすらと何の苦労もなくことばにできる人など、この世には存在しないというほうが適切でしょう。

このいわば思考と表現の困難は、対話の活動によって人が生きるためのひとつの課題であると位置づけることも可能です。

そのときに、ことばの上達や達成などの効率的な面だけをよしとするのではなく、ことばの活動がうまくいかないことの意味を考えること、すなわちことばの生活の陰の価値をも認めていく姿勢が必要ではないでしょうか。

つまり、ことばの活動のⓑ円滑さや効率性だけを目的化して、そのことだけをよしとしてしまうようなあり方から、「ことばによってすべては伝わらない、だからこそ、円滑さや効率性を求めるのではなく、いろいろなことばをさまざまに尽くして、相手とのやりとりをすすめ、相手との相互理解の場をつくっていく」というあり方に変えていくこと、このことが重要になります。

②このようなことばの活動を通しての振り返りが、むしろ人生の転換点になることもあります。ことばの活動とは、自分自身による自己の表現のための活動であり、同時にありたい自分を実現するということだからです。

持つ人は、富と権力を持ち、富と権力で人々を集め、さらに多くの水田を拓《ひら》いていく。富める者はますます富んでいくのである。

　また、稲作のような本格的な農業を行うためには、水を引く土木工事の技術や、農耕のための道具などが必要である。そして、農業を行うための技術は、戦うために砦《とりで》を作ったり、武器を作る技術にもなるのである。

　お腹《なか》いっぱいになれば満たされる食糧と異なり、「富」は、蓄積することもできれば、奪い合うこともできる。攻めては富を得ることもできるし、攻められれば富を奪われることもある。こうして、農業を行う人々は、競い合って技術を発展させ、強い集団社会を形成していったのである。

　こうして、農業は「富」を生みだし、強い集団社会を生み出した。そして、技術に優れた水田稲作を行う人々は、時には武力で狩猟採集を営む人々を圧倒していったのである。もしかすると②「豊かさ」が持つ意味合いはこのとき、農業によって大きく変貌《ぼう》してしまったのかもしれない。

　縄文時代は争いのない時代であったと言われる。縄文時代の遺跡からは、戦いで傷ついたと思われる人骨は発見されないのだ。しかし、弥生時代になると、戦いで死んだと思われる傷ついた人骨が発見されるようになる。

　米は豊かな富をもたらしたが、同時に争いももたらしたのである。

　もっとも私たちがイメージしがちなように、大陸からやってきた弥生人たちが、縄文人を武力で滅ぼしていったというわけではないらしい。

　大陸からやってくる弥生人たちは、大勢が一気に押し寄せたわけではなく、少人数ずつ時間を掛けてやってきた。そのため、もともと住んでいる多数派の縄文人と交流しながら、また縄文人も稲作技術を取り入れながら、稲作は日本に広まっていったのである。

（稲垣栄洋《いながきひでひろ》「イネという不思議な植物」による）

問一　文章中の［1］に入る言葉として、最も適当なものを、次の**ア**〜**エ**から一つ選び、記号で答えなさい。

ア　それなら　**イ**　しかし　**ウ**　あるいは　**エ**　そのため

問二　文章中の［　］は、〜〜線「なぜか。」に対応する部分である。このような表現の特徴と効果の説明として、最も適当なものを、次の**ア**〜**エ**から一つ選び、記号で答えなさい。

ア　意見と意見の間の対比例で根拠の説得力を増加させている。

イ　数値や割合で表現して提示した疑問の正しさを証明している。

ウ　先に答えを示して疑問で引きつけた関心を持続させている。

エ　詳細から概要へ話を進める順序の工夫で話題を深めている。

問三　文章中の［2］に入る言葉として、最も適当なものを、次の**ア**〜**エ**から一つ選び、記号で答えなさい。

ア　気候の変化　**イ**　人口の増加

ウ　土地の減少　**エ**　農業の定着

問四　文章中の――線①「しかし、それだけではない。」とあるが、このように述べる根拠について、筆者は二つの事実を比較しながら示している。次の［　］の文がその比較の説明となるように、（　）に入る最も適当な言葉を、文章中から（1）は四字、（2）は五字で抜き出して書きなさい。

狩猟採取の暮らしでは、食糧は（　1　）ことになるが、農業によって得られる穀物は（　2　）ことから、「富」や貧富の格差が生じるということ。

ア と **イ** に **ウ** を **エ** が

問四 文章中の――線③の品詞名を書きなさい。

二 次の文章を読んで、後の問いに答えなさい。

狩猟採集に頼っていた旧石器時代から縄文時代は貧しい時代であり、稲《いな》作農業が定着した弥生《やよい》時代は豊かな時代であるというイメージがある。しかし、実際にはそうではない。

水を田んぼに引き入れて、農作業を行う稲作には、多大な労力を必要とする。

狩猟採集で労力なく食糧《りょう》を得ることができるのであれば、わざわざ苦労をして稲作などする必要はないのだ。[1]、日本に農業が伝わっても、日本に住んでいるすべての人々がすぐに大喜びで稲作を始めたわけではなかった。

稲作が大陸から九州北部に伝えられたのは、縄文時代後期のことである。その後、稲作は急速に広がり、わずか半世紀の間に東海地方の西部にまで伝わったとされている。しかし、そこから東側には、なかなか広がっていかなかったのである。

なぜか。

> 気候が温暖な当時の東日本は、食糧に困らない豊かな地域であった。
>
> 縄文時代中期の一〇〇平方キロメートルの人口密度は、西日本ではわずか一〇人未満であったのに対して、東日本では、その数十倍の一〇〇～三〇〇人であったと推計されている。温暖で豊かな落葉樹林が広がる東日本は、大勢の人口を養うのに十分な食糧があったのである。

人口を支える食糧が不足する西日本では稲作は急速に広がったが、十分な食糧がある地域では、労働を伴う農業は受け入れられなかったのだ。

しかし、縄文時代から弥生時代にかけて、稲作はゆっくりと時間を掛けながらも、確実に広がっていった。

どうして、食糧の豊かな地域にも農業が受け入れられたのだろうか。

一つには[2]を挙げることができる。

約四〇〇〇年前の縄文時代の後期になると、次第に気温が下がり始めたことから、東日本の豊かな自然は、大きく変化をするようになった。特に、東日本は、先述したようにもともとの豊かな食糧に支えられて人口密度が高かったから、食糧の不足は切実な問題となったことだろう。

①しかし、それだけではない。

農業によって人々が得るものは、単に食糧だけではない。

狩猟採取の暮らしでは貧富の格差は起こりにくい。獲物を大量に獲《と》っても、一人が食べることのできる量は決まっている。そのため、食べきれない分は仲間と分配するしかない。

一方、農業によって得られる穀物は、食べきれなくても貯蔵をすることができる。貯蔵できる食糧は「富」となる。こうして富を持つ人が現れ、同時に貧富の格差が生まれるのである。

弥生時代の遺跡からは、たくさんの壺《つぼ》やかめが発掘される。これは穀物を貯蔵するために使われたものだ。また、縄文時代までは祭殿として用いられていた高床式の建築が、弥生時代になると高床式倉庫として利用されるようになる。稲作によって、「蓄える」という行動が起きるのである。

さらに、米を生産するには多大な労力を必要とする。米をたくさん

(四)　次は、斎藤茂吉《さいとうもきち》の【短歌】と、それを学習した生徒が書いた【鑑賞文】です。【鑑賞文】の［①］と［②］に当てはまる組み合わせとして、最も適当なものを、後の表のア～エから一つ選び、記号で答えなさい。

【短歌】

みちのくの母のいのちを一目見ん一目見んとぞただにいそげる　　斎藤茂吉

【鑑賞文】

この作品は、茂吉が母親の死期が近いと聞かされ、母親の身を案じている心情が、［①］という表現から読み取れる。

この［②］の表現技法が用いられていることからも、作者がどうしても母親に会いたいという気持ちが、強調されている。

	①	②
ア	一目見ん一目見ん	対句法
イ	一目見ん一目見ん	反復法
ウ	ただにいそげる	擬人法
エ	ただにいそげる	直喩法

(五)　次の漢文の【訓読文】の書き下し文として、最も適当なものを、後のア～エから一つ選び、記号で答えなさい。

【訓読文】　不ざルヲレ知ラ為スレ不ずトレ知ラ。

ア　知らざるを知らずと為す。
イ　知ラザルヲ知ラズト為ス。
ウ　知らざるを為す知らずと。
エ　知ラザルヲ為ス知ラズト。

(六)　次の文章を読んで、後の問いに答えなさい。

【原文】

浦島太郎《うらしまたろう》は、一本《ひともと》の松の木蔭《こかげ》に立ち寄り、あきれはててぞ①ゐたりける。太郎思ふやう、亀《かめ》が与へしかたみの箱、あひかまへてあけさせ給《たま》ふなと言ひけれども、今は何かせん、あけて見ばやと思ひ、見るこそくやしかりけれ。この箱をあけて見れば、中より紫の雲三すぢ上りけり。これを見れば、二十四五の齢《よはひ》も、たちまちに変《かは》りはてにける。

【現代語訳】

浦島太郎は、一本の松の②木陰に立ち寄って、ぼうぜんとしていた。太郎［　］思うには、亀が与えたかたみの箱は、決しておあけにならないようにと言っていたけれど、今となっては何としようか、あけて見ようと思って、見てしまったのは③残念なことだ。この箱をあけて見ると、中から紫色の雲が三筋立ち上った。これを見ると、二十四、五の年も、たちまちのうちに変わりはててしまった。

（「御伽草子《おとぎぞうし》」による）

問一　文章中の――線①の読み方を、現代仮名遣いで書きなさい。

問二　文章中の――線②と同じ熟語の構成を、次のア～エから一つ選び、記号で答えなさい。

ア　永遠　イ　読書　ウ　山頂　エ　日没

問三　文章中の［　］に当てはまる最も適当な言葉を、次のア～エから一つ選び、記号で答えなさい。

＜国語＞

時間 三〇分　満点 四〇点

一

㈠ 次の①～④の――線部について、漢字の部分はその読みをひらがなで書き、カタカナの部分は漢字に直しなさい。なお、漢字に直す場合、送りがなが必要なものは、ひらがなで正しく送ること。

① 誰かがいる気配がする。

② 無理な要求を強いる。

③ 外国とのボウエキで利益を得る。

④ 税金を滞りなくオサメル。

㈡ 次は、ひむか中学校の生徒会役員が考えた【体育大会の案内状】です。これを読んで、後の問いに答えなさい。

【体育大会の案内状】

令和元年９月１８日

ひなた工業株式会社 御中

ひむか中学校生徒会

ひむか中学校第６５回体育大会のご案内

拝啓

［　①　］。みなさまには、お変わりなくお過ごしのことと思います。先日は、通学路の清掃活動にご協力いただきありがとうございました。

さて、本校では下記のとおり、第６５回体育大会を行います。日ごろの練習の成果をご覧いただきたいと思いますので、ご都合がつきましたらお越しください。

［　②　］

記

１　時　間：午前９時から午後３時まで
２　場　所：ひむか中学校運動場
３　お願い：駐車場が狭いため、公共交通機関をご利用ください。
４　その他：雨天時は、翌日に実施します。

問一 文章中の ① に当てはまる最も適当な時候の挨拶を、次のア～エから一つ選び、記号で答えなさい。

ア 若葉が目にあざやかな今日このごろです
イ 暑さが身にこたえる季節になりました
ウ ずいぶんとしのぎやすい季節になりました
エ 寒さが一段と身にしみる今日このごろです

問二 文章中の ② に当てはまる結語を、頭語と対応するように漢字で書きなさい。

問三 この文章には、案内状として、必ず伝えなければならない情報が抜けています。その情報が何であるか、簡潔に書きなさい。

㈢ 次の【説明】は「永」という漢字を毛筆で書く場合に、どの部分を書くときのものですか。最も適当な部分を、後のア～エから一つ選び、記号で答えなさい。

【説明】

筆圧をだんだん加え、いったん筆を止めてから、ゆっくりと穂先をまとめながらはらう。

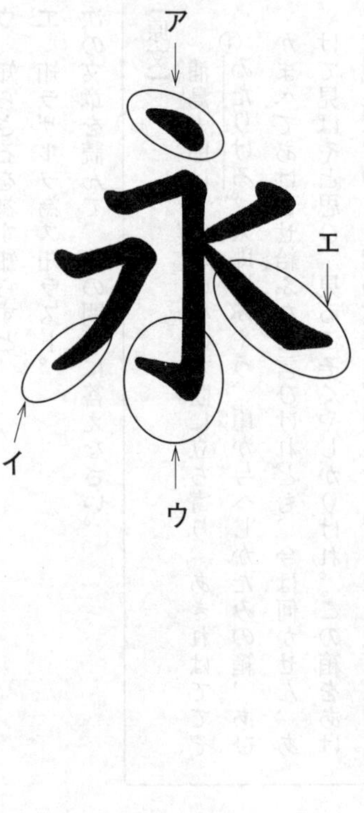

2020年度

解答と解説

《2020年度の配点は解答用紙集に掲載してあります。》

＜数学解答＞

1　(1)　-23　(2)　-10　(3)　1　(4)　$\dfrac{5a+18}{12}$　(5)　$8y^2$　(6)　$9ab-1$
(7)　$6x^2+11xy-35y^2$　(8)　$(x+1)(x-1)$　(9)　$\sqrt{3}$　(10)　17
(11)　$b=\dfrac{2m-3a}{7}$　(12)　$x=6$　(13)　$(x,\ y)=(4,\ 6)$　(14)　$x=\dfrac{1\pm\sqrt{13}}{6}$

2　1　(1)　$\angle x=75$度　(2)　ア　7点　イ　B　2　(1)　$a=-8$　(2)　$y=2x+10$
(3)　$6\sqrt{2}$　(4)　27　(5)　$x=-1$

3　1　(1)　解説参照　(2)　-4　(3)　$\dfrac{3}{14}$　2　(1)　4cm　(2)　解説参照
(3)　$\dfrac{8}{7}$cm　(4)　$\dfrac{2}{189}$倍

4　1　(1)　$49\sqrt{3}\ \mathrm{cm}^2$　(2)　$8\sqrt{3}\,n+9\sqrt{3}\ \mathrm{cm}^2$　2　(1)　$4\sqrt{2}$ cm
(2)　$32\pi+32\sqrt{2}\,\pi\ \mathrm{cm}^2$　(3)　$\dfrac{128\sqrt{2}}{9}\mathrm{cm}^3$

＜数学解説＞

1　（数・式の計算，式の展開，因数分解，平方根，式の値，等式の変形，比例式，連立方程式，二次方程式）

(1)　同符号の2数の和の符号は2数と同じ符号で，絶対値は2数の絶対値の和だから，$(-6)+(-17)=-(6+17)=-23$

(2)　異符号の2数の商の符号は負で，絶対値は2数の絶対値の商だから，$\dfrac{8}{3}\div\left(-\dfrac{4}{15}\right)=-\left(\dfrac{8}{3}\div\dfrac{4}{15}\right)=-\left(\dfrac{8}{3}\times\dfrac{15}{4}\right)=-10$

(3)　四則をふくむ式の計算の順序は，指数→かっこの中→乗法・除法→加法・減法　となる。$-3^2=-(3\times3)=-9$，$(-4)^3=(-4)\times(-4)\times(-4)=-64$だから，$(-3^2)\times7-(-4)^3=(-9)\times7-(-64)=(-63)-(-64)=(-63)+(+64)=+(64-63)=1$

(4)　$\dfrac{1}{4}(a+8)-\dfrac{1}{6}(3-a)=\dfrac{(a+8)}{4}-\dfrac{(3-a)}{6}=\dfrac{3(a+8)-2(3-a)}{12}=\dfrac{3a+24-6+2a}{12}=\dfrac{5a+18}{12}$

(5)　$16xy^2\div(-4x^2y)\times(-2xy)=16xy^2\times\left(-\dfrac{1}{4x^2y}\right)\times(-2xy)=\dfrac{16xy^2\times2xy}{4x^2y}=8y^2$

(6)　分配法則を使って，$(27a^2b-3a)\div3a=(27a^2b-3a)\times\dfrac{1}{3a}=27a^2b\times\dfrac{1}{3a}-3a\times\dfrac{1}{3a}=\dfrac{27a^2b}{3a}-\dfrac{3a}{3a}=9ab-1$

(7)　分配法則を使って，$(2x+7y)(3x-5y)=2x\times(3x-5y)+7y\times(3x-5y)=2x\times3x-2x\times5y+7y\times3x-7y\times5y=6x^2-10xy+21xy-35y^2=6x^2+11xy-35y^2$

(8)　$(x+3)^2-6(x+3)+8$　$x+3=\mathrm{M}$とおくと，$\mathrm{M}^2-6\mathrm{M}+8$　たして-6，かけて$+8$になる2つの数は，$(-2)+(-4)=-6$，$(-2)\times(-4)=+8$より，-2と-4だから　$\mathrm{M}^2-6\mathrm{M}+8=\{\mathrm{M}+(-2)\}\{\mathrm{M}+(-4)\}=(\mathrm{M}-2)(\mathrm{M}-4)$　Mを$x+3$にもどして，$(\mathrm{M}-2)(\mathrm{M}-4)=\{(x+3)-2\}\{(x+3)-4\}=(x+1)(x-1)$

(9) $\sqrt{48}=\sqrt{3\times4^2}=4\sqrt{3}$, $\frac{2}{\sqrt{12}}=\frac{2}{\sqrt{2^2\times3}}=\frac{2}{2\sqrt{3}}=\frac{1}{\sqrt{3}}=\frac{1\times\sqrt{3}}{\sqrt{3}\times\sqrt{3}}=\frac{\sqrt{3}}{3}$だから, $\frac{\sqrt{48}}{3}-\frac{2}{\sqrt{12}}=$ $\frac{4\sqrt{3}}{3}-\frac{\sqrt{3}}{3}=\frac{4\sqrt{3}-\sqrt{3}}{3}=\sqrt{3}$

(10) 分配法則を使って, $x(x+12)=x\times x+x\times12=x^2+12x$, **乗法公式$(x+a)(x+b)=x^2+(a+b)x+ab$を使って**, $(x+2)(x+9)=x^2+(2+9)x+2\times9=x^2+11x+18$だから, $x=35$のとき, $x(x+12)-(x+2)(x+9)=(x^2+12x)-(x^2+11x+18)=x^2+12x-x^2-11x-18=x-18=35-18=17$

(11) $m=\frac{3a+7b}{2}$ 左辺と右辺を入れかえて $\frac{3a+7b}{2}=m$ 両辺に2をかけて $3a+7b=2m$ 左辺の$3a$を右辺に移項して $7b=2m-3a$ 両辺を7でわって $b=\frac{2m-3a}{7}$

(12) **比例式の内項の積と外項の積は等しい**から $(3x+2):(4x-9)=4:3$ より $4(4x-9)=3(3x+2)$ $16x-36=9x+6$ $7x=42$ $x=6$

(13) 連立方程式$\begin{cases}3x+4y=36\cdots①\\0.7x-0.2y=1.6\cdots②\end{cases}$ ②×20より $\begin{cases}3x+4y=36\cdots①\\14x-4y=32\cdots③\end{cases}$ ①+③より, $17x=68$ $x=4$ これを①に代入して, $3\times4+4y=36$ $4y=24$ $y=6$ よって, 連立方程式の解は, $x=4$, $y=6$

(14) **2次方程式$ax^2+bx+c=0$の解は, $x=\frac{-b\pm\sqrt{b^2-4ac}}{2a}$**で求められる。問題の2次方程式は, $a=3$, $b=-1$, $c=-1$の場合だから, $x=\frac{-(-1)\pm\sqrt{(-1)^2-4\times3\times(-1)}}{2\times3}=\frac{1\pm\sqrt{1+12}}{6}=\frac{1\pm\sqrt{13}}{6}$

2 (角度, 資料の散らばり・代表値, 図形と関数・グラフ)

1 (1) 直線ℓ上で点Aの右側に点Dをとる。△ABCはAB=BCの二等辺三角形だから ∠BAC=∠ACB=63° **平行線の錯角は等しい**から, $\angle x$=∠BAD=∠CAD+∠BAC=12°+63°=75°

(2) ア 資料の最大の値と最小の値の差が**分布の範囲**だから, Cの得点の範囲は10点−3点=7点。 イ 資料の値の中で最も頻繁に現れる値が**最頻値**だから, グループAの最頻値は6人で最も多い8点。同様に考えると, 最頻値が8点のグループは, AとBとC。**中央値**は資料の値を大きさの順に並べたときの中央の値。それぞれのグループの生徒の人数は16人ずつで偶数だから, 得点の低い方から8番目と9番目の生徒の点数の**平均値**が中央値。グループAに関して, 8点以下には生徒が1+1+6=8人いて, 9点以下には生徒が8+5=13人いるから, 中央値=$\frac{8+9}{2}$=8.5点 同様に考えると, グループBの中央値=$\frac{8+9}{2}$=8.5点, グループCの中央値=$\frac{8+8}{2}$=8点 中央値が8.5点のグループは, AとB。グループAの平均値は, (6点+7点+8点×6人+9点×5人+10点×3人)÷16人=8.5点。グループBの平均値は, (7点×2人+8点×6人+9点×5人+10点×3人)÷16人=8.5625点より, 小数第2位を四捨五入して8.6点。以上より, 最も適切な**ヒストグラム**は, グループBのヒストグラムである。

2 (1) $y=\frac{a}{x}$は点A$(-1, 8)$を通るから, $8=\frac{a}{-1}$ $a=-8$

(2) 直線ℓは2点A$(-1, 8)$, B$(-4, 2)$を通り, 直線ABの傾き$=\frac{8-2}{-1-(-4)}=2$ よって, 直線ℓの式を $y=2x+b$ とおくと, 点Aを通るから, $8=2\times(-1)+b$ $b=10$ よって, 直線ℓの式は $y=2x+10$

(3) 点Cは$y=-\frac{8}{x}$上にあるから, そのy座標は $y=-\frac{8}{2}=-4$ よって, C$(2, -4)$ **三平方の定理**より, 線分BCの長さ=2点B, C間の距離$=\sqrt{(-4-2)^2+\{2-(-4)\}^2}=\sqrt{36+36}=6\sqrt{2}$

(4)　直線BCの傾き$=\dfrac{-4-2}{2-(-4)}=-1$　よって，直線BCの式を　$y=-x+c$　とおくと，点Bを通るから，$2=-(-4)+c$　$c=-2$　よって，直線BCの式は　$y=-x-2$　点Aを通りy軸に平行な直線と直線BCとの交点をDとすると，点Dのx座標は-1　点Dは$y=-x-2$上にあるから，そのy座標は　$y=-(-1)-2=-1$　よって，D$(-1,\ -1)$　以上より，△ABC＝△ABD＋△ACD$=\dfrac{1}{2}\times$AD×(点Aのx座標－点Bのx座標)$+\dfrac{1}{2}\times$AD×(点Cのx座標－点Aのx座標)$=\dfrac{1}{2}\times\{8-(-1)\}\times\{-1-(-4)\}+\dfrac{1}{2}\times\{8-(-1)\}\times\{2-(-1)\}=\dfrac{27}{2}+\dfrac{27}{2}=27$

(5)　前問(4)の結果より，△ABD＝△ACDだから，点Aを通り，△ABCの面積を2等分する直線は直線ADで，その式は，2点A，Dのx座標が等しいことから，$x=-1$

3 (不等式，関数$y=ax^2$，確率，線分の長さ，相似の証明，面積比)

1　(1)　(例)おとな2人と子ども3人の入園料の合計が，3000円以下であること。

(2)　$y=-\dfrac{1}{3}x^2$について，$x=3$のとき$y=-\dfrac{1}{3}\times3^2=-3$，$x=9$のとき$y=-\dfrac{1}{3}\times9^2=-27$　よって，xの値が3から9まで増加するときの**変化の割合**は$\dfrac{-27-(-3)}{9-3}=-4$

(3)　A組の生徒3人をA_1，A_2，A_3，B組の生徒2人をB_1，B_2，C組の生徒3人をC_1，C_2，C_3と区別すると，合計8人の中から，2人の委員をくじで選ぶときのすべての選び方は，右表の28通り。このうち，

	A_1	A_2	A_3	B_1	B_2	C_1	C_2	C_3
A_1		A_1A_2	A_1A_3	A_1B_1	A_1B_2	A_1C_1	A_1C_2	A_1C_3
A_2			A_2A_3	A_2B_1	A_2B_2	A_2C_1	A_2C_2	A_2C_3
A_3				A_3B_1	A_3B_2	A_3C_1	A_3C_2	A_3C_3
B_1					B_1B_2	B_1C_1	B_1C_2	B_1C_3
B_2						B_2C_1	B_2C_2	B_2C_3
C_1							C_1C_2	C_1C_3
C_2								C_2C_3
C_3								

A組とB組から1人ずつ選ばれるのは，○を付けた6通りだから，求める確率は　$\dfrac{6}{28}=\dfrac{3}{14}$

2　(1)　AB//EFで，**平行線と線分の比についての定理**より，DF：CF＝AE：EC＝2：1　CF＝CD$\times\dfrac{1}{2+1}=12\times\dfrac{1}{3}=4$cm

(2)　(証明)　(例)△GBDと△GEFで，**対頂角は等しい**から，∠DGB＝∠FGE…①　DB//EFから，平行線の錯角は等しいので，∠GBD＝∠GEF…②　①，②から，2組の角が，それぞれ等しいので，△GBD∽△GEF

(3)　AD：DB＝1：2より，DB＝2AD　AB//EFで，平行線と線分の比についての定理より，EF：AD＝EC：AC＝1：(2＋1)＝1：3　EF$=\dfrac{1}{3}$AD　以上より，DG：GF＝DB：EF＝2AD：$\dfrac{1}{3}$AD＝6：1　GF＝DF$\times\dfrac{1}{6+1}=(\text{CD}-\text{CF})\times\dfrac{1}{7}=(12-4)\times\dfrac{1}{7}=\dfrac{8}{7}$cm

(4)　△ABCの面積をSとする。**高さが等しい三角形の面積比は，底辺の長さの比に等しい**から，△ADC：△ABC＝AD：AB＝1：(1＋2)＝1：3　△ADC$=\dfrac{1}{3}$△ABC$=\dfrac{1}{3}$S　AB//EFより，△EFC∽△ADCで，**相似比**は　EC：AC＝1：(2＋1)＝1：3　**相似な図形では，面積比は相似比の2乗に等しい**から　△EFC：△ADC$=1^2:3^2=1:9$　△EFC$=\dfrac{1}{9}$△ADC$=\dfrac{1}{9}\times\dfrac{1}{3}\text{S}=\dfrac{1}{27}$S
前問(1)(3)の結果から，DF：CF＝2：1＝14：7…①　DG：GF＝6：1＝12：2…②　①，②より，DG：GF：CF＝12：2：7　△GEF：△EFC＝GF：CF＝2：7　△GEF$=\dfrac{2}{7}$△EFC$=\dfrac{2}{7}\times\dfrac{1}{27}\text{S}=\dfrac{2}{189}$S　以上より，△GEFの面積は，△ABCの面積の$\dfrac{2}{189}$倍になる。

4　(規則性，正四角錐の高さ，表面積，体積)

1　(1)　問題図Ⅰの正三角形を正三角形ABCとし，頂点Aから底辺BCに垂線AHを引き，△ABHで三平方の定理を用いると，AB：BH：AH＝2：1：$\sqrt{3}$　よって，AH＝$\frac{\sqrt{3}}{2}$AB＝$\frac{\sqrt{3}}{2}\times 6=3\sqrt{3}$ cm　1辺の長さが6cmの正三角形の面積は，$\frac{1}{2}\times 6\times 3\sqrt{3}=9\sqrt{3}$ cm^2　同様に考えて，1辺の長さが2cmの正三角形の面積は，$\frac{1}{2}\times 2\times\sqrt{3}=\sqrt{3}$ cm^2　5番目の図形は，1辺の長さが6cmの正三角形の紙を(5＋1)枚重ねたものであり，その中に重なる部分である1辺の長さが2cmの正三角形が5か所あるから，5番目の図形の面積は，$9\sqrt{3}$ cm^2×(5＋1)枚－$\sqrt{3}$ cm^2×5か所＝$49\sqrt{3}$ cm^2

(2)　前問(1)と同様に考えると，n番目の図形は，1辺の長さが6cmの正三角形の紙を(n＋1)枚重ねたものであり，その中に重なる部分である1辺の長さが2cmの正三角形がnか所あるから，n番目の図形の面積は，$9\sqrt{3}$ cm^2×(n＋1)枚－$\sqrt{3}$ cm^2×nか所＝$8\sqrt{3}\,n+9\sqrt{3}$ cm^2

2　(1)　点Hは底面の正方形BCDEの対角線の交点でもある。△ABDと△CBDは3組の辺がそれぞれ等しく，△ABD≡△CBDであり，△CBDは直角二等辺三角形で，3辺の比が1：1：$\sqrt{2}$ であることを考慮すると，AH＝CH＝$\frac{1}{2}$CE＝$\frac{1}{2}\times\sqrt{2}$ BC＝$\frac{1}{2}\times\sqrt{2}\times 8=4\sqrt{2}$ cm

(2)　直角三角形ABHを，直線AHを回転の軸として1回転させてできる立体は，底面の半径がBH，高さがAH，母線の長さがABの円錐である。BH＝AH＝$4\sqrt{2}$ cm，AB＝8cmであり，円錐を展開すると側面はおうぎ形となり，半径r，弧の長さℓのおうぎ形の面積は$\frac{1}{2}\ell r$であることを考慮すると，求める立体の表面積は，底面積＋側面積＝$\pi\times\mathrm{BH}^2+\frac{1}{2}\times(2\pi\times\mathrm{BH})\times\mathrm{AB}$＝$\pi\times(4\sqrt{2})^2+\frac{1}{2}\times(2\pi\times 4\sqrt{2})\times 8=32\pi+32\sqrt{2}\,\pi$ cm^2

(3)　右図のように，3点A，B，Dを通る平面で考える。線分AHと線分PQの交点をSとし，点Rから線分AHと対角線BDへそれぞれ垂線RI，RTを引く。△ACEで点P，Qはそれぞれ辺AC，AEの中点であるから，中点連結定理より，PQ//CE　よって，点Sも線分AHの中点である。DT＝$x$cmとすると，△DRTが直角二等辺三角形であることから，

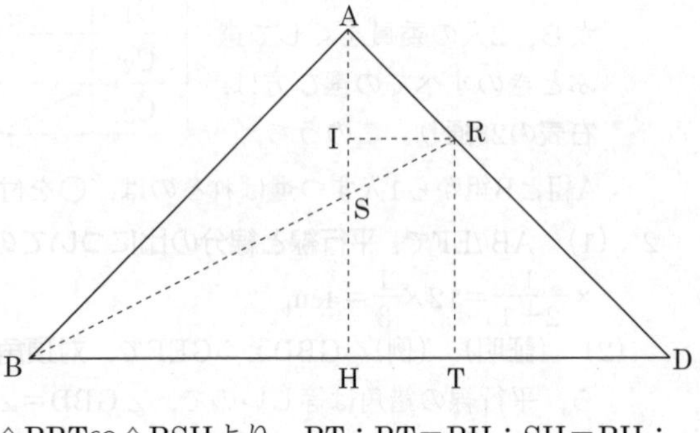

RT＝$x$cm　BT＝BD－DT＝$8\sqrt{2}-x$cm　△BRT∽△BSHより，BT：RT＝BH：SH＝BH：$\frac{1}{2}$AH＝BH：$\frac{1}{2}$BH＝2：1　これより，$(8\sqrt{2}-x):x=2:1$　これを解いて　$x=\frac{8\sqrt{2}}{3}$　以上より，四角錐ABPRQを，底面が△APQで高さがBHの三角錐B－APQと，底面が△APQで高さがRIの三角錐R－APQに分けて考えると，(四角錐ABPRQの体積)＝(三角錐B－APQの体積)＋(三角錐R－APQの体積)＝$\frac{1}{3}$×△APQ×BH＋$\frac{1}{3}$×△APQ×RI＝$\frac{1}{3}$×△APQ×(BH＋RI)＝$\frac{1}{3}$×△APQ×BT＝$\frac{1}{3}\times\left(\frac{1}{2}\times\mathrm{AP}\times\mathrm{AQ}\right)\times\mathrm{BT}=\frac{1}{3}\times\left(\frac{1}{2}\times 4\times 4\right)\times\left(8\sqrt{2}-\frac{8\sqrt{2}}{3}\right)=\frac{128\sqrt{2}}{9}$cm^3

<英語解答>

1　1　①　on　②　him　③　there　2　(1)　does　(2)　swimming
(3)　sent　(4)　since　(5)　front　3　(1)　ウ，エ，イ，ア
(2)　エ，ア，ウ，イ　(3)　イ，ウ，ア，エ　(4)　ア，エ，ウ，イ

4 (1) ウ　(2) イ　(3) ウ　(4) ア　5 (例)I study for five hours.
2　1 (1) イ　(2) エ　2 (1) エ, イ, ア, ウ　(2) イ　(3) ア, ウ
(4) 1 word　2 difference　3 (例)They are eating food under the cherry trees
3　1 ウ, イ, エ, ア　2 エ　3 (例)自分のメンバーが言っている考えは理解できたが，自分の考えを彼らに英語で言うことができなかったから。　4 ウ→ア→エ→イ
5 (例)I write a diary in English every day.
4　1 (例)What can you find　2 A ウ　B エ　C イ　D ア
3 ① (例)Internet　② (例)we can share our ideas with people around the world　③ (例)newspaper　④ (例)we can get different kinds of news at a time　4 エ, オ

<英語解説>

1　**(語句補充問題・語句並べ替え問題・条件英作文：前置詞，代名詞，副詞，現在形，進行形，過去形，不定詞，形容詞，接続詞，比較，現在完了，助動詞)**

1 ①「テーブルの上の帽子，いいですね」前置詞 on は「～の上に」。②「母が彼の誕生日に彼にあげました」**<give +もの+ to +人>は「人にものをあげる」**の意味で，前置詞 to の後ろに代名詞が来る場合は「～に，を」を表す目的格を使う。ここでは my brother「私の兄(弟)」を指しているので him となる。③「いいえ，そこへの行き方は知りません」副詞 **there は「そこに，そこへ」**と場所を表し，ここでは2つ目のBの発話「ヒナタショップで。その場所を知ってる？」にある，ヒナタショップ(＝その場所)を指している。

2 (1)「宿題をする」の「する」は do で表現するが，主語は He で三人称単数なので does にする。(2) **<be 動詞＋動詞の ing形>で「～している(ところ)」**の進行形の意味になる。「泳ぐ」swim は swimming と m が2つ続くので注意する。(3)「送る」は send だがここでは過去の文なので過去形の sent となる。(4) **since「～以来，～から」**(5) **in front of「～の前に，で」**

3 (1) (What)day of the week is it(today?)「今日は何曜日ですか」よく使われる表現。What day is it today? でも同じ意味となる。(2) (I'm)going to go shopping(with my family.)「家族と買い物に行くつもりです」**<be 動詞＋ going to ＋動詞の原形>で「～するつもりだ」**の意味。go shopping「買い物に行く」(3) (I went to) Sapporo to see the Snow Festival (.)「雪まつりを見に札幌へ行きました」<go to ＋場所>で「(場所)に行く」。**<to ＋動詞の原形>は「～すること」，「～するために」，「～すべき」，「～するための」**の意味があるが，ここでは「～するために」と動詞 went「行った(go の過去形)」を修飾して目的を表している。(4) (You)made us interested in (studying math.)「あなたが私たちを数学の勉強に興味を持たせました」**<make ＋人・もの・こと＋形容詞>で「(人・もの・こと)を(形容詞)にする」**の意味を表すことができる。interested in は「～に興味を持った」の意味。

4 (1)「11月は一年で11番目の月だ」eleventh「11番目の」月の名前や序数の表し方を覚えること。(2)「もし午後天気がよかったら野球をする」接続詞 **if は「もし～ならば」**の意味で，ここでは未来の話だが if の後ろの文では will は使わずに現在形で表せる。(3)「これは日本で一番高い山だ」**<the ＋形容詞・副詞の最上級>で「最も(形容詞・副詞)な」**という最上

級の意味を表す。 (4)「その動物園ではライオンやクマなどの動物をたくさん見ることができる」such as ~「～のような」

5　質問「あなたは毎週日曜日どれくらいの長さ勉強しますか」解答例は「私は5時間勉強します」。for には「～の間」の意味がある。会話でよく使われる質問をよく練習しておくこと。

2　**(文挿入問題・短文読解問題：文挿入，語句の並べ替え，語句補充，内容真偽，条件英作文)**

1　(1)　Aの「どの季節が一番好きか」に対する返答。最後のAが「きみと同意見だ。暑いときは海に行ける」と言っているので，イ「他のどの季節よりも夏が好き」が正解。**<比較級+ than any other +単数名詞>で「他のどんな～よりも…」**の意味。エは「夏は冬ほどよくないと思う」の意味。**<not as +形容詞・副詞+ as ~>で「～ほど(形容詞・副詞)ではない」**を表す。

(2)　新しいALTの先生に関する会話。空欄の質問に対してAが「彼女はとても親切でフレンドリーだ」と言っているので，どんな人かをたずねた質問だと考える。エ「彼女はどのような人ですか」が正解。**前置詞 like は「～のような」**の意味がある。ア「彼女はどんな(見た目の)人ですか」look like は「～のように見える，～のようだ」の意味。イ「彼女は何を見ていますか」look at は「～を見る」。ウ「彼女は何が好きですか」は文脈に合わない。

2　(全訳)　【二人の対話】

優人　：マーク，これは日本の伝統的な料理だよ。
マーク：わあ，とてもおいしそうに見えるね。
優人　：食べたことある？
マーク：うん，あるよ。日本食は僕の国でとても人気だよ。
優人　：ああ，それを聞いて嬉しいよ。オーケー，食べよう。「いただきます」
マーク：「いただ…？」①速く話しすぎて僕には理解できないよ。なんていったの？
優人　：「いただきます」って言ったんだよ。
マーク：初めて聞いたよ。それは何？
優人　：何かを食べる前に使う言葉だよ。日本人はいつもこの言葉で食べ始めるんだ。
マーク：へえ。何か特別な意味があるの？
優人　：うん，いくつかの意味があるよ。料理を作ってくれた人に対して「ありがとう」の意味で使う人もいるし，その食品を生産した人に対して使う②(人もいる)よ。
マーク：ああ，なるほど。僕の国では多くの人が食べる前にただ「お腹空いた」とか「食べよう」とか言うよ。
優人　：本当？ 知らなかった。
マーク：違いを知るのはいいことだね。

(1)　(You spoke)too fast for me (to understand.) **<too +形容詞・副詞+ for +人+ to +動詞の原形>で「(人)にとって～するには(形容詞・副詞)すぎる＝(形容詞・副詞)すぎて～できない」**の意味になる。

(2)　some と others を使って「～(する人)もいれば，…(する人)もいる」と表現できる。

(3)　ア「マークの国では多くの人が日本食を好んでいる」(○)　2つ目のマークの発話参照。
イ「マークは自国で『いただきます』とよく言っていた」(×)　マークの3，4つ目の発話参照。
ウ「料理をした人に対して『いただきます』という日本人もいる」(○)　6つ目の優人の発話参照。　エ「優人は『いただきます』には1つだけ特別な意味があると言っている」(×)　6つ目の優人の発話参照。　オ「マークは『いただきます』の意味を知って悲しかった」(×)　意味を知ったあとのマークの6，7つ目の発話には悲しんでいる様子はない。

(4) 1 「今日素晴らしい日本語の(言葉)を学んだ」空欄直後には「いただきます」の説明があるので，この言葉について学んだことを報告していることが考えられる。優人の5つ目の発話に「いただきます」の説明がある。　2 「アメリカと日本の間の(違い)を見つけた」5，6つ目の優人の発話と6つ目のマークの発話からアメリカと日本に違いがあることがわかる。また最後のマークの発話も参照する。**difference**「違い」　3 メールの第2段落は優人の子どもの頃の花見の写真についての内容。写真を見てわかることを書くこと。解答例は「彼らは桜の木の下で食べ物を食べている」の意味。

3 **(長文読解問題・スピーチ：語句並べ替え，語句補充，語句解釈，文の並べ換え，条件英作文)**

(全訳) 7月のある日，英語の先生が私たちにわくわくするようなニュースを教えてくれました。彼女は「夏休みに宮崎で夏の英語研修会があります。宮崎と中国からの中学生が3日間一緒に過ごします。たくさんのグループ活動があります。一日中英語で話す必要があります。もしこの研修会に参加したかったら教員室に来てください」と言いました。私はその研修会に興味がありました。参加したかったのですが，その時は決められませんでした。

昼食後，英語の先生に話をしました。「夏の英語研修会に参加したいです。私は英語に興味があります。でも英語で話すことが上手ではないので心配です。研修会に参加できますか？」。すると彼女は「麻里，これはあなたにとっていいチャンスです。①あなたの好きな何かをやってみて欲しいです。この経験はあなたの英語のスピーキング技能を上達させるでしょう。②(自分を信じて。)あなたならできますよ！」と言いました。彼女の言葉は私の励みになりました。それなのでその研修会に参加することに決めました。

研修会の初日，私は自分のグループメンバーに会いました。私のグループには4人の日本人生徒と1人の中国人生徒がいました。彼らはみんな流ちょうに英語を話しました。それは私には驚きでした。彼らの中で，中国の生徒，チャンは英語をとても上手に話しました。彼はいいリーダーもありました。活動中，私は自分のメンバーが言っている考えは理解できました。しかし自分の考えを彼らに英語で言うことができませんでした。③活動中黙っていることはとても悲しいことでした。

夕食後，生徒たちはお互いに話して楽しんでいました。私は庭の椅子に一人で座っていました。突然一人の生徒が私に話してきました。彼はチャンでした。「やあ，麻里。ここで何をしているの？　大丈夫？」。私は彼に「私はあなたのように完璧な英語が話せないの。もっと話したいけどできない。間違えるのが怖いのよ」と言いました。すると彼は「『完璧』が大事だと思う？　僕は完璧な英語よりもコミュニケーションの方が大事だと思うよ。英語で話そうとしてごらん。②(自分を信じて。)」と言いました。そして私は「わかった。間違いは気にしないわ。ベストを尽くすわね」と言いました。

次の日，私は英語で話そうと努めました。私のグループメンバーは私のことを注意深く聞いてくれました。彼らは時に私を助けてくれました。話し終わったあと，私たちは一緒に微笑みました。私はたくさんの間違いをしましたが，自分の考えを言うことができました。私たちはたくさんのことについて話しをし，いい友達になりました。今私はチャンの言葉がよくわかります。

最終日，私はたくさん話し，友達とたくさんの考えを分かち合いました。研修会での経験を通していくつかとても大事なことを学びました。もう間違いは気にしません。英語で話すように努めます。

1 (I want you to)try something you like(.) **<want +人+ to +動詞の原形>で「(人)に～してほしいと願っている」**の意味。 to に続く動詞は like「～を好む」か try「～を試みる，やってみる」のどちらか。文脈から参加を迷っている麻里の背中を押している内容なので try で「やってみて欲しい」がふさわしいと考える。 something you like で「あなたの好きなもの」という意味になる。

2　麻里を励ますような文を選ぶ。ア「願い事を書いて」，イ「しばらくお待ちください」，ウ「自分の命を救いなさい」は全て文脈に合わない。

3　第3段落で麻里が悲しくなるような内容である下線部直前の文をまとめる。

4　ウ「興奮した。夏の英語研修会に興味を持った」第1段落第1文，最後の2文参照。ア「驚いた。私のグループメンバーが流ちょうに英語を話した」第3段落第3，4文参照。エ「悲しかった。他の生徒たちが話しているとき私はだまっていた」第3段落最後の2文参照。イ「嬉しかった。友達に英語で自分の考えを言えた」第5，6段落参照。

5　先生の質問は「みんなそれぞれ自分の英語の勉強法があると思います。あなたは普段どのように英語を勉強しますか」。解答例は「毎日英語で日記を書きます」の意味。身近なことについて自分の考えを書けるように練習すること。

4　**(会話文問題：語句補充，条件英作文，内容真偽)**

(全訳)　海人：このグラフを見て，純子。このグラフから[何がわかる]？

純子：そうねえ。2017年に人はテレビやインターネットを100分より長く使っているわね。

海人：うん。多くの人たちがまだテレビに興味を持っていると思う。インターネットは2013年よりも2017年の方が多く使っているね。

純子：見て。ラジオと新聞は約10分だけしか使ってないね。2017年には新聞はこれらの全てのメディアの中で一番短い時間しか使ってないのね。

海人：それは間違いないね。

純子：人は自分の好きなタイプのメディアを使うよね。

海人：同感だよ。それぞれのメディアには異なるいい点があるよ。例えば②世界中の人たちと自分の考えをシェアできるから①インターネットを使うんだ。

純子：わかるわ。それじゃ私は他のメディアのいい点を言うわ。④一度にさまざまな種類のニュースを得られるから③新聞を使うんだと思うわ。

海人：その通りだね。自分の目的のためにメディアを選んだ方がいいね。

1　直後の純子がグラフを見てわかることを述べているので，「グラフを見て何がわかるか」という内容を書く。

2　純子の1つ目の発話からテレビかインターネットが(A)(B)どちらかに入ることがわかる。2つ目の海人の発話から(B)がインターネットとわかるので，(A)がテレビとなる。純子の2つ目の発話3文目から(D)が newspaper「新聞」とわかる。(C)がラジオ。

3　メディアを2つ選んでそのいい点を述べる。解答例では①にインターネット，③に新聞を入れ，その理由を述べている。

4　ア「グラフはなぜ人々が4種類のメディアを生活で使うのかを表している」(×)　グラフが表しているのは平均利用時間。　イ「海人はテレビを見ている人の数は2013年から2017年で増えたと言っている」(×)　テレビの利用時間は減っている。　ウ「グラフの4種類のメディアは2013年よりも2017年でより使われている」インターネット以外は減っている。　エ「純子と海人は二人とも人は自分の好きな種類のメディアを使うことを選ぶと思っている」(○)　3つ目の純子，4つ目の海人の発話参照。　オ「海人は人はメディアを使うときに自分の目的について考えるべきだと思っている」

＜国語解答＞

一　(一) ① けはい　② し　③ 貿易　④ 納　(二) 問一 ウ
問二 (例)敬具　問三 (例)開催日　(三) エ　(四) イ　(五) ア
(六) 問一 いたりける　問二 ウ　問三 エ　問四 形容動詞

二　問一 エ　問二 ウ　問三 ア　問四 1 分配する　2 (例)貯蔵できる
問五 (例)豊かさとは農業を始める前は十分な食糧があることで，農業を始めた後は「富」を得ることに変わった。

三　問一 a 移　b えんかつ　c 経験　問二 ウ　問三 イ　問四 思考と表現の往還　問五 エ　問六 (例)他者と共存・共生するために，他者との合意を社会としての合意として形成し，さらにそれが自分たちで形成する社会とは何かという問題について考えることにつながるもの。

四　問一 そうなく　問二 イ　問三 エ　問四 ア　問五 莫ㇾ不ㇾ有ㇾ之
問六 1 ウ　2 (例)機転を利かせた対応で相手を驚かせている

＜国語解説＞

一　(漢字の読み書き，脱文・脱語補充，熟語，ことわざ・慣用句，品詞・用法，表現技法・その他，書写)

(一) ① 様々な状況から，察せられる様子。② 相手が嫌がったり、できないことを無理にやらせる。③ 「易」は上が「日」で下は「勿」。総画数八画である。④ 「おさめる」には同音異義語がたくさんあるので注意する。**「納める」は期限までに渡すべきものを渡すこと**。「治める」はうまく処理する。「修める」は自分を高めるための努力をする。「収める」は手に入れる，自分のものにする。

(二) 問一 手紙を出した日付を確認すると九月である。したがって，暑さが収まって「しのぎやすい」季節だとしたウが適切である。

問二 書き出しと結びの組み合わせだが，**「拝啓」には「敬具」**が一般的である。他に「敬白」や「拝具」も組み合わせとして合っている。

問三 体育大会の開始時間や終了，開催場所は明記されているが，**日にち**が書かれていない。

(三) **【説明】**を読むと，まず筆圧が強くなる(**徐々に太く**なる)**→止める→はらう**，の順番に書かれる線だということがわかる。

(四) 母の身を案じる心情は「一目見ん」という表現に現れている。もう一度会いたい、死に際に間に合ってほしいという気持ちが伝わる。そして，その表現を反復することで，「一目見ん」とする心情を強調しているのだ。

(五) 返り点にしたがって読むと，「知ラ」→「不ルヲ」→「知ラ」→「不ト」→「為ス」となる。

(六) 問一 ワ行の「ゐ」は，現代仮名遣いでは「い」と書く。

問二 傍線②「木陰」は，**“木の陰”という成り立ちで，上の語が下の語を修飾している**。ア「永遠」は似た意味の組み合わせだ。イ「読書」は“書を読む”で，下の語が上の語の目的語になっている。ウ「山頂」は“山の頂”で上の語が下の語の修飾語になっている。エ「日没」は“日が沈む”で主語・述語の関係である組み合わせだ。

問三 「太郎」と「思ふ」は，主語・述語の関係にあるので，主格を表す格助詞「が」を補う。

問四 傍線③「残念な」は**体言「こと」にかかる連体修飾語**だ。品詞を考えると，連体詞か形容動詞のどちらかである。もし**形容動詞であれば，連体形の活用語尾「―な」に活用していることになるから，「―だ」という言い切りの形になおして意味が通る**はずだ。「残念だ」は一単語として成立するので，形容動詞となる。

二 (論説文―内容吟味，文脈把握，接続語の問題，脱文・脱語補充)

問一　□の前後は**順接**でつながる。

問二　該当部分は，「東側には，なかなか広がっていかなかった」理由を，冒頭に述べている。そして簡潔に示された答えの説明が後に続いている。**なぜそうした結論(答え)になるのか，という説明が展開されていくので，読み手の関心を引きつける構成**になっている。

問三　□の次段落に，「次第に気温が下がり始めたことから……」とあるので，気候の変化が補える。

問四　傍線①の次段落に，狩猟採取の暮らしでは食べきれない食糧は「分配するしかない」とある。(1)には「分配する」を補う。さらに次の段落では「農業によって得られる穀物は，食べきれなくても貯蔵をすることができる。」とある。「貯蔵をする」では(2)の字数に合わないので，直後に同じ意味の「貯蔵できる」とある部分を抜き出す。

問五　農業を始める前の豊かさは**食糧があるかないか**であった。農業を始めた後は，蓄えることで生じる**「富」があるかどうか**になった。この違いをまとめればよい。

三 (論説文―大意・要旨，内容吟味，文脈把握，脱文・脱語補充，漢字の読み書き)

問一　a「移」は，のぎへん。　b「滑」は，訓読みが「すべ・る」，音読みが「カツ」である。「滑車(かっしゃ)」　c「経」は，いとへん。

問二　「そうだとすると……」で始まる段落にある「社会的行為主体とは，**自分のしたいことを持ち，その生きる目的のために社会の中で自ら活動する**人をさす」をふまえて選択肢を選ぶ。

問三　筆者は「ことばの活動のあり方」について，「つまり」で始まる段落において「いろいろなことばを尽くして，**相手とのやりとりをすすめ，相手との相互理解の場をつくっていく」というあり方**を示している。そして，そうしたことばの活動こそ，傍線②の直後にあるように**「自分自身による自己の表現のための活動」であり「ありたい自分を実現する」ことになる**と述べている。この文脈をふまえて選択肢を選ぶ。

問四　□が指している内容は，本文では「この図では，対象としての……プロセスがあります。」と説明されている。そして，続けて「このあたりが自分の中の思考と表現の往還にあたります」。とある。「このあたり」とは，先に抜き出した部分を指す。このことから，空欄には「思考と表現の往還」が補える。

問五　「次のような段階」として示されていく内容は，すでに説明された「この理解と表現の図式」の内容と同じである。したがって前述された内容をおさえればよい。すると，新しい対話とは，「自分の中の思考と表現の往還」から**「自己と他者の連鎖」に移行し，さらに「個と社会の循環」を生み出すもの**とおさえられる。この基本をおさえた上で，具体化しているのである。

問六　「対話」とは，情報を自己認識と自己検証をした後に他者へ提示して，「他者と自己の関係を見出し」うるものだ。そして，「自分にとっての他者の存在の意味を知り，そうした他者と共存・共生するため」に「他者との合意を社会としての合意として形成」する必要性を示しているが，これが**「自分たちで形成する社会とは何かという問題について考えることにつながっていく」**ことになる。「理念」とは，ある物事についての，こうあるべきだという根本の考えをいうのだから，含めるべき**対話の理念とは，自分たちで形成する社会とは何かという問題について考**

えることにつながるもの，ということになる。そして，その方法論として，この説明の前半部分，即ち本文で言えば最終段落にある「自分にとっての……学びます。」の内容をまとめて示し，指定字数に合わせればよい。

四 (古文・漢文─大意・要旨，内容吟味，文脈把握，脱文・脱語補充，仮名遣い，表現技法・その他)

【現代語訳】 A ある者の住んでいる，その場所の前を，春の頃に，修行僧で極めて粗末な装いの者が通ったのだが，(その僧は)檜笠に梅の花を一枝指していたのを，児子たちや法師たちが，たくさんいたのだが，たいそう妙な様子だと思って，ある児子が「梅の花笠を着ているお坊さんだ」と言って，笑ったところ，この修行僧は，引き返してきて，児子に敬意を示しかしこまって，にやにやと笑いながら，「身の辛さは隠れないものだから(せめてもということで)梅の花笠を着ているお坊さんだとおっしゃったのでしょうか」といったので，この者たちは「これはどうしたことか」と，意外なことに思って，言い返す言葉もなくなっていた。

軽々しく人を笑うことは，絶対にしてはならないことであろうよ。

B いよいよ李元礼の前に進み出て，座った。元礼が尋ねて言うことに，「あなたと私とはどのような親戚関係があるだろうか」と。文挙が答えて言うことに，「昔，私の先祖の孔子様は，あなたの先祖の老子様を先生として尊敬していました。このことは，私とあなた様が先祖代々関わりがあったことを示しています。」と。元礼もそこにいた者たちも，大した子どもだと評価した。

問一 「あう(─au)」は「おう(─ou)」と読む。したがって「さうなく(saunaku)」の下線部は「sou」となり，「**そうなく**」となる。

問二 児が言った「梅の花笠きたる御房」は，**美しい梅の花とみすぼらしい修行者を対比**させている。

問三 修行僧が詠んだ「身のうさの……」の歌は，児も引用した『金槐集』の技巧もとりいれるなど，技巧に富んだ歌であった。したがって，**修行僧に舌を巻いた状態であった**と読み取れる。

問四 前で，**元礼が質問している**ことをふまえると，孔文挙が元礼の問いに対して応えているのだ。

問五 書き下し文を読むと，之→奇→不→莫の順に読まれていることがわかる。したがって，「之」は無印で，それより上は一字ずつ返るのでレ点を用いる。

問六 (1) 古文Aは，粗末な格好の修行僧が，すばらしい歌の詠み手であったことを示し，**人を見た目で判断することはよくない**としている。 (2) 修行僧も孔文挙も，**機知に富んでいる。**相手のからかいなどを含んだ態度にも動じることなく，**機転をきかせて対応し，相手を驚かせる**という点が共通点である。

MEMO

大切なことはメモしておこうネ！

宮崎県公立高等学校（一般）

2020年度

★★★★★★★★★★★★★★★★★★★★★★★

入　試　問　題

2020
年
度

●くわしい解説……57ページ

＜数学＞

時間　50分　　満点　100点

1　次の⑴～⑻の問いに答えなさい。

⑴　$-9+(-8)$ を計算しなさい。

⑵　$\frac{3}{4}\div\left(-\frac{5}{6}\right)$ を計算しなさい。

⑶　$2(a+4b)-(-3a+7b)$ を計算しなさい。

⑷　$\sqrt{12}\times\sqrt{2}\div\sqrt{6}$ を計算しなさい。

⑸　連立方程式 $\begin{cases}2x+3y=20\\4y=x+1\end{cases}$ を解きなさい。

⑹　二次方程式 $3x^2-x-1=0$ を解きなさい。

⑺　２つのさいころを同時に投げるとき，出る目の数の和が８にならない確率を求めなさい。ただし，２つのさいころの１から６の目は，どの目が出ることも同様に確からしいとする。

⑻　下の図のように，線分OA，OBがある。
　∠AOBの二等分線上にあり，２点O，Bから等しい距離にある点Pを，コンパスと定規を使って作図しなさい。作図に用いた線は消さずに残しておくこと。

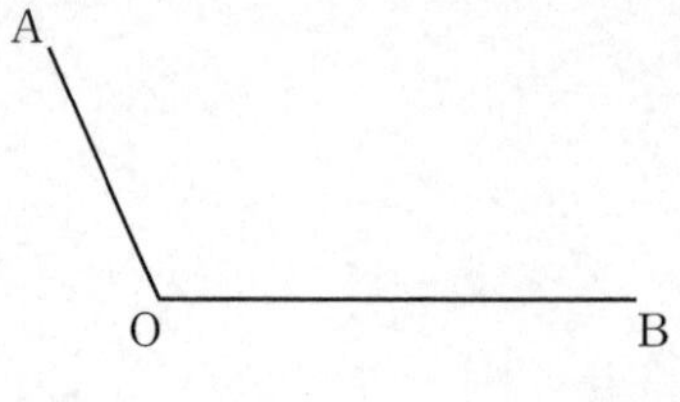

2　後の１，２の問いに答えなさい。

1　智花《ともか》さんと啓太《けいた》さんは，宮崎県が読書県づくりに取り組んでいることを知った。そこで，２人は，智花さんの所属する１年生30人と，啓太さんの所属する２年生40人について，ある期間に読んだ本の冊数を調べた。右の表は，その結果を度数分布表に整理したものである。
　このとき，後の⑴～⑶の問いに答

読んだ本の冊数

階級（冊）	１年生 度数（人）	２年生 度数（人）
0以上 ～ 4未満	2	4
4 ～ 8	3	
8 ～ 12	7	7
12 ～ 16	10	11
16 ～ 20	6	6
20 ～ 24	2	2
計	30	40

えなさい。

(1)　度数分布表の中の □ に当てはまる数を求めなさい。

(2)　智花さんと啓太さんは，度数分布表を見て，１年生と２年生を比較し，次のような【意見】を出し合った。

【意見】

ア　読んだ本の冊数が16冊以上の度数は，ともに等しい。
イ　読んだ本の冊数の最頻値は，1年生よりも２年生の方が大きい。
ウ　読んだ本の冊数の最大値がふくまれる階級の度数は，ともに等しい。
エ　読んだ本の冊数の中央値がふくまれる階級の階級値は，１年生よりも２年生の方が大きい。

このとき，２人の【意見】の中で正しいものを，上のア～エから**すべて**選び，記号で答えなさい。

(3)　啓太さんは，度数分布表を見て，１年生と２年生を比較し，12冊以上16冊未満の生徒の割合が大きいのは，１年生であると判断した。啓太さんがそのように判断した理由を，相対度数を使って説明しなさい。ただし，相対度数は四捨五入して小数第２位まで求めることとする。

2　美咲《みさき》さんと悠真《ゆうま》さんは，次のような【課題】について考えた。下の【会話】は，２人が話し合っている場面の一部である。
このとき，次のページの(1)，(2)の問いに答えなさい。

【課題】

右の図は，自然数をある規則にしたがって，１から小さい順に書き並べたものである。ただし，図は途中から省略してある。また，上から a 番目で，左から b 番目の位置にある自然数を（a，b）で表すことにする。
例えば，（４，２）=15 である。
このとき，（３，６），(31，１)，(n，n) はどのような自然数になるか調べてみよう。

1	2	5	10	⋯
4	3	6	11	⋯
9	8	7	12	⋯
16	15	14	13	⋯
⋮	⋮	⋮	⋮	⋱

【会話】

美咲：おもしろそうな課題だね。
悠真：そうだね。一緒に考えてみようか。
美咲：この課題では，（４，２）=15 となっているので，（３，６）= ① となるね。
悠真：なるほど。じゃあ，(31，１) はどのような自然数になるかな。
美咲：(31，１) は，上から31番目で，左から１番目の位置にある自然数だね。
でも，書き並べて調べるのはたいへんそうだし，何かいい方法はないかな。

悠真：あっ！自然数の並び方に規則性を見つけたよ。左端に並んでいる自然数に着目すれば，(31，1)＝ ② となるよ。

美咲：規則性に気づくとはやく求めることができるね。

じゃあ，(1，1)＝1，(2，2)＝3，(3，3)＝7，(4，4)＝13，…となっているけれど，(n，n) はどのような自然数になるかな。

⑴　【会話】の中の ① ， ② に当てはまる自然数を求めなさい。

⑵　【会話】の中の下線部について，(n，n) はどのような自然数であるか，n を用いて表しなさい。

3　右の図のように，1辺の長さが6㎝の正方形ABCDがあり，辺BC上に BE＝4㎝ となる点Eをとる。点PはBを出発し，毎秒1㎝の速さで正方形の周上をA，Dの順に通ってCまで動き，Cで停止する。点Qは点Pと同時にBを出発し，毎秒1㎝の速さで辺BC上を動き，点Eにはじめて到達した時点で停止する。また，2点P，QがBを同時に出発してから x 秒後の△PBQの面積を y ㎠とする。ただし，△PBQができないときは，$y=0$ とする。

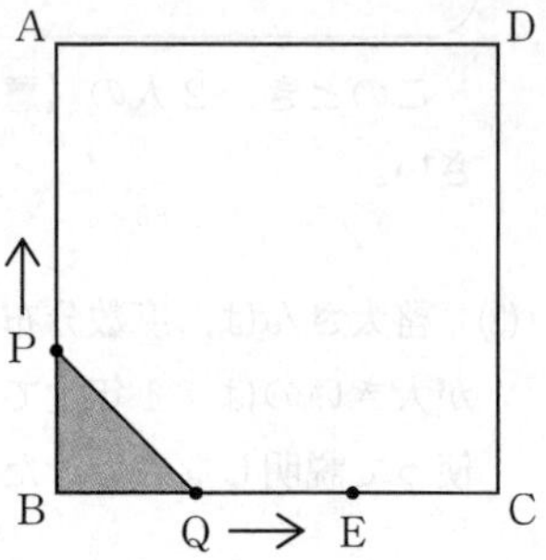

このとき，次の1～4の問いに答えなさい。

1　$x=1$ のとき，y の値を求めなさい。

2　$0 \leqq x \leqq 4$ における x と y の関係について，正しいものを，次のア～エから1つ選び，記号で答えなさい。

ア　y は x に比例し，$x=2$ のとき $y=2$ である。
イ　y は x に比例し，$x=2$ のとき $y=4$ である。
ウ　y は x の2乗に比例し，$x=2$ のとき $y=2$ である。
エ　y は x の2乗に比例し，$x=2$ のとき $y=4$ である。

3　$4 \leqq x \leqq 18$ における x と y の関係について，次の ① ～ ⑤ に当てはまる数または式を書き，【説明】を完成させなさい。

【説明】

△PBQの面積 y は，x の変域によって，次のように表される。

$4 \leqq x \leqq$ ① のとき，$y=$ ② となり，
① $\leqq x \leqq$ ③ のとき，$y=$ ④ で一定となり，
③ $\leqq x \leqq 18$ のとき，$y=$ ⑤ となる。

4　△PBQの面積が正方形ABCDの面積の $\frac{1}{8}$ となるとき，x の値をすべて求めなさい。

4 右の図のように，四角形ABCDの４点A，B，C，Dが円Oの円周上にあり，対角線ACは円Oの直径である。点Eは，線分ACと線分BDの交点であり，点Fは，直線ABと直線CDの交点である。また，AB＝４㎝，CD＝７㎝，DF＝５㎝とする。

このとき，次の１～４の問いに答えなさい。

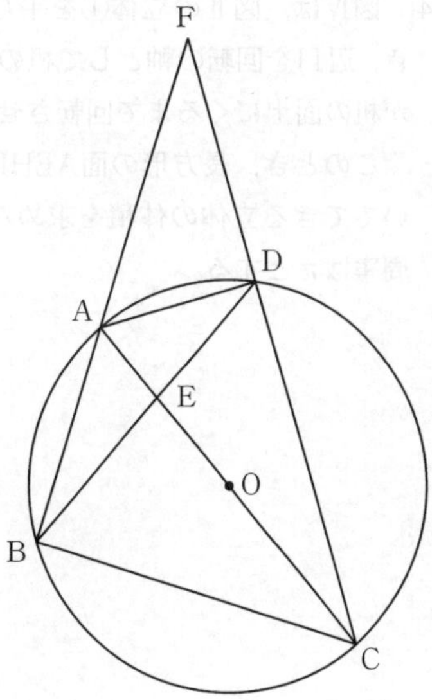

1 ∠ABD＝24°，∠CED＝100°のとき，∠ACBの大きさを求めなさい。

2 △FBD∽△FCAであることを証明しなさい。

3 線分AFの長さを求めなさい。

4 △ADEの面積は，△ADFの面積の何倍になりますか。

5 図Ⅰのような，直方体がある。

AB＝８㎝，AD＝４㎝，AE＝３㎝ のとき，次の１～４の問いに答えなさい。

1 図Ⅰにおいて，辺を直線とみたとき，直線ADとねじれの位置にある直線を，次の**ア**～**オ**の中から**すべて**選び，記号で答えなさい。

ア 直線AB　　**イ** 直線BF
ウ 直線CG　　**エ** 直線FG
オ 直線GH

図Ⅰ

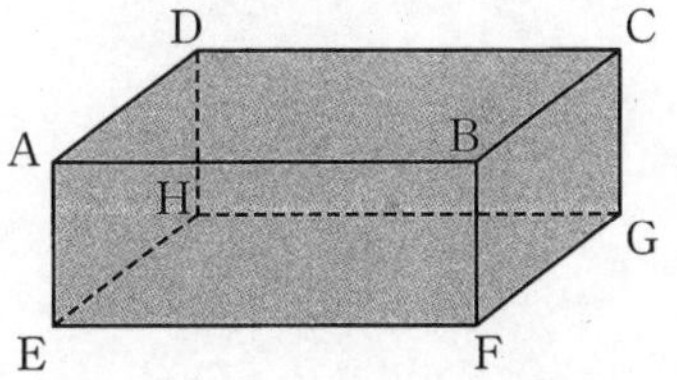

2 図Ⅱは，図Ⅰにおいて，辺EF上に AI＝６㎝ となる点Ｉ，辺GH上に DJ＝６㎝ となる点Ｊをとり，直方体を面AIJDで切り離し，２つの立体①(三角柱)，立体②(四角柱) に分けたものである。

このとき，立体①の表面積を求めなさい。

図Ⅱ

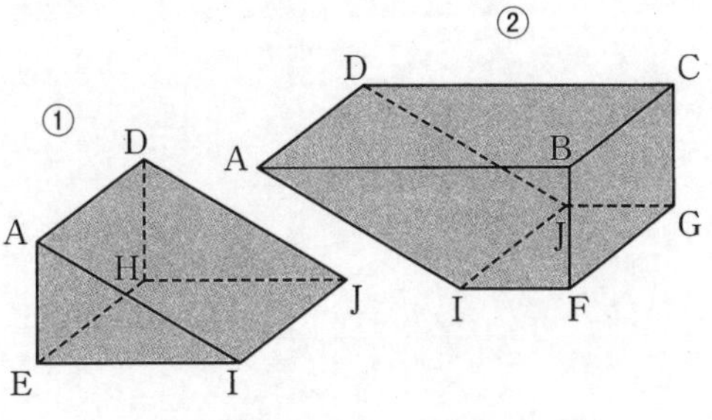

3 図Ⅲは，図Ⅱの立体②において，辺AB，AD上にそれぞれ点Ｐ，Ｑを，線分FP，PQ，QJの長さの和が最も小さくなるようにとったものである。

このとき，線分PQの長さを求めなさい。

図Ⅲ

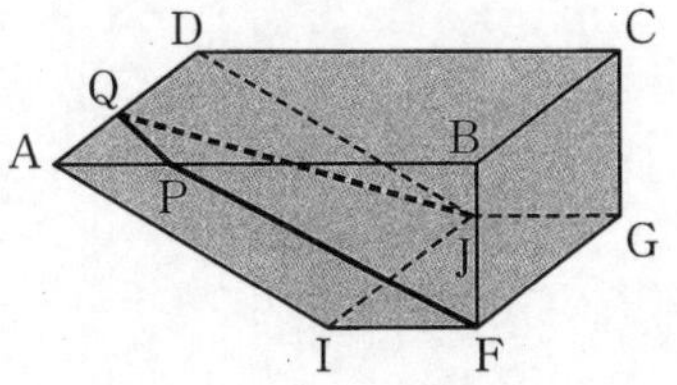

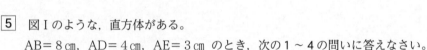

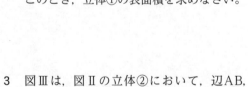

4　図Ⅳは，図Ⅱの立体①を平らな面の机の上に置き，辺I Jを回転の軸として机の面に固定し，辺ADが机の面上にくるまで回転させたものである。

このとき，長方形の面AEHD（ ■ ）が動いてできる立体の体積を求めなさい。ただし，円周率はπとする。

図Ⅳ

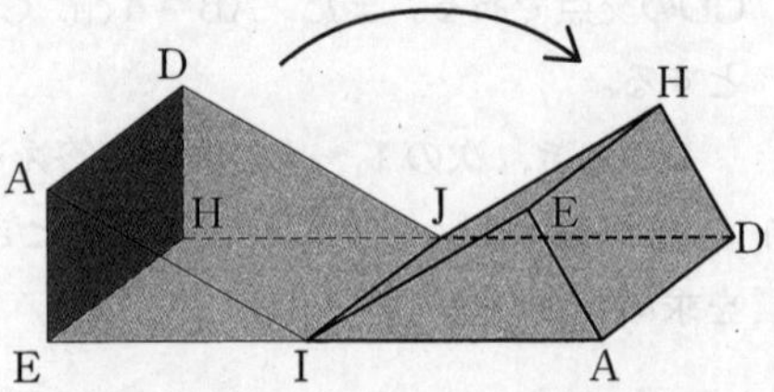

受検番号		氏　名	

数 学 解 答 用 紙

（注意）※印のところは記入しないこと。

※計	

1

(1)		(2)		(8)	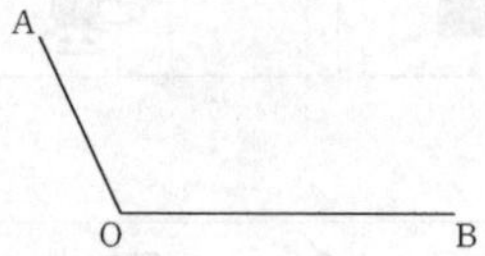
(3)		(4)			
(5)	$(x, y) = ($　　　,　　　$)$				
(6)	$x =$	(7)			

※1	

2

1	(1)			(2)			
	(3)	（説明）					
2	(1)	①		②		(2)	

※2	

3

1	$y =$	2		3	①		②
③		④		⑤		4	$x =$

※3	

4

1	∠ACB =　　度	3	cm	4	倍
2	（証明） △FBD と △FCA で，				

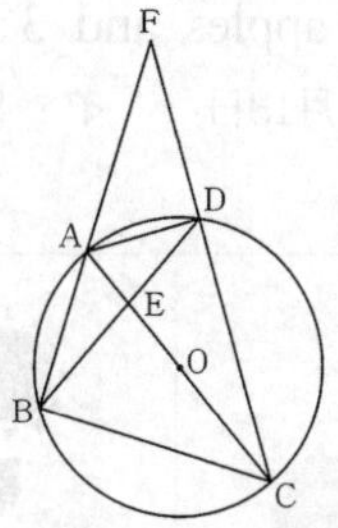

※4	

5

1		2	cm^2
3	cm	4	cm^3

※5	

※この解答用紙は167％に拡大していただきますと，実物大になります。

＜英語＞

時間　50分　　満点　100点

1　次の１～４は，リスニングテストです。放送の指示に従って答えなさい。

1

2　No. 1

No. 2

No. 3　ア　1 apple and 2 bottles of milk.
　　　イ　1 apple and 3 bottles of milk.
　　　ウ　3 apples and 2 bottles of milk.
　　　エ　3 apples and 3 bottles of milk.

3　No. 1　ア　８月13日　　イ　８月30日　　ウ　９月13日　　エ　９月30日

No. 2

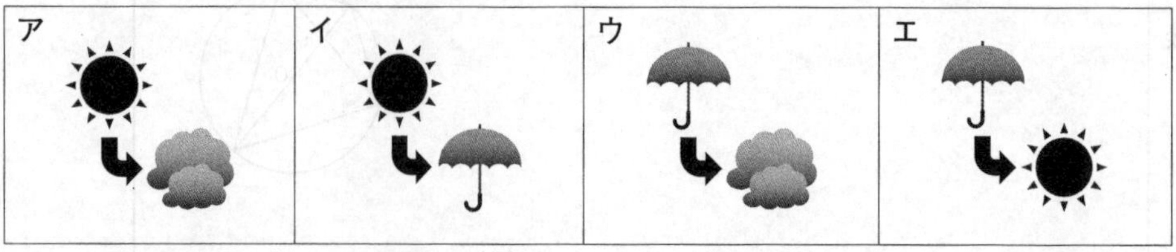

No. 3　ア　25℃　　イ　28℃　　ウ　30℃　　エ　33℃

4

2　次の対話は，中学生の拓也（Takuya）とALTのジェーン（Jane）先生が話をしているときのものです。下の１，２の問いに答えなさい。

Takuya: Hello, Jane. How are you?
Jane : Hi, Takuya. I'm fine. How about you?
Takuya: I'm good. ①
Jane : Sure. What's the matter?
Takuya: I'm interested in studying abroad. What do you think about it, Jane?
Jane : I think it's good to study abroad. You can learn different customs through the experience. ②
Takuya: I see. But I hear Japanese students aren't so interested in studying abroad.
Jane : ③ More and more high school students in Miyazaki Prefecture are studying abroad.
Takuya: Are you sure? High school students in Miyazaki?
Jane : Yes. Look at <u>this graph</u>. There were 16 students studying abroad in 2016. In 2017, there were over twice that number.
Takuya: Wow! The number in 2018 was almost three times as many as the number in 2016. Why did the number of the students studying abroad increase?
Jane : ④ First, there were some special programs which helped students by giving money for studying abroad. Second, when they came back to Japan, they told the other students about their wonderful experiences. These reasons made studying abroad more popular.
Takuya: That's great. I think I'll try to study abroad when I'm in high school.
Jane : You'll have a lot of chances in high school.
Takuya: Then, I should study English harder while I'm in junior high school.
Jane : That'll be a great help for your future.
Takuya: ⑤
Jane : I hope you can do it.
Takuya: Thank you very much, Jane.
Jane : You're welcome, Takuya.

1　①　～　⑤　に入る最も適切なものを，それぞれ次のア～オから１つずつ選び，記号で答えなさい。

ア　I don't think that's true.
イ　Can I talk to you now?
ウ　I think there are two reasons.
エ　I'll do my best!
オ　You can also get some new points of view.

2　対話の内容から，下線部<u>this graph</u>として最も適切なものを，次のページのア～エから１つ選び，記号で答えなさい。

ア
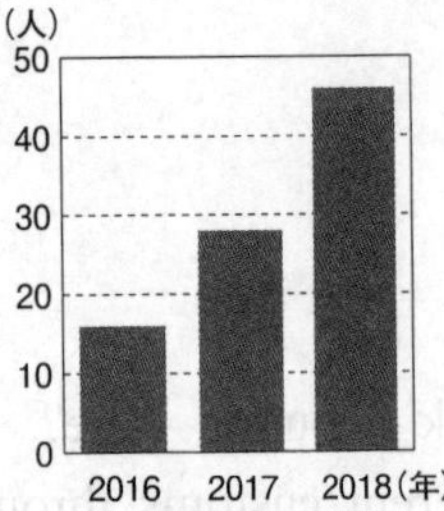

イ
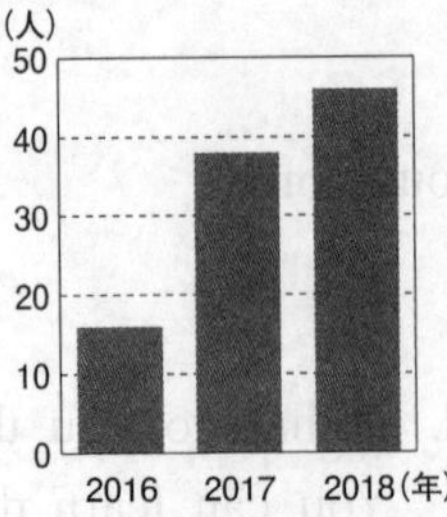

ウ
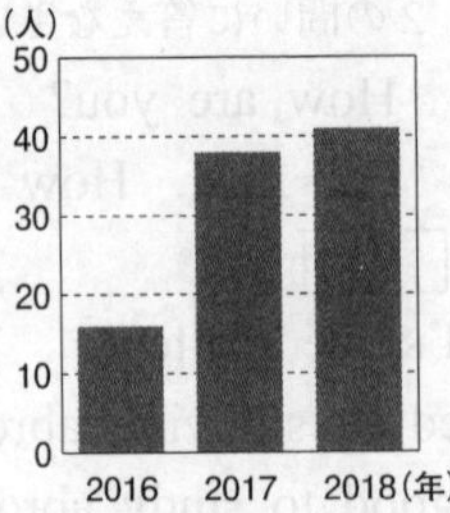

エ
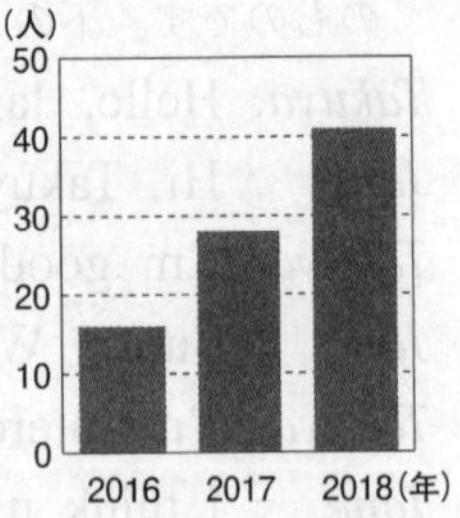

3 次の１～３の問いに答えなさい。

1　次の対話の（ 1 ）～（ 4 ）に入る最も適切なものを，それぞれア～エから１つずつ選び，記号で答えなさい。

A：You look sleepy.　How long（ 1 ）you sleep last night?
B：I（ 2 ）sleep for a long time because I had many things to do.
A：Are you all right?　How about（ 3 ）to bed early today?
B：OK, I（ 4 ）.　Thank you.

（1）ア do　イ did　ウ are　エ were
（2）ア can　イ can't　ウ could　エ couldn't
（3）ア go　イ goes　ウ went　エ going
（4）ア will　イ won't　ウ do　エ don't

2　次の⑴，⑵の対話について，（　）内の語句をすべて用い，意味がとおるように並べかえて，正しい英文を完成させなさい。
ただし，文頭にくる語も小文字で示してあります。

⑴　*A*：(many / have / how / you / countries) visited?
　　B：Three.　They are Germany, Canada and Australia.
⑵　*A*：I made some *origami* dolls yesterday.
　　B：Can you (the dolls / me / made / show / you)?

3　次の対話を読んで，次のページの⑴，⑵の問いに答えなさい。

A：We'll have the Olympics and the Paralympics in Japan this year.
B：I'm excited.　How will you enjoy them?
A：I'll (　　　　　　　) in Tokyo.
B：I see.　You can also go sightseeing there.
A：I can't wait for them.　In addition, we can think about the environment through the events.
B：What do you mean?
A：We'll have some projects to become friendly to the earth.　One of the goals in the projects is "Zero Wasting."
B：Zero Wasting?
A：People will try to reduce the amount of trash in the events.

B： That's nice. Can you do something to reduce the amount of trash in your life?
A： Yes, I can. For example, [　　　　　　　　　　　　].
B： You can continue doing that easily.

(1) 下線部について，対話が成り立つように英文を完成させなさい。

(2) [　　] には，あなたならどのようなことを書きますか。英文はいくつでもかまいませんが，全体で7語以上になるように書きなさい。
　ただし，符号（，．！？など）は語の数に入れないものとします。

4　中学生の真美（Mami）と，真美の家にホームステイ中のジュディー（Judy）が，あるウェブサイト（英語版）の【施設情報】を見ながら話をしています。【二人の対話】をもとに，次のページの1～4の問いに答えなさい。

【施設情報】

Hinata Family Park

■Opening Hours

From Monday to Friday　　10：00 a.m. ~ 7：00 p.m.
Weekends and Holidays　　9：00 a.m. ~ 8：00 p.m.

■*Entrance *Fee

3 to 6 years old	7 to 12 years old	13 years old and older
300 yen	500 yen	1,000 yen

・Children who are 2 years old and under don't have to pay the entrance fee.
・Groups of more than 4 people will have a 500 yen discount from the *total fee.

■Activities & Events

Activities & Events	Time	Information
Swimming Pool	Opening ~ 4：00 p.m.	Children who are 12 years old and under must be with an adult.
*Fireworks	7：00 p.m. ~ 7：30 p.m.	Weekends only

・Restaurants will close one hour before the park closes.

（注） entrance　入場（権）　　fee　料金　　total　合計の　　firework　花火

【二人の対話】

Judy： Look at this website. Do you know Hinata Family Park?
Mami： Yes. It's a lot of fun. Oh, this park is the best for my plan!
Judy： What's the plan?
Mami： My younger sister Yumi will be 10 years old next Sunday. I am thinking about a special plan for her birthday. Why don't we go there together on her birthday?
Judy： That's a good idea. What time shall we leave home on that day?
Mami： I want to arrive there at the opening time. It'll take 90 minutes by car, so we must leave here by（ ① ）in the morning.
Judy： I see. Then how much will we need for the entrance fee?

Mami: Well, I'll go with Mom, Dad, Yumi and you. We are 15 years old, so the total fee will be (②) yen, right?

Judy : That's right. I'm sure everyone will like this plan.

1 【二人の対話】の下線部 my plan が指している内容として，最も適切なものを，次のア～エから１つ選び，記号で答えなさい。

ア the plan to enjoy summer イ the plan to watch fireworks

ウ the plan to have dinner エ the plan to celebrate a birthday

2 【二人の対話】の（①）に入る最も適切なものを，次のア～エから１つ選び，記号で答えなさい。

ア 7：30 イ 8：00 ウ 8：30 エ 9：00

3 【二人の対話】の（②）に入る最も適切なものを，次のア～エから１つ選び，記号で答えなさい。

ア 3,500 イ 4,000 ウ 4,500 エ 5,000

4 【施設情報】と【二人の対話】の内容と合っているものを，次のア～エから１つ選び，記号で答えなさい。

ア Visitors can enter the park without a fee if they are 4 years old.

イ Visitors can use the restaurants after they finish watching fireworks.

ウ Judy and Mami can use the swimming pool without an adult.

エ Judy asked Mami to think about a special plan for Yumi.

5 次の英文は，中学生の晴樹（Haruki）が書いたスピーチ原稿です。後の１～７の問いに答えなさい。

"Good morning, Haruki."

This cheerful greeting from Mr. Yamamoto gives me the power to start the day. He is a 68-year-old man who lives near my house. He *retired from his job 8 years ago. Since then, he has watched students on their way to school as a volunteer every day. He is a part of our community.

One morning in May, Mr. Yamamoto asked, "Are you busy with soccer practice?" I was on the soccer team at school. I said, "Yes. I practice it very hard every day. The last local tournament will come soon. I'll be glad if you can come and watch the games." He said with a *smile, "Of course."

On that night, my father came back home early. I enjoyed dinner with my family. In April, he was so busy with his work that he didn't come home early. During the dinner, I talked a lot about my school life such as friends, club activities and Mr. Yamamoto. I also asked my father to come to the tournament. Suddenly, he stopped eating his dinner. After several seconds, he said, "Haruki, I really want to see your games, (A) I can't. I have a very important meeting. I want to go...." He was still trying to say something. Then I stood up and said to him, “You always came to my soccer games before. This time, you won’t come. Why not? This is my last tournament. Your work must be more important thing for you than me.” I went to my room and closed the door.

The next morning, “What happened, Haruki? You look sad,” Mr. Yamamoto asked me gently. I talked about the story from the last night. After I finished talking, he said, “I know how you feel, but at the same time, I know □. Your father always thinks about you.” I asked, “Why can you say that?” He said, “My son and I had a similar experience 20 years ago.” I was surprised and asked, “Oh, ①did you?” He said, “Yes. I was also busy like your dad and never went to see my son’s baseball games. I was very sorry for ②that. But there were many kind people in this community. They cared about my son very much, (B) he said he didn’t feel sad. After this experience, I decided to work hard for my neighbors some day. Now, I am happy to help you this way in your father’s place. You are not alone!”

Through his words, I understood my father’s *feelings. He never thought his work was more important thing than me. I also learned I was helped by many people in my community. I decided to share this story with my father by writing ③a letter.

In the end, my father couldn’t come to my last tournament but I didn’t feel sad. Now, I am thinking about the way to make my neighbors happy. This is an important step to be a good member of our community like Mr. Yamamoto.

（注） retire 退職する　smile 笑顔　feeling 感情

1 次の⑴，⑵の英文を，本文の内容と合うように完成させるのに，最も適切なものを，それぞれア～エから１つずつ選び，記号で答えなさい。

⑴ Mr. Yamamoto ＿＿＿＿＿.

ア is a teacher at Haruki’s junior high school

イ is busy because he works hard for his company

ウ went to see his son’s baseball games many times

エ works as a volunteer for the students in his community

⑵ Haruki’s father ＿＿＿＿＿.

ア wasn’t interested in Haruki’s soccer games

イ came back home from his company early every day

ウ went to see Haruki’s soccer games many times

エ could go to see Haruki’s last soccer tournament

2 文中の（Ａ），（Ｂ）に入る最も適切なものを，それぞれ次のア～エから１つずつ選び，記号で答えなさい。

ア so　イ but　ウ as　エ because

3 文中の □ に入る最も適切なものを，次のページのア～エから１つ選び，記号で答えなさい。

ア what to say to your father　　イ what to say to my son

ウ how your father feels　　エ how my son feels

4 文中の下線部①did you の後に省略されている語句を，**英語4語**で答えなさい。

5 文中の下線部②that が指している内容を，**30字以内の日本語**で答えなさい。

6 次の英文は，下線部③a letter を英語に訳したものです。本文の内容に合うように，（1），（2）に入る適切な語を，それぞれ**英語1語**で答えなさい。

> Dear Dad,
>
> Mr. Yamamoto told me his story. He was also busy but he cared about his son very much. Now I understand you don't think just about your （ 1 ）. You care about me a lot. I found my neighbors （ 2 ） me. I'm glad many people think about me very much.
>
> Haruki

7 次の絵は，晴樹が最後のサッカーの試合後に山本さん（Mr. Yamamoto）と話している場面です。会話が成り立つように，（ ）に入る**英文**を書きなさい。英文はいくつでもかまいませんが，全体で**9語以上**になるように書きなさい。

ただし，符号（，．！？など）は語の数に入れないものとします。

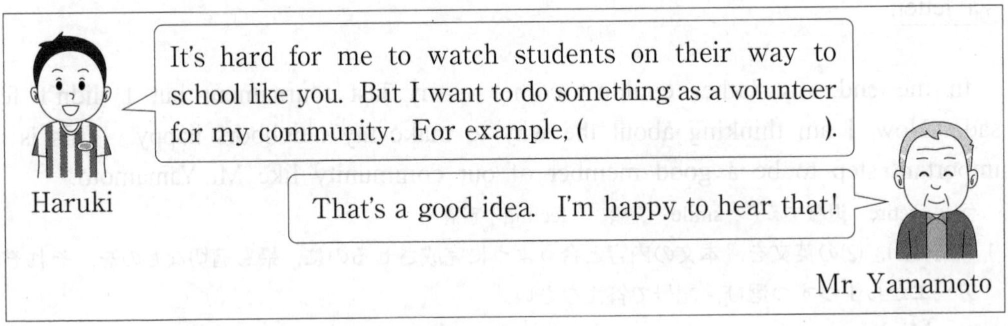
It's hard for me to watch students on their way to school like you. But I want to do something as a volunteer for my community. For example, （　　　　　　　　）.
Haruki
That's a good idea. I'm happy to hear that!
Mr. Yamamoto

受検番号		氏　名	

英 語 解 答 用 紙

（注意）※印のところは記入しないこと。

※計	

1

1	(　　　) → (　　　) → (　　　) → (　　　)					
2	No. 1		No. 2		No. 3	
3	No. 1		No. 2		No. 3	
4						

※ 1	

2

1	①		②		③		④		⑤	
2										

※ 2	

3

1	1		2		3		4		
2	(1)	( ) visited?							
	(2)	Can you ( )?							
3	(1)	I'll ( ) in Tokyo.							
	(2)								

※ 3	

4

1		2		3		4	

※ 4	

5

1	(1)		(2)		2	A	B
3		4	did you ( )?				
5							
6	1		2				
7							

※ 5	

※この解答用紙は172%に拡大していただきますと，実物大になります。

＜理科＞

時間　50分　　満点　100点

1　後の１，２の問いに答えなさい。

1　健一《けんいち》さんたちは，植物のなかま分けを図１のようにまとめた。下の(1)，(2)の問いに答えなさい。

図１

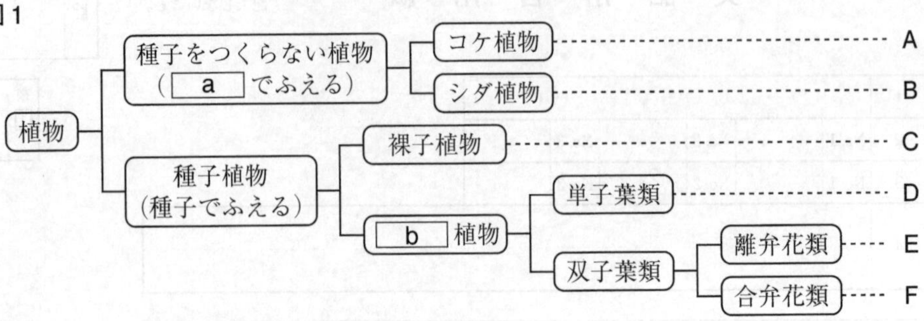

(1)　図１の a ， b に入る適切な言葉を書きなさい。

(2)　図１のA～Fを，維管束がない植物と，維管束がある植物になかま分けしたものはどれか。次のア～エから１つ選び，記号で答えなさい。

	維管束がない植物	維管束がある植物
ア	A	B，C，D，E，F
イ	A，B	C，D，E，F
ウ	A，B，C	D，E，F
エ	A，B，C，D	E，F

2　健一さんたちは，図２のように，明るい昼と真っ暗な夜について，光合成と呼吸による気体の出入りの関係を学習した。そこで，うす暗いときに，植物は光合成を行っているのだろうかという疑問をもち，明るさと光合成の関係について調べ，次のページのようなレポートにまとめた。後の(1)，(2)の問いに答えなさい。

図２

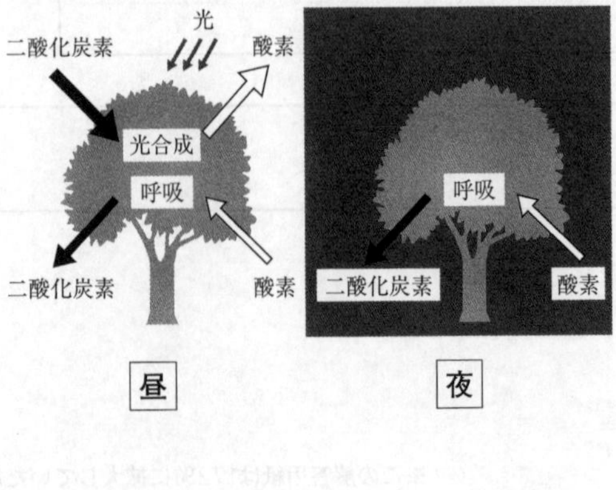

〔レポート〕（一部）

【学習問題】 明るさの違いは，光合成に関係しているだろうか。

【仮説】 日なたと日かげでは植物の成長に違いが見られるので，明るさの違いは光合成に関係しているだろう。

【実験】 ① 暗い場所に一晩置いた植物にポリエチレンの袋をかぶせた。図３のように，ストローで息をふきこんだ後，袋の中の湿度を調べた。袋の中の二酸化炭素の割合が，空気中の約10倍である0.40％になっていることを，図４のように，気体検知管で確認し，息をふきこんだ穴を密閉した。

② 照度計で測定した値が7000ルクスを示す明るさで，気温が28℃の場所に，①の植物を置いた。

③ ②から60分後，120分後，180分後における袋の中の二酸化炭素の割合を気体検知管で調べた。また，袋の中の湿度を調べた。

④ ②の照度計で測定した値が，2000ルクス，０ルクスを示す明るさに変えて，それぞれ①～③と同様の操作を行った。

図３

図４

【結果】 気体検知管で調べた袋の中の二酸化炭素の割合は，次の表のようになった。

表

	照度計で測定した値	袋の中の二酸化炭素の割合〔%〕			
		0分	60分後	120分後	180分後
明	7000ルクス	0.40	0.32	0.24	0.16
↕	2000ルクス	0.40	0.40	0.40	0.40
暗	０ルクス（真っ暗）	0.40	0.44	0.48	0.52

袋を密閉する前の湿度は，どの明るさのときも同じであり，時間による湿度の変化はなかった。

【考察】 表より，2000ルクスのときに，……

（注） 明るさは照度であらわされ，「ルクス」という単位を用いる。

(1) 【結果】をもとに，7000ルクスのときの「光を当てた時間」と「袋の中の二酸化炭素の割合」の関係を表すグラフを，解答用紙にかきなさい。

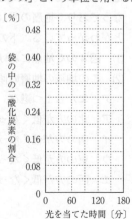

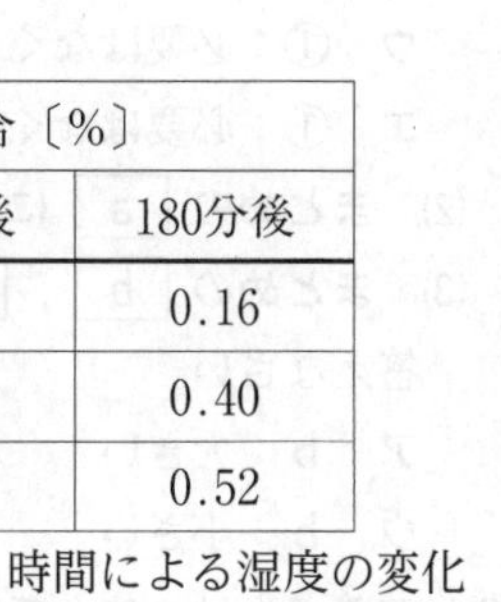

(2) 下線部に関して，今回の実験では2000ルクスのときに袋の中の二酸化炭素の割合が変化しなかった理由を，「光合成」，「呼吸」という言葉を使って，簡潔に書きなさい。

[2] 友美《ともみ》さんは，火山灰の観察と地層の調べ学習を行った。後の１，２の問いに答えなさい。

1 友美さんは，火山灰にふくまれる粒を観察して図１のようにスケッチし，次のようにまとめた。下の⑴～⑶の問いに答えなさい。

［まとめ］

図１のように，双眼実体顕微鏡で観察した粒のうち，マグマからできた結晶は，[a] とよばれる。[a] には，色のついているものと，白色や無色透明のものがあり，観察した火山灰では白色や無色透明のものが多かった。ねばりけが [b] マグマをふき出す火山ほど，火山灰などの火山噴出物の色は白っぽくなり，[c] になることが多い。

図１

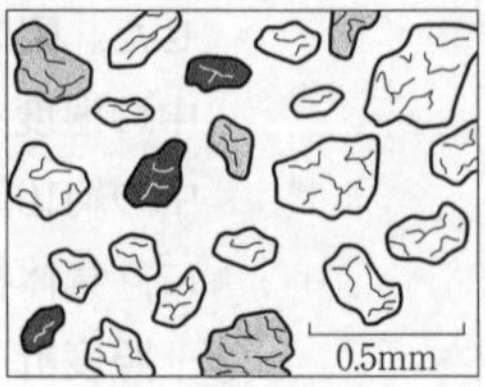

⑴ 下線部に関して，次の文は，図２の双眼実体顕微鏡について説明したものである。[①]，[②] に入る適切な言葉の組み合わせを，下のア～エから１つ選び，記号で答えなさい。

双眼実体顕微鏡は，プレパラートをつくる [①]，観察物を [②] 程度で立体的に観察することができる。

図２

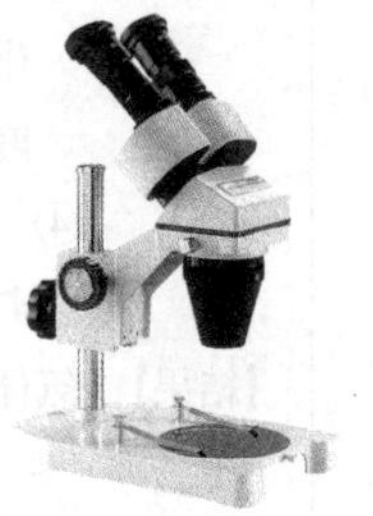

ア ①：必要があり ②：40倍～600倍
イ ①：必要があり ②：20倍～40倍
ウ ①：必要はなく ②：40倍～600倍
エ ①：必要はなく ②：20倍～40倍

⑵ まとめの [a] に入る適切な言葉を書きなさい。

⑶ まとめの [b]，[c] に入る適切な言葉の組み合わせを，次のア～エから１つ選び，記号で答えなさい。

ア b：大きい c：おだやかな噴火 イ b：大きい c：激しい噴火
ウ b：小さい c：おだやかな噴火 エ b：小さい c：激しい噴火

2 友美さんは，住んでいる地域で行われたボーリング調査の資料を集め，地層の広がりについて調べた。図３は，A～Cの３地点をふくむ地図に，海面からの高さが同じところを結んだ等高線をかき入れたものであり，数値は海面からの高さを示している。また，図４は，図３の３地点の，地下40mまでの地質のようすを表したものである。ただし，この地域の地層はすべて平行に重なっており，地層のずれや折れ曲がり，上下の逆転はなく，また，火山灰の層は１つしかないことがわかっている。下の⑴，⑵の問いに答えなさい。（図３，図４は次のページにあります。）

⑴ 図４のC地点におけるX層とY層の境は，海面から何mの高さになるか，答えなさい。

⑵ この地域の地層の傾きは，どのようになっていると考えられるか。最も適切なものを，次のア～エから１つ選び，記号で答えなさい。

ア 北の方が低くなっている。
イ 南の方が低くなっている。
ウ 東の方が低くなっている。
エ 西の方が低くなっている。

図３

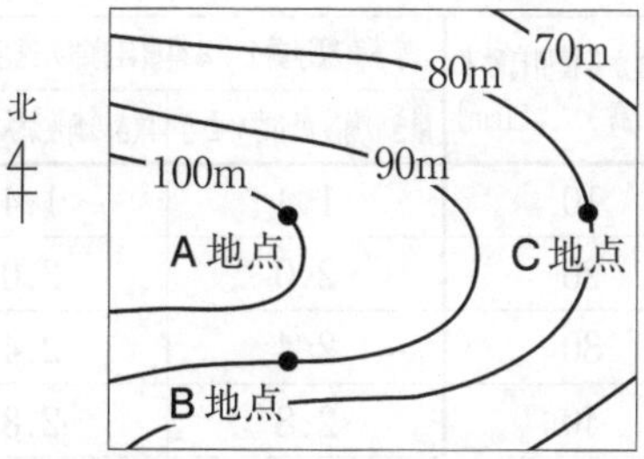

図４

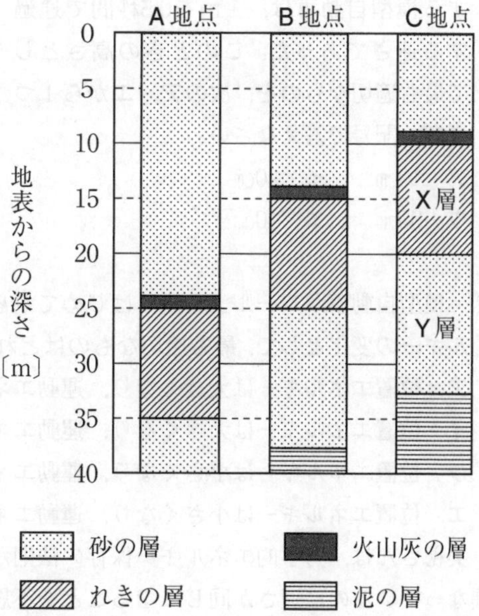

3　美穂《みほ》さんは，物体の運動を調べるために**実験Ⅰ**，**Ⅱ**を行った。後の１，２の問いに答えなさい。ただし，摩擦《まさつ》や空気の抵抗は考えないものとする。

１　美穂さんは，傾きの角度が異なるレールを使って，レール上を走る模型自動車の運動を調べる**実験Ⅰ**を行い。結果を表にまとめた。次のページの(1)，(2)の問いに答えなさい。

〔**実験Ⅰ**〕

① 図１のように，傾きの角度が小さいレールを水平面に置き，水平面からの高さが10㎝のところに，ぜんまいやモーターなどが付いていない模型自動車を置いた。

② 静かに手をはなして模型自動車を走らせ，水平なところで等速直線運動をする模型自動車の速さを測定した。

③ 水平面から模型自動車までの高さを20㎝，30㎝，40㎝と変化させ，②と同様の測定をそれぞれ行った。

④ 図２のように，レールを傾きの角度が大きいものに替え，水平面からの高さが10㎝のところに模型自動車を置いて，②，③と同様の操作を行った。

図１

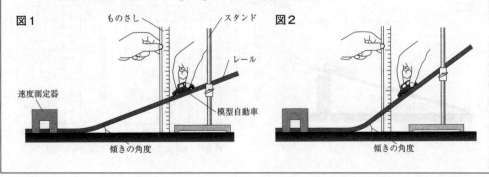

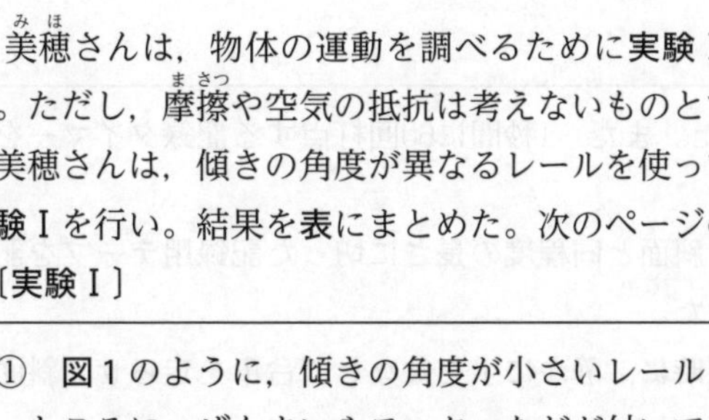

図２

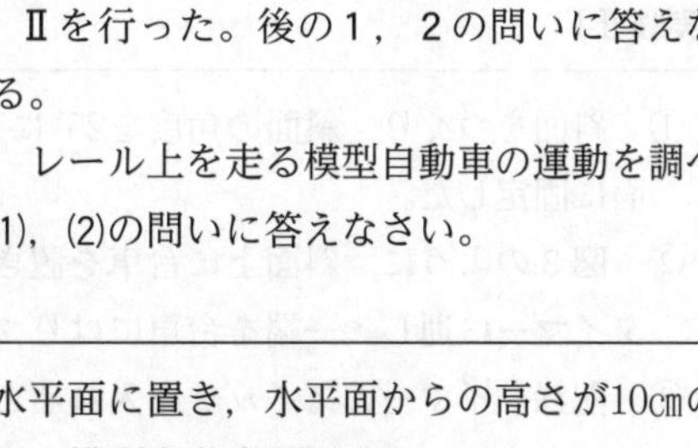

⑴　表中のある高さのとき，等速直線運動をする模型自動車は，１ｍを0.5秒間で通過する速さであった。このときの高さとして最も適切なものを，次の**ア**～**エ**から１つ選び，記号で答えなさい。

ア　10㎝　　**イ**　20㎝
ウ　30㎝　　**エ**　40㎝

表

水平面から模型自動車までの高さ〔cm〕	等速直線運動をする模型自動車の速さ〔m/s〕	
	傾きの角度が小さいとき	傾きの角度が大きいとき
10	1.4	1.4
20	2.0	2.0
30	2.4	2.4
40	2.8	2.8

⑵　模型自動車がレール上を走りはじめてから等速直線運動をするまで，模型自動車のもつエネルギーの変化として，最も適切なものはどれか。次の**ア**～**エ**から１つ選び，記号で答えなさい。

ア　位置エネルギーは大きくなり，運動エネルギーも大きくなる。
イ　位置エネルギーは大きくなり，運動エネルギーは小さくなる。
ウ　位置エネルギーは小さくなり，運動エネルギーは大きくなる。
エ　位置エネルギーは小さくなり，運動エネルギーも小さくなる。

2　美穂さんは，力学的エネルギー保存の法則から**実験Ⅰ**の結果を考えた。しかし，傾きの角度が異なっているのに速さが同じになることを不思議に思い，その理由を詳しく調べるために**実験Ⅱ**を行った。後の⑴，⑵の問いに答えなさい。

〔**実験Ⅱ**〕

①　斜面をつくり，斜面の角度を25°にした。また，1秒間に60回打点する記録タイマーを斜面に固定した。
②　図３のように，斜面上に台車を置き，斜面と同程度の長さに切った記録用テープを記録タイマーに通し，一端を台車にはりつけた。
③　記録タイマーのスイッチを入れると同時に，静かに手をはなして台車を走らせ，斜面を下る台車の運動を記録した。
④　①での斜面の角度を50°に変え，②，③と同様の操作を行った。
⑤　記録されたテープを打点が重なり合わず，はっきりと判別できる点から0.1秒（６打点）ごとに切りとって，グラフ用紙に左から順に下端をそろえてはりつけると，**図４**，**図５**のようになった。

図３

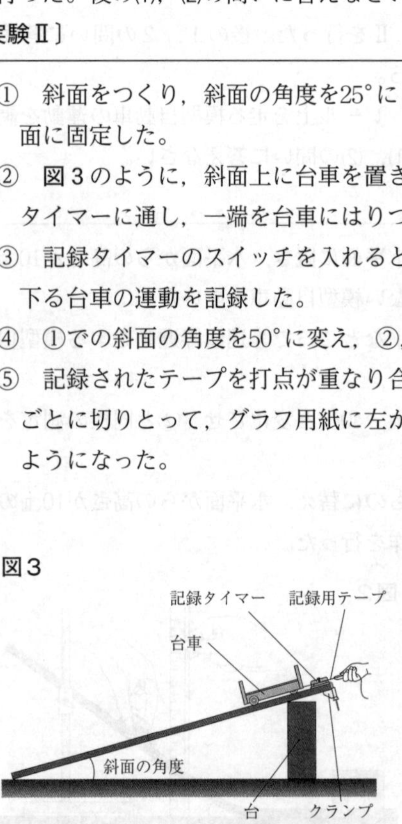

図４

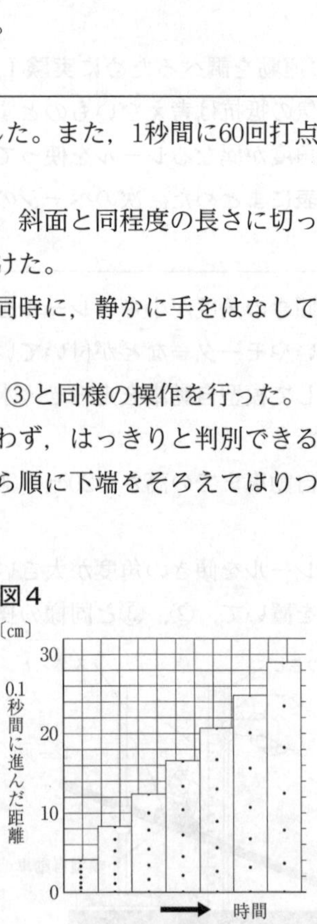

斜面の角度が25°のとき

図５

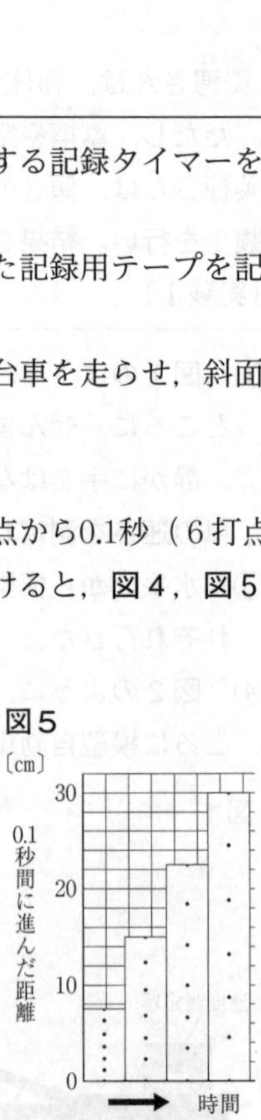

斜面の角度が50°のとき

(1)　斜面の角度が25°，50°のときに，「台車が動きだしてからの時間」と，「台車が動きだしたところからの移動距離」の関係を表したグラフとして，最も適切なものはどれか。次の**ア**～**エ**から１つ選び，記号で答えなさい。

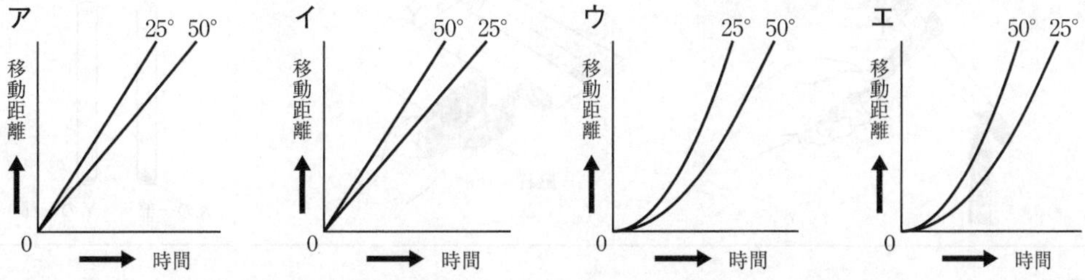

(2)　美穂さんは，斜面上やレール上を運動する物体について次のようにまとめた。□に入る適切な内容を，「**速さのふえ方**」という言葉を使って，簡潔に書きなさい。

〔まとめ〕

実験Ⅱの図４，図５からは，斜面の角度が大きくなるほど，台車の速さのふえ方は大きくなることがわかる。

実験Ⅰで，傾きの角度が異なるレールを使って同じ高さから模型自動車を走らせたとき，水平なところで等速直線運動をする模型自動車の速さは同じになった。その理由として，レールが傾いているところを模型自動車が走るとき，傾きの角度が大きいレールのときと比べて傾きの角度が小さいレールでの模型自動車の運動は，□から同じ速さになったと考えると，力学的エネルギー保存の法則から考えなくても理解することができる。

4　裕子《ゆうこ》さんは，鉄と硫黄の混合物を加熱したときの変化を調べるために，次のような実験を行い，結果を次のページの**表**にまとめた。後の１～４の問いに答えなさい。

〔実験〕

①　図１のように，乳ばちと乳棒を用いて，鉄粉3.5 gと硫黄2.5 gをよく混ぜ合わせ，試験管Xにその$\frac{1}{4}$を，試験管Yに残りの分をそれぞれ入れた。

②　試験管Xは，試験管立てに立てておいた。

③　試験管Yに脱脂綿でゆるく栓をし，図２（次のページ）のように，混合物の上部をガスバーナーで加熱した。a色が赤色になりはじめたら，ガスバーナーの火を消し，変化のようすを観察した。

④　加熱した試験管が冷めたら，図３（次のページ）のように，試験管X，Yに磁石を近づけ，磁石へのつき方をそれぞれ調べた。

⑤　試験管X，Yの中身を少量ずつ取り出して，別の試験管に入れ，図４（次のページ）のよ

図１

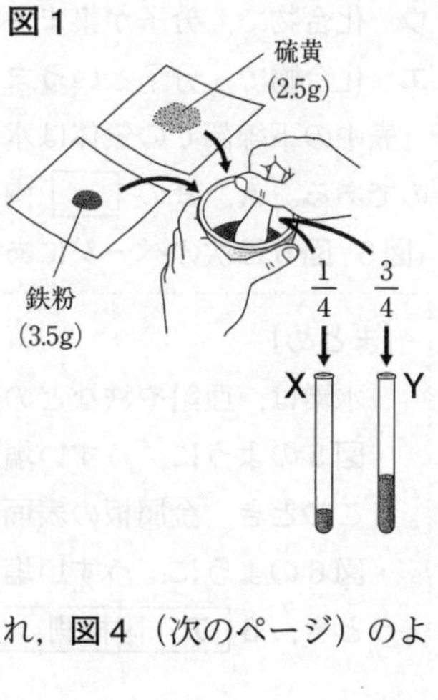

うに，それぞれにうすい塩酸を２，３滴加えて，発生した気体のにおいを調べた。

図２

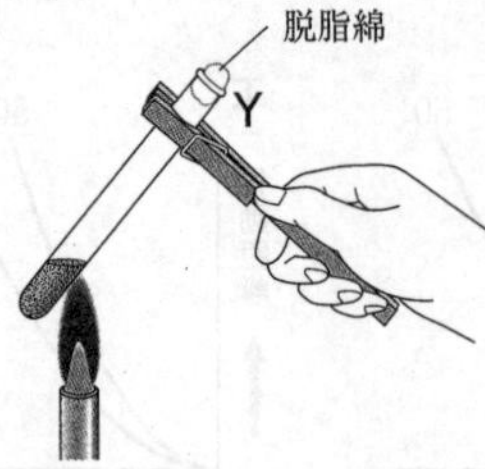

図３

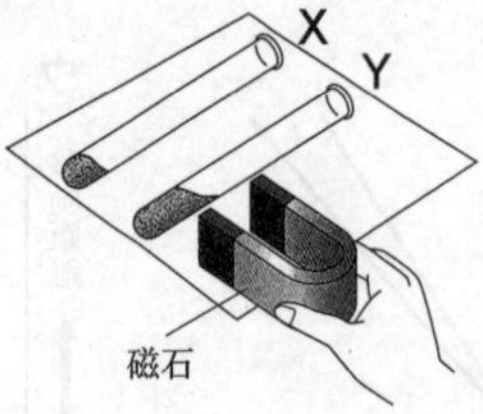

図４

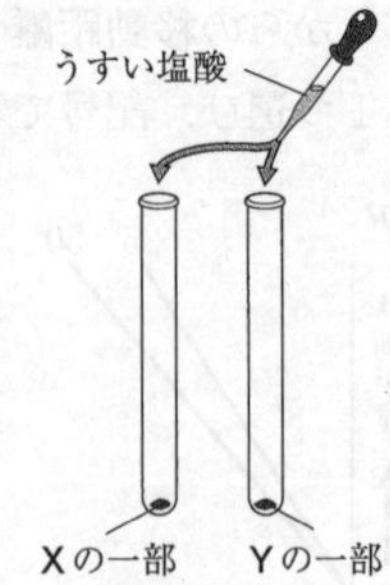

表

試験管	磁石へのつき方	発生した気体のにおい
試験管Ｘ（熱する前の混合物）	引き寄せられた	cにおいはなかった
b試験管Ｙ（熱した後の物質）	引き寄せられなかった	特有のにおいがした

1　下線部aに関して，加熱をやめても反応が続いた。次の文は，いったん反応がはじまると加熱をやめても反応が続いた理由である。［A］，［B］に入る適切な言葉の組み合わせを，下のア～エから１つ選び，記号で答えなさい。

化学変化のときに熱を［A］したために，まわりの温度が［B］が起こったから。

ア　A：吸収　　B：上がる吸熱反応
イ　A：吸収　　B：下がる吸熱反応
ウ　A：放出　　B：上がる発熱反応
エ　A：放出　　B：下がる発熱反応

2　表中の下線部bに関して，試験管Ｙ内には黒い物質ができた。試験管Ｙを熱した後の黒い物質の説明として，最も適切なものはどれか。次のア～エから１つ選び，記号で答えなさい。

ア　単体で，分子が集まってできている物質である。
イ　単体で，分子というまとまりをもたない物質である。
ウ　化合物で，分子が集まってできている物質である。
エ　化合物で，分子というまとまりをもたない物質である。

3　表中の下線部cの気体は水素である。次の文は，裕子さんが，水素の発生についてまとめたものである。A，Bの［　］内の正しい方をそれぞれ選び，記号で答えなさい。
（図５，図６は次のページにあります。）

〔まとめ〕
・水素は，亜鉛や鉄などの金属に，うすい塩酸を加えると発生する。
・図５のように，うすい塩酸に亜鉛板と銅板を入れると，電池になって，モーターが回る。このとき，金属板の表面で水素が発生するのは，A［ア　＋極　　イ　－極］である。
・図６のように，うすい塩酸に電流を通すことによって，うすい塩酸を電気分解する。このとき，B［ア　陽極側　　イ　陰極側］に水素が発生する。

図5

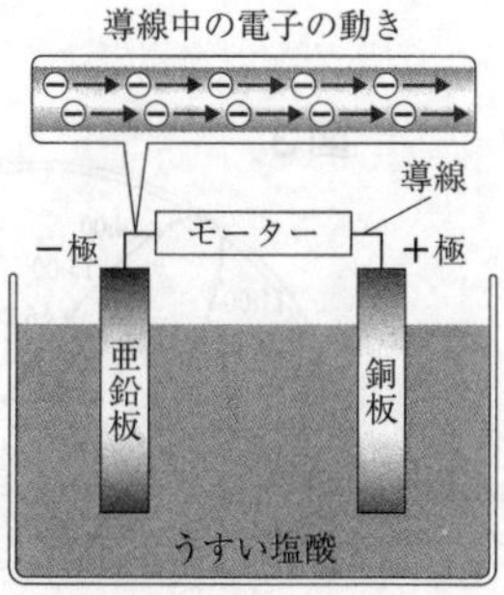

図6

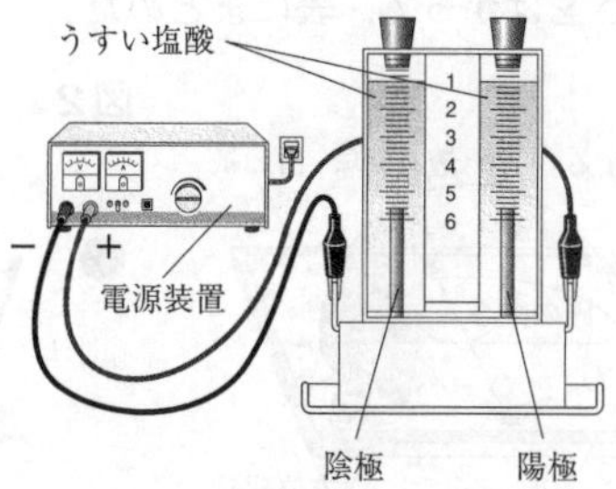

4　裕子さんは，実験の化学変化について，次のようにまとめた。［A］には適切な数値を入れなさい。また，Bの［　］内の正しい方を選び，記号で答えなさい。ただし，［A］の答えは，小数第3位を四捨五入して求めなさい。

［まとめ］

表より，試験管Yを熱した後の黒い物質は，もとの鉄や硫黄と性質のちがう物質と考えることができる。

化学変化において，反応する物質の質量の比はつねに一定であり，鉄と硫黄の反応では，図7のように，鉄2.8 gと硫黄1.6 gが化学反応し，4.4 gの物質をつくる。よって，実験の試験管Yにおいては，［A］gのB［ア　硫黄　　イ　鉄］が化学変化せずに残ると考えられる。

図7

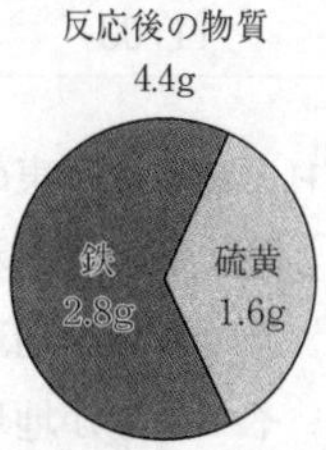

5　和也《かずや》さんは，太陽の1日の動きと，太陽の表面について調べることにした。後の1，2の問いに答えなさい。

1　和也さんは，秋分の日に宮崎県のある場所（北緯32°）で，太陽の1日の動きを調べる観察を行い，結果を表にまとめた。後の(1)～(3)の問いに答えなさい。

［観察］

① 白い紙に透明半球のふちと同じ大きさの円をかき，円の中心で直角に交わる2本の線を引いた。

② 図1（次のページ）のように，かいた円に透明半球のふちを合わせて，透明半球をセロハンテープで固定した。日当たりのよい水平な場所で，方位磁針を使って東西南北の方位を合わせて固定した。

③ 図2（次のページ）のように，ペンの先の影が円の中心にくるようにして，太陽の位置を透明半球上に記録した。

④ 太陽の位置は1時間ごとに記録し，そのときの時刻も記入した。図3（次のページ）のように，記録した点をなめらかな曲線で結び，それを透明半球のふちまでのばし，ふちとぶつかるところをそれぞれA，Bとした。

⑤　曲線ＡＢに紙テープを当て，透明半球に記録した点を写しとり，Ａから記録した点までの長さをはかって，**表**にまとめた。

図１

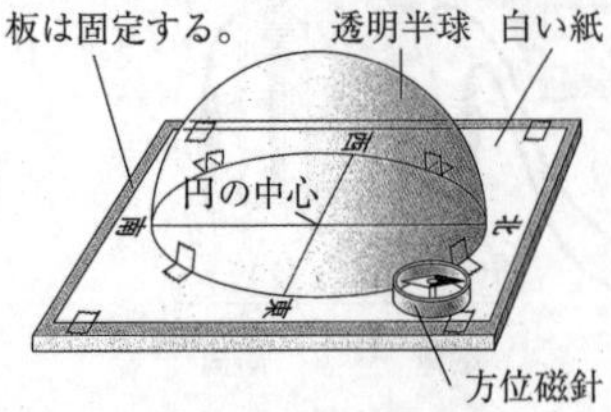

図２

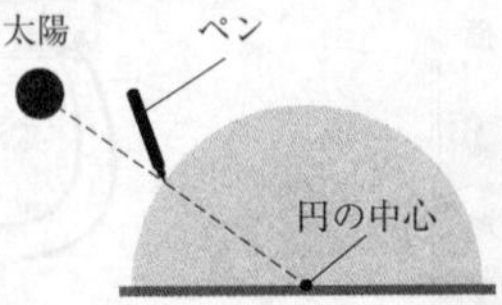

図３

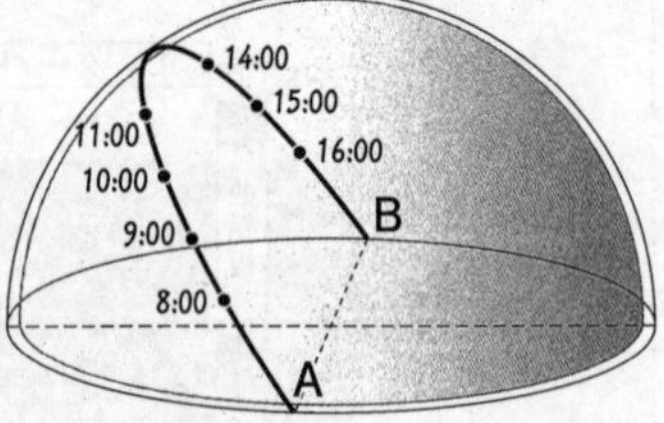

表

点を記録した時刻	点Ａから記録した点までの長さ〔cm〕	点を記録した時刻	点Ａから記録した点までの長さ〔cm〕
8:00	4.8	**X**＿：＿	17.4
9:00	7.2	14:00	19.2
10:00	9.6	15:00	21.6
11:00	12.0	16:00	24.0

⑴　太陽は，東の地平線から昇り，南の空を通って西の地平線に沈む。その理由として，最も適切なものはどれか。次の**ア**～**エ**から１つ選び，記号で答えなさい。

ア　太陽が地球のまわりを西から東へ回っているから。
イ　太陽が地球のまわりを東から西へ回っているから。
ウ　地球は西から東へ自転しているから。
エ　地球は東から西へ自転しているから。

⑵　12：00と13：00は雲の影響で記録ができなかったが，11：00から14：00の間に１回だけ記録をすることができた。**表**中の時刻**X**を求めなさい。

⑶　秋分の日に，北海道のある場所（北緯43°）での太陽の１日の動きを透明半球に記録した図として，最も適切なものはどれか。次の**ア**～**エ**から１つ選び，記号で答えなさい。

ア

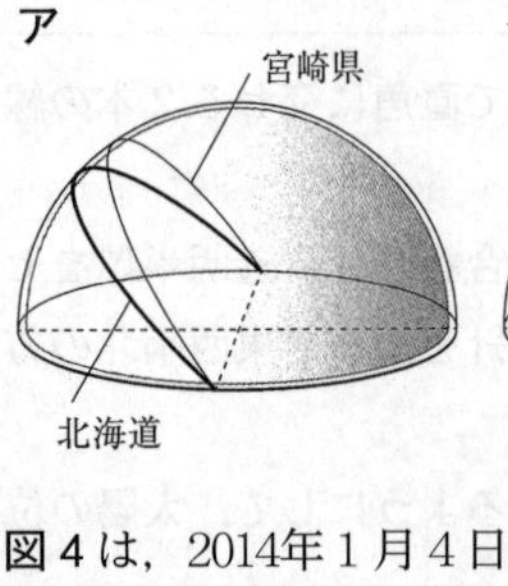

イ

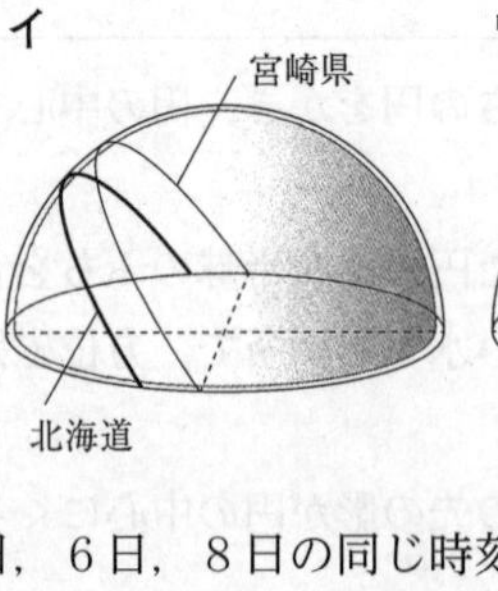

ウ

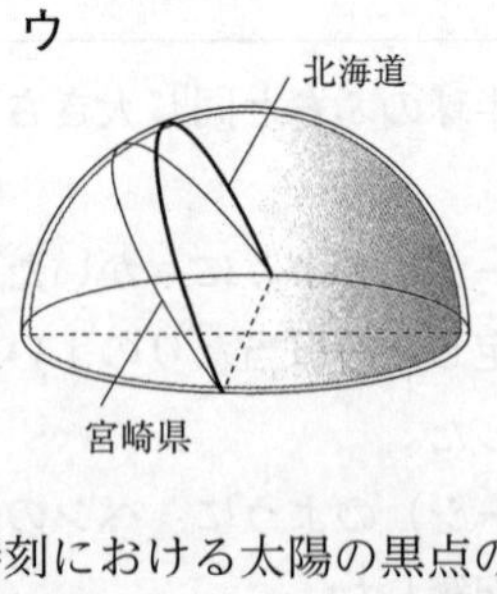

エ

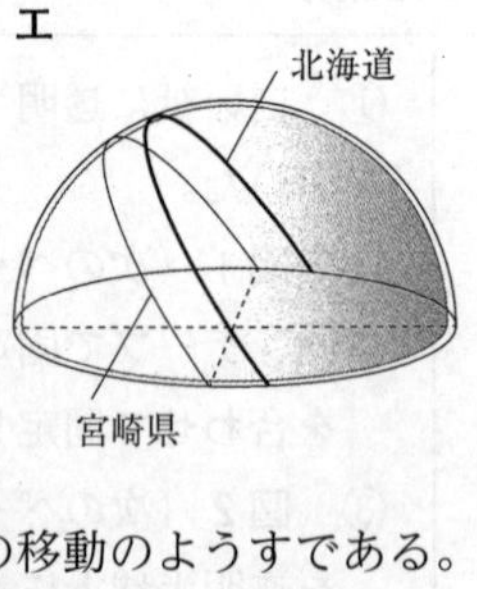

2　**図４**は，2014年１月４日，６日，８日の同じ時刻における太陽の黒点の移動のようすである。**図５**の①は，１月４日，６日，８日の２つの黒点に注目し，その位置を太陽に見たてた発泡ポリスチレン球の球面上に和也さんがスケッチしたもので，**図５**の②は，**図５**の①を上から見たときの図である。後の⑴，⑵の問いに答えなさい。

（**図４**，**図５**は次のページにあります。））

(1)　次の文は，黒点が黒く見える理由である。[A]，[B] に入る適切な言葉の組み合わせを，下のア～エから１つ選び，記号で答えなさい。

> 太陽の表面温度は約 [A] ℃で，黒点の部分は，それより1500℃～2000℃ほど温度が [B] から。

ア　A：6000　　B：高い
イ　A：6000　　B：低い
ウ　A：9000　　B：高い
エ　A：9000　　B：低い

(2)　図５の②より，太陽面に見たてた球面の角度で見ると，黒点は一定の速さで移動していることがわかる。黒点が図４のように，一定の速さで移動し続けたとき，黒点が１周するのにかかる日数を答えなさい。ただし，答えは，小数第１位を四捨五入して求めなさい。

図４

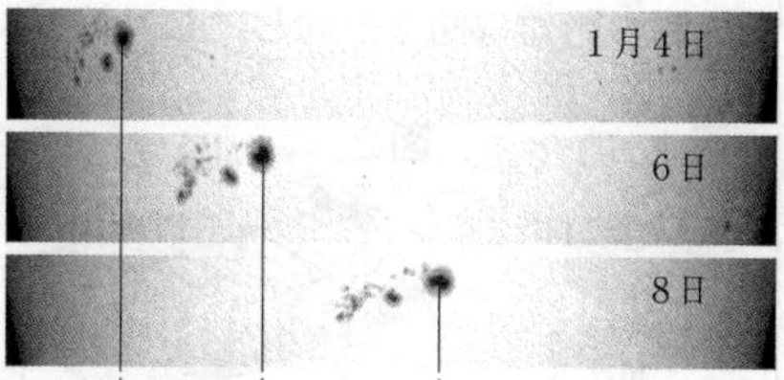

図５

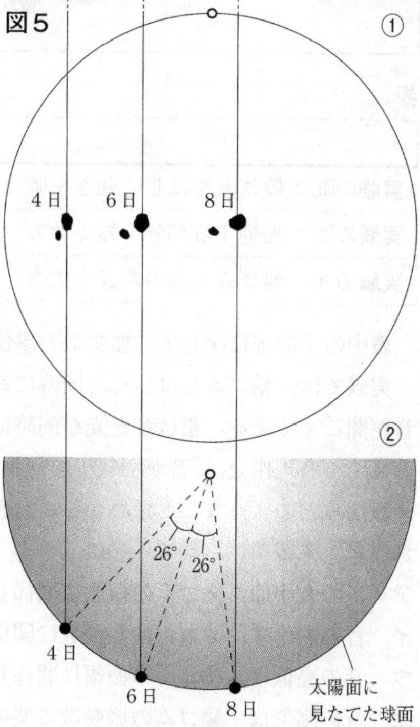

6　直樹《なおき》さんは，音の大小や高低と発音体の振動との関係を学習した後，身近なものでモノコードをつくって実験を行い，結果を表にまとめた。後の１～４の問いに答えなさい。
（図１～図４は次のページにあります。）

［実験］

① 図１のような積み木と，ことじに見たてた木製の三角柱，輪ゴムを使って，図２のように，輪ゴム全体ののびが均一となるように輪ゴムを１回巻いたモノコードをつくった。モノコードは，三角柱の間の輪ゴムをはじいて振動を観察するようにした。

② 図２において，輪ゴムをはじく強さをしだいに強くしていき，音の大きさや高さと輪ゴムの振動のようすを調べた。

③ 図３のように，図２の状態から，三角柱の間の距離を縮めて振動する部分を短くしていき，音の大きさや高さと輪ゴムの振動のようすを調べた。このとき，輪ゴムをはじく強さや輪ゴム全体ののびは，変えないようにした。

④ 図４のように，図２の状態に図１の積み木を足していくことで，輪ゴム全体ののびを均一

に大きくしていき，音の大きさや高さと輪ゴムの振動のようすを調べた。このとき，三角柱の間の距離は図2と同じにし，輪ゴムをはじく強さは変えないようにした。

図1

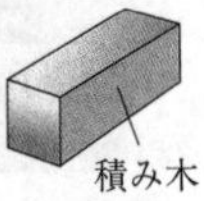

図2

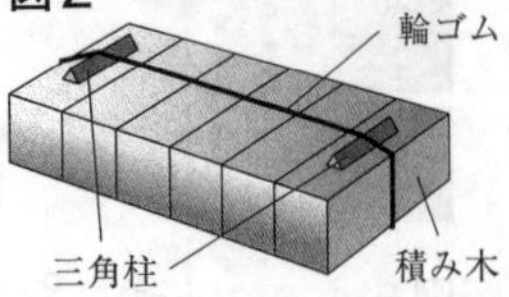

図3

図4

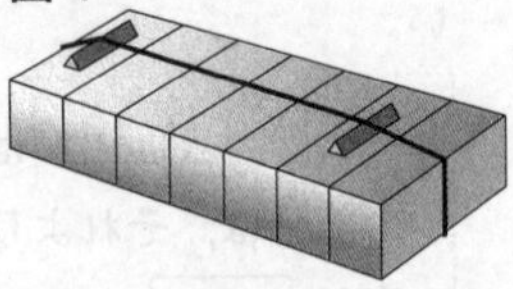

表

	音の大きさ	音の高さ	輪ゴムの振動のようす
実験の②：輪ゴムをはじく強さを強くする	大きくなる	変化しない	振幅が大きくなる
実験の③：振動する部分を短くする	変化しない	高くなる	振動数が多くなる
実験の④：輪ゴム全体ののびを大きくする	変化しない	高くなる	振動数が多くなる

1　**表**中の下線部に関して，振動数の単位を答えなさい。

2　**実験**では，輪ゴムをはじくと同時に音を聞いた。しかし，雷では，光が見えてから少し遅れて音が聞こえてくる。雷は音と光が同時に出ているが，雷の光が見えてから少し遅れて雷の音が聞こえてくる理由を，「音が空気中を伝わる速さは，」の書き出しで，簡潔に書きなさい。

3　**表**からどのようなことがわかるか。適切なものを，次の**ア**～**エ**から**すべて**選び，記号で答えなさい。

ア　音の大小は，輪ゴムの振幅に関係し，振幅が大きいほど大きい音が出る。

イ　音の大小は，輪ゴムの振動数に関係し，振動数が多いほど大きい音が出る。

ウ　音の高低は，輪ゴムの振幅に関係し，振幅が大きいほど高い音が出る。

エ　音の高低は，輪ゴムの振動数に関係し，振動数が多いほど高い音が出る。

4　直樹さんがまとめた**表**を見た先生は，直方体の形をした木製の枠組みを持ってきた。図5は，枠組みの点a，b，cを通り，輪ゴム全体ののびが均一で，全体の長さが40㎝となるように輪ゴムを1回巻いたときの図である。図6は，図5のときの輪ゴムを，枠組みの点d，e，fを通り，輪ゴム全体ののびが均一で，全体の長さが30㎝となるように1回巻いたときの図である。

図5

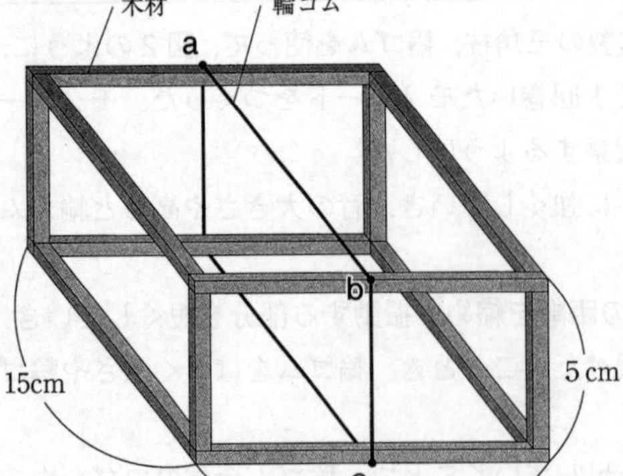

図6

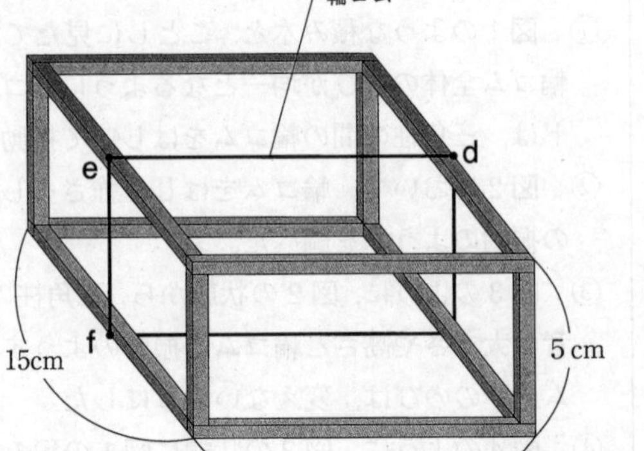

ａｂ，ｂｃ，ｄｅ，ｅｆ部分をはじいて出る音の高低について，実際に輪ゴムを振動させなくても，**表**から音の高低を判別できると直樹さんは先生から聞いた。**表**をもとに，各部分をはじいて出る音の高低について，判別ができる振動部分の組み合わせは４つあると直樹さんは考えた。次の文の ① ， ② に入る適切な振動部分を下の**ア**～**エ**から， ③ に入る適切な理由を下の**Ａ**～**Ｆ**からそれぞれ選び，記号で答えなさい。ただし，同じ記号をくり返し選んでもよい。また，４つの組み合わせを答える順番は自由とする。

> ① をはじいて出る音の高さは， ② をはじいて出る音の高さより高いと考えられる。その理由は， ③ からである。

【 ① ， ② に入る振動部分】

ア　ａｂ部分　**イ**　ｂｃ部分　**ウ**　ｄｅ部分　**エ**　ｅｆ部分

【 ③ に入る理由】

Ａ　輪ゴム全体ののびは同じだが，輪ゴムをはじく部分の長さが長い
Ｂ　輪ゴム全体ののびは同じだが，輪ゴムをはじく部分の長さが短い
Ｃ　輪ゴムをはじく部分の長さは同じだが，輪ゴム全体ののびが大きい
Ｄ　輪ゴムをはじく部分の長さは同じだが，輪ゴム全体ののびが小さい
Ｅ　輪ゴム全体ののびは大きく，輪ゴムをはじく部分の長さは短い
Ｆ　輪ゴム全体ののびは小さく，輪ゴムをはじく部分の長さは長い

7　麻衣《まい》さんは，ヒトが栄養分をとり入れるしくみを調べるために**実験Ⅰ**，**Ⅱ**を行った。後の１，２の問いに答えなさい。

１　麻衣さんは，唾液のはたらきを調べるために**実験Ⅰ**を行い，結果を**表Ⅰ**（次のページ）のようにまとめ，唾液のはたらきについて後のようにまとめた。次のページの(1)，(2)の問いに答えなさい。

〔**実験Ⅰ**〕

①　**図１**のように，試験管**Ａ**にうすめた唾液を２cm^3入れ，試験管**Ｂ**に水を２cm^3入れた。試験管**Ａ**，**Ｂ**に，それぞれ１％デンプン溶液を10cm^3入れ，よく振って混ぜた。
②　**図２**のように，ビーカーに約40℃の湯を入れ，試験管**Ａ**，**Ｂ**を約７分間あたためた。
③　**図３**のように，試験管**Ａ**の溶液の半分を試験管**Ｃ**にとり分け，試験管**Ｂ**の溶液の半分を試験管**Ｄ**にとり分けた。
④　試験管**Ａ**，**Ｂ**にヨウ素溶液を入れて，色の変化を見た。
⑤　試験管**Ｃ**，**Ｄ**にベネジクト溶液を入れた。さらに，沸とう石を入れて軽く振りながら加熱し，色の変化を見た。

図１

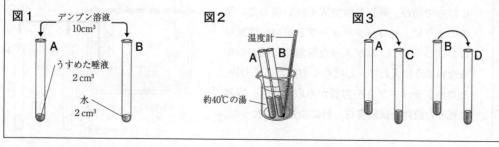

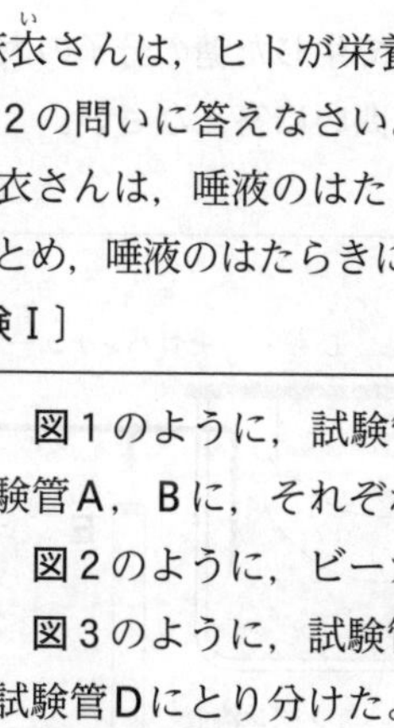

図２

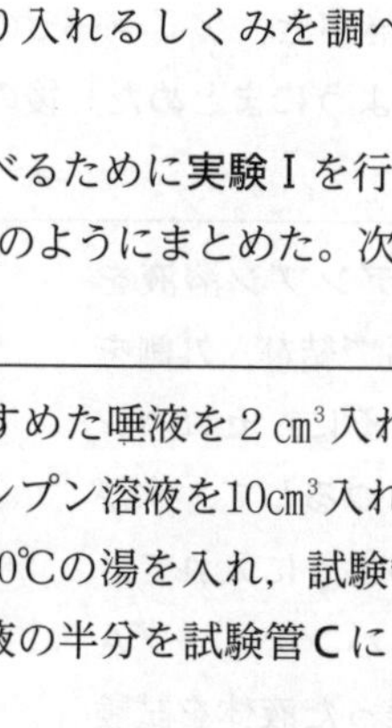

図３

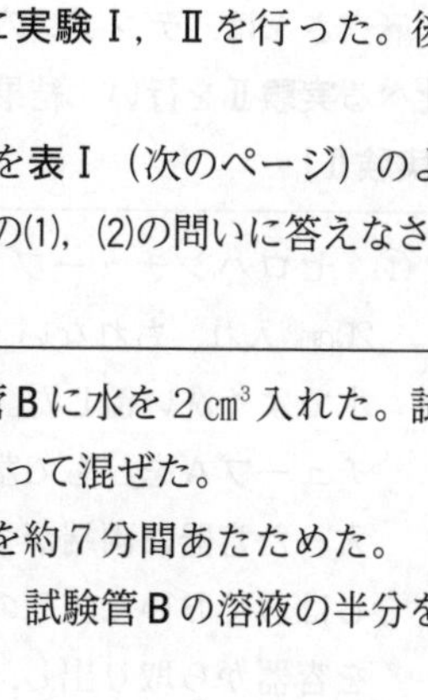

表Ⅰ

	ヨウ素溶液に対する反応		ベネジクト溶液に対する反応	
唾液＋デンプン溶液	試験管A	変化なし	試験管C	赤褐色《せきかっしょく》ににごった
水＋デンプン溶液	試験管B	青紫色になった	試験管D	変化なし

〔まとめ〕

唾液のはたらきによってデンプンがなくなっていることが，［a］の結果からわかる。また，唾液のはたらきによって麦芽糖などが生じることが，［b］の結果からわかる。よって，唾液のはたらきによって，デンプンが麦芽糖などに変化することがわかる。唾液は消化液の一種で，唾液にはアミラーゼという［c］がふくまれている。

(1)　まとめの［a］，［b］に入る適切な試験管の組み合わせを，次のア～エから１つ選び，記号で答えなさい。

ア　a：試験管A，B　　b：試験管C，D
イ　a：試験管C，D　　b：試験管A，B
ウ　a：試験管A，D　　b：試験管B，C
エ　a：試験管B，C　　b：試験管A，D

(2)　まとめの［c］に適切な言葉を書きなさい。

2　麻衣さんは，デンプンの分子の大きさと，アミラーゼのはたらきで生じた糖の分子の大きさを比べる実験Ⅱを行い，結果を表Ⅱのようにまとめた。後の(1)，(2)の問いに答えなさい。

〔実験Ⅱ〕

①　セロハンチューブAに１％デンプン溶液を20cm³入れ，もれないようにひもで結び，外側を水でよく洗い流した。図４のように，セロハンチューブAをひもで割りばしにつるして，水が入った容器に両端がつからないように入れて，しばらくおいた。その後，セロハンチューブAを容器から取り出し，容器に残った液体を試験管E，Fに少量ずつとった。

図４

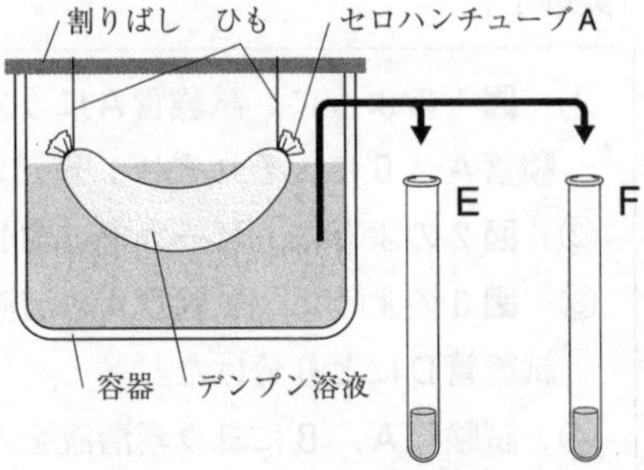

②　セロハンチューブBに１％デンプン溶液を20cm³とうすめた唾液を４cm³入れ，もれないようにひもで結び，外側を水でよく洗い流した。図５のように，セロハンチューブBをひもで割りばしにつるして，水が入った容器に両端がつからないように入れて，しばらくおいた。その後，セロハンチューブBを容器から取り出し，容器に残った液体を試験管G，Hに少量ずつとった。

図５

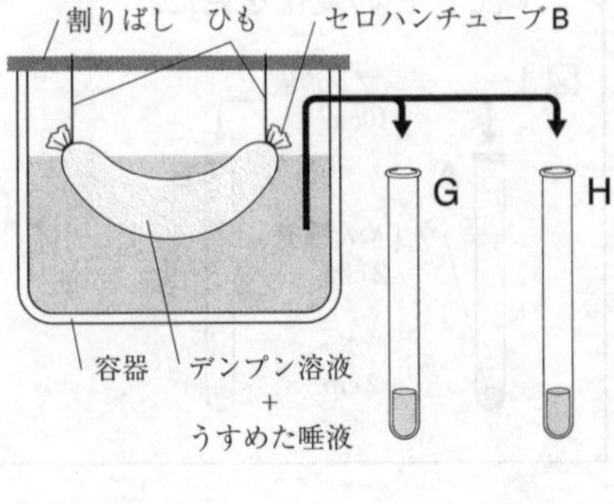

③　試験管E，Gにヨウ素溶液を入れて，色の変化を見た。

④　試験管F，Hにベネジクト溶液を入れた。さらに，沸とう石を入れて軽く振りながら加熱し，色の変化を見た。

表Ⅱ

ヨウ素溶液に対する反応		ベネジクト溶液に対する反応	
試験管E	E	試験管F	F
試験管G	G	試験管H	H

⑴　実験Ⅱから，アミラーゼのはたらきで生じた糖の分子はセロハンの小さな穴を通りぬけ，デンプンの分子はセロハンの小さな穴を通りぬけないことがわかった。実験Ⅱは，どのような結果になったと考えられるか。表Ⅱの[E]～[H]に入る適切な内容を，次のア～ウから１つ選び，記号で答えなさい。ただし，同じ記号をくり返し選んでもよい。

ア　変化なし　　イ　青紫色になった　　ウ　赤褐色ににごった

⑵　食物は，消化によって小さなものに分解され，体内にとり入れられる。図６のように，小腸の壁には，たくさんのひだがあり，そのひだの表面に柔毛という小さな突起が多数ある。柔毛があることで効率よく栄養分を吸収することができる理由について，簡潔に書きなさい。

図６

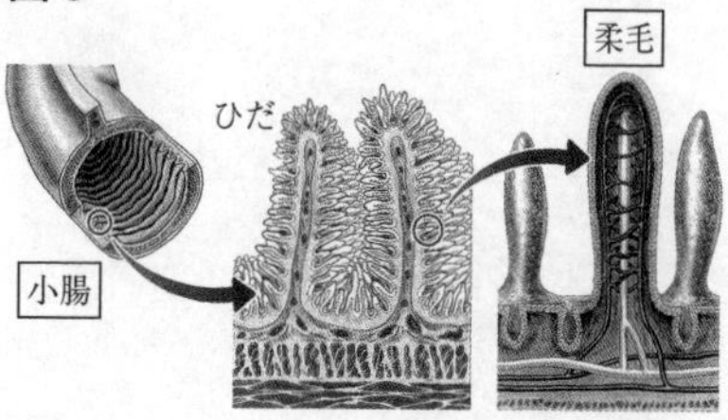

[8]　大介《だいすけ》さんは，１円硬貨がアルミニウムでできていることを知り，アルミニウムの密度を調べるために，次のような実験を行った。次の１～４の問いに答えなさい。

〔実験〕

①　１円硬貨40枚の質量をはかった。

②　水の入ったメスシリンダーに１円硬貨を１枚ずつ沈めた。１円硬貨を40枚沈めて，ふえた体積をはかった。

1　１円硬貨を40枚沈める途中で液面を見ると，図のようになっていた。図のときの目盛りを読みとりなさい。

2　実験の①で，１円硬貨40枚の質量は40ｇであった。また，実験の②で，１円硬貨40枚でふえた体積は14.8cm^{3}であった。アルミニウムの密度を求めなさい。ただし，答えは，小数第２位を四捨五入して求めなさい。

3　下線部に関して，水の中で１円硬貨が沈む理由を，簡潔に書きなさい。

図

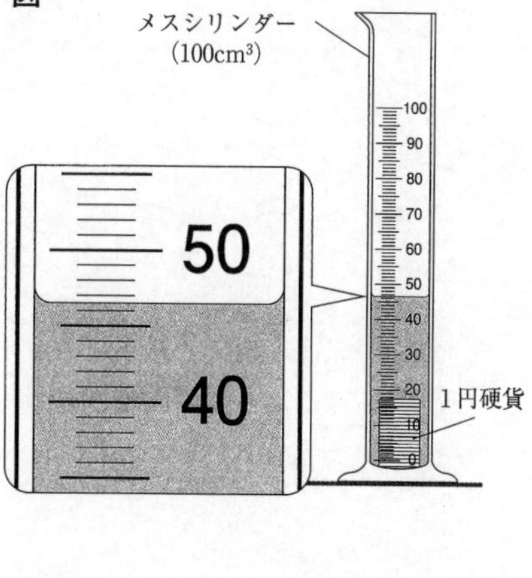

4　大介さんは，５円硬貨が，銅と亜鉛でできた黄銅《おうどう》であることを知った。そこで，銅でできたおもりと５円硬貨の密度の大きさを比較することによって，銅と亜鉛の密度の大小関係がわかると考え，次のようにまとめた。［ a ］，［ b ］に入る適切な言葉の組み合わせを，下のア～エから１つ選び，記号で答えなさい。

〔まとめ〕
　銅でできたおもりと５円硬貨を同じ質量にして体積を比べると，５円硬貨の体積の方が大きくなった。これより，銅でできたおもりの密度の大きさと５円硬貨の密度の大きさは，［ a ］の方が大きいことがわかり，銅の密度の大きさと亜鉛の密度の大きさは，［ b ］の方が大きいことがわかる。

ア　a：銅でできたおもり　　b：銅
イ　a：銅でできたおもり　　b：亜鉛
ウ　a：５円硬貨　　　　　　b：銅
エ　a：５円硬貨　　　　　　b：亜鉛

受検番号		氏　名	

理科解答用紙

（注意）※印のところは記入しないこと。

※計

1

1 (1) a　b　(2)

2 (1)

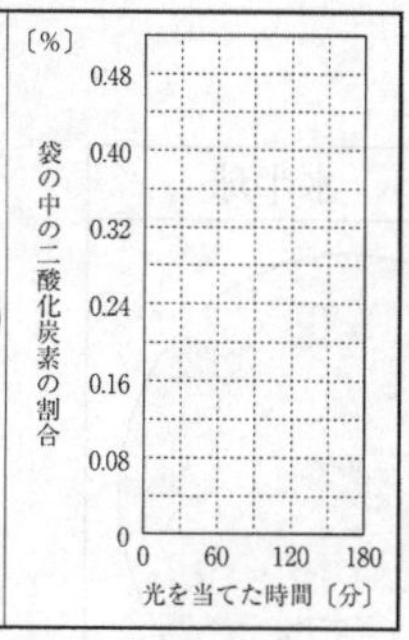

2 (2)

※1

2

1 (1)　(2)　(3)

2 (1)　m　(2)

※2

3

1 (1)　(2)

2 (1)　(2)

※3

4

1　2　3 A　B　4 A　B g

※4

5

1 (1)　(2)　＿＿：＿＿　(3)

2 (1)　(2)　日

※5

6

1　2 音が空気中を伝わる速さは，　3

4

組み合わせ			組み合わせ			組み合わせ			組み合わせ		
①	②	③	①	②	③	①	②	③	①	②	③

※6

7

1 (1)　(2)

2 (1) E　F　G　H　(2)

※7

8

1 cm^3　2 g/cm^3

3　4

※8

※この解答用紙は167％に拡大していただきますと，実物大になります。

＜社会＞

時間　50分　　満点　100点

1　佳美《よしみ》さんのクラスでは，地理的分野の学習で，班ごとにテーマを決めて調査活動を行いました。

1　佳美さんの班は，オリンピックのサーフィン競技予選となる国際大会が宮崎県で行われたことから，「サーフィンと世界の海」というテーマで調査し，発表しました。後の(1)～(5)の問いに答えなさい。

資料1　水半球

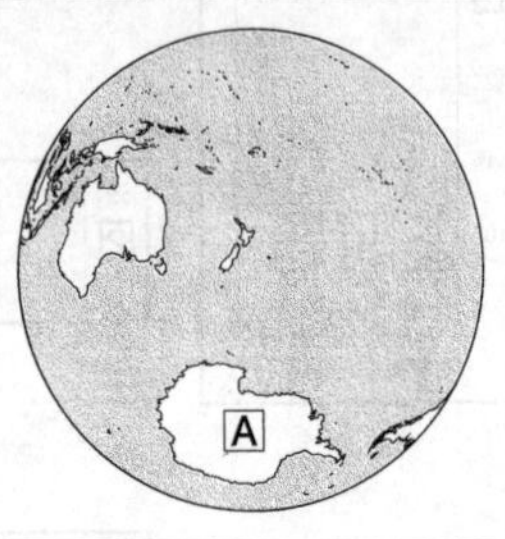

発表1

佳美：地球の海洋と陸地の面積の割合は，海洋がおよそ［①］割，陸地がおよそ［②］割です。世界には海に面した国が数多くあり，サーフィンは代表的なマリンスポーツの一つとして，オリンピックの新たな正式種目に採用されたのだと思います。

友也《ともや》：次に，海洋が最も大きく広がっている角度から地球を見た水半球を紹介します。この**資料1**の［A］は，［③］大陸です。

(1)　**発表1**の［①］～［③］に入る数字と語の組み合わせとして最も適切なものを，次の**ア**～**エ**から1つ選び，記号で答えなさい。

ア　①－9　　②－1　　③－南極
イ　①－9　　②－1　　③－オーストラリア
ウ　①－7　　②－3　　③－南極
エ　①－7　　②－3　　③－オーストラリア

(2)　佳美さんの班が，**資料2**をもとに，海洋の大きさについて考えた**発表2**の［④］，［⑤］に入る記号と語の組み合わせとして最も適切なものを，次のページの**ア**～**エ**から1つ選び，記号で答えなさい。

資料2　緯線と経線が直角に交わった略地図

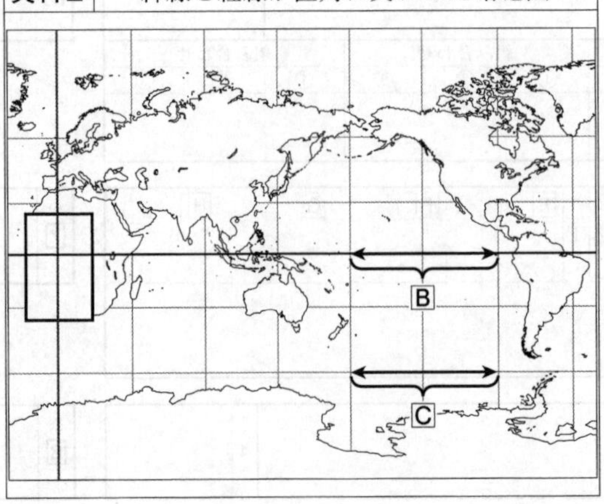

発表2（一部）

資料2の両矢印で示した赤道上の［B］と，その南の緯線上の［C］は，地図上では同じ長さです。しかし，実際の距離は［④］の方が長いことに気がつきました。

このように，**資料2**のような地図では，［⑤］になるほど，緯線上の直線距離が実際より長く，面積も大きく表されることが分かりました。

ア　④－B　⑤－高緯度　　イ　④－B　⑤－低緯度
ウ　④－C　⑤－高緯度　　エ　④－C　⑤－低緯度

⑶　**資料2**の「**アフリカ州**」について，えがかれていない枠内の略地図を，「**赤道**」と「**本初子午線**」の交点の位置に注意して，解答欄にえがきなさい。

⑷　佳美さんの班は，**資料3**から，近年上位2か国に入賞した国々について調べ，その中の4つの国についてメモを作成しました。次のメモの中で，**オセアニア州に属する国をA～D**から1つ選び，記号で答えなさい。

資料3	サーフィン国際大会の団体総合順位（上位2か国）		
順位	2017年	2018年	2019年
1位	フランス	日本	ブラジル
2位	ポルトガル	オーストラリア	アメリカ

（「大会公式ホームページ」他より作成）

Aのメモ
主に西岸海洋性気候であり，南部には地中海性気候もみられる。国境をこえた通勤や買い物が盛んである。

Bのメモ
多様な気候が分布する多民族国家。企業的農業が主流で，工業ではサンベルトにて情報技術(IT)産業が発達している。

Cのメモ
主に熱帯気候であり，広大な熱帯雨林が分布する。先住民と移民との混血が進み，独自の文化がみられる。

Dのメモ
鉱産資源が豊富で，かつては生産した鉱産物や農産物はイギリスへ輸出していたが，近年はアジア諸国との関係が強い。

⑸　友也さんは，サーフィンが太平洋の島々で始められたことを知り，南半球にある太平洋の島国「ツバル」について調べていく中で，**資料4，5**を見つけ，下のようにまとめました。**資料4，5**を関連づけて，□に入る適切な内容を書きなさい。

資料4　ツバルへの国際支援

日本政府がツバルより要請され支援した，海水から真水をつくる装置。

資料5　ツバルの海面上昇による被害

さんご礁《しょう》の島々からなる島国ツバルは，生活用水を地下水に頼ってきた。しかし，近年，満潮のときに地下から海水がふき出たり，高潮や高波による海水の流入で冠水したりする。

（「外務省資料」他より作成）

友也さんのまとめ（一部）

ツバルで**資料4**の装置が必要なのは，**資料5**から，海面上昇による海水の流入などのため，□ことが難しいからだと考えられる。

2　拓郎《たくろう》さんの班は，近年「道の駅」の機能が多様化していることに興味をもち，全国各地の「道の駅」を調べ，資料１を作成しました。後の(1)～(4)の問いに答えなさい。

資料１　全国各地の「道の駅」（一部）

道の駅の機能

地域とともにつくる
個性豊かなにぎわいの場

地図ア

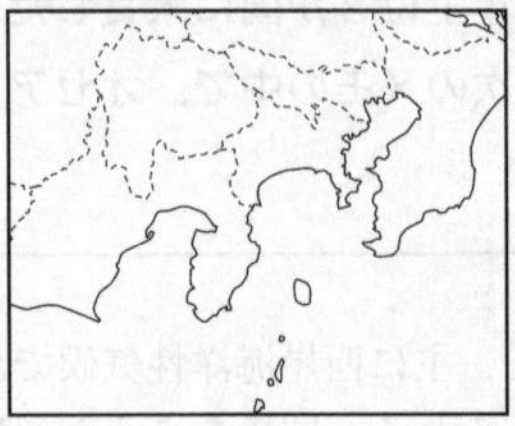

地図イ

地図ウ

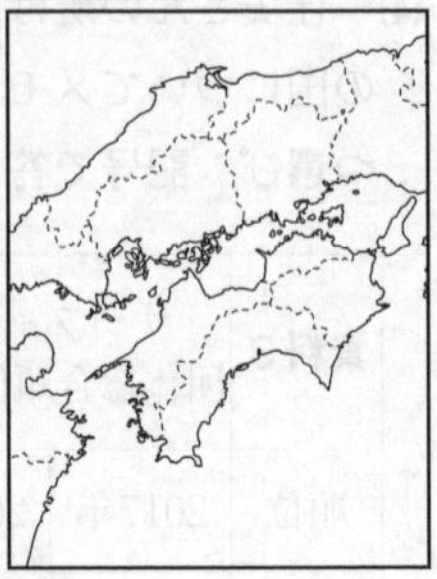

道の駅Ａ（北海道　洞爺湖《とうやこ》町）
火山地形のカルデラに水がたまってできた湖の近くに設置されている。

道の駅Ｂ（山梨県　富士川《ふじかわ》町）
主な道路や防災ステーションと隣接し，災害発生時の情報収集拠点にもなっている。

道の駅Ｃ（香川県　小豆島《しょうどしま》町）
オリーブなどの特産品をそろえ，収益を地域の健康増進に還元している。

道の駅Ｄ（宮崎県　延岡市）
地産地消の促進および小さな拠点の形成をめざした重点「道の駅」に選定された。

（「国土交通省資料」他より作成）

(1)　次の ① ， ② に当てはまる地図を，資料１の地図ア～ウからそれぞれ１つ選び，記号で答えなさい。

道の駅Ａがあるのは，地図 ① である。また，日本を７地方区分で区分した場合，最も多くの地方がふくまれるのは，地図 ② である。

(2)　拓郎さんは，資料１の道の駅Ｂについて調べ，資料２を作成しました。資料２から読み取れることを，次のア～エから１つ選び，記号で答えなさい。

ア　地図の北にある寺院や神社の数は，神社の方が多い。

イ　地図の南にある発電所の北東の方位には，高等学校がある。

資料２　道の駅Ｂ周辺の地図と断面図

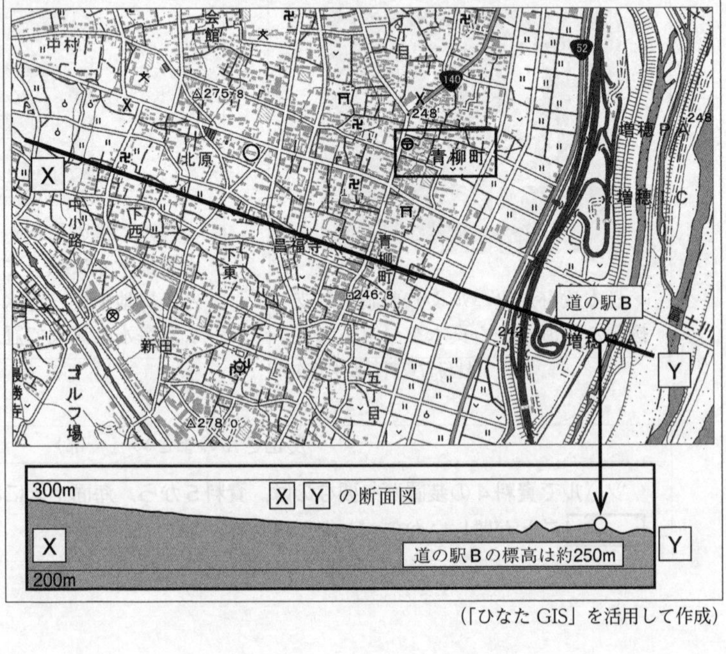

（「ひなた GIS」を活用して作成）

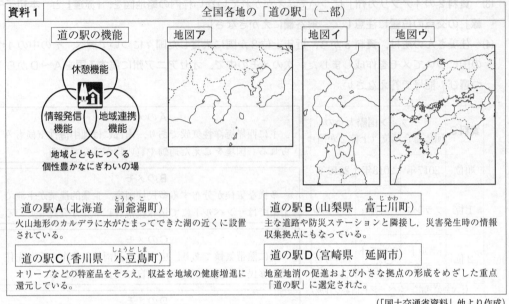

ウ　河川はん濫の災害時に，青柳《あおやぎ》町の郵便局から避難する場合，道の駅**B**が最も安全である。

エ　果樹園が多くみられるのは，道の駅**B**より標高の高い場所である。

(3)　拓郎さんは，**資料１**の道の駅**C**の特産品について調べたところ，オリーブは香川県の県木で，うどんも特産品だと知り，その背景について調べていく中で，**資料３**，４を見つけ，下のようにまとめました。**資料３**，４をもとに，［ア］，［イ］に入る適切な内容を書きなさい。

資料３　道の駅**C**のある地域の季節風の様子と雨温図

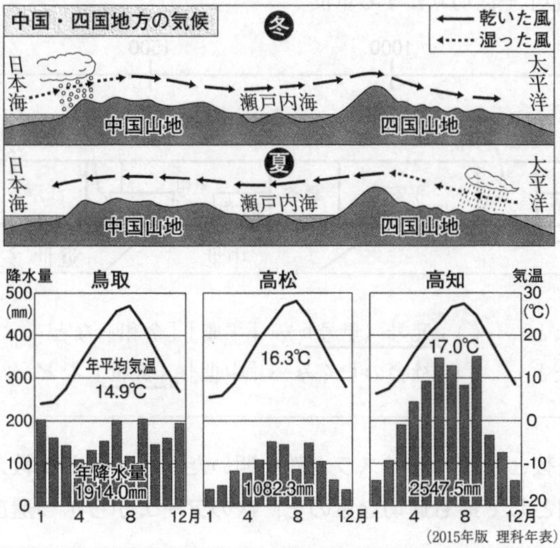

(2015年版　理科年表)

資料４　小麦栽培のポイント（一部）

収穫期に降雨に当たると，生育不良などにより，収穫量や品質が低下する。

(「農林水産省資料」より作成)

拓郎さんのまとめ（一部）

香川県でオリーブが栽培され，うどんが特産品となったのは，**資料３**から，冬も夏も山地に季節風がさえぎられることで［ア］ため，その気候がオリーブの栽培や，**資料４**から，うどんの原料である［イ］ことが理由として考えられる。

(4)　拓郎さんは，道の駅**D**が促進する地産地消の取り組みを，多くの道の駅が行っていることを知り，その取り組みについて調べていく中で，**資料５**，６を見つけ，下のように発表原稿にまとめました。**資料５**，６をもとに，［ウ］，［エ］に入る適切な内容を書きなさい。

資料５　海外からの食料輸入率

日本で消費される食料のうち，約６割は輸入に頼っている。

農産物の輸入に対し，国内の農家は，食の安全に対応して競争力を維持する取り組みなどを行っている。

(2013年度，カロリーベース)

(「資源エネルギー庁資料」他より作成)

資料６　主な国のフードマイレージ

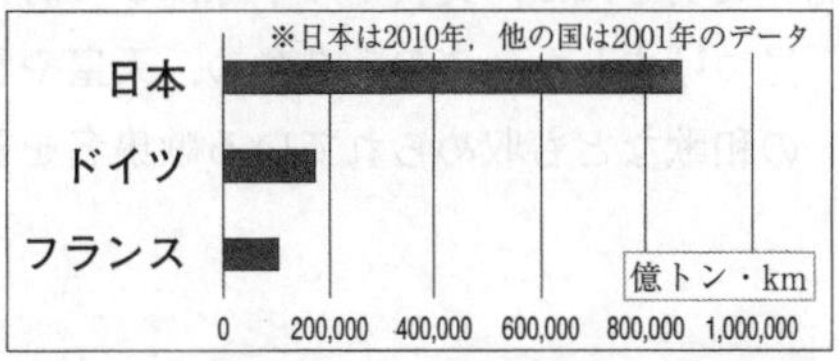

フードマイレージは，輸入する食料の重量に，輸送した距離をかけた値をいう。この値が大きいと，輸送時の二酸化炭素の排出量が多くなる。

(「農林水産省資料」他より作成)

拓郎さんの発表原稿（一部）

地産地消への取り組みは，**資料５**から，日本の［ウ］などの割合を高めることにつながると考えられます。また，**資料６**から，輸送時の二酸化炭素の排出量を減らすことにもつながり，グローバルな課題である［エ］にもなることが分かりました。

2 英明《ひであき》さんのクラスでは，歴史的分野の学習の際に，歴史について今の話題と関連させて考えることになりました。

1 英明さんは，新しい元号が「令和」に定まったことから，「世界と日本の時代区分」について資料１を作成しました。後の(1)～(5)の問いに答えなさい。

資料１　世界と日本の時代区分（一部）

世界の時代区分
○ 西暦…キリスト（救世主）と呼ばれたイエスが生まれたとされる年を基準
○ a 世紀…西暦を100年一区切りにする単位

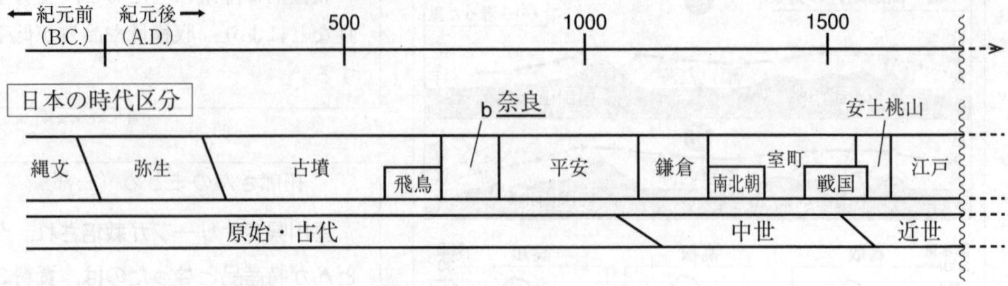

○ 文明の特徴…「縄文」「弥生」など　　○ c 元号（年号）…「平成」「令和」など
○ 政治の中心…d「奈良」「平安」など　　○ 社会のしくみ…「中世」e「近世」など

(1) 資料１の下線部aに関して，三大宗教と呼ばれるイスラム教を開いたムハンマドが教えを広めた「７世紀のはじめ」に当たる時期として最も適切なものを，次のア～エから１つ選び，記号で答えなさい。

ア　B.C. 622年ごろ
イ　B.C. 722年ごろ
ウ　A.D. 622年ごろ
エ　A.D. 722年ごろ

(2) 英明さんは，資料１の下線部bの時代に関して，資料２を見つけました。この歌を含め，天皇や貴族だけでなく，農民の和歌なども収められている歌集名を書きなさい。

資料２　防人の歌

唐衣《からころも》 裾《すそ》に取りつき 泣く子らを
置きてそ来ぬや 母なしにして

衣《ころも》の裾《すそ》に取りついて泣く子どもたちを置いてきてしまった。私の子どもには母親もいないのに。

(3) 英明さんは，資料１の下線部cに関して，元号のついた歴史上の出来事をカード（次のページ）にしました。A～Dの４枚を，年代の古い順に記号で並べなさい。

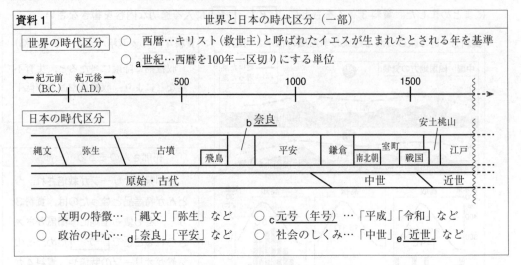

カードA	カードB	カードC	カードD
『建武』の新政 倒幕を成しとげ，天皇を中心とした新しい政治をめざし，公家を重視する政治を行った。	**『和同』開珎の発行** 唐の都である長安にならった新しい都を造り，さらに唐にならって貨幣を発行した。	**『保元』の乱** 院政の実権をめぐる天皇と上皇の争いに動員された武士が，これを武力で解決した。	**『永仁』の徳政令** 幕府は，生活が苦しくなり土地を手放した御家人の土地を返させて，救おうとした。

(4)　英明さんは，**資料1**の下線部**d**に関して，それぞれの時代の代表的な寺院について**資料3，4**を作成し，その目的について分かったことをまとめました。**資料3，4と各時代の仏教の特徴をもとに，** ア **，** イ **に入る適切な内容を書きなさい。**

資料3　東大寺大仏殿

聖武天皇は，疫病や災害などの不安から，国ごとに国分寺と国分尼寺を，都には東大寺を建てた。

資料4　中尊寺金色堂

浄土信仰が地方にも広まり，奥州藤原氏が建てた阿弥陀堂の内部には，彼らの遺体が安置されている。

英明さんのまとめ（一部）

資料3の寺院は，仏教の力で［ア］ことを目的に建てられたのに対し，**資料4**の寺院は，阿弥陀仏にすがり，死後に［イ］ことを目的に建てられた。このことは，各時代の仏教の教えの特徴をあらわしている。

(5)　英明さんは，**資料1**の下線部**e**に関して，**資料5，6**から仮説を構想する図を作成しました。次のページの**仮説（構想図）**の ウ ， エ に入る適切な内容を書きなさい。

資料5　江戸初期の年表（一部）

徳川家康・秀忠
1604　朱印船貿易が始まる
～1635　主に西国大名，長崎・京都の豪商，在留外国人が許可を受け，朱印船の派遣を行った。
東南アジアで日本町が栄える
貿易統制の強化が始まる

徳川家光
1637　島原・天草一揆
1639　ポルトガル船来航禁止
1641　オランダ商館を出島に移す

資料6　家光による貿易の統制

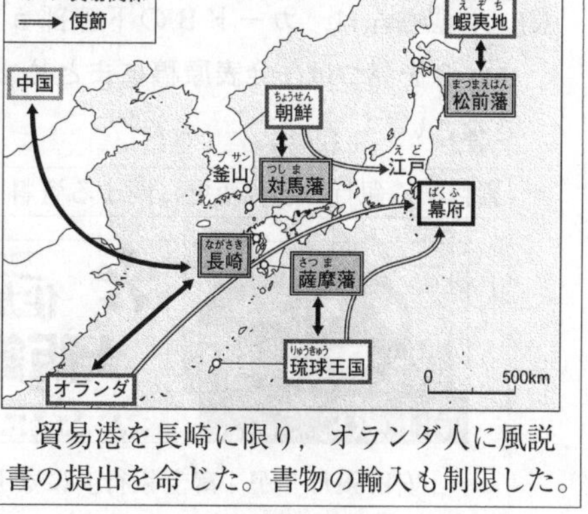

貿易港を長崎に限り，オランダ人に風説書の提出を命じた。書物の輸入も制限した。

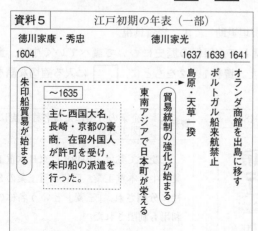

英明さんの仮説（構想図）

疑問　なぜ家光は貿易を統制したのだろうか。

家康の時期　朱印船貿易によって，西国の大名などが海外との関係を深め，民衆もその影響を大きく受けていた。

家光の時期　大名や商人などと海外との関係を，幕府が統制して，貿易を制限するとともに，［　ウ　］を独占していた。

仮説　諸大名や民衆と外国との交際を制限することで，［　エ　］をめざしたからだろう。

2　千穂《ちほ》さんは，「2024年発行予定の紙幣の肖像や図柄の歴史」について調べ，その内容をカードA～Dにまとめました。後の(1)～(4)の問いに答えなさい。

カードA
津田梅子（五千円券表）

1871年，［　　］を全権大使とする使節団に留学生として同行し，後に女性の地位向上に努めた。

カードB
渋沢栄一（一万円券表）

富岡製糸場や a 第一国立銀行の設立にかかわるなど，近代産業の育成・発展に努めた。

カードC
東京駅：丸の内駅舎（一万円券裏）

1914年 竣《しゅん》工《こう》。明治・大正期を代表する建築物の一つ。戦災で一部焼失。2012年に復元工事が完了した。

カードD
神奈川沖浪裏（千円券裏）

b 化政文化で活躍した葛飾北斎がえがいた『富嶽三十六景』の一枚である。

（「財務省資料」他より作成）

(1)　カードAの［　　］に入る人物名として最も適切なものを，次のア～エから１つ選び，記号で答えなさい。

ア　大隈重信　　イ　西郷隆盛　　ウ　板垣退助　　エ　岩倉具視

(2)　千穂さんは，カードBの下線部aに関して，銀行の歴史について調べていく中で，資料１，２を見つけ，発表原稿にまとめました。資料１，２をもとに，［　　］に入る適切な語を書きなさい。

資料１　銀行の名称変更に関する資料（1948年）

「安田銀行」が「富士銀行」になり，「住友銀行」が「大阪銀行」になった。

資料２　企業の分割による名称変更に関する資料

三菱重工業は，1949年に東日本重工業，中日本重工業，西日本重工業の３社に分割され，「三菱」という名称の利用も制限された。

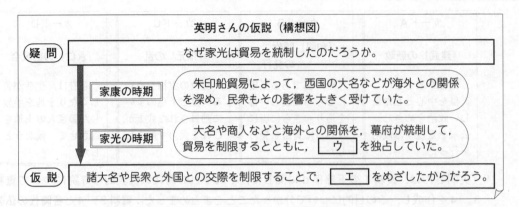

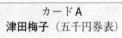

千穂さんの発表原稿（一部）

資料1，2のように，銀行や企業の名称変更が同じ時期に多くみられるのは，終戦後の民主化政策の一つである［　　　］の影響によるものだと考えられます。

⑶　千穂さんは，カードCに関して，資料3のアの写真を見つけたことから，これを使って第二次世界大戦後の日本の歴史に関する資料を作成するために，イ～エの写真も集めました。資料3のア～エを，年代の古い順に記号で並べなさい。

資料3　千穂さんが集めた写真

ア	イ	ウ	エ

東京オリンピック・パラリンピック開催に合わせて開通した東海道新幹線	国交正常化を果たした中国の首脳と日本の田中角栄首相	民主化の中心である「日本国憲法」公布の祝賀会	アメリカなど48か国との平和条約に調印する吉田茂首相

⑷　千穂さんは，カードDの下線部bについて調べていく中で，このころに多くの外国船が日本に現れていることを知りました。そして，「なぜアメリカは，日本へ開国を迫ったのだろうか」という疑問をもち，資料4，5を見つけて，下のような仮説を設定しました。資料4，5を関連づけて，［ア］，［イ］に入る適切な内容を書きなさい。

資料4　ペリーの航路と来航時の状況（一部）

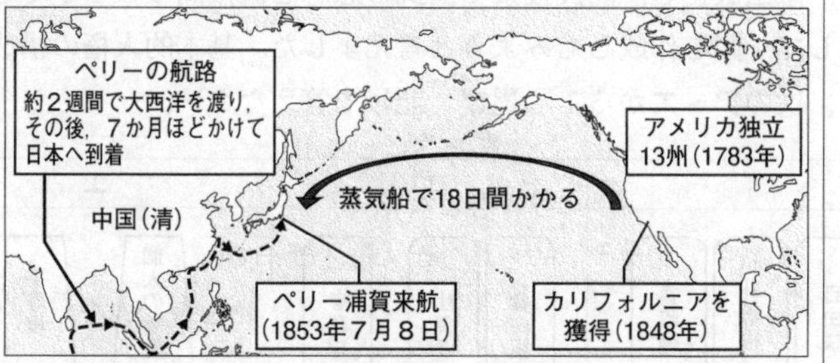

南京条約後に，中国はアメリカやフランスとも不平等な条約を結んだ。欧米諸国は産業革命が進み，工場制機械工業の生産品の販売市場と原料の確保をめざしていた。

資料5　アメリカ大統領の国書の内容（一部）

○　カリフォルニアから中国へ向かうわが国の船は多く，日本沿岸で捕鯨をしている国民も多い。遭難者は大切に保護してほしい。

○　蒸気船には大量の石炭が必要だが，すべて積み込んで行くことは不都合である。石炭と必需品の供給をしてほしい。

（「ペルリ提督日本遠征記」他より作成）

千穂さんの仮説

アメリカが日本へ開国を迫ったのは，資料4，5から，大陸西部まで領土を拡大したことで，アヘン戦争後の［ア］をヨーロッパ諸国よりも有利に行うため，蒸気船で［イ］する航路の利用を望み，その中継地として日本を位置づけたからだろう。

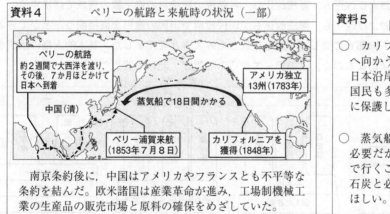

3 景子《けいこ》さんのクラスでは，公民的分野の学習で，「わたしの気になるニュース」について班で話し合い，発表することになりました。

1 景子さんたちの班は，「民法改正，18歳成年」について話し合いました。次の話し合いの内容をふまえて，後の⑴～⑸の問いに答えなさい。

班の話し合い（一部）
景子：民法が改正されて，私たちは18歳になる2022年に成年になるんだね。 友昭《ともあき》：2015年には，a選挙権年齢が18歳からになったけれど，何が違うのかな。 浩之《ひろゆき》：関係するb法律が違うよ。選挙権に関係する法律は，公職選挙法と国民投票法だよ。 景子：成年といっても，飲酒・喫煙などは20歳からだね。 友昭：私たちが生まれながらにもっている権利もあるね。 浩之：そうだね。憲法には私たちのc基本的人権について定められていたね。 友昭：18歳で成年になったら，d保護者の許可がなくてもいろんな契約ができるのかな。 景子：e18歳で成年になることは，私たちにどんな意味があるんだろう。

⑴ 下線部aについて，次の ① ， ② に当てはまる語をそれぞれ書きなさい。

選挙の基本原則において，一人が一票をもつことを「 ① 選挙」，一定年齢以上の全ての国民が選挙権を得ることを「 ② 選挙」という。

⑵ 下線部bに関して，「法律の制定および改正」と「憲法改正」の手続きの違いや共通点について，最も適切なものを，次のア～エから1つ選び，記号で答えなさい。

ア 法律の制定および改正は，衆議院の優越が認められるが，憲法改正では認められない。
イ 法律の制定および改正は，内閣は議決の拒否ができるが，憲法改正は拒否できない。
ウ 法律の制定および改正も，憲法改正も，各議院の総議員の過半数の賛成で議決する。
エ 法律の制定および改正も，憲法改正も，国民投票で国民の意思を直接問うことができる。

⑶ 浩之さんは，下線部cに関して，図を作成してみようと考えました。基本的人権の構成を表す図として最も適切なものを，次のア～エから1つ選び，記号で答えなさい。

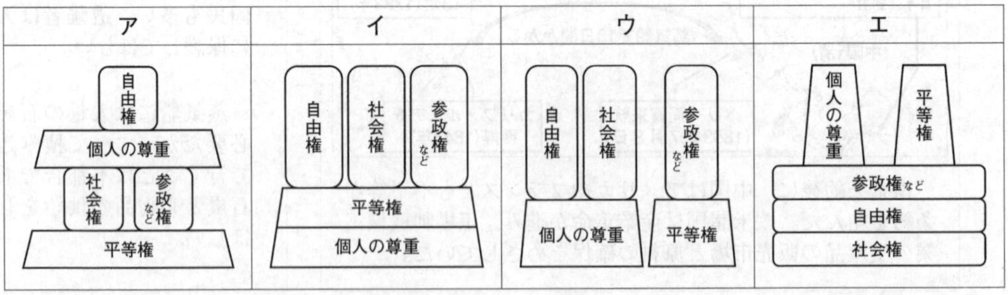

⑷ 友昭さんは，下線部dについて調べていく中で，次のページの資料1，2を見つけ，契約について次のページのようにまとめました。資料1，2をもとに， ア に入る適切な語を， イ に入る適切な内容をそれぞれ書きなさい。

資料１	民法が定める成年年齢
	○ 一人で有効な契約をすることができる年齢 ○ 保護者の親権に服さなくなる年齢

（「法務省資料」他より作成）

資料２	未成年者取消権
	未成年者が契約を締結するには保護者の同意が必要であり，同意を得ずに契約した場合には，原則として，契約を取り消すことができる。

（「法務省資料」他より作成）

友昭さんのまとめ（一部）

成年となることで，自由権の一つである「［ア］の自由」により，**資料１**から，自分の意思で契約を結んだり（契約自由の原則），財産を所有したりすることができる。

しかし，**資料２**から，今まで以上に［イ］ことを意識し，自立した消費者として，消費者被害を防ぐことを心がけなくてはならない。

(5)　景子さんは，下線部ｅについて「政治参加」をより意識することに意味があると考え，**資料３，４**を見つけ，下のように発表原稿にまとめました。**資料３，４**をもとに，［ウ］，［エ］に入る適切な内容を書きなさい。

資料３　衆議院議員選挙（2017年）の投票に際して各年代が考慮した問題(一部)の割合と投票率

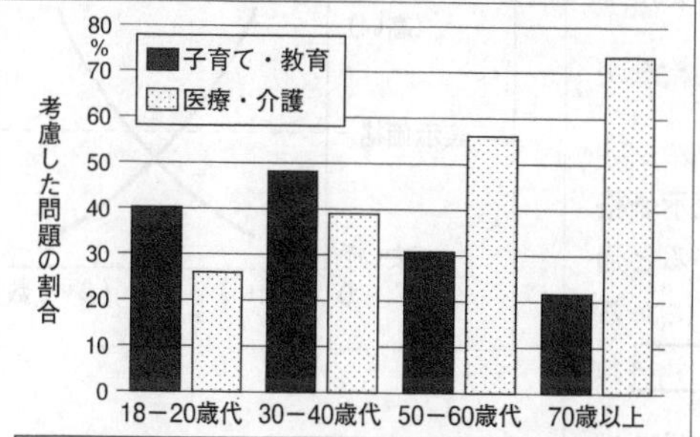

投票率	36.0%	49.1%	67.6%	63.8%

（「明るい選挙推進協会資料」他より作成）

資料４　山形県遊佐《ゆざ》町の少年議会について

町内の中高生による投票で少年町長や少年議員が選ばれる。定期的に議会を開き，町で割りあてた予算の使い道やイベントの企画などを決める。

景子さんの発表原稿（一部）

資料３のように，各年代で考慮した問題が異なる場合，政治では，国民の支持を得るために，投票率が［ウ］を優先して政策に取り組むようになるかもしれません。近年，若者の投票率は低い傾向が続いていますが，若者が政治に積極的に関心をもったり，投票したりすることで，**資料４**のように，もっと［エ］ようになると思います。

2　美月《みつき》さんたちの班は，「キャッシュレス決済」について調べ，次のページの**資料１**をまとめました。後の(1)～(4)の問いに答えなさい。

(1)　下線部ａに関して，流通するお金（通貨）の総額を管理するなど，わが国の中央銀行としてさまざまな役割を果たしている金融機関名を書きなさい。

資料１　キャッシュレス決済について（一部）

○　**キャッシュレス決済とは？**
a現金（紙幣や貨幣）を使わずに商品の支払いなどの活動をすること。

○　**どんなキャッシュレス手段があるの？**
「クレジットカード」「電子マネー（交通系・コンビニ）」などがある。

○　**どうして「キャッシュレスで最大５％還元」なの？**
b消費税の税率引き上げ（８％から10％へ増税）によって生じる影響への対策のため。
キャッシュレス対応によってc企業の生産性の向上や消費者の利便性を高めるため。

○　**dキャッシュレス決済の利点と課題とは？**

（「経済産業省資料」他より作成）

(2)　美月さんは下線部bに関して，政府が消費税増税への対策を行う理由について，先生に質問したところ，**資料２**を提示されたので，班で考えました。□に入る適切な内容を，下のア～エから１つ選び，記号で答えなさい。

班の話し合い（一部）

美月：消費税増税のときに，あるお店ですべての商品の表示価格を上げているニュースを見たよ。

達郎《たつろう》：通常，価格が上がるのは，需要量や供給量が変化する時だよね。

美月：そうか。今回はどちらでもないのに表示価格は上がったことになるよ。価格が上がると通常，需要量は増えないから，**資料２**にある【**増税後**】の表示価格の時には，□ね。

直人《なおと》：そうすると，企業が困るね。通常の市場のはたらきによる価格の変化とは違うから，政府の対策が必要なんだね。

資料２　需要曲線と供給曲線

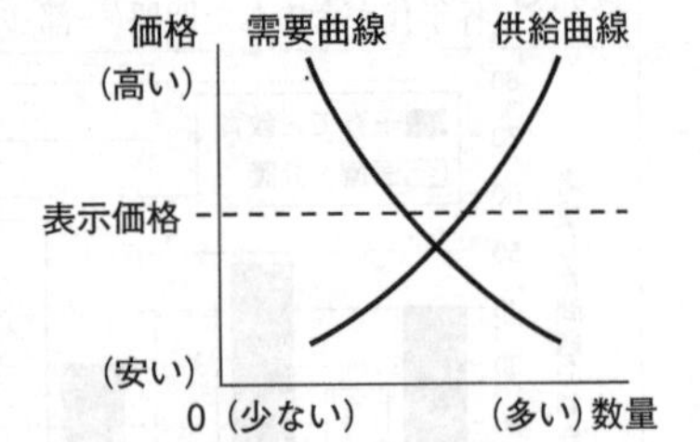

ア　品不足になる　　　　**イ**　売れ残りになる
ウ　独占価格を設定することになる　　　　**エ**　公共料金を設定することになる

(3)　達郎さんは，下線部cについて調べていく中で，**資料３**を見つけ，次のページのように発表原稿にまとめました。**資料３**をもとに，□に入る適切な内容を書きなさい。

資料３　株価上昇についての新聞記事（一部）2013年

「富士山」関連株が大幅高

富士山の世界文化遺産登録が有力になったことを受けて，翌日の東京株式市場では，関連銘柄の株価が大幅に上昇した。

銘　柄	上昇率(%)
観光関連 観光運輸会社	16.4
観光関連 宿泊会社	13.1
スポーツ用品関連 登山用品会社	12.0

達郎さんの発表原稿（一部）

観光や登山に関連する企業の株価が上昇したのは，今後，観光客が増えたり，登山関連商品の売り上げが伸びたりして，企業の利潤（利益）が増え，株主への□ことが期待できると，出資者が判断したことが要因ではないかと思います。

(4)　直人さんは，下線部dについて調べていく中で，**資料４，５**を見つけ，下のようにまとめました。**資料４，５**をもとに，ア，イに入る適切な内容を書きなさい。

資料４	スマートフォンによる電子マネーでの料金の支払い

キャッシュレス決済が進むことで，レジの混雑解消が進むとともに，商品の売り上げなどの膨大なデータ（ビッグデータ）の収集を行い，それを分析することができる。

資料５	キャッシュレスでの支払いが広まりにくい背景（一部）

キャッシュレス支払いへのさまざまな不安

○　自分の暗証番号などが盗まれてしまうのではないか。

○　自分の購買履歴などの情報が，気がつかない間に知られたり，利用されたりするのではないか。

○　キャッシュレス支払い手段を使いこなせないのではないか。

（「経済産業省資料」他より作成）

直人さんのまとめ（一部）

キャッシュレス決済の導入は，**資料４**から，スマートフォンを利用した支払いなどで収集した大量の情報を，企業が分析できるようになったことで，消費者の求める［ア］ことにつながり，今後，経済を大きく成長させる原動力になる。

一方，課題としては，**資料５**から，個人情報などへの不安があげられるため，企業が情報モラルを高めるとともに，私たちが［イ］する力を身につけなければならない。

4　**真歩《まほ》さんは，宮崎県で「国民文化祭」「全国障害者芸術・文化祭」が行われることを知り，調べることにしました。後の１，２の問いに答えなさい。**

1　真歩さんは資料１を見つけました。次のページの(1)，(2)の問いに答えなさい。

資料１	「第35回国民文化祭・みやざき2020」「第20回全国障害者芸術・文化祭みやざき大会」基本方針（テーマ）

国民文化祭，全国障害者芸術・文化祭を宮崎県において開催するにあたって，次の基本方針のもと，開催に向けた取り組みを進めます。

①　「神話の源流みやざき」の探究

②　すべての県民が参画し，若い世代が輝く

③　新しい出会いから始まる文化の創造

④　共に生きる　共に感じる　文化で紡ぐ□

障がいのある人もない人も互いに人格と個性を尊重し合う□を実現するとともに，新しいボーダレスな芸術文化を創造する

⑤　「ひなた」に育まれた食と暮らし　そして世界へ

いざ神話の源流へ

(1) **資料１**の [　　] に共通して当てはまる語を，次の**ア**～**エ**から１つ選び，記号で答えなさい。

ア 循環型社会　**イ** 経済成長　**ウ** 平和活動　**エ** 共生社会

(2) 真歩さんは**資料１**について，宮崎県の具体的な取り組みを**資料２**にまとめました。**資料２**に関連する内容として最も適切なものを，下の**ア**～**エ**から１つ選び，記号で答えなさい。

資料２	資料１に関係する宮崎県の具体的な取り組み（一部）
○「神話」に関連して，記紀編さん1300年記念事業を行い，各種イベントやシンポジウムを実施した。 ○ 長年受け継がれた伝統的技術を用いるなど，手工業的に製造される工芸品に対し，伝統的工芸品の指定を行った。その中の都城大弓は，平安時代に由来すると言われる。 ○ 手話を言語と認めることを盛り込んだ，「手話等の普及および利用促進に関する条例」を施行した。 ○ 県内企業が，EU（ヨーロッパ連合）への輸出が可能な食肉施設として認定され，令和元年に，初めて宮崎牛をEUに輸出した。	

ア 記紀が編さんされたのは飛鳥時代であり，「記紀」とは神話や伝承，記録などをもとにした歴史書の「古事記」と「日本書紀」のことである。

イ 都城大弓が由来するとされる時代は，武士の気風が高まり，宋から伝えられた禅宗が民衆にも広く支持を受けた。

ウ 手話を言語と認めることを盛り込むなどの条例の制定には，住民の直接請求権が認められており，必要な署名を集めて首長へ請求する。

エ EU各国では，共通の言語が使われていることから，政治や外交以外での経済統合が進み，加盟国間の経済格差の解消が進んでいる。

2 真歩さんのクラスでは，さらに日本文化について調べていく中で，「和紙」がユネスコ無形文化遺産に登録されていたことを知り，「紙」をテーマにして話し合いを行いました。次の(1)，(2)の問いに答えなさい。

(1) 次の [①] に入る適切な語を書きなさい。　（**資料Ｂ**，**資料Ｃ**は次のページにあります。）

先生

無形文化遺産への登録は，文化の多様性を守る国際的な取り組みとして，[①] の専門機関であるユネスコが行っていましたね。

さて，今日は，紙をテーマに考えてもらうため，**資料Ａ**，**Ｂ**，**Ｃ**と**キーワード**を用意しました。

資料ＡとＢ，または**資料ＡとＣ**の組み合わせのどちらかを選び，**２つの資料のつながり**について考え，説明してみましょう。その際，**キーワード**から視点を１つ選び，その視点から考えてみましょう。

資料Ａ　新聞の資料

日々発刊される新聞

東京、総力戦で圧勝
20年五輪開催決定
会場整備に4500億円
56年ぶり2度目

東京でオリンピック・パラリンピック開催決定を伝える新聞記事
2013年9月9日付

紙用に消費される古紙における新聞紙の割合（2018年）

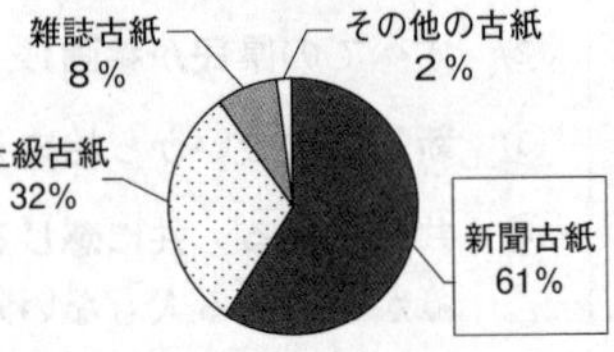

資料B　活版印刷に活用された活字(江戸時代)

安土桃山時代にもたらされた活版印刷は，ルネサンスの三大発明とされ，当時，宗教改革の考えが広まるのを，後押しした。

資料C　製紙工場で生産される紙

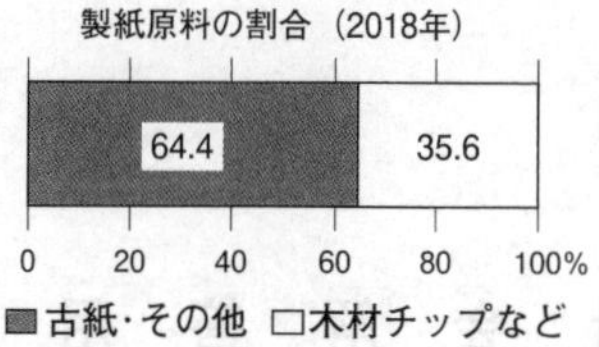

紙はパルプを原料として生産する。

パルプは木材チップや古紙から繊維を取り出して製造している。

（「製紙会社のホームページ」他より作成）

キーワード　：　情　報　化　・　持続可能な社会

(2)　次は，真歩さんと和《かず》人《と》さんの意見です。それぞれの立場から ② ， ③ に入る適切な内容を書きなさい。

私は**資料A**と**資料B**の組み合わせを選び，つながりを考えました。
資料Aと**資料B**は，紙に ② ので，**情報化**の視点で考えると，多くの人にその情報を伝えることができるという点で，同じことが言えると考えました。

真歩

なるほど。いいと思います。私は**資料A**と**資料C**の組み合わせを選び，つながりを考えました。
資料Aと**資料C**は，紙の原料に古紙を多く再利用しているので，**持続可能な社会**の視点で考えると， ③ という点で，同じことが言えると思います。

和人

先生

学んだことを活用した視点から考えることで，新たなつながりに気づくことがあります。時事問題についても学んだ視点を生かして考えてみましょう。

受検番号		氏　名	

※
計

社 会 解 答 用 紙

(注意) ※印のところは記入しないこと。

1

1	(1)		(2)		(4)	
1	(5)					
1	(3)	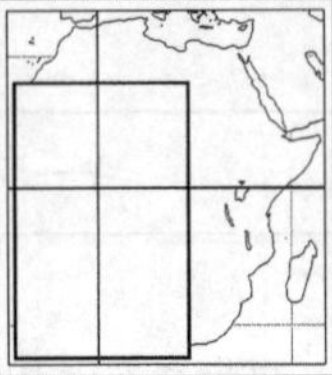				
2	(1)	①	②		(2)	
2	(3)	ア			イ	
2	(4)	ウ			エ	

※
1

2

1	(1)	(2)	(3)	→ → →
1	(4)	ア	イ	
1	(5)	ウ	エ	
2	(1)	(2)	(3)	→ → →
2	(4)	ア	イ	

※
2

3

1	(1)	①	②	(2)	(3)	
1	(4)	ア	イ			
1	(5)	ウ	エ			
2	(1)	(2)	(3)			
2	(4)	ア				
2	(4)	イ				

※
3

4

1	(1)	(2)	2	(1)	①
2	(2)	②			
2	(2)	③			

※
4

※この解答用紙は167％に拡大していただきますと，実物大になります。

国語解答用紙

受検番号	氏名

（注意）※印のところは記入しないこと。

一

問一　ⓐ 添える　ⓑ ウンエイ　ⓒ キズ

問二

問三

問四

問五

問六

二

問一　ⓐ 妥当　ⓑ ツトめ　ⓒ コウセキ

問二

問三

問四

問五

問六

三

問一

問二

問三

問四

問五

四

問一

問二

問三　君子防未然

問四　1　2

問五

問六

一 ※	二 ※	三 ※	四 ※	計 ※

※この解答用紙は167%に拡大していただきますと、実物大になります。

書きなさい。

問三　漢文Bの――線③「君子防未然」について、【書き下し文】の読み方になるように返り点をつけなさい。送り仮名はつけなくてよい。

問四　古文Aに～～線「取らずして、返し遣はしけり。」とあるが、なぜか。次の□は、その理由をまとめたものである。（　）に入る適当な言葉を書きなさい。ただし、（1）は古文Aの内容を参考にして十五字以内で書き、（2）は漢文Bの本文から二字で抜き出して書きなさい。

俊明は（　1　）であり、金を受け取って、謀反に関係する者という（　2　）をかけられたくないから。

問五　古文A、漢文Bの説明として、最も適当なものを、次の**ア**～**エ**から一つ選び、記号で答えなさい。

ア　古文Aは複数の話から書き手が言動を評価していて、漢文Bは考えと例示を対比して説明している。

イ　古文Aは書き手が出来事を紹介していて、漢文Bは考えを提示した後に例示を並べ挙げている。

ウ　古文Aは出来事と書き手の感想を明記していて、漢文Bは冒頭から例示を重ねて展開している。

エ　古文Aは書き手が話の後に評価を提示していて、漢文Bは冒頭で提示した話題を例示で深めている。

問六　次の行書で書かれた漢字を正しく楷書で書いた場合、「定」の部首の画数と同じ画数の部首で構成されるものを、**ア**～**エ**から一つ選び、記号で答えなさい。

ア　空　　イ　祈　　ウ　点　　エ　寺

問四　〈話し合いの様子〉の、知子さんの発言の意図を説明したものとして、最も適当なものを、次の**ア**～**エ**から一つ選び、記号で答えなさい。

ア　資料を分類して検討することで、資料を統合する必要性を伝える意図。

イ　資料の共通点を検討することで、情報を整理して結論を導き出す意図。

ウ　資料を関連させ検討することで、課題の解決に向けた展開に導く意図。

エ　資料の信頼性を検討することで、自分の意見の独自性を強調する意図。

問五　〈話し合いの様子〉全体を踏まえて、「訪日外国人に宮崎県で安心して快適に観光を楽しんでもらうために必要なこと」について、〈グループの提案〉を作成します。〈グループの提案〉の[　]に入る適当な表現を、後の条件に従って、九十字以内で書きなさい。

〈グループの提案〉

> 訪日外国人に宮崎県で安心して快適に観光を楽しんでもらうための取り組みを提案します。[資料3]に情報を付け加えた案内書を作るのはいかがでしょうか。
> その際に必要なことは、[　　　　]です。

（条件）

・一文めには、[資料3]に付け加えるとよい具体的な情報と、文字情報の表記方法を、それぞれ書くこと。

・二文めには、それらが必要な理由を、「発信者責任型文化」の考え方で説明すること。

・改行せずに続けて書き、資料名は挙げなくてもよい。

[四]　次の古文A、漢文Bを読んで、後の問いに答えなさい。

A

大納言俊明卿《だいなごんとしあきらきやう》（源俊明）、丈六《ぢやうろく》の仏を作らる（約四・八五ｍの仏をお作りになる）由《よし》①聞きて、奥州《あうしう》の清衡《きよひら》（藤原清衡）、薄《はく》（金箔《きんぱく》のために）の料《れう》に金を奉《たてまつ》りける（献上したが）を、取らずして、返し遣はしけり。人、そのゆゑを問ひければ、「清衡は王地《わうち》を多く押領《あふりやう》して（王土をあちこち不当に占領して）、ただいま（今すぐにも）謀反《むほん》を発《おこ》すべきものなり。その時は追討使《ついたうし》を遣はさむこと（朝廷の敵を追討する使者の派遣をするようなこと）、定め申すべき身なり。これによりて、これを取らず」と②のたまへり（おっしゃった）。

（「十訓抄《じっきんしょう》」による）

B

③君子防未然、不レ処ラ二嫌疑ノ間ニ一。瓜田ニ不レ納レレ履ヲ、李下ニ不レ正サレ冠ヲ。

【書下し文】

君子《くんし》（すぐれた人）は未然に防ぎ、嫌疑《けんぎ》（疑い）の間《かん》に処《を》らず（いない）。瓜田《くわでん》（瓜のはたけ）に履《くつ》を納《い》れず（はき直さず）、李下《りか》（すももの木の下）に冠《かんむり》を正さず。

（「古楽府《こがふ》」による）

問一　古文Aに――線①「聞きて」とあるが、「聞いた」のは誰か。最も適当なものを、次の**ア**～**エ**から一つ選び、記号で答えなさい。

ア　大納言俊明卿　**イ**　丈六の仏　**ウ**　清衡　**エ**　追討使

問二　古文Aの――線②「のたまへり」の読み方を、現代仮名遣いで

の「発信者責任型文化」の考え方を生かして作るのはどうでしょうか。

裕真　皆さん、知子さんの意見についてどう思いますか。

香菜　私は、資料3に最も役立つ情報を付け加えることに、賛成です。

志穂　私も賛成ですが、「発信者責任型文化」の考え方をもっと表記に生かしたいです。資料3は、私たちが、県内の位置関係、観光情報を知っていて、記号が意味する共通のイメージもあるから分かりますが、外国の方には、日本語や記号だけでは伝わりにくいからです。

貴史　私も知子さんや志穂さんの意見に賛成です。私が以前、外国に行ったときに、その国の言葉でしか案内板が書かれておらず、全然意味が分かりませんでした。その経験があったから、私は資料4を作って持ってきました。読んで分かるためには、文字情報が複数の言語で発信されていると、情報を受け取る側は安心すると思います。

裕真　では、話し合い全体を踏まえて、グループの提案を考えていきましょう。

問一　先生から配付された資料　の――線①「『受信者責任型文化』」の内容に関連の深い四字熟語として、最も適当なものを、次のア～エから一つ選び、記号で答えなさい。

ア　以心伝心
イ　心機一転
ウ　一心不乱
エ　誠心誠意

資料1

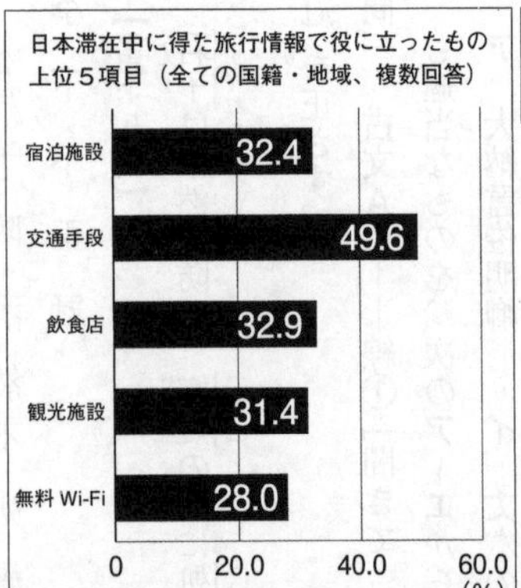

（観光庁「2018年　年次報告書　訪日外国人消費動向調査結果及び分析」より作成）

資料2

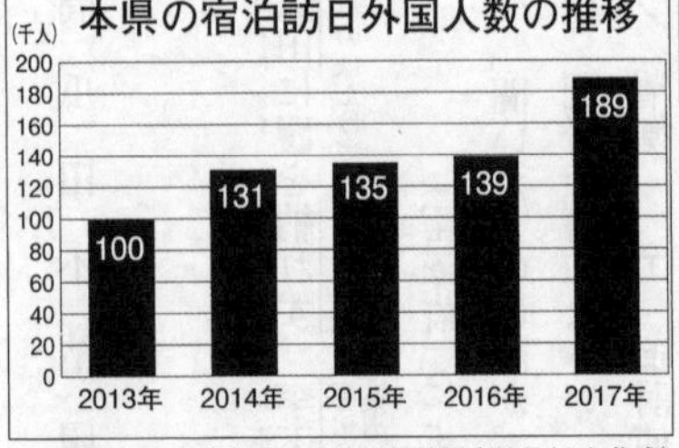

（「平成29年　宮崎県観光入込客統計調査結果」より作成）

資料3

（「宮崎地域資源ブランドホームページ」より）

資料4

宮崎ブーゲンビリア空港からのアクセス
Access guidance from Miyazaki bougainvillea airport

	バスのりば Bus Stops 버스 정류장 公交车站	行先 Destinations 행선지 目的地	所要時間 Required time 소요시간 所需时间
①	市街地 City Area 시가지 市区	宮崎駅 Miyazaki Sta. 미야자키역 宮崎站	35 minutes 35분간 35 分钟
（省略）			
⑦	日南方面 Nichinan District	鵜戸神宮 Udo Shrine 日南駅 Nichinan Sta. 飫肥城 Obi Castle	60 minutes 95 minutes 115 minutes

（「宮崎県ホームページ資料」他より作成）

問二　先生から配付された資料　の――線②「説明し」の品詞を、次のア～エから一つ選び、記号で答えなさい。

ア　名詞　イ　動詞　ウ　形容詞　エ　形容動詞

問三　〈話し合いの様子〉の□に入る適当な言葉を、十字以内で書きなさい。

ループの〈**話し合いの様子**〉および話し合いに持ち寄った **資料1** ～ **資料4** です。

先生から配付された資料

異文化コミュニケーションの中の一つの概念として、①「受信者責任型文化」と「発信者責任型文化」という考え方があります。「受信者責任型文化」とは、言葉や文字で発信された情報を受け取る人が、その場の状況や雰囲気なども含めながら、その情報の意味を解読して、行間に隠れたニュアンスもくみ取りながら理解する文化のことです。発信者が具体的な内容を②説明しなかったとしても、受信者はそれを推し量って理解することができます。内容が伝わらなかったら、それは受け取る人の責任になります。

それに対して「発信者責任型文化」とは、発信者がその情報の伝達に責任を持つ文化です。内容が伝わらないのは情報不足、説明不足であり、発信する人の責任になります。

もちろん個人差はありますが、日本人は受信者責任型が強い傾向があるため、発信者責任型文化も存在することを理解していないと、様々な※齟齬《そご》が発生することになります。

（中略）

このような話があります。ある外国人が多くの日本人とともに接待で料亭に連れられてきました。同行の日本人が玄関で靴を脱いでいるところを見ているので大丈夫だろうと、日本人の通訳の人が特に注意をしなかったところ、その外国人は靴を履いたまま料亭に上がってしまいました。これも「受信者責任型文化」であれば周囲の状況から情報を読み取り、それに従うことができますが、「発信者責任型文化」であれば、はっきりと言葉で情報を伝えなければ従わない場合があることを示す事例です。

（文化庁「文化財の多言語化ハンドブック」による）

※ 齟齬…考えや事柄が食い違うこと。

〈**話し合いの様子**〉

裕真　昨日は、**先生から配付された資料** を読んで、私たちのグループの課題を「訪日外国人に宮崎県で安心して快適に観光を楽しんでもらうために必要なこと」に決めました。今日は、この課題に沿って具体的な取り組みを提案としてまとめます。まず、持ち寄った **資料1** から **資料3** の資料から分かることを、発表してください。

志穂《しほ》　**資料1** によると、□ が役に立ったという回答が最も多く、五十％近くになっています。

貴史《たかし》　**資料2** からは、宮崎県に宿泊する訪日外国人の数が、年々増加していることが分かります。

香菜《かな》　**資料3** からは、宮崎県には、ユネスコエコパークや世界農業遺産など、国際的にも高く評価された地域資源に関するブランドが多く存在することが分かります。また、その大体の場所が宮崎県のどのあたりにあるのかも分かります。

裕真　発表ありがとうございました。それでは、取り組みを考えた人は発表してください。

知子《ともこ》　年々増加する訪日外国人客に、最も役に立ったとされる情報を発信するとよいと思います。例えば、**資料3** にこの情報を付け加えた案内書を、**先生から配付された資料**

あるにもかかわらず、整然として頭に入ってくる。作者はいかにも頭脳明晰《せき》であるという印象を与えるが、これはひとりの作者の手柄ではなく、長く語ってきた琵《び》琶《わ》法師の集団的ⓒコウセキともいうべきものであろう。

　思考は、なるべく多くのチャンネルをくぐらせた方が、整理が進む。頭の中で考えているだけではうまくまとまらないことが、書いてみると、はっきりしてくる。書きなおすとさらに純化する。ひとに話してみるのもよい。書いたものを声を出して読めば、いっそうよろしい。

（外山滋比古《とやましげひこ》「思考の整理学」による）

※　ジャイロスコープ……物体の向きや回転の速さを検出する計測器。
※　指向性……決まった方向に向かう性質。
※　満身創痍……ひどく非難されて痛めつけられた状態。
※　定稿……推敲が済んで完成した原稿。

問一　文章中の＝＝線ⓐ～ⓒについて、漢字の部分はその読みをひらがなで書き、カタカナの部分は漢字に直しなさい。

問二　Ⅰの文章を、論の展開から三つのまとまりに分けるとすれば、第三のまとまりはどの段落から始まるか。段落冒頭の四字を抜き出して書きなさい。

問三　文章中の――線①「『マジカルナンバー7』」、――線②「『マジカルナンバー4』」は、どのようなことを示すための事例か。その説明として最も適当なものを、次のア～エから一つ選び、記号で答えなさい。

ア　脳内だけで完結する情報処理方法は、心理学者が開発した。
イ　人間が脳内で同時に取り扱える情報量は、非常に少量である。
ウ　脳が取り扱うのは、膨大な情報・経験の中でも数だけである。
エ　脳の情報処理の方法は、認知心理学者同士でも解釈が違う。

問四　文章中の［　　］に最もよく当てはまる言葉を、次のア～エから一つ選び、記号で答えなさい。

ア　とにかく終りまで行ってしまう
イ　頭の中で書いたり消したりする
ウ　ひとまず途中まで書いてしまう
エ　工夫した表現をじっくり考える

問五　文章中に――線③「表現が純化された」とあるが、どういうことか。その説明として最も適当なものを、次のア～エから一つ選び、記号で答えなさい。

ア　琵琶法師たちの語りを通して作者が思考の整理を行って、言いたいことが聞き手に整然と伝わる表現になったこと。
イ　琵琶法師たちの語りを通して表現上の技法が多様になり、言いたいことが聞き手に淡々と伝わる表現になったこと。
ウ　琵琶法師たちの語りを通して作者が考えの乱れを修正し、言いたいことが聞き手に強烈に伝わる表現になったこと。
エ　琵琶法師たちの語りを通して複数の視点から推敲が進み、言いたいことが聞き手に明確に伝わる表現になったこと。

問六　ⅠとⅡの文章によると、複雑なテーマの論文を書く場合には、どうすればよいか。「書く」ことによる効能が分かるように、七十字以内で説明しなさい。

三

　次の文章を読んで、後の問いに答えなさい。

　裕《ゆう》真《ま》さんのクラスでは、国語の授業で「世界から選ばれる『観光みやざき』のためにできること」という課題について、県の観光関係者の方へ、グループごとに具体的な取り組みを決めて提案する学習を行っています。次は、［先生から配付された資料］と、裕真さんのグ

い。２桁×２桁の掛け算にしても、マジカルナンバーにしても、〝人間が同時に取り扱える情報量はごく僅か〟なのである。

　私たちが何らかのテーマについて思考しようとする場合、多くは４個（あるいは７個）以上の情報を同時に扱うことになるので、脳内だけで情報処理、すなわち思考を完結させることは難しい。また脳内だけでやろうとすると、正確な情報処理が行えず、とても〝論理的〟とは言えない思考になってしまいがちである。

　それでは、どのようにすれば人間は複雑な情報処理や正確な論理的思考を行うことができるのかというと〝脳の手助け〟、すなわち文字通り「脳を手で助けること」が有効である。具体的には、紙に書き出しながら考えることによって、つまり情報や知識を紙面上に載せて、これらを繋《つな》げたり分類したり、一時的に※ホールドしておいたりすることによって、脳の処理容量を超えた情報を扱うことが可能になるのだ。

（波頭亮《はとうりょう》「論理的思考のコアスキル」による）

※　キャパシティ……収容容量。

※　チャンク……人間が情報を知覚する際の情報のまとまり。

※　ホールド……保持。

Ⅱ

　書き出したら、あまり、立ち止まらないで、どんどん先を急ぐ。こまかい表現上のことなどでいちいちこだわり、書き損じを出したりしていると、勢いが失われてしまう。

　全速力で走っている自転車は、すこしくらいの障害をものともしないで直進できる。ところがノロノロの自転車だと、石ころひとつで横転しかねない。速度が大きいほど※ジャイロスコープの※指向性はしっかりする。

いかに論文だからとは言え、書いては消し、消しては書くといったことをしていれば、何を言おうとしているかわからなくなる。一瀉千《いっしゃせん》里《り》に書く。□。そこで全体を読みかえしてみる。こうなればもう、訂正、修正がゆっくりできる。

推敲《すいこう》する。部分的な改修ではなく、構造的変更、つまり、まん中の部分を冒頭へ、あるいは、最後部を最初へもってくる、という大手術を加える必要もあろう。ただ、一応、終りまで行っているという安心感があるから、ゆとりをもって、工夫をこらすことができる。

　第一稿が※満身創痍《まんしんそうい》になったら、第二稿を作る。これもただ第一稿の訂正のあとを写しとるというのではつまらない。新しい考えをなるべく多くとり入れるようにⓑツトめながら、第二稿を作りあげる。これもまた推敲する。それで目立って改善されたようだったら、第三稿を作る。もうこれ以上は手を加える余地がないというところに至ってはじめて、※定稿《ていこう》にする。書きなおしの労力を惜しんではならない。書くことによって、すこしずつ思考の整理が進むからである。何度も何度も書きなおしをしているうちに、思考の昇華の方法もおのずから体得される。

　書いてみることのほかに、聴き上手な相手を選んで、考えていることをきいてもらうのも、頭の整理に役立つ。ときには、めったなことを話してはいけないということもある。それと矛盾するようだが、整理のためにはとにかく表現してみるのがよい。

　原稿に書いたものを推敲する場合でも、黙って読まないで音読すると、考えの乱れているところは、読みつかえるからすぐわかる。声も思考の整理にたいへん役立つのである。

　『平家物語』はもともと語られた。くりかえしくりかえし語られている間に、③表現が純化されたのであろう。たいへんこみ入った筋で

一つ選び、記号で答えなさい。

ア　興奮した口調で、落ち込む小早川さんを励ますように読む。

イ　静かな口調で、弱気な小早川さんに自省を促すように読む。

ウ　重い口調で、悲しむ小早川さんに自信を与えるように読む。

エ　軽い口調で、いらだつ小早川さんの機嫌を伺うように読む。

問四　文章中に――線②「ふたたび真っ直ぐにわたしの目を見つめ」とあるが、このときの小早川さんの気持ちを、そのような気持ちになった理由も含めて、五十字以内で説明しなさい。

問五　文章中に――線③「わたしはわたしのからだの奥のほうからふたたび力が湧いてくるのを感じた。」とあるが、そのときの「わたし」の心情の説明として最も適当なものを、次のア～エから一つ選び、記号で答えなさい。

ア　小早川さんを部員に認めさせるため、やはり自分が先頭に立って部を引っ張らねばと決意している。

イ　小早川さんでは皆をまとめられないので、自分が代わりに部員を説得しなければと気負っている。

ウ　自分にだって何か後輩にしてやれることがあるはずだと、先輩への対抗意識が芽生え始めている。

エ　先輩にしてもらったように、今度は自分が小早川さんを陰で支えたいという思いが強くなっている。

問六　本文の構成や表現の特徴について説明したものとして、最も適当なものを、次のア～エから一つ選び、記号で答えなさい。

ア　短文の連続で物語全体にリズムが生じることで、戸惑いを深めていく主人公の心情が表現されている。

イ　回想場面が挿入されることで、主人公の心情が整理されて物語が展開する契機になっている。

ウ　立場の異なる人物の会話をくり返すことで、考え方の違いが浮き彫りになり緊張感が高まっている。

エ　断定的な表現を避けて「……」を用いることで、優柔不断な登場人物の性格が表されている。

二　次のⅠ・Ⅱの文章を読んで、後の問いに答えなさい。

Ⅰ

論理的思考は、情報を知識・経験と照らし合わせて加工し、論理的ⓐ妥当性に則《のっと》って客観的に妥当なメッセージを紡《つむ》ぎ出していく情報処理作業である。

思考テーマに関連する情報や、既存の知識・経験の数が少ないのであれば、このような処理を頭の中だけで行っても大きな問題は起こらないであろう。しかし取り扱う情報・知識・経験の量が膨大になる複雑なテーマではそうはいかない。なぜならば、脳内だけで完結できる情報処理の※キャパシティはかなり小さいからである。

脳が扱える情報量に限りがあるという事実は、古くは１９５６年にアメリカの認知心理学者ジョージ・ミラーが打ち出した①「マジカルナンバー7」として示されている。マジカルナンバー7とは、人間の脳で同時に扱える情報が最大7個までであるということを意味する。また、同じく認知心理学者のネルソン・コーワンは、２００１年に②「マジカルナンバー4」、すなわち人間が同時に扱える情報の※チャンクは7個ではなく4個であると発表した。

脳の情報処理のキャパシティの小ささは、2桁《けた》×2桁の掛け算を暗算で行うことが難しいという事実からもうかがい知れよう。紙に書けば小学校低学年の児童でも簡単にできる計算であっても、頭の中だけでの暗算でやろうとすると突然困難になるし、間違うことも少なくな

かいろいろ言われてます。一生懸命やってるんですけど……」
小早川さんの目から一筋の涙が落ちた。
「あなたのせいじゃないわ」
「わかってるんです。わたし、三年の先輩たちから嫌われてるって。※恵那《えな》からも言い方がキツすぎるって怒られるんですけど、なかなか自分の気持ちがうまく伝えられない。やればやるほど空まわり。わたしには無理だったんです。ドラムメジャーなんて無理だったんです。多くのひとをまとめていくなんて無理なんです」
こんなに思い詰めているとは思ってもみなかった。
こんなにもつらい思いを抱いていたとは知らなかった。
もっと早く気づくべきだった。
わたしが※ミタセンに部長を押しつけられ、部のⓑウンエイに悪戦苦闘していた去年のことを思い出す。
木管と金管が衝突し、いったんはバラバラになった浅高吹部。途方に暮れていたわたしを支えてくれたのは先輩たちだった。
いつも笑顔で受けとめてくれた先輩たちがいなかったら、いまのわたしはいない。
そして、今度はわたしが先輩たちから受け継いだものを後輩たちに手渡す立場になった。なんとしてもこの後輩をもり立てていかなくてはならない。絶対にⓒキズつけないようにしなきゃなんない。
いままでは部長という肩書きにこだわりすぎていた。みんなの前に立って引っ張っていくことだけが部長の仕事ではないはず。誰も見ていないところで支える部長がいたって、役に立つならそれでいい。できることを精一杯やればいい。
いまこの部活でやらなくてはならないこと、本当にやりたいことがハッキリと見えてくる。
③わたしはわたしのからだの奥のほうからふたたび力が湧いてくるのを感じた。
小早川さんの肩を両手でつかむ。
「大丈夫よ。あなたは絶対に大丈夫。気づいてあげるのが遅くなってごめんなさい。でも、浅高吹部のドラムメジャーはあなたしかいないの。あなたの代わりはいないの。だから自信を持って。三年生のことならまかせてね。嫌われてるわけじゃないから安心して。ただ単に誤解が積み重なってるだけ。浅川高校のマーチングを引っ張っているのはあなたなんだから、必ず言うことをきかせてみせるわ。自分たちにとって恥ずかしくないマーチングを一緒に作りましょう」
「ありがとうございます。おねがいします」
小早川さんが大きく目を見開いて両手を差し出してきたので、しっかと握りしめる。
（赤澤竜也《あかざわたつや》「まぁちんぐ！　吹部！#2」による）

※小早川さん……二年生でマーチングバンドを先頭で指揮する重要な役に選ばれる。
※　嘉門先生……吹奏楽部の副顧問。
※　ドラムメジャー……マーチングバンドの指揮者の呼称。
※　恵那……二年生の吹奏楽部員。小早川さんの親友。
※　ミタセン……吹奏楽部の顧問である三田村《みたむら》先生の愛称。

問一　文章中の══線ⓐ～ⓒについて、漢字の部分はその読みをひらがなで書き、カタカナの部分は漢字に直しなさい。

問二　文章中の□に最もよく当てはまる言葉を、次の**ア**～**エ**から一つ選び、記号で答えなさい。
ア　弾ませる　**イ**　凝らす　**ウ**　呑《の》む　**エ**　吐く

問三　文章中の――線①について、「わたし」の気持ちを想像して朗読するとき、その読み方として最も適当なものを、次の**ア**～**エ**から一

〈国語〉

時間　五〇分　満点　一〇〇点

一　次の文章を読んで、後の問いに答えなさい。

「わたし」が部長をつとめる浅川《あさかわ》高校吹奏楽部（浅高吹部）は、マーチングの大会に出場することになり、練習に励んでいた。夕刻、「わたし」は、ひとりで練習をしている※小早川《こばやかわ》さんを見かけた。小早川さんは、薄暗い中、ひたすらバトンの練習をしていた。

ぶれない腰の位置、ピンと張った胸から足もとまでのきれいなライン、凛《りん》としたアゴ。一瞬の静止の際の、からだからみなぎる緊迫感はバレエなどの基礎的な素養からくるものなのだろう。

思わず立ちどまり、見とれてしまう。

背中に沿ってクルッとまわって戻ってくるバトン。まるで小早川さんから生命を与えられたかのようである。空中を跳ねるときはかかとが頭につくほど伸びやかに両足がひらき、ときに一回転二回転と体操選手顔負けの柔軟さでからだをまわす。ステップは曲に彩《いろど》りをⓐ添えるかのように軽やかだ。

あっ。

思わず息を［　　］。

小早川さんがバトンを落としてしまった。引き込まれていたため、こちらも胸を突かれてしまう。

少し前の動作に戻り、スピードを落としておさらいをする小早川さん。やはり同じところでバトンを落とす。なんども繰り返したあと、深くうなだれ、その場に座り込んでしまう。

その姿はとても落ち込んでいるように見えた。

思わずからだが動く。

気がつくと小早川さんのもとにかけていた。

「①すごい。ホントにすごいわ。振りつけはひとりで考えたの？　めちゃくちゃカッコイイよ。予選のときと大きく変えるんだね。あとひと息じゃん」

とにもかくにも自分の感動を伝えたかった。

ぽかんとしたままの小早川さん。ようやく口を開く。

「見てたんですか？」

「うん、見てた。小早川さんって本当にからだが柔らかいんだね。頭のてっぺんからつま先まで全部きれい。バトンさばきもずば抜けてるし、※嘉門《かもん》先生が※ドラムメジャーに選んだ理由がわかったの。あなたしかできないもん。しかもひとり隠れてこんなに練習してたなんて、すごいよ」

小早川さんは心底驚いた様子でまじまじとわたしの顔を見つめた。

そして、一度視線を落としたあと、②ふたたび真っ直《す》ぐにわたしの目を見つめ、

「怖いんです」

と口走る。

「えっ？」

「怖いんです。いろいろ……。バトンを落としちゃったらどうしようとか、リズム間違えたらどうしようとか」

意外な返事に言葉を失う。

「吹部のマーチングはやればやるほどバラバラになってます。全部わたしのせいなんです」

「そんなこと……」

「先輩たちからはカウントが聞こえにくいとか、テンポが速すぎると

2020年度

解答と解説

《2020年度の配点は解答用紙集に掲載してあります。》

＜数学解答＞

1　(1)　-17　(2)　$-\dfrac{9}{10}$　(3)　$5a+b$

(4)　2　(5)　$(x,\ y)=(7,\ 2)$　(6)　$x=\dfrac{1\pm\sqrt{13}}{6}$

(7)　$\dfrac{31}{36}$　(8)　右図

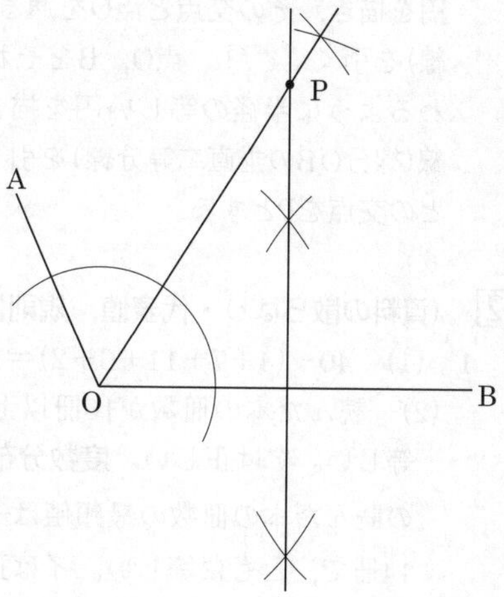

2　1　(1)　10　(2)　ア，ウ　(3)　解説参照

2　(1)　①　28　②　961　(2)　n^2-n+1

3　1　$y=\dfrac{1}{2}$　2　ウ　3　①　6　②　$2x$

③　12　④　12　⑤　$-2x+36$

4　$x=3,\ \dfrac{63}{4}$

4　1　∠ACB＝34度　2　解説参照　3　6cm

4　$\dfrac{14}{45}$倍

5　1　イ，ウ，オ　2　$36+21\sqrt{3}\,\mathrm{cm}^2$　3　$\sqrt{5}\,\mathrm{cm}$　4　$15\pi\,\mathrm{cm}^3$

＜数学解説＞

1　(数・式の計算，平方根，連立方程式，二次方程式，確率，作図)

(1)　同符号の2数の和の符号は2数と同じ符号で，絶対値は2数の絶対値の和だから，$-9+(-8)=(-9)+(-8)=-(9+8)=-17$

(2)　異符号の2数の商の符号は負で，絶対値は2数の絶対値の商だから，$\dfrac{3}{4}\div\left(-\dfrac{5}{6}\right)=-\left(\dfrac{3}{4}\div\dfrac{5}{6}\right)=-\left(\dfrac{3}{4}\times\dfrac{6}{5}\right)=-\dfrac{9}{10}$

(3)　分配法則を使って，$2(a+4b)=2\times a+2\times 4b=2a+8b$　だから，$2(a+4b)-(-3a+7b)=(2a+8b)-(-3a+7b)=2a+8b+3a-7b=2a+3a+8b-7b=5a+b$

(4)　$\sqrt{12}\times\sqrt{2}\div\sqrt{6}=\sqrt{12\times2\div6}=\sqrt{\dfrac{12\times2}{6}}=\sqrt{4}=2$

(5)　$\begin{cases}2x+3y=20\cdots①\\4y=x+1\cdots②\end{cases}$　とする。②をxについて解いて　$\begin{cases}2x+3y=20\cdots①\\x=4y-1\cdots③\end{cases}$　③を①に代入して　$2(4y-1)+3y=20$　これを解いて　$y=2$　これを③に代入して，$x=4\times2-1=7$　よって，連立方程式の解は，$x=7,\ y=2$

(6)　**2次方程式$ax^2+bx+c=0$の解は，$x=\dfrac{-b\pm\sqrt{b^2-4ac}}{2a}$**で求められる。問題の2次方程式は，$a=3,\ b=-1,\ c=-1$の場合だから，$x=\dfrac{-(-1)\pm\sqrt{(-1)^2-4\times3\times(-1)}}{2\times3}=\dfrac{1\pm\sqrt{1+12}}{6}=\dfrac{1\pm\sqrt{13}}{6}$

(7)　2つのさいころを同時に投げるとき，全ての目の出方は　$6\times6=36$通り。このうち，出る目の数の和が8になるのは，一方のさいころの出た目の数をa，他方のさいころの出た目の数をbと

したとき，$(a,\ b)=(2,\ 6)$，$(3,\ 5)$，$(4,\ 4)$，$(5,\ 3)$，$(6,\ 2)$の5通り。よって，出る目の数の和が8にならない確率は $\frac{36-5}{36}=\frac{31}{36}$

(8)　(着眼点)2点O，Bから等しい距離にある点は，線分OBの**垂直二等分線**上にある。　(作図手順)次の①～③の手順で作図する。　①　点Oを中心とした円を描き，線分OA，OB上に交点を作る。　②　①で作ったそれぞれの交点を中心として，交わるように半径の等しい円を描き，その交点と点Oを通る直線(∠AOBの二等分線)を引く。　③　点O，Bをそれぞれ中心として，交わるように半径の等しい円を描き，その交点を通る直線(線分OBの垂直二等分線)を引き，∠AOBの二等分線との交点をPとする。

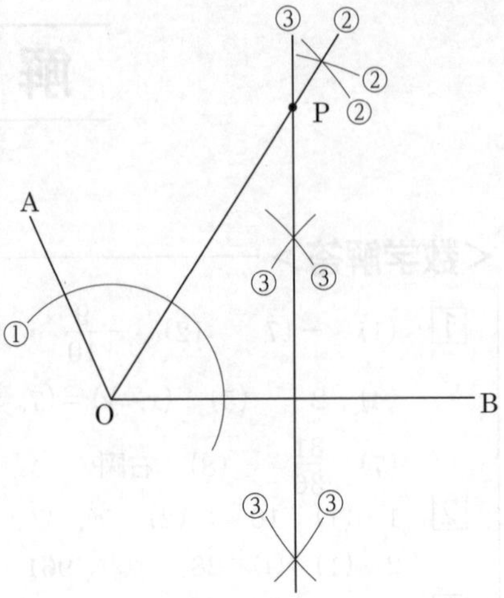

2　(資料の散らばり・代表値，規則性)

1　(1)　$40-(4+7+11+6+2)=10$

(2)　読んだ本の冊数が16冊以上の**度数**は，1年生が$6+2=8$冊，2年生が$6+2=8$冊で，ともに等しい。アは正しい。**度数分布表**の中で度数の最も多い**階級**の**階級値**が**最頻値**だから，1年生の読んだ本の冊数の最頻値は$\frac{12+16}{2}=14$冊，2年生の読んだ本の冊数の最頻値は$\frac{12+16}{2}=14$冊で，ともに等しい。イは正しくない。読んだ本の冊数の最大値がふくまれる階級の度数は，1年生が20冊以上24冊未満の階級の度数で2人，2年生が20冊以上24冊未満の階級の度数で2人だから，ともに等しい。ウは正しい。**中央値**は資料の値を大きさの順に並べたときの中央の値。1年生の生徒の人数は30人で偶数だから，冊数の少ない方から15番目と16番目の生徒が入っている階級が，中央値がふくまれる階級。12冊未満には生徒が$2+3+7=12$人入っていて，16冊未満には生徒が$12+10=22$人入っているから，冊数の少ない方から15番目と16番目の生徒が入っている階級，即ち，中央値がふくまれる階級は，12冊以上16冊未満の階級で，その階級値は$\frac{12+16}{2}=14$冊。同様に考えると，2年生の冊数の少ない方から20番目と21番目の生徒が入っている階級，即ち，中央値がふくまれる階級は，8冊以上12冊未満の階級で，その階級値は$\frac{8+12}{2}=10$冊。エは正しくない。

(3)　(説明)　(例)12冊以上16冊未満の階級の**相対度数**は，1年生が0.33，2年生が0.28であり，1年生の方が大きいから。

1	2	5	10	17	26	…
4	3	6	11	18	27	…
9	8	7	12	19	28	…
16	15	14	13	20	29	…
25	24	23	22	21	30	…
36	35	34	33	32	31	…
⋮	⋮	⋮	⋮	⋮	⋮	⋱

2　(1)　右図より，$(3,\ 6)=28$…①　となる。また，左端に並んでいる自然数に着目すると，$(1,\ 1)=1=1^2$，$(2,\ 1)=4=2^2$，$(3,\ 1)=9=3^2$，$(4,\ 1)=16=4^2$より，$(n,\ 1)=n^2$という規則性があるから，$(31,\ 1)=31^2=961$…②　となる。

(2)　上から1番目で，左からn番目の位置にある自然数は，上から$n-1$番目で，左から1番目の位置にある自然数の次の自然数だから，$(1,\ n)=(n-1,\ 1)+1=(n-1)^2+1=n^2-2n+2$

また，$(n,\ n)$は$(1,\ n)$と$(n,\ 1)$の真ん中の自然数だから，$(n,\ n)=\frac{(1,\ n)+(n,\ 1)}{2}=\frac{(n^2-2n+2)+n^2}{2}=n^2-n+1$

3 **(正方形の辺上を移動する動点)**

1　$x=1$のとき，2点P，Qはそれぞれ辺AB上と辺BC上にあり，BP＝BQ＝毎秒1cm×1秒＝1cmだから，$y=\triangle \mathrm{PBQ}=\frac{1}{2}\times \mathrm{BQ}\times \mathrm{BP}=\frac{1}{2}\times 1\times 1=\frac{1}{2}$

2　$0\leqq x\leqq 4$のとき，2点P，Qはそれぞれ辺AB上と辺BC上にあり，BP＝BQ＝毎秒1cm×x秒＝$x$cmだから，$y=\triangle \mathrm{PBQ}=\frac{1}{2}\times \mathrm{BQ}\times \mathrm{BP}=\frac{1}{2}\times x\times x=\frac{1}{2}x^2$　xとyの関係が，0でない定数aを用いて$y=ax^2$と表されるとき，**yはxの2乗に比例する**という。そして，$x=2$のとき，$y=\frac{1}{2}\times 2^2=2$だから，ウが正しい。

3　$4\leqq x$では，点Qは点Eの位置に停止していて，BQ＝BE＝4cmである。$4\leqq x\leqq 6$…①　のとき，点Pは辺AB上にあるから，BP＝毎秒1cm×x秒＝$x$cmより，$y=\frac{1}{2}\times \mathrm{BQ}\times \mathrm{BP}=\frac{1}{2}\times 4\times x=2x$…②となる。$6\leqq x\leqq 12$…③　のとき，点Pは辺AD上にあるから，$y=\frac{1}{2}\times \mathrm{BQ}\times \mathrm{AB}=\frac{1}{2}\times 4\times 6=12$…④　で一定となる。$12\leqq x\leqq 18$のとき，点Pは辺CD上にあるから，CP＝(AB＋AD＋CD)−(AB＋AD＋DP)＝(6cm×3)−(毎秒1cm×x秒)＝$-x+18$cmより，$y=\frac{1}{2}\times \mathrm{BQ}\times \mathrm{CP}=\frac{1}{2}\times 4\times(-x+18)=-2x+36$…⑤　となる。

4　xのそれぞれの変域におけるyの変域を調べる。$0\leqq x\leqq 4$のとき，前問2より$y=\frac{1}{2}x^2$だから，$y=\frac{1}{2}\times 0^2=0$，$y=\frac{1}{2}\times 4^2=8$より，$0\leqq y\leqq 8$。$4\leqq x\leqq 6$のとき，②より$y=2x$だから，$y=2\times 4=8$，$y=2\times 6=12$より，$8\leqq y\leqq 12$。$6\leqq x\leqq 12$のとき，④より$y=12$。$12\leqq x\leqq 18$のとき，⑤より$y=-2x+36$だから，$y=-2\times 12+36=12$，$y=-2\times 18+36=0$より，$0\leqq y\leqq 12$。よって，△PBQの面積が正方形ABCDの面積の$\frac{1}{8}$，つまり$\frac{6\times 6}{8}=\frac{9}{2}$cm^{2}となるのは，$0\leqq x\leqq 4$のときと，$12\leqq x\leqq 18$のときである。そのときのそれぞれの$x$の値は，$0\leqq x\leqq 4$のとき，$\frac{9}{2}=\frac{1}{2}x^2$より，$x^2=9$　$0\leqq x\leqq 4$より，$x=\sqrt{9}=3$　$12\leqq x\leqq 18$のとき，$\frac{9}{2}=-2x+36$より，$x=\frac{63}{4}$

4 **(円の性質，角度，相似の証明，線分の長さ，面積比)**

1　**直径に対する円周角は90°**だから，∠ABC＝90°　∠CBE＝∠ABC−∠ABD＝90°−24°＝66°　**△BCEの内角と外角の関係**から，∠ACB＝∠CED−∠CBE＝100°−66°＝34°

2　(証明)　(例)△FBDと△FCAで，∠Fは共通であるから，∠BFD＝∠CFA…①　$\overset{\frown}{\mathrm{AD}}$に対する円周角は等しいから，∠FBD＝∠FCA…②　①，②から，2組の角が，それぞれ等しいので，△FBD∽△FCA

3　AF＝$x$cmとする。△FBD∽△FCAで，**相似な図形では，対応する線分の長さの比はすべて等しい**から，FB：DF＝FC：AFより，$(x+4):5=(5+7):x$　$5(5+7)=x(x+4)$　整理して，$x^2+4x-60=0$　$(x-6)(x+10)=0$　$x>0$より，$x=6$　AF＝6cm

4　**直径に対する円周角は90°**だから，∠ABC＝∠ADC＝90°　よって，∠ADF＝90°　△ADF，△ACD，△ABCに**三平方の定理**を用いると，$\mathrm{AD}=\sqrt{\mathrm{AF}^2-\mathrm{DF}^2}=\sqrt{6^2-5^2}=\sqrt{11}$cm　$\mathrm{AC}=\sqrt{\mathrm{AD}^2+\mathrm{CD}^2}=\sqrt{(\sqrt{11})^2+7^2}=2\sqrt{15}$cm　$\mathrm{BC}=\sqrt{\mathrm{AC}^2-\mathrm{AB}^2}=\sqrt{(2\sqrt{15})^2-4^2}=2\sqrt{11}$cm　点B，Dから線分ACへそれぞれ垂線BG，DHを引く。△ABCと△ACDで，それぞれの底辺を線分ACと考えると，**底辺が共通な三角形の面積比は，高さの比に等しい**から，BG：DH＝△ABC：△ACD＝$\left(\frac{1}{2}\times \mathrm{AB}\times \mathrm{BC}\right):\left(\frac{1}{2}\times \mathrm{AD}\times \mathrm{CD}\right)=\left(\frac{1}{2}\times 4\times 2\sqrt{11}\right):\left(\frac{1}{2}\times\sqrt{11}\times 7\right)=8:7$　BG//DHだから，**平行線と線分の比についての定理**より，BE：DE＝BG：DH＝8：7　△ABDの面積をSとする。△ADEと△ABDで，**高さが等しい三角形の面積比は，底辺の長さの比に等しい**から，△ADE：△ABD＝DE：BD＝DE：(BE＋DE)＝7：(8＋7)＝7：15　$\triangle \mathrm{ADE}=\frac{7}{15}\triangle \mathrm{ABD}=\frac{7}{15}\mathrm{S}$…①　ま

た，△ADFと△ABDで，高さが等しい三角形の面積比は，底辺の長さの比に等しいから，△ADF：△ABD＝AF：AB＝6：4＝3：2　$\triangle ADF=\frac{3}{2}\triangle ABD=\frac{3}{2}S$…②　①，②より，△ADEの面積は，△ADFの面積の　$\frac{7}{15}S\div\frac{3}{2}S=\frac{14}{45}$倍　になる。

5　**(空間図形，ねじれの位置，表面積，線分の長さ，体積)**

1　空間内で，平行でなく，交わらない2つの直線は**ねじれの位置**にあるという。直線ADと平行な直線は，直線BC，EH，FG　直線ADと交わる直線は，直線AB，AE，DC，DH　直線ADとねじれの位置にある直線は，直線BF，CG，EF，GH

2　△AEIに三平方の定理を用いると，$EI=\sqrt{AI^2-AE^2}=\sqrt{6^2-3^2}=3\sqrt{3}$ cm　立体①の表面積は，(長方形AEHD)＋(長方形EIJH)＋(長方形AIJD)＋△AEI×2＝AE×AD＋EI×EH＋AI×AD＋$\frac{1}{2}\times AE\times EI\times 2=3\times 4+3\sqrt{3}\times 4+6\times 4+\frac{1}{2}\times 3\times 3\sqrt{3}\times 2=36+21\sqrt{3}\,cm^2$

3　右図は問題図Ⅲの展開図の一部である。線分FP，PQ，QJの長さの和が最も小さくなるのは，右図に示す通り，4点F，P，Q，Jが一直線上になるときである。△JCFに三平方の定理を用いると，$JF=\sqrt{JC^2+CF^2}=\sqrt{(DJ+CD)^2+(CB+BF)^2}=\sqrt{(6+8)^2+(4+3)^2}=7\sqrt{5}$ cm

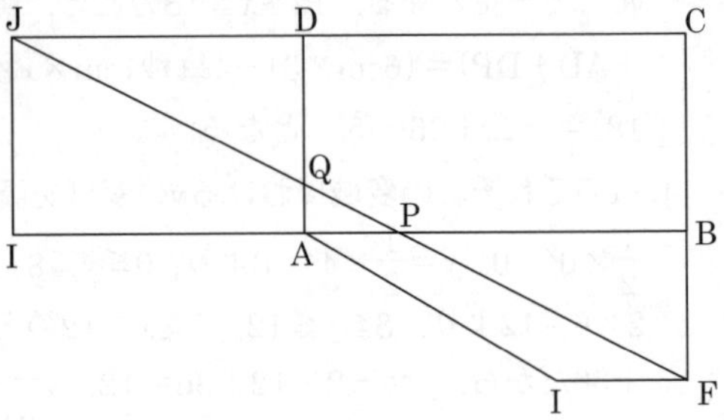

△JCF∽△JDQ∽△PBFで，JC：CF：JF＝14：7：$7\sqrt{5}$＝2：1：$\sqrt{5}$であるから，$JQ=JD\times\frac{JF}{JC}=6\times\frac{\sqrt{5}}{2}=3\sqrt{5}$ cm　$PF=BF\times\frac{JF}{CF}=3\times\frac{\sqrt{5}}{1}=3\sqrt{5}$ cm　以上より，$PQ=JF-JQ-PF=7\sqrt{5}-3\sqrt{5}-3\sqrt{5}=\sqrt{5}$ cm

4　右図は立体①の回転の様子を正面から見た図である。このとき，辺AEが動いてできる図形(図形Ⅰとする)は，$\overset{\frown}{AA'}$，$\overset{\frown}{EE'}$，線分AE，線分A′E′で囲まれた図形である。$\overset{\frown}{A'T}$，線分A′E′，線分TE′で囲まれた図形を，$\overset{\frown}{AS}$，線分AE，線分SEで囲まれた図形の部分に移動すると，$\overset{\frown}{ST}$，$\overset{\frown}{EE'}$，線分SE，線分TE′で囲まれた図形は，図形Ⅰと面積が等しい。△AEIはAI：AE＝6：3＝2：1の直角三角形だから，∠AIE＝30°　以上より，求める立体の体積は，底面の半径がAI＝6cm，高さがAD＝4cmの円柱の体積の$\frac{150^\circ}{360^\circ}=\frac{5}{12}$から，底面の半径がEI＝$3\sqrt{3}$ cm，高さがAD＝4cmの円柱の体積の$\frac{5}{12}$を引いたものであり，$\pi\times 6^2\times 4\times\frac{5}{12}-\pi\times(3\sqrt{3})^2\times 4\times\frac{5}{12}=15\pi\,cm^3$

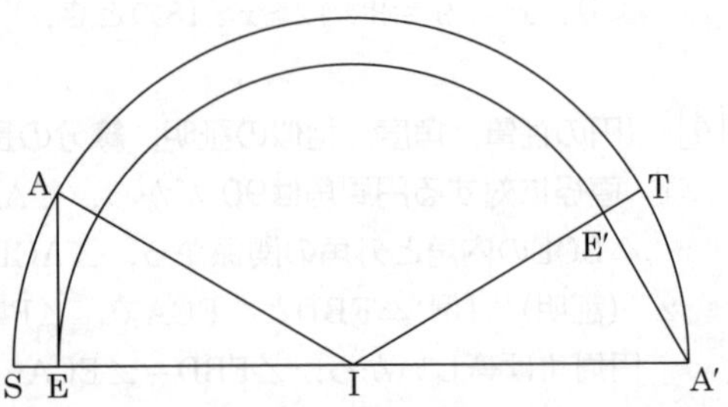

＜英語解答＞

1　1　ウ→エ→イ→ア　2　No. 1　イ　No. 2　ア　No. 3　ウ　3　No. 1　ウ　No. 2　エ　No. 3　イ　4　(例)I want to sing our school song with my classmates for him.

2　1　①　イ　②　オ　③　ア　④　ウ　⑤　エ　2　イ

3　1 1 イ　2 エ　3 エ　4 ア　2 (1)　How many countries have you
(2)　show me the dolls you made　3 (1)　(例)enjoy watching the games
(2)　(例)I only buy things I really need

4　1 エ　2 ア　3 イ　4 ウ

5　1 (1)　エ　(2)　ウ　2 A　イ　B　ア　3　ウ　4　have a similar experience　5　(例)自分の息子の野球の試合を一度も見に行けなかったこと。
6 1 (例)work　2 (例)helped　7 (例)I want to clean the park near my house.

<英語解説>

1　(リスニング)

放送台本の和訳は，64ページに掲載。

2　(会話文問題：文挿入，語句解釈)

(全訳)　拓也：こんにちは，ジェーン。お元気ですか？
ジェーン：こんにちは，拓也。元気です。あなたはどうですか？
拓也　：元気です。①今お話しできますか？
ジェーン：もちろん。どうしましたか？
拓也　：僕は海外留学に興味があるんです。そのことについてどう思いますか，ジェーン？
ジェーン：海外留学をするのはいいと思います。その経験から異なる習慣について知ることができます。②新しいものの見方も得られますね。
拓也　：なるほど。でも日本の生徒たちはあまり海外留学に興味がないと聞いています。
ジェーン：③それが本当だとは思いません。海外留学している宮崎県の高校生がますます増えています。
拓也　：本当ですか？　宮崎の高校生が？
ジェーン：ええ。このグラフを見てください。2016年には海外留学している生徒は16人でした。2017年はその数の2倍を超えました。
拓也　：わあ！　2018年の数は2016年のほとんど3倍ですね。なぜ海外留学する生徒の数が増えたんですか？
ジェーン：④2つの理由があると思います。1つ目は，海外留学の費用を与えて生徒たちを援助する特別プログラムがいくつかあります。2つ目は，日本に帰って来たとき，自分たちの素晴らしい経験について他の生徒たちに話をしました。これらの理由が海外留学をより人気にしたんですね。
拓也　：それは素晴らしいですね。高校生のときに海外留学しようと思います。
ジェーン：高校ではたくさんのチャンスがあるでしょうね。
拓也　：それでは中学校にいる間に英語をもっと一生懸命勉強した方がいいですね。
ジェーン：そうしたらあなたの未来にとって素晴らしい助けになるでしょうね。
拓也　：⑤ベストを尽くします！
ジェーン：あなたならできると期待しています。
拓也　：ありがとうございます，ジェーン。
ジェーン：どういたしまして，拓也。

1 ① 直後のジェーン先生の発話から何かを頼んだことが考えられる。 Can I ～?は「～してもいいですか」を表すことができる。 ② 留学することで得られそうな内容を入れる。point of view「観点，考え方」 ③ 直前の拓也の発話内容と空欄直後のジェーン先生の発話内容は反する内容になっている。拓也の発話に同意していないアがふさわしい。 ④ 直後に2つの理由が述べられているのでウがふさわしい。 ⑤ 直後に励ますような表現があるので，頑張る意気込みを表すエがふさわしい。

2 5つ目のジェーン先生，6つ目の拓也の発話を参照。**グラフを説明する文は数字と比較の表現が多く使われる。**

3 (語句補充，語句並べ替え，短文読解問題：過去形，助動詞，前置詞，動名詞，現在完了，関係代名詞，条件英作文)

1 (1) 「昨夜はどれくらい長く寝ましたか」sleep「寝る」は一般動詞で一般動詞の過去の疑問文は**<Did ＋主語＋一般動詞の原形～？>**で表せる。 (2) 「たくさんすることがあったので長くは眠れなかった」ここは過去の話をしているので過去形にする。助動詞 could は can「～できる」の過去形で後ろには動詞の原形が続く。 (3) 「今日は早く寝たらどう？」How about ~? は「～はどうですか」の表現で，後ろには名詞か動詞の ing の形が続く。 (4) 「そうします」直前の提案に対しての返答。これからすることなので未来の意思を表す助動詞 will を使う。

2 (1) How many countries have you(visited?)「今までに何か国訪れたことがありますか」<how many ＋名詞複数形>で「どれくらい多くの(名詞)」の意味。**<have ＋主語＋動詞の過去分詞形～？>で「今までに～したことはありますか」**という経験を表す現在完了形の疑問文。 (2) (Can you)show me the dolls you made(?)「あなたが作った人形を見せてもらえませんか」<Can you ＋動詞の原形～？>で「～してくれますか」という依頼の表現。ここでは続く動詞は原形の show「見せる」。 show は**<show ＋人＋もの>の語順で「(人)に(もの)を見せる」**を表せる。ここでは me「私に」が人，the dolls「人形」がものにあたる。残る you と made は「あなたが作った」の意味で，作ったものはAの発話からも the dolls とわかる。the dolls を先行詞として後ろに関係代名詞 that が省略されており you made が続き「あなたが作った人形」の意味となる。

3 (1) 1つ目のAの発話に「今年は日本でオリンピック，パラリンピックがある」，続くBが「わくわくしている。どのようにそれを楽しむの？」と聞いているので，東京オリンピック，パラリンピックをどう楽しむかを書く。解答例は「私は東京で試合を見て楽しみます」の意味。**未来を表す助動詞 will の後ろは動詞の原形が続く。** (2) 空欄直前のBの発話に「あなたの生活においてごみの量を減らす何かができますか」とあるので，ごみを減らすために自分ができることを書く。解答例は「私は自分が本当に必要とするものだけを買います」という意味。**身近なことやニュースなどに対する自分の意見を持ち，英語で表現できるように練習すること。**

4 (短文読解問題：語句補充，内容真偽)

【二人の対話】

ジュディ：このウェブサイトを見て。ヒナタファミリーパークを知ってる？

真美　：うん。とても楽しいわよ。ああ，この公園は私の計画にぴったりだわ。

ジュディ：その計画は何なの？

真美　：妹のユミが次の日曜日に10歳になるの。彼女の誕生日に特別な計画を考えているのよ。彼女の誕生日にそこに一緒に行くのはどうかしら？

ジュディ：いいアイディアね。その日は何時に家を出ようか？

真美　：開園時間にそこに着きたいわね。車で90分かかるから，朝①(7時30分)にはここを出ないといけないわね。

ジュディ：わかったわ。それで入場料はいくら必要？

真美　：ええと，お母さん、お父さん，ユミとあなたで行くよね。私たちは15歳だから合計金額は②(4000)円になるわよね？

ジュディ：その通りね。みんなこの計画を気に入るに違いないわ。

1　2つ目の真美の発話で計画について述べられている。エ「誕生日を祝う計画」

2　3つ目の真美の発話と施設情報の opening hours「開園時間」を参照する。真美の2つ目発話に日曜日が誕生日だとあるので，日曜日は weekends and holidays「週末，祭日」の欄を見ると9時開館，車で90分かかるので7時半までに出発となる。

3　最後の真美の発話と施設情報の entrance fee「入場料」を参照する。2つ目の真美の発話から妹のユミが10歳になるとわかる。13歳以上は一人1000円で4人分，10歳は500円となる。合計は4500円だが「入場料」欄の下2行目に「4人よりも多いグループは合計から500円値引きします」とあるので4000円が正解。

4　ア「来場者が4歳なら料金を払わずに公園に入ることができる」(×)　施設情報 entrance fee 欄の下1行目に「2歳以下の子どもたちは入場料を払う必要はありません」とある。　イ「来場者は花火を見た後にレストランを使える」(×)　Activities and Events「活動とイベント」欄を見ると fireworks「花火」は7時から7時半，その下に「レストランは公園が閉まる1時間前に閉まります」とある。公園が閉まる時間は opening hours 欄によると平日は7時，週末は8時なので花火のあとにはレストランは閉まっていることがわかる。　ウ「ジュディと真美は大人の同伴なくプールを利用できる」(○)　Activities and Events 欄に「12歳以下の子どもたちは大人と一緒にいなくてはならない」とある。真美の最後の発話から彼女たちは15歳だとわかる。　エ「ジュディは真美にユミのための特別な計画について考えるように頼んだ」(×)　2つ目のジュディ，真美の発話を参照。

5 (長文読解問題・スピーチ：語句補充，指示語，文挿入，条件英作文)

(全訳)「おはよう，晴樹」

山本さんからのこの元気のいい挨拶が私に一日の始まりへの力をくれます。彼は私の家のそばに住んでいる68歳の男性です。彼は8年前に仕事を退職しました。それ以来ボランティアとして毎日通学路の生徒たちを見守ってくれています。彼は私たちの地域の一部なのです。

5月のある日山本さんが「サッカーの練習で忙しいの？」と聞きました。私は学校のサッカー部に入っていました。私は「はい。毎日一生懸命練習しています。最後の地域トーナメント戦がもうすぐなんです。もし試合を見に来てくれたら嬉しいです」と言いました。彼は笑顔で「もちろん」と言いました。

その夜，父が早く家に帰ってきました。私は家族で夕飯を満喫しました。4月に彼は仕事がとても忙しかったので早く家に帰れませんでした。夕飯の間，私は友達や部活や山本さんなどの学校生活についてたくさん話をしました。私は父にもトーナメント戦に来るように誘いました。突然彼は夕飯を食べるのをやめました。数秒後彼は「晴樹，本当に試合が見たいんだ$_{A}$(けど)，見られない。とても大事な会議があるんだ。行きたいんだよ…」と言いました。彼はまだ何かを言おうとしていました。そこで私は立ち上がって彼に「前はいつも僕のサッカーの試合に来てくれたよね。今回は来ない。なんで来られないの？　これが最後のトーナメント戦だよ。仕事が僕よりももっと大事にちがいないんだ」と言いました。私は部屋に行き，ドアを閉めました。

次の朝,「どうしたの，晴樹？　悲しそうだよ」と山本さんが優しく私に聞きました。私は昨夜のことについて話しました。話し終えたあと，彼は「きみの気持ちはわかる，でも同時にお父さんがどう思うかもわかる。きみのお父さんはいつも君のことを考えているよ」と言いました。私は「なぜそう言えるんですか」と聞きました。彼は「私の息子と私も20年前に似たような経験をしたんだよ」と言いました。私は驚いて「ええ，①そうなんですか？」と聞きました。彼は「うん。私もあなたのお父さんのように急がしくて，息子の野球の試合に行ったことがなかったんだよ。②そのことについて本当に申し訳ないと思っていたよ。でもこの地域にはたくさんの親切な人たちがいる。彼らが私の息子を気にかけてくれた$_{\mathrm{B}}$(から)，彼はさみしいと思わなかったと言っていたよ。この経験からいつか近所の人たちのために一生懸命働こうと決めたんだ。今私はきみのお父さんの代わりにこのようにきみを手助けできて嬉しいよ。きみは一人じゃない！」と言いました。

彼の言葉を通して私は父の感情を理解しました。彼は私よりも仕事が大事だと思ったことはありませんでした。私はまたこの地域の多くの人たちによって助けられていることも学びました。私は③手紙を書いてこの話を父と分かち合おうと決めました。

結局，父は私の最後のトーナメント戦には来られませんでしたが，寂しくは感じませんでした。今近所の人たちを幸せにする方法について考えています。これが山本さんのように自分の地域のいいメンバーになるための大事なステップなのです。

1　(1)　エ「山本さんは彼の地域で生徒たちのためにボランティアとして働いている」第1段落最後の2文参照。　(2)　ウ「晴樹の父親は何度も晴樹のサッカーの試合を観に行った」第3段落最後の晴樹の発話参照。昔はいつも観に行っていたが，結局最後の試合には行けなかった。

2　(A)　空欄直前の「見に行きたい」とその1文あとの「大事な会議がある」からイ but「しかし」がふさわしい。　(B)　**A, so B** は「A だから B」**because** は **A because B** で「B だから A」となる。

3　空欄直後には父親の気持ちを代弁しているのでウがふさわしい。**at the same time**「同時に」

4　前に述べられたことに聞き返しをしている。ここでは直前にある山本さんの発話の過去の文 … I had a similar experience…に対しての聞き返し。did you に続くのは動詞の原形なので had の原形 have にする。

5　**that** は前述する文の内容を指すことができる。ここでは下線部を含む文の1つ前の文を指しているのでまとめる。

6　(1)「今僕はあなたが仕事のことだけを考えているわけではないとわかります」最後から2段落目第1，2文参照。　(2)「近所の人たちが僕を助けてくれたことがわかりました」最後から2段落目第3文参照。

7　解答例を入れた晴樹の発話は「あなたのように通学路の生徒たちを見守るのは僕には大変です。でも地域のためにボランティアとして何かをしたいです。例えば，家のそばの公園を掃除したいです」，山本さんは「それはいいアイディアですね。それを聞いて嬉しいです」と言っている。主語と動詞のある文で自分の考えを書けるように練習すること。

2020年度英語(一般)　リスニングテスト

〔放送台本〕

これから，英語の学力検査を行います。最初の問題は，放送によるリスニングテストです。放送中はメモをとってもかまいません。問題用紙を開きなさい。

では，1の問題を始めます。1の問題は，ある生徒のスピーチを聞いて，スピーチの内容の順番にイラストを並べ替える問題です。次のア，イ，ウ，エを，正しい順番に並べ替え，記号で答えなさい。英語によるスピーチは，1回しか流れませんので，注意して聞いてください。それでは，始めます。

F: I had my work experience at a nursery school last month. Look at this. At first, I didn't know how to take care of crying children. The next day, I read some books for them. They listened to the story carefully. After that, I played outside with them. It was a lot of fun. The last day, one girl gave me a flower she picked in the garden. I was so happy. I had a wonderful time in this work experience program.

〔英文の訳〕

女性：私は先月保育園で職業体験をしました。これを見てください。最初私は泣いている子どもたちをどのように世話をするのかわかりませんでした。次の日彼らのために本を読みました。彼らは注意深くお話を聞いていました。その後彼らと外で遊びました。とても楽しかったです。最後の日に一人の女の子が庭で摘んだ花を私にくれました。私はとても嬉しく思いました。この職業体験プログラムで素晴らしい時間を過ごしました。

〔放送台本〕

2の問題に移ります。2の問題は，No. 1からNo. 3のそれぞれの対話と質問を聞いて，質問の答えとして最も適切なものを選ぶ問題です。ア，イ，ウ，エの中から1つ選び，記号で答えなさい。英語による対話と質問は2回繰り返します。それでは，始めます。

No. 1 F: Taro, have you finished cleaning your room?
M: Yes, Mom. I have also finished walking the dog and giving him food.
F: Oh, thank you. So, the last thing you have to do is....
M: I know. I am going to study now.
Question: What has Taro not finished?

No. 2 F: What do you usually do on Sunday, Ken?
M: I play the guitar. How about you, Aya?
F: After I finish my homework, I usually play badminton.
M: Really? I like playing badminton, too. Let's do it together some day.
Question: What does Ken usually do on Sunday?

No. 3 M: Will you go shopping for me, Meg? I need one apple and two bottles of milk.
F: Sure, Dad. Well.... I want more apples to make an apple pie tomorrow.
M: OK. You can buy two more apples. Do you need another bottle of milk?
F: No. That's enough. Thank you.
Question: What is Meg going to buy?

〔英文の訳〕

No.1　女性：タロウ，部屋の掃除終わったの？

男性：うん，お母さん。犬の散歩とエサをあげるのも終わったよ。

女性：あら，ありがとう。じゃあ最後にやらないといけないのは…。

男性：わかってるよ。今勉強するつもりだよ。

質問：タロウがまだ終わっていないことは何ですか。

答え：イ

No.2　女性：日曜日は普段何をしているの，ケン？

男性：ギターを弾くよ。アヤはどう？

女性：宿題が終わってからいつもバドミントンをするわ。

男性：本当？　僕もバドミントンが好きなんだ。いつか一緒にやろうよ。

質問：ケンは普段日曜日に何をしますか。

答え：ア

No.3　男性：メグ，買い物に行ってくれる？　リンゴ1個と牛乳2本必要なんだ。

女性：もちろん，お父さん。ええと…明日アップルパイを作るためにリンゴがもっと欲しいな。

男性：オーケー。あと2つリンゴを買っていいよ。牛乳はもう一本いる？

女性：いらない。それで十分。ありがとう。

質問：メグは何を買うつもりですか。

答え：ウ　リンゴ3つと牛乳2本。

〔放送台本〕

3の問題に移ります。3の問題は，ラジオの天気予報を聞いて，その内容についての質問に答える問題です。No.1からNo.3の質問に対する答えとして最も適切なものを，それぞれア，イ，ウ，エの中から1つ選び，記号で答えなさい。英文と質問は，2回繰り返します。それでは，始めます。

M: Good morning. Welcome to the Weather Forecast. Today is Thursday, September 13th. Let's look at the weather in Hinata Town. It will be rainy in the morning. But the rain will stop just before noon. It will be sunny in the afternoon. The highest temperature will be 33 degrees Celsius. The lowest will be 25 degrees Celsius. It's going to be hot today. In this season, there are many people who suffer because of the heat. The highest temperature will be 5 degrees warmer than yesterday. So you shouldn't stay outside for a long time. You need to drink enough water for your health. Have a nice day!

Questions　No. 1:　What is the date today?

No. 2:　How is the weather today?

No. 3:　What was the highest temperature yesterday?

〔英文の訳〕

男性：おはようございます。天気予報へようこそ。今日は9月13日，木曜日です。ヒナタ町の天気を見てみましょう。午前中は雨が降るでしょう。しかし正午の直前に雨はやむでしょう。午後は晴れるでしょう。最高気温は摂氏33度でしょう。最低気温は摂氏25度でしょう。今日は暑くなります。この季節はこの暑さで苦しむ人がたくさんいます。最高気温は昨日よりも5度暖かくなるでしょう。それなので長時間外にいない方がいいでしょう。健康のために十分な水分を取る必要があります。よい一日を！

質問　No.1：今日は何日ですか。
答え：ウ
No.2：今日の天気はどうですか。
答え：エ
No.3：昨日の最高気温は何度ですか。
答え：イ

〔放送台本〕

4の問題に移ります。4の問題は，放送される英語を聞いて，あなたの考えを英語で書く問題です。英文はいくつでもかまいません。英文の放送は2回繰り返します。それでは，始めます。

F:　Next month, a new ALT will come to your school. His name is Tom. He hopes to have a good time with you. Now, let's make a plan to welcome him. What do you want to do for him with your classmates at school?

これで，リスニングテストを終わります。

〔英文の訳〕

女性：来月新しいALTの先生があなたの学校に来ます。彼の名前はトムです。彼はみなさんと一緒にいい時間を過ごしたいと思っています。さあ，彼を歓迎する計画を建てましょう。彼のために学校でクラスメイトと一緒に何をしたいですか。

解答例：彼のためにクラスメイトと校歌を歌いたいです。

＜理科解答＞

1　1 (1) a 胞子　b 被子　(2) ア　2 (1) 右図
(2) (例)植物が光合成でとり入れた二酸化炭素の量と，呼吸で出した二酸化炭素の量が等しいから。

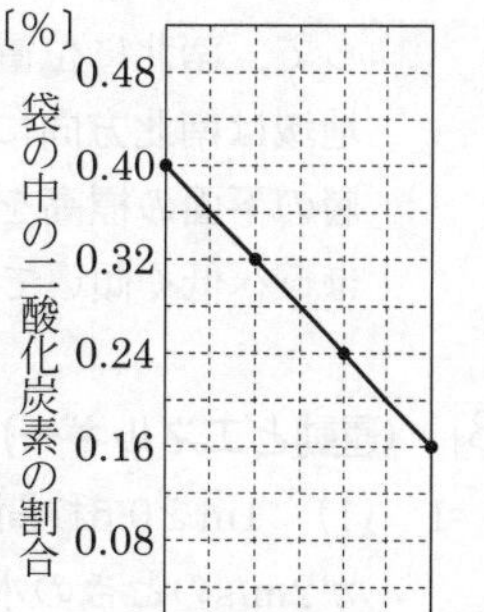

2　1 (1) エ　(2) 鉱物　(3) イ　2 (1) 60[m]
(2) ウ

3　1 (1) イ　(2) ウ　2 (1) エ　(2) (例)速さのふえ方は小さいが，レールを走る時間が長い

4　1 ウ　2 エ　3 A ア　B イ
4 A 0.38[g]　B ア

5　1 (1) ウ　(2) 13：15　(3) ア　2 (1) イ
(2) 28[日]

6　1 (例)ヘルツ　2 (例)音が空気中を伝わる速さは，光の速さと比べると非常に小さいから。　3 ア，エ　4 組み合わせ①…イ　②…ア　③…B　組み合わせ①…イ　②…ウ　③…E　組み合わせ①…イ　②…エ　③…C　組み合わせ①…エ　②…ウ　③…B

7　1　(1)　ア　　(2)　消化酵素　　2　(1)　E　ア　F　ア　G　ア　H　ウ
(2)　(例)小腸の表面積が大きくなるから。

8　1　(例)46.5〔cm^3〕　　2　2.7〔g/cm^3〕　　3　(例)アルミニウムの密度は，水の密度より大きいから。　　4　ア

＜理科解説＞

1　(植物のからだのつくりとはたらき，植物の分類)

1　(1)　植物は，種子でふえる種子植物と，胞子でふえる植物の2つのなかまに大きく分けることができる。このうち，種子植物は，胚珠が子房の中にある被子植物と，胚珠がむき出しの裸子植物に分けることができる。

(2)　維管束がない植物は，コケ植物である。

2　(1)　7000ルクスの光を当てた時間と袋の中の二酸化炭素の割合の値をそれぞれ組にして打点し，直線で結ぶ。

(2)　呼吸による二酸化炭素の排出量と，光合成による二酸化炭素の吸収量が等しくなっていたと考えられる。

2　(火山，地層)

1　(1)　双眼実体顕微鏡は，プレパラートをつくらずに，観察物をステージに直接のせて観察を行う。

(2)　火山灰はマグマをもとにできており，このうち結晶となったものを鉱物という。

(3)　無色鉱物を多くふくむマグマは**ねばりけが強く，火山噴出物の色は白っぽくなる**。

2　(1)　C地点の標高は80mで，X層とY層の境界はその20m下にあるので，80－20＝60〔m〕 よって，標高60mである。

(2)　火山灰の層の下面の標高を比べる。A地点の地表は標高100mであり，火山灰の層の下面は，その25m下にあるので，100－25＝75より，標高75mとなる。同様に，B地点の火山灰の層の下面の標高は，90－15＝75より，75m。C地点では，80－10＝70より，70mとなる。よって，南北に位置しているA地点とB地点の火山灰の層の下面の標高は等しいことから，この地域は南北方向に傾きはないとわかる。また，東西方向に位置するA地点とC地点の火山灰の層の下面の標高を比べると，C地点のほうが低くなっている。このことから，この地域は東のほうへ低く傾いているといえる。

3　(運動とエネルギー)

1　(1)　1mを0.5秒間で通過するときの秒速を求めると，1〔m〕÷0.5〔s〕＝2〔m/s〕　表より，速さが2m/sのときの水平面からの高さは20cmとわかる。

(2)　位置エネルギーと運動エネルギーは互いに移り変わる。斜面を下ることによって**位置エネルギーは減少し，運動エネルギーが増加する**。そのため速さがしだいに速くなる。

2　(1)　同じ時間で比べると，斜面の角度が大きいほうが速さは大きくなる。また，等速直線運動ではないので，時間に対して移動距離は比例関係にはならない。

(2)　レールの傾きが大きくなると速さの増え方が大きくなるがレールを通り抜ける時間が短くなる。一方，レールの傾きが小さくなると速さの増え方が小さくなるが，レールを通り抜ける時間が長くなる。

4 （化学変化と質量，電池）

1　**硫黄と鉄の化合は発熱反応**であり，化学変化によって熱が周囲に放出されるために温度が上がる。

2　硫化鉄は硫黄と鉄の化合物であり，分子のまとまりをもたない。

3　図5は化学電池で，亜鉛板側では，亜鉛原子がうすい塩酸中に溶け出している。銅板側では，うすい塩酸中の水素イオンが銅板から電子を受けとることで水素原子となり，これが2個集まって水素分子を形成する。よって，**銅板側で水素の発生**が見られる。図6は塩酸の電気分解で，陰極に水素，陽極に塩素が発生する。

4　試験管Yの中に入った鉄粉の質量は，3.5×$\frac{3}{4}$＝2.625〔g〕　硫黄の質量は，2.5×$\frac{3}{4}$＝1.875〔g〕　**鉄：硫黄**＝2.8：1.6＝**7：4**の質量の比で過不足なく反応することから，鉄粉2.625gに過不足なく反応する硫黄の質量xgを求めると，7：4＝2.625：x　x＝1.5〔g〕　よって，余った硫黄の質量は，1.875－1.5＝0.375〔g〕→0.38g

5 （太陽の動き，太陽）

1 （1）　地球が西から東へ自転しているために，太陽が天球上を東から西に動いているように見える。

（2）　太陽は，1時間の間に天球上を7.2－4.8＝2.4〔cm〕ずつ移動している。11：00から太陽が天球上を移動した長さは17.4－12.0＝5.4〔cm〕　よって，太陽が天球上を5.4cm動くのにかかった時間をx分とすると，60：2.4＝x：5.4　x＝135〔分〕＝2時間15分　よって，11：00の2時間15分後で，13時15分となる。

（3）　秋分の日，太陽は観測地点を問わず，真東からのぼり，真西にしずむ。また，**緯度が低い宮崎県のほうが，南中高度は高くなる。**

2 （1）　太陽表面の温度は約6000℃であるが，黒点はそれよりも温度が低く，約4000℃である。

（2）　太陽の自転によって，黒点が1日で動く角度は，26°÷2＝13°　よって，太陽が1回自転するのにかかる日数は，360°÷13°＝27.6…〔日〕→28日

6 （音の性質）

1　Hzと書き，ヘルツと読む。

2　音の速さは約340m/sであるのに対し，光の速さは約30万km/sで，非常に速い。

3　アは実験の②から，エは実験の③，④から確かめることができる。また，振動数が大きくなるほど音は高くなる。

4　実験の③の，振動する部分が短くなると振動数が多くなり音が高くなることを確かめるには，輪ゴム全体ののび（張り方）が同じで弦の長さが異なる関係となっている部分どうしを調べる。よって，ab部分とbc部分の組み合わせで調べると，弦が短いbc部分をはじいたときのほうが音の高さは高くなる。また，de部分とef部分の組み合わせも同様で，ef部分のほうが音の高さが高くなる。実験の④の輪ゴム全体ののび（張り方）を大きくすると音が高くなることを確かめるには，振動する輪ゴムの長さが同じで輪ゴム全体ののびが異なる関係となっている部分どうしを調べる。よって，bc部分とef部分の組み合わせで調べると，輪ゴム全体ののびが大きいbc部分をはじいたときのほうが音の高さは高くなる。4組目として，輪ゴム全体ののびが大きく，振動する部分が短くなる場合も音の高さは高くなる。これにあてはまるのは，bc部分とde部分である。

7 (消化吸収)

1 (1)　デンプンの有無のちがいを調べるためには，ヨウ素溶液を加えている試験管A，Bの結果どうしを比べる。麦芽糖の有無を調べるためにはベネジクト溶液を加えている試験管C，Dの結果どうしを比べる。いずれの場合にも，水のみの場合と唾液をふくんだ場合の2通りを調べることになるので，結果のちがいが生じた場合，唾液によるものと判別できる。

(2)　唾液などの消化液にふくまれる，消化を実際に行う物質を，**消化酵素**という。

2 (1)　セロハンチューブB内のデンプンは唾液中のアミラーゼによって麦芽糖に変化している。麦芽糖はセロハンチューブの穴を通過して容器内の水に出てきているため，試験管G，Hに入っている液は，糖をふくんでいるといえる。糖をふくんだ液にヨウ素溶液を加えても変化はないが，ベネジクト溶液を加えて加熱すると，赤褐色の沈殿を生じる。

(2)　多くのひだや突起があることにより，栄養分と接触する表面積が増えるために，栄養分の吸収が効率よく行われるようになる。

8 (物質の性質)

1　メスシリンダーの目盛りを読み取るときは，最小目盛りの10分の1までを目分量で読み取る。

2　$密度〔g/cm^3〕=\frac{質量〔g〕}{体積〔cm^3〕}$ より，$\frac{40〔g〕}{14.8〔cm^3〕}=2.70\cdots〔g/cm^3〕\rightarrow 2.7〔g/cm^3〕$

3　水に物体を入れたとき，物体の密度が水の密度$1g/cm^3$よりも大きい場合，物体は水に沈む。

4　同じ質量の異なる物質の体積を比べると，密度が大きい物質のほうが体積は小さくなる。また，密度の大きい金属と密度の小さい金属を混ぜてできた金属がある場合，その密度は2種類の金属の密度の間の値となり，混ぜた金属の割合によって変化する。

<社会解答>

1　1 (1)　ウ　(2)　ア　(3)　右図　(4)　D
(5)　(例)生活用水を確保する　2 (1)　①　イ　②　ウ
(2)　エ　(3)　ア　(例)降水量が少なくなる
イ　(例)小麦の栽培に適している　(4)　ウ　(例)食料自給率
エ　(例)地球温暖化の対策

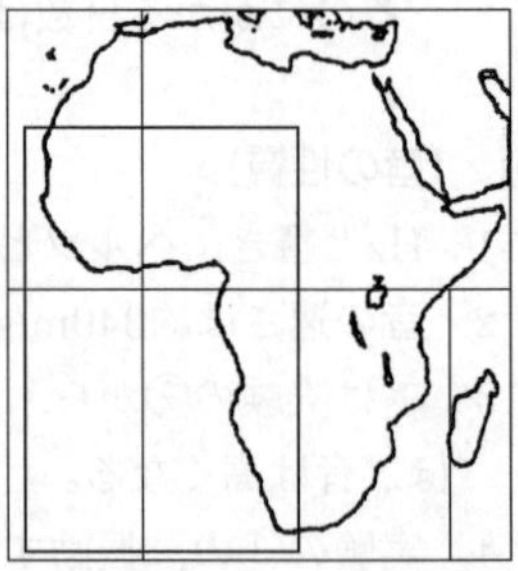

2　1 (1)　ウ　(2)　万葉集　(3)　B→C→D→A
(4)　ア　(例)国家を守る　イ　(例)極楽浄土へ生まれ変わる
(5)　ウ(例)海外に関する情報　エ　(例)幕府による支配体制の確立　2 (1)　エ　(2)　財閥解体　(3)　ウ→エ→ア→イ
(4)　ア　(例)中国との貿易　イ　(例)太平洋を横断

3　1 (1)　①　平等　②　普通　(2)　ア　(3)　イ　(4)　ア　経済活動
イ　(例)契約することに対して責任を負う　(5)　ウ　(例)高い年代が考慮した問題
エ　(例)若者の意見が政治に取り入れられる　2 (1)　(例)日本銀行　(2)　イ
(3)　(例)配当が増える　(4)　ア　(例)新たな商品やサービスを提供する
イ　(例)情報を管理したり，正しく判断して活用したり

4　1 (1)　エ　(2)　ウ　2 (1)　①　(例)国際連合　(2)　②　(例)伝えたい情報を，大量に印刷することができる　③　(例)将来の世代のために，限られた資源を有効に活用している

＜社会解説＞

[1] (地理的分野―日本―地形図の見方，日本の国土・地形・気候，農林水産業，地理的分野―世界―人々のくらし，地形・気候，産業，地理的分野―公害・環境問題)

1 (1) 表面積の約7割を海洋が占めるため，地球は「水の惑星」とよばれる。③は，資料1の中心に見えるのがニュージーランドであることから判断する。 (2) **メルカトル図法**で描かれた資料2中の[B]は赤道上に引かれている。この図法の特徴として，赤道から離れるほど実際より東西方向に引き延ばされて描かれることが挙げられる。 (3) 赤道と本初子午線はアフリカ大陸のギニア湾付近の大西洋上で交わる。アフリカ大陸南部が本初子午線より東に収まるよう注意して描く。 (4) 資料3中の国のうち，オセアニア州に属する国はオーストラリア。オセアニア州の多くの地域がイギリスの植民地だったことから，かつては結びつきが強かった。Aがフランス，Bがアメリカ，Cがブラジルのメモ。 (5) 資料5中の「生活用水を地下水に頼ってきた」に着目すると，海水の混じらない地下水を得ることが難しくなったことが読み取れる。

2 (1) 資料1中の地図アには中部地方と関東地方の一部，地図イには北海道地方と東北地方の一部，地図ウには九州地方と中国・四国地方，近畿地方の一部が描かれている。 (2) ア…資料2中には5つの寺院と2つの神社がみられる。イ…高等学校は発電所の北西にみられる。ウ…道の駅Bのすぐ東に富士川が位置し，資料2で示された地域の中では最も標高が低い地点の一つであることから，道の駅Bよりも標高が高い別の場所に避難する方が安全と判断できる。エ…標高が300mほどの[X]の地点の北側に果樹園が多くみられることから，標高が250mほどの道の駅Bより標高が高い地点に位置すると判断できる。 (3) **瀬戸内気候区**に属する香川県は年間降水量が少なく，資料4にある小麦栽培の条件にも合致する。 (4) 資料5から海外からの食料輸入率が高いことが読み取れることから，わが国の**食料自給率**が低くなっていると判断できる。また，発表原稿の文中から「二酸化炭素の排出量を減らす」ことが「グローバルな課題」であるという記述から，**地球温暖化**の問題を指すと判断する。

[2] (歴史的分野―日本史―時代別―古墳時代から平安時代，鎌倉・室町時代，安土桃山・江戸時代，明治時代から現代，歴史的分野―日本史―テーマ別―政治・法律，文化・宗教・教育，外交，世界史―政治・社会・経済史)

1 (1) 7世紀とは，601～700年の期間を指す。B.C.は紀元前，A.D.は紀元後を表す。よって，アが紀元前7世紀，イが紀元前8世紀，ウが7世紀，エが8世紀に当たる。 (2) 奈良時代の文化を**天平文化**という。この頃に成立した**万葉集**は，日本最古の和歌集。 (3) カードAが南北朝時代，カードBが飛鳥時代，カードCが平安時代，カードDが鎌倉時代。 (4) 仏教について，資料3が建てられた奈良時代は国家を守るために用いられた(鎮護国家)のに対して，資料4が建てられた平安時代中期は**浄土信仰**の流行によるものと判断する。 (5) 資料6から，**徳川家光**が海外との関係を制限したのは貿易と情報の統制が目的であることがわかる。また，資料5からは，これらの統制に反発する勢力による反乱(**島原・天草一揆**)がおこったことが読み取れることから，海外との関係を制限した目的が幕府に反発する勢力を抑え込んでより強固な支配体制を敷くことだったと考えられる。

2 (1) カードA中の「1871年」「使節団」から**岩倉使節団**を指すと判断する。 (2) 資料2中の「企業の分割」「三菱」，発表原稿の文中の「戦後の民主化改革」などから判断する。三菱は，近代日本の産業を支えた**財閥**の一つ。 (3) アが1964年，イが1972年，ウが1946年，エが1951年の写真。 (4) 資料4中の「中国はアメリカやフランスとも不平等な条約を結んだ」や，資料5中の「カリフォルニアから中国へ向かうわが国の船は多く」，仮説の文中の「その中継地として日本を位置づけた」などから，アメリカの真の目的がわが国ではなく，中国との関係を重視していたことが読み取れる。

3 **(公民的分野―憲法の原理・基本的人権，三権分立・国の政治の仕組み，財政・消費生活・経済一般)**

1　(1)　選挙には，**普通選挙**，**平等選挙**のほかに，議員を直接選ぶ**直接選挙**，無記名で投票する**秘密選挙**の原則がある。　(2)　**衆議院の優越**が認められるのは，法律の制定および改正のほか，内閣総理大臣の指名，条約の承認，予算の議決の四項目。イ…国会が唯一の立法機関であるため，内閣は議決を拒否できない。ウ…憲法改正には，各議院の**総議員の3分の2以上**の賛成を必要とする。エ…**国民投票**で国民の意思を直接問うのは，憲法改正のみ。　(3)　日本国憲法第13条で個人の尊重，14条で平等権が保障されており，特に13条が基本的人権の根幹をなす包括的条文としての役割を果たす。　(4)　ア…まとめの文中の「財産を所有」から判断する。イ…資料2中にあるように，未成年者が保護者の同意を得ずに結んだ契約を取り消すことができるのは，未成年者が契約に対する責任を負う能力がないからである。　(5)　資料3から，若者の投票率が低く，高齢者の投票率が高い傾向にあることが読み取れる。また，年代によって関心の高い政策が異なることが読み取れる。政治では，投票率の高い年代が考慮した問題が反映されやすいことから，現在のわが国では医療・介護政策に予算が多く割かれやすい傾向にある。

2　(1)　日本銀行は，市中銀行のみと取引する**銀行の銀行**，政府の資金を管理する**政府の銀行**，紙幣を発行できる唯一の**発券銀行**としての役割も果たしている。　(2)　資料2から，増税後の表示価格が均衡価格を上回ることから，供給量が需要量を上回っていることが読み取れるため，売れ残りが生じてしまうことになる。また，話し合いの会話文中の「価格が上がると通常，需要量は増えない」「そうすると，企業が困る」などからも判断できる。　(3)　企業が発行する株式を購入した人を**株主**といい，株主は企業の利潤の分配を**配当**として受け取ることができる。企業の利潤が増えるほど株主が受け取る配当も増える。　(4)　スマートフォンからは多くの消費者の興味や関心についてのデータ収集が可能であり，それらを元に企業が新たな商品やサービスを開発するヒントを得ることができる。その一方で，消費者が個人情報の流出等に注意を払う必要がある。

4 **(地理的分野―世界―人々のくらし，歴史的分野―日本史―時代別―古墳時代から平安時代，鎌倉・室町時代，歴史的分野―日本史―テーマ別―文化・宗教・教育，公民的分野―地方自治，国際社会との関わり)**

1　(1)　資料1中の④「共に生きる」から判断する。　(2)　ア…記紀は，飛鳥時代ではなく奈良時代に編さんされた。イ…「武士の気風が高まり，…」は平安時代ではなく鎌倉時代の様子。ウ…住民による直接請求を行う場合，条例の制定には有権者の**50分の1以上**の署名が必要。エ…EU各国では共通の言語は使われておらず，加盟国間の経済格差も解消されていない。

2　(1)　**ユネスコ**(UNESCO)は「国連教育科学文化機関」の略称で，国際連合傘下の専門機関の一つ。　(2)　情報化とは，多様・大量の情報を入手，発信，共有できるようになることで，インターネットの普及などによって情報化社会の形成が進んだ一方，情報の取捨選択を行う能力(**情報リテラシー**)を身に着ける必要が出てきた。**持続可能な社会**とは，現代を生きる私たちが必要とするものを満たしつつ，将来世代が必要とするものを損なうことなく引き継いでいける社会のこと。地球温暖化などの環境問題や資源の枯渇といった問題を解決していく必要がある。

＜国語解答＞

一 問一 a そ　b 運営　c 傷　問二 ウ　問三 ア　問四 (例)自分をほめてくれた「わたし」にならわかってもらえると思ったので，不安を打ち明けようと決めた気持ち。
問五 エ　問六 イ

二 問一 a だとう　b 努　c 功績　問二 それでは　問三 イ　問四 ア
問五 エ　問六 (例)脳の処理容量を超えた情報を扱うことができるように，紙に書き出しながら考え，頭の中の考えをはっきりさせるように，何度も書きなおしをすればよい。

三 問一 ア　問二 イ　問三 (例)交通手段に関する情報　問四 ウ
問五 (例)バスのりばなどの情報と，記号が示す内容を多言語で表記することです。なぜなら，訪日外国人の中には，言葉や文字ではっきり伝えなければわからない発信者責任型の考えの人もいるから。

四 問一 ウ　問二 のたまえり　問三 君 子 防㆓ 未 然㆒
問四 1 (例)追討使の派遣を決める立場　2 嫌疑　問五 イ　問六 エ

＜国語解説＞

一 **(小説—情景・心情，内容吟味，文脈把握，段落・文章構成，漢字の読み書き，ことわざ・慣用句)**

問一 a 加えること。b 組織などを動かし，その機能を発揮させること。c 「傷」は九画目の「一」を忘れないこと。

問二 **「息を吞む」は，はっと驚いて息をとめること。**□の前には「あっ。」という驚く描写がある。

問三 傍線①は，「とにもかくにも自分の感動を伝えたかった」ことから発した言葉だ。**感動からくる興奮した口調**が想定できよう。また，この言葉は小早川さんが「とても落ち込んでいるように見えた」から出た言葉なのだ。すなわち**励ましたかった**こともうかがえる。

問四 傍線②の前で，不安を抱えて悩んでいた小早川さんを「わたし」は「すごいよ」と褒めたので，彼女は驚いたことがわかる。そのあと，少しの間があったものの，傍線②「ふたたび真っ直ぐにわたしの目を見つめ」たのは，「怖いんです」と本音を口にするためだ。**本音を言ったのは，「わたし」になら分かってもらえると思ったからだ。**不安だらけの**自分をほめてくれた「わたし」になら，悩みを打ち明けてみようかと思えた**にちがいない。こうした小早川さんの心情をまとめよう。

問五 傍線③以前の「わたし」の心中描写に着目しよう。「ふたたび力が湧いて」きたのは，「今この部活でやらなくてはならないこと，本当にやりたいことがハッキリと見えて」来たからだ。その**やりたいこととは，自分を支えてくれた先輩たちのように，後輩をもり立てていくこと，先輩たちから受け継いだものを後輩たちに手渡すことだ**と読み取れる。

問六 この文章は途中で「わたしがミタセンに……」と，**回想場面が挿入**されている。この部分を思い出すことで，「わたし」の心は晴れわたり，小早川さんにもアドバイスするようになった。

二 **(論説文—大意・要旨，内容吟味，文脈把握，段落・文章構成，脱文・脱語補充，漢字の読み書き)**

問一 a 様々な場合に当てはまり，判断・処置が正当と認められること。b 努力すること。「務める」や「勤める」など同音異義語に注意する。c その社会の発展に尽くしたり危機を救ったりするなどの役に立つ大きな働き。

問二　Ⅰの文章はまず，脳の情報処理のキャパシティというテーマを示した一つ目のまとまり，そしてそのテーマについて具体例をあげた二つ目のまとまりがある。そして三つ目のまとまりは，「それでは」と話題転換の接続詞を用いた場所を見つける。ここからは脳の情報処理能力の小ささを受け，**どのように複雑な情報処理を行えばよいかについての見解へ**と，話が展開されていく。

問三　「脳が扱える情報量に限りがあるという事実……示されている」こと，「脳の情報処理のキャパシティの小ささ……うかがい知れる」ことの例について述べているところで，マイナンバーのことが挙げられているのをふまえて選択肢を選ぶ。

問四　「一瀉千里」とは，**少しも休まずに滞ることなく行われること**を表した四字熟語。休まず滞らずに進んだら，最後に行き着くことを読み取って選択肢を選ぶ。

問五　純化された結果，『平家物語』の内容は，読み手に「整然として頭に入ってくる」ものになった。「整然」という語句が含まれたアを選びそうになるが，アは「作者が思考の整理を行って」という表現が不適切。純化されたのは，琵琶法師によってくりかえしくりかえし語られたからである。**語る琵琶法師の数だけ，推敲の回数も進んでいく**ことになる。推敲されることにより，**内容が整理されれば，読み手には物語が明確に伝わる**ことになる。

問六　Ⅰからは，“紙に書き出すこと”をすればよいことがつかめる。書き出すことには，限りある**脳の情報処理能力を超える情報を扱えるという効能**がある。また，Ⅱからは，“書き直すこと”**“推敲”**をすればよいことが読み取れる。推敲には**思考を整理して，考えを明確にするという効能**があるのだ。この二点をおさえて，論文を書く際のポイントをまとめればよい。

三　(会話・議論・発表―文脈把握，脱文・脱語補充，熟語，品詞・用法，作文)

問一「受信者責任型文化」とは，「その場の状況や雰囲気なども含めながら，その情報の意味を解説して，**行間に隠れたニュアンスもくみ取りながら理解する**文化」とある，「**以心伝心**」は，**言葉では説明できない気持ちなどを無言のうちに相手にわからせること**。

問二　傍線②「説明し」は活用していて，基本形は「説明する」。サ行変格活用動詞である。

問三　資料1における最も多い回答は「交通手段」である。

問四　知子さんは「資料3**にこの情報を付け加えた案内書を**……」と述べていて，**資料を関連させて検討すること**を提案している。

問五　付け加えるとよい具体的な情報は，貴史さんが挙げた**バス乗り場などの情報**のことだ。その際の必須の表記方法としては，貴史さんが**「文字情報が複数の言語で発信されている」こと**が情報の受け手を安心させるとも述べていることから，ここを用いる。これらを必要とした理由は，貴史さんが，外国で案内板の内容がわからずに困った経験があったからだ。なぜわからなかった原因は情報不足・説明不足だ。日本人は受信者責任型文化ではあるが，国際社会にある現在では，発信者がその情報の伝達に責任を持つ発信者責任型文化であることが望まれる。したがって，**広い世界には発信者責任型文化の人々も多くいると認識することを，必要な理由**として挙げればよい。

四　(古文・漢文―情景・心情，文脈把握，脱文・脱語補充，仮名遣い，表現技法，書写)

【現代語訳】

A　大納言俊明が，約四・八五メートルの仏をお作りになるということを聞いて，奥州の藤原清衡が，仏に貼る金箔のために金を献上したが，(俊明は)受け取らす，お返しになったそうだ。ある人が，その理由を尋ねたところ，「清衡は王土をあちこち不当に占領して，今すぐにも謀反を起こす可能性のある者だ。(私は)その謀反が起きた際には朝廷の敵を追討する使者の派遣をするようなことを決めて申し上げる身の上だ。だから，あの金を受け取らなかった。」とおっしゃった。

B　優れた人は前もって用心深く構えて，疑いをかけられるようなところにはいない。瓜のはたけで靴を履き直さないし，すももの下で冠をかぶり直さない。(瓜畑で脱げた靴を探していると瓜を盗もうとしていると誤解され，すももの下で冠を直そうと手を上げるとすももを盗ろうとしていると誤解されるからである。)

問一　「聞いた」のは，金を奉ろうと考えた清衡である。

問二　語中の「は・ひ・ふ・へ・ほ」は現代仮名遣いでは「ワ・イ・ウ・エ・オ」にする。

問三　君→子→未→然→防の順で読むので，「防」は「未然」を読んだ後に二字返って読むことになる。したがって，一・二点を用いる。

問四　(1)は，俊明が自ら「追討使を遣はさむこと，定め申すべき身」と述べている部分を訳して補う。(2)は，疑い・疑惑といった内容の語が適切だ。Bの漢文に「嫌疑」とあるので，これを用いる。

問五　Aは，俊明と清衡の間に起きたことを筆者がつづっている。Bは，君子の行いを示した後で，その例として李や瓜畑でのことを挙げている。

問六　「定」は，うかんむりで三画。　ア「空」は，あなかんむり。五画。イ「祈」は，しめすへん。四画。ウ「点」はれっか(れんが)。四画。エ「寺」はすん。三画。

MEMO

大切なことはメモしておこうネ！

解答用紙集

○月×日　△曜日　天気（合格日和）

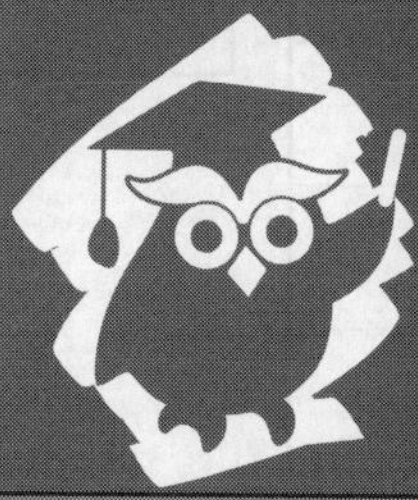

◆ご利用のみなさまへ
＊解答用紙の公表を行っていない学校につきましては、弊社の責任において、解答用紙を制作いたしました。
＊編集上の理由により一部縮小掲載した解答用紙がございます。
＊編集上の理由により一部実物と異なる形式の解答用紙がございます。

人間の最も偉大な力とは、その一番の弱点を克服したところから生まれてくるものである。――カール・ヒルティ――

東京学参株式会社

※147%に拡大していただくと，解答欄は実物大になります。

受検番号		氏　名	

※学科・コース

数学解答用紙

（注意）※印のところは記入しないこと。

※計	

1

⑴		⑵		⑶	
⑷		⑸		⑹	
⑺		⑻		⑼	$(x,\ y)=($　　,　　$)$
⑽	$x=$	⑾		⑿	
⒀	逆	整数 $a,\ b$ で，(　　　)			
	調べた結果				

※1	

2

1	⑴		⑵			
2	⑴	$a=$	⑵			
3	⑴	度				
	⑵	ア	イ		ウ	
		エ	オ			

※2	

3

1	⑴	個	⑵	個	⑶	本
2	⑴	cm^3	⑵	cm^2	⑶	cm

※3	

※ 149％に拡大していただくと，解答欄は実物大になります。

受検番号		氏　名	

※学科・コース ＿＿＿＿＿＿

英語解答用紙

（注意）※印のところは記入しないこと。

※計	

1

1	①	c	②	m	③	t			
2	(1)		(2)		(3)				
	(4)		(5)						
3	(1)		(2)						
	(3)		(4)						
4	(1)		(2)		(3)		(4)		
5									

※1	

2

1	(1)		(2)		(3)								
2	(1)	①		②		③		(2)	①		②		③
3	(1)												
	(2)												
	(3)												
	(4)	I wish (　　　).											

※2	

3

1	(1)		(2)	
	(3)			
2	(1)		(2)	
3	(1)			
	(2)	[Yes, I do / No, I don't] because (　　　).		

※3	

宮崎県公立高校（推薦）

2024年度

※145%に拡大していただくと，解答欄は実物大になります。

受検番号	氏名

※学科・コース（　　　　）

国語解答用紙

（注意）※印のところは記入しないこと。

計 ※

一

- （一）
  - ① 隔てて
  - ② 抑揚
  - ③ ウタガイ
  - ④ エンソウ
- （二） 李 下 不 正 冠
- （三）
- （四） 問一　問二　問三　問四
- （五） 問一　問二（20）　問三

一 ※

二

- 問一
  - ⓐ テイショウ
  - ⓑ カゲン
  - ⓒ 貫く
- 問二 A　B
- 問三（20）（35）
- 問四　問五　問六

二 ※

三

- 問一　問二　問三
- 問四 如 今 送 別 臨 渓 水
- 問五
  - 1 ⑤　⑥
  - 2（15）
  - 3（15）

三 ※

宮崎県公立高校(一般)　2024年度

※ 156%に拡大していただくと，解答欄は実物大になります。

受検番号		氏　名	

数　学　解　答　用　紙

(注意) ※印のところは記入しないこと。

※計	

1

(1)		(2)		(8)	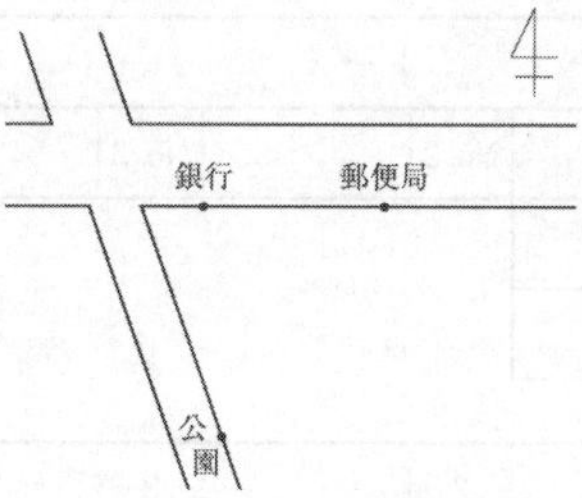
(3)	$x=$	(4)			
(5)	$x=$				
(6)		(7)			

※ 1	

2

1		2	cm^2	3	cm^3	4	cm^3

※ 2	

3

1	(1)		(2)		(3)		2	(1)	
2	(2)	(説明)							

※ 3	

4

1	ア		イ		ウ
2	エ				オ
3	(1)	BE = cm			(2) 倍

※ 4	

5

1		2	$a=$	3	(1)	(2)	

※ 5	

※ 159%に拡大していただくと，解答欄は実物大になります。

受検番号		氏　名	

英　語　解　答　用　紙

(注意) ※印のところは記入しないこと。

※計	

1

1	(　　)→(　　)→(　　)→(　　)					
2	No. 1		No. 2		No. 3	
3						
4						

※1	

2

1	1		2		3		4		5	
2										

※2	

3

1	1		2		3		4	
2	(1)	Please (						).
	(2)	What is (						)?
3	(1)							
	(2)							

※3	

4

1		2		3	
4	Jing should (				).

※4	

5

1					
2					
3					
4					
5	(1)		(2)		(3)
6					

※5	

※ 156%に拡大していただくと，解答欄は実物大になります。

受検番号		氏　名	

理　科　解　答　用　紙

(注意) ※印のところは記入しないこと。

※計

1

1 (1)　(2)　(3)　2 (1)　(2)　※1

2

1 (1)　(2)　(3)　%

2 (1)　(2)

4

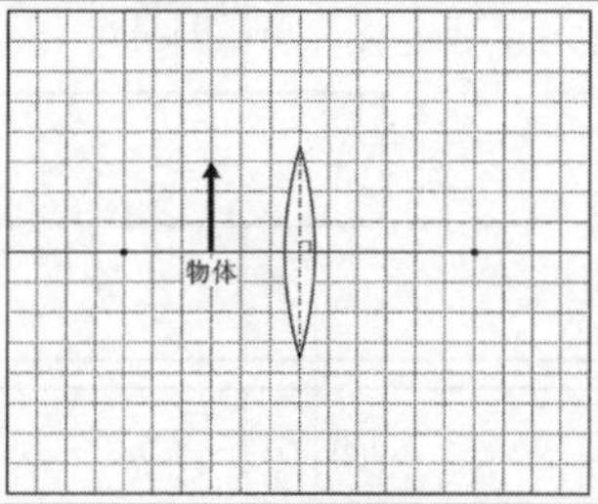

※2

3

1　2　cm　3　※3

4

1 (1)　(2)　2 (1)　(2)　※4

5

1 (1)　(2)

2 (1)　(2)　(3)

(3)

※5

6

1 (1)　(2)　(3)　2 (1)　(2)　※6

7

1 (1)　J　(2)　(3)　J

2 (1) a　b

(2)

※7

8

1

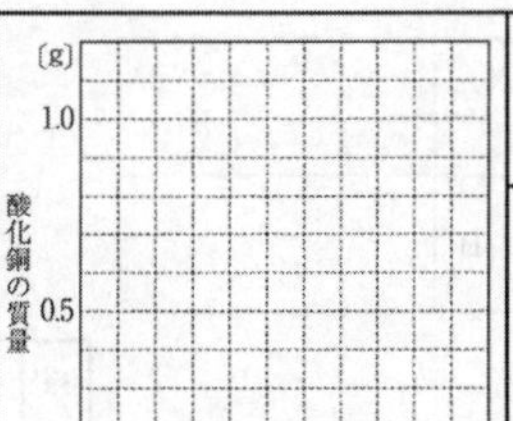

2　3　色

3 反応のようす

4 a　b　c

※8

※154%に拡大していただくと，解答欄は実物大になります。

受検番号		氏　名	

社　会　解　答　用　紙

(注意) ※印のところは記入しないこと。

※計	

1

1	(1)		(2)		(3) ①		②
	(4)						
2	(1)	県	(2) 県名：	県	組み合わせ：		
	(3)						
	(4) ①		②		③		

※ 1

2

1	(1)		(2) ①		②		
	(3)	→ 　→					
	(4) ①		組み合わせ：				
2	(1)		(2)				
	(3) W		X		Y		Z
	(4) ①		②				

※ 2

3

1	(1)		(2)				
	(3) A		B		C		
	(4) ①		②				
2	(1)		(2)		(3) ①		②
	(4) A		B				

※ 3

4

1		2	
3 ア		イ	ウ

※ 4

宮崎県公立高校(一般)　２０２４年度

※１６１％に拡大していただくと、解答欄は実物大になります。

受検番号	
氏名	

国語解答用紙

（注意）※印のところは記入しないこと。

計 ※

一

問一　ⓐ 竹刀　ⓑ 煙　た　ⓒ ア　びて

問二　　問三

問四　（20）（30）

問五　Ⅰ　Ⅱ

問六

一 ※

二

問一　ⓐ ハ　て　ⓑ チュウジツ　ⓒ 控　えめ

問二　　問三　A　B　　問四

問五

問六　（20）（30）

二 ※

三

問一　（12）

問二

問三　　問四

問五　（20）（40）（60）（80）（100）（120）

問六

三 ※

四

問一　　問二　　問三

問四　　問五　不知秋思在誰家

問六　(一)　(二)（20）

四 ※

2024年度入試配点表（宮崎県・推薦）

※各科とも大問2問が選択される。
※各大問とも20点。

	1	2	3	計
数学	(1)～(6)　各1点×6 他　各2点×7	3(2)　各1点×5 他　各3点×5	1(1)　2点 2(1)・(2)　各3点×2 他　各4点×3	40点

	1	2	3	計
英語	5　4点 他　各1点×16	3(4)　4点 他　各2点×8	1　各2点×3 3(2)　5点 他　各3点×3	40点

	一	二	三	計
国語	(一),(三),(五)問一　各1点×6 他　各2点×7	問一　各1点×3　問三　5点 問五,問六　各3点×2 他　各2点×3	問二,問五3　各3点×2 問五2　4点 他　各2点×5	40点

2024年度入試配点表(宮崎県・一般)

数学	1	2	3	4	5	計
	各4点×8	1,2　各3点×2 他　各4点×2	1(3),2(2) 各4点×2 他　各3点×3	3　各4点×2 他　各3点×5	3　各4点×2 他　各3点×2	100点

英語	1	2	3	4	5	計
	2　各3点×3 他　各4点×3	1　各2点×5 2　4点	1　各2点×4 3(2)　6点 他　各3点×3	2,3　各3点×2 他　各4点×2	1　4点　6　6点 他　各3点×6	100点

理科	1	2	3	4	計
	2(2)　3点 他　各2点×4	1(1)・(2)　各2点×2 他　各3点×3	各3点×4	各3点×4	100点
	5	6	7	8	
	1(3), 2(1)　各3点×2 他　各2点×4	1(3), 2(2)　各3点×2 他　各2点×3	1(1)・(2)　各2点×2 他　各3点×3	1, 3ようす　各3点×2 2,3色　各2点×2 4　各1点×3	

社会	1	2	3	4	計
	1(1)・(2), 2(3)　各3点×3 1(3)・(4),2(4)②・③ 各4点×3(2(4)②・③完答) 他　各2点×4	1(1)・(2),2(1)　各2点×4 1(3)・(4)・2(2)　各3点×4 2(3)　各1点×4 2(4)　4点	1(3)C・(4)①・②,2(4)A 各3点×4 他　各2点×9	1,2,3ウ　各3点×3 他　各2点×2	100点

国語	一	二	三	四	計
	問一　各2点×3 問三　5点　問四　6点 問六　4点　他　各3点×3	問二　4点　問四,問五 各5点×2　問六　6点 他　各2点×5	問一,問四　各2点×2 問五　7点 他　各3点×3	問一, 問二, 問四 各3点×3　問六(二)　5点 他　各2点×3	100点

※ 149%に拡大していただくと，解答欄は実物大になります。

数学解答用紙

（注意）※印のところは記入しないこと。

※計	

1

(1)		(2)		(3)	
(4)		(5)		(6)	
(7)		(8)	$(x,\ y) = ($　　,　　$)$	(9)	$x =$
(10)	km²	(11)	$a =$	(12)	m²
(13)					

※1	

2

1	(1)	kg	(2)
2	(1)		
2	(2)	① $a =$	②
3	(1)	度	
3	(2)	△AED と △FEC で 点 E は辺 DC の中点だから， DE = CE　…① （右上へ続く） （左下より続く） △AED ≡ △FEC 合同な図形では，対応する辺の長さはそれぞれ等しいので， AE = FE	

※2	

3

1	(1)	cm	(2)	cm	(3)	cm
2	(1)	cm²	(2)	cm³	(3)	cm

※3	

宮崎県公立高校(推薦)　2023年度

※ 149%に拡大していただくと，解答欄は実物大になります。

受検番号		氏　名	

※学科・コース ＿＿＿＿＿＿

英語解答用紙

(注意) ※印のところは記入しないこと。

※計	

1

1	①		②		③			
2	(1)		(2)		(3)			
	(4)		(5)					
3	(1)		(2)					
	(3)		(4)					
4	(1)		(2)		(3)		(4)	
5								

※1	

2

1	(1)	①		②		③		(2)	①		②		③
	(3)	①		②		③							
2	(1)		(2)										
3	(1)												
	(2)												
	(3)												
	(4)												

※2	

3

1				
2	②		③	
3				
4				
5				
6	I think (			).

※3	

宮崎県公立高校（推薦）

２０２３年度

※１４９％に拡大していただくと，解答欄は実物大になります。

受検番号	
氏名	

※学科・コース（　　　　）

国語解答用紙

（注意）※印のところは記入しないこと。

計 ※

一

（一）	① 活躍	② 緩やか	③ カリル	④ ナットク
（二）		
（三）		
（四）	問一	問二	問三
	問四 文節	書き直し
（五）	問一	問二 切れ字	俳句	問三

一 ※

二

問一	ⓐ 和らぐ　ⓑ シュンカン　ⓒ ウツす
問二	10
問三	20 / 35
問四	問五
問六	20 / 40

二 ※

三

問一	問二	問三
問四	1（10）　2（10）
問五	
問六	20

三 ※

※ 161％に拡大していただくと、解答欄は実物大になります。

受検番号		氏　名	

数　学　解　答　用　紙

（注意）※印のところは記入しないこと。

※計	

1

(1)		(2)		(8)	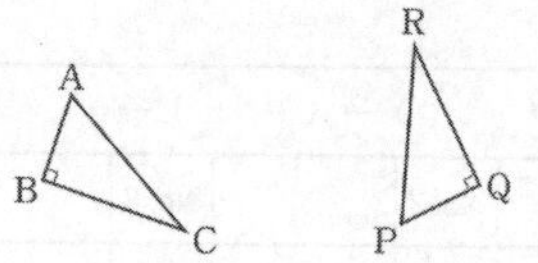
(3)		(4)			
(5)	(x , y) = (,)				
(6)	x =	(7)			

※1	

2

1	(1)					
	(2)	（説明）				
2	(1)		(2)	①	②	

※2	

3

1	y =		2	
3	(1)	CD =	(2)	C (,)

※3	

4

1	∠CDB = 度	2	(2)	cm	(3)	cm^2
2	(1)	（証明） △BCD と △DBF で， （右上へ続く）	（左下より続く）			

※4	

5

1	本	2	cm^2	3	cm^2	4	cm^3

※5	

※ 161％に拡大していただくと，解答欄は実物大になります。

受検番号		氏　名	

英　語　解　答　用　紙

（注意）※印のところは記入しないこと。

※計	

1

1	(　　) → (　　) → (　　) → (　　)					
2	No. 1		No. 2		No. 3	
3	No. 1		No. 2		No. 3	
4						

※1	

2

1	1		2		3		4		5	
2	(　　) → (　　) → (　　) → (　　)									

※2	

3

1	1		2		3		4	
2	(1)	I (　　).						
	(2)	(　　) in English ?						
3	(1)	～こと						
	(2)							

※3	

4

1		2		3		4		

※4	

5

1	(1)		(2)		(3)	
2	①		②			
3						
4						
5						
6	I felt happy when (　　).					

※5	

※ 161％に拡大していただくと，解答欄は実物大になります。

受検番号		氏　名	

理　科　解　答　用　紙

（注意）※印のところは記入しないこと。

※計

1

1 (1)　(2)　(3) A →　→　→　→　→

2 (1)　(2) ①　②　③

※1

2

1 (1)　(2)　2 (1)　(2) 秒

※2

3

1 J　2 (1) V　(2)　(3)　3

※3

4

1 (1)　(2) a　b

2 ＞　＞　3

※4

5

1　2 (1)　(2)

※5

6

1 (1)

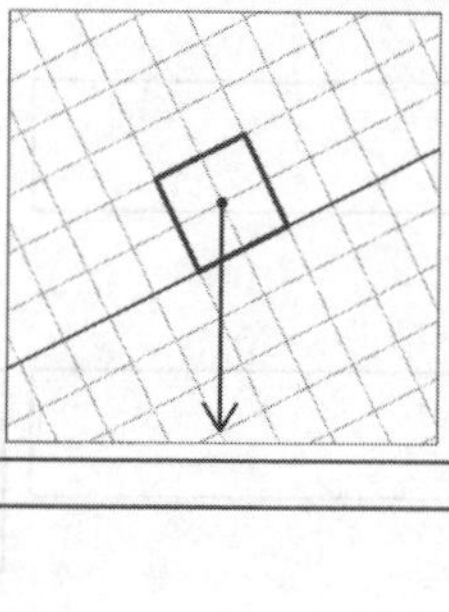

(2)　2　3 (1)　(2)　3

※6

7

1 (1)　(2)　(3)　(4)　2

※7

8

1　2 g　3

4 a　b

※8

※ 161％に拡大していただくと，解答欄は実物大になります。

社 会 解 答 用 紙

(注意) ※印のところは記入しないこと。

※計	

1

1	(1)	(2)
	(3)	
	(4) ①	②
2	(1)	(2)
	(3) ①	②
	(4) A	B

※1	

2

1	(1)	(2)
	(3) ア	イ　ウ　→　→
	(4)	
2	(1)	(2) →　→　→
	(3)	
	(4)	
	(5) ①	②

※2	

3

1	(1)	(2) ①　②
	(3)	(4) ①　②
2	(1)	(2)
	(3)	
	(4)	

※3	

4

1	2
3	4

※4	

宮崎県公立高校（一般）

2023年度

※164％に拡大していただくと、解答欄は実物大になります。

国語解答用紙

（注意）※印のところは記入しないこと。

受検番号	
氏名	

計 ※

一

問一　ⓐ ソンケイ　ⓑ イ　でも　ⓒ 師匠

問二　　問三

問四　20　40

問五　　問六

一 ※

二

問一　ⓐ ホゴ　ⓑ 開拓　ⓒ 途　られ

問二　　問三　　問四

問五　10

問六　20　40

二 ※

三

問一　15

問二

問三

第一段落

〈資料〉のA、Eそれぞれの割合の変化を見ると、平成二十年度と比べて平成二十九年度は（ア　　）。また、A、E間の割合の差は、平成二十年度と比べて平成二十九年度は（イ　　）ことが分かる。

第二段落

20　40　60　80　100　120

問四

三 ※

四

問一　（一）　（二）

問二　　問三　　問四　願得主人書

問五　1　2

四 ※

2023年度入試推定配点表(宮崎県・推薦)

※各科とも大問2問が選択される。
※各大問とも20点。

数学	1	2	3	計
	(1)~(6)　各1点×6 他　各2点×7((11)完答)	2(1)・(2)①　各2点×2 3(2)　4点 他　各3点×4	1(3), 2(3)　各4点×2 他　各3点×4	40点

英語	1	2	3	計
	5　4点 他　各1点×16	3(1)　3点　3(2)　4点 他　各1点×13	4, 6　各4点×2 他　各2点×6	40点

国語	一	二	三	計
	(四)問四　2点 他　各1点×13	問一　各1点×3 問三, 問六　各3点×2 他　各2点×3	問四, 問六　各2点×3 他　各1点×4	40点

2023年度入試推定配点表(宮崎県・一般)

	1	2	3	4	5	計
数学	各4点×8	2(1)　3点 他　各4点×4	各4点×4	2(1)　5点 他　各4点×3	各4点×4	100点

	1	2	3	4	5	計
英語	2　各2点×3 4　4点 他　各3点×4	1　各2点×5 2　4点	1　各2点×4 2　各3点×2 3　各4点×2	各3点×5	1　各2点×3 5　4点　6　5点 他　各3点×4	100点

	1	2	3	4	5	6	7	8	計
理科	1(1)・(2) 各2点×2 他　各3点×3 (2(2)完答)	各3点×4	1, 2(1)・(2) 各2点×3 他　各3点×2	各3点×4 (1(2)完答)	1, 3(1)・(2) 各3点×3 他　各2点×2	各3点×4	1(1)・(4),2 各3点×3 他　各2点×2	2, 3, 4b 各3点×3 他　各2点×2	100点

	1	2	3	4	計
社会	1(1)・(4)②, 2(3)① 各3点×3 1(3), 2(4)B　各5点×2 他　各2点×6	1(3)　各3点×3 2(4)　5点 他　各2点×8	1(1)・(2)　各3点×3 2(4)　5点 他　各2点×6	2　5点 他　各2点×4	100点

	一	二	三	四	計
国語	問一　各2点×3 問四　6点 他　各4点×4	問一　各2点×3 問五　4点　問六　6点 他　各4点×3	問一～問三(第一段落) 各3点×4　問三(二段落) 10点　問四　2点	問一(一), 問四　各3点×2 問五　各4点×2 他　各2点×3	100点

※164%に拡大していただくと，解答欄は実物大になります。

受検番号		氏　名	

※学科・コース

数学解答用紙

(注意) ※印のところは記入しないこと。

※計

1

(1)　(2)　(3)

(4)　(5)　(6)

(7)　(8) $(x, y)=($　,　$)$　(9) $x=$

(10)　(11)　(12)　m

(13)

※ 1

2

1 (1)　(2)

2 (1)　(2) (　,　)　(3) $x=$

3 (1)　度

3 (2)

△AEF と △CDF で
四角形 ABCD は長方形だから，
　∠AEF = ∠CDF = 90°　…①

(右上へ続く)

(左下より続く)

△AEF ≡ △CDF
合同な図形では，対応する辺の長さはそれぞれ等しいので，
FA = FC
したがって，△FAC は二等辺三角形である。

※ 2

3

1 (1) C =

1 (2) ア　イ　ウ

2 (1)　cm³　(2)　cm²　(3)　cm

※ 3

※156%に拡大していただくと，解答欄は実物大になります。

受検番号　　氏　名　　※学科・コース

英語解答用紙

(注意) ※印のところは記入しないこと。

※計

1

1 ①　②　③

2 (1)　(2)　(3)　(4)　(5)

3 (1)　(2)　(3)　(4)

4 (1)　(2)　(3)　(4)

5

※1

2

1 (1) ①　②　③　(2) ①　②　③　(3) ①　②　③

2 (1)　(2)

3 (1)　(2)　(3)　(4)

※2

3

1

2

3

4

5

6

7 (　　) to be positive.

※3

宮崎県公立高校(推薦)

2022年度

※149%に拡大していただくと、解答欄は実物大になります。

受検番号	
氏名	

※学科・コース（　　　　）

国語解答用紙

(注意) ※印のところは記入しないこと。

※計	

一

(一) ① 柔和　② 速やか　③ オンダン　④ オサナイ

(二) 不説人短。

(三)

(四) 問一　問二　問三　問四　問五

(五) 問一　問二　問三

一 ※	

二

問一 ⓐ 居心地　ⓑ リエキ　ⓒ 諦めた

問二　問三

問四

問五

二 ※	

三

問一 便令種竹。

問二　問三

問四 (一)　(二)

問五

問六

三 ※	

※ 161％に拡大していただくと，解答欄は実物大になります。

受検番号		氏　名	

数　学　解　答　用　紙

(注意) ※印のところは記入しないこと。

※計	

1

(1)		(2)		(8)	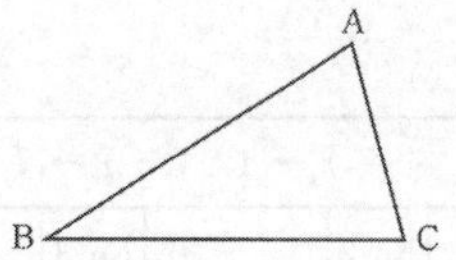
(3)		(4)			
(5)	$x =$				
(6)	度	(7)			

※ 1	

2

1	(1)	ア		2	(2)	(式と計算) 3年生の男子の人数を x 人，女子の人数を y 人とすると， 答え　　　人
		イ	(理由)			
	(2)					
2	(1)		人			

※ 2	

3

1	(1)		(2)		(3)		
2	(1)		(2)	$a =$			

※ 3	

4

1	∠AED＝　　　度	3	(1)	cm	(2)	cm²	
2	(証明) △BDE と △DFE で， (右上へ続く)	(左下より続く)					

※ 4	

5

1	cm	2	(1)	cm²	(2)	cm³	3	cm	

※ 5	

※ 159%に拡大していただくと，解答欄は実物大になります。

受検番号		氏　名	

英　語　解　答　用　紙

(注意) ※印のところは記入しないこと。

※計	

1

1	(　　) → (　　) → (　　) → (　　)					
2	No. 1		No. 2		No. 3	
3	No. 1		No. 2		No. 3	
4						

※1	

2

1	1		2		3		4		5	
2	①		②		③		④			

※2	

3

1	1		2		3		4		
2	(1)	I'll (　　) back.							
	(2)	(　　) tomorrow ?							
3	(1)	(　　) at home ?							
	(2)	A		B		C		D	

※3	

4

1			2			
3	③		④		4	

※4	

5

1	(1)		(2)		(3)		2	
3								
4	(　　) → (　　) → (　　) → (　　)						5	
6	I think it's good because (　　).							

※5	

※ 161％に拡大していただくと，解答欄は実物大になります。

受検番号		氏　名	

理　科　解　答　用　紙

（注意）※印のところは記入しないこと。

※計

1

1　2　3

4　5

※1

2

1 (1)　→　→　→ D

(2)

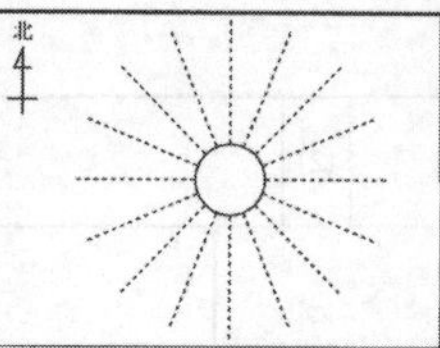

(3)　hPa

(4)

2

※2

3

1 (1)　(2)

2 (1)

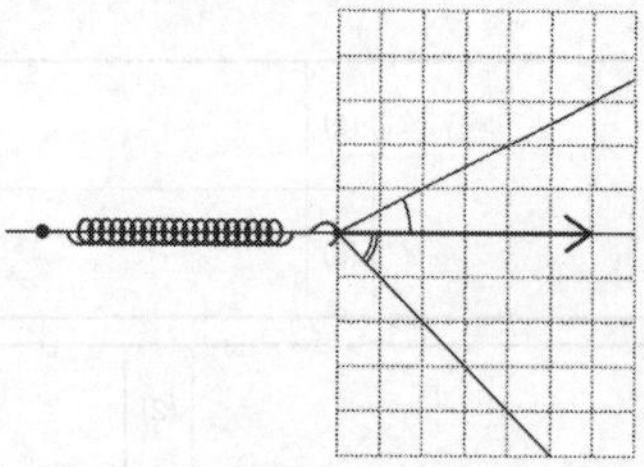

2 (2)

※3

4

1 (1)　(2)　(3)

2 (1)　(2)　%

※4

5

1　2　3 (1)

(2)　(3)

※5

6

1　2　3 (1)

横　軸	縦　軸

(2)

※6

7

1 (1)　(2)　2 (1)　(2)　(3)

※7

8

1　2　3　4

※8

※ 164%に拡大していただくと，解答欄は実物大になります。

受検番号		氏　名	

○　○

社　会　解　答　用　紙

(注意) ※印のところは記入しないこと。

※計	

1

1　(1)　(2)　(3)
(4)

2　(1)　(2)　(3)　(4)
(5)

※1

2

1　(1)　(2)　(3) ①　②
(4)

2　(1)　(2)　(3)　→　→　→
(4)　(5)

※2

3

1　(1)　(2)
(3) ア
イ
(4)

2　(1)　(2)　(3) ①　②
(4)

※3

4

1

2　ア　イ

3

※4

宮崎県公立高校（一般）

２０２２年度

※１６４％に拡大していただくと，解答欄は実物大になります。

国語解答用紙

受検番号	
氏名	

（注意）※印のところは記入しないこと。

計 ※

一

問一 ⓐ クナン　ⓑ 獲物　ⓒ 隣接

問二

問三

問四

問五（20・40・60）

問六

一 ※

二

問一 ⓐ 迷惑　ⓑ チヂめて　ⓒ ハセイ

問二

問三（10）

問四（20・40・60・70）

問五

問六

二 ※

三

問一

問二 A（　　）B（　　）C（　　）D（　　）

問三

問四

問五（20・40・60・80・90）

三 ※

四

問一

問二

問三

問四 有　先　実　之　声。

問五 1（10）　2（10）

問六

四 ※

2022年度入試推定配点表(宮崎県・推薦)

※各科とも大問2問が選択される。
※各大問とも20点。

	1	2	3	計
数学	(1)～(6)　各1点×6 他　各2点×7	2(1)・(2)　各2点×2 3(2)　4点 他　各3点×4	1(1)　2点 1(2)ア・イ　各1点×2 他　各4点×4	40点

	1	2	3	計
英語	5　4点 他　各1点×16	3(1)　3点　3(2)　4点 他　各1点×13	4, 7　各4点×2 他　各2点×6	40点

	一	二	三	計
国語	(二),(四)　各2点×6 他　各1点×8	問一　各1点×3 問二　3点　問四　6点 他　各4点×2	問一, 問四(二)　各3点×2 問六　6点 他　各2点×4	40点

2022年度入試配点表（宮崎県・一般）

数学	1	2	3	4	5	計
	各4点×8	1(2)　4点 2(2)　5点 他　各3点×3	1　各3点×3 2　各4点×2	2　5点 他　各4点×3	各4点×4	100点

英語	1	2	3	4	5	計
	2　各2点×3 4　4点 他　各3点×4	1　各2点×5 2　各1点×4	1　各2点×4 2　各3点×2 3(1) 4点　(2) 各1点×4	各3点×5	4　4点 6　5点 他　各3点×6	100点

理科	1	2	3	4	5	6	7	8	計
	1, 3, 4 各2点×3 他　各3点×2	1(3)　2点 他　各3点×4	1(1)　2点 他　各3点×3	1(1), 2 各3点×3 他　各2点×2	1, 3(1) 各2点×2 他　各3点×3	1　2点 他　各3点×3	2(1)　2点 他　各3点×4	各3点×4	100点

社会	1	2	3	4	計
	1(4), 2(4)・(5) 各4点×3 他　各3点×6	1(3)　各2点×2 1(4), 2(5)　各4点×2 他　各3点×6	1(3), 2(3)　各2点×4 1(4), 2(4)　各4点×2 他　各3点×4	1　2点 2　各3点×2 3　4点	100点

国語	一	二	三	四	計
	問一　各2点×3 問五　7点　問六　5点 他　各4点×3	問一　各2点×3 問二　3点　問四　8点 問六　5点　他　各4点×2	問一　2点　問二　3点 問五　7点 他　各4点×2	問二　4点 問三, 問四　各2点×2 他　各3点×4	100点

※ 164%に拡大していただくと，解答欄は実物大になります。

受検番号		氏　名	

※学科・コース ＿＿＿＿＿＿

数　学　解　答　用　紙

(注意) ※印のところは記入しないこと。

※計	

1

(1)		(2)		(3)	
(4)		(5)		(6)	
(7)		(8)		(9)	$(x,\ y)=($　　,　　$)$
(10)	$x=$	(11)		(12)	個
(13)					

※1	

2

1	(1)	間	(2)		
2	(1)	$a=$	(2)	ア	イ
3	(1)	$\angle x=$　　度	(2)	cm^2	
3	(3)	(右上へ続く)　(左下より続く)　BE = DF			

※2	

3

1	(1)	通り				
1	(2)	左上の数 a について，かけられる数を x，かける数を y とすると，$a=xy$ と表される。このとき， よって，$a-b-c+d$ の値はつねに 1 になる。				
2	(1)	cm^3	(2)	cm^2	(3)	cm

※3	

※ 154%に拡大していただくと，解答欄は実物大になります。

受検番号		氏　名	

※学科・コース ＿＿＿＿＿＿

英語解答用紙

(注意) ※印のところは記入しないこと。

※計	

1

1	①		②		③	
2	(1)		(2)		(3)	
	(4)		(5)			
3	(1)		(2)			
	(3)		(4)			
4	(1)		(2)		(3)		(4)	
5						

※1

2

1	(1)	①	②	③	(2)	① ② ③	
	(3)	①	②	③			
2	(1)		(2)				
3	(1)						
	(2)						
	(3)						
	(4)						

※2

3

1				
2	②		③	
3				
4				
5				
6				

※3

宮崎県公立高校（推薦）

２０２１年度

※１５６％に拡大していただくと、解答欄は実物大になります。

受検番号	
氏名	

※学科・コース（　　　　）

国語解答用紙

（注意）※印のところは記入しないこと。

計※

一

（一）	①	詳細
	②	催す
	③	クイキ
	④	アズケル
（二）		来不知去
（三）		
（四）	問一	
	問二	
	問三	
	問四	
	問五	
（五）	問一	
	問二	
	問三	

一※

二

問一	ⓐ	キザみ
	ⓑ	互い
	ⓒ	特殊
問二		
問三		
問四		
問五		20 / 40 / 50

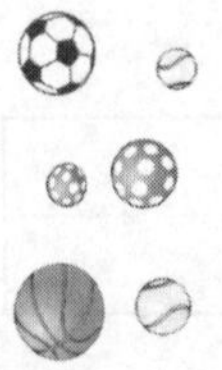

二※

三

問一	
問二	聖人不貴尺之璧
問三	
問四	
問五	20
問六	
問七	1
	2
	3

三※

※167%に拡大していただくと，解答欄は実物大になります。

受検番号		氏　名	

○　○

※計	

数学解答用紙

(注意) ※印のところは記入しないこと。

1

(1)　(2)
(3)　(4)
(5)　(6) $x=$
(7)　(8)
(9)

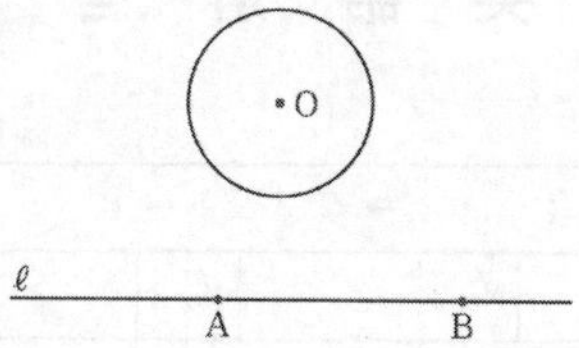

※1

2

1 (1)
1 (2) (説明)
正しい答え

2 (1) 円
2 (2) (式と計算，説明)
答え 乗った駅…　駅，降りた駅…　駅

※2

3

1 ア
とすると，y は x に反比例する。
〔関係を表す式〕 イ

2 (1) $a=$　(2) 個
2 (3)

※3

4

1 ∠DAG = 度　3 (1) cm^2　(2) cm

2 (証明)
△ABF と △EBC で，
(右上へ続く)
(左下より続く)

※4

5

1 m　2 m^3　3 (1) m^2　(2) m^3

※5

※164％に拡大していただくと，解答欄は実物大になります。

受検番号		氏　名	

英語解答用紙

(注意) ※印のところは記入しないこと。

※計	

1

1	(　　)→(　　)→(　　)→(　　)					
2	No. 1		No. 2		No. 3	
3	No. 1		No. 2		No. 3	
4						

※1	

2

1	1		2		3		4		5	
2										

※2	

3

1	1		2		3		4		
2	(1)	(　　) to Japan?							
	(2)	I (　　) color.							
3	(1)	A		B		C		D	
	(2)								

※3	

4

1		2		3	②		③	
4								

※4	

5

1	(1)		(2)		(3)		2	
3		4	ア		イ		
5							
6							

※5	

※ 164%に拡大していただくと，解答欄は実物大になります。

受検番号		氏　名	

理　科　解　答　用　紙

(注意) ※印のところは記入しないこと。

※計

1

1	2	3	4 (1)	※ 1

2

1 (1)	(2)	(2) m/s	※ 2
2 (1)	(2)	(3)	

3

1 (1)	(2)	(3)	2 (1)	※ 3
(2)	(3) g			

4

1	2 (1)	(2)	※ 4
3 (1)	(2)		

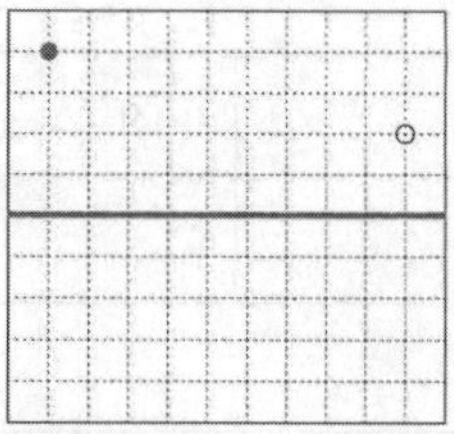

5

1 (1) の法則	(2)	(3)	※ 5
2 (1)	(2)		

6

1 (1) 天気図	露点 ℃	(2) 図2 → → → →	2 ①	②・③	※ 6

7

1 (1)	(2) b	c	2	※ 7
3				

8

1	2 (1)	(2)	※ 8

※ 167％に拡大していただくと，解答欄は実物大になります。

受検番号		氏　名	

社　会　解　答　用　紙

(注意) ※印のところは記入しないこと。

※計	

1

1	(1)		(2)		(3)		(4)		
2	(1)		(2)		(3)				
	(4)								
	(5)	ア		イ					

※1	

2

1	(1)		(2)		(3)		
	(4)	ア		イ			
	(5)	ウ		エ			
2	(1)		(2)	X		Y	
	(3)	ア		イ			
	(4)	ウ		エ			

※2	

3

1	(1)		(2)				
	(3)	ア		イ			
	(4)	ウ		エ			
2	(1)		(2)		(3)		
	(4)						
	(5)	ア		イ			

※3	

4

1	ア		イ	
2	ア		イ	
3	ア		イ	

※4	

宮崎県公立高校（一般）

2021年度

※159%に拡大していただくと、解答欄は実物大になります。

受検番号	
氏名	

国語解答用紙

（注意）※印のところは記入しないこと。

計 ※

一

問一 ⓐ 挿 し ⓑ 畳 ⓒ フクショウ

問二 問三 問四

問五 20 40

問六

一 ※

二

問一 ⓐ ゲイジュツ ⓑ 矛盾 ⓒ イトナ む

問二 問三 問四 問五

問六 20 40 60 80

二 ※

三

問一 問二 問三

問四

問五 作者が、 17 37 57 77 90 ものが、Aという作品だ。

三 ※

四

問一 問二 (一) 画 (二)

問三 見 賢 思 齊

問四 20

問五

四 ※

2021年度入試配点表（宮崎県・推薦）

※各科とも大問2問が選択される。
※各大問とも20点。

	1	2	3	計
数学	(1)～(6)　各1点×6 他　各2点×7	1(2), 3(2)　各3点×2 3(3)　4点 他　各2点×5	各4点×5	40点

	1	2	3	計
英語	5　4点 他　各1点×16	3(3)　4点 他　各2点×8	4　3点　5　4点 6　5点 他　各2点×4	40点

	一	二	三	計
国語	(二), (四)　各2点×6 他　各1点×8	問一　各1点×3 問二　3点　問五　6点 他　各4点×2	問三, 問六　各3点×2 問五　4点 他　各2点×5(問七2・3完答)	40点

2021年度入試配点表(宮崎県・一般)

数学	1	2	3	4	5	計
	(8)　3点(完答) 他　各4点×8	1(1)　3点 2(2)　5点 他　各4点×2	各4点×4	2　5点 他　各4点×3	各4点×4	100点

英語	1	2	3	4	5	計
	2　各2点×3 4　4点 他　各3点×4	1　各2点×5 2　3点	1　各2点×4 2　各3点×2 3(1)　各1点×4　(2)　4点	各3点×5	6　4点 他　各3点×8	100点

理科	1	2	3	4	5	6	7	8	計
	1, 2, 3 各2点×3 他　各3点×2	1(1)　2点 他　各3点×4	1(1)・(2),2(2) 各2点×3 他　各3点×3	1　2点 他　各3点×4	1(3)　4点 2(2)　3点 他　各2点×3	1(1)天気図 2点 他　各3点×3	1(1)　2点 他　各3点×3	2(2)　4点 他　各3点×2	100点

社会	1	2	3	4	計
	1(1),2(1)・(5)ア 各2点×3　2(4)　4点 他　各3点×6	1(3), 2(4)ウ 各3点×2 他　各2点×12	1(4)エ,2(3)・(4)・(5)イ 各3点×4 他　各2点×8	2　各3点×2 他　各2点×4	100点

国語	一	二	三	四	計
	問一　各2点×3 問五　7点　問六　5点 他　各4点×3	問一　各2点×3 問二　3点　問五　5点 問六　8点　他　各4点×2	問二　4点 問五　7点 他　各3点×3	問二(二), 問四 各4点×2 他　各3点×4	100点

2020年度　宮崎県（推薦）

受検番号		氏　名	

※学科・コース

数 学 解 答 用 紙

（注意）※印のところは記入しないこと。

※計	

1

(1)		(2)		(3)	
(4)		(5)		(6)	
(7)		(8)		(9)	
(10)		(11)		(12)	$x=$
(13)	$(x,\ y)=($　　,　　$)$	(14)	$x=$		

※1	

2

1	(1)	$\angle x=$　　度	(2)	ア　　点	イ
2	(1)	$a=$	(2)		(3)
	(4)		(5)		

※2	

3

1	(1)			
	(2)		(3)	
2	(1)	cm		
	(2)	（証明） △GBDと△GEFで，		
	(3)	cm	(4)	倍

※3	

4

1	(1)	cm^2	(2)	cm^2		
2	(1)	cm	(2)	cm^2	(3)	cm^3

※4	

※この解答用紙は167％に拡大していただきますと，実物大になります。

2020年度　宮崎県（推薦）

受検番号		氏　名	

※学科・コース

英　語　解　答　用　紙

（注意）※印のところは記入しないこと。

※計	

1

1	①		②		③	
2	(1)		(2)		(3)	
	(4)		(5)			
3	(1)		(2)			
	(3)		(4)			
4	(1)		(2)		(3)	(4)
5						

※1	

2

1	(1)		(2)	
2	(1)			
	(2)			
	(3)			
	(4)	1		2
		3		

※2	

3

1	
2	
3	
4	(　　　) → (　　　) → (　　　) → (　　　)
5	

※3	

4

1	[　　　] from this graph?							
2	A		B		C		D	
3	①							
	②							
	③							
	④							
4								

※4	

※この解答用紙は167%に拡大していただきますと，実物大になります。

2020年度 宮崎県（推薦）

受検番号	氏名

※学科・コース（　　　　　）

国語解答用紙

（注意）※印のところは記入しないこと。

計 ※

一

（一） ① 気配　② 強いる　③ ボウエキ　④ オサメル

（二） 問一　問二　問三

（三）　（四）　（五）

（六） 問一　問二　問三　問四

一 ※

二

問一　問二　問三

問四 1　2

問五（20・40・50）

二 ※

三

問一 ⓐ ウツり　ⓑ 円滑　ⓒ ケイケン

問二　問三

問四　問五

問六（20・40・60・80）

三 ※

四

問一　問二　問三　問四

問五 莫不奇之。

問六 1　2（20）

四 ※

※この解答用紙は167%に拡大していただきますと、実物大になります。

2020年度　宮崎県（一般）

受検番号		氏　名	

数　学　解　答　用　紙

（注意）※印のところは記入しないこと。

※計	

1

(1)		(2)		(8)	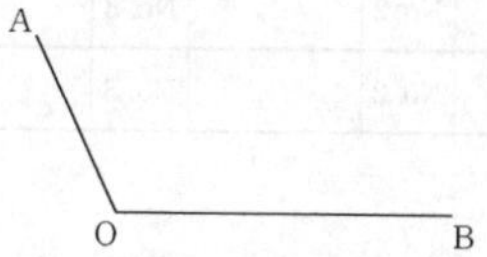
(3)		(4)			
(5)	$(x, y) = (\quad , \quad)$				
(6)	$x =$	(7)			

※1

2

1	(1)		(2)			
	(3)	（説明）				
2	(1)	①	②		(2)	

※2

3

1	$y =$	2		3	①	②	
③		④		⑤		4	$x =$

※3

4

1	∠ACB =　　　度	3	cm	4	倍
2	（証明） △FBD と △FCA で，				

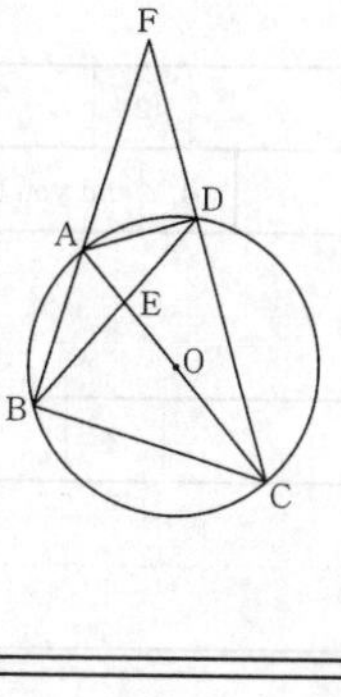

※4

5

1		2	cm²
3	cm	4	cm³

※5

※この解答用紙は167％に拡大していただきますと，実物大になります。

2020年度 宮崎県（一般）

受検番号		氏 名	

英 語 解 答 用 紙

（注意）※印のところは記入しないこと。

※計	

1

1	（ ）→（ ）→（ ）→（ ）					
2	No. 1		No. 2		No. 3	
3	No. 1		No. 2		No. 3	
4						

※1

2

1	①		②		③		④		⑤	
2										

※2

3

1	1		2		3		4	

2	(1)	（) visited?
	(2)	Can you ( )?
3	(1)	I'll ( ) in Tokyo.
	(2)	

※3

4

1		2		3		4	

※4

5

1	(1)		(2)		2	A	B
3		4	did you ( )?				
5							
6	1		2				
7							

※5

※この解答用紙は172％に拡大していただきますと，実物大になります。

2020年度　宮崎県（一般）

受検番号		氏　名	

理　科　解　答　用　紙

（注意）※印のところは記入しないこと。

※計

1

1 (1) a　b　(2)

2 (1)

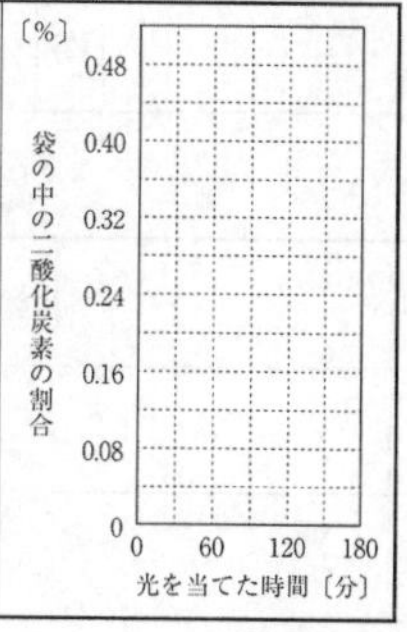

2 (2)

※1

2

1 (1)　(2)　(3)

2 (1)　m　(2)

※2

3

1 (1)　(2)　2 (1)

(2)

※3

4

1　2　3 A　B　4 A　B g

※4

5

1 (1)　(2) ＿＿：＿＿　(3)　2 (1)　(2) 日

※5

6

1　2 音が空気中を伝わる速さは，　3

4	組み合わせ			組み合わせ			組み合わせ			組み合わせ		
	①	②	③	①	②	③	①	②	③	①	②	③

※6

7

1 (1)　(2)　2 (1) E　F　G　H

(2)

※7

8

1 cm³　2 g/cm³

3　4

※8

※この解答用紙は167％に拡大していただきますと，実物大になります。

2020年度　宮崎県（一般）

受検番号		氏　名	

社　会　解　答　用　紙

（注意）※印のところは記入しないこと。

※ 計	

1

1	(1)		(2)		(4)		(3) 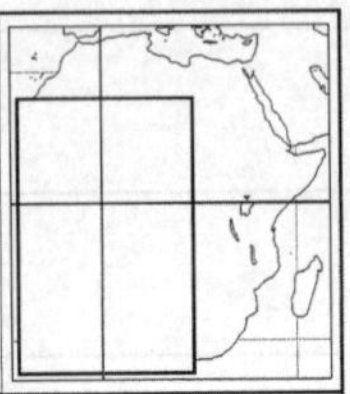
1	(5)						
2	(1)	①		②		(2)	
2	(3)	ア				イ	
2	(4)	ウ				エ	

※ 1	

2

1	(1)		(2)		(3)	→ → →
1	(4)	ア			イ	
1	(5)	ウ			エ	
2	(1)		(2)		(3)	→ → →
2	(4)	ア			イ	

※ 2	

3

1	(1)	①		②		(2)		(3)
1	(4)	ア		イ				
1	(5)	ウ			エ			
2	(1)		(2)		(3)			
2	(4)	ア						
2	(4)	イ						

※ 3	

4

1	(1)		(2)		2	(1)	①
2	(2)	②					
2	(2)	③					

※ 4	

※この解答用紙は167%に拡大していただきますと，実物大になります。

2020年度　宮崎県（一般）

受検番号

氏名

国語解答用紙

（注意）※印のところは記入しないこと。

計 ※

一

問一　ⓐ 添える　ⓑ ウンエイ　ⓒ キズ

問二

問三

問四　20　40　50

問五

問六

一 ※

二

問一　ⓐ 妥当　ⓑ ツトめ　ⓒ コウセキ

問二

問三

問四

問五

問六　20　40　60　70

二 ※

三

問一

問二

問三

問四

問五　20　40　60　80　90

三 ※

四

問一

問二

問三　君子防未然

問四　1　2

問五

問六

四 ※

※この解答用紙は１６７％に拡大していただきますと、実物大になります。

2020年度入試配点表（宮崎県・推薦）

※各科とも大問2問が選択される。
※各大問とも20点。

	1	2	3	4
数学	(1)～(8)　各1点×8 他　各2点×6	1, 2(1)　各2点×4 他　各3点×4	2(2)～(4)　各4点×3 他　各2点×4	各4点×5

	1	2	3	4
英語	5　4点 他　各1点×16	3(1), 2(4), 3 各3点×2 他　各2点×7	1, 4　各4点×2 2　2点 他　各5点×2	2　各1点×4 3③・④　各3点×2 他　各2点×5

	一	二	三	四
国語	(一)～(三)　各1点×8 他　各2点×6	問三　6点 問四　各2点×2 問五　4点　他　各3点×2	問六　6点 他　各2点×7	問六 2　8点 他　各2点×6

2020年度入試配点表(宮崎県・一般)

数学	1	2	3	4	5	計
	各4点×8	各3点×6 (1(2)完答)	3　各1点×5 他　各4点×3 (4完答)	2　5点 他　各4点×3	各4点×4 (1完答)	100点

英語	1	2	3	4	5	計
	2　各2点×3 4　4点 他　各3点×4	1　各2点×5 2　3点	1　各2点×4 3(2)　4点 他　各3点×3	各3点×4	5,7　各4点×2 他　各3点×8	100点

理科	1	2	3	4	5	6	7	8	計
	1(1) 各2点×2 2(2)　4点 他　各3点×2	2(2)　3点 他　各2点×4	1(1)　2点 2(2)　4点 他　各3点×2	4B　1点 他　各3点×4	2(1)　2点 他　各3点×4	4　4点 他　各3点×3	1(2)　2点 他　各3点×3	1　2点 4　4点 他　各3点×2	100点

社会	1	2	3	4	計
	1(1),2(2)　各2点×2 2(1)①・②　各1点×2 他　各3点×8	1(3), 2(3)・(4)ア・イ 各3点×4 他　各2点×8	2(2)・(3)・(4)ア・イ 各3点×4 他　各2点×9	2(2)②・③　各3点×2 他　各2点×3	100点

国語	一	二	三	四	計
	問一　各2点×3 問二　3点　問三　4点 問四　7点　他　各5点×2	問一　各2点×3 問二　3点　問五　5点 問六　8点　他　各4点×2	問四　4点 問五　7点 他　各3点×3	問一, 問六　各3点×2 問四 1,問五　各4点×2 他　各2点×3	100点

MEMO

大切なことはメモしておこうネ！

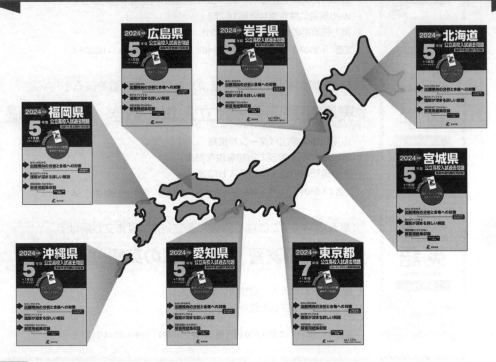

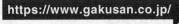

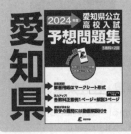

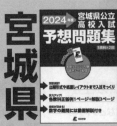

〈ダウンロードコンテンツについて〉

本問題集のダウンロードコンテンツ、弊社ホームページで配信しております。現在ご利用いただけるのは「2025年度受験用」に対応したもので、**2025年3月末日**までダウンロード可能です。弊社ホームページにアクセスの上、ご利用ください。

※配信期間が終了いたしますと、ご利用いただけませんのでご了承ください。

宮崎県公立高校　2025年度

ISBN978-4-8141-3295-9

[発行所] 東京学参株式会社

〒153-0043　東京都目黒区東山2-6-4

書籍の内容についてのお問い合わせは右のQRコードから　⇒

※書籍の内容についてのお電話でのお問い合わせ、本書の内容を超えたご質問には対応できませんのでご了承ください。

2024年6月7日　初版